KB119114

譯註 禮記集說大全 三年問

編　陳澔(元)

附　正義·訓纂·集解

譯註 禮記集說大全
三年問

編　陳澔（元）

附　正義·訓纂·集解

鄭秉燮 譯

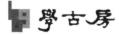

역자서문

『예기』「삼년문(三年問)」편은 삼년상을 치르는 의미를 기술한 문헌이다. 삼년상은 유교문화권에서 매우 중시되었던 제도이다. 이것은 효를 근간으로 하는 유교윤리와 매우 밀접한 관련이 있기 때문이다. 삼년상의 유래에 대해서는 고찰할 수 없는 부분이 많은데, 『논어』의 기록을 보면 공자 당시에도 확고한 윤리 관념으로 자리 잡고 있었던 것으로 판단된다. 그러나 재아의 반문에서 보이듯이 공자 당시에는 이미 삼년상의 복상기간을 줄이고자 하는 사회현상이 발생하였다. 『맹자』의 기록을 살펴보면 맹자 당시에는 삼년상이 거의 지켜지지 않았던 것으로 여겨진다. 유교에서 주장한 삼년상이 다시 확고한 관념으로 정착된 것은 유교의 관학화로 인한 것이다. 한나라는 사회질서의 근간을 효로 간주하였다. 부모에 대한 효와 군주에 대한 충이 동일한 개념으로 정착된 것도 바로 이 시기이다. 따라서 효가 강조되면서 삼년상 또한 사회윤리로 확고해진 것이다.

그러나 삼년상의 복상기간에 대해서는 의문이 발생한다. 만 25개월이냐 27개월이냐 하는 쟁론이 있지만, 2년 1개월 및 2년 3개월 동안 치르는 상을 삼년상으로 부른다는 것은 쉽사리 납득이 되지 않는다. 즉 햇수로 3년이 되기 때문에 삼년상이라 부른다는 뜻인데, 삼년상의 복상기간을 이처럼 기술한 것은

『의례』와 『예기』의 기록이다. 따라서 25개월이나 27개월로 삼년상의 기간을 확정한 것은 전국말기의 기록에 따른 것이다.

고대 기록에는 삼년(三年)을 비롯하여 삼(三)이라는 숫자가 많이 등장하는데, 그 중 상당수는 일정정도의 성과가 도출되는 기간 또는 어떤 일을 완성하는 기간이라는 의미이다. 그러나 이러한 기술에 나타난 3년이라는 기간은 만 3년을 의미한다. 즉 36개월을 모두 채운 뒤에 어떠한 성과가 도출되거나 어떤 일이 완성된다는 뜻이다. 『논어』에서 공자는 삼년상의 복상기간을 설명하며, 자식이 태어난 후 3년이 지나야 부모의 품에서 벗어날 수 있다고 했다. 자식이 태어난 후 3년이 지나야 부모의 품에서 벗어난다고 했을 때, 이 말은 3년이라는 기간을 모두 채운다는 의미가 강하다. 따라서 공자가 만 2년 1개월이나 2년 3개월이라는 기간을 염두에 두고 이러한 설명을 하지는 않았을 것이다. 또 삼년상을 설명할 때 자주 등장하는 인물은 은나라의 고종인데, 그 또한 부친의 상으로 인해 3년 동안 말을 하지 않았다고 했다. 고종이 만 2년 1개월이나 2년 3개월 동안 복상을 했다면, 굳이 3년 동안 말을 하지 않았다고 기록하지는 않았을 것이다.

아마도 고대의 삼년상이란 만 3년을 채우거나 그에 가까운 상이었을 것이다. 『사기』의 기록에서도 자공은 공자의 상을 치르며 다른 제자들과 함께 삼년상을 치르고, 다시 돌아와 홀로 3년의 기간을 더 보냈다고 기술한다. 『사기』에서 말하는 3년이라는 기간이 실제로 만 2년 1개월이나 2년 3개월을 뜻하는 것인지는 알 수 없지만, 처음부터 삼년상을 2년 1개월이나 2년 3개월로 치러왔다면, 이것을 굳이 '삼년지상(三年之喪)'이라는 용어로 불러야만 했는지 의심이 든다.

『논어』에서 재아가 삼년상을 1년으로 단축하고자 했을 때, 그 이론적 근거는 천지가 순환하여 다시 제자리로 돌아오는 기간이라는 점이었다. 「삼년문」편에서는 삼년상의 복상기간을 설명하며, 재아의 주장을 흡수한다. 즉 지극히 친근한 자에 대한 복상기간을 1년으로 정한 것은 천지가 순환하는 것에 따른다고 설명하고, 부모에 대해서는 융성함을 더해 1년상에서 2배를 하여 만 2년을 넘긴다고 설명한다. 이것은 삼년상의 복상기간을 2년 1개월이나 2년 3개월로 확정한 상태에서의 설명이다. 그리고 「삼년문」편에서는 『논어』에 나온 공자의 기록을 인용하여 결론을 맺고 있는데, 천지가 순환하는 1년이라는 기간과 부모에 대해 융성함을 더해 1년의 2배를 하게 된다는 것은 자식이 부모의 품에서 벗어나는 3년이라는 기간과 실제적으로 아무런 관련이 없다. 따라서 고대에 시행된 삼년상이 후대 『의례』나 『예기』의 기록처럼 만 2년 1개월이나 2년 3개월이었느냐는 점에 대해서는 여전히 의문이 든다.

다시 한권의 책을 내놓는다. 부끄러운 실력에 번역의 완성도를 자부할 수 없지만, 이 책을 발판으로 더 좋은 역서와 연구가 진행되었으면 하는 바람이다. 이 책에 나오는 오역은 전적으로 역자의 실력이 부족해서이다. 본 역서에 나온 오역과 역자의 부족함에 대해 일갈을 해주실 분들이 있다면, bbaja@nate.com 으로 연락을 주시거나 출판사에 제 연락처를 문의하셔서 가르침을 주신다면, 부족한 실력이지만 가르침을 받도록 최선을 다할 것이다.

역자는 성균관 대학교에서 유교철학(儒敎哲學)을 전공했으며, 예악학(禮樂學) 전공으로 박사논문을 작성했다. 역자가 본격적으로 유가경전을 읽기 시작한 것은 경서연구회(經書硏究會)의 오경강독을 통해서이다. 이 모임을 만들어 후배들에게 경전에 대한 이해를 넓혀주신 임옥균 선생님, 경서연구회 역대 회장님인 김동민, 원용준, 김종석, 길훈섭 선배님께도 감사를 드리고, 끝으로 「삼년문」편을 출판할 수 있도록 허락해주신 학고방의 하운근 사장님 께도 감사를 전한다.

일러두기 ≫

1. 본 책은 역주서(譯註書)로써, 『예기집설대전(禮記集說大全)』의 「삼년문(三年問)」편을 완역하고, 자세한 주석을 첨부했다. 송대(宋代) 이전의 주석을 포함하고자 하여, 『예기 정의(禮記正義)』를 함께 수록하였다. 그리고 송대 이후의 주석인 청대(淸代)의 주석을 포함하고자 하여 『예기훈찬(禮記訓纂)』과 『예기집해(禮記集解)』를 함께 수록하였다.

2. 『예기』 경문(經文)의 경우, 의역으로만 번역하면 문장을 번역한 방식을 확인하기 어렵고, 보충 설명 없이 직역으로만 번역하면 내용을 이해하기 힘들다. 따라서 경문에 한하여 직역과 의역을 함께 수록하였다. 나머지 주석들에 대해서는 의역을 위주로 번역하였다.

3. 『예기』 경문에 대한 해석은 진호의 『예기집설』 주석에 근거하였다. 경문 해석에 있어서, 『예기정의』, 『예기훈찬』, 『예기집해』마다 이견(異見)이 많다. 『예기집섭대전』의 소주(小註) 또한 진호의 주장과 이견을 보이는 곳이 있고, 소주 사이에도 이견이 많다. 따라서 『예기』 경문 해석의 표준은 진호의 『예기집설』 주석에 근거했으며, 진호가 설명하지 않은 부분들은 『대전』의 소주를 참고하였다. 또한 경문 해석에 있어서 『예기정의』, 『예기훈찬』, 『예기집해』에 나타나는 이견들은 특별한 경우를 제외하고는 각각의 문장을 읽어보면, 경문에 대한 이견을 알 수 있기 때문에, 이러한 경우에는 주석처리를 하지 않았다.

4. 본 역서가 저본으로 삼은 책은 다음과 같다.

  -『禮記』, 서울 : 保景文化社, 초판 1984 (5판 1995)

  -『禮記正義』1~4(전4권,『十三經注疏 整理本』12~15), 北京 : 北京大學出版社, 초판 2000

  - 朱彬 撰,『禮記訓纂』上 · 下(전2권), 北京 : 中華書局, 초판 1996 (2쇄 1998)

  - 孫希旦 撰,『禮記集解』上 · 中 · 下(전3권), 北京 : 中華書局, 초판 1989 (4쇄 2007)

5. 본 책은『예기』의 경문, 진호의『집설』, 호광 등이 찬정한『대전』의 세주, 정현의 주, 육덕명의『경전석문』, 공영달의 소, 주빈(朱彬)의『훈찬』, 손희단(孫希旦)의『집해』순으로 번역하였다.

6. 본래『예기』「삼년문」편은 목차가 없으며, 내용 구분에 있어서도 학자들마다 의견차이가 있다. 또한 내용의 연관성으로 인하여, 장과 절을 나누기가 애매한 부분이 많다. 본 책의 목차는 역자가 임의대로 나눈 것이며, 세세하게 분절하여, 독자들이 관련내용들을 찾아보기 쉽게 하였다.

7. 본 책의 뒷부분에는 《三年問 人名 및 用語 辭典》을 수록하였다. 본문에 처음으로 등장하는 용어 및 인명에 대해서는 주석처리를 하였다. 이후에 같은 용어가 등장할 때마다 동일한 주석처리를 할 수 없어서, 뒷부분에 사전으로 수록한 것이다. 가나다순으로 기록하여, 번역문을 읽는 도중 앞부분에서 설명했던 고유명사나 인명 등에 대해서 쉽게 찾아볼 수 있도록 하였다.

x

【669d】

三年之喪, 何也?

【669d】 등과 같이 【 】 안에 숫자가 기입되어 있는 것은 『예기』의 '경문'
을 뜻한다. '669'는 보경문화사(保景文化社)판본의 페이지를 말한다. 'd'는
d단에 기록되어 있다는 표시이다. 밑의 그림은 보경문화사판본의 한 페이
지 단락을 구분한 표시이다.

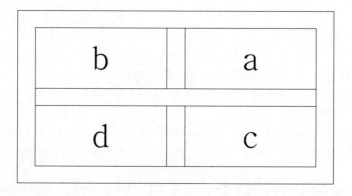

◆ 集說 人不能無群, 群不可無別.

"集說"로 표시된 것은 진호(陳澔)의 『예기집설(禮記集說)』 주석을 뜻
한다.

◆ 大全 臨川吳氏曰: 曰者, 設爲答辭也.

"大全"으로 표시된 것은 호광(胡廣) 등이 찬정(撰定)한 『예기집설대
전』의 세주(細註)를 뜻한다.

◆ 鄭注 稱情而立文, 稱人之情輕重, 而制其禮也.

"**鄭注**"로 표시된 것은 『예기정의(禮記正義)』에 수록된 정현(鄭玄)의
주(注)를 뜻한다.

◆ **釋文** 稱, 尺證反, 注及下皆同.

"**釋文**"으로 표시된 것은 『예기정의』에 수록된 육덕명(陸德明)의 『경전
석문(經典釋文)』을 뜻한다. 『경전석문』의 내용은 글자들의 음을 설명하
고, 간략한 풀이를 한 것인데, 육덕명 당시의 음가로 기록이 되었기 때문
에, 현재의 음과는 맞지 않는 부분이 많다. 단순히 참고만 하기 바란다.

◆ **孔疏** ●"三年"至"也哉". ○正義曰: 此一節問喪三年所由, 解釋所以三
年之意.

"**孔疏**"로 표시된 것은 『예기정의』에 수록된 공영달(孔穎達)의 소(疏)
를 뜻한다. 공영달의 주석은 경문과 정현의 주에 대해서 세분화하여 기
록되어 있다. 따라서 '●'으로 표시된 부분은 공영달이 경문에 대해 주석
을 한 부분이고, '◎'으로 표시된 부분은 정현의 주에 대해 주석을 한
부분이다. 한편 '○'으로 표시된 부분은 공영달의 주석 부분이다.

◆ **訓纂** 楊倞注荀子禮論篇曰: 創, 傷也.

"**訓纂**"으로 표시된 것은 『예기훈찬(禮記訓纂)』에 수록된 주석이다. 『예
기훈찬』 또한 기존 주석들을 종합한 책이므로, 『예기집설대전』 및 『예기
정의』와 중복되는 부분은 생략하였다.

◆ **集解** 愚謂: 此雖問三年之喪, 其實總問三年以下五服之義也.

"**集解**"로 표시된 것은 『예기집해(禮記集解)』에 수록된 주석이다. 『예
기집해』 또한 기존 주석들을 종합한 책이므로, 『예기집설대전』 및 『예
기정의』와 중복되는 부분은 생략하였다.

◆ 원문 및 번역문 중 '▼'로 표시된 부분은 한글로 표기할 수 없는 한자를
기록한 부분이다. 예를 들어 '▼(囧/皿)'의 경우 맹(盟)자의 이체자인데,
'明'자 대신 '囧'자가 들어간 한자를 프로그램상 삽입할 수가 없어서, '▼
(囧/皿)'으로 표시한 것이다. 즉 '▼(A/B)'의 형식으로 기록된 경우, A에
해당하는 글자가 한 글자의 상단 부분에 해당하고, B에 해당하는 글자가
한 글자의 하단 부분에 해당한다는 표시이다. 또한 '▼(A+B)'의 형식으
로 기록된 경우, A에 해당하는 글자가 한 글자의 좌측 부분에 해당하고,
B에 해당하는 글자가 한 글자의 우측 부분에 해당한다는 표시이다. 또한
'▼((A-B)/C)'의 형식으로 기록된 경우, A에 해당하는 글자에서 B 부분
을 뺀 글자가 한 글자의 상단 부분에 해당하고, C에 해당하는 글자가
한 글자의 하단 부분에 해당한다는 표시이다.

목차

xiv

경문목차

【669a】

三年問 第三十八 / 「삼년문」 제38편

大全 嚴陵方氏曰: 三年之喪, 百王之所同. 問喪者, 以是爲首, 故記喪者以是名篇.

번역 엄릉방씨[1]가 말하길, 삼년상에 대해서는 모든 제왕들이 동일하게 따르던 것이다. 상에 대해 질문한 것이 이 내용을 처음에 물어보았기 때문에 상에 대해 기록하며, 이것을 편명으로 삼은 것이다.

孔疏 陸曰: 鄭云, "名三年問者, 善其以知喪服年月所由也."

번역 육덕명[2]이 말하길, 정현[3]은 "편명을 '삼년문(三年問)'이라고 한 것은 질문을 통해 상복을 착용하는 기간의 유래를 알게 되었음을 좋게 여겼기 때문이다."라고 했다.

孔疏 正義曰: 按鄭目錄云, "名曰三年問者, 善其問以知喪服年月所由. 此於別錄屬喪服."

번역 『정의』[4]에서 말하길, 정현의 『목록』[5]을 살펴보면, "편명을 '삼년

---

1) 엄릉방씨(嚴陵方氏, ?~?) : =방각(方慤)・방씨(方氏)・방성부(方性夫). 송대(宋代)의 유학자이다. 이름은 각(慤)이다. 자(字)는 성부(性夫)이다. 『예기집해(禮記集解)』를 지었고, 『예기집설대전(禮記集說大全)』에는 그의 주장이 많이 인용되고 있다.
2) 육덕명(陸德明, A.D.550~A.D.630) : =육원랑(陸元朗). 당대(唐代)의 경학자이다. 이름은 원랑(元朗)이고, 자(字)는 덕명(德明)이다. 훈고학에 뛰어났으며, 『경전석문(經典釋文)』 등을 남겼다.
3) 정현(鄭玄, A.D.127~A.D.200) : =정강성(鄭康成)・정씨(鄭氏). 한대(漢代)의 유학자이다. 자(字)는 강성(康成)이다. 『주역(周易)』, 『상서(尙書)』, 『모시(毛詩)』, 『주례(周禮)』, 『의례(儀禮)』, 『예기(禮記)』, 『논어(論語)』, 『효경(孝經)』 등에 주석을 하였다.

문(三年問)'이라고 한 것은 질문을 통해 상복을 착용하는 기간의 유래를 알게 되었음을 좋게 여겼기 때문이다. 「삼년문」편을 『별록』6)에서는 '상복 (喪服)' 항목에 포함시켰다."라고 했다.

訓纂 吳幼淸曰: 此篇專問父母喪所以三年之義, 故以三年問名篇.

번역 오유청7)이 말하길, 「삼년문」편에서는 전적으로 부모의 상을 삼년으로 치르는 뜻에 대해 질문을 했기 때문에 '삼년문(三年問)'으로 편명을 정했다.

集解 此篇設問, 以發明喪服年月之義, 又見於荀卿之書, 蓋其所作也.

번역 「삼년문」편에서 질문을 통해 복상하는 기간의 뜻을 드러냈는데, 또한 순자의 책에도 나오니, 아마도 그의 저작인 것 같다.

---

4) 『정의(正義)』는 『예기정의(禮記正義)』 또는 『예기주소(禮記注疏)』를 뜻한다. 당(唐)나라 때에는 태종(太宗)이 공영달(孔穎達) 등을 시켜서 『오경정의(五經正義)』를 편찬하였는데, 이때 『예기정의』에는 정현(鄭玄)의 주(注)와 공영달의 소(疏)가 수록되었다. 송대(宋代)에는 『오경정의』와 다른 경전(經典)에 대한 주석서를 포함한 『십삼경주소(十三經注疏)』가 편찬되어, 『예기주소』라는 명칭이 되었다.

5) 『목록目錄』은 정현이 찬술했다고 전해지는 『삼례목록(三禮目錄)』을 가리킨다. 『십삼경주소(十三經注疏)』에서 인용되고 있지만, 이 책은 『수서(隋書)』가 편찬될 당시에 이미 일실되어 존재하지 않았다. 『수서』「경적지(經籍志)」 편에는 "三(禮目錄一卷, 鄭玄撰, 梁有陶弘景注一卷, 亡."이라는 기록이 있다.

6) 『별록(別錄)』은 후한(後漢) 때 유향(劉向)이 찬(撰)했다고 전해지는 책이다. 현재는 일실되어 존재하지 않으며, 『한서(漢書)』「예문지(藝文志)」편을 통해서 대략적인 내용만을 추측해볼 수 있다.

7) 오징(吳澄, A.D.1249~A.D.1333) : =임천오씨(臨川吳氏)·오유청(吳幼淸)·초려오씨(草廬吳氏). 송원대(宋元代)의 유학자이다. 이름은 징(澄)이다. 자(字)는 유청(幼淸)이다. 저서로 『예기해(禮記解)』가 있다.

바꿀 수 없는 도와 삼년의 기간

【669d】

三年之喪, 何也? 曰, "稱情而立文, 因以飾群, 別親疎貴賤之節, 而弗可損益也. 故曰, '無易之道也.' 創鉅者其日久, 痛甚者其愈遲. 三年者, 稱情而立文, 所以爲至痛極也. 斬衰, 苴杖, 居倚廬, 食粥, 寢苫, 枕塊, 所以爲至痛飾也. 三年之喪, 二十五月而畢, 哀痛未盡, 思慕未忘, 然而服以是斷之者, 豈不送死有已·復生有節也哉?"

직역 三年의 喪은 何오? 曰, "情에 稱하여 文을 立하고, 因하여 群을 飾하여, 親疎와 貴賤의 節을 別하니, 可히 損益이 弗이라. 故로 曰, '易이 無한 道이다.' 創鉅한 者는 그 日이 久하고, 痛甚한 者는 그 愈가 遲하다. 三年者는 情에 稱하여 文을 立하니, 至痛이 極함이 爲한 所以이다. 斬衰하고, 苴杖하며, 倚廬에 居하고, 粥을 食하며, 苫을 寢하고, 塊를 枕하니, 至痛을 飾함이 爲한 所以이다. 三年의 喪은 二十五月하고서 畢한데, 哀痛이 未盡하고, 思慕가 未忘이나, 然이나 服하길 是로써 斷하는 者는 豈히 死를 送함에 已가 有하고, 生에 復함에 節이 有함이 不이리오?"

의역 삼년상이란 무엇인가? 대답해보자면, "정감에 따라 격식을 정하고, 그에 따라서 군중을 수식하여, 친소관계와 귀천의 등급을 구별하니, 더하거나 보탤 수 없다. 그렇기 때문에 '바꿀 수 없는 도이다.'라고 했다. 상처가 큰 자는 고통의 기간이 오래가고 아픔이 심한 자는 낫는 것이 더디다. 삼년이라는 것은 정감에 따라서 격식을 정한 것이니, 지극한 아픔을 극진히 나타내기 위해서이다. 참최복(斬衰服)을 착용하고, 저장(苴杖)[1]을 하며, 의려(倚廬)[2]에 거처하고, 죽을 먹으며, 거적을 깔고 자고, 흙덩이를 베개로 삼으니, 지극한 아픔을 수식하기 위해서이다. 삼년상

은 25개월이 지나서 끝나는데, 애통한 마음이 모두 없어지지 않았고 부모를 그리워
하는 마음도 잊을 수가 없지만, 복상기간을 이로써 제한한 것은 죽은 자를 전송하
는 일에 끝이 있고, 일상사로 되돌아옴에 절차가 있도록 한 것이 아니겠는가?"라고
했다.

集說 人不能無群, 群不可無別. 立文以飾之, 則親疏貴賤之等明矣. 弗可
損益者, 中制不可不及, 亦不可過, 是所謂無易之道也. 治親疏貴賤之節者, 惟
喪服足以盡其詳, 服莫重於斬衰, 時莫久於三年, 故此篇列言五服之輕重, 而
自重者始.

번역 사람은 무리를 이루지 않을 수 없고 무리를 이루면 구별하지 않을
수 없다. 격식을 세워서 수식을 한다면, 친소관계와 귀천의 등급이 명확해
진다. "덜고 보탤 수 없다."라는 말은 중도에 따른 제도는 미치지 못할 수도
없고 또 지나칠 수도 없으니, 이것이 바로 "바꿀 수 없는 도이다."는 뜻이다.
친소관계와 귀천의 등급에 따른 절도를 다스리는 것은 상복의 제도만이
그 상세한 부분까지 다할 수 있고, 상복 중에는 참최복(斬衰服)[3]보다 중요
한 것이 없으며, 그 기간도 삼년보다 긴 것이 없다. 그렇기 때문에 「삼년문」
편에서는 오복(五服)[4]의 경중을 차례대로 열거하면서 가장 수위가 높은

---

1) 저장(苴杖)은 부친의 상(喪)을 치를 때 사용하는 지팡이로, 대나무로 만든 지
 팡이를 뜻한다.
2) 의려(倚廬)는 상중(喪中)에 머물게 되는 임시 거처지이다. '의려'는 또한 '의
 (倚)', '여(廬)', '堊室(악실)', '사려(舍廬)' 등으로 부르기도 하지만, '악실'과 대
 비해서 보다 수위가 높은 임시숙소를 뜻하기도 한다. 중문(中門) 밖 동쪽 담
 장 아래에 나무를 기대어 만든다.
3) 참최복(斬衰服)은 상복(喪服) 중 하나로, 오복(五服)에 속한다. 상복 중에서
 도 가장 수위가 높은 상복이다. 거친 삼베를 사용해서 만들며, 자른 부위를
 꿰매지 않기 때문에 참최(斬衰)라고 부른다. 이 복장을 입게 되는 기간은 일
 반적으로 3년에 해당하며, 죽은 부모를 위해 입거나, 처 또는 첩이 죽은 남편
 을 위해 입는다.
4) 오복(五服)은 죽은 자와 친하고 소원한 관계에 따라 입게 되는 다섯 가지 상
 복(喪服)을 뜻한다. 참최복(斬衰服), 자최복(齊衰服), 대공복(大功服), 소공복
 (小功服), 시마복(緦麻服)을 가리킨다. 『예기』「학기(學記)」편에는 "師無當於

것부터 언급하였다.

集說 石梁王氏曰: 二十四月再期, 其月餘日不數, 爲二十五月. 中月而禪, 註謂間一月, 則所間之月是空一月, 爲二十六月. 出月禪祭, 爲二十七月, 徙月則樂矣.

번역 석량왕씨[5]가 말하길, 24개월째가 되면 2주기가 되는데, 그 달의 남은 일수를 셈하지 않아서 25개월이 된다. "한 달을 중(中)하여 담제(禪祭)[6]를 치른다."[7]라고 했는데, 정현의 주에서는 "한 달의 간격을 둔다."라고 했으니, 간격을 두는 한 달이라는 것은 곧 1개월을 건너뛰어서 26개월이 된다. 그 달을 넘겨서 담제를 치르게 되면 27개월이 되며, 그 달을 넘기게 되면 음악을 연주하게 된다.[8]

大全 臨川吳氏曰: 曰者, 設爲答辭也. 問者, 專問三年之義, 而答者, 因其問三年, 幷及期九月五月三月諸服輕重之差. 情, 謂哀情, 文, 謂禮文, 群, 謂服五服之衆人, 言喪之五服, 各稱哀情之輕重, 而立隆殺之禮文也. 其禮文之或隆或殺, 因以表飾五服衆人哀戚輕重之情, 而分別所爲服者之或輕或重, 與夫服喪者或貴而有絶有降, 或賤而無降, 各有品等之節也. 其親而服重, 或賤而無降者, 不可損之而減輕, 其疏而服輕, 或貴而有絶有降者, 不可益之而加重也. 其弗可輕重者, 乃一定無可改易之道理也.

五服, 五服弗得不親."이라는 기록이 있는데, 이에 대한 공영달(孔穎達)의 소(疏)에서는 "五服, 斬衰也, 齊衰也, 大功也, 小功也, 緦麻也."라고 풀이했다. 또한 '오복'에 있어서는 죽은 자와 가까운 관계일수록 중대한 상복을 입고, 복상(服喪) 기간도 늘어난다. 위의 '오복' 중 참최복이 가장 중대한 상복에 속하며, 그 다음은 자최복이고, 대공복, 소공복, 시마복 순으로 내려간다.
5) 석량왕씨(石梁王氏, ?~?) : 자세한 이력이 남아 있지 않다.
6) 담제(禪祭)는 상복(喪服)을 벗을 때 지내는 제사이다.
7) 『의례』「사우례(士虞禮)」 : 朞而小祥, 曰, "薦此常事." 又朞而大祥, 曰, "薦此祥事." 中月而禪. 是月也吉祭, 猶未配.
8) 『예기』「단궁상(檀弓上)」【106c】 : 祥而縞, 是月禪, 徙月樂.

번역 임천오씨가 말하길, '왈(曰)'은 질문에 대답하기 위해 기록한 말이다. 질문을 한 것은 전적으로 삼년상의 의미만 물어보았는데, 대답은 삼년상을 질문한 것에 따라서 기년상(期年喪)[9]・9개월상・5개월상・3개월상에 나타나는 상복 수위의 차이까지도 함께 대답하였다. '정(情)'자는 애통한 정감을 뜻하고, '문(文)'자는 예법에 따른 격식을 뜻하며, '군(群)'자는 오복(五服)을 착용하는 무리들을 뜻하니, 상사의 오복제도는 각각의 애통한 정감에 나타나는 수위에 따라 높이고 낮추는 예법의 격식을 세웠다는 뜻이다. 예법에 따른 격식에는 높이는 경우도 있고 낮추는 경우도 있는데, 그에 따라 오복을 착용하는 무리들의 애통한 정감에 나타나는 차이를 수식하고, 상복을 착용할 때 낮추거나 높이고 또 상복을 착용하게 되는 대상이 존귀하여 관계를 끊거나 낮추며 혹은 미천하여 낮춤이 없다는 것을 분별하여, 각각에 등급에 따른 절제가 있게끔 한 것이다. 관계가 친근하여 수위가 높은 상복을 착용하고 또 미천한데도 낮춤이 없는 것은 덜어서 경감시킬 수 없고, 관계가 소원하여 수위가 낮은 상복을 착용하고 또 존귀하여 관계를 끊거나 낮춤이 있는 것은 더해서 무겁게 할 수 없다. 가볍게 하거나 무겁게 할 수 없는 것은 곧 일정하여 바꿀 수 없는 도에 해당한다.

大全 張子曰: 三年之喪, 二十五月而畢, 又兩月爲禫, 其二十七月. 禮鑽燧改火, 天道一變, 其期已矣, 情不可以已. 於是再期, 再期又不可以已. 於是加之三月, 是二十七月也.

번역 장자[10]가 말하길, 삼년상은 25개월이 지나서 끝난다고 했는데, 또 2개월이 지나서 담제(禫祭)를 치르니 27개월이 된다. 예법에 따르면 불씨

---

9) 기년상(期年喪)은 1년 동안 치르는 상을 뜻한다. 일반적으로 자최복(齊衰服)을 입고 치르는 상을 뜻한다. '기년(期年)'은 1년을 뜻하는데, '자최복'은 일반적으로 1년 동안 입게 되는 상복이기 때문이다.

10) 장재(張載, A.D.1020~A.D.1077) : =장자(張子)・장횡거(張橫渠). 북송(北宋) 때의 유학자이다. 북송오자(北宋五子) 중 한 사람으로 칭해진다. 자(字)는 자후(子厚)이다. 횡거진(橫渠鎭) 출신으로, 이곳에서 장기간 강학을 했기 때문에 횡거선생(橫渠先生)으로 일컬어지기도 한다.

나무를 뚫어서 새로운 불을 취함에 하늘의 도가 한 차례 바뀌니 1년이면 그칠 수 있지만,[11] 정감은 그칠 수 없다. 이에 2주기를 치르는데, 2주기가 되어도 그칠 수 없다. 이에 3개월을 더하게 되니, 이것이 27개월이 되는 이유이다.

鄭注 稱情而立文, 稱人之情輕重, 而制其禮也. 群, 謂親之黨也. 無易, 猶不易也. 飾, 情之章表也. 復生, 除喪反生者之事也.

번역 정감에 따라 격식을 정하는 것은 사람의 정감에 나타나는 경중의 차이에 따라서 관련 예법을 제정한다는 뜻이다. '군(群)'자는 친족 무리를 뜻한다. '무역(無易)'은 바꿀 수 없다는 뜻이다. '식(飾)'자는 정감을 드러내는 것이다. '복생(復生)'은 상을 끝내고 일상사로 되돌아오는 일을 뜻한다.

釋文 稱, 尺證反, 注及下皆同. 別, 彼列反. 易音亦, 注同. 創音瘡, 初良反. 鉅音巨, 大也. 愈, 徐音庾, 差也. 遲, 徐直移反. 倚, 於綺反. 枕塊, 之鴆反. 思, 如字, 一音息吏反. 斷, 丁亂反. 復音伏.

번역 '稱'자는 '尺(척)'자와 '證(증)'자의 반절음이며, 정현의 주 및 아래 문장에 나오는 글자도 모두 그 음이 이와 같다. '別'자는 '彼(피)'자와 '列(렬)'자의 반절음이다. '易'자의 음은 '亦(역)'이며, 정현의 주에 나오는 글자도 그 음이 이와 같다. '創'자의 음은 '瘡'이니, '初(초)'자와 '良(량)'자의 반절음이다. '鉅'자의 음은 '巨(거)'이니, 크다는 뜻이다. '愈'자의 서음(徐音)은 '庾(유)'이니, 차도를 보인다는 뜻이다. '遲'자의 서음은 '直(직)'자와 '移(이)'자의 반절음이다. '倚'자는 '於(어)'자와 '綺(기)'자의 반절음이다. '枕塊'에서의 '枕'자는 '之(지)'자와 '鴆(짐)'자의 반절음이다. '思'자는 글자대로 읽는데, 다른 음은 '息(식)'자와 '吏(리)'자의 반절음이다. '斷'자는 '丁(정)'자와 '亂(란)'자의 반절음이다. '復'자의 음은 '伏(복)'이다.

---

11) 『논어』「양화(陽貨)」: 宰我問, "三年之喪, 期已久矣. 君子三年不爲禮, 禮必壞, 三年不爲樂, 樂必崩. 舊穀旣沒, 新穀旣升, 鑽燧改火, 期可已矣."

孔疏 ●"三年"至"也哉". ○正義曰: 此一節問喪三年所由, 解釋所以三年之意.

번역 ●經文: "三年"~"也哉". ○이곳 문단은 삼년상의 유래에 대해 질문하여, 삼년상을 치르게 되는 이유를 풀이한 것이다.

孔疏 ●"三年之喪, 何也"者, 記者欲釋三年之義, 故假設其問, 云三年喪者, 意有何義理? 謂稱人之情而立禮之節文.

번역 ●經文: "三年之喪, 何也". ○『예기』를 기록한 자는 삼년상의 의미를 풀이하고자 했기 때문에, 질문형식을 빌렸다. 그래서 "삼년상을 치르는데 그 의미에 어떠한 이치가 있느냐?"고 물어본 것이니, 사람의 정감에 따라서 예법의 격식을 정했다는 의미이다.

孔疏 ●"因以飾群"者, 飾, 謂章表也; 群, 謂五服之親也. 因此三年之喪差降, 各表其親黨.

번역 ●經文: "因以飾群". ○'식(飾)'자는 드러낸다는 뜻이며, '군(群)'자는 오복(五服)을 착용하는 친족을 뜻한다. 삼년상에서 차등적으로 낮추는 것에 따라 각각 친족의 관계를 드러낸 것이다.

孔疏 ●"別親疏·貴賤之節, 而弗可損益也"者, 親, 謂大功以上; 疏, 謂小功以下; 貴, 謂天子諸侯絶期, 卿大夫降期以下; 賤, 謂士庶人服族. 其節分明, 使不可損益也.

번역 ●經文: "別親疏·貴賤之節, 而弗可損益也". ○'친(親)'자는 대공복(大功服)[12] 이상의 관계를 뜻하며, '소(疏)'자는 소공복(小功服)[13] 이하

---

12) 대공복(大功服)은 상복(喪服) 중 하나로, 오복(五服)에 속한다. 조밀한 삼베를 사용해서 만들지만, 소공복(小功服)에 비해서는 삼베의 재질이 거칠기 때문에, '대공복'이라고 부른다. 이 복장을 입게 되는 기간은 상황에 따라 차이

의 관계를 뜻한다. '귀(貴)'자는 천자와 제후는 기년상(期年喪)으로 관계를
한정하고, 경과 대부는 기년상 이하까지 낮추는 것을 뜻하고, '천(賤)'자는
사와 서인이 친족에 대해 복상(服喪)하는 것을 뜻한다. 그 절도를 분명하게
해서 덜거나 보태지 못하도록 한 것이다.

孔疏 ●"故曰無易之道也"者, 引舊語成文也. 無, 不也. 並有差品, 其道不
可改易.

번역 ●經文: "故曰無易之道也". ○이전부터 전해지던 말을 인용한 것
이다. '무(無)'자는 불(不)자의 뜻이다. 모두 차등적 품계를 갖게 되어 그
도는 바꿀 수 없다는 뜻이다.

孔疏 ●"創鉅者其日久"者, 以釋重喪所以三年也. 其事旣大, 故爲譬也.
鉅, 大也. 夫創小則易差, 創大則難愈, 故云創鉅其日久也.

번역 ●經文: "創鉅者其日久". ○수위가 높은 상을 삼년간 치르는 의미
를 풀이한 것이다. 그 사안이 중대하기 때문에 이러한 비유를 하였다. '거
(鉅)'자는 "크다[大]."는 뜻이다. 상처가 작다면 쉽게 낫지만, 상처가 크다면
낫기가 어렵다. 그렇기 때문에 "상처가 크면 낫는 기간이 오래 걸린다."라
고 했다.

孔疏 ●"痛甚者其愈遲"者, 愈, 差也. 賢者喪親, 傷腎·乾肝斬斫之痛, 其
痛旣甚, 故其差亦遲也.

가 생기지만, 일반적으로 9개월이다. 당형제(堂兄弟) 및 미혼인 당자매(堂姊
妹), 또는 혼인을 한 자매(姊妹) 등을 위해서 입는다.
13) 소공복(小功服)은 상복(喪服) 중 하나로, 오복(五服)에 속한다. 조밀한 삼베
를 사용해서 만들며, 대공복(大功服)에 비해서 삼베의 재질이 조밀하기 때문
에, '소공복'이라고 부른다. 이 복장을 입게 되는 기간은 상황에 따라 차이가
생기지만, 일반적으로 5개월이 된다. 백숙(伯叔)의 조부모나 당백숙(堂伯叔)
의 조부모, 혼인하지 않은 당(堂)의 자매(姊妹), 형제(兄弟)의 처 등을 위해서
입는다.

번역 ●經文: "痛甚者其愈遲". ○'유(愈)'자는 "차도를 보인다[差]."는 뜻이다. 현명한 자가 부모의 상을 치를 때에는 콩팥을 다친 것 같고 간이 타들어가 베이고 잘린 듯한 고통이 생기는데, 그 고통이 매우 극심하기 때문에 차도를 보이는 것 또한 더디게 된다.

孔疏 ●"三年者, 稱情而立文, 所以爲至痛極也"者, 旣痛甚差遲, 故稱其痛情, 而立三年之文, 以表是至痛極者也.

번역 ●經文: "三年者, 稱情而立文, 所以爲至痛極也". ○고통이 이미 극심하여 차도를 보이는 것도 더디기 때문에 이러한 애통한 정감을 헤아려서 삼년상이라는 형식을 만들고, 이를 통해 지극한 고통을 모두 드러내도록 한 것이다.

孔疏 ●"哀痛未盡, 思慕未忘"者, 言賢人君子於此二十五月之時, 悲哀摧痛, 猶未能盡, 憂思哀慕, 猶未能忘, 故心之哀慕於時未盡, 而外貌喪服以是斷割者.

번역 ●經文: "哀痛未盡, 思慕未忘". ○현명한 자와 군자는 이러한 25개월의 기간 동안 비통하고 극심한 고통에 시달리는데도 여전히 모두 소진할 수 없고, 근심하고 그리워하지만 이 또한 여전히 잊어버릴 수가 없다. 그렇기 때문에 마음에 있는 애통함과 그리움이 이 기간 동안 모두 소진되지 못하는데도 외적으로 착용하는 상복기간을 이러한 기한으로 제한하였다.

孔疏 ●"豈不送死有已·復生有節也哉"者, 若不斷以二十五月, 則孝子送死之情何時得已? 復吉常之禮何有限節? 故聖人裁斷止限二十五月, 豈不是送死須有已止, 反復生禮須有限節也哉?

번역 ●經文: "豈不送死有已·復生有節也哉". ○만약 25개월로 제한을 두지 않는다면, 자식이 죽은 부모를 전송하는 마음이 어느 시기에 그칠 수 있겠는가? 그리고 일상적인 예법으로 돌아오는 것도 어떠한 제한이 있겠는가? 그렇기 때문에 성인이 25개월로 제한을 두었으니, 어찌 죽은 자를 전송함을 그치게 만들며 일상적인 예법으로 돌아옴에 제한을 둠이 아니겠는가?

訓纂 楊倞注荀子禮論篇曰: 創, 傷也. 日久·愈遲, 互言之也, 皆言久乃能平. 故重喪必待三年乃除, 亦爲至痛之極, 不可朞月而已.

번역 『순자(荀子)』「예론(禮論)」편에 대한 양경[14]의 주에서 말하길, '창(創)'자는 "상처를 입다[傷]."는 뜻이다. "날이 오래 걸린다."는 말과 "낫는 것이 더디다."라는 말은 상호 호환이 되도록 기록한 말이니, 오랜 기간이 지나야만 곧 평상으로 돌아갈 수 있다는 뜻이다. 그렇기 때문에 수위가 높은 상은 반드시 삼년이라는 기간을 기다린 뒤에야 상복을 제거하니, 이것은 또한 애통함이 극심하여 1년이라는 기간으로 그칠 수 없기 때문이다.

集解 愚謂: 此雖問三年之喪, 其實總問三年以下五服之義也. 人於親黨, 其情之有厚有薄, 乃天理之當然而不可易者. 先王稱此以立禮文, 故服制不可得而損益也.

번역 내가 생각하기에, 이 내용은 비록 삼년상에 대해 질문을 했지만, 실제로는 삼년상으로부터 그 이하의 오복(五服)에 해당하는 상의 의미까지도 총괄적으로 물어본 것이다. 사람은 친족에 대해서 정감에 있어서 두텁거나 엷은 차이가 있으니, 이것은 천리에 따른 마땅한 것이며 바꿀 수 없는 것이다. 선왕은 이에 따라 예법에 따른 격식을 세웠다. 그렇기 때문에 상복의 제도는 덜거나 보탤 수 없다.

---

14) 양경(楊倞, ?~?) : 당(唐)나라 때의 학자이다. 백거이(白居易) 및 원진(元稹)과 동시대 인물이지만, 생몰년에 대해서는 알려져 있지 않다. 형부상서(刑部尙書) 등의 관직을 역임하였으며, 『순자주(荀子注)』를 저술하였다. 이 서적은 『순자』에 대한 가장 오래된 주석서로 평가받고 있다.

集說 此下五節, 專明三年之喪之義.

번역 경문의 "創鉅者"~"痛飾也"에 대하여. 이곳 구문으로부터 그 이하의 다섯 문단은 전적으로 삼년상의 의미를 나타내고 있다.

集說 愚謂: 三年之喪若斬, 故創鉅痛甚.

번역 내가 생각하기에, 삼년상을 치르는 자는 마치 살이 베인 것 같다. 그렇기 때문에 고통이 극심하다.

集說 吳氏澄曰: 大祥後所服, 非喪之正服也. 喪之正服, 止於二十五月.

번역 오징이 말하길, 대상(大祥)15)을 치른 이후 착용하는 상복은 상을 치르는 정규 복장이 아니다. 상을 치를 때 착용하는 정규 복장은 25개월까지만 착용한다.

참고 원문비교

예기·삼년문　三年之喪, 何也? 曰, "稱情而立文, 因以飾群, 別親疎貴賤之節, 而弗可損益也. 故曰, '無易之道也.' 創鉅者其日久, 痛甚者其愈遲. 三年者, 稱情而立文, 所以爲至痛極也. 斬衰, 苴杖, 居倚廬, 食粥, 寢苫, 枕塊, 所以爲至痛飾也. 三年之喪, 二十五月而畢, 哀痛未盡, 思慕未忘, 然而服以是斷之者, 豈不送死有已·復生有節也哉?"

순자·예론(禮論)　三年之喪, 何也? 曰, "稱情而立文①, 因以飾群別親疏貴賤之節, 而不可益損也. 故曰, '無適不易之術也②.' 創巨者其日久, 痛甚

---

15) 대상(大祥)은 부모의 상(喪) 및 삼년상 등을 치를 때 그 대상이 죽은 후 만 2년 만에 탈상을 하며 지내는 제사이다.

者其愈遲, 三年之喪, 稱情而立文, 所以爲至痛極也③. 齊衰, 苴杖, 居廬, 食粥, 席薪, 枕塊, 所以爲至痛飾也④. 三年之喪, 二十五月而畢, 哀痛未盡, 思慕未忘, 然而禮以是斷之者, 豈不以送死有已·復生有節也哉⑤?"

楊注-① 鄭康成曰: 稱人之情輕重, 而制其禮也.

번역 정강성이 말하길, 사람의 정감에 나타나는 경중의 차이에 따라서 관련 예법을 제정한다.

楊注-② 群別, 謂群而有別也. 適, 往也, 無往不易, 言所至皆不可易此術. 或曰, 適讀爲敵.

번역 '군별(群別)'이란 무리를 지어도 구별이 생긴다는 뜻이다. '적(適)'자는 "~에 가다[往]."는 뜻이니, '무왕불역(無往不易)'이라는 말은 가는 곳마다 모두 이러한 방법을 바꿀 수 없다는 뜻이다. 혹자는 '적(適)'자를 적(敵)자로 풀이해야 한다고 주장하기도 한다.

楊注-③ 創, 傷也, 楚良反. 日久愈遲, 互言之也, 皆言久乃能平, 故重喪必待三年乃除, 亦爲至痛之極, 不可朞月而已.

번역 '창(創)'자는 "상처를 입다[傷]."는 뜻으로, '초(楚)'자와 '량(良)'자의 반절음이다. 시간이 오래 경과되었다는 말과 낫는 것이 더디다는 말은 상호 호환이 되도록 말한 것이니, 둘 모두 오랜 시간이 지나야만 평상으로 돌아올 수 있다는 뜻이다. 그렇기 때문에 중대한 상에서는 반드시 삼년이라는 기간을 기다린 뒤에야 상복을 제거하는데, 이 또한 지극한 아픔 때문으로, 일년으로 한정할 수 없는 것이다.

楊注-④ 禮記斬衰苴杖, 謂以苴惡死竹爲之杖. 鄭云, 飾, 謂章表也.

번역 『예기』에서는 '참최저장(斬衰苴杖)'이라고 기록했는데, 추악하고 죽은 대나무로 그에 대한 지팡이를 만든다는 뜻이다. 정현은 식(飾)자가 드러낸다는 뜻이라고 했다.

楊注-⑤ 斷, 決也, 丁亂反. 鄭云, 復生, 謂除喪反生者之事也.

번역 '단(斷)'자는 "결단하다[決]."는 뜻으로, '丁(정)'자와 '亂(란)'자의 반절음이다. 정현은 '복생(復生)'은 상을 끝내고 일상사로 되돌아오는 일을 뜻한다고 했다.

참고 『예기』「간전(間傳)」 기록

경문-665a~b 斬衰何以服苴? 苴, 惡貌也, 所以首其內而見諸外也. 斬衰貌若苴, 齊衰貌若枲, 大功貌若止, 小功緦麻容貌可也. 此哀之發於容體者也.

번역 참최복(斬衰服)은 어찌하여 암컷 마를 이용해서 만드는가? 암컷 마는 추한 모습을 하고 있기 때문이니, 내면에 있는 슬픔을 겉으로 드러내기 위해서이다. 참최복의 모습은 암컷 마처럼 생겨서 검게 그을린 것처럼 보이고, 자최복(齊衰服)의 모습은 수컷 마처럼 생겨서 초췌하면서도 어두워 보이며, 대공복(大功服)의 모습은 억누르고 그치는 것이 있는 것처럼 보이고, 소공복(小功服)과 시마복(緦麻服)을 착용했을 때에는 평상시의 모습처럼 보여도 괜찮다. 이것은 애통함이 용모를 통해 드러나는 것이다.

鄭注 有大憂者, 面必深黑. 止, 謂不動於喜樂之事. 枲, 或爲"似".

번역 큰 근심이 있을 때 얼굴은 반드시 짙은 검은색을 띤다. '지(止)'자는 기쁘고 즐거운 일을 하지 않는다는 뜻이다. '시(枲)'자를 다른 판본에서는 '사(似)'자로 기록하기도 한다.

孔疏 ●"苴, 惡貌也"者, 苴是黎黑色, 故爲惡貌也.

번역 ●經文: "苴, 惡貌也". ○'저(苴)'는 검게 그을린 색깔이다. 그렇기 때문에 추한 모습이 된다.

참고 『예기』「상복소기(喪服小記)」 기록

경문-407d 苴杖, 竹也. 削杖, 桐也.

번역 저장(苴杖)은 대나무로 만든다. 삭장(削杖)은 오동나무로 만든다.

孔疏 ●"苴杖"至"桐也". ○正義曰: 此一經解喪服苴杖削杖也. 然杖有苴·削異者. 苴者, 黯也. 夫至痛內結, 必形色外章, 心如斬斫, 故貌必蒼苴, 所以衰裳経杖, 俱備苴色也. 必用竹者, 以其體圓性貞, 履四時不改, 明子爲父禮中痛極, 自然圓足, 有終身之痛故也. 故斷而用之, 無所厭殺也.

번역 ●經文: "苴杖"~"桐也". ○이곳 경문은 상복을 착용하며 잡게 되는 저장(苴杖)과 삭장(削杖)을 풀이하였다. 그런데 경우에 따라서 사용되는 지팡이에는 저장과 삭장이라는 차이점이 있다. '저(苴)'자는 "검다[黯]."는 뜻이다. 지극한 아픔이 내적으로 뭉쳐지면, 반드시 형색을 통해 겉으로 나타나며, 마음은 베인 것과 같기 때문에, 모습은 반드시 검푸르게 변하니, 상복·질(経)·지팡이를 모두 검푸른 색으로 갖추는 이유이다. 반드시 대나무를 이용하는 이유는 대나무의 몸체는 원형으로 되어 있고, 성질이 곧으며, 사계절을 거치더라도 변하지 않으니, 자식이 부친을 위해 상례를 치르는 도중에는 애통함을 극심히 표현하여, 자연스럽게 충족이 되지만, 종신토록 간직하는 아픔이 있기 때문이다. 그래서 대나무를 잘라서 지팡이로 사용하며, 깎아내는 공정이 없다.

참고 『의례』「상복(喪服)」 기록

【경문】 喪服. 斬衰裳, 苴絰·杖·絞帶, 冠繩纓, 菅屨者.

【번역】 「상복」편. 깔끔하게 재단하지 않은 참최복(斬衰服)의 상의와 하의를 입고, 저(苴)로 만든 질(絰)을 두르며, 지팡이를 짚고, 교대(絞帶)를 차며, 관에는 끈을 엮어 만든 갓끈을 달며, 관(菅)이라는 풀로 엮은 짚신을 신는다.

【鄭注】 者者, 明爲下出也. 凡服, 上曰衰, 下曰裳, 麻在首·在要皆曰絰. 絰之言實也, 明孝子有忠實之心, 故爲制此服焉. 首絰象緇布冠之缺項, 要絰象大帶, 又有絞帶, 象革帶. 齊衰以下用布.

【번역】 '자(者)'자는 그 뒤에 열거되는 사람들을 위해 기록한 말이다. 상복에 있어서 상의는 '최(衰)'라 부르고 하의는 '상(裳)'이라 부르는데, 마(麻)로 엮은 것 중 머리에 쓰거나 허리에 두르는 것은 모두 '질(絰)'이라고 부른다. '질(絰)'자는 "진실됨이 가득하다[實]."는 뜻으로, 자식에게는 진실됨이 가득한 마음이 있음을 나타낸다. 그렇기 때문에 이러한 상복을 제작하는 것이다. 수질(首絰)은 치포관(緇布冠)의 규항(缺項)을 상징하고, 요질(要絰)은 대대(大帶)를 상징하며, 또한 교대(絞帶)라는 것을 두어 혁대(革帶)를 상징한다. 자최복(齊衰服) 이하의 상복에서는 포(布)를 이용해서 만든다.

【賈疏】 ●"喪服"至"屨者". ○釋曰: 題此二字於上者, 與此一篇爲總目. 言"斬衰裳"者, 謂斬三升布以爲衰裳. 不言裁割而言"斬"者, 取痛甚之意. 知者, 按三年問云: "創鉅者, 其日久; 痛甚者, 其愈遲." 雜記: "縣子云: 三年之喪如斬, 期之喪如剡." 謂哀有深淺, 是斬者痛深之義, 故云斬也. 若然, 斬衰先言斬, 下疏衰後言齊者, 以斬衰先斬布, 後作之, 故先言斬; 疏衰, 先作之, 後齊之, 故後云齊. 斬齊旣有先後, 是以作文有異也. 云"苴絰·杖·絞帶"者, 以一苴目此三事, 謂苴麻爲首絰·要絰, 又以苴竹爲杖, 又以苴麻爲絞帶. 知此三物皆同苴者, 以其冠繩纓不得用苴, 明此三者皆用苴. 又喪服小記云"苴杖, 竹也", 記人解此杖是苴竹也. 又絞帶與要絰象大帶與革帶, 二者同在要. 要絰旣苴,

明絞帶與要絰同用苴可知. 又喪服四制云"苴衰不補", 則衰裳亦同苴矣. 云
"冠繩纓"者, 以六升布爲冠, 又屈一條繩爲武, 垂下爲纓. 冠在首, 退在帶下者,
以其衰用布三升, 冠六升. 冠旣加飾, 故退在帶下. 又齊衰冠纓用布, 則知此繩
纓不用苴麻, 用枲麻, 故退冠在下, 更見斬義也. 云"菅屨"者, 謂以菅草爲屨,
詩: "云白華菅兮, 白茅束兮." 鄭云: "白華已漚名之爲菅, 濡刃中用." 則此菅
亦是已漚者也. 已下諸章並見年月, 唯此斬章不言三年者, 以其喪之痛極, 莫
甚於斬, 故不言年月, 表創鉅而已. 是以衰設人功之疏, 絰又言麻之形體, 至於
齊衰已下, 非直見人功之疏, 又見絰去麻之狀貌. 擧齊衰云三年, 明上斬衰三
年可知. 然此一經爲次若此者, 以先喪而後服, 故服在喪下. 又先斬, 後乃爲衰
裳, 故斬文在衰裳之上. 絰·杖·絞帶俱蒙於苴, 故苴又在前. 經中絰有二事,
仍以首絰爲主, 故絰文在上. 杖者各齊其心, 故在絞帶之前. 冠纓雖加於首, 以
其不蒙於苴, 故退文在下. 屨乃服中之賤, 最後爲宜, 聖人作文倫次然.

번역 ●經文: "喪服"~"屨者". ○'상복(喪服)'이라는 두 글자를 맨 앞에
표제로 제시하였는데, 이 편의 총괄적인 제목이 된다. '참최상(斬衰裳)'이라
고 했는데, 3승(升)의 포를 잘라서 상의와 하의를 만든다는 뜻이다. 재단하
여 잘라낸다고 말하지 않고 "끊다[斬]."라고 말한 것은 애통함이 매우 심하
다는 뜻을 취했기 때문이다. 이러한 사실을 알 수 있는 이유는 「삼년문」편
에서 "상처가 큰 자는 고통의 기간이 오래가고 아픔이 심한 자는 낫는 것이
더디다."라고 했고, 『예기』「잡기(雜記)」편에서는 "현자는 삼년상의 애통함
은 몸을 베는 것 같고, 기년상의 애통함은 몸을 깎는 것 같다고 했다."[16]라
고 했으니, 애통함에는 깊고 얕은 차이가 있는데, 여기에서 말한 '참(斬)'이
라는 말은 애통함이 극심하다는 의미가 되기 때문에 '참(斬)'자를 덧붙인
것이다. 만약 그렇다면 '참최상(斬衰裳)'이라고 했을 때에는 '참(斬)'자를 앞
에 기록했는데 뒤에서는 '소최(疏衰)'라고 말한 뒤에 '자(齊)'자를 기록[17]한
이유는 참최상에 있어서는 우선 포를 끊어낸 이후에 제작을 하기 때문에
먼저 '참(斬)'자를 말한 것이고, 소최에 있어서는 먼저 제작을 한 이후에

---

16) 『예기』「잡기하(雜記下)」【513b】: 縣子曰, "三年之喪如斬, 期之喪如剡."
17) 『의례』「상복(喪服)」: 疏衰裳齊·牡麻絰·冠布纓·削杖·布帶·疏屨三年者.

꿰매기 때문에 이후에 '자(齊)'자를 기록한 것이다. 끊거나 꿰매는 것에 있어서 이미 선후의 차이가 있기 때문에 문장을 기록함에 있어서도 차이가 생긴 것이다. "저(苴)로 만든 질(絰)을 두르며, 지팡이를 짚고, 교대(絞帶)를 찬다."라고 했는데, 한 개의 '저(苴)'자는 이러한 세 가지 사안에 관련되니, 저마로 수질과 요질을 만들고 또 저죽(苴竹)으로 지팡이를 만들며 또 저마로 교대를 만드는 것이다. 이러한 세 사물이 모두 저(苴)라는 것을 동일하게 사용한다는 사실을 알 수 있는 이유는 관에 끈을 엮어 만든 갓끈에는 저(苴)를 쓸 수 없으니, 이 세 가지 것들에 모두 저(苴)를 사용한다는 사실을 나타낸다. 또『예기』「상복소기(喪服小記)」편에서는 "저장(苴杖)은 대나무로 만든다."라고 했는데,『예기』를 기록한 자는 여기에서 말한 지팡이가 저죽을 가리킨다는 사실을 풀이한 것이다. 또 교대는 요질과 함께 대대 및 혁대를 상징하는데, 두 사물은 모두 허리에 차게 된다. 요질에 대해서 이미 저로 만들었다면, 교대와 요질 모두 저를 이용해서 만든다는 사실을 알 수 있다. 또『예기』「상복사제(喪服四制)」편에서는 "저최(苴衰)와 같은 상복 부류들은 해지더라도 깁지 않는다."[18]라고 했으니, 상의와 하의 또한 동일하게 저를 이용해서 만드는 것이다. "관에는 끈을 엮어 만든 갓끈을 단다."라고 했는데, 6승의 포로 관을 만들고, 또 한 가닥의 끈을 엮어서 관의 테두리를 만들며, 그 끝을 밑으로 내려서 갓끈으로 삼는다. 관은 머리에 쓰게 되는데 요대에 대한 내용 뒤에 기술한 것은 상복은 3승의 포를 이용해서 만들고 관은 6승으로 만든다. 또 관에는 이미 장식이 가미되기 때문에 요대 뒤에 기술한 것이다. 또 자최복에 쓰는 관의 갓끈 또한 포를 이용해서 만드니, 여기에서 말한 끈을 엮어 만든 갓끈은 저마를 사용하지 않고 시마(枲麻)를 사용하게 됨을 알 수 있다. 그렇기 때문에 관에 대한 내용을 뒤에 기술하여 다시금 참(斬)자의 의미를 드러낸 것이다. '관구(菅屨)'라고 했는데, 관(菅)이라는 풀로 짚신을 엮은 것을 뜻하니,『시』에서는 "백화가 관이 되었거든 백모로 묶느니라."[19]라고 했고, 정현은 "야생에서 자라는 관풀인

---

18)『예기』「상복사제(喪服四制)」【721b】: 三日而食, 三月而沐, 期而練, 毁不滅性, 不以死傷生也. 喪不過三年, <u>苴衰不補</u>, 墳墓不培, 祥之日鼓素琴, 告民有終也, 以節制者也.

백화가 향기를 내기 시작하면 '관(菅)'이라고 부르는데 부드러우면서도 질
겨서 사용하기에 적합하다."라고 했으니, 여기에서 말한 관풀 또한 이미
향기를 내기 시작한 것이다. 뒤의 여러 기록들에서는 모두 그 기간을 명시
하였는데, 이곳 참최장에서는 삼년이라는 기간을 언급하지 않았다. 그 이유
는 상을 치르며 느끼는 극심한 고통은 참최상보다 심한 것이 없다. 그렇기
때문에 기간을 언급하지 않고, 그 고통만을 드러낼 따름이다. 이러한 까닭
으로 상복에는 사람의 공정이 적게 들어가는데, 질(絰)은 또한 마의 형체를
뜻하는 것이지만, 자최복 이하의 상복에 있어서는 사람의 공정이 적게 드
러나는 것을 직접적으로 드러내지 않고 또한 질이 마의 형태에서 탈피함을
드러낸다. 자최복의 상에서 삼년이라는 기간을 언급했으니, 그보다 수위가
높은 참최복의 상에서 삼년상을 지낸다는 사실을 알 수 있다. 그런데 이곳
경문의 순서가 이와 같아서, 먼저 상을 언급하고 이후에 상과 관련된 상복
을 기술하였기 때문에, 상복에 대한 기술이 상에 대한 기술 뒤에 나오는
것이다. 또 먼저 포를 끊은 뒤에야 상복의 상의와 하의를 만들기 때문에
'참(斬)'이라는 글자가 '최상(衰裳)'이라는 글자 앞에 나오는 것이다. 질
(絰)·지팡이·교대(絞帶)는 모두 저(苴)자의 뜻과 관련이 된다. 그렇기
때문에 '저(苴)'자가 그 앞에 기술된 것이다. 경문에 나오는 질(絰)자에는
두 가지 사례가 있는데, 머리에 쓰는 수질(首絰)이 위주가 되기 때문에, 질
(絰)자가 앞에 나온 것이다. 지팡이는 각각 자신의 가슴 높이에 맞춰 자르게
된다. 그렇기 때문에 교대 앞에 기술된 것이다. 관의 갓끈은 비록 머리 부분
에 있는 것이지만, 이것은 저(苴)자와는 관련이 없기 때문에 그 뒤에 문장을
기술한 것이다. 신발은 상복의 복식 중에서도 미천한 것이므로 가장 뒤에
기술하는 것이 마땅하니, 성인이 문장을 기술한 순서가 이와 같은 것이다.

賈疏 ◎注"者者"至"用布". ○釋曰: 云"者者, 明爲下出也"者, 周公設經,
上陳其服, 下列其人. 此經所陳服者, 明爲下人所出, 故服下出者, 明臣子爲君
父等所出也. 按下諸章皆言"者", 鄭止一解, 餘皆不釋, 義皆如此也. 云"凡服,

---

19) 『시』「소아(小雅)·백화(白華)」 : 白華菅兮, 白茅束兮. 之子之遠, 俾我獨兮.

上曰衰, 下曰裳"者, 言"凡"者, 鄭欲兼解五服. 按下記云: 衰廣四寸, 長六寸. 綴之於心, 總號爲衰. 非正當心而已, 故諸言衰皆與裳相對. 至於弔服三者, 亦謂之爲衰也. 云"麻在首, 在要皆曰経", 知一経而兼二者, 以子夏傳要·首二経俱解, 禮記諸文亦首·要並陳, 故士喪禮云"要経小焉", 故知一経而兼二文也. 云"経之言實也, 明孝子有忠實之心, 故爲制此服焉", 檀弓云"経也者實也", 明孝子有忠實之心, 故爲制此服焉. 按問喪云"斬衰貌若苴, 齊衰貌若枲"之等, 皆是心內苴惡, 貌亦苴惡, 服亦苴惡, 是服以象貌, 貌以象心, 是孝子有忠實之心. 若服苴而貌美, 心不苴惡者, 是中外不相稱, 無忠實之心者也. 云"首経象緇布冠之缺項"者, 按士冠禮: 緇布冠, "靑組纓, 屬於缺", 鄭注云: "缺, 讀如'有頍者弁'之頍, 緇布冠之無笄者, 著頍圍髮際, 結項中隅爲四綴, 以固冠也." 此所象無正文, 但喪服法吉服而爲之, 吉時有二帶, 凶時有二経, 以要経象大帶, 明首経象頍項可知. 以彼頍項爲吉時, 緇布冠無笄, 故用頍項以固之. 今喪之首経與冠繩纓, 別材而不相綴, 今言象之者, 直取経法象頍項而爲之. 至於喪冠, 亦無笄, 直用六升布爲冠, 一條繩爲纓, 與此全異也. 云"要経象大帶"者, 按玉藻云, 大夫以下大帶用素, 天子朱裏, 終裨以玄黃, 士則練帶, 裨下末三赤, 用緇, 是大帶之制. 今此要経, 下傳名爲帶, 明象吉時大帶也. 云"又有絞帶, 象革帶"者, 按玉藻鞸之形制, 云"肩革帶博二寸", 吉備二帶, 大帶申束衣, 革帶以佩玉佩及事佩之等. 今於要経之外, 別有絞帶, 明絞帶象革帶可知. 按士喪禮云: "苴経大鬲, 要経小焉." 又云: "婦人之帶牡麻, 結本." 注云: "婦人亦有首経, 但言帶者, 記其異. 此齊衰婦人, 斬衰婦人亦有苴経." 以此而言, 則婦人吉時, 雖云女鞶絲, 以絲爲帶, 而無頍項. 今於喪禮哀痛甚, 亦有二経與絞帶, 以備喪禮. 故此経其陳於上, 男女俱言於下, 明男女共有此服也. 云"齊衰已下用布"者, 即下齊衰章云"削杖布帶"是也. 若然, 按此経, 凶服皆依舊名, 唯衰與経特制別名者, 按禮記·檀弓云"有以故興物者", 鄭云: "衰経之制." 以経表孝子忠實之心, 衰明孝子有哀摧之義, 故制此二者而異名, 見其哀痛之甚故也.

번역 ◎鄭注: "者者"~"用布". ○정현이 "'자(者)'자는 그 뒤에 열거되는 사람들을 위해 기록한 말이다."라고 했는데, 주공은 경문을 기술할 때, 먼저

해당하는 상복을 기술하고, 그 이후에 상복을 착용하게 되는 대상을 차례
대로 나열하였다. 이곳 경문에서 기술한 상복은 곧 그 뒤에 나오는 사람들
을 위해서 기술된 것이다. 그렇기 때문에 상복에 대한 기술 뒤에 나오는
'자(者)'자는 신하와 자식 등이 군주와 부친을 위해 착용한다는 사실로 인
해 나타난 것이다. 아래 여러 기술들을 살펴보면 모두 '자(者)'자가 나오는
데, 정현은 단지 이곳에서 한 차례 설명만 하였고, 나머지 기록에 대해서는
해석을 하지 않았으니, 그 의미가 모두 이와 같기 때문이다. 정현이 "상복에
있어서 상의는 '최(衰)'라 부르고 하의는 '상(裳)'이라 부른다."라고 했는데,
'범(凡)'이라고 말한 것은 정현이 오복(五服)에 대해서 함께 풀이하고자 해
서이다. 아래 기문을 살펴보면, 최(衰)의 너비는 4촌이고 길이는 6촌이라고
했다. 이것을 가슴 부분에서 연결하며 총괄적으로 '최(衰)'라고 부른다. 그
러나 이것은 가슴 부분에 오는 것은 아니기 때문에, 여러 기록들에서 말하
는 최(衰)자는 모두 하의를 뜻하는 상(裳)자와 상대적으로 기술된다. 그런
데 조복(弔服)의 세 종류에 대해서도 또한 '최(衰)'라고 부른다. 정현이 "마
(麻)로 엮은 것 중 머리에 쓰거나 허리에 두르는 것은 모두 '질(絰)'이라고
부른다."라고 했는데, 하나의 질(絰)자에 이러한 두 종류의 기물이 포함되
어 있음을 알 수 있는 이유는 자하의 전문에서는 요질과 수질에 대해 모두
풀이를 했고, 『예기』의 여러 기록들에서도 수질과 요질을 모두 기술하였다.
그렇기 때문에 『의례』「사상례(士喪禮)」편에서는 "요질은 수질보다 작다
."[20]라고 했으므로, 하나의 질자가 두 가지 의미를 겸한다는 사실을 알 수
있다. 정현이 "'질(絰)'자는 진실됨이 가득하다는 뜻으로, 자식에게는 진실
됨이 가득한 마음이 있음을 나타낸다."라고 했는데, 『예기』「단궁(檀弓)」편
에서는 "'질(絰)'이라는 것은 자식의 충실한 마음을 뜻한다."[21]라고 했으니,
자식에게 충실한 마음이 있음을 드러낸다. 그렇기 때문에 이러한 상복을
만든 것이다. 『예기』「문상(問喪)」편에서 "참최복의 모습은 암컷 마처럼 생
겨서 검게 그을린 것처럼 보이고, 자최복의 모습은 수컷 마처럼 생겨서 초

---

20) 『의례』「사상례(士喪禮)」: 苴経, 大鬲, 下本在左, 要経小焉. 散帶垂, 長三尺.
   牡麻経, 右本在上, 亦散帶垂. 皆饌于東方.

21) 『예기』「단궁상(檀弓上)」【90d】: 経也者, 實也.

췌하면서도 어두워 보인다."라고 한 기록 등을 살펴보면, 이 모두는 속마음
이 그을리고 추하게 된다면 모습 또한 그을리고 추하게 되며 복장 또한
그을리고 추하게 되니, 이것은 복장이 모습을 상징하고 모습이 마음을 상
징하는 것이며, 자식에게 충실한 마음이 있음을 드러낸다. 만약 그을리고
추한 복장을 입었음에도 모습이 아름답다면 마음이 그을리고 추한 것이
아니니, 이것은 속마음과 외형이 서로 어울리지 못한 것이며 충실한 마음
이 없는 자이다. 정현이 "수질(首絰)은 치포관(緇布冠)의 규항(缺項)을 상
징한다."라고 했는데,『의례』「사관례(士冠禮)」편을 살펴보면, 치포관에 대
해 "청색의 끈으로 만든 갓끈을 규항에 연결한다."[22]라고 했고, 정현의 주
에서는 "'缺'자는 '우뚝 솟아있는 변(弁)이여'[23]라고 했을 때의 '규(頍)'자로
읽으며, 치포관을 쓸 때에는 비녀가 포함되지 않아서 규를 이용해 머리카
락이 나는 지점을 두르고, 목이 있는 곳에 묶고 네 모퉁이에는 네 개의 연결
끈을 만들어서 관과 연결시킨다."라고 했다. 이것이 상징하는 것에 대해서
는 경문에 기록이 없지만, 상복은 길복을 따라 만들고, 길한 시기에는 두
가지 허리띠를 차게 되고 흉한 시기에는 두 가지 질을 차게 되며, 요질로
대대를 상징한다면, 수질이 규항을 상징한다는 사실을 알 수 있다. 규항이
라는 것이 길한 시기에 착용하는 것이고, 치포관을 쓸 때 비녀가 포함되지
않기 때문에 규항을 이용해 고정시키는 것이다. 현재 상복에 있어서 수질
과 관에 다는 갓끈은 별도의 재질로 만들어서 서로 연결시키지 않는데, 현
재 그것이 상징하는 것을 말하게 되어, 수질이 규항을 따라 만든 것이라는
의미를 취한 것이다. 상사에 쓰는 관에 있어서도 비녀가 포함되지 않고 단
지 6승의 포를 이용해서 관을 만들며, 한 가닥의 끈으로 갓끈을 만들게 되
어, 이것과는 판이하게 차이를 보인다. 정현이 "요질(要絰)은 대대(大帶)를
상징한다."라고 했는데,『예기』「옥조(玉藻)」편을 살펴보면, 대부 이하의 계

---

22)『의례』「사관례(士冠禮)」: 緇布冠缺項, <u>青組纓屬于缺</u>; 緇纚, 廣終幅, 長六尺;
皮弁笄; 爵弁笄; 緇組紘, 纁邊; 同篋.
23)『시』「소아(小雅)·규변(頍弁)」: <u>有頍者弁</u>, 實維伊何. 爾酒旣旨, 爾殽旣嘉. 豈
伊異人, 兄弟匪他. 蔦與女蘿, 施于松柏. 未見君子, 憂心弈弈. 旣見君子, 庶幾
說懌.

충은 대대를 흰색의 비단으로 만들게 되고,[24] 천자는 안감을 적색으로 대며 현색과 황색의 가선을 댄다.[25] 사의 경우 누인 명주로 허리띠를 만들고 가선의 끝부분에는 세 가지 적색을 사용하며 치포를 이용하니,[26] 이것은 대대의 제도가 된다. 현재 이곳에서 말한 요질을 아래 전문에서는 '대(帶)'라고 불렀으니, 길한 시기에 차는 대대를 상징한다는 사실을 나타낸다. 정현이 "또한 교대(絞帶)라는 것을 두어 혁대(革帶)를 상징한다."라고 했는데, 「옥조」편을 살펴보면 슬갑의 형태에 대해서 "양쪽 모서리와 혁대의 너비는 2촌이다."[27]라고 했는데, 길복을 착용할 때에는 두 가지의 허리띠를 갖추고, 대대로 의복을 결속하고 혁대로 패옥 및 일상생활에 필요한 물건 등을 차게 된다. 현재 요질 겉에는 별도로 교대라는 것을 두었으니, 교대가 혁대를 상징하게 됨을 알 수 있다. 「사상례」편을 살펴보면, "저질의 크기는 9촌이며, 요질은 그보다 작다."[28]라고 했고, 또 "부인이 차는 요질은 수컷 마를 이용해서 만드는데 뿌리부분을 묶는다."[29]라고 했고, 정현의 주에서는 "부인 또한 수질을 두르게 되는데 단지 요대만을 말한 것은 차이점을 언급하기 위해서이다. 여기에서 말한 대상은 자최복을 착용하는 부인인데, 참최복을 착용하는 부인 또한 저질을 착용한다."라고 했다. 이를 통해 말해보자면, 부인은 길한 시기 비록 여자아이에게는 비단으로 만든 작은 주머니를 채운다고 말하지만,[30] 비단으로 허리띠를 만들고 규항에 해당하는 것이 없게 된다. 현재의 상황은 상례 중에서도 애통함이 극심한 경우임에도 또한 두 가지 질과 교대를 가추어 상례의 격식을 갖춘다. 그렇기 때문에

---

24) 『예기』「옥조(玉藻)」【384c】: 大夫素帶, 辟垂.
25) 『예기』「옥조(玉藻)」【384b】: 天子素帶, 朱裏, 終辟.
26) 『예기』「옥조(玉藻)」【384c】: 士練帶, 率下辟.
27) 『예기』「옥조(玉藻)」【385c~d】: 韠, 君朱, 大夫素, 士爵韋. 圜殺直, 天子直, 諸侯前後方, 大夫前方後挫角, 士前後正. 韠下廣二尺, 上廣一尺, 長三尺, 其頸五寸, 肩革帶博二寸.
28) 『의례』「사상례(士喪禮)」: 苴絰, 大鬲, 下本在左, 要絰小焉. 散帶垂, 長三尺. 牡麻絰, 右本在上, 亦散帶垂. 皆饌于東方.
29) 『의례』「사상례(士喪禮)」: 婦人之帶, 牡麻結本, 在房.
30) 『예기』「내칙(內則)」【367d】: 子能食食, 教以右手; 能言, 男唯女兪. 男鞶革, 女鞶絲.

여기에서 질을 비롯한 기물들을 앞에 기술하고 남자와 여자에 대해서는 모두 그 뒤에 기술하였으니, 남녀 모두 이러한 복장을 착용하게 됨을 나타낸다. 정현이 "자최복(齊衰服) 이하의 상복에서는 포(布)를 이용해서 만든다."라고 했는데, 뒤의 '자최장'에서 "삭장(削杖)을 짚고 포로 만든 대를 찬다."31)라고 한 말이 이러한 사실을 나타낸다. 만약 그렇다면 이곳 경문을 살펴봤을 때, 흉복에 있어서는 모두 이전의 명칭에 따르지만 오직 상복과 질에 있어서는 특별히 별도의 명칭을 만들었다. 그 이유는『예기』「단궁(檀弓)」편을 살펴보면, "일부러 어떤 사물들을 만들어서, 이것을 통해 감정을 북돋는 경우도 있다."32)라고 했고, 정현의 주에서는 "상복이나 질 등의 제도를 뜻한다."라고 했다. 질이 자식이 가지고 있는 충실한 마음을 드러내는 것이라면 상복에는 자식이 애통해 하는 뜻이 포함되어 있는 것이다. 그러므로 이러한 두 가지 제도를 만들며 명칭을 달리해서, 애통함이 극심함을 드러낸 것이다.

참고 『의례』「상복(喪服)」기록

전문 傳曰: 斬者何? 不緝也. 苴絰者, 麻之有蕡者也.

번역 전문에서 말하였다. '참(斬)'자란 무슨 뜻인가? 꿰매지 않았다는 뜻이다. '저질(苴絰)'이라는 것은 마(麻) 중에서도 씨가 있는 것으로 만든 것이다.

賈疏 ○釋曰: 云"斬者何", 問辭, 以執所不知, 故云者何. 云"不緝也"者, 答辭, 此對下疏衰裳齊, 齊是緝, 此則不緝也. 云"苴絰者, 麻之有蕡者也", 按爾雅·釋草云"蕡, 枲實", 孫氏注云: "蕡, 麻子也." 以色言之謂之苴, 以實言之

31) 『의례』「상복(喪服)」: 疏衰裳齊·牡麻絰·冠布纓·削杖·布帶·疏屨三年者.
32) 『예기』「단궁하(檀弓下)」【120c】: 子游曰: "禮有微情者, 有以故興物者, 有直情而徑行者, 戎狄之道也. 禮道則不然."

謂之蕡. 下言牡者, 對蕡爲名; 言枲者, 對苴生稱也, 是以云"斬衰貌若苴, 齊衰
貌若枲"也. 若然, 枲是雄麻, 蕡是子麻, 爾雅云"蕡, 枲實"者, 擧類而言, 若圓
曰簞, 方曰笥. 鄭注論語云: "簞·笥, 亦擧其類也." 下傳云: "牡麻者, 枲麻也."
不連言経, 此苴連言経者, 欲見苴経別於苴杖. 故下傳別云苴杖, 後傳牡麻不
連言経, 此苴連言経者, 彼無他物之嫌, 獨有経, 故不須連言経也.

번역 "'참(斬)'자란 무슨 뜻인가?"라고 했는데, 이것은 질문을 던지는 말
로, 모르는 부분을 제시했기 때문에 "무슨 뜻인가?"라고 말한 것이다. "꿰
매지 않았다는 뜻이다."라는 말은 답변하는 말인데, 이것은 아래문장에 나
오는 '소최상자(疏衰裳齊)'라는 말과 대비가 되고, '자(齊)'자는 "꿰맨다
[緝]."는 뜻이 되므로, 이 글자는 꿰매지 않았다는 뜻이 된다. "'저질(苴経)'
이라는 것은 마(麻) 중에서도 씨가 있는 것으로 만든 것이다."라고 했는데,
『이아』「석초(釋草)」편을 살펴보면, "'분(蕡)'은 삼의 씨이다."[33]라고 했고,
손씨의 주에서는 "'분(蕡)'은 마의 씨이다."라고 했다. 색을 기준으로 말하
면 '저(苴)'라고 부르는 것이고, 씨를 기준으로 말하면 '분(蕡)'이라고 부른
다. 아래문장에 나오는 '모(牡)'라는 글자는 분(蕡)자와 대비해서 쓴 명칭이
고, '시(枲)'라고 말한 것은 '저(苴)'자와 대비하기 위해 만들어낸 칭호이다.
이러한 까닭으로 "참최복의 모습은 암컷 마처럼 생겨서 검게 그을린 것처
럼 보이고, 자최복의 모습은 수컷 마처럼 생겨서 초췌하면서도 어두워 보
인다."라고 말한 것이다. 만약 그렇다면 '시(枲)'는 마 중에서도 수컷에 해당
하고, '분(蕡)'은 씨가 있는 마가 되는데, 『이아』에서 "분(蕡)은 시(枲)의 씨
이다."라고 말한 것은 그 부류를 제시한 것이니, 마치 소쿠리 중 원형인
것을 '단(簞)'이라 부르고 사각형인 것을 '사(笥)'라 부르는 것과 같다. 『논
어』에 대한 정현의 주에서는 "단(簞)과 사(笥) 또한 그 부류를 제시한 것이
다."라고 했다. 아래 전문에서 "'모마(牡麻)'라는 것은 시마(枲麻)이다."라고
하여 질(経)자를 함께 언급하지 않았는데, 이곳에서는 저(苴)자에 질(経)자
를 붙여서 기록했다. 그 이유는 저질이라는 것이 저장과는 구별됨을 드러

---

33) 『이아』「석초(釋草)」: 蕡, 枲實. 枲, 麻.

내고자 해서이다. 그렇기 때문에 아래 전문에서는 별도로 저장을 말했던 것이고, 뒤의 전문에서 모마를 말하며 질자를 함께 언급하지 않고 이곳에서 저자에 질자를 붙여서 말한 것은 뒤의 기록에서는 다른 사물로 오인할 염려가 없고 해당하는 것은 질만이 있을 뿐이기 때문에 질자를 함께 기록하지 않은 것이다.

참고 『예기』「잡기하(雜記下)」기록

경문-513b 縣子曰, "三年之喪如斬, 期之喪如剡."

번역 현자가 말하길, "삼년상의 애통함은 몸을 베는 것 같고, 기년상의 애통함은 몸을 깎는 것 같다."라고 했다.

鄭注 言其痛之惻怛有淺深也.

번역 애통함과 슬퍼함에는 깊이의 차이가 있음을 뜻한다.

訓纂 釋名: 三年之縗曰斬, 不緝其末, 直翦斬而已. 期曰▼(齊/衣), ▼(齊/衣), 齊也.

번역 『석명』34)에서 말하길, 삼년상을 치를 때 착용하는 상복을 '참(斬)'이라고 부르니, 끝단을 재봉하지 않고, 단지 천을 자른 상태로 놔둘 뿐이기 때문이다. 기년상(期年喪)에 착용하는 상복을 '▼(齊/衣)'라고 부르니, '▼(齊/衣)'자는 "꿰매다[齊]."는 뜻이다.

訓纂 方氏苞曰: 父歿爲母, 齊衰三年, 故不曰"斬齊", 而曰"三年之喪".

---

34)『석명(釋名)』은 후한(後漢) 때의 학자인 유희(劉熙)가 지은 서적이다. 오래된 훈고학 서적의 하나로 꼽힌다.

번역 방포가 말하길, 부친이 이미 돌아가신 상태에서 모친에 대한 상례를 치르게 되면, 자최복(齊衰服)을 착용하고 삼년상을 치른다. 그렇기 때문에 '참최복과 자최복'이라고 말하지 않고, '삼년상'이라고 말한 것이다.

集說 愚謂: 剡, 削也. 斬之痛深, 剡之痛淺.

번역 내가 생각하기에, '섬(剡)'자는 "깎는다[削]."는 뜻이다. 베는 듯한 아픔은 극심하고, 깎는 듯한 아픔은 상대적으로 덜하다.

그림 1-1 ▣ 참최복(斬衰服) 착용 모습

圖 衰 斬

※ 출처: 『삼재도회(三才圖會)』「의복(衣服)」 3권

그림 1-2 ◼ 참최복(斬衰服) 각부 명칭

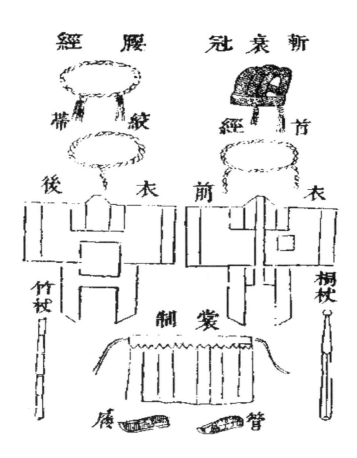

※ 출처:『삼재도회(三才圖會)』「의복(衣服)」3권

그림 1-3   ■ 저장(苴杖: =竹杖)과 삭장(削杖: =桐杖)

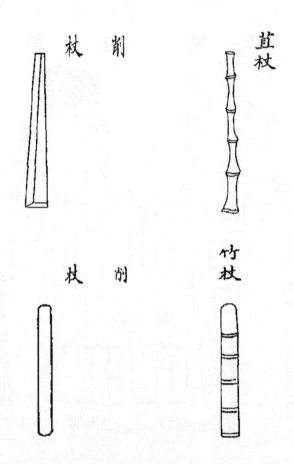

※ 출처: 상단-『삼례도집주(三禮圖集注)』 15권
　　　　　하단-『삼례도(三禮圖)』 3권

그림 1-4　◼ 의려(倚廬)

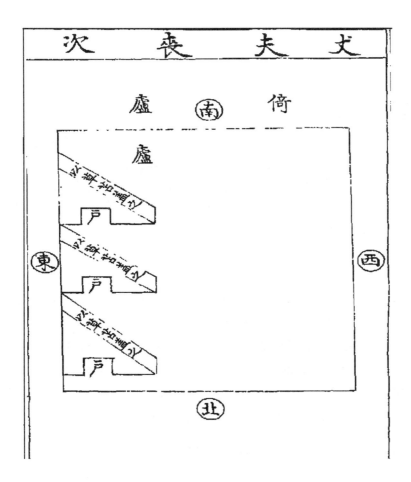

※ 출처: 『가산도서(家山圖書)』

• 제 2 절 •

지각(知覺)과 친애(親愛)

【670b~c】

"凡生天地之間者, 有血氣之屬必有知, 有知之屬莫不知愛其
類. 今是大鳥獸, 則失喪其群匹, 越月踰時焉, 則必反巡. 過其
故鄉, 翔回焉, 鳴號焉, 蹢躅焉, 踟躕焉, 然後乃能去之. 小者
至於燕雀, 猶有啁噍之頃焉, 然後乃能去之. 故有血氣之屬者
莫知於人, 故人於其親也, 至死不窮."

직역 "凡히 天地의 間에 生한 者에 血氣가 有한 屬은 必히 知가 有하고, 知가
有한 屬은 그 類를 愛하길 不知함이 莫하다. 今에 是히 大한 鳥獸라면, 그 群匹을
失喪하고, 月을 越하고 時를 踰하면, 必히 反巡한다. 그 故鄉을 過하면, 翔回하고,
鳴號하며, 蹢躅하고, 踟躕하니, 然後에야 能히 去라. 小者는 燕雀에 至하여, 猶히
啁噍의 頃이 有하니, 然後에야 能히 去라. 故로 血氣가 有한 屬者는 人보다 知함이
莫이라, 故로 人은 그 親에 대해서, 死에 至라도 不窮이라."

의역 계속하여 대답하길, "무릇 천지 사이에 살아가는 생명체들 중에서 혈기를
갖춘 것들은 반드시 지각이 있고, 지각이 있는 것들 중에는 자신의 부류를 친애해
야 할 줄 모르는 것이 없다. 이제 저 큰 조수의 경우를 예시로 든다면, 자신의 무리
중 누군가를 잃게 되면 그 달과 계절을 넘기고서는 반드시 되돌아와 그곳을 배회한
다. 옛 고향을 지날 때에는 그곳을 선회하고, 울부짖으며, 머뭇거리고, 배회하니,
그런 뒤에야 떠나가게 된다. 작은 것들 중 참새나 제비에 있어서도 오히려 잠시나
마 지저귀는 시간을 가지고, 그런 뒤에야 떠나가게 된다. 그러므로 혈기를 가지고
있는 것들 중에는 사람보다 지각이 뛰어난 것이 없다. 따라서 사람은 자신의 부모
에 대해서 죽을 때까지 슬픈 정감을 다하지 못한다."라고 했다.

集說 鳥獸知愛其類, 而不如人之能充其類, 此所以天地之性人爲貴也.

번역 조수들도 자기 부류를 친애할 줄 알지만, 사람처럼 그 부류를 충만하게 친애하는 것만 못하니, 이것이 천지의 생명체들 중에서 사람이 가장 존귀한 이유이다.[1]

大全 臨川吳氏曰: 翔回鳴號, 謂鳥. 蹢躅踟躕, 謂獸. 鳴號者, 悲傷發於聲, 蹢躅者, 悲傷見於行. 鳴號之先而翔回, 蹢躅之後而踟躕, 皆謂遲留將去不忍去也. 啁噍, 小鳥聲, 其聲群沸迫急, 失其常度也. 頃者, 言斯須而不能久. 大鳥獸, 則越月踰時反巡, 過其初死之處, 久之乃能去, 則不止如燕雀啁噍之頃者矣. 人之於親, 則至死而其情無窮已, 則又不止如大鳥獸之久之乃能去者矣.

번역 임천오씨가 말하길, 선회하고 울부짖는다는 것은 조류에 해당한다. 머뭇거리고 배회하는 것은 짐승에 해당한다. 울부짖는 것은 비통함이 소리를 통해 드러나는 것이며, 머뭇거리는 것은 비통함이 행동을 통해 드러나는 것이다. 울부짖기에 앞서 선회하고 머뭇거린 뒤에 배회하는 것은 모두 더디게 하여 머물고 장차 떠나려고 할 때 곧바로 떠날 수 없다는 뜻이다. '조초(啁噍)'는 작은 새의 지저귐인데, 그 소리는 무리를 지어 시끄럽고 급박하여 항상된 법도를 잃은 것이다. '경(頃)'자는 매우 짧으며 오래 지속할 수 없다는 뜻이다. 큰 새와 짐승의 경우라면 달을 넘기고 계절을 넘겨서 되돌아오는데, 최초 무리가 죽은 장소를 지나가게 되면 오랜 시간을 보낸 뒤에야 떠날 수 있으니, 제비나 참새처럼 경박하게 짧은 시간 동안 지저귀는 것에만 그치는 것이 아니다. 또 사람이 자신의 부모에 대한 경우라면 자신이 죽을 때까지 그 정감이 그치지 못하니, 또한 큰 새나 짐승처럼 오래 머물다가 떠날 수 있는 것에만 그치는 것이 아니다.

鄭注 匹, 偶也. 言燕雀之恩不如大鳥獸, 大鳥獸不如人. 含血氣之類, 人最

---

1) 『효경』「성치장(聖治章)」: 曾子曰, 敢問聖人之德無以加於孝乎. 子曰, <u>天地之性人爲貴</u>. 人之行莫大於孝, 孝莫大於嚴父. 嚴父莫大於配天, 則周公其人也.

有知而恩深也. 於其五服之親, 念之至死無止已.

번역 '필(匹)'자는 짝[偶]을 뜻한다. 제비나 참새가 가진 은정은 큰 새나 짐승이 가진 것만 못하며, 큰 새나 짐승이 가진 은정은 사람만 못하다는 뜻이다. 혈기를 머금고 있는 부류들 중에 사람이 가장 뛰어난 지각을 가지고 있고 은정도 깊다. 오복(五服)을 착용하는 친족에 대해서 그들에 대한 생각을 품는 것이 죽을 때까지 그치지 않는다.

釋文 屬音蜀. 喪, 息浪反, 又如字. 巡, 徐詞均反. 過, 徐音戈, 一音古臥反. 號音豪, 戸羔反. 蹢, 本又作躑, 直亦反, 徐治革反. 躅, 直錄反, 徐治六反. 蹢躅, 不行也. 踶, 徐音馳, 字或作踟. 躕音廚. 燕, 於見反. 雀, 本又作爵. 啁, 張留反. 噍, 子流反. 啁噍, 聲. 頃, 苦穎反. 知音智.

번역 '屬'자의 음은 '蜀(촉)'이다. '喪'자는 '息(식)'자와 '浪(랑)'자의 반절음이며, 또한 글자대로 읽기도 한다. '巡'자의 서음(徐音)은 '詞(사)'자와 '均(균)'자의 반절음이다. '過'자의 서음은 '戈(과)'이며, 다른 음은 '古(고)'자와 '臥(와)'자의 반절음이다. '號'자의 음은 '豪'이니, '戸(호)'자와 '羔(고)'자의 반절음이다. '蹢'자는 판본에 따라서 또한 '躑'자로도 기록하니, '直(직)'자와 '亦(역)'자의 반절음이며, 서음은 '治(치)'자와 '革(혁)'자의 반절음이다. '躅'자는 '直(직)'자와 '錄(록)'자의 반절음이며, 서음은 '治(치)'자와 '六(륙)'자의 반절음이다. '蹢躅'자는 가지 않는다는 뜻이다. '踶'자의 서음은 '馳(치)'이며, 그 글자는 또한 '踟'자로도 기록한다. '躕'자의 음은 '廚(주)'이다. '燕'자는 '於(어)'자와 '見(견)'자의 반절음이다. '雀'자는 판본에 따라서 또한 '爵'자로도 기록한다. '啁'자는 '張(장)'자와 '留(류)'자의 반절음이다. '噍'자는 '子(자)'자와 '流(류)'자의 반절음이다. '啁噍'는 지저귀는 소리를 뜻한다. '頃'자는 '苦(고)'자와 '穎(영)'자의 반절음이다. '知'자의 음은 '智(지)'이다.

孔疏 ●"凡生"至"不窮". ○正義曰: 此一經明天地之間血氣之類, 皆有所知, 至於鳥獸大小各能思其種類, 況在於人, 何有窮已也?

번역 ●經文: "凡生"~"不窮". ○이곳 경문은 천지 사이에 혈기를 가지고 있는 부류들은 모두 지각할 수 있는 능력이 있어서, 새나 짐승들 중 크고 작은 것들에 있어서도 각각 자신의 부류를 그리워할 줄 아는데, 하물며 사람에게 있어서 어찌 그침이 있을 수 있느냐는 뜻을 나타내고 있다.

訓纂 王氏念孫曰: 古者, 則與若同義, 言若失喪其群匹也.

번역 왕념손[2]이 말하길, 고대에는 '즉(則)'자와 '약(若)'자의 뜻이 같았으니, '만약 무리와 짝을 잃어버렸다면'이라는 뜻이다.

訓纂 楊倞注禮論篇曰: 鳥獸猶知愛其群匹, 良久乃去, 況人有生之最智, 則於親喪悲哀之情至死不窮已, 故以三年節之也.

번역 『순자』「예론(禮論)」편에 대한 양경의 주에서 말하길, 새나 짐승들도 오히려 자신의 무리와 짝을 친애할 줄 알아서 오랜 시간을 보낸 뒤에야 떠나가는데, 하물며 사람처럼 태어나면서부터 가장 높은 지각을 가지고 있는 경우라면, 부모의 상에 대해 비통하고 애통한 정감이 자신이 죽을 때까지 그치지 않는다. 그렇기 때문에 삼년으로 제한을 한 것이다.

集解 愚謂: 於其親, 謂於其父母也.

번역 내가 생각하기에, '어기친(於其親)'이라는 말은 자신의 부모에 대해서라는 뜻이다.

참고 원문비교

---

2) 왕념손(王念孫, A.D.1744~A.D.1832) : 청(淸)나라 때의 학자이다. 자(字)는 회조(懷祖)이고, 호(號)는 석구(石臞)이다. 부친은 왕안국(王安國)이고, 아들은 왕인지(王引之)이다. 대진(戴震)에게 학문을 배웠다. 저서로는 『독서잡지(讀書雜志)』 등이 있다.

예기·삼년문   凡生天地之間者, 有血氣之屬必有知, 有知之屬莫不知愛其類. 今是大鳥獸, 則失喪其群匹, 越月踰時焉, 則必反巡. 過其故鄉, 翔回焉, 鳴號焉, 蹢躅焉, 踟躕焉, 然後乃能去之. 小者至於燕雀, 猶有啁噍之頃焉, 然後乃能去之. 故有血氣之屬者莫知於人, 故人於其親也, 至死不窮.

순자·예론(禮論)   凡生天地之間者, 有血氣之屬莫不有知, 有知之屬莫不愛其類. 今夫大鳥獸, 則失亡其群匹, 越月踰時, 則必反鉛. 過故鄉, 則必徘徊焉, 鳴號焉, 躑躅焉, 踟躕焉, 然後能去之也①. 小者是燕爵, 猶有啁焦之頃焉, 然後能去之也②. 故有血氣之屬莫知於人, 故人之於其親也, 至死無窮③.

楊注-①   鉛與沿同, 循也. 禮記作反巡故鄉. 徘徊, 回旋飛翔之貌. 躑躅, 以足擊地也. 踟躕, 不能去之貌.

번역   '연(鉛)'자는 연(沿)자와 동일하니, "빙빙 돌다[循]."는 뜻이다. 『예기』에서는 '반순고향(反巡故鄉)'이라고 기록했다. '배회(徘徊)'는 선회하며 날아다니는 모습을 뜻한다. '척촉(躑躅)'은 발로 땅을 찬다는 뜻이다. '지주(踟躕)'는 떠나가지 못하는 모습을 뜻한다.

楊注-②   燕爵與鷰雀同.

번역   '연작(燕爵)'은 제비[鷰]와 참새[雀]라는 말과 같다.

楊注-③   鳥獸猶知愛其群匹, 良久乃去, 況人有生之最智, 則於親喪悲哀之情, 至死不窮已, 故以三年節之也.

번역   새나 짐승들도 오히려 자신의 무리와 짝을 친애할 줄 알아서 오랜 시간을 보낸 뒤에야 떠나가는데, 하물며 사람처럼 태어나면서부터 가장 높은 지각을 가지고 있는 경우라면, 부모의 상에 대해 비통하고 애통한 정감이 자신이 죽을 때까지 그치지 않는다. 그렇기 때문에 삼년으로 제한을 한 것이다.

• 제 3 절 •

중도(中道)에 따른 제도

【670c】

> "將由夫患邪淫之人與? 則彼朝死而夕忘之, 然而從之, 則是曾
> 鳥獸之不若也, 夫焉能相與群居而不亂乎?"

직역 "將히 夫히 邪淫에 患하는 人을 由하려는가? 곧 彼는 朝에 死하면 夕에 忘하니, 然히 從이라면, 是는 曾히 鳥獸의 不若인데, 夫히 焉히 能히 相히 與하여 群居하면서 不亂이리오?"

의역 계속하여 대답하길, "장차 저 음란하고 간사하여 본성을 해치는 사람처럼 따르려 하는가? 저들은 아침에 부모가 돌아가셔도 저녁이면 잊어버리는 자들이니, 그런데도 그들을 따른다면 이것은 새나 짐승만도 못한 것인데, 어찌 서로 더불어 무리를 지어 살면서 혼란스럽게 되지 않겠는가?"라고 했다.

集說 患, 猶害也. 邪淫之害性, 如疾痛之害身, 故云患邪淫也. 不如鳥獸, 爲無禮也. 無禮則亂矣.

번역 '환(患)'자는 "해친다[害].'는 뜻이다. 간사함과 음란함이 본성을 해치는 것은 마치 질병과 고통이 몸을 해치는 것과 같다. 그렇기 때문에 "간사함과 음란함으로 해친다."라고 했다. 새나 짐승만 못하다는 것은 예법이 없기 때문이다. 예법이 없다면 혼란스럽게 된다.

鄭注 言惡人薄於恩, 死則忘之. 其相與聚處, 必失禮也.

번역 악한 자는 은정이 옅어서 부모가 돌아가셔도 곧 잊어버린다는 뜻이다. 서로 더불어 무리를 지어 살면 반드시 예법을 잃게 된다.

釋文 由夫音扶, 下皆同. 邪, 似嗟反. 人與, 音餘, 下"君子與"同. 曾, 則能反. 焉, 於虔反.

번역 '由夫'에서의 '夫'자는 그 음이 '扶(부)'이며, 아래문장에 나오는 글자도 모두 그 음이 이와 같다. '邪'자는 '似(사)'자와 '嗟(차)'자의 반절음이다. '人與'에서의 '與'자는 그 음이 '餘(여)'이며, 아래문장에 나오는 '君子與'에서의 '與'자도 그 음이 이와 같다. '曾'자는 '則(즉)'자와 '能(능)'자의 반절음이다. '焉'자는 '於(어)'자와 '虔(건)'자의 반절음이다.

孔疏 ●"將由"至"亂乎". ○正義曰: 此一經明小人之人曾鳥獸之不若, 若不以禮節之, 安能群居而不亂?

번역 ●經文: "將由"~"亂乎". ○이곳 경문은 소인은 새나 짐승만도 못하니, 만약 예로써 그들을 절제시키지 않는다면 어떻게 무리를 지어 살면서 혼란스럽게 되지 않겠느냐는 뜻을 나타내고 있다.

訓纂 王氏念孫曰: "患邪淫之人", 當作"愚陋邪淫之人", 謂至愚極陋, 不知禮義也. 愚字與古文患字作▼(曰/忠)者相似, 又脫陋字. 荀子禮論正作"愚陋邪淫". 從, 讀爲放縱之縱, 言若縱其朝死夕忘之心, 則是鳥獸之不若也. 下文"然而遂之, 則是無窮也", 彼言遂君子之心, 此言縱小人之心, 縱與遂義相近, 荀子禮論正作縱.

번역 왕념손이 말하길, '환사음지인(患邪淫之人)'이라는 말은 마땅히 '우루사음지인(愚陋邪淫之人)'이라고 기록해야 하니, 지극히 어리석고 매우 비루한 자는 예의를 모른다는 의미이다. '우(愚)'자는 고문에서 '환(患)'자를 '환(▼(曰/忠))'자로 기록한 것과 유사하기 때문이며 또 '누(陋)'자가 누락된 것이다. 『순자』「예론(禮論)」편에서는 글자를 바로잡아서 '우루사음

(愚陋邪淫)’이라고 기록했다. ‘종(從)’자는 방종(放縱)이라고 할 때의 ‘종
(縱)’자로 풀이하니, 만약 아침에 돌아가셨는데 저녁에 잊어버리는 마음을
따른다면, 이것은 새나 짐승만도 못하다는 뜻이다. 아래문장에서 “그런데도
따른다면 다함이 없게 된다.”라고 했는데, 군자의 마음을 따른다는 뜻이며,
이곳의 문장은 소인의 마음을 따른다는 뜻이니, ‘종(縱)’자는 ‘수(遂)’자와
의미가 유사하며, 『순자』「예론」편에서도 ‘종(縱)’자로 바로잡아 기록했다.

集解 愚謂: 恩莫厚於父母, 淫邪之人於父母且朝死而夕忘之, 則其於所薄
者可知矣, 此所以群居而必至於亂也.

번역 내가 생각하기에, 은정 중 부모에 대한 것보다 두터운 것이 없는
데, 음란하고 사벽한 사람은 부모에 대해서도 아침에 돌아가셨는데 저녁에
잊어버리니, 부모에 대한 은정이 박하다는 사실을 알 수 있다. 이것이 무리
를 지어 살게 되면 반드시 혼란스럽게 되는 이유이다.

참고 원문비교

예기·삼년문 將由夫患邪淫之人與? 則彼朝死而夕忘之, 然而從之, 則
是曾鳥獸之不若也, 夫焉能相與群居而不亂乎?

순자·예론(禮論) 將由夫愚陋淫邪之人與? 則彼朝死而夕忘之, 然而縱
之, 則是曾鳥獸之不若也, 彼安能相與群居而無亂乎?

【670d】

"將由夫脩飾之君子與? 則三年之喪, 二十五月而畢, 若駟之過隙, 然而遂之, 則是無窮也. 故先王焉爲之立中制節, 壹使足以成文理, 則釋之矣."

직역 "將히 夫히 脩飾한 君子를 由하려는가? 곧 三年의 喪은 二十五月하고서 畢한데, 駟가 隙을 過함과 若하니, 然히 遂라면, 是는 窮이 無라. 故로 先王은 之를 爲하여 中을 立하고 節을 制하여, 壹히 使하여 足히 文理를 成하면, 釋이라."

의역 계속하여 대답하길, "장차 저 문식을 지극히 꾸민 군자를 따르려 하는가? 삼년상은 25개월이 되면 끝나는데, 이것은 마치 네 마리의 말이 끄는 수레가 좁은 틈새를 지나가는 것처럼 빠르지만, 그런데도 그들을 따른다면 이것은 끝이 없게 되는 것이다. 그렇기 때문에 선왕은 그를 위해서 알맞은 제도를 세우고 절도를 제정하여 모두가 예법에 따른 격식과 이치를 이루면 상복을 벗게 했던 것이다."라고 했다.

集說 先王制禮, 蓋欲使過之者俯而就之, 則送死有已, 復生有節. 不至者跂而及之, 則不至於鳥獸之不若矣. 壹使足以成文理, 謂無分君子小人, 皆使之遵行禮節, 以成其飾喪之文理, 則先王憂世立敎之心遂矣, 故曰釋之也.

번역 선왕이 예법을 제정한 것은 지나친 것으로 하여금 굽혀서 알맞음으로 나아가도록 하기 위해서이니, 죽은 자를 전송함에 그침이 있고 일상생활로 돌아옴에 절도가 있는 것이다. 또 미치지 못한 것으로 하여금 도약하여 이르도록 하기 위해서이니, 새나 짐승만도 못한 지경에 이르지 않도록 한 것이다. 한결같이 모두로 하여금 격식과 이치를 이루도록 한다는 것은 군주나 소인의 구분을 두지 않고, 모두가 예법과 규범을 준수하도록 하여 이를 통해 상사를 수식하는 격식과 이치를 이루도록 하였으니, 선왕이 세상을 근심하고 교화를 세웠던 마음을 이루게 된다. 그렇기 때문에 "상복을 벗게 했다."라고 했다.

大全 臨川吳氏曰: 不肖者之情薄, 故其親朝死而夕已忘之. 若從其情而不以禮勉其不及, 則親死不哀, 不如鳥獸. 於死者如此, 則其於生者, 安能保其不如鳥獸之亂乎? 賢者之情厚, 視二十五月之久, 如駒過隙之速. 若遂其情而不以禮抑其過, 則哀親之情無窮已之時也. 故先王於賢不肖之過不及, 而爲之立中, 使不可不及, 亦不可過. 制爲喪服年月之限節, 但使足以成完儀文義理, 則除釋其服矣. 若更過此節, 則不肖有所不勝, 更不及此節, 則賢者有所不滿也.

번역 임천오씨가 말하길, 불초한 자의 정감은 박하기 때문에 부모가 아침에 돌아가셔도 저녁이면 이미 잊어버리게 된다. 만약 그의 정감에 따르며 예법에 따라 미치지 못하는 점을 권면하지 않는다면, 부모가 돌아가셔도 슬퍼하지 않아서 새나 짐승만도 못하게 된다. 죽은 자에 대해서 이처럼 한다면 살아 있는 자에 대해서 어찌 새나 짐승만도 못하여 문란하게 되는 것을 방지할 수 있겠는가? 현명한 자의 정감은 두터워서 25개월이라는 오랜 기간을 마치 네 마리 말이 끄는 수레가 틈을 지나가는 것처럼 매우 빠르다고 여긴다. 만약 그의 정감에 따르며 예법에 따라 지나친 점을 억누르지 않는다면, 돌아가신 부모에 대해 애통해 하는 정감이 다하고 그칠 때가 없게 된다. 그렇기 때문에 선왕은 현명하거나 불초한 자의 지나침과 미치지 못함에 대해서 그들을 위해 중도에 따른 제도를 수립하여, 미치지 못하는 일이 없게끔 했고, 또한 지나치지도 못하게끔 했다. 그래서 상복 착용하는 기한과 규범을 제정한 것은 단지 그들로 하여금 격식과 이치를 완성하면 상복을 제거하도록 한 것이다. 만약 이러한 규범을 지나치게 된다면 불초한 자에게는 감당할 수 없는 점이 생기고, 이러한 규범에 미치지 못하게 된다면 현명한 자에게는 만족스럽지 못한 점이 생긴다.

鄭注 "駟之過隙", 喩疾也. "遂之", 謂不時除也. "立中制節", 謂服之年月也. 釋, 猶除也, 去也.

번역 "네 마리 말이 끄는 수레가 좁은 틈새를 지나간다."라는 말은 매우 빠르다는 것을 비유한 말이다. "그에 따른다."라는 말은 시간의 제한을 두지 않는다는 뜻이다. "알맞은 것을 세우고 절도를 제정했다."는 말은 복상기간의 기한을 뜻한다. '석(釋)'자는 "벗다[除]."는 뜻이며, "제거하다[去]."는 뜻이다.

釋文 駟音四, 馬也. 過, 古臥反, 徐音戈. 隙, 本又作郤, 去逆反, 空隙之地也. 爲, 于僞反, 下注"爲母"同. 中如字, 又丁仲反, 注同. 去, 起呂反.

번역 '駟'자의 음은 '四(사)'이니, 말을 뜻한다. '過'자는 '古(고)'자와 '臥(와)'자의 반절음이며, 서음(徐音)은 '戈(과)'이다. '隙'자는 판본에 따라서 또한 '郤'자로도 기록하며, '去(거)'자와 '逆(역)'자의 반절음이고, 작은 틈이 있는 곳을 뜻한다. '爲'자는 '于(우)'자와 '僞(위)'자의 반절음이며, 아래 정현의 주에 나오는 '爲母'에서의 '爲'자도 그 음이 이와 같다. '中'자는 글자대로 읽으며, 또한 '丁(정)'자와 '仲(중)'자의 반절음도 되고, 정현의 주에 나오는 글자도 그 음이 이와 같다. '去'자는 '起(기)'자와 '呂(려)'자의 반절음이다.

孔疏 ●"將由"至"窮也". ○正義曰: 此一經明賢人君子於三年之喪, 若駟之過隙, 若不以禮制節之, 則哀痛何時窮已.

번역 ●經文: "將由"~"窮也". ○이곳 경문은 현명한 자와 군자는 삼년상에 대해서 마치 네 마리 말이 끄는 수레가 좁은 틈새를 지나가는 것처럼 빠르다고 여기니, 만약 예제를 통해 조절하지 않는다면 애통한 마음이 어느 시기에 다할 수 있겠느냐는 뜻을 나타내고 있다.

孔疏 ●"駟之過隙"者, 駟, 謂駟馬; 隙, 謂空隙. 駟馬駿疾, 空隙狹小, 以駿疾而過狹小, 言急速之甚.

번역 ●經文: "駟之過隙". ○'사(駟)'자는 네 마리의 말을 뜻하며, '극

(隙)'자는 좁은 틈을 뜻한다. 네 마리의 말은 매우 빠르고 좁은 틈은 매우 협소한데, 빠르면서도 좁은 틈새를 지나간다는 비유를 통해 매우 빠름을 뜻한 것이다.

孔疏 ●“故先”至“之矣”. ○正義曰: 此一經明小人·君子其意不同, 故先王爲之立中人之制節.

번역 ●經文: “故先”~“之矣”. ○이곳 경문은 소인과 군자는 그 뜻이 동일하지 않기 때문에, 선왕이 그들을 위해 일반인들이 지킬 수 있는 제도와 규범을 세웠다는 뜻을 나타내고 있다.

孔疏 ●“故先王焉”者, 焉是語辭.

번역 ●經文: “故先王焉”. ○‘언(焉)’자는 어조사이다.

孔疏 ●“立中制節”者, 言先王爲之立中人之制, 以爲年月限節.

번역 ●經文: “立中制節”. ○선왕이 그들을 위해서 일반인들이 지킬 수 있는 제도를 세워, 기간의 제한과 규범으로 삼았다는 뜻이다.

孔疏 ●“壹使足以成文理”者, 壹, 謂齊同. 言君子·小人皆齊同, 使足以成文章義理.

번역 ●經文: “壹使足以成文理”. ○‘일(壹)’자는 한결같고 동일하다는 뜻이다. 즉 군자와 소인 모두 동일하게 따르게 해서, 그들로 하여금 격식과 이치를 완성할 수 있도록 했다는 뜻이다.

孔疏 ●“則釋之矣”者, 釋, 猶除去. 旣成義理, 則除去其服. 所以成三年文理者, 以三年一閏, 天道小成, 又子生三年然後免於父母之懷, 故服以三年, 成文章義理.

[번역] ●經文: "則釋之矣". ○'석(釋)'자는 제거한다는 뜻이다. 이미 의리를 완성하였다면 상복을 벗는다. 삼년을 통해 격식과 이치를 완성하는 것은 삼년이 지나면 한 차례 윤달이 끼어 하늘의 도가 조금 완성된 것이고, 또 자식이 태어나면 삼년이 지난 뒤에야 부모의 품에서 벗어날 수 있다. 그렇기 때문에 삼년 동안 복상하여 격식과 의리를 완성하는 것이다.

[訓纂] 惠氏棟曰: 焉, 於也.

[번역] 혜동[1]이 말하길, '언(焉)'자는 어(於)자의 뜻이다.

[訓纂] 彬謂: 壹使足以成文理, 猶大學言"壹是以修身爲本." 經傳中多有以壹起義者.

[번역] 내가 생각하기에, '일사족이성문리(壹使足以成文理)'라는 말은『대학』에서 "일체 모두가 수신을 근본으로 삼는다."[2]라고 한 말과 같다. 경문과 전문 중에는 일(壹)자를 통해 그 의미를 이끌어내는 경우가 많다.

[集解] 愚謂: 由淫邪之人, 則哀不足以及乎三年; 由脩飾之君子, 則哀不止於三年. 故先王尌酌乎賢不肖之間, 立爲中道, 制其節限, 使賢者俯而就之, 不肖者企而及之. 文, 謂文章. 理, 謂條理. 三年之中, 有殯葬虞祔練祥之禮, 而使之足以成文章; 有變除之節, 而使之足以成條理. 如此, 則可以除去其服矣. 此喪之所以斷以三年也.

[번역] 내가 생각하기에, 음란하고 사벽한 사람을 따르게 된다면 애통함

---

1) 혜동(惠棟, A.D.1697~A.D.1758) : 청(淸)나라 때의 학자이다. 자(字)는 송애(松崖)·정우(定宇)이다. 조부는 혜주척(惠周惕)이고, 부친은 혜사기(惠士奇)이다. 가학(家學)을 전승하여, 한대(漢代) 경학(經學)을 부흥시키는 데 주력하였다. 역학(易學)에도 조예가 깊었다. 『구경고의(九經古義)』 등의 저서가 있다.
2) 『대학』「경(經) 1장」: 自天子以至於庶人, 壹是皆以修身爲本.

이 삼년 동안 지속되기에 부족하고, 수식을 꾸미는 군자를 따른다면 애통함이 삼년에만 그치지 않는다. 그렇기 때문에 선왕은 현명하고 불초한 자의 중간을 헤아려서 중도를 세우고 규범과 제한을 마련하여, 현명한 자로 하여금 굽혀서 중도로 나아가게끔 했고, 불초한 자로 하여금 발돋움하여 중도에 미치도록 했다. '문(文)'자는 격식과 제도이다. '이(理)'자는 세부 이치이다. 삼년이라는 기간 동안 빈소를 마련하고 장례를 치르며 우제(虞祭)3)와 부제(祔祭)4)를 지내고 연제(練祭)5)와 대상(大祥)을 치르는 예법이 있어서, 그들로 하여금 격식과 제도를 이루기에 충분하도록 만들고, 상복을 바꾸고 제거하는 규범을 두어서, 그들로 하여금 세부 이치를 이루기에 충분하도록 만들었다. 이처럼 한다면 상복을 제거할 수 있다. 이것이 상의 기한을 삼년으로 제한한 이유이다.

참고 원문비교

예기·삼년문 將由夫脩飾之君子與? 則三年之喪, 二十五月而畢, 若駟之過隙, 然而遂之, 則是無窮也. 故先王焉爲之立中制節, 壹使足以成文理, 則釋之矣.

순자·예론(禮論) 將由夫脩飾之君子與? 則三年之喪, 二十五月而畢, 若駟之過隙, 然而遂之, 則是無窮也①. 故先王聖人安爲之立中制節, 一使足以成文理, 則舍之矣②.

---

3) 우제(虞祭)는 장례(葬禮)를 치르고 난 뒤에 지내는 제사를 뜻한다.
4) 부제(祔祭)는 '부(祔)'라고도 한다. 새로이 죽은 자가 있으면, 선조(先祖)에게 '부제'를 올리면서, 신주(神主)를 합사(合祀)하는 것을 말한다. 『주례』「춘관(春官)·대축(大祝)」편에는 "付練祥, 掌國事."라는 기록이 있고, 이에 대한 정현의 주에서는 "付當爲祔. 祭於先王以祔後死者."라고 풀이하였다.
5) 연제(練祭)는 소상(小祥)을 뜻한다. 삼년상에서 1년째에 지내는 제사이다. 소상 때에는 연관(練冠)과 연의(練衣)를 착용하고 제사를 지내기 때문에 '연제'라고 부른다.

楊注-① 隙, 壁孔也. 鄭云, 喩疾也. 遂之, 謂不時除也.

번역 '극(隙)'자는 벽의 구멍을 뜻한다. 정현은 빠름을 비유한 뜻이다. '수지(遂之)'는 시간의 제한을 두지 않는다는 뜻이라고 했다.

楊注-② 禮記作焉爲之立中制節, 鄭云, 焉猶然. 立中制節, 謂服之年月也. 舍, 除也. 王肅云, 一, 皆也.

번역 『예기』에서는 '언위지립중제절(焉爲之立中制節)'이라고 기록했고, 정현은 '언(焉)'자가 연(然)자의 뜻이라고 했다. 그리고 '입중제절(立中制節)'은 복상기간의 기한을 뜻한다고 했다. '사(舍)'자는 "제거하다[除]."는 뜻이다. 왕숙6)은 '일(一)'자는 모두[皆]라는 뜻이라고 했다.

---

6) 왕숙(王肅, A.D.195~A.D.256) : =왕자옹(王子雍). 위진남북조(魏晉南北朝) 때의 위(魏)나라 경학자이다. 자(字)는 자옹(子雍)이다. 출신지는 동해(東海)이다. 부친 왕랑(王朗)으로부터 금문학(今文學)을 공부했으나, 고문학(古文學)의 고증적인 해석을 따랐다. 『상서(尙書)』, 『시경(詩經)』, 『좌전(左傳)』, 『논어(論語)』 및 삼례(三禮)에 대한 주석을 남겼다.

【671a】

然則何以至期也? 曰, "至親以期斷." 是何也? 曰, "天地則
已易矣, 四時則已變矣, 其在天地之中者莫不更始焉, 以是象
之也."

직역　然이라면 何히 期로 至리오? 曰, "至親은 期로써 斷한다." 是는 何오? 曰,
"天地는 已히 易하고, 四時는 已히 變이니, 그 天地의 中에 在한 者는 更始를 不함
이 莫하니, 是로써 象한다."

의역　그렇다면 어찌하여 1주기에 이르러 복식을 제거하는가? 대답해보자면,
"지극히 친근한 자에 대해서는 1주기로 제한을 한다."라고 했다. 이것은 어떤 뜻인
가? 대답해보자면, "1주기가 되면 천지도 이미 바뀌었고, 사계절도 이미 변화했으
니, 천지 사이에 있는 것들은 다시 시작하지 않는 것이 없어서, 이로써 드러낸 것이
다."라고 했다.

集說　疏曰: 父母本三年, 何以至期, 是問其一期應除之義. 故答云至親以
期斷, 是明一期可除之節, 故期而練, 男子除絰, 婦人除帶. 下文云加隆, 故至
三年.

번역　공영달[1]의 소에서 말하길, 부모에 대해서는 본래 삼년상을 치르는

---

1) 공영달(孔穎達, A.D.574~A.D.648)：=공씨(孔氏). 당대(唐代)의 경학자이다.
　　자(字)는 중달(仲達)이고, 시호(諡號)는 헌공(憲公)이다. 『오경정의(五經正
　　義)』를 찬정(撰定)하는데 중심적인 역할을 했다.

데, "어찌하여 1년에 이르는가?"라고 말한 것은 1주기가 되어서 마땅히 제
거해야 하는 뜻을 질문한 것이다. 그렇기 때문에 "지극히 친근한 자에 대해
서는 1년을 기준으로 제한한다."라고 대답한 것이니, 이것은 1주기가 되어
제거할 수 있는 절차를 드러낸 것이다. 그래서 1주기가 되면 연제(練祭)를
치르고, 남자는 수질(首経)을 제거하고 부인은 요대(要帶)를 제거한다. 아
래문장에서 "융성함을 더한다."라고 했기 때문에 삼년상에 이르는 것이다.

鄭注 言三年之義如此, 則何以有降至於期也? 期者, 謂爲人後者, 父在爲
母也. 言服之正, 雖至親皆期而除也. 問服斷於期之義也. 法此變易, 可以期也.

번역 삼년상의 뜻이 이와 같다면 어찌하여 낮춰서 1년에만 그치는 경우
가 있느냐는 뜻이다. 기년상(期年喪)은 남의 집안의 후계자가 된 자가 자신
의 부모를 위해 상례를 치르거나 부친이 생존해 계실 때 돌아가신 모친의
상례를 치르는 경우를 뜻한다. 상복 중 정규 복장에 해당하는 것은 비록
지극히 친근한 자라 하더라도 모두 1주기가 되면 제거한다는 뜻이다. 상복
을 1년으로 제한하는 뜻을 질문한 것이다. 이처럼 변하고 바뀌는 것을 본받
아서 1년으로 할 수 있다.

釋文 期音基, 注及下同. 斷, 丁亂反, 下注同.

번역 '期'자의 음은 '基(기)'이며, 정현의 주 및 아래문장에 나오는 글자
도 그 음이 모두 이와 같다. '斷'자는 '丁(정)'자와 '亂(란)'자의 반절음이며,
아래 정현의 주에 나오는 글자도 그 음이 이와 같다.

孔疏 ●"然則"至"之也". ○正義曰: 上節既稱爲父母三年, 何故有父母止
有期者? 此一節釋爲期之義.

번역 ●經文: "然則"~"之也". ○앞의 문단에서는 부모의 상을 치를 때
삼년상으로 한다고 했는데, 어떠한 이유로 부모에 대해 기년상(期年喪)으

로만 그치는 경우가 있는가? 이곳 문단은 기년상을 치르는 의미를 풀이한
것이다.

孔疏 ●“然則何以至期也”者, 言爲父母本應三年, 何故爲人後者, 爲本生
父母及父在爲母而止於期.

번역 ●經文: “然則何以至期也”. ○부모의 상을 치를 때에는 본래 삼년
상으로 치르는데, 어떠한 이유로 남의 집안의 후계자가 된 자가 본래 자신
을 낳아준 부모 및 부친이 생존해 계실 때 돌아가신 모친을 위해서 상을
치를 때 기년상에 그치느냐는 뜻이다.

孔疏 ●“曰至親以期斷”者, 記者釋之, 爲至親本以期斷, 故雖爲他後及父
在爲母, 但以期也.

번역 ●經文: “曰至親以期斷”. ○『예기』를 기록한 자가 그 내용을 풀이
한 것이니, 지극히 친근한 자에 대해서는 본래 1년으로 제한을 한다. 그렇
기 때문에 다른 집의 후계자가 된 자가 자신을 낳아준 부모를 위해 상을
치르거나 부친이 생존해 계실 때 돌아가신 모친의 상을 치를 때에는 단지
기년상으로만 한다는 뜻이다.

孔疏 ●“是何也”者, 記者又起問, 云有何義故以期矣.

번역 ●經文: “是何也”. ○『예기』를 기록한 자는 다시 질문을 하였으니,
어떠한 이유가 있어서 기년상(期年喪)으로 하느냐는 뜻이다.

孔疏 ●“四時則已變矣”者, 答期斷之義也. 言“期”, 是一年之周匝, 而天氣
換矣. 前時已畢, 今時又來, 是變改矣.

번역 ●經文: “四時則已變矣”. ○기년상으로 제한하는 뜻을 대답해준
것이다. ‘기(期)’라고 했으니, 이것은 1년 동안 한 주기를 돌아서 하늘의 기

운이 바뀐 것을 뜻한다. 이전 시기가 이미 끝나서 이제 새로운 시기가 도래 하였으니, 이것이 바뀌게 되는 이유이다.

孔疏 ●"其在天地之中者, 莫不更始焉"者, 言天地之中, 動植之物, 無不於 前事之終, 更爲今事之始也.

번역 ●經文: "其在天地之中者, 莫不更始焉". ○천지 사이에 생존하는 동물이나 식물 중에는 이전 시기가 마쳐서 다시 새로운 시기에 시작하지 않는 것이 없다는 뜻이다.

孔疏 ●"以是象之也"者, 聖人以是之故, 以人事法象天地, 故期年也.

번역 ●經文: "以是象之也". ○성인은 이러한 이유 때문에 인간에 대한 사안에 있어서 천지를 본받게 했다. 그렇기 때문에 1년을 주기로 한 것이다.

孔疏 ◎注"言三"至"母也". ○正義曰: 鄭意以三年之喪何以有降至於期 者, 故云爲人後者爲本生之父母·及父在爲母期, 事故抑屈, 應降至九月十月, 何以必至於期? 以其本至親, 不可降期以下, 故雖降屈, 猶至於期. 今檢尋經 意, 父母本意三年, 何以至期者, 但問其一期應除之義, 故答曰"至親以期斷", 是明一期可除之節. 故禮: 期而練, 男子除絰, 婦人除帶. 下文云加降, 故至三 年, 是經意不據爲人後及父在爲母期. 鄭之此釋, 恐未盡經意, 但旣祖鄭學, 今 因而釋之.

번역 ◎鄭注: "言三"~"母也". ○정현의 의도는 삼년상을 치르는데 어 찌하여 수위를 낮춰 기년상(期年喪)으로 치르는 경우가 있느냐고 여긴 것 이다. 그렇기 때문에 "남의 집안의 후계자가 된 자가 자신을 낳아준 부모 및 부친이 생존해 계실 때 돌아가신 모친의 상례를 치르는 경우를 뜻한다." 라고 했는데, 그 사안에 따른 이유로 인해 굽히게 되어서 수위를 낮춰 9개 월 상이나 10개월 상으로 치러야 하는 경우도 있는데, 어찌하여 반드시 기 년상으로 제한하는가? 본래 지극히 친근한 자이니 기년상 이하로 낮출 수

가 없다. 그렇기 때문에 비록 낮추고 굽히더라도 여전히 기년상까지만 제
한한다. 현재 경문의 뜻을 자세히 살펴보니 부모에 대해서는 본래 삼년상
으로 치르는데 "어찌하여 1년에 이르는가?"라고 말한 것은 단지 1주기가
되어서 마땅히 제거해야 하는 뜻을 질문한 것이다. 그렇기 때문에 "지극히
친근한 자에 대해서는 1년을 기준으로 제한한다."라고 대답한 것이니, 이것
은 1주기가 되어 제거할 수 있는 절차를 드러낸 것이다. 그래서 예법에 따
르면 1주기가 되면 연제(練祭)를 치르고, 남자는 수질(首絰)을 제거하고 부
인은 요대(要帶)를 제거한다. 아래문장에서 "융성함을 더한다."라고 했기
때문에 삼년상에 이르는 것이다. 이것은 경문의 뜻이 남의 집안의 후계자
가 된 자가 자신의 부모에 대한 상을 치르거나 부친이 생존해 계실 때 모친
을 위해 기년상을 치르는 것을 기준으로 두지 않았음을 뜻한다. 정현의 이
러한 풀이는 아마도 경문의 뜻을 모두 드러내지 못할 것 같지만, 이미 정현
의 학문에 따라 풀이를 했으므로, 이곳에서도 그에 따라 풀이한다.

集解 此明期喪之義也. 何以至期, 問期喪何以至期而畢也.

번역 이 문장은 기년상(期年喪)의 뜻을 나타내고 있다. "어찌하여 1년에
이르는가?"라는 말은 기년상은 어찌하여 1주기가 되면 마치느냐고 질문한
것이다.

集解 何以至期也, 鄭氏以爲此期, 謂爲人後者, 及父在爲母; 孔氏以爲禮
期而練, 男子除絰, 婦人除帶, 此問其一期應除之義. 今按下文"何以三年也",
問三年之義, "由九月以下何也", 問大功以下之義, 則此"何以至期", 乃泛爲
期喪設問. 故下文又總之曰"故三年以爲隆, 緦小功以爲殺, 期九月以爲間",
固非問三年之練除, 亦非專問爲人後者及父在爲母之服也. <按: 然則何以至
期也, 荀子作"然則何以分之", 是總問五服之分限, 故下文歷言五服之日月以
釋之, 其義尤明. 楊倞注, "分, 半也, 謂半於三年." 是欲以牽合禮記"何以
期"之意而反失之.>

번역 '하이지기(何以至期)'에 대해서 정현은 여기에서 말한 기년상(期年喪)은 남의 집안 후계자가 된 자가 자신의 부모를 위해 상을 치르거나 부친이 생존해 계실 때 모친을 위해 상을 치르는 경우라고 여겼고, 공영달은 예법에 따라 1주기가 되면 연제(練祭)를 치르고 남자는 수질(首絰)을 제거하고 여자는 요대(要帶)를 제거한다고 여겨서, 이곳 기록이 1주기가 되어서 마땅히 제거해야 하는 뜻을 질문한 것이라고 했다. 현재 살펴보니 아래문장에서 "어찌하여 삼년으로 하는가?"라고 했는데, 이것은 삼년으로 치르는 의미를 물어본 것이며, "9개월로부터 그 이하의 경우는 어째서인가?"라고 했는데, 이것은 대공복(大功服) 이하의 상 의미를 물어본 것이니, 이곳에서 "어찌하여 1년에 이르는가?"라는 말은 곧 기년상에 대해 범범하게 질문한 것이다. 그렇기 때문에 아래문장에서는 재차 총괄적으로 "그러므로 삼년상은 융성한 것으로 여기고, 시마복(緦麻服)2)과 소공복(小功服)의 상은 낮춘 것으로 여기며, 기년상과 9개월 상을 그 중간으로 여긴다."라고 말한 것이니, 진실로 삼년상에서 연제를 치른 이후 제거하는 것을 물어본 것이 아니며, 또한 전적으로 남의 집안의 후계자가 된 자가 자신의 부모에 대해서 상을 치르거나 부친이 생존해 계실 때 돌아가신 모친을 위해 치르는 상복에 대해서 질문한 것도 아니다. <살펴보니, '연즉하이지기야(然則何以至期也)'라는 구문을 『순자』에서는 '연즉하이분지(然則何以分之)'라고 기록했는데, 이것은 오복(五服)의 기간에 대해서 총괄적으로 질문한 것이다. 그렇기 때문에 아래문장에서는 차례대로 오복에 따른 복상기간을 서술하여 풀이한 것이니, 그 의미가 더욱 명쾌하다. 양경의 주에서는 "'분(分)'자는 절반[半]을 뜻하니, 삼년상의 절반을 한다는 의미이다."라고 했는데, 이것은 『예기』에서 '하이지기(何以至期)'라고 했던 뜻과 억지로 부합시키고자 해서 이처럼 풀이한 것이지만, 도리어 그 의미를 놓친 것이다.>

2) 시마복(緦麻服)은 상복(喪服) 중 하나로, 오복(五服)에 속한다. 가장 조밀한 삼베를 사용해서 만든다. 이 복장을 입게 되는 기간은 상황에 따라서 차이가 있지만, 일반적으로 3개월이 된다. 친족의 백숙부모(伯叔父母)나 친족의 형제(兄弟)들 및 혼인하지 않은 친족의 자매(姊妹) 등을 위해서 입는다.

참고 원문비교

예기·삼년문   然則何以至期也? 曰, "至親以期斷." 是何也? 曰, "天地
則已易矣, 四時則已變矣, 其在天地之中者莫不更始焉, 以是象之也."

순자·예론(禮論)   然則何以分之①? 曰, "至親以期斷②." 是何也③?
曰, "天地則已易矣, 四時則已偏矣, 其在宇中者莫不更始也④, 故先王案以此
象之也."

楊注-①   分, 半也, 半於三年矣.

번역 '분(分)'자는 절반[半]이라는 뜻이니, 삼년에서 절반을 한다는 의미
이다.

楊注-②   斷, 決也. 鄭云, 言服之正, 雖至親, 皆期而除.

번역 '단(斷)'자는 "결단하다[決]."는 뜻이다. 정현은 상복 중 정규 복장
에 해당하는 것은 비록 지극히 친근한 자라 하더라도 모두 1주기가 되면
제거를 한다는 뜻이라고 했다.

楊注-③   鄭云, 問服斷於期之義也.

번역 정현은 상복을 1년으로 제한하는 뜻을 질문한 것이라고 했다.

楊注-④   宇中者, 謂萬物.

번역 '우중자(宇中者)'는 만물을 뜻한다.

참고 『의례』「상복(喪服)」 기록

경문 爲人後者爲其父母, 報.

번역 남의 후계자가 된 자가 자신의 친부모를 위해서 자최복(齊衰服)으로 지팡이를 잡지 않는 기년상(期年喪)을 치르니, 친부모가 자신을 위해 상복 착용하는 것을 보답하기 위해서이다.

賈疏 ●"爲人後者爲其父母報". ○釋曰: 此謂其子後人反來爲父母在者, 欲其厚於所後, 薄於本親, 抑之, 故次在孫後也. 若然, 旣爲本生不降斬, 至禫杖章者, 亦是深抑厚於大宗也. 言報者, 旣深抑之, 使同本疏往來相報之法故也.

번역 ●經文: "爲人後者爲其父母報". ○이 내용은 자식이 남의 후계자가 되었고 다시 되돌아와 친부모를 위해 상을 치르는 경우인데, 후계자로 들어간 집의 부모에 대해 두텁게 하고 친부모에 대해 상대적으로 엷게 하고자 해서 억누르는 것이다. 그렇기 때문에 적손(適孫)에 대한 내용 뒤에 기록하였다. 만약 그렇다면 이미 본래 친부모를 위해 수위를 낮추지 않고 참최복을 착용하며 담제를 치르고 지팡이를 잡는다고 했으니, 여기에서 말한 경우는 또한 매우 억눌러 대종에 대해 두터이 한 것이다. '보(報)'라고 말한 것은 매우 억눌러 친족 간에 서로 보답하는 법도를 동일하게 따르게 끔 한 것이다.

전문 傳曰: 何以期也? 不貳斬也. 何以不貳斬也? 持重於大宗者, 降其小宗也. 爲人後者孰後? 後大宗也. 曷爲後大宗? 大宗者, 尊之統也. 禽獸知母而不知父. 野人曰: 父母何筭焉? 都邑之士, 則知尊禰矣. 大夫及學士, 則知尊祖矣. 諸侯及其大祖, 天子及其始祖之所自出, 尊者尊統上, 卑者尊統下. 大宗者, 尊之統也. 大宗者, 收族者也, 不可以絶. 故族人以支子後大宗也. 適子不得後大宗.

번역 전문에서 말하길, 어찌하여 기년상으로 치르는가? 두 부모에 대해 모두 참최복을 착용할 수 없기 때문이다. 어찌하여 두 부모에 대해 참최복을 착용할 수 없는가? 대종에 대해 정통을 이어받은 자는 소종에 대해 낮추기 때문이다. 남의 후계자가 되었다는 자는 누구의 후계자가 된 것인가? 대종의 후계자가 된 것이다. 어찌하여 대종의 후계자가 된 것인가? 대종은 존귀한 자의 정통을 계승한 자이다. 짐승은 모친만 알고 부친은 누군지 모른다. 야만인들은 부친과 모친을 어떻게 따질 수 있느냐고 말한다. 도읍에 사는 선비는 부친을 존귀하게 여겨야 함을 안다. 대부와 학사는 조부를 존귀하게 여겨야 함을 안다. 제후는 그의 태조에게까지 제사를 지내고 천자는 자신의 시조를 출생한 천제에게까지 제사를 지내니, 존귀한 자의 경우 존귀함의 정통이 멀리까지 미치고 미천한 자는 존귀함의 정통이 가까운 곳에만 미친다. 대종은 존귀함의 정통을 계승한 자이다. 대종은 친족들을 거두는 자이니 대를 끊을 수 없다. 그렇기 때문에 족인들은 지자(支子)³⁾로 대종의 뒤를 잇게 한다. 적자는 대종의 뒤를 이을 수 없다.

鄭注 都邑之士, 則知尊彌, 近政化也. 大祖, 始封之君. 始祖者, 感神靈而生, 若稷·契也. 自, 由也. 及始祖之所由出, 謂祭天也. 上猶遠也. 下猶近也. 收族者, 謂別親疏, 序昭穆. 大傳曰: 繫之以姓而弗別, 綴之以食而弗殊, 雖百世昏姻不通者, 周道然也.

번역 도읍의 선비들은 부친을 존귀하게 여겨야 함을 안다는 것은 정치와 교화에 보다 가깝기 때문이다. 태조는 처음 분봉을 받은 군주이다. 시조는 신령에 감응하여 태어나니, 후직이나 설과 같은 자들이다. '자(自)'자는 "말미암다[由]."는 뜻이다. 시조를 태어나게 한 대상까지 미친다는 말은 하늘에게 제사를 지낸다는 뜻이다. '상(上)'자는 "멀다[遠]."는 뜻이다. '하(下)'자는 "가깝다[近]."는 뜻이다. 친족을 거둬들인다는 말은 친근한 자와 소원한 자를 구별하고, 소목의 질서에 따라 차례를 정한다는 뜻이다. 『예기』「대전(大傳)」편에서는 "족인들을 통합할 때 성(姓)을 통해서 하여 구별을 두지

---

3) 지자(支子)는 적장자(嫡長子)를 제외한 나머지 아들들을 말한다.

않고, 그들을 음식에 대한 예법으로 회합을 시켜서 차이를 두지 않으니, 비록 100세대가 지났더라도 혼인을 할 수 없다. 이것은 주나라의 도에서 이처럼 만든 것이다."4)라고 했다.

賈疏 ●"傳曰"至"大宗". ○釋曰: 問者, 本生父母應斬及三年, 今乃不杖期, 故問比例也. 云"不貳斬"者, 答辭. 又不貳斬者, 持重於大宗者, 降其小宗, 此解不貳斬之意也. 此問答雖兼母, 專據父, 故答以斬而言. 按喪服小記云: "別子爲祖, 繼別爲大宗." 謂若魯桓公適夫人文姜生大子, 名同, 後爲君, 次子慶父 · 叔牙 · 季友, 此三子謂之別子. 別子者, 皆以臣道事君, 無兄弟相宗之法, 與大子有別, 又與後世爲始, 故稱別子也. 大宗有一, 小宗有四. 大宗一者, 別子之子, 適者爲諸弟來宗之, 卽謂之大宗. 自此以下, 適適相承, 謂之百世不遷之宗. 五服之內, 親者月筭如邦人, 五服之外, 皆來宗之, 爲之齊衰, 齊衰三月章"爲宗子之母妻", 是也. 小宗有四者, 謂大宗之後生者, 謂別子之弟. 小記注云: "別子之世長子兄弟宗之." 第二已下, 長者親弟來宗之, 爲繼禰小宗. 更一世長者, 非直親兄弟, 又從父昆弟亦來宗之, 爲繼祖小宗. 更一世長者, 非直親昆弟, 從父昆弟, 又有從祖昆弟來宗之, 爲繼曾祖小宗. 更一世長者, 非直有親昆弟, 從父昆弟, 從祖昆弟來宗之, 又有從曾祖昆弟來宗之, 爲繼高祖小宗也. 更一世絶服, 不復來事, 以彼自事, 五服內繼高祖已下者也. 四者皆是小宗, 則家家皆有兄弟相事長者之小宗. 雖家家盡有小宗, 仍世事繼高祖已下之小宗也, 是以上傳云"有餘則歸之宗", 亦謂當家之長爲小宗者也. 云"爲人後者孰後, 後大宗也"者, 此問小宗 · 大宗二者與何者爲後, 後大宗也. 按何休云"小宗無後當絶", 與此義同也. 又云"後大宗者降其小宗", 此則繼爲人後爲父母, 父母尙降, 明餘皆降也. 故大功章云"爲人後者爲其昆弟", 是降小宗之類也. 云"曷爲後大宗, 大宗者, 尊之統"者, 此問必後大宗, 何意也? 明宗子尊統領, 是以書傳云: "宗子燕族人於堂, 宗婦燕族人於房, 序之以昭穆", 旣有族食 · 族燕齒序族人之事, 是以須後不可絶也, 故云尊之統也. 云"禽獸"已下者,

---

4) 『예기』「대전(大傳)」【427b】: 繫之以姓而弗別, 綴之以食而弗殊, 雖百世而昏姻不通者, 周道然也.

因之尊宗子, 遂廣申尊祖, 宗子之事也. 云“禽獸知母不知父”者, 爾雅云: “兩足而羽謂之禽, 四足而毛謂之獸.” 彼對文而言之也. 若散文言之, 獸亦名禽. 禽獸所生, 唯知隨母, 不知隨父, 是知母不知父. 云“野人曰父母何筭焉”者, 野人謂若論語鄭注云“野人粗略”, 與都邑之士相對. 亦謂國外爲野人, 野人稍遠政化, 都邑之士爲近政化. 周禮云“野自六尺”之類者, 不知分別父母尊卑也. 云“都邑之士則知尊禰”者, 士下對野人, 上對大夫, 則此士所謂在朝之士幷在城郭士, 民知義禮者, 總謂之爲士也. 云“大夫及學士則知尊祖”者, 此學謂鄕庠序及國之大學・小學之學士, 文王之世子亦云“學士”, 雖未有官爵, 以其習知四術, 閑知六藝, 知祖義父仁之禮, 故敬父遂尊祖, 得與大夫之貴同也. 諸侯及其大祖, 天子及其始祖, 皆是爵尊者, 其德所及遠之義也. 云大宗“收族”已下, 謂論大宗立後之意也. 云“適子不得後大宗”者, 以其自當主家事幷承重祭祀之事故也.

번역 ●傳文: “傳曰”~“大宗”. ○질문은 본래 자신을 낳아준 부모에 대해서는 마땅히 참최복을 착용하고 삼년 동안 복상해야 하는데, 현재 지팡이를 잡지 않고 기년상으로 치른다고 했으므로, 이러한 사례를 질문한 것이다. “두 부모에 대해 모두 참최복을 착용할 수 없기 때문이다.”라고 했는데, 이것은 답변에 해당한다. 또 “두 부모에 대해 모두 참최복을 착용할 수 없는 것은 대종에 대해 정통을 이어받은 자는 소종에 대해 낮추기 때문이다.”라고 했는데, 이것은 두 부모에 대해 모두 참최복을 착용하지 않는 뜻을 풀이한 말이다. 이곳에 나온 질문과 답변에서는 비록 모친에 대한 말도 함께 기록하고 있지만 전적으로 부친의 경우를 기준으로 둔 것이다. 그렇기 때문에 답변에서는 참최복을 기준으로 말한 것이다. 『예기』「상복소기(喪服小記)」편을 살펴보면, “제후의 적장자 이외의 나머지 아들은 별자로써 자기 가문의 시조가 되며, 별자를 계승하는 적장자는 대종(大宗)이 된다.”5)라고 했는데, 예를 들어 노나라 환공의 정부인 문강은 태자를 낳았는

---

5) 『예기』「상복소기(喪服小記)」【409b】: 別子爲祖, 繼別爲宗. 繼禰者爲小宗. 有五世而遷之宗, 其繼高祖者也. 是故祖遷於上, 宗易於下. 尊祖故敬宗, 敬宗所以尊祖禰也.

데, 이름이 동(同)이었고 후대에 제후가 되었으며, 차자인 경보·숙아·계우 세 아들을 별자라고 부른 경우와 같다. '별자(別子)'는 모두 신하의 도리에 따라 군주를 섬기니, 형제끼리 서로 종주로 높이는 법도가 없어서 태자와 구별되는 점이 있고, 또한 자기 후대에 대해서는 시조가 되기 때문에 별자라고 지칭하는 것이다. 대종은 하나이며 소종은 네 개이다. 대종은 하나라고 했는데, 별자의 자식 중 적장자는 나머지 동생들에게 종자로 받들어지니 이를 대종이라고 부른다. 이로부터 그 이후로는 적장자끼리 서로 대를 계승하게 되어, 100세대가 지나더라도 바뀌지 않는 종주라 한다. 오복 이내의 친족들은 복상기간을 일반인들이 따르는 것처럼 정하고, 오복에서 벗어난 자들도 모두 찾아와 그를 종주로 받들며 그를 위해 자최복을 착용하니, '자최삼월장'에서 "종자의 모친이나 처를 위해서 착용한다."라고 한 경우가 여기에 해당한다. 소종은 네 개라고 했는데, 대종보다 뒤에 태어난 자를 뜻하니, 별자의 동생이 된다. 「상복소기」에 대한 정현의 주에서는 "별자의 다음 세대 장자는 형제들로부터 종주로 떠받들어진다."라고 했다. 따라서 다음 세대로부터 그 이하의 경우 대종의 가문을 제외한 나머지 집안의 적장자는 그의 친동생이 그를 종주로 받들게 되며 부친의 뒤를 이어 소종이 된다. 다시 다음 세대가 되었을 때 적장자는 친형제뿐만 아니라 또한 종부의 곤제들이 와서 그를 종주로 받들게 되니, 조부의 뒤를 이어 소종이 된다. 다시 다음 세대가 되었을 때 적장자는 친곤제뿐만 아니라 종부의 곤제들과 종조의 곤제들이 와서 그를 종주로 받들게 되니, 증조의 뒤를 이어 소종이 된다. 다시 다음 세대가 되었을 때 적장자는 친곤제뿐만 아니라 종부의 곤제, 종조의 곤제들이 와서 그를 종주로 받들고 또 증조의 곤제들도 와서 그를 종주로 받드니, 고조의 뒤를 이어 소종이 된다. 다시 다음 세대가 되었을 때에는 상복관계가 없어지게 되어, 다시 찾아와서 섬기는 일이 없고, 그들 자체로 소종을 다시 정하게 되니, 오복의 친족 범위 내에서 고조 이하의 조상을 잇는 자가 소종이 된다. 이처럼 네 가지 경우에 해당하는 자들은 모두 소종이 되니, 집집마다 모두 형제들이 서로 적장자로 섬기는 소종을 두게 된다. 비록 집집마다 소종이 모두 있게 되지만, 이들은 대대로 고조 이하의 뒤를 잇는 소종이 된다. 이러한 까닭으로 앞의 전문에서는

"남는 것이 있다면 종자에게 돌려준다."고 했던 것인데, 이 또한 그 집안의 장자로 소종이 된 자를 뜻한다. "남의 후계자가 되었다는 자는 누구의 후계자가 된 것인가? 대종의 후계자가 된 것이다."라고 했는데, 이것은 소종과 대종 중 누가의 후계자가 되었느냐고 물어서 대종의 후계자가 되었다고 한 것이다. 하휴의 주장을 살펴보면, "소종에게 후손이 없으면 대가 끊어지게 된다."라고 하여 이곳의 의미와 동일한 주장을 했다. 또 "대종에 대해 정통을 이어받은 자는 소종에 대해 낮춘다."라고 했는데, 남의 후사가 되었을 때 자신의 친부모에 대해 낮춘다는 것이니, 부모에 대해 오히려 낮추게 된다며 나머지 친족들에 대해서도 모두 낮추게 된다. 그러므로 '대공장'에서는 "남의 후계자가 된 자가 그들의 곤제를 위해서 착용한다."라고 한 것이니, 이것은 소종에게 낮추는 부류에 해당한다. "어찌하여 대종의 후계자가 된 것인가? 대종은 존귀한 자의 정통을 계승한 자이다."라고 했는데, 이것은 반드시 대종의 후계자가 되어야 하는 것에는 어떠한 의미가 있느냐고 질문한 것이니, 종자는 존귀한 자의 정통을 이어받았음을 뜻한다. 이러한 까닭으로 『서전』에서는 "종자는 당상에서 족인들에게 연회를 베풀고, 종부는 방에서 족인들에게 연회를 베푸니, 소목의 질서에 따라 차례를 정한다."라고 한 것이며, 이미 족인들과 식사를 하거나 연회를 할 때 족인들을 나이나 소목의 차례에 따라 질서를 정하게 되어 그 후계자는 끊어질 수가 없다. 그렇기 때문에 존귀한 자의 정통을 계승한다고 말했다. '짐승'이라고 한 말로부터 그 이하의 내용들은 종자를 존귀하게 높인다는 사실에 따라서 조상을 존귀하게 높이는 것이 종자의 일임을 폭넓게 나타내고 있다. "짐승은 모친만 알고 부친은 누군지 모른다."라고 했는데, 『이아』에서는 "두 발이 있고 깃털이 달린 것을 '금(禽)'이라 부르고, 네 발이 있고 털이 난 것을 '수(獸)'라고 부른다."[6]라고 했는데, 『이아』의 기록은 글자를 상대적으로 표현해서 말한 것이다. 만약 범범하게 말한다면 수(獸)에 해당하는 동물들 또한 금(禽)이라고 부를 수 있다. 이러한 짐승들이 태어나게 되면 오로지 모친만 따를 줄 알고 부친을 따를 줄은 모르니, 이것이 모친만 알고 부친은

---

6) 『이아』「석조(釋鳥)」 : 二足而羽謂之禽. 四足而毛謂之獸.

모른다는 뜻이다. "야만인들은 부친과 모친을 어떻게 따질 수 있느냐고 말한다."라고 했는데, 야만인이란 마치『논어』에 대한 정현의 주에서 "야만인은 거칠고 남루하다."라고 했을 때의 야만인과 같은 것으로, 도읍에 사는 선비와 상대되는 말이다. 또한 국성 밖의 사람들은 야인(野人)으로 분류되는데, 그들은 정치 교화와는 보다 멀리 떨어져 있으니, 도읍의 선비들은 정치와 교화에 상대적으로 가깝게 된다. 『주례』에서 "야인들에 대해서는 키가 6척인 자부터 세금을 걷는다."[7]라고 했던 부류들은 부친과 모친에 대해 존비의 차이를 구분할 줄 모른다. "도읍에 사는 선비는 부친을 존귀하게 여겨야 함을 안다."라고 했는데, 선비란 밑으로 야만인과 대비가 되고 위로는 대부와 대비가 되니, 여기에서 말한 사는 조정에 있는 사와 성곽에 있는 사를 아우르는 것이며, 백성들 중 의리와 예법을 아는 자들까지도 총괄적으로 사라고 부른다. "대부와 학사는 조부를 존귀하게 여겨야 함을 안다."라고 했는데, 여기에서 말한 학교는 향에 있는 상(庠)이나 서(序) 및 국성에 있는 대학·소학으로, 그곳에 입교한 학사들을 뜻하고, 문왕이 세자였던 시절에도 '학사(學士)'라고 불렀으니, 비록 아직 관직과 작위를 갖추지 않았지만 시·서·예·악을 익혀서 알고 있고, 육예 또한 틈틈이 익혀서 알고 있으며, 조부에 대한 의리와 부친에 대한 인자함의 예법을 알고 있기 때문에 부친을 공경하고 그 연장선에서 조부를 존숭하니, 대부처럼 존귀한 자와 동일하게 따를 수 있다. 제후는 그의 태조에게까지 제사를 지내고 천자는 자신의 시조를 출생한 천제에게까지 제사를 지낸다고 했는데, 이 모두는 작위가 존귀한 자들로, 그들의 덕이 미치는 범위가 넓다는 것을 뜻한다. 대종에 대해서 "족인들을 거둬들인다."라고 한 말로부터 그 이하의 내용들은 대종이 후사를 세우는 뜻을 논의한 말이다. "적자는 대종의 뒤를 이을 수 없다."라고 했는데, 자기 집안의 가사를 돌보고 제사라는 중책을 맡기 때문이다.

---

7) 『주례』「지관(地官)·향대부(鄕大夫)」: 以歲時登其夫家之衆寡, 辨其可任者. 國中自七尺以及六十, 野自六尺以及六十有五, 皆征之. 其舍者, 國中貴者·賢者·能者·服公事者·老者·疾者皆舍. 以歲時入其書.

賈疏 ◎注“都邑”至“道然也”. ○釋曰: 都邑之士者, 對天子諸侯曰國采地, 大夫曰都邑. 故周禮·載師有家邑·小都·大都, 春秋左氏諸侯下大夫采地, 亦云邑曰築, 都曰城. 散文天子已下皆名都邑, 都邑之內者, 其民近政化. 若然, 天子諸侯施政化, 民無以遠近爲異, 但近者易化, 遠者難感, 故民近政化者識深, 則知尊父, 遠政化者識淺, 不知父母有尊卑之別也. 大祖始封之君者, 按周禮·典命云三公八命, 卿六命, 大夫四命, 其爵皆加一等. 加一等者, 八命爲上公九命, 爲牧八命, 爲侯伯七命, 爲子男五命, 此皆爲大祖, 後世不毁其廟. 若魯之周公, 齊之大公, 衛之康叔, 鄭之桓公之類, 皆是大祖者也. 云“始祖感神靈而生, 若后稷契也. 自, 由也. 及始祖所由出謂祭天”者, 謂祭所感帝, 還以始祖配之. 按大傳云: “王者禘其祖之所自出, 以其祖配之.” 是后稷感東方青帝靈威仰所生, 契感北方黑帝汁光紀所生. 易緯云“三王之郊, 一用夏正”. 郊特牲云“兆日於南郊, 就陽位”, 則王者建寅之月祀所感帝於南郊, 還以感生祖配祭, 周以后稷, 殷以契配之, 故鄭云謂祖配祭天也. 又鄭注大傳云王者之先祖, 皆感大微五帝之精以生, 則不止后稷與契而已. 但后稷感青帝所生, 卽生民詩云“履帝武敏歆”, 據鄭義, 帝嚳後世妃姜原履青帝大人跡而生后稷, 殷之先母有娀氏之女簡狄吞燕卵而生契, 此二者文著, 故鄭據而言之, 其實帝王皆有所感而生也. 云“上猶遠也, 下猶近”者, 天子始祖, 諸侯及大祖, 並於親廟外祭之, 是尊統遠. 大夫三廟, 適士二廟, 中下士一廟, 是卑者尊統近也. 若然, 此論大宗子, 而言天子諸侯·大夫士之等者, 欲見大宗子統領百世而不遷, 又上祭別祖子大祖而不易, 亦是尊統遠. 小宗子唯統五服之內, 是尊統近, 故傳言尊統遠近而云大宗者, 尊之統也. 又云大宗者, 收族, 是大宗統遠之事也. 引大傳者, 按彼稱姓謂正姓, 若殷子·周姬之類, 綴之以食者, 以食禮相連綴, 使不相疏, 若宗子於族人行族食·族燕者也. 云“百世婚姻不通周道然”者, 對殷道則不然, 謂殷家不繫之以正姓, 但五世絶服, 以後庶姓別於上, 而戚單於下, 下婚姻通也. 引之者, 證周之大宗子統領族人, 序以昭穆, 百世不亂之事也.

번역 ◎鄭注: “都邑”~“道然也”. ○도읍에 사라고 했는데, 천자와 제후의 채지를 국성의 채지라고 부르고, 대부의 채지를 도읍이라 부르는 것과 대비한 것이다. 그렇기 때문에 『주례』「재사(載師)」편에는 가읍(家邑)·소

도(小都)·대도(大都)라는 행정단위가 나오고,8)『춘추좌전』에서는 제후에
게 소속된 하대부의 채지를 말하며 또한 읍에 성을 쌓는 것을 축(築)이라
부르고 도에 성을 쌓는 것을 성(城)이라 부른다고 했다.9) 범범하게 기록하
게 되면 천자 이하의 계층에 대해서 그들이 속한 채지를 모두 도읍이라고
부르는데, 도읍 이내의 백성들은 정치와 교화의 영향력에 가깝다. 만약 그
렇다면 천자와 제후가 정치와 교화를 펼칠 때 백성들에게 있어서는 거리의
차이에 따른 차별이 없어야 하지만, 가까이 있는 자들은 교화되기가 쉽고
멀리 떨어져 있는 자들은 교화에 감화되기가 어렵다. 그렇기 때문에 백성
들 중 정치와 교화의 영향권에 가까이 있는 자들은 앎이 깊어져서 부친을
존귀하게 높여야 한다는 사실을 알게 되고, 정치와 교화의 영향권에서 멀
리 떨어져 있는 자들은 앎이 얕아서 부친과 모친에 대한 존비의 차이가
있는지 알 지 못한다. 태조는 처음 분봉을 받은 제후인데,『주례』「전명(典
命)」편을 살펴보면 삼공(三公)10)은 8명의 등급이고, 그에게 소속된 경은
6명의 등급이며, 대부는 4명의 등급인데, 봉지를 받게 되면 그들의 작위는
모두 한 등급을 올린다고 했다.11) 한 등급을 올린다고 했을 때, 8명의 등급
에 해당하는 자는 상공(上公)12)인 9명의 등급이 되고, 나머지 자들은 1주

---

8) 『주례』「지관(地官)·재사(載師)」 : 以廛里任國中之地, 以場圃任園地, 以宅
田·士田·賈田任近郊之地, 以官田·牛田·賞田·牧田任遠郊之地, 以公邑之
田任甸地, 以家邑之田任稍地, 以小都之田任縣地, 以大都之田任畺地.

9) 『춘추좌씨전』「장공(莊公) 28년」 : 築郿, 非都也. 凡邑, 有宗廟先君之主曰都,
無曰邑. 邑曰築, 都曰城.

10) 삼공(三公)은 중앙정부의 가장 높은 관직자 3명을 합쳐서 부르는 말이다. '삼
공'에 속한 관직명에 대해서는 각 시대별로 차이가 있다. 『사기(史記)』「은본
기(殷本紀)」편에는 "以西伯昌, 九侯, 鄂侯, 爲三公."이라는 기록이 있다. 즉
은나라 때에는 서백(西伯)인 창(昌), 구후(九侯), 악후(鄂侯)들을 '삼공'으로
삼았다. 또한 주(周)나라 때에는 태사(太師), 태부(太傅), 태보(太保)를 '삼공'
으로 삼았다. 『서』「주서(周書)·주관(周官)」편에는 "立太師·太傅·太保, 茲
惟三公, 論道經邦, 燮理陰陽."이라는 기록이 있다. 한편 『한서(漢書)』「백관공
경표서(百官公卿表序)」에 따르면 사마(司馬), 사도(司徒), 사공(司空)을 '삼
공'으로 삼았다는 기록이 있다.

11) 『주례』「춘관(春官)·전명(典命)」 : 王之三公八命, 其卿六命, 其大夫四命. 及
其出封, 皆加一等. 其國家·宮室·車旗·衣服·禮儀亦如之.

12) 상공(上公)은 주(周)나라 제도에 있었던 관직 등급이다. 본래 신하의 관직 등

(州)를 다스리는 8명의 목(牧)이 되거나 7명의 후작이나 백작이 되거나 5명의 자작이나 남작이 되는데, 이들은 모두 태조가 되어 그의 후대 자손들은 그의 묘를 훼철하지 않는다. 이것은 마치 노나라의 주공, 제나라의 태공, 위나라의 강숙, 정나라의 환공과 같은 자들로, 이들은 모두 태조에 해당한다. 정현이 "시조는 신령에 감응하여 태어나니, 후직이나 설과 같은 자들이다. '자(自)'자는 말미암다는 뜻이다. 시조를 태어나게 한 대상까지 미친다는 말은 하늘에게 제사를 지낸다는 뜻이다."라고 했는데, 감생제(感生帝)[13]에게 제사를 지낼 때에는 자신의 시조를 함께 배향한다는 뜻이다. 『예기』「대전(大傳)」편을 살펴보면, "천자는 자신의 시조를 낳은 대상에 대해서 체제사[14]를 지내고, 자신의 시조를 배향한다."[15]라고 했는데, 후직은 동방청제인 영위앙(靈威仰)[16]의 기운에 감응하여 태어났고, 설은 북방흑제인 즙광

급은 8명(命)까지이다. 주나라 때에는 태사(太師), 태부(太傅), 태보(太保)와 같은 삼공(三公)들이 8명의 등급에 해당했다. 그런데 여기에 1명을 더하게 되면 9명이 되어, 특별직인 '상공'이 된다. 『주례』「춘관(春官)·전명(典命)」편에는 "上公九命爲伯, 其國家宮室車旗衣服禮儀, 皆以九爲節."이라는 기록이 있고, 이에 대한 정현의 주에서는 "上公, 謂王之三公有德者, 加命爲二伯. 二王之後亦爲上公."이라고 풀이하였다. 즉 '상공'은 삼공 중에서도 유덕(有德)한 자에게 1명을 더해주어, 제후들을 통솔하는 '두 명의 백(伯)[二伯]'으로 삼았다. 또한 제후의 다섯 등급을 나열할 경우, 공작(公爵)을 '상공'이라고 부르기도 한다.

13) 감생제(感生帝)는 감제(感帝)·감생(感生)이라고도 부른다. 태미오제(太微五帝)의 정기를 받아서 태어난 인간세상의 제왕을 뜻한다. 고대에는 각 왕조의 선조들이 모두 상제(上帝)의 기운을 받아서 태어났다고 여겼기 때문에, '감생제'라는 명칭이 생기게 되었다.

14) 체제(禘祭)는 천신(天神) 및 조상신(祖上神)에게 지내는 '큰 제사[大祭]'를 뜻한다. 『이아』「석천(釋天)」편에는 "禘, 大祭也."라는 기록이 있고, 이에 대한 곽박(郭璞)의 주에서는 "五年一大祭."라고 풀이하여, 대제(大祭)로써의 체제사는 5년마다 1번씩 지낸다고 설명한다. 그러나 『예기』「왕제(王制)」에 수록된 각종 제사들에 대한 기록을 살펴보면, 체제사는 큰 제사임에는 분명하나, 반드시 5년마다 1번씩 지내는 제사는 아니었다.

15) 『예기』「대전(大傳)」【424a】: 禮不王不禘. 王者禘其祖之所自出, 以其祖配之.

16) 영위앙(靈威仰)은 참위설(讖緯說)을 주장했던 자들이 섬기던 오제(五帝) 중 하나이다. 동방(東方)의 신(神)이자, 봄을 주관하는 신이다. 『예기』「대전(大傳)」편에는 "禮, 不王不禘, 王者禘其祖之所自出, 以其祖配之."라는 기록이 있는데, 이에 대한 정현의 주에서는 "王者之先祖皆感大微五帝之精以生. 蒼則靈

기(汁光紀)[17]의 기운에 감응하여 태어났음을 뜻한다. 『역』의 위서에서는 "삼왕[18]의 교제사[19]는 모두 하정(夏正)[20]을 사용한다."라고 했다. 『예기』「교특생(郊特牲)」편에서는 "남쪽 교외에 해에 대한 조(兆)[21]를 만드니, 양

威仰, 赤則赤熛怒, 黃則含樞紐, 白則白招拒, 黑則汁光紀."라고 풀이하였다.

17) 즙광기(汁光紀)는 협광기(叶光紀)라고도 부른다. 참위설(讖緯說)을 주장했던 자들이 섬기던 오제(五帝) 중 하나이다. 북방(北方)의 신(神)이자 겨울을 주관하는 신이다. 『예기』「대전(大傳)」편에는 "禮, 不王不禘, 王者禘其祖之所自出, 以其祖配之."라는 기록이 있는데, 이에 대한 정현의 주에서는 "王者之先祖皆感大微五帝之精以生. 蒼則靈威仰, 赤則赤熛怒, 黃則含樞紐, 白則白招拒, 黑則汁光紀."라고 풀이하였다.

18) 삼왕(三王)은 하(夏), 은(殷), 주(周) 삼대(三代)의 왕을 뜻한다. 『춘추곡량전』「은공(隱公) 8年」편에는 "盟詛不及三王."이라는 기록이 있고, 이에 대한 범녕(範寧)의 주에서는 '삼왕'을 하나라의 우(禹), 은나라의 탕(湯), 주나라의 무왕(武王)을 지칭한다고 풀이했다. 그리고 『맹자』「고자하(告子下)」편에는 "五覇者, 三王之罪人也."이라는 기록이 있고, 이에 대한 조기(趙岐)의 주에서는 '삼왕'을 범녕의 주장과 달리, 주나라의 무왕 대신 문왕(文王)을 지칭한다고 풀이했다.

19) 교제(郊祭)는 '교사(郊祀)'라고도 부른다. 교외(郊外)에서 천지(天地)에 제사를 지냈기 때문에 붙여진 명칭이다. 음양설(陰陽說)이 성행했던 한(漢)나라 때에는 하늘에 대한 제사는 양(陽)의 뜻을 따라 남교(南郊)에서 지냈고, 땅에 대한 제사는 음(陰)의 뜻을 따라 북교(北郊)에서 지냈다. 『한서』「교사지하(郊祀志下)」편에는 "帝王之事莫大乎承天之序, 承天之序莫重於郊祀. …… 祭天於南郊, 就陽之義也. 地於北郊, 卽陰之象也."라는 기록이 있다. 한편 '교사'는 후대에 제사를 범칭하는 용어로도 사용되었다. '교사' 중의 '교(郊)'자는 규모가 큰 제사를 뜻하며, '사(祀)'는 비교적 규모가 작은 제사들을 뜻한다.

20) 하정(夏正)은 하(夏)나라의 정월(正月)을 뜻한다. 이러한 뜻에서 파생되어 하나라의 역법(曆法)을 지칭하기도 한다. 하력(夏曆)을 기준으로 두었을 때, 은(殷)나라는 12월을 정월로 삼았으며, 주(周)나라는 11월을 정월로 삼았다. 『사기(史記)』「역서(曆書)」편에서는 "秦及漢初曾一度以夏曆十月爲正月, 自漢武帝改用夏正后, 曆代沿用."이라고 하여, 진(秦)나라와 전한초기(前漢初期)에는 하력에서의 10월을 정월로 삼았다가, 한무제(漢武帝)부터는 다시 하력을 따랐다고 전해진다. 또한 '하력'은 농력(農曆)이라고도 부르는데, '하력'에 기준을 두었을 때, 농사의 시기와 가장 잘 맞았기 때문이다. 따라서 역대 왕조에서 역법을 개정할 때에는 '하력'에 기준을 두게 되었다.

21) 조(兆)는 고대에 사교(四郊)에 설치했던 일종의 제단(祭壇)이다. 또한 사교(四郊)에서 제사를 지내는 장소를 뜻한다. 『예기』「표기(表記)」편에는 "詩曰, 后稷兆祀, 庶無罪悔, 以迄于今."이라는 기록이 있고, 이에 대한 정현의 주에서는 "兆, 四郊之祭處也."라고 풀이했다. 한편 『예기』「예기(禮器)」편에는 "有

(陽)의 방위에 따르기 때문이다."[22]라고 했으니, 천자는 북두칠성의 자루가 인(寅) 방위에 걸리는 달에 감생제에게 남쪽 교외에서 제사를 지내며 감응하여 태어난 시조를 배향하여 제사를 지내니, 주나라는 후직을 배향했고 은나라는 설을 배향했다. 그렇기 때문에 정현은 시조를 하늘에 대한 제사 때 배향한다고 말한 것이다. 또 정현은 「대전」편에 대한 주에서는 천자의 선조는 모두 대미오제(大微五帝)[23]의 정기에 감응하여 태어났다고 했으니, 후직이나 설에만 그치는 것이 아니다. 다만 후직은 청제의 기운에 감응하여 태어났으니, 「생민」편의 시에서 "상제의 발자국에 엄지발가락을 밟아 크게 놀랐다."[24]라고 한 말에 해당한다. 정현의 의중에 따르면 제곡(帝

以下爲貴者, 至敬不壇, 埽地而祭."라는 기록이 있다. 즉 지극히 공경을 표해야 하는 제사에서는 제단을 쌓지 않고, 단지 땅만 쓸고서 제사를 지낸다는 뜻이다. 이 문장에 대해 진호(陳澔)의 『집설(集說)』에서는 "封土爲壇, 郊祀則不壇, 至敬無文也."라고 풀이한다. 즉 흙을 높게 쌓아서 제단을 만들게 되는데, 교사(郊祀)와 같은 경우는 지극히 공경을 표해야 하는 제사에 해당하므로, 제단을 만들지 않는다. 그 이유는 이러한 제사에서는 화려한 꾸밈을 하지 않기 때문이다. 한편 『예기』「예기」편의 문장에 대해 공영달(孔穎達)의 소(疏)에서는 "此謂祭五方之天, 初則燔柴於大壇, 燔柴訖, 於壇下掃地而設正祭, 此周法也."라고 설명한다. 즉 지극히 공경을 표해야 하는 제사는 오방(五方)의 천신(天神)들에게 지내는 제사를 뜻하는데, 제사 초반부에는 태단(太壇)에서 섶을 태워서 신들에게 알리고, 섶 태우는 일이 끝나면, 제단 아래에서 땅을 쓸고, 본격적인 제사를 지내게 되는데, 이것은 주(周)나라 때의 예법에 해당한다.

22) 『예기』「교특생(郊特牲)」【328a】: 大報天而主日也, 兆於南郊, 就陽位也. 掃地而祭, 於其質也. 器用陶匏, 以象天地之性也.

23) 대미오제(大微五帝)는 하늘을 '다섯 방위[五方]'로 구분하였을 때, 이러한 오방(五方)을 주관하는 각각의 신(神)들을 총칭하는 말이다. 동방(東方)을 주관하는 신은 영위앙(靈威仰)이고, 남방(南方)을 주관하는 신은 적표노(赤熛怒)이며, 중앙을 주관하는 신은 함추뉴(含樞紐)이고, 서방(西方)을 주관하는 신은 백초거(白招拒)이며, 북방(北方)을 주관하는 신은 즙광기(汁光紀)이다. 『예기』「대전(大傳)」편에는 "禮, 不王不禘, 王者禘其祖之所自出, 以其祖配之."라는 기록이 있는데, 이에 대한 정현의 주에서는 "王者之先祖皆感大微五帝之精以生. 蒼則靈威仰, 赤則赤熛怒, 黃則含樞紐, 白則白招拒, 黑則汁光紀."라고 풀이하였다.

24) 『시』「대아(大雅)·생민(生民)」: 厥初生民, 時維姜嫄. 生民如何, 克禋克祀, 以弗無子. 履帝武敏, 歆攸介攸止, 載震載夙, 載生載育, 時維后稷.

嚳)25)의 후세 비인 강원(姜原)26)은 거인인 청제의 발자국을 밟고서 후직을 낳았고, 은나라의 여자 조상 중 유용씨(有娀氏)의 딸 간적(簡狄)27)은 제비의 알을 삼키고서 설을 낳았다고 했는데, 이러한 두 사례는 기록이 남아있었기 때문에 정현이 이것을 예시로 들어 설명한 것이니, 실제로 제왕들은 모두 감생제의 기운에 감응하여 태어났다. 정현이 "'상(上)'자는 멀다는 뜻이다. '하(下)'자는 가깝다는 뜻이다."라고 했는데, 천자가 시조에게 제사지내고 제후가 태조까지 제사를 지낼 때, 그 대상들은 모두 정해진 종묘의 대수(代數) 범위 밖의 인물에게 제사를 지내는 것이니, 이것은 존귀함의 정통이 멀리까지 미친다는 사실을 나타낸다. 또 대부는 3개의 묘를 세우고 적사(適士)28)는 2개의 묘를 세우며 중사・하사는 1개의 묘를 세우는데, 이것은 신분이 미천한 자는 존귀함의 정통이 가까이만 미치게 됨을 나타낸다.

25) 제곡(帝嚳)은 고신씨(高辛氏)라고도 부른다. '제곡'은 고대 오제(五帝) 중 하나이다. 황제(黃帝)의 아들 중에는 현효(玄囂)가 있었는데, '제곡'은 현효의 손자가 된다. 은(殷)나라의 복사(卜辭) 기록 속에서는 은나라 사람들이 '제곡'을 고조(高祖)로 여겼다는 기록도 나온다. 한편 '제곡'은 최초 신(辛)이라는 땅을 분봉 받았다가, 이후에 제(帝)가 되었으므로, '제곡'을 고신씨(高辛氏)라고도 부르는 것이다.

26) 강원(姜嫄)은 강원(姜原)이라고도 부른다. 전설상의 인물이다. 유태씨(有邰氏)의 딸이자, 주(周)나라의 시조인 후직(后稷)의 어머니이다. 제곡(帝嚳)의 본처이며, 거인의 발자국을 밟고서 잉태를 했고, 이후에 직(稷)을 낳았다고 전해진다. 『시』「대아(大雅)・생민(生民)」편에는 "厥初生民, 時惟姜嫄."이라는 기록이 있고, 『사기(史記)』「주본기(周本紀)」편에는 "周后稷, 名棄. 其母有邰氏女, 曰姜原. 姜原爲帝嚳元妃. 姜原出野, 見巨人跡, 心忻然說, 欲踐之. 踐之而身動如孕者."라는 기록이 있다.

27) 간적(簡狄)은 전설상의 인물이다. 유용씨(有娀氏)의 딸이며, 제곡(帝嚳)의 부인이었다고 전해진다. 현조(玄鳥)의 알을 삼키고 잉태를 해서, 상(商)나라의 시조격인 설(契)을 낳았다. 『초사(楚辭)』「천문(天問)」편에는 "簡狄在臺嚳何宜. 玄鳥致貽女何喜."라고 기록되어 있고, 『사기(史記)』「은본기(殷本紀)」편에는 "殷契, 母曰簡狄, 有娀氏之女, 爲帝嚳次妃. 三人行浴, 見玄鳥墮其卵, 簡狄取吞之, 因孕生契."이라고 기록되어 있다.

28) 적사(適士)는 상사(上士)를 가리킨다. 사(士)라는 계급은 3단계로 세분되는데, 상사, 중사(中士), 하사(下士)가 그것이다. 『예기』「제법(祭法)」편의 경문에는 "適士二廟, 一壇, 曰考廟, 曰王考廟, 享嘗乃止."라는 기록이 있다. 이에 대한 정현의 주에서는 "適士, 上士也."라고 풀이했다.

만약 그렇다면 이곳에서 대종의 자식에 대해 논의했음에도, 천자·제후·대부·사 등까지도 언급한 것은 대종의 자식이 이은 정통은 100세대가 지나더라도 체천되지 않는다는 사실을 드러내고자 한 것이며, 또한 별자의 자식으로 태조가 된 자까지도 제사를 지내며 바꾸지 않는다는 사실을 드러내고자 한 것이니, 이 또한 존귀함의 정통이 멀리까지 미친다는 사실에 해당한다. 반면 소종의 자식은 오직 자신의 오복에 속한 친족 범위 내에서 존귀함의 정통을 떨칠 수 있으니, 이것은 존귀함의 정통이 가까이만 미친다는 사실에 해당한다. 그렇기 때문에 전문에서는 존귀함의 정통이 미치는 범위를 언급하며 대종은 존귀한 자의 정통을 계승한 자라고 한 것이다. 또 대종은 족인들을 거둔다고 했는데, 이것은 대종의 정통이 멀리까지 미치는 사안에 해당한다. 정현이 「대전」편을 인용했는데, 그 기록을 살펴보면 성(姓)을 정통 성(姓)이라고 했으니, 마치 은나라의 자(子)성, 주나라의 희(姬)성과 같은 부류이며, 그들을 음식에 대한 예법으로 회합시킨다고 했는데, 사례(食禮)²⁹⁾를 통해 서로 유대감을 새겨 소원해지지 않도록 한 것이니, 종자가 족인들과 함께 사례와 연례를 시행하는 것들이다. "비록 100세대가 지났더라도 혼인을 할 수 없다. 이것은 주나라의 도에서 이처럼 만든 것이다."라고 했는데, 은나라의 도와 대비하면 그렇지 않다는 뜻으로, 은나라 때에는 정통 성으로 족인들을 통합하지 않았고, 단지 5세대가 지나게 되면 상복관계가 끊어지게 되었으며, 이후에는 여러 성들이 이전 세대의 성과 달라지고 친족관계도 밑으로만 연계되어, 후대에 같은 성씨였던 자들이 혼인하는 것이 허락되었다. 이러한 사실을 인용한 것은 주나라 때 대종의 자식은 족인들에 대해서 존귀함의 정통을 드러내게 되어, 소목의 질서에 따라 서열을 정하였고, 100세대가 지나더라도 질서가 문란하게 되지 않

---

29) 사례(食禮)는 연회의 한 종류이다. '사례'는 그 행사에 밥이 있고 반찬이 있는 것이니, 비록 술도 두었지만 마시지는 않았다. 그 예법에서는 밥을 위주로 한 것이기 때문에, '사례'라고 부른 것이다. 『예기』「왕제(王制)」편에는 "殷人以食禮."라는 기록이 있고, 이에 대한 진호(陳澔)의 주에서는 "食禮者, 有飯有殽, 雖設酒而不飲, 其禮以飯爲主, 故曰食也."라고 풀이했다. 또한 연회를 범칭하는 말로도 사용된다.

았다는 사실을 증명하기 위한 것이다.

참고 『의례』「상복(喪服)」 기록

경문 父在爲母.

번역 부친이 생존해 계실 때 돌아가신 모친을 위해서 자최복을 입고 지팡이를 짚고서 기년상을 치른다.

賈疏 ●"父在爲母". ○釋曰: 斬章直言父, 卽知子爲之可知. 今此言母, 亦知子爲之, 而言父在爲母者, 欲明父母恩愛等, 爲母期者, 由父在厭, 故爲母屈至期, 故須言父在爲母也.

번역 ●經文: "父在爲母". ○'참최장'에서는 부친이라고만 언급했으니, 자식이 돌아가신 부친을 위해 상복을 착용한다는 사실을 알 수 있다. 현재 이곳에서는 모친을 언급했으니, 이 또한 자식이 돌아가신 모친을 위해 착용한다는 사실을 알 수 있는데, 부친이 생존해 계실 때 돌아가신 모친을 위해서 착용한다고 말한 것은 부친과 모친의 은정과 친애함은 동일하지만 모친을 위해 기년상을 치르는 것은 부친으로 인해 염강(厭降)을 하기 때문에, 모친을 위해서는 은정을 굽혀 기년상으로만 치른다는 사실을 드러내고자 해서이다. 그래서 부친이 생존해 계실 때 돌아가신 모친을 위해서 착용한다고 말해야만 했다.

전문 傳曰: 何以期也? 屈也. 至尊在, 不敢伸其私尊也. 父必三年然後娶, 達子之志也.

번역 전문에서 말하길, 어찌하여 기년상으로 치르는가? 굽히기 때문이다. 지극히 존귀한 자가 생존해 계시기 때문에 감히 사사롭게 존귀하게 높이는 것을 펼칠 수 없다. 부친이 반드시 3년을 기다린 뒤에야 아내를 들이는 것은 자식의 모친에 대한 은정을 이뤄주기 위해서이다.

賈疏 ●"傳曰"至"之志也". ○釋曰: 上章已論斬衰不同訖, 故傳直言"何以期", 而不三年決之也. "屈也"者, 答辭, 以家無二尊, 故於母屈而爲期, 是以云"至尊在, 不敢伸其私尊也", 解父在母屈之意也. 言不敢伸其私尊, 明子於父母本尊. 若然, 不直言尊而言私尊者, 其父非直於子爲至尊, 妻於夫亦至尊. 母則於子爲尊, 夫不尊之, 直據子而言, 故言私尊也. 若然, 夫妻敵體而言屈, 公子爲母練冠在五服之外, 不言屈者, 舉尊以見卑, 屈可知. 大夫妾子爲母大功, 亦斯類也. 云"父必三年然後娶達子之志也"者, 子於母屈而期, 心喪猶三年, 故父雖爲妻期, 而除三年乃娶者, 通達子之心喪之志故也. 不云"心", 而言"志"者, 心者, 萬慮之總, 喜怒哀樂好惡六情皆是情, 則爲志母雖一期, 哀猶未絶, 是六情之中而哀偏在, 故云志也, 不云心也. 左氏傳 晉叔向云一歲王"有三年之喪二", 據大子與穆后, 天子爲后亦期, 而云三年喪者, 據達子之志而言三年也.

번역 ●傳文: "傳曰"~"之志也". ○앞에서는 이미 참최복의 착용 기준이 서로 다르다는 사실을 논의하였다. 그렇기 때문에 전문에서는 단지 "어찌하여 기년상으로 치르는가?"라고 말하고 3년이라는 기간으로 단정하지 않았다. "굽히기 때문이다."라고 한 말은 답변하는 말이니, 집안에는 2명의 존귀한 자가 있을 수 없다. 그렇기 때문에 모친에 대해서는 굽혀서 기년상으로 치르니, 이러한 이유로 "지극히 존귀한 자가 생존해 계시기 때문에 감히 사사롭게 존귀하게 높이는 것을 펼칠 수 없다."라고 말한 것이다. 이 말은 부친이 생존해 계시므로 모친에 대해 은정을 굽히게 되는 뜻을 풀이한 말이다. "감히 사사롭게 존귀하게 높이는 것을 펼칠 수 없다."라고 말한 것은 자식은 부친과 모친에 대해서 본래는 모두 존귀하게 높인다는 사실을 드러낸 것이다. 만약 그렇다면 존(尊)이라고 말하지 않고 사존(私尊)이라고 말한 이유는 부친은 자식에게만 지극히 존귀한 존재가 아니며, 아내는 남편을 또한 지극히 존귀한 존재로 받들기 때문이다. 모친의 경우 자식에게 존귀한 존재가 되지만, 남편은 아내를 존귀하게 높이지 않는다. 따라서 단지 자식의 경우만을 기준으로 말했기 때문에 '사존(私尊)'이라고 기록한 것이다. 만약 그렇다면 남편과 아내는 대등한 관계임에도 굽힌다고 말한 이유는 공자(公子)가 모친을 위해서 연관(練冠)30)을 착용하는 것은 오복의 범주 밖에 해당한다. 그런데도 굽힌다고 말하지 않은 것은 존귀한 경우를 제시하여 그보다 낮은 경우까지도 드러낸 것이니, 이러한 경우에도 굽히게 됨을 알 수 있다. 대부 첩의 자식이 모친을 위해서 대공복을 착용하는 것도 이러한 부류에 해당한다. "부친이 반드시 3년을 기다린 뒤에야 아내를 들이는 것은 자식의 모친에 대한 은정을 이뤄주기 위해서이다."라고 했는데, 자식은 모친에 대해 은정을 굽혀 기년상을 치르지만, 심상(心喪)31)의 경우에는 여전히 삼년을 채운다. 그렇기 때문에 부친은 비록 자신의 처를 위해서 기년상을 치르더라도 삼년이라는 기간을 넘긴 뒤에야 새로운 아내를 들이게 되니, 자식이 심상으로 삼년상을 지내는 은정을 이뤄주기 위해서이다. 그런데 '심(心)'이라 말하지 않고 '지(志)'라고 말한 이유는 심(心)자는 모든 생각을 총칭하고, 희・노・애・락・호・오라는 여섯 가지 감정은 모두 정(情)에 해당하니, 뜻에 있어서 모친에 대해 비록 기년상을 치르더라도 애통한 감정은 여전히 끊어지지 않았으니, 여섯 가지 감정 중에서도 애통함이 치중되어 남아있는 것이다. 그렇기 때문에 지(志)라고 말하고 심(心)이라고 말하지 않았다. 『좌전』에서는 진나라 숙향은 1년 안에 천자에게 "삼년상이 두 번 발생했다."라고 했는데,32) 이것은 태자와 목후의 상을 가리키는 것이며, 천자는 왕후를 위해서 기년상을 치르지만 삼년상이라고 말한 것은 자식의 뜻을 이뤄주고자 하여 삼년상이라고 말한 것이다.

---

30) 연관(練冠)은 상(喪) 중에 착용하는 관(冠)이다. 부모의 상 중에서 1주기에 지내는 제사 때 착용을 하였다.

31) 심상(心喪)은 죽음에 대해 애도함이 상을 치르는 것과 같지만, 실제적으로 상복을 입지 않는 것을 뜻한다. 주로 스승이 죽었을 때, 제자들이 치르는 상을 가리킨다. 『예기』「단궁상(檀弓上)」편에서는 "事師無犯無隱, 左右就養無方, 服勤至死, 心喪三年."이라는 기록이 있고, 이에 대한 정현의 주에서는 "心喪, 戚容如父而無服也."라고 풀이했다.

32) 『춘추좌씨전』「소공(昭公) 15년」: 今王樂憂, 若卒以憂, 不可謂終. 王一歲而有三年之喪二焉, 於是乎以喪賓宴, 又求彝器, 樂憂甚矣, 且非禮也.

● 그림 4-1 ◾ 은(殷)나라 세계도(世系圖)

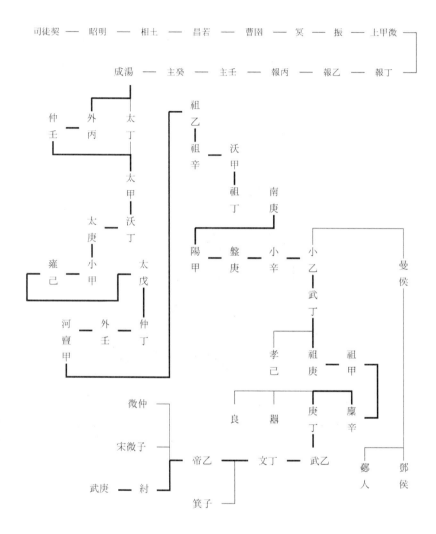

※ **출처**:『역사(繹史)』1권「역사세계도(繹史世系圖)」

◉ 그림 4-2 ■ 설(契)

※ 출처:『고성현상전략(古聖賢像傳略)』

그림 4-3 ◾ 주(周)나라 세계도(世系圖) Ⅰ

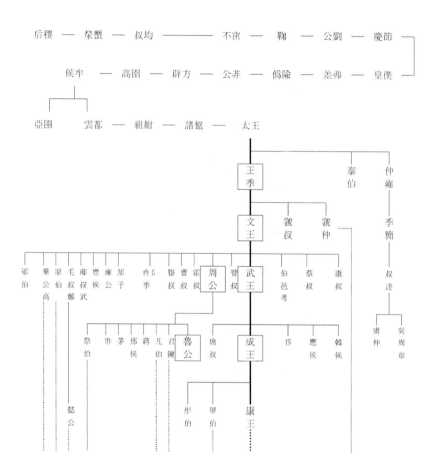

※ **출처:** 『역사(繹史)』 1권 「역사세계도(繹史世系圖)」

● 그림 4-4 ▣ 후직(后稷)

像　　稷　　后

※ 출처: 『삼재도회(三才圖會)』「인물(人物)」 4권

◦ 그림 4-5   ▣ 제곡(帝嚳) 고신씨(高辛氏)

氏 辛 高 嚳 帝

※ 출처:『삼재도회(三才圖會)』「인물(人物)」1권

그림 4-6 ■ 북두칠성의 자루와 12개월

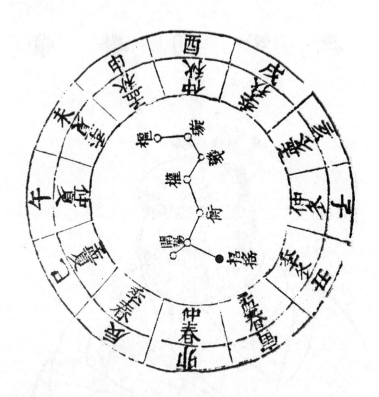

※ 출처:『삼재도회(三才圖會)』「천문(天門)」 3권

그림 4-7 ■ 태미(太微)와 오제좌(五帝座: =帝座)

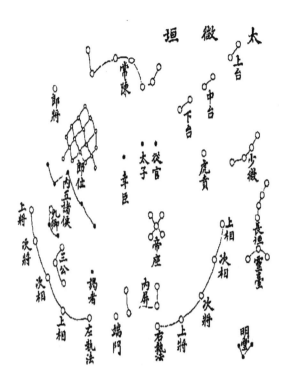

※ **출처:**『흠정사고전서(欽定四庫全書)』「도서편(圖書編)」16권

2주기의 의미

【671b】

> 然則何以三年也? 曰, "加隆焉爾也, 焉使倍之, 故再期也."

직역 然이라면 何히 三年이오? 曰, "隆을 加할 따름이니, 使히 倍하는 焉이니, 故로 再期라."

의역 그렇다면 어찌하여 삼년상으로 하는가? 대답해보자면, "자식이 부모에 대해 융성함을 더하기 때문이니, 배로 하기 때문에 2주기에 이른다."라고 했다.

集說 又問既是以期斷矣, 何以三年也? 答謂孝子加隆厚於親, 故如此也. 焉, 語辭, 猶云所以也.

번역 이미 1년으로 제한을 한다고 했는데 어찌하여 삼년으로 하느냐고 재차 질문한 것이다. 답변은 자식은 부모에 대해서 융성함과 두터움을 더하기 때문에 이처럼 한다고 했다. '언(焉)'자는 어조사이니 '소이(所以)'라는 말과 같다.

鄭注 言法此變易, 可以期, 何以乃三年爲? 言於父母加隆其恩, 使倍期也. 下焉猶然.

번역 이처럼 변하고 바뀌는 것을 본받아서 1년을 주기로 할 수 있는데, 어찌하여 삼년으로 하느냐는 뜻이다. 즉 부모에 대해서는 은정을 더하게 되어 1년의 배로 한다는 뜻이다. 뒤의 '언(焉)'자는 연(然)자와 같다.

釋文 "加隆焉爾", 一本作"加隆爲爾焉", 徐如字, 一音於虔反, 焉猶然也, 一云發聲也, 注及下同. 倍, 步罪反, 注同.

번역 '가륭언이(加隆焉爾)'라는 구문을 다른 판본에서는 '가륭위이언(加隆爲爾焉)'이라고 풀이했는데, '焉'자의 서음(徐音)은 글자대로 읽으며, 다른 음은 '於(어)'자와 '虔(건)'자의 반절음이고, '焉'자는 연(然)자와 같으며, 한편으로는 소리를 내는 것을 표시하는 말이라고 하며, 정현의 주 및 아래문장에 나오는 글자도 이와 같다. '倍'자는 '步(보)'자와 '罪(죄)'자의 반절음이며, 정현의 주에 나오는 글자도 그 음이 이와 같다.

孔疏 ●"然則"至"期也". ○正義曰: 此一節釋因期及三年之義, 故設問云: "然則何以三年也?"

번역 ●經文: "然則"~"期也". ○이곳 문단은 앞의 내용에 따라 기년상(期年喪)과 삼년상의 뜻을 풀이한 것이다. 그렇기 때문에 질문을 하여 "그렇다면 어찌하여 삼년상으로 하는가?"라고 했다.

孔疏 ●"曰加隆焉爾也", 本實應期, 但子加恩隆重, 故三年.

번역 ●經文: "曰加隆焉爾也". ○본래는 기년상에 따라야 하지만 자식은 은정을 더하고 수위를 높이기 때문에 삼년상으로 한다는 뜻이다.

孔疏 ●"焉爾也", 語助之辭也.

번역 ●經文: "焉爾也". ○어조사이다.

孔疏 ●"然使倍之, 故再期也"者, 焉猶然也. 子旣加隆於父母, 故然使倍之. 然, 猶如是. 倍之, 言倍一期, 故至再期也.

번역 ●經文: "然使倍之, 故再期也". ○'언(焉)'자는 연(然)자와 같다. 자

식은 이미 부모에 대해서 융성함을 더하기 때문에 이처럼 2배로 한다. '연(然)'자는 "이와 같다[如是]."는 뜻이다. 2배로 한다는 말은 1주기를 2배로 한다는 뜻이다. 그렇기 때문에 2주기에 이른다.

訓纂 彬謂: 猶於也, 下同.

번역 내가 생각하기에, '언(焉)'자는 어(於)자와 같으며, 아래문장에 나오는 글자도 이와 같다.

集說 此因至親以期斷而轉明三年之義也.

번역 이 문장은 지극히 친근한 자에 대해 1년으로 제한한다는 것에 따라서 내용을 전환하여 삼년상의 뜻을 나타낸 것이다.

참고 원문비교

예기·삼년문 然則何以三年也? 曰, "加隆焉爾也, 焉使倍之, 故再期也."

순자·예론(禮論) 然則三年何也①? 曰, "加隆焉, 案使倍之, 故再期也②."

楊注-① 鄭云, 法此變易, 可以期, 何乃三年爲也?

번역 정현이 말하길, 이처럼 변하고 바뀌는 것을 본받아서 1년을 주기로 할 수 있는데, 어찌하여 삼년으로 하느냐는 뜻이다.

楊注-② 鄭云, 言於父母加厚其恩, 使倍期也.

번역 정현이 말하길, 부모에 대해서는 은정을 더하게 되어 1년의 배로 한다는 뜻이다.

상(喪)과 인도(人道)

【671b~c】

由九月以下, 何也? 曰, "焉使弗及也. 故三年以爲隆, 緦小功以爲殺, 期九月以爲間. 上取象於天, 下取法於地, 中取則於人, 人之所以群居和壹之理盡矣. 故三年之喪, 人道之至文者也. 夫是之謂至隆, 是百王之所同, 古今之所壹也, 未有知其所由來者也. 孔子曰, '子生三年, 然後免於父母之懷. 夫三年之喪, 天下之達喪也.'"

직역 九月로 由하여 下는 何오? 曰, "使히 及이 弗하는 焉이다. 故로 三年은 隆이라 爲하고, 緦와 小功은 殺라 爲하며, 期와 九月은 間이라 爲한다. 上로는 天에서 象을 取하고, 下로는 地에서 法을 取하며, 中으로는 人에서 則을 取하니, 人의 群居하고 和壹하는 理가 盡하는 所以이다. 故로 三年의 喪은 人道의 至文한 者이다. 夫히 是를 至隆이라 謂한데, 是는 百王이 同한 所이며, 古今이 壹한 所이나, 그 由來한 所를 知한 者는 未有하다. 孔子가 曰, '子가 生하여 三年하고, 然後에야 父母의 懷에서 免한다. 夫히 三年의 喪은 天下의 達喪이다.'"

의역 9개월 이하의 상은 어떠한 뜻인가? 대답해보자면, "은정이 미치지 않기 때문이다. 그러므로 삼년상은 융성한 것이라 여기고, 시마복(緦麻服)과 소공복(小功服)의 상은 낮춘 것이라고 여기며, 기년상(期年喪)과 9개월 상은 중간으로 여긴다. 위로는 하늘에서 형상을 취하고, 아래로는 땅에서 법도를 취하며, 중간으로는 사람에게서 법칙을 취하니, 사람들이 함께 모여 살면서도 화락하고 한결같은 이치를 다하게 되는 이유이다. 그러므로 삼년상은 인도 중에서도 지극히 격식을 갖춘 것이다. 무릇 이것을 지극히 융성한 것이라고 부르는데, 이것은 모든 제왕들이 동일하게 따르던 것이며 고금에 상관없이 한결같이 따르던 것인데, 그것의 유래에 대해서 아는 자가 없다. 공자는 '자식이 태어나면 3년이 지나서야 부모의 품에서 벗어나기 때문이다. 삼년상은 천하의 통용되는 상례이다.'"라고 했다.

集說 弗及, 恩之殺也. 三月不及五月, 五月不及九月, 九月不及期也. 期與大功在隆殺之間, 故云期九月以爲間也. 取象於天地者, 三年象閏, 期象一歲, 九月象物之三時而成, 五月象五行, 三月象一時也. 取則於人者, 始生三月而翦髮, 三年而免父母之懷也. 和以情言, 謂情無不睦也. 壹以禮言, 謂禮無不至也. 人之所以相與群居, 而情和禮壹者, 其理於喪服盡之矣. 父母之喪無貴賤, 故曰天下之達喪也. 達, 論語作通.

번역 '불급(弗及)'은 은정이 줄어든다는 뜻이다. 3개월 상에 대한 은정은 5개월 상에 대한 은정에 미치지 못하고, 5개월 상에 대한 은정은 9개월 상에 대한 은정에 미치지 못하며, 9개월 상에 대한 은정은 1년 상에 대한 은정에 미치지 못한다. 기년상(期年喪)과 대공복(大功服)의 상은 높이고 낮추는 중간에 있다. 그렇기 때문에 "기년상과 9개월 상을 중간으로 여긴다."라고 했다. 천지에서 상을 취한다는 것은 삼년상은 윤달을 상징하고, 기년상은 1년을 상징하며, 9개월 상은 사물이 세 계절을 거쳐 완성되는 것을 상징하고, 5개월 상은 오행(五行)을 상징하며, 3개월 상은 한 계절을 상징한다는 뜻이다. 사람에게서 법칙을 취한다는 것은 처음 태어났을 때 3개월이 지나서야 머리카락을 자르고, 3년이 지나서야 부모의 품에서 벗어난다는 뜻이다. 조화로움[和]은 정감을 기준으로 한 말이니, 정감에 화목하지 않은 것이 없다는 의미이다. 한결같음[壹]은 예를 기준으로 한 말이니, 예법에 지극하지 않은 것이 없다는 뜻이다. 사람이 서로 더불어 모여 살면서도 정감이 화락하고 예법이 한결같은 것은 그 이치가 상복의 제도에 모두 다 드러나기 때문이다. 부모의 상에 대해서는 귀천의 구분이 없다. 그렇기 때문에 "천하의 통용되는 상례이다."라고 했다. '달(達)'자를 『논어』에서는 '통(通)'자로 기록했다.[1]

大全 嚴陵方氏曰: 言服之正, 雖至親皆以期而除, 至於倍之而再期者, 特加隆於父母而已. 天以有所垂, 故曰取象, 經言天垂象, 是矣. 地以有所效, 故曰取法, 易言效法之謂坤, 是矣. 人以有所作, 故曰取則, 書言明哲實作則, 是矣. 然而喪或以三月, 或以五月, 或以九月, 或以期年, 或以三年, 喪凶禮也, 乃以陽數之奇何哉? 蓋陰所以致死, 陽所以致生, 死而致生之者, 孝子不忍死其親之意也.

번역 엄릉방씨가 말하길, 상복 중 정규 복장은 비록 지극히 친근한 자라 하더라도 모두 1주기를 제한으로 삼는데, 2배로 하여 2주기로 하는 것은 특별히 부모에 대해 융성함을 더하기 때문이다. 하늘은 드리우는 것이 있기 때문에 "형상을 취한다."라고 했으니, 경문에서 "하늘은 별과 해 등을 통해 형상을 드리운다."[2]라고 한 말이 여기에 해당한다. 땅은 본받는 것이 있기 때문에 "법도를 취한다."라고 했으니, 『역』에서 "법을 본받는 것을 곤괘(坤卦)라 부른다."[3]라고 한 말이 여기에 해당한다. 사람은 행위함이 있기 때문에 "법칙을 취한다."라고 했으니, 『서』에서 "명철함이 실제로 법칙이 됩니다."[4]라고 한 말이 여기에 해당한다. 그런데 상례에서 어떤 경우에는 3개월 상으로 하고, 어떤 경우에는 5개월 상으로 하며, 어떤 경우에는 9개월 상으로 하고, 어떤 경우에는 기년상(期年喪)으로 하며, 어떤 경우에는 삼년상으로 하는데, 상례는 흉례임에도 양(陽)에 해당하는 홀수에 따르는 것은 어째서인가? 음(陰)은 죽음에 이르게 하는 것이며 양은 생장하게 하는 것인데, 죽었는데도 생장하도록 하는 것은 자식은 자신의 부모에 대해 차마 죽었다고 여길 수 없는 뜻에 해당한다.

---

1) 『논어』「양화(陽貨)」: 子曰, "予之不仁也! 子生三年, 然後免於父母之懷. 夫三年之喪, 天下之通喪也, 予也有三年之愛於其父母乎!"
2) 『예기』「교특생(郊特牲)」【325d】: 社所以神地之道也. 地載萬物, 天垂象, 取財於地, 取法於天, 是以尊天而親地也, 故敎民美報焉. 家主中霤而國主社, 示本也.
3) 『역』「계사상(繫辭上)」: 成象之謂乾, 效法之謂坤.
4) 『서』「상서(商書)·열명상(說命上)」: 王宅憂, 亮陰三祀. 旣免喪, 其惟弗言. 群臣咸諫于王曰, 嗚呼, 知之曰明哲, 明哲實作則, 天子惟君萬邦, 百官承式, 王言惟作命, 不言, 臣下罔攸稟令.

大全 馬氏曰: 期之喪, 達乎大夫, 三年之喪, 達乎天子. 父母之喪, 無貴賤一也. 然而世衰道微, 狃於習俗, 故雖宰我親受業於孔門, 猶曰三年不爲禮, 禮必壞, 三年不爲樂, 樂必崩, 鑽燧改火, 期可已矣. 雖聖人之善誘, 亦無如之何. 姑曰, 於汝安乎? 女安則爲之. 蓋人情之大不美也如此, 亦豈可以强率以從先王之制哉? 嗚呼! 常人之所行, 而宰我乃獨以爲異, 固孔子所不取. 禮之所載三年問者, 豈亦當時之人疑此爲重歟? 故曰凡天地之間, 有血氣之屬, 大至於鳥獸, 小至於燕雀, 莫不知愛其類, 又況於人乎? 其曰三年之喪, 人道之至文, 百王之所同, 古今之所一, 則爲此書者, 亦有爲而作也.

번역 마씨5)가 말하길, 기년상(期年喪)은 대부까지 통용되고, 삼년상은 천자가지 통용된다. 따라서 부모의 상은 귀천의 차이에 상관없이 모두 동일하게 따른다. 그런데 세상의 도가 쇠락하고 습속에 잘못 물들었기 때문에 비록 재아처럼 공자의 문하에서 직접 수업을 받은 자 하더라도 오히려 "삼년 동안 예를 시행하지 않으면 예는 반드시 무너지게 되고 삼년 동안 음악을 연주하지 않으면 음악은 반드시 붕괴될 것이니, 불씨나무를 뚫어서 새로운 불을 취하게 되므로 1년을 하면 그칠 만합니다."라고 말한 것이다. 비록 공자처럼 잘 깨우쳐주었던 자라도 어찌할 수가 없었다. 그래서 일부러 "너에게는 편하게 여겨지느냐? 네게 편안하게 여긴다면 그렇게 하거라."라고 말한 것이다.6) 사람의 정감이 이처럼 매우 추악한데 어찌 억지로 이끌어서 선왕의 제도를 따르게 할 수 있겠는가? 오호라! 일반인들도 따르는 것을 재아 홀로 이상하게 여겨서 공자가 자세한 설명을 하지 않았던 것인데, 『예기』에서 「삼년문」편을 수록한 것은 또한 당시 사람들이 이러한

---

5) 마희맹(馬晞孟, ?~?) : =마씨(馬氏)·마언순(馬彦醇). 자(字)는 언순(彦醇)이다. 『예기해(禮記解)』를 찬술했다.

6) 『논어』「양화(陽貨)」 : 宰我問, "三年之喪, 期已久矣. 君子三年不爲禮, 禮必壞, 三年不爲樂, 樂必崩. 舊穀旣沒, 新穀旣升, 鑽燧改火, 期可已矣." 子曰, "食夫稻, 衣夫錦, 於女安乎?" 曰, "安." "女安則爲之! 夫君子之居喪, 食旨不甘, 聞樂不樂, 居處不安, 故不爲也. 今女安則爲之!" 宰我出. 子曰, "予之不仁也! 子生三年, 然後免於父母之懷. 夫三年之喪, 天下之通喪也, 予也有三年之愛於其父母乎!"

제도가 너무 과하다고 의심해서가 아니겠는가? 그렇기 때문에 "천지 사이에 혈기를 갖춘 부류 중 크게는 새나 짐승 작게는 제비나 참새에 이르기까지 자신의 부류에 대해 친애할 줄 모르는 것이 없다."고 했으니, 하물며 사람에게 있어서는 어떻겠는가? "삼년상은 인도 중에서도 지극한 격식이며, 모든 제왕이 동일하게 따른 것이고, 고금에 상관없이 한결같이 따르던 것이다."라고 했으니, 이러한 기록을 작성한 것 또한 이러한 이유로 인해 기록했던 것이다.

鄭注 言使其恩不若父母. 取象於天地, 謂法其變易也. 自三年以至緦, 皆歲時之數也. 言既象天地, 又足以盡人聚居純厚之恩也. 言三年之喪, 喪禮之最盛也. 不知其所由來, 喩此三年之喪, 前世行之久矣. 達, 謂自天子至於庶人., 今之蒲萍也.

번역 9개월 이하의 상은 상대에 대한 은정을 부모에 대한 경우만 못하게 한다는 뜻이다. 천지에서 형상을 취했다는 것은 변하고 바뀌는 것을 본받았다는 뜻이다. 삼년상으로부터 시마복(緦麻服)의 상에 이르기까지 모두 한 해와 각 계절의 수에 따른다는 뜻이다. 이미 천지를 본받았으니, 또한 사람들이 모여 살며 순일하고 두터운 은정을 다하도록 하기에 충분하다는 뜻이다. 삼년상은 상례 중에서도 가장 융성하다는 뜻이다. 그것의 유래에 대해서는 모르겠다는 말이니, 삼년상은 이전 세대부터 지속적으로 시행되었음을 비유한 것이다. '달(達)'자는 천자로부터 서인에 이르기까지 모두 통용된다는 뜻이다.

釋文 殺, 色界反, 徐所例反.

번역 '殺'자는 '色(색)'자와 '界(계)'자의 반절음이며, 서음(徐音)은 '所(소)'자와 '例(례)'자의 반절음이다.

孔疏 ●"由九"至"盡矣". ○正義曰: 上節既稱"期斷", 何故有九月以下, 故此經釋之.

번역 ●經文: "由九"~"盡矣". ○앞의 문단에서는 이미 "1년으로 제한한
다."라고 했는데, 어떠한 이유로 9개월 이하의 상이 있느냐고 한 것이다.
그래서 이곳 경문에서 그 이유를 풀이했다.

孔疏 ●"由九月以下, 何也"者, 由, 從也. 記者既稱"期斷", 假設問之, 何故
有從九月以下.

번역 ●經文: "由九月以下, 何也". ○'유(由)'자는 '~로부터[從]'라는 뜻
이다. 『예기』를 기록한 자는 이미 "1년으로 제한한다."라고 했는데, 재차
문답형식을 가장하여, 어떠한 이유로 9개월부터 그 이하의 상이 있느냐고
한 것이다.

孔疏 ●"曰: 焉使弗及也"者, 焉亦然也. 然使恩隆不及於期也, 則五月不
及九月, 三月不及五月, 轉相不及也.

번역 ●經文: "曰: 焉使弗及也". ○'언(焉)'자 또한 연(然)자의 뜻이다. 이
처럼 은정을 융성하게 하지만 기년상(期年喪)에는 미치지 않게끔 하니, 5
개월 상에 나타나는 은정은 9개월 상에 나타나는 은정에 미치지 못하고,
3개월 상에 나타나는 은정은 5개월 상에 나타나는 은정에 미치지 못하니,
상호 그 상위의 상에 나타나는 은정에는 미치지 못하는 것이다.

孔疏 ●"故三年以爲隆"者, 謂恩愛隆重.

번역 ●經文: "故三年以爲隆". ○은정과 친애함이 융성하고 무겁다는
뜻이다.

孔疏 ●"緦·小功以爲殺"者, 謂情理殺薄.

번역 ●經文: "緦·小功以爲殺". ○정감과 이치가 줄어들고 박하다는 뜻이다.

孔疏 ●"期·九月以爲間"者, 是隆殺之間也.

번역 ●經文: "期·九月以爲間". ○융성하게 하거나 낮추는 중간에 해당한다는 뜻이다.

孔疏 ●"上取象於天, 下取法於地"者, 天地之氣, 三年一閏, 是三年者取象於一閏. 天地一期物終, 是一期者取象於一周. 九月者, 以象陽之數, 又象三時而物成也. 五月, 以象於五行. 三月者, 取象天地一時而氣變. 言五服之節, 皆取法於天地.

번역 ●經文: "上取象於天, 下取法於地". ○천지의 기운은 3년에 1차례 윤달이 생기니, 이것은 삼년상이 1차례의 윤달에서 상을 취했음을 뜻한다. 천지는 1주기가 되면 사물이 마치게 되니, 이것은 기년상(期年喪)이 1주기에서 상을 취했음을 뜻한다. 9개월 상은 양(陽)의 수에서 상을 취했기 때문이며, 또한 3계절을 거쳐서 사물이 완성됨을 상징한다. 5개월 상은 오행(五行)에서 상을 취했기 때문이다. 3개월 상은 천지가 1계절이 지나면 기운이 변화됨에서 상을 취한 것이다. 즉 오복(五服)의 제도는 모두 천지에서 법도를 취했다는 의미이다.

孔疏 ●"中取則於人"者, 則, 法也. 天地之中取則於人, 若"子生三年, 然後免於父母之懷", 故服三年. 人之一歲, 情意變改, 故服一期. 九月·五月·三月之屬, 亦逐人情而減殺, 是中則於人.

번역 ●經文: "中取則於人". ○'칙(則)'자는 법칙[法]을 뜻한다. 천지의 중간에서 사람에게서 법칙을 취했으니, "자식이 태어나서 3년이 지난 뒤에야 부모의 품에서 벗어난다."라는 말과 같다. 그렇기 때문에 삼년상을 치른다. 사람은 한 해가 지나면 정감과 뜻이 바뀐다. 그렇기 때문에 기년상(期年喪)을 치른다. 9개월 상·5개월 상·3개월 상의 부류 또한 사람의 정감에 따라서 경감을 시키는 것이니, 이것은 가운데에서 사람에게 법칙을 취한 것이다.

孔疏 ●“所以群居和壹之理盡矣”者, 旣法7)天地與人, 三才並備, 故能調和群衆聚居, 和諧專壹, 義理盡備矣.

번역 ●經文: “所以群居和壹之理盡矣”. ○이미 천지와 사람에게서 법칙을 취하여 삼재(三才)가 모두 갖춰졌다. 그렇기 때문에 조화롭게 무리를 이루어 모여 살도록 하고 조화로움을 전일하게 하여 의리를 모두 갖출 수 있다.

孔疏 ●“故三”至“喪也”. ○正義曰: 此一節重明三年之義.

번역 ●經文: “故三”~“喪也”. ○이곳 문단은 삼년상의 의미를·재차 풀이한 것이다.

孔疏 ●“三年之喪, 人道之至文者也”, 言三年喪禮, 於人道之中, 至極文理之盛者, 則期以下, 非其至極也.

번역 ●經文: “三年之喪, 人道之至文者也”. ○삼년상의 예법은 인도 중에서도 지극히 격식을 갖춘 융성한 것이라는 의미이니, 기년상(期年喪)으로부터 그 이하의 상례는 지극한 것이 아니라는 뜻이다.

孔疏 ●“夫是之謂至隆”者, 言三年之喪, 人恩之至極隆厚也.

---

7) ‘법(法)’자에 대하여. ‘법’자 앞에는 본래 ‘취(取)’자가 기록되어 있었는데, 완원(阮元)의 『교감기(校勘記)』에서는 “『민본(閩本)』·『감본(監本)』·『모본(毛本)』에는 ‘법’자 앞에 ‘취’자가 연문으로 기록되어 있다.”라고 했다.

번역 ●經文: "夫是之謂至隆". ○삼년상은 은정에 있어서 지극하고 융성한 것이라는 의미이다.

孔疏 ●"未有知其所由來者也", 言三年之喪, 行之自遠, 未有能識知所從來也. 言不知所從何代而來. 引孔子者, 論語之文, 證此三年之喪也.

번역 ●經文: "未有知其所由來者也". ○삼년상은 오래전부터 시행되어 왔던 것이니, 그것의 유래에 대해서는 알 수 없다는 뜻이다. 즉 어느 시대로부터 시작되었는지 알 수 없다는 의미이다. 공자의 말을 인용했는데, 이것은 『논어』의 문장이니, 삼년상의 뜻을 증명하기 위한 것이다.

孔疏 ◎注"不知"至"久矣". ○正義曰: 按易・繫辭云: "古之葬者, 厚衣之以薪, 葬之中野, 不封不樹, 喪期無數." 尚書云: "百姓如喪考妣三載." 此云 "不知所由來"者, 但上文云"喪期無數", 謂無葬・練・祥之數. 其喪父母之哀, 猶三年也. 故堯崩云"如喪考妣三載", 則知堯以前喪考妣已三年, 但不知定在何時. 其喪服所起, 則黃帝・堯・舜之時, 雖有衣裳, 仍未有喪服也. 但唐・虞已前, 喪服與吉服同, 皆以白布爲之, 故郊特牲云: "大古冠布, 齊則緇之." 若不齊則皆用白布也. 鄭注喪服, 其冠衰之異, 從三代以下, 由唐虞以上曰大古, 吉凶皆用白布, 則知三代吉凶異也.

번역 ◎鄭注: "不知"~"久矣". ○『역』「계사전(繫辭傳)」편을 살펴보면, "고대에 장례를 치를 때에는 땔나무를 두껍게 쌓아서 들판에서 장례를 지냈으며, 봉분도 쌓지 않고 나무도 심지 않았으며 상을 치르는 기간에도 정해진 수치가 없었다."8)라고 했고, 『서』에서는 "백성들은 부모의 상을 당한 것처럼 삼년상을 치렀다."9)라고 했는데, 이곳에서 "유래를 알 수 없다."라고 했다. 그 이유는 상고시대에 "상을 치르는 기간에도 정해진 수치가 없었

---

8) 『역』「계사하(繫辭下)」: 古之葬者, 厚衣之以薪, 葬之中野, 不封不樹, 喪期无數, 後世聖人易之以棺槨, 蓋取諸大過.
9) 『서』「우서(虞書)・순전(舜典)」: 二十有八載, 帝乃殂落, 百姓如喪考妣, 三載, 四海遏密八音.

다."라는 말은 장례를 치르고 연제(練祭)를 치르며 대상(大祥)을 치르는 시기가 정해지지 않았다는 뜻이다. 부모의 상을 치를 때에는 애통함으로 인해 여전히 삼년상으로 치렀다. 그렇기 때문에 요임금이 붕어했을 때, "부모의 상을 당한 것처럼 삼년상을 치렀다."라고 말한 것이니, 요임금 이전에도 부모의 상을 치를 때에는 이미 삼년상으로 치렀음을 알 수 있지만, 정확히 어떤 시기부터 시작되었는지 알지 못하는 것이다. 상복의 제도가 시작된 것은 황제・요임금・순임금 시대인데, 비록 상의와 하의가 있었지만 아직까지 상복이라는 것이 없었다. 다만 당우 이전 시대에는 상복과 길복이 동일하였기 때문에 모두 백색의 포로 만들었다. 그래서 『예기』「교특생(郊特牲)」편에서는 "태고 때에는 관을 만들 때 포를 이용해서 만들었고, 재계를 하게 되면, 검은색으로 된 포를 이용해서 만들었다."[10]라고 말한 것이다. 따라서 재계를 하지 않는다면 모두 백색의 포를 이용해서 만들었다. 『의례』「상복(喪服)」편에 대한 정현의 주에서는 관과 상복의 차이점은 삼대(三代)로부터 그 이하의 시대에 나타난 것이며, 당우로부터 그 이상은 태고라고 부르고, 길복과 흉복을 모두 백색의 포로 만들었다고 했으니, 삼대 때에는 길복과 흉복에 차이가 있었음을 알 수 있다.

集解 此明九月以下之喪之義也. 至親以期斷, 恩隆於期則爲三年, 不及乎期則爲九月五月三月之喪也.

번역 이곳 문장은 9개월 이하의 상에 대한 의미를 나타내고 있다. 지극히 친근한 자에 대해서는 1년으로 제한을 하는데, 은정이 기년상(期年喪)보다 높다면 삼년상으로 치르며, 기년상에 미치지 못한다면 9개월・5개월・3개월의 상으로 치른다는 뜻이다.

集解 愚謂: 此總結五服之義. 大功以上謂之親, 小功以下謂之疏. 期九月

---

10) 『예기』「교특생(郊特牲)」【335b】: 冠義, 始冠之, 緇布之冠也. 大古冠布, 齊則緇之. 其緌也, 孔子曰: "吾未之聞也, 冠而敝之可也."

者雖不及三年之加隆, 而其情未至於殺也, 故曰期九月以爲間, 言在隆殺之間
也. 三年之喪, 以象三年一閏, 期之喪象一年, 九月象三時, 五月象二時, 三月
象一時, 此法象於天地也. 人情莫隆於父母, 由此而上殺下殺旁殺, 而服之輕
重出焉, 此取則於人也. 親屬相爲服, 則親親之誼篤, 故人之所以群衆居處, 和
睦而不至於乖離, 純壹而不至於僞薄者, 其理盡於此矣.

번역　내가 생각하기에, 이곳 문장은 오복(五服)의 뜻을 총괄하여 결론
을 맺은 것이다. 대공복(大功服) 이상의 친족은 '친(親)'이라 부르고, 소공복
(小功服) 이하의 친족은 '소(疏)'라고 부른다. 기년상(期年喪)과 9개월 상은
비록 삼년상처럼 융성함을 더하는 경우에는 미치지 못하지만 그 정감은
매우 낮추는 지경에는 이르지 않는다. 그렇기 때문에 "기년상과 9개월 상을
중간으로 여긴다."라고 말한 것이니, 높이고 낮추는 중간에 있다는 뜻이다.
삼년상은 3년마다 1번의 윤달이 생기는 것을 상징하고, 기년상은 1년의 주
기를 상징하며, 9개월 상은 3계절을 상징하고, 5개월 상은 2계절을 상징하
며, 3개월 상은 1계절을 상징하니, 이것이 천지에서 상을 본받았다는 뜻이
다. 사람의 정감은 부모에 대한 것보다 높은 것이 없으니, 이로부터 위로
낮추고 아래로 낮추며 옆으로 낮춰서 상복의 수위가 도출된 것이며, 이것
은 사람에게서 법칙을 취한 것이다. 친족들이 서로를 위해 상복을 착용한
다면 친근한 자를 친근히 여기는 정감이 두터운 것이다. 그렇기 때문에 사
람들이 모여 살면서도 화목해서 어긋나 서로 등지는 지경에 이르지 않는
것이고, 순일해서 거짓되고 야박해지는 지경에 이르지 않는 것이니, 그 이
치가 여기에서 다하게 된다.

集解　此以下, 又專明三年之義也. 文, 以禮言; 隆, 以情言.

번역　경문의 "故三年"~"謂至隆"에 대하여. 이곳 구문으로부터 그 이하
의 내용은 또한 전적으로 삼년상의 뜻을 나타내고 있다. '문(文)'자는 예를
기준으로 한 말이며, '융(隆)'자는 정감을 기준으로 한 말이다.

集解 愚謂: 三年之喪, 人情之實也. 蓋自天地生人, 而親愛其父母之心固已與之俱生矣. 則親死而哀之者, 乃生人所自有之心, 而先王特因而飾其禮焉爾. 其由來不已久乎!

번역 　내가 생각하기에, 삼년상은 사람의 정감에 따른 진실된 것이다. 천지가 사람을 만들었을 때로부터 부모를 친애하는 마음은 진실로 이미 함께 갖춰져서 태어난 것이다. 그러므로 부모가 돌아가셔서 그를 애통해 하는 것은 곧 사람이 태어날 때부터 고요하게 갖추고 있는 마음인데, 선왕은 단지 그에 따라서 예법을 곁들여 수식을 한 것일 뿐이다. 그러므로 그 유래는 오래되지 않았겠는가!

참고 　원문비교

예기·삼년문 　由九月以下, 何也? 曰, "焉使弗及也. 故三年以爲隆, 緦小功以爲殺, 期九月以爲間. 上取象於天, 下取法於地, 中取則於人, 人之所以群居和壹之理盡矣. 故三年之喪, 人道之至文者也. 夫是之謂至隆, 是百王之所同, 古今之所壹也, 未有知其所由來者也. 孔子曰, '子生三年, 然後免於父母之懷. 夫三年之喪, 天下之達喪也.'"

순자·예론(禮論) 　由九月以下, 何也①? 曰, "案使不及也②. 故三年以爲隆, 緦麻小功以爲殺, 期九月以爲間③. 上取象於天, 下取象於地, 中取則於人, 人所以群居和一之理盡矣④. 故三年之喪, 人道之至文者也. 夫是之謂至隆⑤, 是百王之所同, 古今之所一也⑥."

楊注-① 　由, 從也, 從大功已下也.

번역 　'유(由)'자는 '~로부터[從]'라는 뜻으로, 대공복(大功服)으로부터 그 이하의 상을 뜻한다.

楊注-② 鄭云, 言使其不若父母也.

번역 정현이 말하길, 부모에 대한 경우만 못하게 한다는 뜻이다.

楊注-③ 隆, 厚也. 殺, 減也, 所介反. 間, 厠其間也, 古莧反. 情在隆殺之間也.

번역 '융(隆)'자는 "두텁다[厚].", 뜻이다. '쇄(殺)'자는 "덜다[減]."는 뜻이니, '所(소)'자와 '介(개)'자의 반절음이다. '간(間)'자는 그 중간에 끼인다는 뜻이니, '古(고)'자와 '莧(한)'자의 반절음이다. 정감이 두텁게 하거나 덜어내는 중간에 해당한다는 뜻이다.

楊注-④ 鄭云, 取象於天地, 謂法其變易也. 自三年以至緦, 皆歲時之數. 言既象天地, 又足盡人恩聚居純厚之恩也.

번역 정현이 말하길, 천지에서 형상을 취했다는 것은 변하고 바뀌는 것을 본받았다는 뜻이다. 삼년상으로부터 시마복(緦麻服)의 상에 이르기까지 모두 한 해와 각 계절의 수에 따른다는 뜻이다. 이미 천지를 본받았으니, 또한 사람들이 모여 살며 순일하고 두터운 은정을 다하도록 하기에 충분하다는 뜻이다.

楊注-⑤ 至文, 飾人道, 使成忠孝. 鄭云, 言三年之喪, 喪禮之最盛也.

번역 '지문(至文)'은 인도를 수식하여 충과 효를 완성시킨다는 뜻이다. 정현은 삼년상은 상례 중에서도 가장 융성하다는 뜻이라고 했다.

楊注-⑥ 一, 謂不變也.

번역 '일(一)'자는 변하지 않는다는 뜻이다.

참고 『역』「계사하(繫辭下)」 기록

경문 古之葬者厚衣之以薪, 葬之中野, 不封不樹, 喪期無數, 後世聖人易之以棺槨, 蓋取諸大過.

번역 고대에 장례를 치를 때에는 땔나무를 두껍게 쌓아서 들판에서 장례를 지냈으며, 봉분도 쌓지 않고 나무도 심지 않았으며, 상을 치르는 기간에도 정해진 수치가 없었는데, 후세의 성인이 관과 외관으로 바꾸었으니, 대과괘(大過卦䷛)에서 취하였다.

王注 取其過厚.

번역 지나치게 두터운 곳에서 취한 것이다.

孔疏 ○正義曰: 此九事之第八也. 不云"上古", 直云"古之葬者", 若極遠者, 則云"上古", 其次遠者, 則直云"古", 則厚衣之以薪, 葬之中野, 猶在穴居結繩之後, 故直云"古"也. "不封不樹"者, 不積土爲墳, 是不封也. 不種樹以標其處, 是不樹也. "喪期無數"者, 哀除則止, 無日月限數也. "後世聖人易之以棺槨"者, 若禮記云"有虞氏瓦棺", 未必用木爲棺也. 則禮記又云"殷人之棺槨", 以前云槨, 無文也. "取諸大過"者, 送終追遠, 欲其甚大過厚, 故取諸大過也. 按書稱堯崩, 百姓如喪考妣, 三載四海遏密八音, 則喪期無數, 在堯已前, 而棺槨自殷已後, 則夏已前, 棺槨未具也. 所以其文參差, 前後不齊者, 但此文擧大略, 明前後相代之義, 不必確在一時, 故九事上從黃帝, 下稱堯舜, 連延不絶, 更相增脩也.

번역 ○이것은 아홉 가지 사안 중 여덟 번째에 해당한다. '상고(上古)'라고 말하지 않고 단지 '고대의 장례[古之葬者]'라고 말한 것은 만약 지극히 요원한 시기였다면 '상고(上古)'라고 말하게 되지만, 그 다음으로 요원한 시기라면 단지 '고(古)'라고만 하니, 땔나무를 두껍게 쌓고 들판에서 장례를 치르는 것은 여전히 동굴에서 살고 노끈을 묶어 매듭으로 표시하던 시기보

다는 뒤에 해당한다. 그렇기 때문에 '고(古)'라고만 말한 것이다. "봉분도
쌓지 않고 나무도 심지 않았다."라고 했는데, 흙을 쌓아 봉분을 만들지 않았
다는 것이 '불봉(不封)'에 해당한다. 또 나무를 심어서 그곳이 무덤임을 표
시하지 않았다는 것이 '불수(不樹)'에 해당한다. "상을 치르는 기간에 정해
진 수치가 없었다."라고 했는데, 애통함이 없어지면 그쳤으니, 정해진 기한
이 없었다. "후세의 성인이 관과 외관으로 바꾸었다."라고 했는데, 『예기』
의 경우 "유우씨 때에는 와관(瓦棺)의 방법을 사용했다."라고 했으므로, 반
드시 나무를 이용해서 관을 만들었던 것은 아니다. 또 『예기』에서는 "은나
라 때에는 관과 외관을 사용했다."라고 했는데,[11] 그 이유는 이전 시대에
외관을 사용했다는 기록이 없기 때문이다. "대과괘에서 취했다."라고 했는
데, 죽은 자를 전송하고 추원할 때에는 지나칠 정도로 매우 두텁게 하고자
하기 때문에 대과괘에서 취한 것이다. 『서』를 살펴보면 요임금이 붕어했을
때 백성들은 부모의 상을 당한 것처럼 삼년상을 치렀다고 했고, 3년 동안
사해에서는 팔음(八音)[12]의 연주를 그쳤다고 했으니, 상을 치르는 기간에
정해진 수치가 없었다는 것은 요임금 이전의 일이며, 관과 외관을 사용한
것은 은나라로부터 그 이후가 되므로, 하나라 이전에 관과 외관은 아직 갖
춰지지 않은 것이다. 문맥에 차이가 발생하고 앞뒤의 내용이 순차적이지

---

11) 『예기』「단궁상(檀弓上)」【72d】: <u>有虞氏瓦棺</u>, 夏后氏堲周, <u>殷人棺槨</u>, 周人牆
    置翣.
12) 팔음(八音)은 여덟 가지의 악기들을 뜻한다. 여덟 종류의 악기에는 8종류의
    서로 다른 재질이 사용되기 때문에, 붙여진 이름이다. 여기에서 여덟 가지
    재질이란 통상적으로 쇠[金], 돌[石], 실[絲], 대나무[竹], 박[匏], 흙[土], 가죽
    [革], 나무[木]를 가리킨다. 『서』「우서(虞書)·순전(舜典)」편에는 "三載, 四海
    <u>遏密八音</u>."이란 기록이 있는데, 이에 대한 공안국(孔安國)의 전(傳)에서는
    "八音, 金石絲竹匏土革木."이라고 풀이하였다. 또한 여덟 가지 재질에 따른
    악기에 대해서 설명하자면, 금(金)에는 종(鐘)과 박(鎛)이 있고, 석(石)에는
    경(磬)이 있으며, 토(土)에는 훈(塤)이 있고, 혁(革)에는 고(鼓)와 도(鼗)가 있
    으며, 사(絲)에는 금(琴)과 슬(瑟)이 있고, 목(木)에는 축(柷)과 어(敔)가 있으
    며, 포(匏)에는 생(笙)이 있고, 죽(竹)에는 관(管)과 소(簫)가 있다. 『주례』「춘
    관(春官)·대사(大師)」편에는 "皆播之以八音, 金石土革絲木匏竹."이라는 기
    록이 있는데, 이에 대한 정현의 주에서는 "金, 鐘鎛也. 石, 磬也. 土, 塤也. 革,
    鼓鼗也. 絲, 琴瑟也. 木, 柷敔也. 匏, 笙也. 竹, 管簫也."라고 풀이하였다.

않은 것은 이곳 문장은 대략적인 내용만 열거하여 전후 세대가 서로 대를 계승하는 뜻을 나타내고자 한 것이다. 따라서 한 시기만을 확정할 필요가 없었으므로, 황제로부터 요순까지 두루 지칭했고, 서로 연속되며 끊어지지 않으며 상호 더하고 다듬었던 것이다.

本義 送死, 大事而過於厚.

번역 죽은 자를 전송하는 것은 매우 중대한 사안이어서 두터움을 지나치게 한다.

大全 南軒張氏曰: 君子不以天下儉其親, 於此而過无害也.

번역 남헌장씨13)가 말하길, 군자는 천하 때문에 부모에게 검소하게 하지 않으니,14) 죽은 자를 전송하는 일에 지나치더라도 해가 되지 않는다.

大全 丹陽都氏曰: 杵曰棺槨, 所以使民養生送死无憾, 所以依於人者, 過厚也. 然養生, 不足以當大事, 故取小過之義而已, 送死, 足以當大事, 故取大過之義焉.

번역 단양도씨15)가 말하길, 절구와 공이 및 관과 외관은 백성들이 살아계신 부모를 보양하고 돌아가신 부모를 전송함에 있어 유감이 없도록 하는 것이니, 사람들이 하는 대로 따르는 것이 지나치게 두텁게 되는 것이다.

---

13) 장식(張栻, A.D.1133~A.D.1180) : =광한장씨(廣漢張氏)·남헌장씨(南軒張氏)·장경부(張敬夫). 남송(南宋) 때의 학자이다. 자(字)는 경부(敬夫)·낙재(樂齋)이고, 호(號)는 남헌(南軒)이다. 저서로는『남헌집(南軒集)』·『남헌역설(南軒易說)』등이 있다.

14)『맹자』「공손추하(公孫丑下)」 : 且比化者無使土親膚, 於人心獨無恔乎? 吾聞之也, <u>君子不以天下儉其親</u>.

15) 도결(都潔, ?~?) : =단양도씨(丹陽都氏). 남송(南宋) 때의 학자이다. 자(字)는 성여(聖與)이다. 저서로는『역변체의(易變體義)』·『주역설의(周易說義)』등이 있다.

그러나 살아계신 부모를 봉양하는 일은 상대적으로 중대한 일이라 할 수 없기 때문에 소과괘(小過卦☳)의 뜻을 취하였을 뿐이고, 돌아가신 부모를 전송하는 일은 중대한 일이라 할 수 있기 때문에 대과괘의 뜻을 취했다.

大全 合沙鄭氏曰: 大壯外震, 震動也, 風雨飄搖之象. 大過內巽, 巽入也, 殯葬入土之象.

번역 합사정씨[16]가 말하길, 대장괘(大壯卦☳)는 외괘가 진괘(震卦☳)인데, 진괘는 움직임이 되니 비바람이 나부끼는 상이다. 대과괘는 내괘가 손괘(巽卦☴)인데, 손괘는 들어감이 되니 빈소를 차리고 장례를 치르며 시신이 땅으로 들어가는 상이다.

참고 『예기』「교특생(郊特牲)」 기록

경문-335b 冠義, 始冠之, 緇布之冠也. 大古冠布, 齊則緇之. 其緌也, 孔子曰: "吾未之聞也, 冠而敝之可也."

번역 관례(冠禮)를 치르는 도의에서는 처음으로 관을 씌워줌에, 치포관(緇布冠)을 사용한다. 태고 때에는 관을 만들 때 포를 이용해서 만들었고, 재계를 하게 되면 검은색으로 된 포를 이용해서 만들었다. 관에 다는 장식인 유(緌)에 대해서, 공자는 "나는 이러한 장식을 한다는 것에 대해서는 들어보지 못했다. 관례를 치를 때 잠시 사용하고, 관례를 치른 뒤에는 치포관을 제거하는 것이 옳다."[17]라고 했다.

---

16) 정동경(鄭東卿, ?~?) : =합사정씨(合沙鄭氏). 남송(南宋) 때의 학자이다. 자는 소매(少梅)이다. 저서로는 『선천도주(先天圖注)』·『주역의난도(周易疑難圖)』 등이 있다.

17) 관례(冠禮)를 치르고 제거한다는 말에 있어서, 다양한 해석이 가능하다. 유(緌)에 초점을 맞추면, 고대에는 유(緌)라는 장식을 사용하지 않았고, 현재 유(緌)를 사용하고 있는 것이 되는데, 현재의 예법이 비례(非禮)가 된다는 측

鄭注 始冠三加, 先加緇布冠也. 太古無飾, 非時人緌也. 雜記曰: "大白緇布之冠不緌." 大白卽太古白布冠, 今喪冠也. "齊則緇之"者, 鬼神尚幽闇也, 唐虞以上曰太古也. 此重古而冠之耳, 三代改制, 齊冠不復用也. 以白布冠質, 以爲喪冠也.

번역 처음 관례를 치를 때에는 삼가(三加)를 하는데, 우선적으로 치포관(緇布冠)을 씌워준다. 태고 때에는 별다른 장식이 없었으니, 당시 사람들이 유(緌)를 달았던 것을 비판한 것이다. 『예기』「잡기(雜記)」편에서는 "대백관(大白冠)은 치포관(緇布冠)으로, 유(緌)를 하지 않는다."[18]라고 했는데, '대백(大白)'은 곧 태고 때 쓰던 백색의 포(布)로 만든 관으로, 현재의 상관(喪冠)[19]에 해당한다. "재계를 하게 되면 검은색으로 한다."라고 했는데, 귀신은 그윽하고 어두운 것을 숭상하기 때문이며, 당우(唐虞) 이전의 시기를 태고(太古)라고 부른다. 이것은 고대의 예법을 중시해서, 이러한 관을 씌우는 것일 따름이며, 그 이후 삼대(三代)에서는 제도를 고쳐서, 재계를 할 때 쓰는 관에서는 재차 사용하지 않았다. 백색의 포로 만든 관은 질박하므로, 이것을 상관으로 삼는 것이다.

孔疏 ●"冠義"者一節, 總論初冠之義, 以儀禮有士冠禮正篇, 此說其義, 故云"冠義", 如下篇有燕義·昏義, 與此同. 皇氏云: 冠義秖明用緇布, 重古之義.

면에서는 현재의 관행을 따를 수밖에 없으므로, 관례를 치를 때 잠시 유(緌) 장식을 사용했다가 관례가 끝나면 제거한다는 뜻이 된다. 반면 현재의 관행을 따른다는 측면에서는 유(緌)가 없는 관(冠)은 현재 사용하지 않으므로, 관례를 치를 때에만 잠시 유(緌)가 없는 치포관(緇布冠)을 쓰고, 관례가 끝나면 이러한 치포관을 사용하지 않는다는 뜻이 된다. 또 유(緌) 자체가 아닌, 치포관(緇布冠)에 초점을 맞추면, 이 관(冠)은 현재 사용하지 않는 것이므로, 고례(古禮)를 중시한다는 측면에서, 관례를 치를 때에만 잠시 사용하고, 관례를 치른 뒤에는 이러한 관(冠) 자체를 사용하지 않는다는 뜻이 된다.

18) 『예기』「잡기상(雜記上)」【500b】: 大白冠, 緇布之冠, 皆不緌. 委武玄縞而后緌.
19) 상관(喪冠)은 상복(喪服)을 착용할 때 쓰는 관(冠)이다. 상복은 수위에 따라 일반적으로 오복(五服)으로 나뉘게 되는데, '상관' 또한 각 상복의 종류에 따라 달라진다.

其說非也.

번역 ●經文: “冠義”. ○이 문단은 최초 관을 씌워주는 의미에 대해서 논의하고 있으니, 『의례』에는 「사관례(士冠禮)」라는 정규 규범이 수록된 편이 있고, 이곳에서는 그 의의를 설명하고 있기 때문에, ‘관의(冠義)’라고 말한 것이며, 뒤에 수록된 편들 중 「연의(燕義)」편 및 「혼의(昏義)」편의 경우도 이곳 기록의 의미와 동일하다. 황간은 ‘관의(冠義)’로 시작되는 구문은 치포(緇布)를 사용하는 것이 고대의 예법을 중시한다는 의의를 나타낸다고 설명한다. 그러나 그 주장은 잘못되었다.

孔疏 ●“始冠, 緇布之冠也”者, 謂人之加冠必三加, 初始所加之冠, 緇布之冠也.

번역 ●經文: “始冠, 緇布之冠也”. ○사람에게 관례를 치러줄 때에는 반드시 세 차례 관을 씌워주니, 최초 씌워주게 되는 관은 치포(緇布)로 만든 관이라는 뜻이다.

孔疏 ●“大古冠布, 齊則緇之”者, 此釋有緇布冠之由. 大古之時, 其冠唯用白布, 常所冠也. 若其齊戒則染之爲緇, 今始冠重古, 先冠之也.

번역 ●經文: “大古冠布, 齊則緇之”. ○이것은 치포관(緇布冠)을 사용하게 된 유래에 대해서 풀이하고 있다. 태고시대 때 썼던 관은 단지 백색의 포를 이용해서 만들었고, 이것을 항상 착용하는 관으로 삼았다. 만약 재계를 하게 된다면, 염색을 해서 검은색으로 만드는데, 현재는 처음 관을 씌워줄 때, 고대의 예법을 중시하기 때문에, 우선적으로 이러한 관을 이용해서 씌워주는 것이다.

孔疏 ●“其緌也, 孔子曰: ‘吾未之聞也.’”者, 以緇布之冠, 古禮不合有緌, 而後世加緌, 故記者云: 其今世加緌, 非禮. 故引孔子之言, 云我未之聞也, 言未聞緇布冠有緌之事.

번역 ●經文: "其緌也, 孔子曰: '吾未之聞也.'". ○치포(緇布)로 만든 관을 사용하는데, 고대의 예법에는 유(緌)를 다는 것이 규정에 합치되지 않으며, 후세에 유(緌)를 추가하게 된 것이다. 그렇기 때문에 『예기』를 기록한 자는 이것은 현재에 유(緌)를 더한 것이니, 비례가 된다고 말한 것이다. 그래서 공자의 말을 인용하여, "나는 이러한 규정을 들어보지 못했다."라고 한 것이니, 이 말은 치포관에 유(緌)가 포함된다는 사안에 대해서는 들어보지 못했다는 의미이다.

孔疏 ●"冠而敝之可也"者, 言緇布之冠初加, 暫用冠之, 罷冠則敝棄之可也. 以其古之齊冠, 後世不復用也.

번역 ●經文: "冠而敝之可也". ○치포(緇布)로 만든 관을 처음 씌워줄 때, 잠시 사용하여 관을 씌워주고, 관 쓰는 일이 끝나면, 제거해버리는 것이 좋다는 뜻이다. 고대에 재계를 하며 썼던 관을 후세에서는 재차 사용하지 않았기 때문이다.

孔疏 ◎注"始冠"至"冠也". ○正義曰: 鄭云此者, 解經"始冠"之義. 始冠者, 謂三加之時, 以緇布冠爲始, 故云先加緇布冠. 先加, 卽始也.

번역 ◎鄭注: "始冠"~"冠也". ○정현이 이러한 설명을 한 것은 경문에 나오는 '시관(始冠)'의 뜻을 풀이하기 위해서이다. '시관(始冠)'이라는 것은 세 차례 관을 씌워줄 때, 치포관(緇布冠)을 가장 먼저 씌워주기 때문에, 우선적으로 치포관을 씌워준다는 뜻이다. 가장 먼저 씌워주므로, 곧 '시(始)'가 되는 것이다.

孔疏 ◎注"大古"至"古也". ○正義曰: 大古無飾, 緇布冠無緌也. 云"雜記曰: '大白緇布之冠不緌'"者, 孔子云: "吾未之聞." 是非駁時人加緌也. 引雜記文者, 證緇布冠無緌. 而玉藻云"緇布冠績緌", 則緇布冠有緌者. 皇氏云: 此經所論, 謂大夫士, 故緇布冠無緌, 諸侯則位尊盡飾, 故有緌也. 云"大白卽大古

白布冠, 今喪冠也", 禮運云後世有絲麻, 雖絲麻同出, 尙質, 故用白布也. 云
"'齊則緇之'者, 鬼神尙幽闇也"者, 謂祭前齊時著緇布冠, 正祭則著祭服, 有虞
氏皇而祭是也. 云"唐虞以上曰大古也"者, 以下云三王共皮弁素積, 三王之前
云"大古", 故云"唐虞以上曰大古", 與易之大古別也.

번역　◎鄭注: "大古"~"古也". ○태고 때에는 별다른 장식이 없었고, 치
포관(緇布冠)에도 유(緌)가 없었다. 정현이 "「잡기(雜記)」편에서는 '대백관
(大白冠)은 치포관으로, 유(緌)를 하지 않는다.'"라고 했는데, 공자는 "나는
들어보지 못했다."라고 했으므로, 이 말은 당시 사람들이 유(緌)를 덧대는
것을 비난한 것이다. 정현이 「잡기」편의 말을 인용한 것은 치포관에는 본
래 유(緌)가 없음을 증명하기 위한 것이다. 그런데 『예기』「옥조(玉藻)」편
에서는 "치포관에는 궤유(繢緌)를 한다."[20]라고 하였으니, 치포관에도 유
(緌)가 있는 것이 있었다. 이 문제에 대해서 황간은 이곳 경문에서 논의하
는 내용은 대부와 사 계급에 대한 것이다. 그렇기 때문에 치포관에 유(緌)
가 없는 것이고, 제후의 경우라면, 지위가 존귀하므로 장식을 다하게 된다.
그렇기 때문에 유(緌)가 포함되는 것이라고 했다. 정현이 "'대백(大白)'은
곧 태고 때 쓰던 백색의 포로 만든 관으로, 현재의 상관(喪冠)에 해당한다."
라고 했는데, 『예기』「예운(禮運)」편에서는 후세에 사마(絲麻)라는 것이 생
겼다고 했다.[21] 사마라는 것은 유(緌)와 마찬가지로 후세에 출현한 것인데,
질박한 것을 숭상하기 때문에, 백색의 포를 이용한 것이다. 정현이 "'재계를
하게 되면 검은색으로 한다.'라고 했는데, 귀신은 그윽하고 어두운 것을 숭
상하기 때문이다."라고 했는데, 제사를 지내기 이전, 재계를 할 때에는 치포
관을 쓰고, 정규 제사를 지내게 되면, 제복(祭服)을 착용하게 되는데, 유우
씨(有虞氏)가 황(皇)이라는 면류관을 쓰고 제사를 지냈다고 한 말[22]이 바
로 이러한 경우를 가리킨다. 정현이 "당우(唐虞) 이전의 시기를 대고(大古)

---

20) 『예기』「옥조(玉藻)」【378d】 : 玄冠朱組纓, 天子之冠也. <u>緇布冠繢緌, 諸侯之</u>
　　<u>冠也.</u> 玄冠丹組纓, 諸侯之齊冠也. 玄冠綦組纓, 士之齊冠也.
21) 『예기』「예운(禮運)」【269c】 : 昔者先王未有宮室, 冬則居營窟, 夏則居橧巢[1].
　　未有火化, 食草木之實鳥獸之肉, 飮其血茹其毛. <u>未有麻絲, 衣其羽皮.</u>
22) 『예기』「왕제(王制)」【179b】 : <u>有虞氏, 皇而祭,</u> 深衣而養老.

라고 부른다."라고 했는데, 아래문장에서는 삼왕(三王) 때에는 모두 피변(皮弁)에 소적(素積)을 착용했다고 했으니, 삼왕 이전의 시기를 '대고(大古)'라고 부른 것이다. 그래서 "당우 이전의 시기를 대고라고 부른다."라고 말한 것으로, 『역』에 나오는 '대고(大古)'와는 구별된다.

孔疏 ◎注"三代改制, 齊冠不復用也". ○正義曰: 唐虞旣用之爲齊冠, 三代改唐虞之制, 齊冠不復用之, 以委貌章甫牟追, 三代去緇布冠. 其唐虞白布冠, 三代用之爲喪冠, 緇布冠旣棄而不用, 所以詩"彼都人士, 臺笠緇撮"注云"緇撮, 緇布冠"者, 彼謂儉且質, 故著古冠耳.

번역 ◎鄭注: "三代改制, 齊冠不復用也". ○당우(唐虞) 때에는 이미 이것을 이용해서 재계를 할 때 쓰는 관으로 착용했고, 삼대(三代) 때에는 당우시대의 제도를 개선하여, 재계를 할 때 쓰는 관에 있어서 재차 이것을 사용하지 않았고, 위모(委貌)・장보(章甫)・모추(牟追)를 이용했으니, 삼대 때에는 치포관(緇布冠)을 제거했던 것이다. 당우시대 때에는 백색의 포(布)로 만든 관(冠)을 사용했고, 삼대 때에는 이것을 이용해서 상례(喪禮)를 치를 때 쓰는 관으로 삼았으며, 치포관은 이미 버리고 사용하지 않았다. 『시』에서는 "저 수도에 사는 사람은 대립(臺笠)에 치촬(緇撮)을 착용했구나."23)라고 했는데, 이 문장에 대한 주에서는 "치촬(緇撮)을 치포관이다."라고 했다. 그러나 그 기록은 검소하고 질박하였기 때문에, 고대의 관을 착용했다는 뜻일 따름이다.

---

23) 『시』「소아(小雅)・도인사(都人士)」: 彼都人士, 臺笠緇撮. 彼君子女, 綢直如髮. 我不見兮, 我心不說.

그림 6-1 ▣ 치포관(緇布冠)

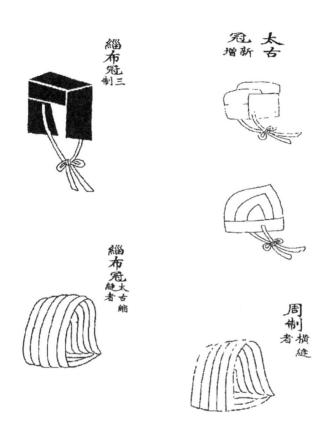

※ 출처:『삼례도집주(三禮圖集注)』3권

● 그림 6-2 ■ 치포관(緇布冠)

※ **출처:** 상좌-『삼례도(三禮圖)』 2권 ; 상우-『육경도(六經圖)』 8권
하단-『삼재도회(三才圖會)』「의복(衣服)」 1권

그림 6-3 ◼ 피변(皮弁)과 작변(爵弁)

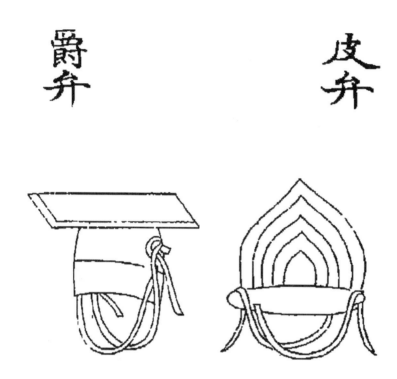

※ 출처: 『삼례도집주(三禮圖集注)』 3권

■ 그림 6-4 ◼ 위모(委貌)

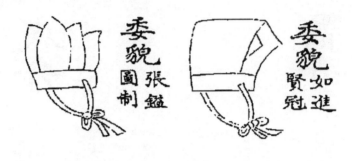

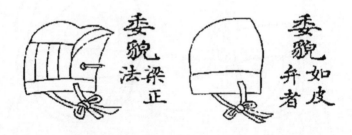

※ 출처: 『삼례도집주(三禮圖集注)』 3권

그림 6-5 ◼ 장보(章甫)와 무추(毋追)

※ **출처**: 『삼례도집주(三禮圖集注)』 3권

● 그림 6-6 ▣ 황(皇)

※ 출처: 『삼례도(三禮圖)』 2권

참고 『예기』「단궁상(檀弓上)」기록

경문-72d 有虞氏瓦棺, 夏后氏堲周, 殷人棺槨, 周人牆置翣.

번역 유우씨 때에는 와관(瓦棺)의 방법을 사용했고, 하후씨 때에는 즐 주(堲周)의 방법을 사용했으며, 은나라 때에는 관(棺)과 곽(槨)을 사용했고, 주나라 때에는 영구를 가릴 때 삽(翣)을 두었다.

鄭注 始不用薪也. 有虞氏上陶. 火熟[24]曰堲, 燒土冶以周於棺也. 或謂之 土周, 由是也. 弟子職曰: "右手折堲." 槨, 大也. 以木爲之, 言槨大於棺也. 殷 人上梓. 牆, 柳衣也. 凡此言後王之制文.

번역 유우씨 때에는 애초부터 섶을 사용하지 않은 것이다. 유우씨는 도 기[陶]를 숭상하였다.[25] 불로 구운 것을 '즐(堲)'이라고 부르며, 흙을 구워 서 관(棺)의 사면을 두른 것을 뜻한다. '즐주(堲周)'를 '토주(土周)'라고도 부르는 이유는 바로 이러한 이유 때문이다. 『관자(管子)』「제자직(弟子職)」 편에서는 "오른쪽 손으로 즐(堲)을 절단한다."라고 했다. '곽(槨)'은 크기가 큰 것이다. 나무로 그것을 만들게 되니, '곽(槨)'이 관(棺)보다도 크다는 뜻 이다. 은나라 때에는 가래나무[梓]를 숭상하였다. '장(牆)'은 유의(柳衣)를 뜻한다. 무릇 이것들은 후대 왕들이 제정한 형식이다.

孔疏 ◎注"始不"至"上陶". ○正義曰: 按易·下繫辭云: "古之葬者, 厚衣

---

24) '숙(熟)'자에 대하여. 『십삼경주소(十三經注疏)』북경대 출판본에서는 "'숙'자 를 『민본(閩本)』·『감본(監本)』·『모본(毛本)』 및 위씨(衛氏)의 『집설(集說) 』에서는 동일하게 기록하였는데, 혜동(惠棟)의 『교송본(校宋本)』에는 '숙 (孰)'자로 기록하고 있으며, 『송감본(宋監本)』·『악본(岳本)』·『가정본(嘉靖 本)』에서도 이처럼 기록하였다. 완원(阮元)의 『교감기(校勘記)』에서는 '살펴 보니, 숙(熟)자는 후대에 나타난 글자이다.'"라고 했다.
25) 『주례』「동관고공기(冬官考工記)」: 有虞氏上陶, 夏后氏上匠, 殷人上梓, 周人 上輿.

之以薪, 葬之中野, 不封不樹, 喪期無數. 後世聖人易之以棺槨, 蓋取諸大過." 大過者, 巽下兌上之卦. 初六在巽體, 巽爲木, 上六位在巳, 巳當巽位. 巽又爲木, 二木在外, 以夾四陽. 四陽互體爲二乾, 乾爲君爲父, 二木夾君父, 是棺槨之象. 今虞氏旣造瓦棺, 故云"始不用薪". 然虞氏瓦棺, 則未有槨也, 繫辭何以云"後世聖人易之以棺槨", 連言"槨"者? 以後世聖人其文開廣, 遠探殷・周. 而言喪期, 有虞氏則然, 故尙書云: "三載, 四海遏密八音." 云"有虞氏上陶"者, 按考工記陶人造瓦器, 故引之證瓦棺.

번역 ◎鄭注: "始不"~"上陶". ○『역』「계사하(繫辭下)」편을 살펴보면, "고대에 장례(葬禮)를 치를 때에는 옷을 두껍게 입히고 섶으로 두르며, 들판에서 장례를 치렀고, 흙을 높이 쌓지 않고 나무도 심지 않았으며, 상을 치르는 기간에도 정해진 시기가 없었다. 후세의 성인은 이것을 관곽(棺槨)으로 바꿨으니, 대과괘(大過卦)에서 취한 것이다."라고 했다. 대과괘(大過卦)라는 것은 손(巽: ☴)이 밑에 있고, 태(兌: ☱)가 위에 있는 형상의 괘이다. 초륙(初六: --)은 손(巽)의 형체에 포함되어 있는데, 손(巽)은 목(木)이 되며, 상륙(上六: --)의 위치는 사(巳)에 있고, 사(巳)는 손(巽)의 위치에 해당한다. 손(巽) 또한 목(木)이 되므로, 두 개의 목(木)이 밖에 있으면서, 4개의 양(陽: -)을 끼고 있는 형상이다. 4개의 양(陽)은 상호 몸체가 되어, 2개의 건(乾)이 되는데, 건(乾)은 군주[君]가 되고 부친[父]이 되므로, 2개의 목(木)이 군주와 부친을 끼고 있는 것은 바로 관곽(棺槨)의 형상에 해당한다. 유우씨 때에는 이미 와관(瓦棺)을 만들어서 사용했기 때문에, "애초부터 섶을 사용하지 않았다."라고 했던 것이다. 그런데 유우씨가 만든 와관의 경우에는 외관[槨]이 포함되지 않았는데도, 「계사전」에서는 어떻게 "후세의 성인이 관곽으로 바꿨다."고 하여, 곽(槨)을 관(棺)과 연이어서 말할 수 있는가? 후세 성인은 그 형식을 광대하게 확장시켜서, 멀리로는 은나라와 주나라 때의 것을 탐구하였기 때문이다. '상기(喪期)'를 언급한 것은 유우씨 때 이처럼 했다는 뜻이다. 그렇기 때문에『상서』에서는 "3년 동안 사해 이내에서는 온갖 음악소리가 멎었다."[26]라고 한 것이다. 정현이 "유우씨는 도기[陶]를 숭상하였다."라고 했는데,『고공기(考工記)』를 살펴보면, 도인

(陶人)은 와기(瓦器)를 만들었다고 했다. 그렇기 때문에 이 기록을 인용하여서, 와관(瓦棺)에 대해 증명한 것이다.

孔疏 ◎注"火熟"至"折聖". ○正義曰: "火熟"者, 以弟子職云: "折燭之炎燼, 名之曰聖." 故知聖是火熟者. 云"燒土冶以周於棺也"者, 謂鑿土爲陶冶之形, 大小得容棺, 故云"燒土冶以周於棺"也. 云"或謂之土周, 由是也"者, 曾子問云: "下殤土周葬於園." 云"由是"者, 燒土周棺, 得喚作土周. 引弟子職者, 證火熟曰聖之意. 按管子書有弟子職篇, 云"左手秉燭, 右手正聖". 鄭云: "折聖者, 卽是正除之義."

번역 ◎鄭注: "火熟"~"折聖". ○정현이 '화숙(火熟)'이라고 한 이유는 『관자(管子)』「제자직(弟子職)」편에서 "등불의 타고 남은 부분을 절단하는 것을 '즐(聖)'이라고 부른다."라고 했기 때문이다. 그래서 '즐(聖)'이 불로 구운 것이 됨을 알 수 있었던 것이다. 정현이 "흙을 구워서 관(棺)의 사면을 두른 것을 뜻한다."라고 하였는데, 이 말은 흙에 구멍을 내어서 도기의 형태를 만들고, 그 크기는 관(棺)을 집어넣을 수 있도록 했다. 그렇기 때문에 "흙을 구워서 관(棺)의 사면을 두른 것을 뜻한다."라고 말한 것이다. 정현이 "'토주(土周)'라고도 부르는 이유는 바로 이러한 이유 때문이다."라고 하였는데, 『예기』「증자문(曾子問)」편에서는 "하상(下殤)한 자에 대해서는 토주(土周)의 방식을 따라서, 가까운 동산에서 장례(葬禮)를 치렀다."[27]라고 하였다. 정현이 "이러한 이유 때문이다."라고 하였는데, 흙을 구워서 관(棺)의 사면을 두르는 것을 '토주(土周)'라고 부를 수 있기 때문이다. 정현이 「제자직」편을 인용하였는데, 불로 구운 것을 '즐(聖)'자로 부른다는 뜻을 증명하기 위해서이다. 살펴보면 『관자』에는 「제자직」편이 포함되어 있는데, "왼쪽 손으로 등불을 잡고, 오른쪽 손으로 즐(聖)을 절단한다."라고 했다. 정현은 "절즐(折聖)이라는 것은 반듯하게 제거한다는 뜻이다."라고

---

26) 『서』「우서(虞書)·순전(舜典)」: 二十有八載, 帝乃殂落, 百姓如喪考妣, 三載, 四海遏密八音.

27) 『예기』「증자문(曾子問)」【244b】: 曾子問曰, 下殤, 土周, 葬于園, 遂輿機而往, 塗邇故也. 今墓遠, 則其葬也, 如之何.

했다.

孔疏 ◎注"槨大"至"上梓". ○正義曰: 槨聲與寬廓相近, 故云"大於棺"也. "殷人上梓", 亦考工記文, 引之以證槨也. 考工記又云: "夏后氏上匠." 於"塈周", 不引之者, 以匠無所不爲, 非獨塈周而已, 故不引也. 考工記又云: "周人上輿." 輿非牆之事, 故於"周人牆置翣", 亦不引之也.

번역 ◎鄭注: "槨大"~"上梓". ○'곽(槨)'자의 음은 '관곽(寬廓)'과 서로 유사하다. 그렇기 때문에 "관(棺)보다 큰 것이다."라고 말한 것이다. 정현이 "은나라 때에는 가래나무[梓]를 숭상하였다."라고 하였는데, 이 또한『고공기(考工記)』에 기록된 문장으로, 정현이 이 문장을 인용한 것은 곽(槨)에 대해 증명하기 위해서이다.『고공기』에서는 또한 "하후씨는 장인[匠]을 숭상하였다."라고 하였다. 그런데 '즐주(塈周)'라는 기록에 대해서, 정현은『고공기』의 기록을 인용하지 않았다. 그 이유는 장인은 하지 못하는 일이 없기 때문에, 비단 즐주(塈周)를 만드는 일에만 한정되지 않는다. 그러므로 인용하지 않은 것이다.『고공기』에서는 또한 "주나라 때에는 수레[輿]를 숭상하였다."라고 했는데, 수레와 관련된 것은 장(牆)에 포함된 일이 아니다. 그렇기 때문에 "주나라 때에는 영구를 가릴 때 삽(翣)을 둘렀다."라는 기록에 대해서도, 또한『고공기』의 기록을 인용하지 않은 것이다.

孔疏 ◎注"牆柳"至"制文". ○正義曰: 按喪大記注云: "在旁曰帷, 在上曰荒." 帷荒所以衣柳, 則以帷荒之內木材爲柳, 其實帷荒及木材等總名曰柳. 故縫人云: "衣翣柳之材." 注云: "柳之言聚, 諸飾之所聚." 是帷荒總稱柳也. 云"凡此言後王之制文"者, "凡", 謂虞·夏·殷·周. 有虞氏唯有瓦棺, 夏后氏瓦棺之外加塈周, 殷則梓棺替瓦棺, 又有木爲槨替塈周, 周人棺槨, 又更於槨傍置柳·置翣扇, 是後王之制, 以漸加文也. 夏言"后"者, 白虎通云: "以揖讓受於君, 故稱后. 殷·周稱人者, 以行仁義, 人所歸往, 故稱人." 夏對殷·周稱人, 故言后, 見受之於君. 虞則不對殷·周. 自五帝之內, 雖受於君, 不須稱后也.

번역 ◎鄭注: "牆柳"~"制文". ○『예기』「상대기(喪大記)」편에 대한 정현의 주를 살펴보면, "측면을 가리는 것을 '유(帷)'라고 부르며, 윗면을 가리는 것을 '황(荒)'이라고 부른다."[28]라고 했다. 유(帷)와 황(荒)은 유(柳)에 옷을 입히는 것들인데, 유(帷)와 황(荒) 안에 목재로 된 부분을 '유(柳)'라고 부르며, 실제로는 유(帷)와 황(荒) 및 목재로 만들어진 부분까지도 총칭하여, '유(柳)'라고 부른다. 그렇기 때문에 『주례』「봉인(縫人)」편에서는 '삽류(翣柳)에 입히는 재료'[29]라는 기록이 있는 것이고, 이 문장에 대한 정현의 주에서는 "'유(柳)'자는 '모으다[聚]'는 뜻으로, 여러 장식들이 모여진 것을 뜻한다."라고 한 것이니, 이것이 바로 유(帷)와 황(荒)을 총칭하여, '유(柳)'라고 부른다는 사실을 나타낸다. 정현이 "무릇 이것들은 후대 왕들이 제정한 형식이다."라고 하였는데, '범(凡)'자는 우·하·은·주를 가리킨다. 유우씨 때에는 오직 와관(瓦棺)만 있었고, 하후씨 때에는 와관(瓦棺) 겉에 즐주(墍周)의 방법을 더하게 되었으며, 은나라 때에는 가래나무로 만든 관(棺)으로 와관(瓦棺)을 대체하였고, 또 나무로 곽(槨)을 만들어서 즐주(墍周)를 대체하였다. 주나라 때에는 관곽(棺槨)을 두고, 또 곽(槨) 옆에 유(柳)를 설치하고, 삽(翣)을 설치하였으니, 이것은 후왕들의 제도에서 점진적으로 문식을 더하게 된다는 사실을 나타낸다. 하나라에 대해서는 '후(后)'자를 붙여서 기록하였는데, 그 이유에 대해서 『백호통』[30]에서는 "겸양으로 양보하여 군주에게서 제위를 받았기 때문에, '후(后)'자를 붙여서 부르는 것이다. 은나라와 주나라에 대해서는 '인(人)'자를 붙여서 불렀는데, 그 이유는 인의(仁義)의 도리를 실천하여, 사람들이 귀의하였기 때문이다. 그래서 '인(人)'자를 붙여서 부른 것이다."라고 했다. 하나라는 은나라나 주나라에 대해서 '인(人)'자를 붙여서 부르는 것과 대비가 되기 때문에, '후(后)'자를 붙

---

28) 이 문장은 『예기』「상대기(喪大記)」편의 "飾棺, 君龍帷, 三池, 振容, 黼荒, …… 土戴前纁後緇, 二披, 用纁."이라는 기록에 대한 정현의 주이다.

29) 『주례』「천관(天官)·봉인(縫人)」: 喪縫棺飾焉. 衣翣柳之材. 掌凡內之縫事.

30) 『백호통(白虎通)』은 후한(後漢) 때 편찬된 서적이다. 『백호통의(白虎通義)』라고도 부른다. 후한의 장제(章帝)가 학자들을 불러 모아서, 백호관(白虎觀)에서 토론을 시키고, 각 경전 해석의 차이점을 기록한 서적이다.

여서 불렀으며, 이것을 통해서 군주에게서 제위를 선양받았음을 나타낸 것
이다. 우의 경우에는 은나라나 주나라에 대비가 되지 않는다. 우 자체가
오제(五帝)31)의 범주 속에 포함되기 때문에, 비록 군주에게서 제위를 선양
받았지만, '후(后)'라고 지칭할 필요가 없었던 것이다.

集解 愚謂: 棺外之材, 蓋以柳木爲之, 故謂之柳, 因又以爲柳衣之總名也.
以其在棺外, 若牆圍然, 故又謂之牆. 古時喪制質略, 至後世而漸備, 爲之棺槨
而無使土親膚, 爲之牆・翣而使人勿惡, 凡以盡人子之心, 而非徒爲觀美而已.

번역 내가 생각하기에, 관(棺) 밖에 설치하는 목재들은 아마도 유목(柳
木)으로 만들었기 때문에, '유(柳)'라고 부르는 것이며, 또 이러한 이유 때문
에, 유의(柳衣)의 총칭으로도 사용했던 것이다. 관(棺) 밖에 있는 것들은
마치 담장으로 두르는 것과 같기 때문에, 또한 이것들을 '장(牆)'이라고도
부르는 것이다. 고대의 상례에서는 그 예법이 질박하고 간략하였으며, 후세
에 이르러서야 점진적으로 격식을 갖추게 되었다. 따라서 관곽(棺槨)을 만
들어서, 흙이 시신의 몸에 직접 닿지 못하도록 하였고, 장(牆)과 삽(翣)을

---

31) 오제(五帝)는 전설시대에 존재했다고 전해지는 다섯 명의 제왕(帝王)을 뜻한
다. 그러나 다섯 명이 누구였는지에 대해서는 이설(異說)이 많다. 첫 번째 주
장은 황제(黃帝: =軒轅), 전욱(顓頊: =高陽), 제곡(帝嚳: =高辛), 당요(唐堯),
우순(虞舜)으로 보는 견해이다. 『사기정의(史記正義)』「오제본기(五帝本紀)」
편에는 "太史公依世本・大戴禮, 以黃帝・顓頊・帝嚳・唐堯・虞舜爲五帝. 譙
周・應劭・宋均皆同."이라는 기록이 있고, 『백호통(白虎通)』「호(號)」편에도
"五帝者, 何謂也? 禮曰, 黃帝・顓頊・帝嚳・帝堯・帝舜也."라는 기록이 있다.
두 번째 주장은 태호(太昊: =伏羲), 염제(炎帝: =神農), 황제(黃帝), 소호(少
昊: =摯), 전욱(顓頊)으로 보는 견해이다. 이 주장은 『예기』「월령(月令)」편에
나타난 각 계절별 수호신들의 내용을 종합한 것이다. 세 번째 주장은 소호(少
昊), 전욱(顓頊), 고신(高辛), 당요(唐堯), 우순(虞舜)으로 보는 견해이다. 『서
서(書序)』에는 "少昊・顓頊・高辛・唐・虞之書, 謂之五典, 言常道也."라는 기
록이 있다. 또 『제왕세기(帝王世紀)』에는 "伏羲・神農・黃帝爲三皇, 少昊・高
陽・高辛・唐・虞爲五帝."라는 기록이 있다. 네 번째 주장은 복희(伏羲), 신
농(神農), 황제(黃帝), 당요(唐堯), 우순(虞舜)으로 보는 견해이다. 이 주장은
『역』「계사하(繫辭下)」편의 내용에 근거한 주장이다.

만들어서, 사람들이 영구를 보고 꺼려하지 못하도록 했던 것이니, 무릇 이
것들을 통해서 자식된 자의 마음을 다하도록 한 것으로, 단지 외관상의 아
름다움을 꾸미기 위한 것뿐만이 아니다.

그림 6-7 ▣ 삽(翣)

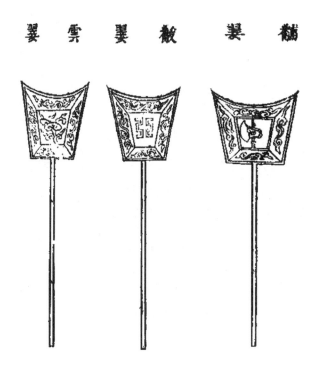

※ **출처:** 『삼재도회(三才圖會)』「의제(儀制)」 7권

● 그림 6-8 ◪ 삽(翣)

※ 출처: 『삼례도집주(三禮圖集注)』 19권

• 제 7 절 •

『논어』와 삼년상

참고 『논어』「학이(學而)」기록

경문 子曰: 父在觀其志, 父沒觀其行,

번역 공자가 말하길, 부친이 생존해 계실 때에는 그 사람의 뜻을 살피고, 부친이 돌아가셨을 때에는 그 사람의 행실을 살피니,

何注 孔曰: 父在, 子不得自專, 故觀其志而已. 父沒乃觀其行.

번역 공씨가 말하길, 부친이 생존해 계실 때 자식은 자기 마음대로 할수 없기 때문에 그 사람의 뜻을 살필 따름이다. 부친이 돌아가셨다면 그사람의 행실을 살핀다.

경문 三年無改於父之道, 可謂孝矣.

번역 3년 동안 부친의 도에서 고친 것이 없어야 효성스럽다 평할 수 있다.

何注 孔曰: 孝子在喪, 哀慕猶若父存, 無所改於父之道.

번역 공씨가 말하길, 효자가 상을 치를 때 애통하고 사모하는 마음에 마치 부친이 생존해 계신 것처럼 느껴서 부친의 도에서 고치는 것이 없다.

邢疏 ●"子曰"至"孝矣". ○正義曰: 此章論孝子之行. "父在觀其志"者, 在心爲志. 父在, 子不得自專, 故觀其志而已. "父沒觀其行"者, 父沒可以自專,

乃觀其行也. "三年無改於父之道, 可謂孝矣"者, 言孝子在喪三年, 哀慕猶若父存, 無所改於父之道, 可謂爲孝也.

번역 ●經文: "子曰"~"孝矣". ○이 문장은 효자의 행실을 논의하고 있다. "부친이 생존해 계실 때에는 그 사람의 뜻을 살핀다."라고 했는데, 마음에 있는 것을 뜻이라고 한다. 부친이 생존해 계실 때 자식은 자기 마음대로 할 수 없기 때문에 그 사람의 뜻을 살필 따름이다. "부친이 돌아가셨을 때에는 그 사람의 행실을 살핀다."라고 했는데, 부친이 돌아가시면 자기 마음대로 할 수 있어서 그 사람의 행실을 살피는 것이다. "3년 동안 부친의 도에서 고친 것이 없어야 효성스럽다 평할 수 있다."라고 했는데, 자식은 3년 동안 상을 치르며 애통하고 사모하는 마음에 마치 부친이 생존해 계신 것처럼 느껴서 부친의 도에서 고치는 점이 없으니, 이처럼 해야만 효를 시행한다고 평할 수 있다.

集註 父在, 子不得自專, 而志則可知, 父沒然後其行可見, 故觀此, 足以知其人之善惡. 然又必能三年無改於父之道, 乃見其孝, 不然則所行雖善, 亦不得爲孝矣.

번역 부친이 생존해 계실 때 자식은 자기 마음대로 할 수 없지만 뜻에 대해서는 알아볼 수 있다. 부친이 돌아가신 뒤에는 그의 행실을 살필 수 있기 때문에 이를 관찰하면 그 사람의 선악에 대해서 충분히 확인할 수 있다. 그러나 또한 부친의 도에서 3년 동안 고친 점이 없어야만 그 사람의 효성을 확인할 수 있으니, 그렇지 않다면 그의 행실이 비록 선하다 하더라도 효라 할 수 없다.

集註 尹氏曰: 如其道, 雖終身無改可也, 如其非道, 何待三年? 然則三年無改者, 孝子之心, 有所不忍故也.

번역 윤씨가 말하길, 부친의 도가 올바른 도리라면 비록 종신토록 고치지 않아도 괜찮지만, 만약 도리에 맞지 않다면 어찌 3년까지 기다릴 필요가 있겠는가? 그런데도 3년 동안 고치지 않는다는 것은 자식의 마음에 차마 고치지 못하는 점이 있기 때문이다.

集註 游氏曰, 三年無改, 亦謂在所當改而可以未改者耳.

번역 유씨가 말하길, 3년 동안 고치지 않는다는 것은 또한 마땅히 고쳐야 할 대상이지만 아직까지 고치지 않아도 되는 것을 뜻할 따름이다.

참고 『논어』「이인(里仁)」 기록

경문 子曰: 三年無改於父之道, 可謂孝矣.

번역 공자가 말하길, 3년 동안 부친의 도에서 고친 것이 없어야 효성스럽다 평할 수 있다.

何注 鄭曰: 孝子在喪, 哀戚思慕, 無所改於父之道, 非心所忍爲.

번역 정씨가 말하길, 자식이 상을 치를 때에는 애통하고 사모하는 마음에 부친의 도에서 고치는 점이 없으니, 마음에 따라 차마 할 수 있는 것이 아니기 때문이다.

邢疏 ●"子曰: 三年無改於父之道, 可謂孝矣." ○正義曰: 言孝子在父母喪三年之中, 哀戚思慕, 無所改于父之道, 非心所忍爲故也. 此章與學而篇同, 當是重出. 學而篇是孔注, 此是鄭注, 本或二處皆有.

번역 ●經文: "子曰: 三年無改於父之道, 可謂孝矣." ○자식은 부모의 상을 치르는 3년 동안 애통하고 사모하는 마음으로 인해 부친의 도에서 고치는 바가 없으니, 마음에 따라 차마 할 수 있는 것이 아니기 때문이다. 이 문장은 「학이」편의 내용과 동일하므로 중복 출현한 것이다. 「학이」편에서는 공씨의 주가 나오고 이곳에서는 정씨의 주가 나오는데, 판본에 따라 간혹 두 곳에 두 사람의 주장이 모두 실려 있기도 하다.

集註 胡氏曰: 已見首篇, 此蓋復出而逸其半也.

번역 호씨가 말하길, 이미 「학이」편에 출현한 말인데, 이곳 문장은 중복 출현이지만 그 절반의 문장이 누락되었다.

참고 『논어』 「헌문(憲問)」 기록

경문 子張曰: 書云"高宗諒陰, 三年不言." 何謂也?

번역 자장이 묻기를, 『서』에서 "고종은 총재를 신임하고 침묵하여 3년 동안 말을 하지 않았다."라고 했는데 무슨 뜻입니까?

何注 孔曰: 高宗, 殷之中興王武丁也. 諒, 信也. 陰, 猶默也.

번역 공씨가 말하길, 고종은 은나라를 중흥시킨 천자 무정(武丁)이다. '양(諒)'자는 "신임하다[信]."는 뜻이다. '음(陰)'자는 "침묵하다[默]."는 뜻이다.

邢疏 ◎注"孔曰"至"默也". ○正義曰: 云"高宗, 殷之中興王武丁也"者, 孔安國云: "盤庚弟小乙子名武丁, 德高可尊, 故號高宗." 喪服四制引書云: "高宗諒陰, 三年不言, 善之也. 王者莫不行此禮, 何以獨善之也? 曰: 高宗者, 武丁. 武丁者, 殷之賢王也, 繼世卽位, 而慈良於喪. 當此之時, 殷衰而復興, 禮廢而復起, 故載之於書中而高之, 故謂之高宗. 三年之喪, 君不言也." 是說不言之意也. 云"諒, 信也. 陰, 默也"者, 謂信任冢宰, 默而不言也. 禮記作"諒闇",

鄭玄以爲凶廬, 非孔義也, 今所不取.

번역 ◎何注: "孔曰"~"默也". ○"고종은 은나라를 중흥시킨 천자 무정(武丁)이다."라고 했는데, 공안국은 "반경(盤庚)의 동생 소을(小乙)의 아들 이름은 무정(武丁)으로, 덕이 높아 존숭할 만한 인물이었다. 그렇기 때문에 '고종(高宗)'이라고 부른다."라고 했다. 『예기』「상복사제(喪服四制)」편에서는 『서』를 인용하여, "고종은 양음(諒陰)하여 3년 동은 말을 하지 않았다고 했는데, 이것은 그 행위를 칭찬한 기록이다. 천자들 중에는 이러한 예법을 시행하지 않았던 자가 없는데, 어찌하여 유독 고종만을 칭찬했는가? 대답해보자면, 고종은 무정이다. 무정은 은나라 때의 현명한 천자였는데, 대를 이어서 지위에 올랐고 상을 치르는 일에 대해서 매우 잘 했다. 당시에 은나라는 쇠약해졌으나 고종으로 인해 재차 부흥하게 되었고, 선왕이 제정한 예법도 쇠락해졌으나 고종으로 인해 재차 시행되었다. 그렇기 때문에 『서』에 그 사실을 기록하여 높인 것이다. 그래서 그를 '고종(高宗)'이라고 부른 것이다. 삼년상을 치를 때 군주는 말을 하지 않는다."라고 했으니, 이것은 말을 하지 않았던 뜻을 설명한 것이다. "'양(諒)'자는 '신임하다[信].'는 뜻이다. '음(陰)'자는 '침묵하다[默].'는 뜻이다."라고 했는데, 총재를 신임하여 침묵하고 말을 하지 않았다는 뜻이다. 『예기』에서는 '양암(諒闇)'이라고 기록하였고, 정현은 흉사를 치르는 임시숙소를 뜻한다고 여겼는데, 이것은 공씨의 뜻이 아니므로, 여기에서는 채택하지 않는다.

集註 高宗, 商王武丁也. 諒陰, 天子居喪之名, 未詳其義.

번역 '고종(高宗)'은 은나라 천자인 무정(武丁)이다. '양음(諒陰)'은 천자가 상을 치르며 거주하는 장소의 명칭이나 그 의미에 대해서는 잘 모르겠다.

경문 子曰: 何必高宗? 古之人皆然. 君薨, 百官總己,

번역 공자가 대답하길, 어찌 고종만 그러했겠는가? 옛 사람들은 모두 그러했다. 군주가 죽게 되면 모든 관리들이 자신의 직무를 총괄하여,

何注 馬曰: 己, 百官.

번역 마씨가 말하길, '기(己)'자는 백관(百官)[1]을 뜻한다.

경문 以聽於冢宰三年.

번역 이로써 총재에게 3년 동안 명령을 받게 된다.

何注 孔曰: 冢宰, 天官卿, 佐王治者, 三年喪畢, 然後王自聽政.

번역 공씨가 말하길, '총재(冢宰)'는 천관을 주관하는 경(卿)으로, 천자의 정사를 돕는 자인데, 삼년상이 끝난 뒤에야 천자는 직접 정사를 펼칠 수 있다.

邢疏 ●"子張"至"三年". ○正義曰: 此章論天子諸侯居喪之禮也. "子張曰: 書云: '高宗諒陰, 三年不言.' 何謂也"者, "高宗諒陰, 三年不言", 周書·無逸篇文也. 高宗, 殷王武丁也. 諒, 信也. 陰, 默也. 言武丁居父憂, 信任冢宰, 默而不言三年矣. 子張未達其理, 而問於夫子也. "子曰: 何必高宗, 古之人皆然. 君薨, 百官總己, 以聽於冢宰三年"者, 孔子答言: "何必獨高宗, 古之人皆如是." 諸侯死曰薨. 言君旣薨, 新君卽位, 使百官各總己職, 以聽使於冢宰, 三年喪畢, 然後王自聽政.

번역 ●經文: "子張"~"三年". ○이곳 문장은 천자와 제후가 상을 치르는 예법을 논의하고 있다. "자장이 묻기를,『서』에서 '고종은 총재를 신임하고 침묵하여 3년 동안 말을 하지 않았다.'라고 했는데 무슨 뜻입니까?"라고 했는데, "고종은 총재를 신임하고 침묵하여 3년 동안 말을 하지 않았다."라

---

1) 백관(百官)은 공경(公卿) 이하의 관리들을 뜻한다. 또한 각 부서의 하급 관리들을 총칭하는 용어로도 사용되었다. 『예기』「교특생(郊特牲)」편에는 "獻命庫門之內, 戒百官也."라는 기록이 있고, 이에 대한 정현의 주에서는 "百官, 公卿以下也."라고 풀이하였다.

고 한 말은 『서』「주서(周書)・무일(無逸)」편의 문장이다. '고종(高宗)'은 은
나라 천자인 무정(武丁)이다. '양(諒)'자는 "신임하다[信]."는 뜻이다. '음
(陰)'자는 "침묵하다[默]."는 뜻이다. 즉 무정은 부친의 상을 치르며 총재를
신임하여 3년 동안 침묵하며 말을 하지 않았다는 의미이다. 자장은 그 이치
를 깨닫지 못하여 공자에게 질문한 것이다. "공자가 대답하길, 어찌 고종만
그러했겠는가? 옛 사람들은 모두 그러했다. 군주가 죽게 되면 모든 관리들
이 자신의 직무를 총괄하여, 이로써 총재에게 3년 동안 명령을 받게 된다."
라고 했는데, 공자가 답변을 하며 "어찌 고종만 그러했겠는가? 옛 사람들은
모두 그러했다."라고 한 말에 있어서, 제후가 죽은 것을 '훙(薨)'이라고 부른
다. 즉 군주가 죽게 되면 새로운 군주가 즉위하게 되며, 모든 관리들로 하여
금 각각 자신의 직무를 총괄하여 총재에게 명령을 받게 되고, 삼년상을 마
치게 된 이후에야 천자가 직접 정사를 펼친다는 뜻이다.

邢疏 ◎注"孔曰"至"聽政". ○正義曰: 云"家宰, 天官卿, 佐王治者"者, 按
周禮・天官: "大宰之職, 掌建邦之六典, 以佐王治邦國." 敍官云: "乃立天官
家宰, 使帥其屬, 而掌邦治, 以佐王均邦國. 治官之屬, 大宰卿一人." 鄭注引此
文云: "君薨, 百官總己以聽於家宰. 言家宰於百官無所不主." 爾雅曰: "冢, 大
也. 冢宰, 大宰也." 變冢言大, 進退異名也. 百官總焉, 則謂之冢; 列職於王,
則稱大. 冢, 大之上也. 山頂曰冢, 故云"冢宰, 天官卿, 佐王治者也". 云"三年
喪畢, 然後王自聽政"者, 謂卒哭除服之後, 三年心喪已畢, 然後王自聽政也.
知非衰麻三年者, 晉書・杜預傳云: "大始十年, 元皇后崩, 依漢・魏舊制, 既
葬, 帝及群臣皆除服. 疑皇太子亦應除否, 詔諸尙書會僕射盧欽論之. 唯預以
爲, 古者天子諸侯三年之喪始服齊斬, 既葬, 除喪服, 諒闇以居, 心喪終制, 不
與士庶同禮. 於是盧欽・魏舒問預證據. 預曰: '春秋, 晉侯享諸侯, 子産相鄭
伯, 時簡公未葬, 請免喪以聽命, 君子謂之得禮. 宰咺歸惠公仲子之賵, 傳曰弔
生不及哀. 此皆既葬除服諒陰之證也. 書傳之說既多, 學者未之思耳. 喪服, 諸
侯爲天子亦斬衰, 豈可謂終服三年也?' 預又作議曰: '周景王有后・世子之喪,
既葬, 除喪而宴樂. 晉叔向譏之曰: 三年之喪, 雖貴遂服, 禮也. 王雖不遂, 宴樂

以早. 此皆天子喪事見於古也. 稱高宗不言喪服三年, 而云諒闇三年, 此釋服
心喪之文也. 譏景王不譏其除喪, 而譏其宴樂已早, 則旣葬應除, 而違諒闇之
節也. 堯崩, 舜諒闇三年, 故稱遏密八音. 由此言之, 天子居喪, 齊斬之制, 非杖
絰帶, 當逾其服. 旣葬而除, 諒闇以終之, 三年無改於父之道, 故曰: 百官總己
以聽冢宰. 喪服旣除, 故更稱不言之美, 明不復寢苫枕塊, 以荒大政也. 禮記
云: 三年之喪, 自天子達. 又云: 父母之喪, 無貴賤一也. 又云: 端衰喪車皆無
等. 此通謂天子居喪, 衣服之制同於凡人, 心喪之禮終於三年, 亦無服喪三年
之文. 天子之位至尊, 萬機之政至大, 群臣之衆至廣, 不得同之於凡人. 故大行
旣葬, 祔祭於廟, 則因疏而除之. 己不除則群臣莫敢除, 故屈己以除之, 而諒闇
以終制, 天下之人皆曰我王之仁也. 屈己以從宜, 皆曰我王之孝也. 旣除而心
喪, 我王猶若此之篤也. 凡我臣子, 亦安得不自勉以崇禮. 此乃聖制移風易俗
之本也.' 議奏, 皇太子逾除衰麻而諒闇喪終." 是知三年喪畢, 謂心喪畢, 然後
王自聽政也.

번역 ◎何注: "孔曰"~"聽政". ○"총재(冢宰)'는 천관을 주관하는 경
(卿)으로, 천자의 정사를 돕는 자이다."라고 했는데,『주례』「천관(天官)」을
살펴보면 "대재(大宰)의 직무는 나라의 육전(六典)[2] 세우는 것을 담당하여
천자가 나라를 다스리는 일을 돕는다."[3]라고 했고,「서관」에서는 "이에 천
관의 총재를 세워서 그 휘하의 관리들을 통솔하여 나라 다스리는 일을 담
당하게 하여, 이를 통해 천자가 나라를 통치하는 일을 돕는다. 관부를 다스
리는 관리에 있어서 대재라는 직책은 경(卿) 1명이 담당한다."[4]라고 했고,

---

2) 육전(六典)은 치전(治典), 교전(敎典), 예전(禮典), 정전(政典), 형전(刑典), 사
   전(事典)을 뜻한다. 고대에 국가를 통치하던 여섯 방면의 법령을 가리킨다.
   국가의 전반적인 통치, 교화, 예법, 전장제도(典章制度), 형벌, 임무수행에 대
   한 법이다.

3)『주례』「천관(天官)·대재(大宰)」: <u>大宰之職, 掌建邦之六典, 以佐王治邦國:</u>
   一曰治典, 以經邦國, 以治官府, 以紀萬民; 二曰敎典, 以安邦國, 以敎官府, 以
   擾萬民; 三曰禮典, 以和邦國, 以統百官, 以諧萬民; 四曰政典, 以平邦國, 以正
   百官, 以均萬民; 五曰刑典, 以詰邦國, 以刑百官, 以糾萬民; 六曰事典, 以富邦
   國, 以任百官, 以生萬民.

4)『주례』「천관총재(天官冢宰)」: <u>乃立天官冢宰, 使帥其屬而掌邦治, 以佐王均邦</u>

정현의 주에서는 이 문장을 인용하여, "군주가 죽게 되면 모든 관리들이 자신의 직무를 총괄하여 총재에게 명령을 듣는다. 총재는 모든 관리들에 대해서 주관하지 않는 바가 없다는 뜻이다."라고 했다. 『이아』에서는 "총(冢)자는 크다는 뜻이다. 총재는 대재이다."라고 했다. '총(冢)'자를 바꿔서 대(大)라고 말한 것은 상황에 따라 명칭을 달리한 것이다. 즉 모든 관리들이 자신의 직무를 총괄한다는 측면에서는 총(冢)자를 붙이고, 천자를 기준으로 직무를 나열하게 되면 대(大)자를 붙인다. '총(冢)'이라는 말은 대(大) 중에서도 위에 있는 것이다. 산의 정상을 '총(冢)'이라고 부른다. 그렇기 때문에 "총재(冢宰)는 천관을 주관하는 경(卿)으로, 천자의 정사를 돕는 자이다."라고 말한 것이다. "삼년상이 끝난 뒤에야 천자는 직접 정사를 펼칠 수 있다."라고 했는데, 졸곡(卒哭)을 하고 상복을 제거한 이후 삼년 동안 심상(心喪)을 치르며, 그것이 끝난 뒤에야 천자가 직접 정사를 펼친다는 뜻이다. 상복을 3년 동안 착용하지 않는다는 사실을 알 수 있는 이유는 『진서』「두예전(杜預傳)」에서 "대시 10년 원황후가 죽자 한과 위나라의 옛 제도에 따라서 장례를 끝내고서 제왕 및 여러 신하들이 모두 상복을 벗었다. 그런데 황태자 또한 벗어야 하는지 말아야 하는지 의문이 들어 제상서에 소를 내려 복사 노흠 등을 소집하여 의논하도록 했다. 그 중 두예만이 옛날에 천자와 제후는 삼년상을 치르며 처음에는 자최복이나 참최복을 착용했지만, 장례를 마치면 상복을 제거하고 총재에게 정사를 위임하고 침묵하며 지냈고 심상으로 삼년상을 마쳤으니, 사나 서인들과 동일한 예법을 따르지 않았다고 했다. 이에 노흠과 위서가 두예에게 그 증거에 대해 물었다. 두예는 '춘추시대 때 진(晉)나라 후작이 제후들에게 연회를 베풀 때 자산은 정나라 백작을 보좌하였는데, 당시 간공은 아직 장례를 마치지 않았으므로, 상을 끝낸 뒤에 명에 따르고자 청하였고, 군자는 이를 예법에 맞다고 했다. 또 재훤(宰咺)이 혜공과 중자의 봉(賵)[5]을 보내왔을 때, 『좌전』에서는 살아있

國. 治官之屬: 大宰, 卿一人; 小宰, 中大夫二人; 宰夫, 下大夫四人. 上士八人, 中士十有六人, 旅下士三十有二人.

5) 봉(賵)은 부의를 보낸다는 뜻이며, 또한 부의로 보내는 특정 물건을 가리키기도 하다. '봉'은 상사(喪事)에 사용될 수레나 말을 부의로 보내는 것이다. 『예

는 자를 조문함에 슬퍼하는 시기에 미치지 못했다고 했다. 이러한 기록들은 모두 장례를 마친 뒤에 상복을 제거하고 총재에게 임무를 맡기고 침묵하며 지낸다는 증거가 된다. 옛 기록들에는 이러한 설명이 많은데도 학자들이 그 뜻을 생각해보지 못했던 것일 뿐이다. 상복에 있어서도 제후는 천자를 위해 또한 참최복을 착용하는데, 어떻게 삼년 내내 참최복을 착용한다고 할 수 있겠는가?'라고 했다. 또 두예는 의를 지어, '주나라 경왕에게 왕후와 세자의 상이 발생했는데, 장례를 마치자 상복을 제거하고 연회를 하며 음악을 연주했다. 그러자 진나라 숙향은 이를 비판하며, 삼년상은 비록 존귀한 천자라 할지라도 정해진 복상기간을 끝내는 것이 예이다. 천자가 비록 기간을 채우지 않더라도 너무 이른 시기에 연회를 열고 음악을 연주하였다고 했다. 이러한 기록들은 모두 고대에 천자가 치른 상사를 나타낸다. 고종에 대해 삼년 동안 상복을 착용했다고 말하지 않고, 총재에게 임무를 맡기고 침묵하며 삼년을 지냈다고 했는데, 이것은 상복을 제거하고 심상으로 치른다는 증거가 된다. 경왕을 비판할 때, 상복을 제거했다는 사실 자체를 비판하지 않고, 너무 이른 시기에 연회를 열고 음악을 연주했다는 점을 비판했다면, 장례를 마쳤을 때에는 마땅히 상복을 제거해야 하지만, 총재에게 임무를 맡기고 침묵하며 지내는 절차를 어긴 것이다. 요임금이 죽었을 때에도 순임금은 총재에게 임무를 맡기고 침묵하며 삼년을 지냈기 때문에 팔음(八音)의 연주를 그쳤다고 했다. 이를 통해 말해보자면, 천자가 상을 치를 때 자최복이나 참최복을 착용하는 제도가 있지만 지팡이를 잡고 질(絰)과 대(帶)를 차고서 복상기간을 모두 채워야 하는 것은 아니다. 장례를 마치면 상복을 제거하고 총재에게 임무를 맡기고 침묵하여 복상기간을 마치는데, 삼년 동안 부친의 도를 고치지 말아야 하기 때문에, 모든 관리들이 자신의 직무를 총괄하여 총재에게서 명령을 받는다고 말한 것이다. 상복을 이미 제거한 상태이기 때문에 재차 말을 하지 않은 것이 잘한 일이라고 칭송했던 것이니, 이것은 재차 거적 위에서 잠을 차고 흙덩이를

기』「문왕세자(文王世子)」편에는 "族之相爲也, 宜弔不弔, 宜免不免, 有司罰之. 至于賵賻承含, 皆有正焉."이라는 기록이 있는데, 이에 대한 진호(陳澔)의『집설(集說)』에서는 "賵以車馬."라고 풀이했다.

베개로 삼는 일을 하지 않는다는 사실을 나타내며, 그 이유는 정사를 황폐하게 만들기 때문이다. 『예기』에서 삼년상은 천자로부터 서인에 이르기까지 모두 동일하게 따른다고 했고, 또 부모의 상에 대해서는 신분에 상관없이 동일하다고 했으며, 또 상복과 상사에 사용하는 수레에 있어서는 모두 신분에 따른 차등이 없다고 했는데, 이 말들은 통괄적으로 천자가 상을 치르며 의복의 제도에 있어서는 일반인들과 동일하게 따른다는 뜻이며, 심상의 예법으로 삼년이라는 기간을 끝내는 것이고, 또한 삼년 내내 상복을 착용한다는 기록은 없다. 천자의 지위는 지극히 존엄하고 천자가 시행하는 정치는 지극히 크며 군신들은 매우 많아서 일반인들과 동일하게 따를 수 없다. 그렇기 때문에 상사를 치르며 장례를 마치고 묘에 부제(祔祭)를 치렀다면, 정감이 소원해진 것에 따라 제거하는 것이다. 본인이 제거하지 않았다면 뭇 신하들은 감히 제거하지 못한다. 그렇기 때문에 자신의 뜻을 굽혀 제거하고 총재에게 임무를 맡기고 침묵하며 복상기간을 마치니, 이로써 천하의 모든 사람들은 우리 왕은 매우 인자하다고 할 것이다. 또 자신을 굽혀서 마땅한 예법에 따르므로 천하의 모든 사람들은 우리 왕은 효성스럽다고 할 것이다. 상복을 제거하고 심상을 지내니, 천하의 모든 사람들은 우리 왕은 여전히 이처럼 독실하다고 할 것이다. 따라서 우리와 같은 신하들이 어떻게 스스로 분발하여 예법을 존숭하지 않을 수 있겠는가. 이것이 바로 성인이 제도를 정하여 풍속을 좋은 쪽으로 바꾸려고 했던 근본적 뜻이다.'라고 했다. 그리고 이를 고하니, 황태자도 결국 상복을 제거하고 총재에게 임무를 맡기고 침묵하며 복상기간을 마쳤다."라고 했다. 이것은 삼년상을 마친다는 말이 심상으로 마쳤다는 뜻임을 나타내며, 그런 뒤에야 천자는 직접 정사를 펼치는 것이다.

集註 言君薨則諸侯亦然. 總己, 謂總攝己職. 冢宰, 大宰也. 百官聽於冢宰, 故君得以三年不言也.

번역 군주가 죽었다고 말했다면 제후들 또한 이처럼 따른 것이다. '총기(總己)'는 자신의 직무를 총괄한다는 뜻이다. '총재(冢宰)'는 대재(大宰)를 뜻한다. 모든 관리들이 총재에게서 명령을 받기 때문에 군주는 삼년 동안 말을 하지 않을 수 있다.

集註 胡氏曰: 位有貴賤, 而生於父母, 無以異者, 故三年之喪, 自天子達. 子張非疑此也, 殆以爲人君三年不言, 則臣下無所稟令, 禍亂或由以起也. 孔子告以聽於冢宰, 則禍亂非所憂矣.

번역 호씨가 말하길, 지위에는 귀천의 차이가 있지만 부모에게서 태어났다는 사실에는 차이가 없다. 그렇기 때문에 삼년상은 천자로부터 서인에 이르기까지 공통된다. 자장은 이러한 점을 의심했던 것이 아니며, 군주가 삼년 동안 말을 하지 않는다면 신하들은 명령을 받을 곳이 없게 되어 재앙이나 혼란이 이를 틈타 발생하게 되리라 의심했던 것이다. 그래서 공자는 총재에게서 명령을 받는다고 말해주었으니, 재앙이나 혼란은 걱정할 바가 아니다.

참고 『논어』「양화(陽貨)」기록

경문 宰我問: 三年之喪, 期已久矣. 君子三年不爲禮, 禮必壞; 三年不爲樂, 樂必崩. 舊穀旣沒, 新穀旣升, 鑽燧改火, 期可已矣.

번역 재아가 묻기를, 삼년상을 치른다고 했는데, 1년이라는 기간도 이미 오랜 시간입니다. 군자가 3년 동안 예를 시행하지 않으면 예는 반드시 붕괴될 것이며, 3년 동안 음악을 연주하지 않으면 음악은 반드시 무너질 것입니다. 1년이라는 기간은 묵은 양식을 모두 먹고 새로운 곡식을 수확하며, 불씨나무를 뚫어서 새로운 불을 취하게 되므로, 1년만 해도 그칠 만합니다.

何注 馬曰: 周書·月令有更火之文. 春取楡柳之火, 夏取棗杏之火, 季夏取桑柘之火, 秋取柞楢之火, 冬取槐檀之火. 一年之中, 鑽火各異木, 故曰改火也.

번역 마씨가 말하길, 『일주서』「월령(月令)」편에는 불씨를 바꾼다는 문장이 있다. 봄에는 느릅나무와 버드나무에서 불씨를 취하고, 여름에는 대추나무와 살구나무에서 불씨를 취하며, 중앙에 해당하는 계하에는 뽕나무와 산뽕나무에서 불씨를 취하고, 가을에는 조롱나무와 졸참나무에서 불씨를 취하며, 겨울에는 회화나무와 박달나무에서 불씨를 취한다. 1년 중 불씨나무를 뚫어서 불씨를 취할 때 계절마다 각기 다른 나무를 사용한다. 그렇기 때문에 '개화(改火)'라고 부른다.

邢疏 ◎注"馬曰"至"火也". ○正義曰: 云"周禮·月令有更火之文"者, 周書, 孔子所刪尙書百篇之餘也, 晉成康中得之汲冢, 有月令篇, 其辭今亡. 按周禮"司爟掌行火之政令, 四時變國火, 以救時疾". 鄭玄注云: "行猶用也. 變猶易也. 鄭司農說以鄹子曰: 春取楡柳之火, 夏取棗杏之火, 季夏取桑柘之火, 秋取柞楢之火, 冬取槐檀之火." 其文與此正同. 釋者云: "楡柳靑故春用之, 棗杏赤故夏用之, 桑柘黃故季夏用之, 柞楢白故秋用之, 槐檀黑故冬用之."

번역 ◎何注: "馬曰"~"火也". ○"『일주서』「월령(月令)」편에는 불씨를 바꾼다는 문장이 있다"라고 했는데, '주서(周書)'라는 것은 공자가 『상서』를 100여 편을 산정할 때 제외된 나머지 편들로, 진(晉)나라 성제(成帝) 함강(咸康) 연간에 『급총주서』를 얻었는데, 그 중에는 「월령」편이 수록되어 있었지만, 그 기록들은 현재 망실되어 전해지지 않는다. 『주례』를 살펴보면 "사관(司爟)은 불 사용의 정령을 담당하니, 사계절마다 나라의 불씨를 바꾸어 각 계절의 질병을 구제한다."[6]라고 했다. 그리고 정현의 주에서는 "행(行)자는 사용한다는 뜻이다. 변(變)자는 바꾼다는 뜻이다. 정사농[7]은

---

6) 『주례』「하관(夏官)·사관(司爟)」: 司爟掌行火之政令, 四時變國火, 以救時疾.
7) 정중(鄭衆, ?~A.D.83): =정사농(鄭司農). 후한(後漢) 때의 경학자이다. 자(字)는 중사(仲師)이다. 부친은 정흥(鄭興)이다. 부친에게 『춘추좌씨전(春秋左氏傳)』의 학문을 전수받았다. 또한 그는 대사농(大司農) 등의 관직을 역임하였기 때문에, '정사농'이라고도 불렀다. 한편 정흥과 그의 학문은 정현(鄭玄)에게 많은 영향을 주었기 때문에, 후대에서는 정현을 후정(後鄭)이라고 불렀고, 정흥과 그를 선정(先鄭)이라고도 불렀다. 저서로는 『춘추조례(春秋條例)』, 『주례해

『추자』를 통해 봄에는 느릅나무와 버드나무에서 불씨를 취하고, 여름에는 대추나무와 살구나무에서 불씨를 취하며, 중앙에 해당하는 계하에는 뽕나무와 산뽕나무에서 불씨를 취하고, 가을에는 조롱나무와 졸참나무에서 불씨를 취하며, 겨울에는 회화나무와 박달나무에서 불씨를 취한다고 설명했다.”라고 했다. 그 문장은 이곳의 주석과 완전히 동일하다. 주석가들에 따르면 “느릅나무와 버드나무는 청색이기 때문에 봄에 사용하고, 대추나무와 살구나무는 적색이기 때문에 여름에 사용하며, 뽕나무와 산뽕나무는 황색이기 때문에 계하에 사용하고, 조롱나무와 졸참나무는 백색이기 때문에 가을에 사용하며, 회화나무와 박달나무는 흑색이기 때문에 겨울에 사용한다.”라고 설명한다.

集註 期, 周年也. 恐居喪不習而崩壞也. 沒, 盡也. 升, 登也. 燧, 取火之木也. 改火, 春取楡柳之火, 夏取棗杏之火, 夏季取桑柘之火, 秋取柞楢之火, 冬取槐檀之火, 亦一年而周也. 已, 止也. 言期年則天運一周, 時物皆變, 喪至此可止也.

번역 ‘기(期)’자는 1년을 뜻한다. 상을 치를 때 예악을 익히지 않아서 붕괴될 것을 염려한 것이다. ‘몰(沒)’자는 “다하다[盡].”는 뜻이다. ‘승(升)’자는 “익다[登].”는 뜻이다. ‘수(燧)’는 불씨를 얻는 나무이다. ‘개화(改火)’는 봄에는 느릅나무와 버드나무에서 불씨를 취하고, 여름에는 대추나무와 살구나무에서 불씨를 취하며, 중앙에 해당하는 계하에는 뽕나무와 산뽕나무에서 불씨를 취하고, 가을에는 조롱나무와 졸참나무에서 불씨를 취하며, 겨울에는 회화나무와 박달나무에서 불씨를 취하는 것을 뜻하니, 이 또한 1년이 되면 1주기가 된다. ‘이(已)’자는 “그치다[止].”는 뜻이다. 1년이 되면 하늘의 운행도 한 주기를 돌게 되며 계절과 만물이 모두 변하게 되니, 상을 치르는 기간도 이 시기가 되면 그칠 수 있다는 의미이다.

고(周禮解詁)』 등을 지었다고 하지만, 현재는 전해지지 않았다.

集註 尹氏曰: 短喪之說, 下愚且恥言之, 宰我親學聖人之門, 而以是爲問者, 有所疑於心而不敢强焉爾.

번역 윤씨가 말하길, 복상기간을 단축해야 한다는 주장은 지극히 어리석은 자라도 말하기를 부끄러워하는 것인데, 재아는 성인의 문하에서 수학을 했던 자임에도 이를 질문했다. 그 이유는 마음에 의심스러운 점이 있으면 감히 억지로 따를 수가 없었기 때문이다.

경문 子曰: 食夫稻, 衣夫錦, 於女安乎? 曰: 安. 女安, 則爲之. 夫君子之居喪, 食旨不甘, 聞樂不樂, 居處不安, 故不爲也. 今女安, 則爲之!

번역 공자가 "쌀밥을 먹고 비단옷을 입는 것이 너에겐 편안하느냐?"라고 묻자 재아는 "편안합니다."라고 답했다. 그러자 공자는 "네가 편안하다면 그렇게 하거라. 군자가 상을 치를 때에는 맛있는 음식을 먹어도 맛있지 않고 즐거운 음악을 들어도 즐겁지 않으며 편안한 곳에 머물러도 불편하게 느낀다. 그렇기 때문에 하지 않는 것이다. 그런데 너는 편안하다고 하니 그렇게 하거라!"라고 대답했다.

何注 孔曰: 旨, 美也. 責其無仁恩於親, 故再言"女安, 則爲之."

번역 공씨가 말하길, '지(旨)'자는 "맛있다[美]."는 뜻이다. 부모에 대한 인자함과 은혜가 없음을 책망했기 때문에 "네가 편안하다면 그렇게 하거라."라는 말을 반복해서 말한 것이다.

集註 禮, 父母之喪, 旣殯, 食粥麤衰, 旣葬, 疏食水飮, 受以成布, 期而小祥, 始食菜果, 練冠縓緣, 要絰不除, 無食稻衣錦之理. 夫子欲宰我反求諸心, 自得其所以不忍者, 故問之以此, 而宰我不察也. 此夫子之言也. 旨, 亦甘也. 初言女安則爲之, 絶之之辭, 又發其不忍之端, 以警其不察, 而再言女安則爲之, 以深責之.

번역　예법에 따르면 부모의 상을 치를 때 빈소를 차리고 나면 죽을 먹고 거친 상복을 입으며, 장례를 마치면 거친 밥을 먹고 물을 마시며 성포(成布)[8]로 만든 상복을 받고, 1년이 지나 소상(小祥)[9]을 치르면 비로소 채소와 과일을 먹고 연관(練冠)을 쓰고 분홍색의 가선을 두른 옷을 입으며 요질을 제거하지 않는다고 하니, 쌀밥을 먹고 비단옷을 입는 이치가 없다. 공자는 재아가 자신의 마음을 통해 반성하여 차마 하지 못하는 이유를 스스로 터득하기를 바라여 이러한 말로 질문을 했던 것인데 재아는 이를 살피지 못한 것이다. '여안(女安)'부터 시작되는 말은 공자의 말이다. '지(旨)'자 또한 "맛있다[甘]."는 뜻이다. 처음 "네가 편안하면 그렇게 하거라."라고 한 말은 확 잘라 한 말인데, 재차 차마하지 못하는 단서를 드러내어 재아가 살피지 못함을 경계시켜 "네가 편안하면 그렇게 하거라."라고 재차 말한 것이니, 이를 통해 깊이 책망한 것이다.

경문　宰我出. 子曰: 予之不仁也! 子生三年, 然後免於父母之懷.

번역　재아가 밖으로 나갔다. 그러자 공자가 말하길, 재아의 불인함이여! 자식은 태어난 후 3년이 지나야 부모의 품에서 벗어날 수 있는 것이다.

何注　馬曰: 子生未三歲, 爲父母所懷抱.

번역　마씨가 말하길, 자식이 태어나 아직 3년이 되지 않았다면 부모의 품안에 있게 된다.

---

8) 성포(成布)는 비교적 가늘고 부드러운 포(布)를 뜻한다. 상복의 경우 6승(升) 이하의 포는 길복(吉服)에 사용되는 포와 유사하기 때문에, 이러한 상복에 사용되는 포를 '성포'라고 부른다.
9) 소상(小祥)은 본래 부모 및 군주의 상(喪)에서, 부모가 죽은 지 만 1년 만에 지내는 제사이다. 이 제사가 끝나면, 자식은 3년상을 지낼 때의 복장과 생활 방식을 조금씩 덜어내게 된다. 또한 '소상'은 친족 및 타인의 상에서 1년이 지났을 때를 가리키기도 한다.

경문 夫三年之喪, 天下之通喪也,

번역 따라서 삼년상이라는 것은 천하의 모든 사람들이 따르는 상례인데,

何注 孔曰: 自天子達於庶人.

번역 공씨가 말하길, 천자로부터 서인들에 이르기까지 모두 통용된다는 뜻이다.

邢疏 ◎注: "孔曰: 自天子達於庶人". ○正義曰: 禮記·三年問云: "夫三年之喪, 天下之達喪也." 鄭玄云: "達, 謂自天子至於庶人." 喪服四制曰: "此喪之所以三年, 賢者不得過, 不肖者不得不及." 檀弓曰: "先王制禮也, 過之者俯而就之, 不至焉者跂而及之也." 聖人雖以三年爲文, 其實二十五月而畢, 若駟之過隙, 然而遂之, 則是無窮也, 故先王爲之立中制節, 壹使足以成文理則釋之矣. 喪服四制曰: "始死, 三日不怠, 三月不解, 期悲哀. 三年憂, 恩之殺也." 故孔子云: "子生三年, 然後免於父母之懷. 夫三年之喪, 天下之達喪也." 所以喪必三年爲制也.

번역 ◎何注: "孔曰: 自天子達於庶人". ○『예기』「삼년문」편에서는 "삼년상은 천하의 통용되는 상례이다."라고 했고, 정현은 "달(達)자는 천자로부터 서인에 이르기까지 모두 통용된다는 뜻이다."라고 했다. 또 『예기』「상복사제(喪服四制)」편에서는 "이것이 바로 상을 3년이라는 기간으로 정하여, 현명한 자도 지나치지 못하게 만들고, 불초한 자도 미치지 못하는 일이 없게끔 했던 방법이다."[10]라고 했고, 『예기』「단궁(檀弓)」편에서는 "선왕이 예를 제정할 때에는 지나친 자에 대해서는 굽히게 해서 나아가게 했고, 미치지 못하는 자에 대해서는 발돋움을 해서라도 쫓아오게 했다."[11]라고 했

---

10) 『예기』「상복사제(喪服四制)」【722c】: 始死, 三日不怠, 三月不解, 期悲哀, 三年憂, 恩之殺也. 聖人因殺以制節, <u>此喪之所以三年, 賢者不得過, 不肖者不得不及</u>. 此喪之中庸也, 王者之所常行也. 書曰: "高宗諒闇, 三年不言." 善之也.

11) 『예기』「단궁상(檀弓上)」【80d~81a】: 曾子謂子思曰: "伋! 吾執親之喪也, 水

다. 성인이 비록 3년이라는 기간으로 제도를 정했지만 그 기간은 실제로는 25개월이 되면 끝나니, 마치 네 마리의 말이 끄는 수레가 좁은 틈을 지나치는 것처럼 빠른데, 그렇다고 하여 이를 쫓게 된다면 끝이 없게 된다. 그렇기 때문에 선왕이 이를 위해 중도를 세워 절제의 제도를 만들었고, 모두가 격식을 완성하여 이를 해소토록 한 것이다. 「상복사제」편에서는 "어떤 자가 이제 막 죽었을 때, 그의 자식은 3일 동안 게으름을 피우지 않고, 3개월 동안 느슨하게 풀어지지 않으며, 1년째에는 비통하고 애통한 마음이 들고, 3년째에는 근심을 하게 되니, 이것은 그 은정이 점진적으로 줄어듦을 뜻한다."[12]라고 했다. 그렇기 때문에 공자는 "자식은 태어난 후 3년이 지난 뒤에야 부모의 품에서 벗어날 수 있다. 삼년상은 천하의 통용되는 상례이다."라고 말한 것이니, 상을 반드시 3년이라는 기간으로 제도를 정한 이유이다.

경문 予也有三年之愛於其父母乎?

번역 재아는 자기 부모에 대해 이러한 삼년간의 사랑이 있단 말인가?

何注 孔曰: 言子之於父母, 欲報之恩, 昊天罔極, 而予也有三年之愛乎?

번역 공씨가 말하길, 자식은 부모에 대해 "그 덕에 보답하고자 하나 호천이여, 다함이 없구나."라고 하는데, 재아는 3년 동안의 사랑이 있었느냐는 뜻이다.

邢疏 ●"宰我"至"母乎". ○正義曰: 此章論三年喪禮也. "宰我問: 三年之喪, 期已久矣"者, 禮·喪服爲至親者三年. 宰我嫌其期月大遠, 故問於夫子曰: "三年之喪, 期已久矣乎?" "君子三年不爲禮, 禮必壞 ; 三年不爲樂, 樂必崩"

漿不入於口者七日." 子思曰: "先王之制禮也, 過之者, 俯而就之 ; 不至焉者, 跂而及之. 故君子之執親之喪也, 水漿不入於口者三日, 杖而後能起."

12) 『예기』「상복사제(喪服四制)」【722c】: 始死, 三日不怠, 三月不解, 期悲哀, 三年憂, 恩之殺也. 聖人因殺以制節, 此喪之所以三年, 賢者不得過, 不肖者不得不及. 此喪之中庸也, 王者之所常行也. 書曰: "高宗諒闇, 三年不言." 善之也.

者, 此宰我又說喪不可三年之義也. 言禮檢人迹, 樂和人心, 君子不可斯須去身. 惟在喪則皆不爲也. 不爲旣久, 故禮壞而樂崩也. “舊穀旣沒, 新穀旣升, 鑽燧改火, 期可已矣”者, 宰我又言, 三年之喪, 一期爲足之意也. 夫人之變遷, 本依天道. 一期之間, 則舊穀已沒, 新穀已成. 鑽木出火謂之燧. 言鑽燧者又已改變出火之木. 天道萬物旣已改新, 則人情亦宜從舊, 故喪禮但一期而除, 亦可已矣. “子曰: 食夫稻, 衣夫錦, 於女安乎”者, 孔子見宰我言至親之喪, 欲以期斷, 故問之. 言禮爲父母之喪, 旣殯, 食粥, 居倚廬, 斬衰三年. 期而小祥, 食菜果, 居堊室, 練冠縓緣, 要絰不除. 今女旣期之後, 食稻衣錦, 於女之心, 得安否乎? “曰: 安”者, 宰我言, 旣期除喪, 卽食稻衣錦, 其心安也. “女安, 則爲之”者, 孔子言, 女心安, 則自爲之. “夫君子之居喪, 食旨不甘, 聞樂不樂, 居處不安, 故不爲也. 今女安, 則爲之”者, 孔子又爲說不可安之禮. 旨, 美也. 言君子之居喪也疾, 卽飮酒食肉, 雖食美味, 不以爲甘, 雖聞樂聲, 不以爲樂, 寢苫枕塊, 居處不求安也. 故不爲食稻衣錦之事. 今女旣心安, 則任自爲之. 責其無仁恩於親, 故再言“女安, 則爲之”. “宰我出. 子曰: 予之不仁也! 子生三年, 然後免於父母之懷”者, 予, 宰我名. 宰我方當愚執, 夫子不欲面斥其過, 故宰我旣問而出去, 孔子對二三子言曰: 夫宰予不仁於父母也! 凡人子生未三歲, 常爲父母所懷抱, 旣三年, 然後免離父母之懷. 是以聖人制喪禮, 爲父母三年. “夫三年之喪, 天下之通喪也”者, 通, 達也. 謂上自天子, 下達庶人, 皆爲父母三年, 故曰通喪也. “予也有三年之愛於其父母乎”者, 爲父母愛己, 故喪三年. 今予也不欲行三年之服, 是有三年之恩愛於父母乎?

번역　●經文: “宰我”~“母乎”. ○이 문장은 삼년상의 예법을 논의하고 있다. “재아가 묻기를, 삼년상을 치른다고 했는데, 1년이라는 기간도 이미 오랜 시간입니다.”라고 했는데, 『의례』「상복(喪服)」편의 기록에 따르면 지극히 친근한 자를 위해서는 3년 동안 복상한다고 했다. 재아는 그 기간이 너무 오래 걸린다고 의심했기 때문에 공자에게 질문하여, “삼년상은 1년만 해도 이미 오랜 시간이 경과한 것이니 충분하지 않겠습니까?”라고 말한 것이다. “군자가 3년 동안 예를 시행하지 않으면 예는 반드시 붕괴될 것이며, 3년 동안 음악을 연주하지 않으면 음악은 반드시 무너질 것입니다."라고 했는데, 이것은 재아가 재차 상을 3년 동안 지속할 수 없다는 뜻을 설명한 것이다. 즉 예란 사람의 행실을 검속하고 음악이란 사람의 마음을 조화롭게 하므로 군자는 이러한 것들을 자신과 떨어트려 놓을 수 없다. 그런데 상을 치르는 기간 동안은 이러한 것들을 모두 시행할 수 없다. 시행하지 않은 시기가 오래 지속되었기 때문에 예악이 붕괴된다는 의미이다. "1년이라는 기간은 묵은 양식을 모두 먹고 새로운 곡식을 수확하며, 불씨나무를 뚫어서 새로운 불을 취하게 되므로, 1년만 해도 그칠 만합니다."라고 했는데, 재아가 재차 삼년상을 1년만 해도 충분하다는 의미를 설명한 것이다. 사람의 변화는 본래 하늘의 도에 따르게 되어 있다. 1년이라는 기간 동안 묵은 양식을 모두 먹고 새로운 곡식이 익게 된다. 나무를 뚫어서 불을 붙이는 것을 수(燧)라고 부른다. 즉 불씨를 채취하는 자 또한 이미 불씨를 내는 나무를 바꿨다는 의미이다. 천도에 따라 만물이 이미 새롭게 변화했는데 사람의 정감은 옛 것을 따라야 하는 상황이기 때문에, 상례를 1년만 지내고 그치는 것 또한 괜찮다는 의도이다. "공자가 묻기를, 쌀밥을 먹고 비단옷을 입는 것이 너에겐 편안하느냐?"라고 했는데, 공자는 재아가 부모의 상을 1년이란 기간으로 단축하고자 하는 것을 보았기 때문에 질문한 것이다. 예법에 따르면 부모의 상을 치를 때 빈소를 차리고 나면 죽을 먹고 의려(倚廬)에 거처하며 참최복(斬衰服)으로 3년 동안 복상한다. 그리고 1년이 지나 소상(小祥)을 치르면 채소와 과일을 먹고 악실(堊室)[13]에 거처하며, 연관(練冠)을 쓰고 분홍색 가선이 들어간 옷을 착용하며 요질은 제거하지 않는다. 그런데 현재 너는 1년이 지난 뒤에 쌀밥을 먹고 비단옷을 입었는데도 너의 마음이 편안하느냐고 물어본 것이다. "재아가 답하길, 편안합니다."라고 했는데, 이것은 재아의 말이며, 1년이 지나 상을 끝내고 곧바로 쌀밥을 먹고 비단옷을 입어도 마음이 편안하다는 뜻이다. "네가 편안하다면 그렇게 하거라."라고 했는데, 이것은 공자의 말이며, 너의 마음이 편안하다면 스스로 그렇게 시행하라는

---

13) 악실(堊室)은 상중(喪中)에 임시로 거처하던 가옥으로, 네 벽면에 흰색의 회칠을 하였다.

뜻이다. "군자가 상을 치를 때에는 맛있는 음식을 먹어도 맛있지 않고 즐거운 음악을 들어도 즐겁지 않으며 편안한 곳에 머물러도 불편하게 느낀다. 그렇기 때문에 하지 않는 것이다. 그런데 너는 편안하다고 하니 그렇게 하거라!"라고 했는데, 공자는 재차 편안해질 수 없는 예법을 설명한 것이다. '지(旨)'자는 "맛있다[美]."는 뜻이다. 군자가 상을 치를 때에는 그 기간을 매우 빠르다고 여겨서, 술을 마시고 고기를 먹어서 비록 맛있는 것들을 먹게 되더라도 맛있다고 여기지 않으며, 비록 즐거운 음악을 듣더라도 즐겁다고 여기지 않으니, 거적을 깔고 자며 흙덩이를 베개로 삼아 거처함에도 편안함을 찾지 않는다. 그렇기 때문에 쌀밥을 먹거나 비단옷을 입는 일을 시행하지 않는다. 그런데 너는 이미 마음이 편안하다고 했으니, 스스로 그처럼 시행하라는 뜻이다. 이것은 부모에 대한 인자함과 은정이 없음을 책망한 것이기 때문에 재차 "네가 편안하면 그렇게 하거라."라고 말한 것이다. "재아가 밖으로 나갔다. 그러자 공자가 말하길, 재아의 불인함이여! 자식은 태어난 후 3년이 지나야 부모의 품에서 벗어날 수 있는 것이다."라고 했는데, '여(予)'는 재아의 이름이다. 재아는 어리석은 소견을 고집하였으므로, 공자는 면전에서 그 과오를 지적하고 싶지 않았다. 그렇기 때문에 재아가 질문을 끝내고 밖으로 나가자 공자는 다른 제자들에게 말한 것이니, 재아는 부모에 대해 불인하구나! 자식이 태어나 3년이 되지 않았다면 부모의 품에 있게 되며, 3년을 넘긴 뒤에야 부모의 품에서 벗어날 수 있는 것이다. 이러한 까닭으로 성인이 상례를 제정함에 부모를 위해서는 삼년상을 치르도록 한 것이라고 설명했다. "삼년상이라는 것은 천하의 모든 사람들이 따르는 상례이다."라고 했는데, '통(通)'자는 "두루 통한다[達]."는 뜻이다. 즉 위로는 천자로부터 아래로는 서인에 이르기까지 모두 부모를 위해 삼년상을 치른다는 뜻이다. 그렇기 때문에 '통상(通喪)'이라고 부른다. "재아는 자기 부모에 대해 이러한 삼년간의 사랑이 있단 말인가?"라고 했는데, 부모로부터 사랑을 받았기 때문에 삼년상을 치른다. 그런데 재아는 삼년상을 치르고 싶어 하지 않았으니, 부모에 대한 3년 동안의 은정과 애정이 있는 것이겠는가?

邢疏 ◎注"孔曰"至"愛乎". ○正義曰: 云"欲報之德, 昊天罔極"者, 小雅·
蓼莪文. 鄭箋云: "之猶是也. 我欲報父母是德, 昊天乎, 我心無極." 云"予也有
三年之愛乎"者, 言宰予不欲服喪三年, 是無三年之愛也. 繆協云: "爾時禮壞
樂崩, 三年不行. 宰我大懼其往, 以爲聖人無微旨以戒將來, 故假時人之謂, 啓
憤於夫子, 義在屈己以明道也."

번역 ◎何注: "孔曰"~"愛乎". ○"그 덕에 보답하고자 하나 호천이여, 다
함이 없구나."라고 했는데, 이것은『시』「소아(小雅)·요아(蓼莪)」편의 기
록이다.14) 정현의 전문에서는 "지(之)자는 시(是)자와 같다. 내가 부모의
덕에 보답하고자 하는데, 호천이여, 나의 마음은 끝이 없다."라고 했다. "재
아는 3년 동안의 사랑이 있었는가?"라고 했는데, 재여는 삼년상을 치르고
싶어 하지 않았으니, 이것은 3년 동안의 사랑이 없다는 사실에 해당한다.
무협은 "당시에는 예악이 붕괴되어 삼년상이 시행되지 않았다. 재아는 앞
으로 어찌될지 크게 염려하였으니, 공자가 깊은 뜻으로 미래 세대를 경계
함이 없을까 걱정했기 때문에, 당시 사람들이 일반적으로 하던 말을 빌려
그 울분을 공자에게 털어놓은 것으로, 그 뜻은 자신을 굽혀 도를 밝히는데
있다."라고 했다.

集註 宰我旣出, 夫子懼其眞以爲可安而遂行之, 故深探其本而斥之, 言由
其不仁, 故愛親之薄如此也. 懷, 抱也. 又言君子所以不忍於親而喪必三年之
故, 使之聞之, 或能反求而終得其本心也.

번역 재아가 밖으로 나가자 공자는 재아가 정말로 편안하다고 여길 수
있으면 그대로 시행해도 된다고 오해할 것을 염려하였다. 그렇기 때문에
그 근본적 원인을 깊이 탐색하여 질타한 것이니, 재아의 불인함으로 인해
부모를 사랑하는 마음이 이처럼 박하다는 뜻이다. '회(懷)'자는 "품다[抱]."
는 뜻이다. 또한 군자가 부모에 대해 차마 하지 못하여 복상기간을 반드시

---

14)『시』「소아(小雅)·요아(蓼莪)」: 父兮生我, 母兮鞠我. 拊我畜我, 長我育我, 顧
我復我, 出入腹我. <u>欲報之德, 昊天罔極</u>.

3년으로 정한 이유를 말하여, 재아로 하여금 이 말을 듣고 혹시라도 스스로 반성하여 끝내 본심을 터득할 수 있도록 한 것이다.

集註 范氏曰: 喪雖止於三年, 然賢者之情則無窮也. 特以聖人爲之中制而不敢過, 故必俯而就之, 非以三年之喪爲足以報其親也. 所謂三年然後免於父母之懷, 特以責宰我之無恩, 欲其有以跂而及之爾.

번역 범씨가 말하길, 복상기간이 비록 3년에 끝나지만 현자의 정감은 끝이 없다. 다만 성인은 이러한 이유로 인해 중도에 따른 제도를 만들어서 감히 지나치게 시행할 수 없도록 했기 때문에 반드시 굽혀서 나아가는 것이지, 삼년상으로 부모에게 충분히 보답할 수 있다고 여긴 것은 아니다. 3년이 지나야 부모의 품에서 벗어날 수 있다고 한 말은 단지 재아에게 은정이 없음을 책망하여 그가 발돋움을 해서라도 따라올 수 있게끔 하고자 했던 말일 뿐이다.

참고 『논어』「자장(子張)」 기록

경문 曾子曰: 吾聞諸夫子, 人未有自致者也, 必也親喪乎!

번역 증자가 말하길, 내가 공자께 듣기로 사람이 제 스스로 극진히 하는 점이 없더라도, 분명 부모의 상에서는 극진히 한다고 하셨다.

何注 馬曰: 言人雖未能自致盡於他事, 至於親喪, 必自致盡.

번역 마씨가 말하길, 사람이 비록 다른 일에 대해서는 제 스스로 극진히 할 수 없더라도 부모의 상에 있어서는 분명 극진히 하게 된다는 뜻이다.

邢疏 ●"曾子曰: 吾聞諸夫子, 人未有自致者也, 必也親喪乎!" ○正義曰:

此章論人致誠之事也. 諸, 之也. 曾子言: "我聞之夫子言, 人雖未能自致盡其 誠於他事, 至於親喪, 必自致盡也."

[번역] ●經文: "曾子曰: 吾聞諸夫子, 人未有自致者也, 必也親喪乎!" ○이 곳 문장은 사람이 정성을 다하는 사안에 대해 논의하고 있다. '저(諸)'자는 지(之)자의 뜻이다. 증자는 "내가 공자의 말을 들었는데, 사람이 비록 다른 일에 대해서 정성을 제 스스로 다하지 못하더라도, 부모의 상에 있어서만 큼은 반드시 극진히 하게 된다."라고 말한 것이다.

[集註] 致, 盡其極也. 蓋人之眞情所不能自已者.

[번역] '치(致)'자는 지극함을 다한다는 뜻이다. 사람의 진실된 감정에 스 스로 그만둘 수 없는 점이 있기 때문이다.

[集註] 尹氏曰: 親喪固所自盡也, 於此不用其誠, 惡乎用其誠?

[번역] 윤씨가 말하길, 부모의 상은 진실로 제 스스로 정성을 다해야 하는 것이니, 여기에 정성을 쏟지 않는다면 어디에 정성을 쏟겠는가?

『맹자』와 삼년상

참고 『맹자』「등문공상(滕文公上)」 기록

경문 滕定公薨. 世子謂然友曰: 昔者孟子嘗與我言於宋, 於心終不忘. 今也不幸至於大故, 吾欲使子問於孟子, 然後行事.

번역 등나라 정공이 죽었다. 세자는 연우에게 말하길, "예전 맹자는 일찍이 나에게 송나라에 대한 말을 해주었는데, 그 말이 마음속에 남아 끝내 잊혀지지 않는다. 현재 불행하게도 이러한 변고를 당하였으니, 나는 그대를 시켜 맹자에게 자문을 구한 뒤 상사를 치르고자 한다."라고 했다.

趙注 定公, 文公父也. 然友, 世子之傅也. 大故, 謂大喪也.

번역 '정공(定公)'은 문공(文公)의 부친이다. '연우(然友)'는 세자의 스승이다. '대고(大故)'는 대상(大喪)[1]을 뜻한다.

孫疏 ◎注"定公, 文公父也". ○正義曰: 說在前段已詳矣.

---

1) 대상(大喪)은 천자(天子)·왕후(王后)·세자(世子) 등의 상(喪)을 가리킨다. 이들은 가장 존귀한 자들에 해당하기 때문에, 그들에 대한 상(喪) 또한 '대(大)'자를 붙여서, '대상'이라고 부르는 것이다. 『주례』「천관(天官)·재부(宰夫)」편에는 "大喪小喪, 掌小官之戒令, 帥執事而治之."라는 기록이 있는데, 이에 대한 정현의 주에서는 "大喪, 王·后·世子之喪也."라고 풀이했다. 한편 '대상'은 부모의 상(喪)을 가리키기도 한다. 부모는 자식의 입장에서 가장 중대한 대상에 해당하기 때문에, 부모의 상(喪)을 '대상'이라고 부르는 것이다. 『춘추공양전』「선공(宣公) 1년」편에는 "古者臣有大喪, 則君三年不呼其門."이라는 용례가 있다.

번역 ◎趙注: "定公, 文公父也". ○설명은 이전 단락에서 이미 상세하게 했다.

集註 定公, 文公父也. 然友, 世子之傅也. 大故, 大喪也. 事, 謂喪禮.

번역 '정공(定公)'은 문공(文公)의 부친이다. '연우(然友)'는 세자의 스승이다. '대고(大故)'는 대상(大喪)을 뜻한다. '사(事)'자는 상례를 뜻한다.

경문 然友之鄒, 問於孟子.

번역 연우가 추(鄒)로 가서 맹자에게 자문을 구했다.

趙注 孟子歸在鄒也.

번역 맹자는 추로 되돌아와 있었다.

경문 孟子曰: 不亦善乎! 親喪固所自盡也.

번역 맹자가 말하길, "또한 좋지 않겠는가! 부모의 상에 대해서는 진실로 정성을 다해야 한다."라고 했다.

趙注 不亦者, 亦也. 問此, 亦其善也.

번역 '불역(不亦)'은 또한[亦]이라는 뜻이다. 이러한 점을 물어본 것이 또한 좋다는 의미이다.

경문 曾子曰: 生, 事之以禮; 死, 葬之以禮, 祭之以禮, 可謂孝矣.

번역 맹자가 계속하여 말하길, "예전 증자는 '살아계실 때에는 예로써 섬기고, 돌아가셨을 때에는 예로써 장례를 지내며 예로써 제사를 지내면 효성스럽다 평할 수 있다.'"라고 했다.

趙注 曾子傳孔子之言. 孟子欲令世子如曾子之從禮也. 時諸侯皆不行禮, 故使獨行之也.

번역 증자가 공자의 말을 전한 것이다. 맹자는 세자로 하여금 증자처럼 예에 따르게끔 하고자 했던 것이다. 당시 제후들은 모두 예를 시행하지 않았기 때문에 홀로라도 시행토록 한 것이다.

孫疏 ◎注"曾子傳孔子之言". ○正義曰: 按論語: "孟孫問孝於孔子, 孔子對曰: '生, 事之以禮, 死, 葬之以禮, 祭之以禮.'" 是曾子傳孔子之言而云, 孟子所以引爲曾子言矣.

번역 ◎趙注: "曾子傳孔子之言". ○『논어』를 살펴보면 "맹손이 공자에게 효에 대해 묻자 공자는 '살아계실 때에는 예로써 섬기고, 돌아가셨을 때에는 예로써 장례를 지내며 예로써 제사를 지내면 효성스럽다 평할 수 있다.'"[2]라고 했는데, 이것은 증자가 공자의 말을 전하며 이처럼 말하여, 맹자가 인용을 하며 증자의 말이라고 했던 이유이다.

경문 諸侯之禮, 吾未之學也. 雖然, 吾嘗聞之矣: 三年之喪, 齋疏之服, 飦粥之食, 自天子達於庶人, 三代共之."

번역 맹자가 계속하여 말하길, "제후가 시행하는 예법에 대해서 나는 배운 적이 없다. 그러나 내가 일찍이 듣기로, 삼년상을 치를 때에는 거친 상복을 입고 죽을 먹으니, 이것은 천자로부터 서인에 이르기까지 모두 시행했으며, 삼대(三代)[3]가 모두 따랐던 것이다."라고 했다.

---

2) 『논어』「위정(爲政)」: 孟懿子問孝. 子曰, "無違." 樊遲御, 子告之曰, "孟孫問孝於我, 我對曰, 無違." 樊遲曰, "何謂也?" 子曰, "生事之以禮, 死葬之以禮, 祭之以禮."
3) 삼대(三代)는 하(夏), 은(殷), 주(周)의 세 왕조를 말한다. 『논어』「위령공(衛

趙注 孟子言我雖不學諸侯之禮, 嘗聞師言, 三代以事, 君臣皆行三年之喪. 齊疏, 齊衰也. 飦, 糜粥也.

번역 맹자는 내가 비록 제후의 예법을 배운 적은 없지만, 일찍이 스승의 말을 들은 적이 있었는데, 삼대 때에는 군주와 신하가 모두 삼년상을 치렀다고 말한 것이다. '자소(齊疏)'는 '자최(齊衰)'이다. '전(飦)'자는 죽을 뜻한다.

集註 當時諸侯莫能行古喪禮, 而文公獨能以此爲問, 故孟子善之. 又言父母之喪, 固人子之心所自盡者. 蓋悲哀之情, 痛疾之意, 非自外至, 宜乎文公於此有所不能自已也. 但所引曾子之言, 本孔子告樊遲者, 豈曾子嘗誦之以告其門人歟? 三年之喪者, 子生三年, 然後免於父母之懷. 故父母之喪, 必以三年也. 齊, 衣下縫也. 不緝曰斬衰, 緝之曰齊衰. 疏, 麤也, 麤布也. 飦, 糜也. 喪禮: 三日始食粥. 旣葬, 乃疏食. 此古今貴賤通行之禮也.

번역 당시 제후들 중에는 고대의 상례를 시행할 수 있었던 자가 없었는데, 문공만이 홀로 이러한 것을 질문하였기 때문에 맹자가 좋게 여긴 것이다. 또한 부모의 상은 자식의 마음에서 정성을 다해야 하는 대상이다. 비통한 정감과 아파하는 뜻은 외부로부터 온 것이 아니며 문공이 이러한 점에 대해 스스로 그만둘 수 없었던 점이 있었던 것이라고 했다. 다만 인용하고 있는 증자의 말은 본래 공자가 번지에게 일러준 것이니, 증자가 일찍이 이말을 암송하고 있다가 자신의 문인들에게 알려준 것이 아니겠는가? 삼년상을 치르는 것은 자식이 태어나면 3년이 지난 뒤에야 부모의 품에서 벗어나기 때문이다. 그래서 부모의 상을 치를 때에는 반드시 3년이라는 기간으로 한다. '자(齊)'자는 옷의 하단을 꿰맨 것이다. 꿰매지 않은 것을 참최복(斬衰服)이라 부르고, 꿰맨 것을 자최복(齊衰服)이라 부른다. '소(疏)'자는 "거칠다[麤]."는 뜻이니, 거친 포를 의미한다. '전(飦)'자는 죽을 뜻한다. 상례에서는 부모가 돌아가신 후 3일이 되어야 비로소 죽을 먹게 된다. 그리고

靈公)」편에는 "斯民也, <u>三代</u> 之所以直道而行也."라는 기록이 있고, 이에 대한 형병(邢昺)의 소(疏)에서는 "三代, 夏殷周也."로 풀이했다.

장례를 마치고서야 거친 밥을 먹는다. 이것은 고금과 귀천에 상관없이 통행되었던 예법이다.

경문 然友反命, 定爲三年之喪, 父兄百官皆不欲也, 故曰: 吾宗國魯先君莫之行, 吾先君亦莫之行也. 至於子之身而反之, 不可.

번역 연우가 되돌아와 이러한 말을 아뢰자 삼년상으로 치르도록 정했는데, 부형과 백관들은 모두 하고 싶어 하지 않았다. 그래서 "우리 종주국인 노나라 선군들도 이를 시행하지 않았고, 우리나라 선군들 또한 이를 시행하지 않았습니다. 그런데 그대에 이르러 이를 뒤집는다면 불가한 일입니다."라고 했다.

趙注 父兄百官, 滕文同姓異姓諸臣也, 皆不欲使世子行三年. 滕·魯同姓, 俱出文王. 魯, 周公之後; 滕, 叔繡之後. 敬聖人, 故宗魯者也.

번역 부형과 백관은 등문공과 성이 같거나 성이 다른 여러 신하들을 의미하니, 이들은 모두 세자로 하여금 삼년상을 치르도록 하고 싶지 않았다. 등나라와 노나라는 동성의 나라로 모두 문왕으로부터 나온 후손국이다. 노나라는 주공의 후손국이며, 등나라는 숙수의 후손국이다. 성인을 공경하기 때문에 노나라를 종주국으로 삼은 것이다.

孫疏 ◎注"滕·魯國同姓俱出, 魯周公之後". ○正義曰: 按魯隱公十一年, 滕侯與薛侯爭長, 薛侯曰: "我先封." 滕侯曰: "我, 周之卜正也. 薛, 庶姓也, 我不可以後之." 公使羽父請於薛侯曰: "君與滕侯辱在寡人. 周諺有之曰: '山有木, 工則度之. 賓有禮, 主則擇之.' 周之宗盟, 異姓爲後. 寡人若朝于薛, 不敢與諸任齒. 君若辱貺寡人, 則願以滕君爲請." 薛侯許之, 乃長滕侯. 杜預云: "薛, 任姓." 以此推之, 則知滕爲魯之後, 與魯同姓也.

번역 ◎趙注: "滕·魯國同姓俱出, 魯周公之後". ○노나라 은공(隱公) 11

년 기록을 살펴보면, 등나라 후작과 설나라 후작은 누가 수위가 되느냐를
다퉜는데, 설나라 후작은 "우리가 먼저 분봉을 받았다."라고 했고, 등나라
후작은 "우리나라의 시조는 주나라 복관(卜官)의 수장이었다. 설나라는 주
나라 왕실과 다른 성씨이니 우리가 설나라보다 뒤에 할 수 없다."라고 했다.
은공은 우보를 시켜 설나라 후작에게 청원하며, "그대가 등나라 후작과 함
께 과분하게도 나를 찾아왔다. 그런데 주나라 속담에는 '산에는 나무가 있
어 공인이 그것들을 헤아린다. 빈객에게는 대접해야 하는 예가 있어 주인
이 선후를 가린다.'라고 했는데, 주나라에서 시행한 맹약에서 이성의 제후
는 후번이 되었다. 과인이 만약 설나라에 조회를 가게 된다면 감히 임(任)
성을 가진 자들과 차례를 따지지 않을 것이다. 그대가 만약 과인에게 은혜
를 베풀고자 한다면, 등나라 군주가 먼저 하기를 청한다."라고 했다. 그래서
설나라 후작이 허락을 하여 등나라 후작이 먼저 하게 되었다고 했다.[4] 두
예[5]는 "설(薛)나라는 임(任)성이다."라고 했다. 이를 통해 추론해보면 등나
라가 노나라보다 후번이 되며, 노나라와 동성임을 알 수 있다.

경문 且志曰: 喪祭從先祖. 曰吾有所受之也.

번역 계속하여 말하길, "또한 옛 기록에서는 상례와 제례는 선조가 했던
방식을 따른다고 하니, 우리에게는 전수받은 방식이 있음을 뜻합니다."라
고 했다.

---

4) 『춘추좌씨전』「은공(隱公) 11년」: 十一年春, 滕侯·薛侯來朝, 爭長. 薛侯曰,
"我先封." 滕侯曰, "我, 周之卜正也; 薛, 庶姓也, 我不可以後之." 公使羽父請于
薛侯曰, "君與滕侯辱在寡人, 周諺有之曰, '山有木, 工則度之; 賓有禮, 主則擇
之.' 周之宗盟, 異姓爲後. 寡人若朝于薛, 不敢與諸任齒. 君若辱貺寡人, 則願以
滕君爲請." 薛侯許之, 乃長滕侯.

5) 두예(杜預, A.D.222~A.D.284): =두원개(杜元凱). 서진(西晉) 때의 유학자이
다. 경조(京兆) 두릉(杜陵) 출신이다. 자(字)는 원개(元凱)이다. 『춘추경전집
해(春秋經典集解)』를 저술하였는데, 이 책은 현존하는 『춘추(春秋)』의 주석
서 중 가장 오래된 것이며, 『십삼경주소(十三經注疏)』의 『춘추좌씨전정의(春
秋左氏傳正義)』에도 채택되어 수록되었다.

趙注 父兄百官且復言也. 志, 記也, 周禮・小史掌邦國之志. 曰喪祭之事, 各從其先祖之法. 言我轉有所受之, 不可於己身獨改更也. 一說"吾有所受之", 世子言我受之於孟子也.

번역 부형과 백관이 재차 아뢴 것이다. '지(志)'자는 기록[記]을 뜻하니, 『주례』「소사(小史)」편에서는 나라의 기록들을 담당한다고 했다.[6] 상례와 제례에 대한 일들은 각각 선조가 하던 방식을 따르게 된다고 했다. 이것은 우리에게 전수되어 내려와 전해 받은 것이 있으니, 자기 독단으로 고칠 수 없다는 의미이다. 일설에서는 "내게 받은 바가 있다."라는 말을 세자 스스로 "내가 맹자에게서 전해 받은 것이 있다."라고 한 말로 풀이하기도 한다.

孫疏 ◎注"周禮・小史掌邦國之志"至"孟子也". ○正義曰: 鄭司農云: "志, 謂記也." 春秋傳所謂周志, 國語所謂鄭志之屬也. 兩說者, 其意皆行, 謂之父兄百官言亦行, 謂之世子亦行, 但不逆意則可矣.

번역 ◎趙注: "周禮・小史掌邦國之志"~"孟子也". ○정사농은 "'지(志)'자는 기록[記]을 뜻한다."라고 했다. 『춘추전』에서 말한 『주지』[7]라는 것이나 『국어』에서 말한 『정지』라는 부류를 뜻한다. 두 가지 주장은 모두 통용이 되니, 부형과 백관에 대한 말로 보는 것도 뜻이 통하고 세자로 보는 것 또한 통하지만, 의미를 거스르지 않아야만 한다.

集註 父兄, 同姓老臣也. 滕與魯俱文王之後, 而魯祖周公爲長. 兄弟宗之, 故滕謂魯爲宗國也. 然謂二國不行三年之喪者, 乃其後世之失, 非周公之法本然也. 志, 記也, 引志之言而釋其意. 以爲所以如此者, 蓋爲上世以來, 有所傳受; 雖或不同, 不可改也. 然志所言, 本謂先王之世舊俗所傳, 禮文小異而可以

---

6) 『주례』「춘관(春官)・소사(小史)」: 小史掌邦國之志, 奠繫世, 辨昭穆. 若有事, 則詔王之忌諱.
7) 『춘추좌씨전』「문공(文公) 2년」: 瞫曰, "周志有之, '勇則害上, 不登於明堂.' 死而不義, 非勇也. 共用之謂勇. 吾以勇求右, 無勇而黜, 亦其所也. 謂上不我知, 黜而宜, 乃知我矣. 子姑待之."

通行者耳, 不謂後世失禮之甚者也.

번역　'부형(父兄)'은 동성의 노신들이다. 등나라와 노나라는 모두 문왕의 후손국인데, 노나라에서는 주공을 선조로 삼아 맏이가 된다. 형제들이 그를 종주로 삼기 때문에 등나라에서는 노나라를 종주국이라 부른 것이다. 그런데 두 나라에서 삼년상을 치르지 않았던 것은 후세에 범한 잘못이며 주공이 정한 예법이 본래 그래서가 아니다. '지(志)'자는 기록[記]을 뜻하니, 기록된 말을 인용하여 그 뜻을 풀이한 것이다. 이처럼 하는 이유는 선대로부터 그 이후로 전수되어 내려온 것이 있어서이니, 비록 동일하지 않은 점이 있더라도 고칠 수 없다고 여긴 것이다. 그러나 기록에서 말한 내용은 본래 선왕의 세대 때 시행되었던 옛 풍속이 전해졌는데 예법과 격식이 현재와 조금 차이를 보인다면 통용해서 사용할 수 있다고 말한 것이지, 후대에 예법에서 매우 어긋나게 행했던 것을 뜻함이 아니다.

경문　謂然友曰: 吾他日未嘗學問, 好馳馬試劍. 今也父兄百官不我足也, 恐其不能盡於大事, 子爲我問孟子.

번역　세자가 연우에게 말하길, "나는 이전에 일찍이 학문에 힘쓰지 않고 말을 타고 칼 쓰는 것을 좋아하였다. 현재 부형과 백관들이 나를 만족스럽게 여기지 않아, 상사를 제대로 치르지 못할까 염려하므로, 그대는 나를 위해 다시 맹자에게 자문을 구하라."라고 했다.

趙注　父兄百官見我他日所行, 謂我志行不足, 似恐我不能盡大事之禮, 故止我也. 爲我問孟子, 當何以服其心, 使其信我也.

번역　부형과 백관들은 나의 지난날 행실을 살피고서 나의 뜻과 행실이 부족하다고 여기고, 아마도 내가 상사의 예법을 다하지 못할까 염려하였기 때문에 나를 만류하는 것 같다. 나를 위해 맹자에게 자문을 구하여, 어찌하면 그들의 마음을 복종시켜 나를 믿게끔 할 수 있는 방도를 알아보라고 한 것이다.

경문 然友復之鄒問孟子. 孟子曰: 然, 不可以他求者也. 孔子曰: 君薨, 聽於冢宰. 歠粥, 面深墨, 卽位而哭, 百官有司莫敢不哀, 先之也.

번역 연우가 다시 추로 가서 맹자에게 자문을 구했다. 맹자는 "그러할 것이나 다른 것을 찾을 수 없다. 공자는 '군주가 죽으면 총재가 위임을 받아 관리들이 총재에게 명령을 받는다. 세자가 죽을 먹고 얼굴이 짙은 흑색이 되어 자리로 나아가 곡을 하면 백관과 담당관들 중 감히 슬퍼하지 않는 자가 없으니, 세자가 솔선수범을 하기 때문이다.'"라고 했다.

趙注 孟子言如是, 不可用他事求也. 喪尚哀, 惟當以哀戚感之耳. 國君薨, 委政家宰大臣, 嗣君但盡哀情, 歠粥不食, 顔色深墨. 深, 甚也. 墨, 黑也. 卽喪位而哭, 百官有司莫敢不哀者, 以君先哀之也.

번역 맹자는 이와 같은 경우 다른 것으로 찾을 수 없다고 말한 것이다. 상사에서는 슬퍼함을 높이니 마땅히 슬퍼함을 통해 감화시켜야만 할 따름이다. 군주가 죽으면 정무를 총재인 대신에게 맡기고 세자는 단지 슬픔을 다하며 죽을 마시고 밥을 먹지 않아 안색이 짙은 흑색으로 변하게 된다. '심(深)'자는 "심하다[甚]."는 뜻이다. '묵(墨)'자는 흑색[黑]을 뜻한다. 상사의 자리로 나아가 곡을 하면 백관과 유사(有司)[8]들 중 감히 슬퍼하지 않는 자가 없는 것은 군주가 솔선수범하며 슬퍼하기 때문이다.

경문 上有好者, 下必有甚焉者矣. 君子之德, 風也. 小人之德, 草也. 草尚之風必偃. 是在世子.

번역 맹자가 계속하여 말하길, "'윗사람이 좋아하는 것이 있다면, 아랫사람은 반드시 윗사람보다 더 심하게 좋아하게 된다. 군자의 덕은 바람과

---

8) 유사(有司)는 관리를 뜻하는 용어이다. '사(司)'자는 담당한다는 뜻이다. 관리들은 각자 담당하고 있는 업무가 있었으므로, 관리를 '유사'라고 불렀던 것이다. 일반적으로 하위관료들을 지칭하여, 실무자를 뜻하는 용어로 많이 사용된다. 그러나 때로는 고위관료까지도 지칭하는 용어로 사용되기도 한다.

같다. 소인의 덕은 풀과도 같다. 따라서 풀 위로 바람이 불면 반드시 풀은 쓰러지게 되어 있다.'고 했으니, 이것은 전적으로 세자에게 달린 것이다.'라고 했다.

趙注 上之所欲, 下以爲俗. 尙, 加也. 偃, 伏也. 以風加草, 莫不偃伏也. 是在世子以身帥之也.

번역 윗사람이 하고자 하는 것을 아랫사람은 풍속으로 삼게 된다. '상(尙)'자는 "더하다[加]."는 뜻이다. '언(偃)'자는 "엎드리다[伏]."는 뜻이다. 바람이 풀 위로 불면 쓰러지지 않는 것이 없다. 이는 세자가 직접 솔선수범하는데 달려 있다는 뜻이다.

集註 不我足, 謂不以我滿足其意也. 然者, 然其不我足之言. 不可他求者, 言當責之於己. 冢宰, 六卿之長也. 歠, 飮也. 深墨, 甚黑色也. 卽, 就也. 尙, 加也. 論語作上, 古字通也. 偃, 伏也. 孟子言但在世子自盡其哀而已.

번역 '불아족(不我足)'은 내 행실이 그 뜻을 만족시키지 못한다는 의미이다. '연(然)'은 나를 만족스럽게 여기지 않는다는 말을 그렇다고 여긴 것이다. 다른 것으로 찾을 수 없다는 말은 자신을 탓해야만 한다는 뜻이다. '총재(冢宰)'는 육경(六卿)9)의 수장이다. '철(歠)'자는 "마시다[飮]."는 뜻이

9) 육경(六卿)은 여섯 명의 경(卿)을 가리키는데, 주로 여섯 명의 주요 관직자들을 뜻한다. 각 시대마다 해당하는 관직명과 담당하는 영역에는 차이가 있었다. 『서』「하서(夏書)·감서(甘誓)」편에는 "大戰于甘, 乃召六卿."이라는 기록이 있고, 이에 대한 공안국(孔安國)의 전(傳)에서는 "天子六軍, 其將皆命卿."이라고 풀이했다. 즉 천자는 6개의 군(軍)을 소유하고 있는데, 각 군의 장수를 '경(卿)'으로 임명하였기 때문에, 이들 육군(六軍)의 수장을 '육경'이라고 부른다는 뜻이다. 이 기록에 따르면 하(夏)나라 때에는 육군의 장수를 '육경'으로 불렀다는 결론이 도출된다. 한편 『주례(周禮)』의 체제에 따르면, 주(周)나라에서는 여섯 개의 관부를 설치하였고, 이들 관부의 수장을 '경'으로 임명하였다. 따라서 천관(天官)의 총재(冢宰), 지관(地官)의 사도(司徒), 춘관(春官)의 종백(宗伯), 하관(夏官)의 사마(司馬), 추관(秋官)의 사구(司寇), 동관(冬官)의 사공(司空)이 '육경'에 해당한다. 『한서(漢書)·백관공경표상(百官

다. '심묵(深墨)'은 짙은 흑색을 뜻한다. '즉(卽)'자는 "나아가다[就]."는 뜻이다. '상(尙)'자는 "더하다[加]."는 뜻이다. 『논어』에서는 '상(上)'자로 기록했는데,[10] 고자에서는 통용되었다. '언(偃)'자는 "엎드리다[伏]."는 뜻이다. 맹자는 단지 세자가 스스로 자신의 슬픔을 다하는 것에 달려 있을 뿐이라고 말한 것이다.

경문 然友反命, 世子曰: 然, 是誠在我.

번역 연우가 되돌아와 이러한 말을 아뢰자 세자는 "그렇구나, 이것은 진실로 나에게 달려 있다."라고 했다.

趙注 世子聞之, 知其在身, 欲行之也.

번역 세자가 맹자의 말을 듣고서 자신에게 달려 있음을 알고 시행하고자 했던 것이다.

경문 五月居廬, 未有命戒. 百官族人可謂曰知.

번역 세자는 5개월 동안 의려(倚廬)에 거처하며 명령을 내리지 않았다. 백관과 족인들이 세자의 진면목을 알아볼만 하였다.

趙注 諸侯五月而葬, 未葬, 居倚廬於中門之內也. 未有命戒, 居喪不言也. 異姓同姓之臣可謂曰知世子之能行禮也.

번역 제후는 5개월이 지나서 장례를 치르는데, 아직 장례를 치르지 않

公卿表上)」편에는 "夏殷亡聞焉, 周官則備矣. 天官冢宰, 地官司徒, 春官宗伯, 夏官司馬, 秋官司寇, 冬官司空, 是爲六卿, 各有徒屬職分, 用於百事."라는 기록이 있다.

10) 『논어』「안연(顏淵)」: 季康子問政於孔子曰, "如殺無道, 以就有道, 何如?" 孔子對曰, "子爲政, 焉用殺? 子欲善而民善矣. <u>君子之德風, 小人之德草. 草上之風, 必偃.</u>"

았다면 중문(中門)[11] 안쪽에 마련한 의려에 거처한다. 명령을 내리지 않았던 것은 상을 치르는 중에는 말을 하지 않기 때문이다. 이성과 동성의 신하들은 모두들 세자가 제대로 예법을 시행한다는 것을 알아볼만 하였다.

孫疏 ◎注"諸侯五月而葬, 未葬, 居倚廬於中門之內也". ○正義曰: 按左傳隱公元年云: "天子七月而葬, 同軌畢至; 諸侯五月而葬, 同盟至; 大夫三月, 同位至; 士踰月, 外姻至." 又喪大記云"父母之喪, 居倚廬", 是也.

번역 ◎趙注: "諸侯五月而葬, 未葬, 居倚廬於中門之內也". ○『좌전』은 공(隱公) 1년 기록을 살펴보면, "천자는 7개월이 지나서 장례를 치르니 중원의 사람들이 모두 찾아오게 되고, 제후는 5개월이 지나서 장례를 치르니 동맹국의 사람들이 찾아오게 되며, 대부는 3개월이 지나서 장례를 치르니 같은 지위에 있는 자들이 찾아오게 되고, 사는 그 달을 넘겨서 장례를 치르니 외척들이 찾아오게 된다."[12]라고 했다. 또『예기』「상대기(喪大記)」편에서는 "부모의 상에서는 의려에 거처한다."[13]라고 했다.

---

11) 중문(中門)은 내(內)와 외(外) 사이에 있는 문을 뜻한다. 궁(宮)에 있어서는 혼문(閽門)을 뜻하기도 한다. 또 천자(天子)의 궁성(宮城)에는 다섯 개의 문이 있었다고 전해지는데, 가장 밖에 있는 문부터 순차적으로 나열해보면, 고문(皐門), 치문(雉門), 고문(庫門), 응문(應門), 노문(路門)이다. 이러한 다섯 개의 문들 중 노문(路門)은 가장 안쪽에 있으므로, 내문(內門)로 여기고, 고문(皐門)은 가장 밖에 있으므로, 외문(外門)으로 여긴다. 따라서 나머지 치문(雉門), 고문(庫門), 응문(應門)은 내외(內外)의 사이에 있으므로, 이 세 개의 문을 '중문'으로 여기기도 한다.『주례』「천관(天官)·혼인(閽人)」편에는 "掌守王宮之中門之禁."이라는 기록이 있는데, 이에 대한 손이양(孫詒讓)의『정의(正義)』에서는 "此中門實不專屬雉門. 當兼庫·雉·應三門言之. 蓋五門以路門爲內門, 皐門爲外門, 餘三門處內外之間, 故通謂之中門."이라고 풀이했다. 한편 정중앙에 있는 문을 '중문'이라고도 부른다.

12)『춘추좌씨전』「은공(隱公) 1년」: 秋七月, 天王使宰咺來歸惠公·仲子之賵. 緩, 且子氏未薨, 故名. 天子七月而葬, 同軌畢至; 諸侯五月, 同盟至; 大夫三月, 同位至; 士踰月, 外姻至. 贈死不及尸, 弔生不及哀, 豫凶事, 非禮也.

13)『예기』「상대기(喪大記)」【538c】: 父母之喪, 居倚廬, 不塗, 寢苫枕凷, 非喪事不言. 君爲廬, 宮之. 大夫·士, 襢之.

경문 及至葬, 四方來觀之, 顔色之戚, 哭泣之哀, 弔者大悅.

번역 장례를 치를 때에 이르자 사방에서 찾아와 살펴보았는데, 안색에 나타난 슬픔과 눈물을 흘리며 드러나는 애통함에 조문객들은 크게 만족해 하였다.

趙注 四方諸侯之賓來弔會者, 見世子之憔悴哀戚, 大悅其孝行之高美也已.

번역 사방의 제후국에서 빈객들이 찾아와 조문을 했는데, 그들은 세자가 수척해지고 애통해하는 모습을 보고서 그의 효행이 매우 고매함을 흡족하게 여겼다.

孫疏 ●"滕定公薨"至"弔者大悅". ○正義曰: 此章指言事莫當於奉禮, 孝莫大於哀慟, 從善如流, 文公之謂也. "滕定公薨"者, 滕文公之父死也. "世子謂然友曰: 昔者孟子嘗與我言於宋, 於心終不忘. 今也不幸, 至於大故, 吾欲使子問於孟子, 然後行事"者, 然友, 世子之傅也. 世子謂然友, 言往日孟子曾與我言於宋國之事, 於我心至今常存, 終不爲忘之也, 今也不幸至於父喪之大故, 我欲使子問於孟子, 然後行其父喪之事. "然友之鄒, 問於孟子"者, 孟子將以自宋歸鄒也, 然友乃往鄒國, 問孟子以世子所問之事. "孟子曰: 不亦善乎! 親喪固所自盡也"者, 孟子答然友, 謂不亦善然友以世子所問也. "曾子曰: 生, 事之以禮; 死, 葬之以禮, 祭之以禮, 可謂孝矣"至"三代共之"者, 孟子以此答然友之問, 言曾子謂父母在生之時, 當以禮奉事之, 如冬溫夏凊, 昏定晨省, 是其禮也; 父母死之時, 當以禮安葬之, 如擗踊哭泣, 哀以送之, 卜其宅兆, 而安厝之, 是其禮也; 及祭之禮, 如春秋祭祀, 以時思之, 陳其簠簋, 而哀戚之, 是也. 能如此, 則可謂之能孝者矣. 如問其諸侯所行之禮, 則我未之學也. 雖然, 爲未嘗學諸侯之禮, 我嘗聞知之矣. 言聞三年父母之喪, 以齊疏齊衰之服, 以饘粥之食. 凡此三年之喪, 自上至於天子, 下而達於庶人, 三代夏·商·周共行之矣. "然友反命"者, 然友自鄒得孟子之言, 乃反歸命告於滕公也. "定爲三年之喪, 父兄百官皆不欲也, 故曰: 吾宗國魯先君莫之行也"至"於子之身而反之,

不可"者, 是世子因然友問孟子歸後, 乃定爲三年之喪事, 其滕之同姓與異姓
諸臣, 皆不欲爲三年之喪, 遂曰: 我宗國魯先君莫之嘗行此三年喪禮, 我之先
君亦莫之嘗行也, 今至於子之身而反違之, 以爲三年之喪, 不可. 言其不可反
背先君, 而以自爲三年喪之禮也. "且志曰: 喪祭從先祖. 曰: 吾有所受之也",
父兄百官言之後復引記有曰: 喪祭之事, 各從其先祖之法, 我但有所承受之也,
不可於己身獨改更爲三年喪耳. 滕與魯同姓, 俱出魯周公之後, 故云吾宗國魯
先君. 志, 記也. "謂然友曰: 吾他日未嘗學問, 好馳馬試劒. 今也父兄百官不我
足也, 恐其不能盡於大事, 子爲我問孟子"者, 滕文公旣定爲三年之喪禮, 而父
兄百官見之皆不欲爲, 乃復謂然友曰: 我所往他日未嘗學問禮, 但好驅馳走馬
試劒事, 今也定爲三年之喪, 父兄百官見之, 皆謂我志不足以行此三年之喪,
恐其不能盡於大事之禮, 子復爲我之鄒問孟子, 以爲如何當使父兄百官服其
心而信我也? "然友復之鄒問孟子"者, 是然友自文公所, 乃因其命, 復往鄒國,
見孟子而問焉. "孟子曰: 不可以他求也. 孔子曰: 君薨, 聽於冢宰, 歠粥, 面深
墨, 卽位而哭. 百官有司莫敢不哀先之也"至"是在世子"者, 孟子答然友爲世
子之問, 言如此則不可更以他事求也, 惟當以哀戚感之耳. 故引孔子曰: 國君
之薨, 其政事皆委冢宰大臣聽行之, 嗣君者但歠糜粥而不食, 面之顏色亦變爲
甚黑之色, 卽喪位而哀哭之, 故百官有司莫敢不哀先之也. 是所謂上有所好者,
下必有甚焉者耳. 且君子之德如風也, 小人之德如草也, 草加之以風, 必偃伏
而從風所趨耳. 是在世子但以身率之爾. 凡此皆孟子答然友爲世子之問, 而以
此復敎之矣. "然友反命, 世子曰: 是誠在我"者, 然友自問孟子之後, 乃以孟子
之言反歸告於世子, 世子於是五月居於喪廬, 不敢入處, 故未有命以令人・未
有戒以號人, 以其在外思之而不言也. 百官族人皆以爲知禮・能行三年之喪,
乃曰"可謂曰知", 以其百官族人指文公而言也. "及至葬, 四方來觀之, 顏色之
戚, 哭泣之哀, 弔者大悅"者, 言及至葬日, 四方諸侯來弔, 愍而觀之, 顏色之戚
而形於容, 哭泣之哀而形於聲, 於是弔之者皆大悅, 以喜其有孝行也.

번역 ●經文: "滕定公薨"~"弔者大悅". ○이곳 문장은 어떤 일에 있어
서 예법에 따르는 것보다 마땅한 것이 없고, 효에 있어서 애통해 하는 것보
다 큰 것이 없으며, 선을 따름이 물이 흐르는 것과 같다는 뜻으로, 문공에

대한 일이다. "등나라 정공이 죽었다."라고 했는데, 등나라 문공의 부친이
죽었다는 뜻이다. "세자는 연우에게 말하길, 예전 맹자는 일찍이 나에게
송나라에 대한 말을 해주었는데, 그 말이 마음속에 남에 끝내 잊혀지지 않
는다. 현재 불행하게도 이러한 변고를 당하였으니, 나는 그대를 시켜 맹자
에게 자문을 구한 뒤 상사를 치르고자 한다."라고 했는데, 연우는 세자의
스승이다. 세자는 연우에게 말하길, 지난날 맹자는 일찍이 나에게 송나라에
대한 일을 일러준 적이 있었는데, 내 마음에 지금까지도 남아 있어 끝내
잊을 수가 없다. 현재 불행하게도 부친의 상이라는 큰 변고를 당하여 나는
그대로 하여금 맹자에게 자문을 구하고, 그런 뒤에 부친의 상을 치르고자
한다고 했다. "연우가 추(鄒)로 가서 맹자에게 자문을 구했다."라고 했는데,
맹자는 송나라에서 추로 되돌아와 연우가 추나라로 가서 맹자에게 세자가
자문했던 내용을 물어본 것이다. "맹자가 말하길, 또한 좋지 않겠는가! 부
모의 상에 대해서는 진실로 정성을 다해야 한다."라고 했는데, 맹자가 연우
에게 대답해주며, 연우가 세자가 자문한 내용으로 물어본 것이 또한 좋지
않느냐고 한 것이다. "증자는 살아계실 때에는 예로써 섬기고, 돌아가셨을
때에는 예로써 장례를 지내며 예로써 제사를 지내면 효성스럽다 평할 수
있다."라고 한 말로부터 "삼대(三代)가 모두 따랐던 것이다."라는 말까지,
맹자는 이러한 말로 연우의 물음에 답해준 것이니, 증자는 부모가 생존해
계실 때에는 마땅히 예법에 따라 섬겨야 하는 것으로, 예를 들어 겨울에는
따뜻하게 해드리고 여름에는 시원하게 해드리며, 저녁에는 잠자리를 살피
고 새벽에는 문안인사를 드리는 것[14]이 바로 그 예법이다. 또 부모가 돌아
가셨을 때에는 마땅히 예법에 따라 편안히 장례를 치러야 하니, 손으로 가
슴을 치고 발로 땅을 구르며 곡하고 눈물을 흘려서 슬픔으로 부모의 시신
을 전송하고, 무덤과 묘역으로 쓸 땅을 점치고 편안히 안장한다는 것[15]이
바로 그 예법이다. 또 제례에 있어서는 사계절마다 제사를 지내며 때때로
부모를 생각하고, 보(簠)와 궤(簋) 등을 진설하여 부모를 애도하는 것[16]이

14) 『예기』「곡례상(曲禮上)」【13d】: 凡爲人子之禮, 冬溫而夏淸, 昏定而晨省, 在
　　醜夷不爭.
15) 『효경』「상친장(喪親章)」: 擗踊哭泣, 哀以送之. 卜其宅兆, 而安措之.

바로 그 예법이다. 이처럼 할 수 있다면 효도를 잘 시행한다고 평할 수 있다. 만약 제후가 시행해야 하는 예법을 묻는다면, 나는 배운 적이 없다. 그러나 일찍이 제후의 예법을 배운 적이 없더라도 나는 들어서 알고 있는 내용이 있다. 즉 3년 동안 부모의 상을 치를 때에는 거친 상복을 착용하고 죽을 먹는다. 이러한 삼년상은 위로는 천자로부터 아래로는 서인에 이르기까지, 또 삼대인 하・은・주에서 모두 따랐던 것이라고 했다. "연우가 되돌아와 이러한 말을 아뢰었다."라고 했는데, 연우가 추나라에서 맹자의 말을 듣고 되돌아와 등나라 군주에게 이러한 사실을 아뢴 것이다. "삼년상으로 치르도록 정했는데, 부형과 백관들은 모두 하고 싶어 하지 않았다. 그래서 우리 종주국인 노나라 선군들도 이를 시행하지 않았습니다."라는 말로부터 "그대에 이르러 이를 뒤집는다면 불가한 일입니다."라는 말까지, 세자는 연우가 맹자에게 자문을 구하고 되돌아온 것에 기인하여 삼년상으로 치르고자 정했는데, 등나라에 있는 동성이나 이성의 여러 신하들은 모두 삼년상으로 치르고자 하지 않았다. 그래서 우리나라가 종주국으로 삼는 노나라에서도 선군들이 이러한 삼년상의 예법을 시행하지 않았고, 우리나라의 선군들도 시행한 적이 없었는데, 현재 그대에게 이르러서 이를 어기고 삼년상으로 치르고자 하니 불가한 일이라고 말했다. 즉 선군이 시행했던 것을 어기고 자기 마음대로 삼년상의 예법을 시행하고자 해서는 안 된다는 의미이다. "또한 옛 기록에서는 상례와 제례는 선조가 했던 방식을 따른다고 하니, 우리에게는 전수받은 방식이 있음을 뜻합니다."라고 했는데, 부형과 백관들이 말을 한 이후 재차 옛 기록을 인용하여, 상례와 제례에서는 각각 선조가 시행했던 방법을 따르니, 우리들은 단지 전수받은 것이 있으므로, 자기 마음대로 이를 고쳐 삼년상을 치러서는 안 된다고 한 것이다. 등나라와 노나라는 동성으로 모두 노나라 주공의 후손에서 나왔다. 그렇기 때문에 우리가 종주국으로 삼는 노나라 선군이라고 했다. '지(志)'자는 기록[記]을 뜻한다. "연우에게 말하길, 나는 이전에 일찍이 학문에 힘쓰지 않고 말을 타고 칼 쓰는 것을 좋아하였다. 현재 부형과 백관들이 나를 만족스럽게 여기지

---

16) 『효경』「상친장(喪親章)」 : 陳其簠簋而哀慼之. …… 春秋祭祀, 以時思之.

않아, 상사를 제대로 치르지 못할까 염려하므로, 그대는 나를 위해 다시 맹자에게 자문을 구하라."라고 했는데, 등나라 문공은 이미 삼년상으로 치르고자 정했는데, 부형과 백관들이 이를 보고 모두들 하고자 하지 않았다. 그래서 다시 연우에게 말하여, 나는 이전에 일찍이 예를 배우지 않았고, 단지 말을 타고 칼 쓰는 일만을 좋아하였는데, 현재 삼년상으로 치르고자 정하자 부형과 백관들이 이를 보고 모두들 내 뜻이 삼년상을 치르기에는 부족하다고 하며 중대한 상례를 제대로 지킬 수 없을까 염려하므로, 그대는 다시 나를 위해 추나라로 가서 맹자에게 자문을 구해 어떻게 하면 부형과 백관들의 마음을 복종시켜 나를 믿게끔 할 수 있는가를 자문하라고 한 것이다. "연우가 다시 추로 가서 맹자에게 자문을 구했다."라고 했는데, 연우는 문공이 있던 곳에서 문공의 명령으로 인해 다시 추나라로 가서 맹자를 찾아보고 자문을 구했다. "맹자는 다른 것을 찾을 수 없다. 공자는 군주가 죽으면 총재가 위임을 받아 관리들이 총재에게 명령을 받는다. 세자가 죽을 먹고 얼굴이 짙은 흑색이 되어 자리로 나아가 곡을 하면 백관과 담당 관들 중 감히 슬퍼하지 않는 자가 없으니, 세자가 솔선수범을 하기 때문이다."라는 말로부터 "이것은 전적으로 세자에게 달린 것이다."라는 말까지, 맹자는 세자가 자문했던 내용을 연우에게 답한 것이니, 이와 같은 것들은 다른 곳으로 구할 수 없다. 오직 애통함으로 그들을 감화시켜야만 할 따름이다. 그러므로 공자의 말을 인용해서, 나라의 군주가 죽었을 때, 나라의 정사는 모두 총재인 대신에게 맡겨, 백관들은 그의 명령을 듣고 정무를 시행토록 하며, 세자는 단지 죽을 마시고 밥을 먹지 않아서 안색이 또한 짙은 흑색으로 변하게 되며, 상사의 자리로 나아가 애통하게 곡을 해야 한다. 그러므로 모든 관리들과 담당관들 중에 슬퍼하지 않는 자가 없으니, 솔선수범을 했기 때문이다. 이것은 바로 윗사람이 좋아하는 것이 있다면 아랫사람은 반드시 그보다 더 좋아하게 된다는 뜻이다. 또 군자의 덕은 바람과 같고 소인의 덕은 풀과 같아서 풀 위로 바람이 불면 반드시 쓰러져 바람에 따르게 된다. 이것은 세자에게 달려 있는 것이니, 단지 자신을 통해 솔선수범할 따름이다. 이러한 것들은 모두 세자가 자문했던 내용을 맹자가 연우에게 답해준 것이니, 이를 통해 재차 가르쳐준 것이다. "연우가 되돌아와 이러한 말을 아뢰자 세자는 이것은 진실로 나에게 달려 있다."라고 했는데, 연우가 맹자에게 자문을 구한 이후, 되돌아와 맹자의 말을 세자에게 일러준 것이며, 세자는 이에 5개월 동안 상사의 임시숙소에 기거하며 감히 다른 곳으로 가지 않았다. 그렇기 때문에 사람들에게 명령을 내리거나 경계지침을 내려 호령하지 않았으니, 다른 생각에 빠져 다른 사안을 언급하지 않았기 때문이다. 백관과 족인들은 모두 그가 예를 알고 삼년상을 제대로 시행할 수 있을 것이라 생각하여 곧 "예를 안다고 할 수 있다."라고 했으니, 이것은 백관과 족인들이 문공을 가리켜 한 말이다. "장례를 치를 때에 이르자 사방에서 찾아와 살펴보았는데, 안색에 나타난 슬픔과 눈물을 흘리며 드러나는 애통함에 조문객들은 크게 만족해하였다."라고 했는데, 장례를 치르는 당일이 되자 사방의 제후국에서 사람들이 찾아와 조문을 하며 그를 위로하고 시행하는 일을 살펴보았는데, 수척해진 안색이 용모를 통해 드러나고 애통한 울음소리가 소리를 통해 드러나 이에 조문객들은 모두들 크게 흡족해 했으니, 그가 효행을 실천하게 된 것을 기뻐했기 때문이다.

集註 諸侯五月而葬, 未葬, 居倚廬於中門之外. 居喪不言, 故未有命令敎戒也. 可謂曰知, 疑有闕誤. 或曰: 皆謂世子之知禮也.

번역 제후는 5개월이 지나 장례를 치르는데, 아직 장례를 치르지 않았다면 중문 밖에 있는 의려에 머물게 된다. 상을 치를 때 말을 하지 않기 때문에 명령과 교령을 내리지 않은 것이다. '가위왈지(可謂曰知)'라는 말은 아마도 빠진 문장이 있거나 잘못 기록된 것 같다. 혹자는 모두들 세자가 예를 안다고 평했다고 풀이한다.

集註 林氏曰: 孟子之時, 喪禮旣壞, 然三年之喪, 惻隱之心, 痛疾之意, 出於人心之所固有者, 初未嘗亡也. 惟其溺於流俗之弊, 是以喪其良心而不自知耳. 文公見孟子而聞性善堯舜之說, 則固有以啓發其良心矣, 是以至此而哀痛之誠心發焉. 及其父兄百官皆不欲行, 則亦反躬自責, 悼其前行之不足以取信, 而不敢有非其父兄百官之心. 雖其資質有過人者, 而學問之力, 亦不可誣也.

及其斷然行之, 而遠近見聞無不悅服, 則以人心之所同然者, 自我發之, 而彼之心悅誠服, 亦有所不期然而然者. 人性之善, 豈不信哉?

번역 임씨가 말하길, 맹자 당시에는 상례가 이미 붕괴되었었는데, 삼년상을 치를 때 나타나는 측은한 마음과 애통한 뜻은 사람의 마음에 고유하게 있는 것에서 도출된 것이니, 애초부터 없어진 적이 없었다. 잘못된 세속의 폐단에 빠져 양심을 잃고 스스로 깨닫지 못했던 것일 뿐이다. 문공은 맹자를 보게 되어 성선과 요순에 대한 말을 들었으니, 진실로 양심을 계발시킬 수 있었다. 이러한 까닭으로 이러한 상황에 이르러 애통해하는 진실된 마음이 나타나게 된 것이다. 부형과 백관들이 모두 시행하고자 하지 않았을 때에는 또한 스스로 돌이켜보아 자책하여, 이전의 행실이 신임을 받기에 부족함을 슬퍼하였고, 부형이나 백관을 비난하려는 마음을 갖지 않았다. 비록 자질이 남보다 뛰어난 점이 있더라도 학문의 공력은 속일 수가 없다. 과감히 이를 시행하게 되자 멀거나 가까이 있던 자들이 이를 보고 듣자 흡족해하며 감복하지 않는 자가 없었으니, 사람의 마음에 동일하게 여기는 것들이 나로부터 발현한 것이고, 저들이 마음으로 흡족하고 감복하는 것 또한 그러하기를 기약하지 않아도 그처럼 되는 것이다. 이것은 인성의 선함이니 어찌 믿지 않을 수 있겠는가?

● 그림 8-1 ■ 등(滕)나라 세계도(世系圖)

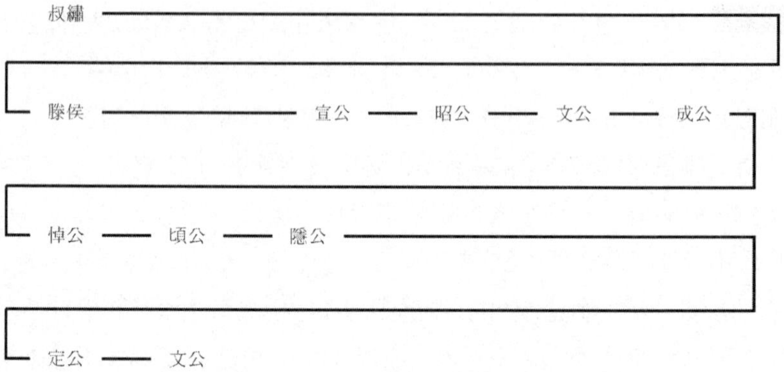

叔繡

滕侯 ──── 宣公 ── 昭公 ── 文公 ── 成公

悼公 ── 頃公 ── 隱公

定公 ── 文公

※ 출처: 『역사(繹史)』 1권 「역사세계도(繹史世系圖)」

● 그림 8-2 ■ 설(薛)나라 세계도(世系圖)

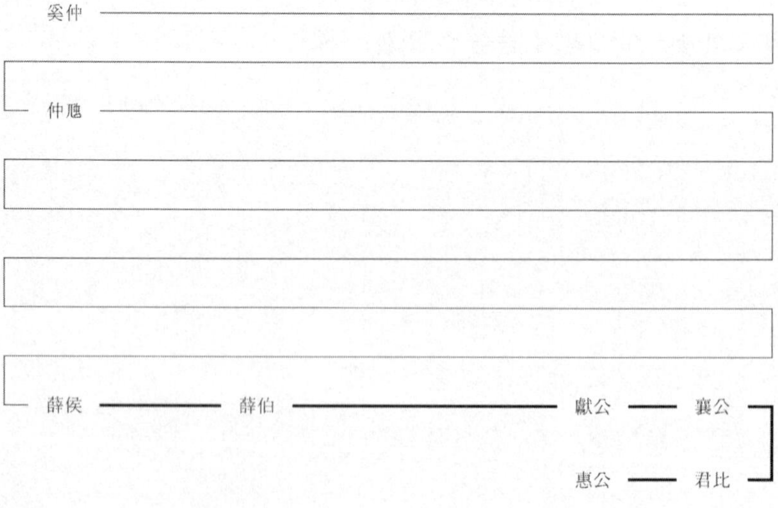

奚仲

仲虺

薛侯 ──── 薛伯 ──────── 獻公 ── 襄公

惠公 ── 君比

※ 출처: 『역사(繹史)』 1권 「역사세계도(繹史世系圖)」

■ 그림 8-3 ▣ 천자오문삼조도(天子五門三朝圖)

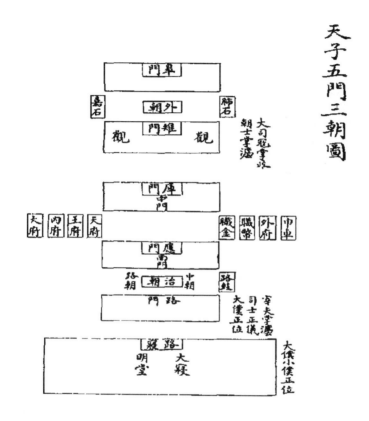

◎ 노침(路寢)의 앞마당=연조(燕朝)

※ 출처: 『주례도설(周禮圖說)』 상권

● 그림 8-4 ■ 보(簠)

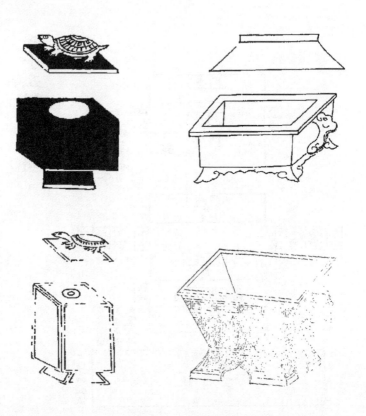

※ **출처:** 상좌-『삼례도집주(三禮圖集注)』13권 ; 상우-『삼례도(三禮圖)』4권
　　　　하좌-『육경도(六經圖)』 6권 ; 하우-『삼재도회(三才圖會)』「기용(器用)」
　　　　1권

● **그림 8-5** ◼ 궤(簋)

※ **출처:** 상좌-『삼례도집주(三禮圖集注)』 13권 ; 상우-『삼례도(三禮圖)』 4권
      하좌-『육경도(六經圖)』 6권 ; 하우-『삼재도회(三才圖會)』「기용(器用)」
          1권

참고 『맹자』「등문공상(滕文公上)」 기록

경문 昔者孔子沒, 三年之外, 門人治任將歸, 入揖於子貢, 相嚮而哭, 皆失聲, 然後歸. 子貢反, 築室於場, 獨居三年, 然後歸.

번역 옛날 공자가 죽자 3년이 지난 뒤 제자들은 짐을 꾸려 돌아가려고 할 때 들어가 자공에게 읍하고 서로를 향해 곡을 하니 모두가 목이 쉬었고 그런 뒤에야 돌아갔다. 자공은 되돌아와 담장에 거처를 마련하고 홀로 3년을 더 머문 뒤에야 돌아갔다.

趙注 任, 擔也. 失聲, 悲不能成聲. 場, 孔子冢上祭祀壇場也. 子貢獨於場左右築室, 復三年, 愼終追遠也.

번역 ‘임(任)’자는 짐[擔]이다. ‘실성(失聲)’은 비통함에 제대로 소리를 내지 못한다는 뜻이다. ‘장(場)’은 공자 무덤가에 있는 제사를 지내는 제단의 담장을 뜻한다. 자공은 홀로 담장 주변에 숙소를 마련하여 다시 3년을 지내며 상례를 신중히 치르고 죽은 자를 추원하였다.

孫疏 ◎注“場, 孔子冢上祭祀壇場”. ○正義曰: 按史記云: “孔子葬魯城北泗上.” 皇覽曰: 孔子冢去城一里, 冢營百畝, 南北廣十步, 東西十三步, 高一丈二尺. 冢前以瓴甓爲祠壇, 方六尺, 與地平之. 無祠堂. 營中樹以百數, 皆異種. 魯人世世無能名其樹者, 民傳言: 孔子弟子異國, 人各持其方樹來種之. 其樹柞·枌·雒離·女貞·五味·毚檀之樹, 壄中不生荊棘及刺人草.

번역 ◎趙注: “場, 孔子冢上祭祀壇場”. ○『사기』를 살펴보면 “공자에 대해서는 노나라 국성 북쪽에 있는 사수(泗水)가에 장례를 지냈다.”라고 했다. 『황람』에서는 공자의 무덤은 국성에서 1리(理) 떨어진 곳으로, 무덤의 영지는 100무(畝)의 크기이며 세로의 너비는 10보(步)이고 가로의 너비는 13보이며 높이는 1장(丈) 2척(尺)이다. 무덤 앞에는 벽돌로 제단을 만들었는데, 사방 6척의 크기이며 지면과 평평하였다. 사당은 없었다. 영지에 심은 나무는 백여 그루인데 모두 종이 달랐다. 노나라 사람들은 대대로 그 나무들의 이름을 몰랐는데, 민간에서 전해지는 말로는 공자의 제자들은 각각 출신국이 달라서 사람들이 각자 자기 나라에 심던 나무를 가지고 와서 심었다고 한다. 그 나무들은 작(柞)·분(枌)·낙리(雒離)·여정(女貞)·오미(五味)·참단(曑檀) 등의 나무들인데, 영지 내에서는 가시나 사람을 해치는 풀들이 자라나지 않았다고 했다.

集註 三年, 古者爲師心喪三年, 若喪父而無服也. 任, 擔也. 場, 冢上之壇場也.

번역 3년은 고대에는 스승을 위해 심상(心喪)으로 삼년상을 치른 것이니, 부친의 상을 치르는 것처럼 하지만 상복은 없다. '임(任)'자는 짐[擔]이다. '장(場)'은 무덤 주변에 있는 제단의 마당을 뜻한다.

그림 8-6 ◨ 자공(子貢)

※ 출처: 『성현상찬(聖賢像贊)』

참고 『맹자』「만장상(萬章上)」 기록

경문 堯老而舜攝也. 堯典曰: 二十有八載, 放勳乃徂落, 百姓如喪考妣. 三年, 四海遏密八音.

번역 맹자가 말하길, "요임금이 늙어 순임금이 섭정을 한 것이다. 『서』「요전(堯典)」편에서는 28년이 지나자 요임금이 죽었는데, 백성들이 부모의 상을 치르는 것처럼 했다. 3년 동안 사해에서는 팔음(八音)의 연주를 그쳤다고 했다."라고 했다.

趙注 孟子言舜攝行事耳, 未爲天子也. 放勳, 堯名. 徂落, 死也. 如喪考妣, 思之如父母也. 遏, 止也. 密, 無聲也. 八音不作, 哀思甚也.

번역 맹자는 순임금이 섭정을 해서 일을 처리했을 뿐이며, 아직 천자에 오른 것은 아니라고 했다. '방훈(放勳)'은 요임금의 이름이다. '조락(徂落)'은 죽었다는 뜻이다. 부모의 상처럼 치렀다는 말은 부모처럼 생각했다는 뜻이다. '알(遏)'자는 "그치다[止]."는 뜻이다. '밀(密)'자는 소리가 나지 않는다는 뜻이다. 팔음을 연주하지 않은 것은 애통함과 사모함이 깊기 때문이다.

경문 孔子曰: 天無二日, 民無二王. 舜旣爲天子矣, 又帥天下諸侯以爲堯三年喪, 是二天子矣.

번역 계속하여 맹자가 말하길, "또한 공자는 하늘에는 두 개의 태양이 없듯이 백성에게도 두 명의 천자가 없다고 했다. 순임금이 이미 천자에 올랐는데 재차 천하의 제후들을 이끌어서 요임금에 대한 삼년상을 치렀다면, 이것은 천자가 둘이 되는 상황이다."라고 했다.

趙注 日一, 王一, 言不得並也.

번역 태양이 하나이고 천자가 한명이라는 말은 둘이 될 수 없다는 뜻이다.

孫疏 ●"堯老而舜攝之"至"是二天子矣", 孟子又言堯帝旣老, 而舜於是攝權堯行事耳, 未爲天子也. 堯典之篇有云: 言舜攝堯行事, 至二十有八年, 放勳乃徂落而死. 放勳, 堯之號也. 魂氣往爲徂, 體魄殞爲落, 大抵則死也. 堯旣死, 天下百姓如喪其父母, 三年, 四海之內絕盡八音, 以其哀思之甚也. 禮記曰: "生曰父曰母, 死曰考曰妣." 鄭注云: 考, 成也, 言其德行之成也. 妣之言媲也, 媲於考故也. 八音: 金・石・絲・竹・匏・土・革・木是也. 孔子云天無兩日, 民無兩王, 如舜旣爲天子矣, 又率諸侯以爲堯三年之喪, 是則爲二天子矣. 言日與王不可得而並也. 以其舜方攝堯行事, 未爲天子故也.

번역 ●經文: "堯老而舜攝之"~"是二天子矣". ○맹자는 또한 요임금이 노쇠하여 순임금이 이 시기에 요임금을 섭정하여 정무를 처리했던 것일 뿐이며, 아직 천자에 오른 것이 아니라고 말했다. 『서』「순전(舜典)」편에서는 순임금이 요임금을 섭정하여 정무를 처리함에 28년이 되자 요임금의 혼백이 떠나고 떨어져서 죽었다고 했다. '방훈(放勳)'은 요임금의 칭호이다. 혼기가 떠나는 것은 조(徂)가 되고 체백이 떨어지는 것은 낙(落)이 되니, 대체로 죽는다는 뜻이 된다. 요임금이 죽자 천하의 백성들은 부모의 상을 치르는 것처럼 하였고, 3년 동안 사해 이내에서는 팔음의 연주를 완전히 그쳤으니, 그를 애통해하고 사모하는 마음이 깊었기 때문이다. 『예기』에서는 "생존해 계실 때에는 부(父)라 부르고 모(母)라 부르며, 돌아가셨을 때에는 고(考)라 부르고 비(妣)라 부른다."라고 했고, 정현은 '고(考)'자는 이룬다는 뜻으로, 그가 덕행을 완성하였다는 의미이다. '비(妣)'자는 짝이 된다는 뜻으로, 남편과 짝을 이룬다는 의미라고 했다. '팔음(八音)'은 금(金)・석(石)・사(絲)・죽(竹)・포(匏)・토(土)・혁(革)・목(木)이다. 공자는 하늘에는 두 개의 태양이 없고 백성에게는 두 명의 천자가 없다고 했는데, 만약 순임금이 이미 천자의 지위에 올랐고 재차 제후들을 통솔하여 요임금을 위해 삼년상을 지냈다면, 이것은 두 명의 천자가 생기는 꼴이 된다. 즉 태양과 천자는 둘이 될 수 없다는 의미이다. 순임금은 요임금을 섭정하여 대신 정무를 처리했고, 아직 천자에 오르지 않았기 때문이다.

集註 又引書及孔子之言以明之. 堯典, 虞書篇名. 今此文乃見於舜典, 蓋古書二篇, 或合爲一耳. 言舜攝位二十八年而堯死也. 徂, 升也. 落, 降也. 人死則魂升而魄降, 故古者謂死爲徂落. 遏, 止也. 密, 靜也. 八音, 金・石・絲・竹・匏・土・革・木, 樂器之音也.

번역 또 『서』와 공자의 말을 인용하여 그 사실을 밝힌 것이다. '요전(堯典)'은 『서』「우서(虞書)」의 편명이다. 현재 이 문장은 『서』「우서(虞書)・순전(舜典)」편에 나타나니, 옛 『서』의 두 편이 아마도 하나로 합쳐지면서 생긴 차이일 것이다. 그 내용은 순임금이 섭정을 한 후 28년이 지나지 요임금이 죽었다는 뜻이다. '조(徂)'자는 "오르다[升]."는 뜻이다. '낙(落)'자는 "떨어진다[降]."는 뜻이다. 사람이 죽게 되면 혼은 상승하고 백은 하강한다. 그렇기 때문에 옛날에는 죽음을 조락(徂落)이라고 불렀다. '알(遏)'자는 "그치다[止]."는 뜻이다. '밀(密)'자는 "고요하다[靜]."는 뜻이다. '팔음(八音)'은 금(金)・석(石)・사(絲)・죽(竹)・포(匏)・토(土)・혁(革)・목(木)으로 만든 악기이니, 악기의 소리를 의미한다.

그림 8-7 ▣ 박(鎛)

※ **출처:** 좌-『주례도설(周禮圖說)』하권; 우-『육경도(六經圖)』5권

그림 8-8 ▣ 종(鐘)과 경(磬)

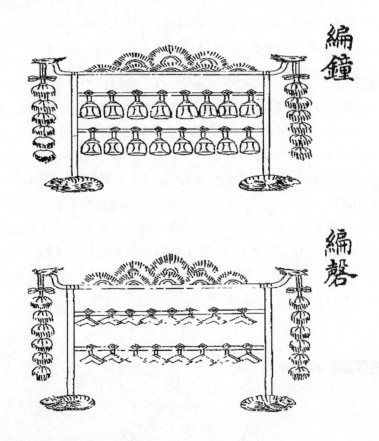

※ 출처:『삼례도집주(三禮圖集注)』5권

그림 8-9   ■ 훈(壎: =壎)

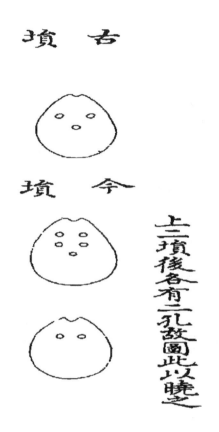

※ 출처:『삼례도집주(三禮圖集注)』5권

그림 8-10 ■ 도고(鼗鼓)

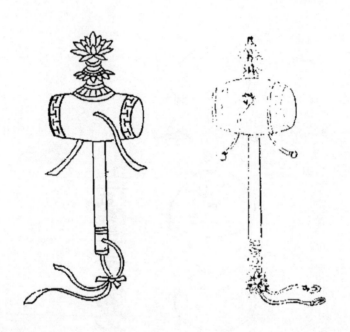

※ **출처:** 좌-『삼례도집주(三禮圖集注)』7권 ; 우-『삼재도회(三才圖會)』「기용(器用)」3권

그림 8-11 ◼ 금(琴)

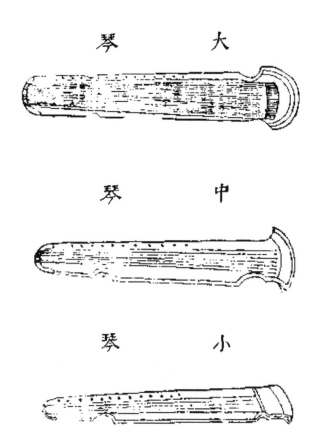

※ **출처:** 『삼재도회(三才圖會)』「기용(器用)」 3권

그림 8-12 ▣ 슬(瑟)

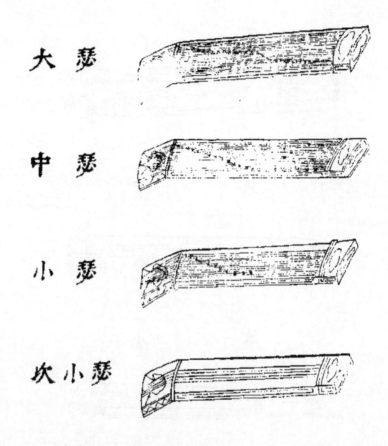

※ 출처:『삼재도회(三才圖會)』「기용(器用)」 3권

그림 8-13 ◼ 축(柷)

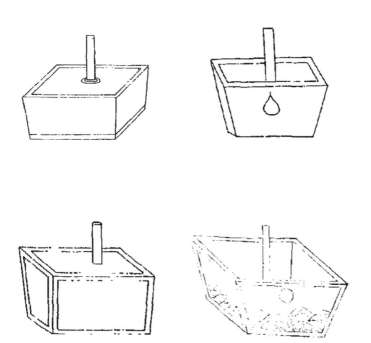

■ 그림 8-14 ▣ 어(敔)

※ 출처: 상좌-『주례도설(周禮圖說)』하권 ; 상우-『삼례도집주(三禮圖集注)』5권
　　　　하좌-『육경도(六經圖)』2권 ; 하우-『삼재도회(三才圖會)』「기용(器用)」3권

■ 그림 8-15 ■ 생(笙)

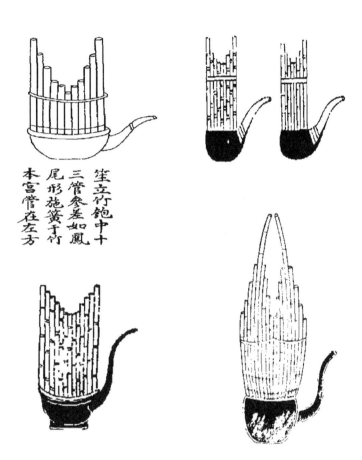

笙立竹𩵋中十
三管參差如鳳
尾形施簧于竹
本宮管在左方

※ **출처:** 상좌-『주례도설(周禮圖說)』 하권 ; 상우-『삼례도집주(三禮圖集注)』 5권
　　　　하좌-『육경도(六經圖)』 2권 ; 하우-『삼재도회(三才圖會)』 「기용(器用)」 3권

● 그림 8-16 ■ 관(管)

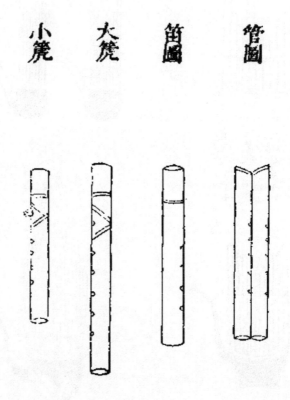

※ 출처: 『삼재도회(三才圖會)』「기용(器用)」 3권

그림 8-17 ◼ 소(簫)

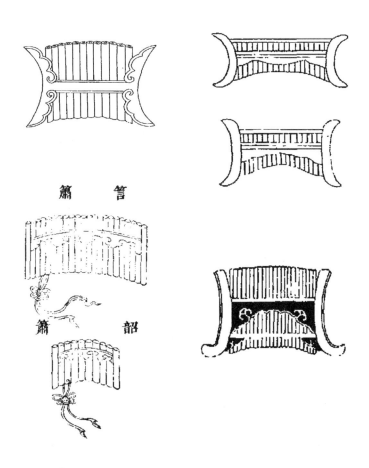

簫管

簫韶

※ **출처**: 상좌-『주례도설(周禮圖說)』하권 ; 상우-『삼례도집주(三禮圖集注)』5권
하좌-『삼재도회(三才圖會)』「기용(器用)」3권 ; 하우-『육경도(六經圖)』2권

참고 『맹자』「만장상(萬章上)」 기록

경문 堯崩, 三年之喪畢, 舜避堯之子於南河之南. 天下諸侯朝覲者, 不之堯之子而之舜; 訟獄者, 不之堯之子而之舜; 謳歌者, 不謳歌堯之子而謳歌舜. 故曰天也. 夫然後之中國, 踐天子位焉. 而居堯之宮, 逼堯之子, 是篡也, 非天與也.

번역 맹자가 말하길, "요임금이 죽고 삼년상이 끝나자 순임금은 요임금의 아들을 피하여 남하의 남쪽으로 갔다. 천하의 제후들 중 조근(朝覲)[17]을 시행하는 자들은 요임금의 아들에게 찾아가지 않고 순임금에게 찾아갔으며, 송사를 치르는 자들도 요임금의 아들에게 찾아가지 않고 순임금에게 찾아갔으며, 덕을 찬송하는 자들도 요임금의 아들에 대해서 찬송하지 않고 순임금의 덕을 찬송하였다. 그렇기 때문에 하늘이 준 것이라 부른다. 이러한 일이 발생한 뒤에야 중원으로 나아가 천자의 지위에 올랐다. 그러나 요임금의 궁에 머물며 요임금의 아들을 핍박하였다면 이것은 제위를 찬탈할 것이지 하늘이 준 것이 아니다."라고 했다.

趙注 南河之南, 遠地南夷也, 故言然後之中國. 堯子, 胤子丹朱. 訟獄, 獄不決其罪, 故訟之. 謳歌, 謳歌舜德也.

번역 남하의 남쪽은 멀리 떨어진 남쪽 오랑캐 땅이다. 그렇기 때문에 그런 뒤에야 중국으로 갔다고 말했다. 요임금의 아들은 적장자인 단주(丹

---

17) 조근(朝覲)은 군주가 신하를 만나보는 예법(禮法)을 뜻한다. 군주가 신하를 만나보는 예법에는 조(朝), 근(覲), 종(宗), 우(遇), 회(會), 동(同) 등이 있었는데, 이것을 총칭하여 '조근'으로 부르기도 한다. 한편 '조근'은 신하가 군주를 찾아뵙는 예법을 뜻하기도 한다. 고대에는 제후가 천자를 찾아뵐 때, 각 계절별로 그 명칭을 다르게 불렀다. 봄에 찾아뵙는 것을 조(朝)라고 부르며, 여름에 찾아뵙는 것을 종(宗)이라고 부르고, 가을에 찾아뵙는 것을 근(覲)이라고 부르며, 겨울에 찾아뵙는 것을 우(遇)라고 부른다. '조근'은 이러한 예법들을 총칭하는 말이다.

朱)를 뜻한다. '송옥(訟獄)'은 옥사에서 그 죄를 판결하지 못했기 때문에서 송사를 치르는 것이다. '구가(謳歌)'는 순임금의 덕을 찬송하여 노래로 불렀다는 뜻이다.

孫疏 ○堯帝旣崩死, 舜率天下諸侯爲堯三年喪, 三年喪旣畢, 舜乃逃避堯之子丹朱而隱於南河之南, 天下諸侯朝覲而來者, 不往朝覲於堯之子丹朱, 而往朝覲於舜; 訟獄有未決斷者, 不往求治於堯之子丹朱, 而往求治於舜; 謳歌吟詠者, 不吟詠堯之子丹朱, 而吟詠舜: 故曰天與之也. 如此, 然後往歸中國, 履天子之位焉. 如使舜不避堯之子, 而居堯帝之宮, 逼逐堯之子, 是則爲篡奪者也, 非謂爲天與之也.

번역 ○요임금이 죽자 순임금은 천하의 제후들을 이끌고 요임금을 위해 삼년상을 치렀다. 삼년상이 끝나자 순임금은 요임금의 아들인 단주를 피해 남하의 남쪽으로 가서 은둔해 있었는데, 천하의 제후들 중 조근을 시행하여 찾아오는 자들이 요임금의 아들인 단주에게 찾아가서 조근을 하지 않고 순임금에게 찾아가서 조근을 했다. 또 옥사를 치르며 판결을 내리지 못한 자들도 요임금의 아들인 단주에게 찾아가서 판결을 내려주길 바라지 않고 순임금에게 찾아가서 판결을 청했다. 또 찬송하여 노래를 부르는 자들은 요임금의 아들인 단주의 덕을 찬송하지 않고 순임금의 덕을 찬송하여 불렀다. 그렇기 때문에 하늘이 준 것이라 부른다. 이와 같은 일이 발생한 뒤에야 중국으로 다시 돌아가서 천자의 제위에 올랐다. 만약 순임금이 요임금의 아들을 피하지 않고 요임금의 궁에 머물며 요임금의 아들을 핍박하고 쫓아냈다면, 이것은 제위를 찬탈할 것이며 하늘이 주었다고 부르지 않는다.

孫疏 ◎注"河南, 南夷也". ○正義曰: 按裴駰云: 劉熙曰, 南河之南, 九河之最南者是也. 是知爲南夷也. 所謂中國, 劉熙云, 帝王所都爲中, 故曰中國.

번역 ◎趙注: "河南, 南夷也". ○배인의 주를 살펴보면, 유희는 남하의 남쪽은 구하 중에서도 가장 남단에 해당하는 곳이라고 했다. 이를 통해 이곳이 남쪽 오랑캐 땅임을 알 수 있다. 이른바 '중국(中國)'이라는 것에 대해 유희는 제왕이 수도를 정한 곳이 중(中)이 된다. 그렇기 때문에 '중국(中國)'이라고 부른다고 했다.

集註 南河在冀州之南, 其南卽豫州也. 訟獄, 謂獄不決而訟之也.

번역 남하는 기주(冀州)의 남쪽이니, 그 남쪽은 바로 예주(豫州)에 해당한다. '송옥(訟獄)'은 옥사를 판결하지 못하여 송사를 벌인다는 뜻이다.

그림 8-18 ▣ 구주(九州)-『서』「우공(禹貢)」

※ 출처: 『흠정사고전서(欽定四庫全書)』「도서편(圖書編)」 31권

그림 8-19 ■ 구주(九州)-『주례』

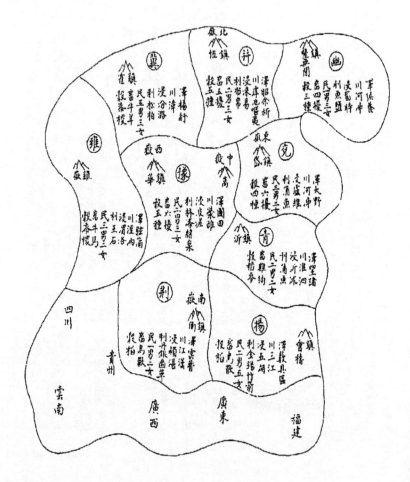

※ 출처: 『주례도설(周禮圖說)』 상권

그림 8-20 ◼ 기주(冀州)

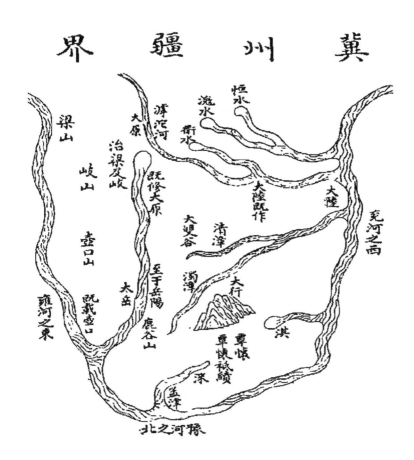

※ 출처: 『흠정사고전서(欽定四庫全書)』 「도서편(圖書編)」 31권

● 그림 8-21 ▣ 예주(豫州)

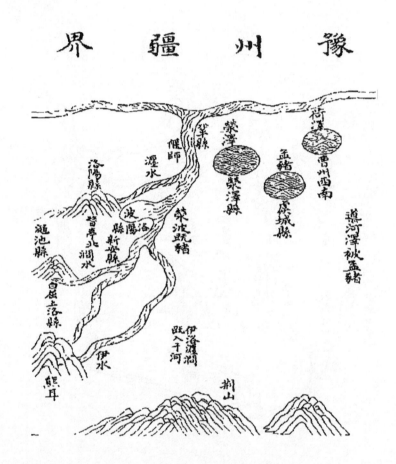

※ 출처: 『흠정사고전서(欽定四庫全書)』「도서편(圖書編)」31권

참고 『맹자』「만장상(萬章上)」 기록

경문 昔者舜薦禹於天, 十有七年, 舜崩. 三年之喪畢, 禹避舜之子於陽城, 天下之民從之, 若堯崩之後不從堯之子而從舜也. 禹薦益於天, 七年, 禹崩. 三年之喪畢, 益避禹之子於箕山之陰, 朝覲訟獄者不之益而之啓, 曰: 吾君之子也. 謳歌者不謳歌益而謳歌啓, 曰: 吾君之子也. 丹朱之不肖, 舜之子亦不肖. 舜之相堯, 禹之相舜也, 歷年多, 施澤於民久. 啓賢, 能敬承繼禹之道. 益之相禹也, 歷年少, 施澤於民未久.

번역 맹자가 말하길, "옛날 순임금이 우임금을 하늘에 천거하고 17년이 지나자 순임금이 죽었다. 삼년상을 마치고 우임금은 순임금의 아들을 피해 양성으로 갔는데, 천하의 백성들이 그를 따르길 마치 요임금이 죽었을 때 요임금의 아들을 따르지 않고 순임금을 따르는 것처럼 했다. 우임금이 익을 하늘에 천거하고 7년이 지나자 우임금이 죽었다. 삼년상을 마치고 익은 우임금의 아들을 피해 기산의 음지로 갔는데, 조근이나 송사를 처리하는 자들이 익에게 가지 않고 우임금의 아들인 계에게 갔으며, '우리 임금의 아들이시다.'라고 했다. 덕을 찬송하는 자들도 익의 덕을 찬송하지 않고 계의 덕을 찬송하며 '우리 임금의 아들이시다.'라고 했다. 단주는 불초하였는데 순임금의 아들 또한 불초하였다. 순임금은 요임금을 도왔고 우임금은 순임금을 도왔는데, 그 시기가 오래되어 은택이 백성들에게 베풀어진 것이 오래되었다. 계는 현명하여 우임금의 도를 공경하며 계승할 수 있었다. 익은 우임금을 도왔는데, 도운 시기가 짧아서 은택이 백성들에게 베풀어진 것도 오래지 않았다.

趙注 舜薦禹・禹薦益同也, 以啓之賢, 故天下歸之, 益又未久故也. 陽城, 箕山之陰, 皆嵩山下深谷之中以藏處也.

번역 순임금이 우임금을 천거하고 우임금이 익을 천거한 것은 동일하지만 계의 현명함 때문에 천하 사람들이 그에게 귀의했으며, 익 또한 오랜 기간 보필하지 못했기 때문이다. '양성(陽城)'과 기산의 음지는 모두 숭산 밑의 깊은 계속 안으로 깊숙이 숨겨진 장소이다.

孫疏 ○往者舜薦禹於天, 及得十有七年, 舜於是崩死. 禹以三年服喪畢, 遂避舜之子商均, 隱於陽城, 天下之民從禹, 若堯之死後民之舜而不之丹朱也. 禹其後又薦益於天, 及得七年, 禹即崩死, 益以三年服喪畢, 益遂避禹之子啓, 隱於箕山之陰, 朝覲訟獄謳歌者皆不歸益而歸禹之子啓, 咸曰: 我君之子也. 無它, 以其堯子丹朱不肖, 舜子商均亦不肖, 而舜之輔相堯·禹之輔相舜而歷年多矣, 施恩澤於民已久, 天下之民所以歸舜與禹, 不歸丹朱·商均也. 啓以賢, 能敬承續禹之治, 而益又輔相禹但七年, 其歷年尙少, 不如舜相堯二十有八年·禹相舜十有七年之多, 而施恩澤於民亦未至久, 所以天下之民不歸益而歸啓也, 又況啓有賢德, 與丹朱·商均之不同耶.

번역 ○지난날 순임금이 우임금을 하늘에 천거하였고, 그 후 17년이 흐르자 순임금이 죽었다. 우임금은 삼년상을 마치고 결국 순임금의 아들인 상균을 피해 양성에 은둔하였는데, 천하의 백성들은 우임금을 따르며 마치 요임금이 죽은 이후 백성들이 순임금에게 찾아가고 단주에게 찾아가지 않았던 것처럼 했다. 우임금은 그 이후 또한 익을 하늘에 천거하였고 7년이 흐른 뒤에 우임금이 죽었는데, 익이 삼년상을 마치자 결국 우임금의 아들인 계를 피해 기산의 음지에 은둔하였다. 그런데 조근을 하거나 송사를 치르거나 덕을 찬송하는 자들은 모두 익에게 귀의하지 않고 우임금의 아들인 계에게 귀의하였으며, 모두들 "우리 임금의 아들이시다."라고 했다. 이처럼 된 까닭은 다른 것이 아니라, 요임금의 아들인 단주는 불초하였고, 순임금의 아들인 상균 또한 불초하였으며, 순임금이 요임금을 보필하고 우임금이 순임금을 보필한 기간은 오래되어 그 은택이 백성들에게 베풀어진 것이 오래되었다. 그래서 천하의 백성들은 순임금과 우임금에게 귀의했고, 단주와 상균에게 귀의하지 않았던 것이다. 그런데 계는 현명하여 우임금의 정사를 공경하며 계승할 수 있었고, 익의 경우에도 우임금을 보필한 것이 단지 7년에 불과하여 그 기간이 오히려 짧았다. 그래서 순임금이 요임금을

28년 동안 보필하고, 우임금이 순임금을 17년 동안 보필했던 것처럼 할 수 없었고, 은택도 백성들에게 베풀어진 것이 오래지 않았다. 그래서 천하의 백성들은 익에게 귀의하지 않고 계에게 귀의했던 것이다. 하물며 계에게는 현명한 덕이 있었으니, 단주나 상균의 경우와 동일할 수 있겠는가?

孫疏 ◎注“陽城·箕山之陰, 皆嵩山下深谷中”. ○正義曰: 按史記裴駰注云: 劉熙曰, 陽城是今之潁川也; 箕山, 嵩高之北是也.

번역 ◎趙注: “陽城·箕山之陰, 皆嵩山下深谷中”. ○『사기』 배인의 주를 살펴보면, 유희는 양성(陽城)은 현재의 영천(潁川)에 해당한다. 기산(箕山)은 숭고(嵩高)의 북쪽에 해당한다고 했다.

集註 陽城, 箕山之陰, 皆嵩山下深谷中可藏處. 啓, 禹之子也.

번역 양성(陽城)과 기산(箕山)의 음지는 모두 숭산 밑의 깊은 계곡으로 깊숙이 숨을 수 있는 장소이다. ‘계(啓)’는 우임금의 아들이다.

集註 楊氏曰: 此語孟子必有所受, 然不可考矣. 但云天與賢則與賢, 天與子則與子, 可以見堯·舜·禹之心, 皆無一毫私意也.

번역 양씨가 말하길, 이 말은 분명 맹자가 전수받은 내용이 있었을 것이지만, 현재로서는 고찰할 수 없다. 다만 하늘이 현명한 자에게 주게 되면 현명한 자에게 제위를 주고, 하늘이 자식에게 주게 되면 자식에게 제위를 주니, 요·순·우임금의 마음에 모두 한 터럭의 사심도 없었음을 알 수 있다.

集註 堯舜之子皆不肖, 而舜禹之爲相久, 此堯舜之子所以不有天下, 而舜禹有天下也. 禹之子賢, 而益相不久, 此啓所以有天下而益不有天下也. 然此皆非人力所爲而自爲, 非人力所致而自至者. 蓋以理言之謂之天, 自人言之謂之命, 其實則一而已.

번역 요・순임금의 아들은 모두 불초하였고, 순・우임금은 이전 제왕을 도운 기간이 오래되었다. 이것이 요・순임금의 아들이 천하를 소유하지 못하고, 순・우임금이 천하를 소유하게 된 이유이다. 우임금의 아들은 현명하였고, 익이 도운 것은 오래되지 못했으니, 이것이 계가 천하를 소유하고 익이 천하를 소유하지 못했던 이유이다. 그러나 이러한 것들은 모두 사람의 힘으로 할 수 있는 것이 아니며 저절로 그처럼 되는 것이고, 사람의 힘으로 이룰 수 있는 것도 아니고 저절로 그처럼 이루어진 것이다. 이치를 기준으로 말한다면 '천(天)'이라 부르고, 사람을 기준으로 말한다면 '명(命)'이라 부르는데, 실제로는 하나일 뿐이다.

그림 8-22 ▣ 숭산(嵩山)

※ 출처: 『삼재도회(三才圖會)』「지리(地理)」 9권

참고 『맹자』「진심상(盡心上)」 기록

경문 齊宣王欲短喪. 公孫丑曰: 爲期之喪, 猶愈於已乎.

번역 제선왕은 삼년상의 복상기간을 단축하고자 했다. 공손추는 “기년상으로 치르는 것이 그만두는 것보다는 나을 것 같습니다.”라고 했다.

趙注 齊宣王以三年之喪爲太長久, 欲減而短之, 因公孫丑使自以其意問孟子: 旣不能三年喪, 以期年差愈於止而不行喪者也.

번역 제선왕은 삼년상이 너무 길다고 여겨서 단축시키고자 했는데, 그로 인해 공손추는 자신의 생각을 맹자에게 질문했던 것이니, 이미 삼년상을 치르지 못하는 상황이라면 기년상으로 치르는 것이 그나마 그만두어 상례를 시행하지 않는 것보다는 나을 것이라고 했다.

集註 已, 猶止也.

번역 ‘이(已)’자는 “그치다[止].”는 뜻이다.

경문 孟子曰: 是猶或紾其兄之臂, 子謂之姑徐徐云爾, 亦敎之孝悌而已矣.

번역 맹자가 말하길, “이것은 어떤 자가 형의 팔을 비트는데 그대가 그에게 천천히 하라고 말하는 것과 같으니, 이러한 경우에는 또한 효와 우애를 가르쳐야 할 따름이다.”라고 했다.

趙注 紾, 戾也. 孟子言有人戾其兄之臂, 爲不順也, 而子謂之曰: 且徐徐云爾. 是豈以徐徐之爲差者乎? 不若敎之以孝悌, 勿復戾其兄之臂也. 令欲行其期喪, 亦猶曰徐徐之類也.

번역 ‘진(紾)’자는 “어그러지다[戾].”는 뜻이다. 맹자는 어떤 사람이 형의 팔을 비틀어 순탄하지 못한 상황이 되었는데, 그대는 그에게 천천히 하라고 말하니, 어찌 천천히 하는 것이 차선책이 될 수 있겠는가? 효와 우애를 가르쳐서 형의 팔을 다시는 비틀지 못하도록 하는 것만 못하다고 했다. 즉 기년상으로 치르게끔 하는 것은 천천히 하라고 말하는 경우와 같다는 의미이다.

集註 紾, 戾也. 敎之以孝弟之道, 則彼當自知兄之不可戾, 而喪之不可短矣. 孔子曰: 子生三年, 然後免於父母之懷, 予也有三年之愛於其父母乎? 所謂敎之以孝弟者如此. 蓋示之以至情之不能已者, 非强之也.

번역 '진(紾)'자는 "어그러지다[戾]."는 뜻이다. 효와 우애의 도를 가르친다면 상대는 마땅히 형의 팔을 비틀어서는 안 되고, 복상기간을 단축시켜서는 안 된다는 사실을 알게 된다. 공자는 "자식이 태어나 3년이 지난 뒤에야 부모의 품에서 벗어나는데, 재아는 부모에 대한 3년 동안의 사랑이 있는가?"라고 했다. 효와 우애를 가르치는 것은 이와 같은 것이다. 즉 지극한 정은 그칠 수 없다는 사실을 보여주는 것이며, 억지로 강요하는 것이 아니다.

경문 王子有其母死者, 其傅爲之請數月之喪. 公孫丑曰: "若此者, 何如也?"

번역 왕자 중 자신의 생모가 죽은 자가 있어 그의 사부가 그녀를 위해 수개월 동안 복상할 것을 청했다. 공손추는 "이와 같은 경우는 어떻습니까?"라고 했다.

趙注 丑曰: 王之庶夫人死, 迫於適夫人, 不得行其喪親之數, 其傅爲請之於君, 欲使得行數月喪, 如之何?

번역 공손추의 질문 의도는 왕의 첩들이 죽었을 때, 정부인으로 인해 굽히게 되어 죽은 첩에 대해 그 자식이 부모상에 대한 복상기간을 따를 수 없다. 그런데 그의 사부는 군주에게 청원하여 수개월 동안 복상할 수 있게끔 하고자 했으니, 어떠하냐는 의미이다.

集註 陳氏曰: 王子所生之母死, 厭於嫡母而不敢終喪. 其傅爲請於王, 欲使得行數月之喪也. 時又適有此事, 丑問如此者, 是非何如?

번역 진씨가 말하길, 왕자를 낳은 생모가 죽었을 때, 정부인으로 인해 염강(厭降)을 하게 되어 본래의 복상기간을 마칠 수 없다. 그의 사부는 왕에게 청하여 왕자가 수개월 동안 복상할 수 있게끔 하고자 했던 것이다. 당시 때마침 이러한 일이 발생하여 공손추가 이와 같은 경우의 옳고 그름이 어떠하냐고 물어본 것이다.

集註 按儀禮: 公子爲其母練冠·麻衣·縓緣, 旣葬除之. 疑當時此禮已廢, 或旣葬而未忍卽除, 故請之也.

번역 『의례』를 살펴보면, 공자는 자신의 생모를 위해 연관(練冠)을 쓰고 마의를 입으며 분홍색의 가선을 대고, 장례를 마치면 제거한다고 했다. 아마도 당시에 이러한 예법이 이미 폐지되었거나 혹은 장례를 마치고도 차마 복장을 제거할 수 없었기 때문에 청한 것 같다.

경문 曰: 是欲終之而不可得也, 雖加一日愈於已. 謂夫莫之禁而弗爲者也.

번역 맹자가 말하길, "이것은 복상기간을 제대로 마치고자 해도 할 수 없는 경우이니, 비록 하루를 더하더라도 그만두는 것보다는 낫다. 제선왕의 경우는 금하는 자가 없는데도 하지 않는 경우를 뜻한다."라고 했다.

趙注 孟子曰: 如是王子欲終服其子禮而不能者也, 加益一日則愈於止, 況數月乎? 所謂不當者, 謂無禁自欲短之, 故譏之也.

번역 맹자는 다음과 같이 말했으니, 이와 같은 경우는 왕자가 자식이 따라야 하는 예법에 의해 복상기간을 제대로 마치고자 하지만 할 수 없는 경우이므로, 하루를 더하는 것이 그만두는 것보다는 나은데 하물며 수개월을 더하는 것에 있어서는 어떻겠는가? 마땅하지 않다고 하는 것은 금지함이 없는데도 스스로 단축하고자 하는 경우를 뜻하기 때문에 비판한 것이다.

孫疏 ●"齊宣"至"者也". ○正義曰: 此章指言禮斷三年, 孝者欲益, 富貴怠厭, 思減其日, 君子正言, 不可阿情. 丑欲期之, 故譬以紾兄徐徐也. "齊宣王欲短喪. 公孫丑曰: 爲期之喪, 猶愈於已乎", 齊宣王欲短三年之喪, 公孫丑勸之, 以爲期年之喪, 猶勝於止而不爲者矣. 期年, 十二月也. "孟子曰"至"而已矣"者, 孟子言如此, 是若或有紾戾其兄之臂者, 子以爲之姑且徐徐然紾其兄之臂云爾. 但當教之以孝悌, 不復戾兄之臂也. 今子欲勸齊王短其三年之喪, 而且謂爲期年之喪, 亦若徐徐然之謂也. "王子有其母死者, 其傅爲之請數月之喪. 公孫丑曰: 若此何如也", 公孫丑又復問孟子, 曰王子有母死之者, 其傅相者爲之請行數月之喪, 如此者, 是如之何也? 以其王子庶生之母死, 迫於嫡母, 而不敢終喪者也. "曰是欲終之而不可得也"至"弗爲者也", 孟子答之. 曰是王子欲終之喪, 有所禦而不可得而爲者也, 雖加益一日, 亦足勝於止而不爲者矣. 今齊宣王欲短三年之喪, 以其禮所當終之, 而且謂期年之喪猶愈於已以勸之, 是謂夫莫之禁止而自弗爲者也. 此孟子所以不取之也. 論語宰我問三年之喪, 期已久矣, 孔子所以責之曰: 予之不仁也, 汝安之則爲之乎. 是亦孟子於此不取公孫丑之意也.

번역 ●經文: "齊宣"~"者也". ○이 문장은 예법에 따라 부모의 상을 3년으로 제한하였는데 효자는 더 늘리려고 하며 부귀한 자는 태만하여 그 기간을 단축하고자 하여 군자가 올바른 말을 해준 것이니, 정감에만 따를 수 없음을 의미한다. 공손추는 기년상으로 치러야 한다고 생각했기 때문에 형의 팔을 서서히 비튼다는 비유를 들었다. "제선왕은 삼년상의 복상기간을 단축하고자 했다. 공순추는 기년상으로 치르는 것이 그만두는 것보다는 나을 것 같다고 했다."라고 했는데, 제선왕은 삼년상을 단축시키고자 했고 공손추는 권면하여 기년상으로 치르는 것이 그만두어 하지 않는 것보다 낫다고 여긴 것이다. '기년(期年)'은 12개월을 뜻한다. "맹자가 말하길"이라는 말로부터 "따름이다."라는 말까지, 맹자는 이와 같은 경우는 마치 어떤 자가 형의 팔을 비트는데, 그대가 그에게 천천히 형의 팔을 비틀라고 말하는 경우와 같다. 마땅히 효와 우애를 가르쳐서 형의 팔을 다시는 비틀지 못하도록 해야 한다고 말했다. 즉 현재 그대가 제선왕이 삼년상을 단축시키고자 하는 것을 권면하고자 하여 기년상으로 치르라고 말한다면 이것은 천천히 비틀라고 말하는 경우와 같다는 의미이다. "왕자 중 자신의 생모가 죽은 자가 있어 그의 사부가 그녀를 위해 수개월 동안 복상할 것을 청했다. 공손추는 이와 같은 경우는 어떠하냐고 했다."라고 했는데, 공손추는 재차 맹자에게 질문하여, 왕자 중 자신의 생모가 죽은 자가 있는데, 그의 사부가 그를 도와 그녀를 위해 수개월의 상을 치르도록 청했다. 이러한 경우는 어떠하냐고 물어본 것이다. 왕자를 낳은 첩인 생모가 죽었을 때 정부인으로 인해 낮춰서 감히 복상기간을 제대로 마칠 수 없기 때문이다. "이것은 복상기간을 제대로 마치고자 해도 할 수 없는 경우이다."라는 말로부터 "하지 않는 자이다."라는 말까지, 맹자가 답변한 말이다. 즉 왕자가 복상기간을 마치고자 하지만 제약이 있어서 할 수 없는 경우에 해당하니, 비록 하루를 더하더라도 그만두어 하지 않는 것보다 낫다. 현재 제선왕의 경우에는 삼년상을 단축하고자 하는데, 이는 예법에 따라 마땅히 제대로 기간을 마쳐야 하는 것임에도 또한 기년상으로 치르는 것이 하지 않는 것보다 낫다고 권면하니, 이것은 금지하는 자가 없는데도 스스로 하지 않는 경우에 해당한다. 이것이 바로 맹자가 공손추의 의견에 동의하지 않았던 이유이다. 『논어』에서 재아는 삼년상에 대해 물으며 1년만 해도 이미 충분히 긴 시간이라고 했고, 공자는 그를 책망하며 재아는 불인하다고 했고, 네가 편하면 그렇게 하라고 했다. 이 또한 맹자가 이러한 대목에서 공손추의 의견에 동의하지 않았던 것과 같다.

集註 言王子欲終喪而不可得, 其傳爲請, 雖止得加一日, 猶勝不加. 我前所譏, 乃謂夫莫之禁而自不爲者耳.

번역 왕자는 복상기간을 마치고자 했지만 할 수 없어서, 그의 사부가 청원을 했으니, 비록 단지 하루를 더하더라도 더하지 않는 것보다 낫다. 맹자가 이전에 비반했던 것은 금지하는 자가 없는데도 스스로 하지 않은 경우를 뜻할 따름이다.

集註 此章言三年通喪, 天經地義, 不容私意有所短長. 示之至情, 則不肖者有以企而及之矣.

번역 이곳 문장에서는 삼년상은 통상적인 상례이며 하늘과 땅의 법칙이므로 사사롭게 단축하거나 연장할 수 없다는 뜻을 나타내고 있다. 지극한 정감을 드러내면 불초한 자는 그를 따라 하고자 기획하여 그에게 미칠 수 있다.

참고 『맹자』「진심상(盡心上)」 기록

경문 不能三年之喪, 而緦·小功之察; 放飯流歠, 而問無齒決, 是之謂不知務.

번역 맹자가 말하길, "삼년상을 잘하지 못하면서 시마복과 소공복의 상을 살피며, 밥을 크게 떠먹고 물을 들이키면서 고기를 끊어먹으며 남기지 말아야 함을 따지는 것은 급선무를 모른다고 부른다."라고 했다.

趙注 尙不能行三年之喪, 而復察緦麻·小功之禮. 放飯, 大飯也. 流歠, 長歠也. 齒決, 斷肉置其餘也. 於尊者前賜食, 大飯長歠, 不敬之大者, 齒決, 小過耳. 言世之先務, 捨大譏小, 有若大飯長歠而問無齒決類也.

번역 삼년상을 제대로 시행하지 못하면서 시마복이나 소공복의 상례를 살피는 것이다. '방반(放飯)'은 밥을 크게 떠서 먹는다는 뜻이다. '유철(流歠)'은 물을 들이키듯 길게 마신다는 뜻이다. '치결(齒決)'은 고기를 끊어서 남은 것을 놔둔다는 뜻이다. 존귀한 자 앞에서 음식을 하사받아 먹게 될 때 밥을 크게 떠먹거나 물을 길게 들이키는 것은 불경 중에서도 큰 것이며,

이빨로 고기를 끊는 것은 작은 과실일 따름이다. 즉 세간에서 급선무로 삼는 것은 큰 것을 내버리고 작은 것을 비판하니, 마치 밥을 크게 떠먹거나 물을 길게 들이키면서 고기를 끊어먹는가를 따지는 부류와 같은 점이 있다.

孫疏 ○今夫不能三年之喪, 爲不孝之大者也; 而察緦·小功之禮, 是孝之小者也. 放飯流歠, 不敬之大者也; 問無齒決, 責其不敬之小者也. 如不能以知賢爲先務, 而務徧知百工之事爲之先, 不能以親賢爲急務, 而務徧愛衆人之爲急, 是若執親之喪不能去不孝之大者, 而乃反察孝之小者; 食於尊者之前, 不能去不敬之大者, 而乃反責問不敬之小者也. 如此, 又安知先後之務爲緩急乎? 蓋緦麻, 三月之服者; 小功, 五月之服者也.

번역 ○삼년상을 제대로 치르지 못하는 것은 불효 중에서도 큰 것이다. 반면 시마복과 소공복의 상례를 살피는 것은 효 중에서도 작은 것이다. 밥을 크게 떠먹고 물을 들이키듯 마시는 것은 불경 중에서도 큰 것이다. 반면 고기를 끊어먹느냐를 따지는 것은 불경 중에서도 작은 것을 책망하는 것이다. 만약 현명한 자를 알아보는 것을 급선무로 삼지 않고 백공들의 일을 두루 알아보는데 힘쓰는 것을 급선무로 삼으며, 현명한 자를 친근하게 대하는 것을 급선무로 삼지 않고 일반인들을 두루 사랑하는데 힘쓰는 것을 급선무로 삼는다면, 이것은 마치 부모의 상을 치를 때 불효 중에서도 큰 것을 제거할 수 없으면서 도리어 효 중에서도 작은 것을 살피고, 존귀한 자 앞에서 음식을 먹을 때 불경한 것 중에서도 큰 것을 제거할 수 없으면서 도리어 불경한 것 중에서도 작은 것을 책망하고 따지는 것과 같다. 만약 이처럼 한다면 어찌 선후에 따라 힘써야 하는 완급을 안다 하겠는가? 시마복은 3개월 동안 복상하는 것이며, 소공복은 5개월 동안 복상하는 것이다.

集註 三年之喪, 服之重者也. 緦麻三月, 小功五月, 服之輕者也. 察, 致詳也. 放飯, 大飯, 流歠, 長歠, 不敬之大者也. 齒決, 齧斷乾肉, 不敬之小者也. 問, 講求之意.

번역 삼년상은 상복 중에서도 수위가 가장 높은 것이다. 시마복은 3개월 동안 복상하고, 소공복은 5개월 동안 복상하니, 상복 중에서도 수위가 낮은 것이다. '찰(察)'자는 상세함을 다한다는 뜻이다. '방반(放飯)'은 밥을 크게 떠서 먹는 것이고, '유철(流歠)'은 물을 들이키듯 길게 마시는 것이니, 불경 중에서도 큰 것이다. '치결(齒決)'은 마른 고기를 이빨로 끊어서 먹는 것이니, 불경 중에서도 작은 것이다. '문(問)'자는 따져서 강구한다는 뜻이다.

• 제9절 •

『순자』와 삼년상

참고 『순자』「예론(禮論)」기록

원문 三年之喪, 哭之不文也.

번역 삼년상에서 곡을 할 때에는 소리를 꺾지 않는다.

楊注 不文, 謂無曲折也. 禮記曰, 斬衰之哭, 若往而不反.

번역 '불문(不文)'은 소리의 꺾임이 없다는 뜻이다. 『예기』에서는 "참최복의 상에서 곡을 할 때에는 마치 가서 되돌아오지 않는 것처럼 한 차례 소리를 지름에 다시는 소리를 내지 못할 것처럼 한다."[1]라고 했다.

참고 『순자』「예론(禮論)」기록

원문 君之喪, 所以取三年, 何也①? 曰, 君者, 治辨之主也, 文理之原也, 情貌之盡也, 相率而致隆之, 不亦可乎②? 詩曰, "愷悌君子, 民之父母." 彼君子者, 固有爲民父母之說焉. 父能生之, 不能養之③; 母能食之, 不能教誨之④; 君者, 已能食之矣, 又善教誨之者也⑤. 三年畢矣哉⑥! 乳母, 飮食之者也, 而三月; 慈母, 衣被之者也, 而九月; 君曲備之者也, 三年畢乎哉⑦! 得之則治, 失之則亂, 文之至也⑧. 得之則安, 失之則危, 情之至也⑨. 兩至者俱積焉, 以

---

1) 『예기』「간전(間傳)」【665c】: 斬衰之哭, 若往而不反. 齊衰之哭, 若往而反. 大功之喪, 三曲而偯. 小功緦麻, 哀容可也. 此哀之發於聲音者也.

三年事之, 猶未足也, 直無由進之耳⑩. 故社, 祭社也; 稷, 祭稷也⑪; 郊者, 並
百王於上天而祭祀之也⑫.

번역 군주의 상을 3년으로 하는 것은 어째서인가? 대답해보자면 군주
는 다스려 구별하는 주인이고, 법리와 조리의 근본이며, 충심과 공경을 다
하는 자이니, 서로 이끌어 지극히 융성하게 하는 것이 또한 옳은 일이 아니
겠는가? 『시』에서는 "화락한 군자여 백성들의 부모로다."2)라고 했다. 군자
라는 말에는 진실로 백성들의 부모가 된다는 뜻이 있다. 부친은 자식을 태
어나게 할 수 있지만 젖을 먹여 기를 수는 없고, 모친은 밥을 먹여 기를 수
있지만 가르칠 수는 없다. 군주는 이미 백성들을 먹여 살릴 수 있으면서
도 잘 가르칠 수 있는 자이다. 따라서 삼년상으로 그 은혜를 다 갚을 수
있겠는가! 유모는 음식을 먹여주는 사람으로, 그녀에 대해서는 3개월 동안
복상한다. 자모는 의복을 입혀주는 사람으로, 그녀를 위해서는 9개월 동안
복상한다. 군주는 음식과 의복을 갖출 수 있도록 해준 자이니, 삼년상으로
그 은혜를 다 갚을 수 있겠는가! 따라서 군주가 있으면 다스려지고 없으면
혼란스럽게 되니, 법도의 지극함을 갖춘 자이다. 군주가 있으면 안전하게
되고 없으면 위태롭게 되니, 충심과 후덕함이 지극한 자이다. 이처럼 두
가지 지극함을 모두 갖추고 있으니, 삼년상으로 섬긴다 하더라도 여전히
부족하다. 다만 그보다 더 할 길이 없을 따름이다. 그러므로 사(社)는 토지
신에게만 제사지내는 것이고, 직(稷)은 곡식 신에게만 제사지내는 것인데,
교(郊)제사는 모든 신들을 아울러 상천에게 제사지내는 것이다.

楊注-① 問君之喪何取於三年之制.

번역 군주의 상은 어찌하여 삼년상의 제도를 따르느냐고 질문한 것이다.

楊注-② 治辨, 謂能治人, 使有辨別也. 文理, 法理條貫也. 原, 本也. 情, 忠

---

2) 『시』「대아(大雅)・형작(泂酌)」: 泂酌彼行潦, 挹彼注茲, 可以餴饎. <u>豈弟君子,
民之父母</u>.

誠也. 貌, 恭敬也. 致, 至也. 言人所施忠敬, 無盡於君者, 則臣下相率服喪, 而
至於三年, 不亦可乎?

[번역] '치변(治辨)'은 사람들을 잘 다스려서 구분과 구별이 있게끔 했다
는 뜻이다. '문리(文理)'는 법리와 조리를 뜻한다. '원(原)'자는 근본을 뜻한
다. '정(情)'자는 충심과 정성을 뜻한다. '모(貌)'자는 공손함과 공경함을 뜻
한다. '치(致)'자는 "이르다[至]."는 뜻이다. 즉 사람들에게 충심과 공경을
베푸는 자는 군주보다 지극히 다하는 자가 없으니, 신하들이 서로 복상하
여 3년에 이르는 것 또한 옳은 일이 아니겠느냐는 뜻이다.

[楊注-③] 養, 謂哺乳之也. 養, 或謂食.

[번역] '양(養)'자는 젖을 먹여 기른다는 뜻이다. '양(養)'자를 사(食)자로
풀이하기도 한다.

[楊注-④] 食音嗣.

[번역] '食'자의 음은 '嗣(사)'이다.

[楊注-⑤] 食, 謂祿廩. 教誨, 謂制命也.

[번역] '사(食)'는 녹봉을 뜻한다. '교회(教誨)'는 명령을 내린다는 뜻이다.

[楊注-⑥] 君者, 兼父母之恩, 以三年報之, 猶未畢也.

[번역] 군주는 부친과 모친의 은덕을 겸하고 있으니, 삼년상으로 보답한
다 하더라도 여전히 다 갚을 수 없다.

[楊注-⑦] 曲備, 謂兼飲食衣服.

[번역] '곡비(曲備)'는 음식과 의복을 겸한다는 뜻이다.

楊注-⑧ 文, 謂法度也. 治亂所繫, 是有法度之至也.

번역 '문(文)'자는 법도를 뜻한다. 다스려짐과 혼란스럽게 됨이 연계되니, 이것은 법도의 지극함을 갖추고 있음을 뜻한다.

楊注-⑨ 情, 謂忠厚, 使人去危就安, 是忠厚之至者也.

번역 '정(情)'자는 충심과 후덕함을 뜻하니, 사람들로 하여금 위태로운 곳을 떠나 안전한 곳으로 나아가게 하는 것으로, 충심과 후덕함이 지극한 자에 해당한다.

楊注-⑩ 直, 但也.

번역 '직(直)'자는 다만[但]이라는 뜻이다.

楊注-⑪ 社, 土神, 以句龍配之, 稷, 百穀之神, 以棄配之, 但各止祭一神而已.

번역 '사(社)'는 토지신으로 구룡(句龍)을 배향하며, '직(稷)'은 모든 곡식의 신으로 기(棄)를 배향하는데, 단지 각각의 제사에서는 하나의 신에게만 제사지낼 따름이다.

楊注-⑫ 百王, 百神也. 或神字誤爲王. 言社稷唯祭一神, 至郊天, 則兼祭百神, 以喩君兼父母者也.

번역 '백왕(百王)'은 모든 신을 뜻한다. 혹은 신(神)자를 잘못하여 왕(王)자로 기록했을 수도 있다. 즉 사와 직에 대해서는 오직 하나의 신에게만 제사지내는데, 하늘에 대한 교제사 때에는 모든 신을 아울러 제사지내니, 이를 통해 군주는 부친과 모친의 은덕을 겸비한 자임을 비유하였다.

참고 『순자』「대략(大略)」 기록

원문 父母之喪, 三年不事, 齊衰大功, 三月不事.

번역 부모의 상을 당한 자에 대해서는 3년 동안 일에 종사시키지 않고, 자최복이나 대공복의 상을 당한 자에 대해서는 3개월 동안 일에 종사시키지 않는다.

• 제 10 절 •

『춘추』와 삼년상

참고 『춘추』 민공(閔公) 2년 기록

경문 夏, 五月, 乙酉, 吉禘于莊公.

번역 여름 5월 을유일에 장공에게 길제인 체(禘)제사를 지냈다.

杜注 三年喪畢, 致新死者之主於廟, 廟之遠主, 當遷入祧, 因是大祭, 以審昭穆, 謂之禘. 莊公喪制未闋, 時別立廟, 廟成而吉祭, 又不於大廟, 故詳書以示譏.

번역 삼년상을 마치고서 새로이 죽은 자의 신주를 종묘에 안치하고 종묘에 있던 대수가 먼 조상의 신주는 체천되어 조묘(祧廟)[1]에 안치하며, 이를 계기로 성대한 제사를 지내서 소목의 순서를 살피는 것을 체제사라고

---

1) 조묘(祧廟)는 천묘(遷廟)와 같은 뜻이다. '천묘'는 대수(代數)가 다한 신주(神主)를 모시는 묘(廟)를 뜻한다. 예를 들어 天子의 경우, 7개의 묘(廟)를 설치하는데, 가운데의 묘에는 시조(始祖) 혹은 태조(太祖)의 신주(神主)를 모시며, 이곳의 신주는 다른 곳으로 옮기지 않는 불천위(不遷位)에 해당한다. 그리고 좌우에는 각각 3개의 묘(廟)를 설치하여, 소목(昭穆)의 순서에 따라 6대(代)의 신주를 모신다. 현재의 천자가 죽게 되어, 그의 신주를 묘에 모실 때에는 소목의 순서에 따라 가장 끝 부분에 있는 묘로 신주가 들어가게 된다. 만약 소(昭) 계열의 가장 끝 묘에 새로운 신주가 들어서게 되면, 밀려나게 된 신주는 바로 위의 소 계열 묘로 들어가게 되고, 최종적으로 밀려나서 더 이상 갈 곳이 없는 신주는 '천묘'로 들어가게 된다. 또한 '천묘'는 위에서 서술한 것처럼 신구(新舊)의 신주가 옮겨지게 되는 의식 자체를 지칭하기도 하며, '천묘'된 신주 자체를 가리키기도 한다. 주(周)나라 때에는 문왕(文王)과 무왕(武王)의 묘를 '천묘'로 사용하였다.

부른다. 장공에 대한 복상기간이 아직 끝나지 않았는데, 당시 별도로 장공
의 묘를 세우고 묘가 완성되자 길제를 지냈으며, 또한 태묘에서 시행하지
도 않았기 때문에 상세히 기록하여 비판의 뜻을 드러낸 것이다.

孔疏 ◎注“三年”至“示譏”. ○正義曰: 僖三十三年傳曰: “凡君薨, 卒哭而
祔, 祔而作主, 特祀於主, 烝·嘗·禘於廟.” 禘祀爲吉祭, 說喪事而言禘, 知禘
是喪終而吉祭也. 襄十五年晉悼公卒, 十六年傳稱晉人答穆叔云“以寡君之未
禘祀”, 知三年喪畢, 乃爲禘也. 喪畢而爲禘祭, 知致新死之主於廟也. 新主入
廟, 則遠主當遷. 知其遷入祧者, 祭法云: “天子七廟, 有二祧”, 則祧是遠祖廟
也. 周禮: “守祧掌守先王先公之廟祧, 其遺衣服藏焉.” 廟之遠主, 其廟旣遷,
主無所處, 固當遷入祧. 鄭玄以二祧爲文王·武王之廟, 遷主入廟, 當各從
其班, 穆入文祧, 昭入武祧. 禮, 諸侯五廟, 更無別祧, 則當謂太祖之廟爲祧也.
遠主初始入祧, 新死之主又當與先君相接, 故禮因是而爲大祭, 以審序昭穆,
故謂之禘. 禘者, 諦也, 言使昭穆之次審諦而不亂也. 莊公以其三十二年八月
薨, 至此年五月唯二十二月, 故喪制未闋也. 公羊傳曰: “其言于莊公何? 未可
以稱宮廟也. 曷爲未可以稱宮廟? 在三年之中矣.” 三年之中, 未得以禮遷廟,
而特云“莊公”, 知爲莊公別立廟, 廟成而吉祭也. 僖八年禘于大廟, 文二年大
事于大廟, 宣八年有事于大廟, 彼言“大事”·“有事”, 亦禘祭也. 則禘禮必于
大廟, 今未可以吉祭, 而爲吉祭, 又不于大廟, 故詳書以示譏也. 旣云“吉禘”,
又云“于莊公”, 是其詳也.

번역 ◎杜注: “三年”~“示譏”. ○희공 33년에 대한 전문에서는 “군주가
죽으면 졸곡(卒哭)을 하고서 부제(祔祭)를 지내고 부제를 지내며 신주를
만들어 그 신주에게만 제사를 지내고, 증(烝)·상(嘗) 등의 계절별 정규 제
사와 체(禘)제사와 같은 성대한 제사는 종묘에서 함께 지낸다.”[2]라고 했다.
체제사는 길제(吉祭)에 해당하는데, 상사를 언급하며 ‘체(禘)’를 기록했으
니, 체제사가 상사가 끝나 길제로 지낸 제사에 해당함을 알 수 있다. 양공

---

2) 『춘추좌씨전』「희공(僖公) 33년」: 凡君薨, 卒哭而祔, 祔而作主, 特祀於主,
烝·嘗·禘於廟.

15년에 진나라 도공이 죽었고,[3) 16년의 전문에서는 진나라에서 목숙에게 답하며 "우리 군주께서는 아직 체제사를 지내지 못하셨다."[4)라고 했으니, 삼년상이 끝난 뒤에야 체제사를 지내게 됨을 알 수 있다. 상사가 끝나면 체제사를 지내니 새로이 죽은 자의 신주를 종묘에 안치한다는 사실을 알 수 있다. 새로이 죽은 자의 신주가 종묘로 들어가게 되면 대수가 먼 조상의 신주는 체천하게 된다. 체천되어 조묘(祧廟)로 들어가게 된다는 사실을 알 수 있는 이유는 『예기』「제법(祭法)」편에서 "천자는 7개의 묘를 세우고 2개의 조묘를 둔다."[5)라고 했으니, 조묘는 바로 대수가 멀어진 조상들의 묘가 된다. 『주례』에서는 "수조는 선왕과 선공의 조묘를 담당하고, 남겨진 의복을 보관한다."[6)라고 했다. 묘(廟) 중에서 대수가 먼 조상의 신주가 체천이 되었을 때, 신주는 머물 곳이 없게 되므로 조묘로 체천시켜야만 한다. 정현은 2개의 조묘를 문왕과 무왕의 묘라고 여기고 체천된 신주는 이곳으로 들어가게 되며, 마땅히 각각의 반열에 따라서 소목(昭穆) 중 목에 해당하는 신주는 문왕의 조묘에 들어가고 소에 해당하는 신주는 무왕의 조묘에 들어간다고 했다. 예법에 따르면 제후는 5개의 묘를 세우고 별도로 조묘를 두지 않으니, 마땅히 태조의 묘를 조묘(祧廟)로 삼는다고 해야 한다. 대수가 멀어진 조상의 신주는 애초에는 조묘로 들어가게 되고, 새로이 죽은 자의 신주는 마땅히 선군과 서로 대면하게 되므로 예법에서는 이를 계기로 성대한 제사를 지내고, 이를 통해 소목의 질서를 살피는 것이다. 그렇기 때문에 '체(禘)'라고 부른다. '체(禘)'자는 "살핀다[諦]."는 뜻이니, 소목의 질서를 상세히 살펴서 문란하게 만들지 않는다는 의미이다. 장공은 장공 32년 8월에 죽었으니, 민공 2년 5월에 이르게 되면 22개월이 지난 것이다. 그렇기 때문에 복상기간이 아직 끝나지 않은 것이다. 『공양전』에서는 "장공에 대해 말

---

3) 『춘추』「양공(襄公) 15년」: 冬, 十有一月, 癸亥, 晉侯周卒.

4) 『춘추좌씨전』「양공(襄公) 16년」: 冬, 穆叔如晉聘, 且言齊故. 晉人曰, "以寡君之未禘祀, 與民之未息, 不然, 不敢忘."

5) 『예기』「제법(祭法)」【549a】: 是故王立七廟, 一壇一墠, 曰考廟, 曰王考廟, 曰皇考廟, 曰顯考廟, 曰祖考廟, 皆月祭之; 遠廟爲祧, 有二祧, 享嘗乃止; 去祧爲壇, 去壇爲墠, 壇墠有禱焉祭之, 無禱乃止; 去墠曰鬼.

6) 『주례』「춘관(春官)・수조(守祧)」: 守祧掌守先王先公之廟祧, 其遺衣服藏焉.

한 것은 어째서인가? 아직 궁묘(宮廟)를 칭할 수 없기 때문이다. 어찌하여
아직까지 궁묘를 지칭할 수 없는가? 삼년상 중에 있기 때문이다."라고 했
다. 삼년상 중에 있으면 예법에 따라 묘를 체천시킬 수 없는데, 특별히 '장
공(莊公)'이라고 말했으니, 장공을 위해 별도로 묘를 세웠고, 묘가 완성되자
길제를 지냈다는 사실을 알 수 있다. 희공 8년에는 태묘에서 체제사를 지냈
고,7) 문공 2년에는 태묘에서 성대한 제사를 지냈으며,8) 선공 8년에는 태묘
에서 제사를 지냈다고 하여,9) '대사(大事)'나 '유사(有事)'라고 기록했는데,
이 또한 체제사를 의미한다. 따라서 체제사의 예법은 반드시 태묘에서 지
내게 되어 있는데, 현재 아직까지 길제를 지낼 수 없음에도 길제를 지냈고,
또 태묘에서 지내지도 않았기 때문에, 그 일을 상세히 기록하여 비판의 뜻
을 드러낸 것이다. 이미 '길체(吉禘)'라고 말했는데 재차 '장공에게[于莊公]'
라고 했으니, 이것이 상세히 기록한 부분이다.

范注 三年喪畢, 致新死者之主於廟, 廟之遠主, 當遷入大祖之廟, 因是大
祭, 以審昭穆, 謂之禘. 莊公喪制未闋, 時別立廟, 廟成而吉祭, 又不於大廟, 故
詳書以示譏.

번역 삼년상을 마치고서 새로이 죽은 자의 신주를 종묘에 안치하고 종
묘에 있던 대수가 먼 조상의 신주는 체천되어 태조의 묘에 안치하며, 이를
계기로 성대한 제사를 지내서 소목의 순서를 살피는 것을 체제사라고 부른
다. 장공에 대한 복상기간이 아직 끝나지 않았는데, 당시 별도로 장공의
묘를 세우고 묘가 완성되자 길제를 지냈으며, 또한 태묘에서 시행하지도
않았기 때문에, 상세히 기록하여 비판의 뜻을 드러낸 것이다.

楊疏 ◎注"三年"至"示譏". ○釋曰: 言"禘於莊公", 卽是莊公立宮. 而不稱
宮者, 莊公廟雖立訖, 而公服未除, 至此始二十二月, 未滿三年, 故不得稱宮

---

7) 『춘추』「희공(僖公) 8년」: 秋, 七月, 禘于大廟, 用致夫人.
8) 『춘추』「문공(文公) 2년」: 八月, 丁卯, 大事于大廟, 躋僖公.
9) 『춘추』「선공(宣公) 8년」: 辛巳, 有事于大廟, 仲遂卒于垂.

也. 此喪服未終, 擧吉以非之. 文二年, 亦喪服未終, 而"大事于大廟", 不言吉者, 其譏已明, 故不復云吉. 言"大事"者, 秋祫而物成, 其祀大, 故傳云"大是事也, 著祫嘗", 是也. 凡祭祀之禮, 書者皆譏, 故范略例云: "祭祀例有九, 皆書月以示譏." 九者, 謂桓有二烝一嘗, 總三也; 閔吉禘, 四也; 僖禘大廟, 五也; 文著祫嘗, 六也; 宣公有事, 七也; 昭公禘武宮, 八也; 定公從祀, 九也. 知禘是三年喪畢之祭者, 此莊公薨未二十二月, 仍書吉以譏之, 明三年喪畢, 方得爲也. 知必於大廟者, 明堂位曰"季夏六月以禘禮祀周公於大廟", 是也. 其禘祀之月, 王肅・杜預之徒皆以二十五月除喪, 卽得行禘祭. 鄭玄則以二十八月始服吉嘗, 卽祫於大廟, 明年春始禘於群廟. 今范云三年喪畢, 禘於大廟, 必不得與鄭明年春禘於群廟同. 其除喪之月, 或與鄭合. 故何休注公羊, 亦以除喪在二十七月之後也. 方者, 未至之辭, 此實二十二月而云方者, 莊公以三十二年八月薨, 至此年五月始滿二十一月, 未盡其月, 爲禘祭, 故言方. 或可譏其大速, 以甚言之, 故云方也.

번역 ◎范注: "三年"~"示譏". ○"장공에게 체제사를 지냈다."라고 했으니, 장공에 대한 묘(廟)를 세운 것이다. 그런데도 '궁(宮)'자를 붙여서 기록하지 않은 것은 장공의 묘가 비록 완성되었지만, 장공에 대한 복상기간이 아직 끝나지 않았으니, 이 시점까지 겨우 22개월째가 되어 아직 삼년상의 기간을 채우지 못한 것이다. 그렇기 때문에 '궁(宮)'자를 붙여서 부를 수 없었다. 여기에서는 복상기간이 아직 끝나지 않았기 때문에 '길(吉)'자를 제시하여 비판한 것이다. 그런데 문공 2년에는 복상기간이 아직 끝나지 않았음에도 "태묘에서 성대한 제사를 지냈다."라고 하여 '길(吉)'자를 기록하지 않았는데, 비판의 뜻이 이미 드러났기 때문에 재차 '길(吉)'이라고 기록하지 않은 것이다. '대사(大事)'라고 말했는데, 가을의 협(祫)제사10)는 만물이 모두 무르익어, 그 제사의 규모가 성대하다. 그렇기 때문에 전문에서는

---

10) 협제(祫祭)는 협(祫)이라고도 부른다. 신주(神主)들을 태조(太祖)의 묘(廟)에 모두 모셔놓고 지내는 제사이다. 『춘추공양전』「문공(文公) 2년」에 "八月, 丁卯, 大事于大廟, 躋僖公, 大事者何. 大祫也. 大祫者何. 合祭也, 其合祭奈何. 毁廟之主, 陳于大祖."라는 기록이 있다.

"그 제사를 성대하게 치른 것이니, 상(嘗)제사를 협제사로 지냈음을 드러낸
다."11)라고 한 것이다. 제사의 예법에 있어서 그것을 기록한 것은 모두 비판
의 뜻으로 한 것이다. 그렇기 때문에 범녕의 『약례』에서는 "제사를 열거하
는 예시에는 9가지가 있는데, 모두 그 달을 기록하여 비판의 뜻을 드러낸
다."라고 했다. 9가지라고 했는데, 환공 때 2번의 증(烝)제사12)와 1번의 상
(嘗)제사13)의 기록이 있으니, 총 3번 나온 것이다. 민공 때 길체(吉禘)를
지냈다고 하니 네 번째 기록이다. 희공 때 태묘에서 체제사를 지냈다고 하
니 다섯 번째 기록이다. 문공 때 상제사를 협제사로 지냈음을 드러냈다고
하니 여섯 번째 기록이다. 선공 때 제사를 지냈다고 하니 일곱 번째 기록이
다. 소공 때 무궁에서 체제사를 지냈다고 하니14) 여덟 번째 기록이다. 정공
때 제사를 지냈다고 하니15) 아홉 번째 기록이다. 체제사가 삼년상을 마치고
지내는 제사임을 알 수 있는 이유는 장공이 죽은 뒤 아직 22개월도 다 채우
지 않았는데, 길(吉)자를 기록하여 비판을 했으니, 이것은 삼년상을 마친
뒤에야 제사를 지낼 수 있음을 드러내기 때문이다. 반드시 태묘에서 지내야
함을 알 수 있는 이유는 『예기』「명당위(明堂位)」편에서는 "계하(季夏)인
6월에, 체제사의 예법으로써 태묘에서 주공에 대한 제사를 지냈다."16)라고
했기 때문이다. 체제사를 지내는 달에 대해서 왕숙과 두예를 추종하는 무리
들은 모두 25개월이 지나 상복을 제거한 뒤에야 체제사를 지낼 수 있다고
했다. 정현은 28개월이 되어야 비로소 길한 복장을 착용하여 상(嘗)제사를
지낸다고 했으니, 곧 태묘에서 협제사를 지내는 것이며, 그 다음해 봄이

---

11) 『춘추곡량전』「문공(文公) 2년」 : 八月, 丁卯, 大事于大廟, 躋僖公. 大事者何,
大是事也, 著祫嘗. 祫祭者, 毀廟之主, 陳于大祖, 未毀廟之主, 皆升合祭于大祖,
躋, 升也, 先親而後祖也, 逆祀也, 逆祀, 則是無昭穆也, 無昭穆, 則是無祖也, 無
祖, 則無天也, 故曰文無天, 無天者, 是天而行也, 君子不以親親害尊尊, 此春
秋之義也.
12) 『춘추』「환공(桓公) 8년」 : 八年, 春, 正月, 己卯, 烝. / 『춘추』「환공(桓公) 8년」
: 夏, 五月, 丁丑, 烝.
13) 『춘추』「환공(桓公) 14년」 : 乙亥, 嘗.
14) 『춘추』「소공(昭公) 15년」 : 二月, 癸酉, 有事于武宮.
15) 『춘추』「정공(定公) 8년」 : 從祀先公.
16) 『예기』「명당위(明堂位)」【400a】 : 季夏六月, 以禘禮祀周公於大廟, 牲用白牡.

되어야 비로소 뭇 묘들에 대해서 체제사를 지낸다고 했다. 현재 범녕은 삼년상을 마치고서 태묘에서 체제사를 지낸다고 했으니, 분명 정현처럼 그 다음해 봄에 뭇 묘들에 대해 체제사를 지낸다고 한 주장과는 다른 것이다. 상복을 제거하는 달에 대해서는 아마도 정현의 의견과 부합하는 것 같다. 그렇기 때문에『공양전』에 대한 하휴의 주에서도 상복을 제거하는 시기를 27개월 이후로 보았던 것이다. '방(方)'자는 아직 이르지 않았다는 말인데, 이곳에서 말하는 시기는 실제로 22개월째가 되는데도 '방(方)'이라고 말했다. 그 이유는 장공은 장공 32년 8월에 죽었으므로, 민공 2년 5월까지 셈하면 겨우 21개월을 채우며, 아직 그 달을 넘기지 않았는데 체제사를 지냈기 때문에 '방(方)'이라고 말한 것이다. 아마도 매우 조급하게 지낸 것을 비판할 수 있었기 때문에 심한 표현을 하여 '방(方)'이라고 말한 것 같다.

左氏傳 夏, 吉禘于莊公, 速也.

번역 여름 장공에게 길제인 체제사를 지낸 것은 매우 조급한 것이다.

公羊傳 其言吉何?

번역 길(吉)이라고 말한 것은 어째서인가?

何注 據禘于大廟不言吉.

번역 태묘에서 체제사를 지낼 때에는 길(吉)이라고 언급하지 않았음을 근거로 들고 있다.

徐疏 ◎注"據禘"至"言吉". ○解云: 卽僖八年"七月, 禘于大廟, 用致夫人", 是也.

번역 ◎何注: "據禘"~"言吉". ○희공 8년에 "7월 태묘에서 체제사를 지내며 부인을 들여 모셨다."라고 한 말이 그 증거이다.

公羊傳 言吉者, 未可以吉也.

번역 '길(吉)'이라고 말한 것은 아직은 길제로 치르지 못함을 뜻한다.

何注 都未可以吉祭. 經舉重, 不書禘于大廟, 嫌獨莊公不當禘, 于大廟可禘者, 故加吉, 明大廟皆不當.

번역 모두 아직까지 길제를 지낼 수 없다. 경문에서는 중요한 것을 제시하는데, 태묘에서 체제사를 지냈다고 기록하지 않은 것은 장공의 묘에서만 체제사를 지내서는 안 되고, 태묘에서는 체제사를 지내도 괜찮다는 오해를 사게 될까 염려되어 '길(吉)'자를 덧붙였으니, 태묘에서도 지낼 수 없음을 드러낸다.

徐疏 ◎注"都未可以吉祭". ○解云: 在三年之內, 莊公及始祖之廟, 皆未可以吉祭, 故言都爾.

번역 ◎何注: "都未可以吉祭". ○삼년상 기간 동안에는 장공 및 시조의 묘에서 모두 길제를 지낼 수 없기 때문에 '모두[都]'라고 말한 것일 뿐이다.

徐疏 ◎注"經舉重不書". ○解云: 春秋之義, 常事不書, 有善惡者, 乃始錄而美刺之. 今旣已舉重, 特書于莊公, 不書于大廟, 則嫌莊公一廟獨不當禘, 大廟便可禘矣. 然莊公卑于始祖, 而言舉重者, 言三年之內作吉祭之時, 莊公最不宜吉, 故言舉重, 不謂莊公尊于始祖也.

번역 ◎何注: "經舉重不書". ○춘추의 대의에 따르면 일반적인 일들을 기록하지 않는데, 선악을 판가름할 것이 있어야만 비로소 기록하여 찬미하거나 비판한다. 현재 이미 중대한 사실을 제시하였고, 특별히 장공(莊公)에게 지냈다고 기록하고 태묘에서 지냈다고 기록하지 않았으니, 장공의 묘에서만 체제사를 지낼 수 없고, 태묘에서는 체제사를 지내도 괜찮다는 오해를 하게 될까봐 염려했기 때문이다. 장공은 시조보다 미천한데도 중요한 것을 제시한다고 말한 것은 3년이라는 기한 내에 길제를 치른 시기에 있어서 장공에게 있어서는 가장 길해서는 안 된다. 그렇기 때문에 중요한 것을 제시했다고 말한 것이니, 장공이 시조보다 존귀하다는 뜻이 아니다.

公羊傳 曷爲未可以吉?

번역 어찌하여 아직 길제를 치르지 못하는가?

何注 據三年也.

번역 3년이라는 기한을 근거로 한 말이다.

徐疏 ◎注"據三年也". ○解云: 莊三十二年八月公薨, 至今年五月, 已入三年之竟, 故言據三年也.

번역 ◎何注: "據三年也". ○장공 32년 8월에 장공이 죽었으니, 민공 2년 5월에 이르게 되면 이미 3년이라는 기한에 포함된다. 그렇기 때문에 3년이라는 기한을 근거로 한 말이라고 했다.

公羊傳 未三年也.

번역 아직 3년을 채우지 않았기 때문이다.

何注 禮, 禘祫從先君數, 朝聘從今君數, 三年喪畢, 遭禘則禘, 遭祫則祫.

번역 예법에 따르면 체제사와 협제사는 선대 군주의 죽은 시기를 따르게 되어 있고, 조빙(朝聘)[17] 등은 현재 군주의 나이를 따르게 되어 있는데,

---

17) 조빙(朝聘)은 본래 제후가 주기적으로 천자를 찾아뵙는 것을 뜻한다. 고대에는 제후가 천자에 대해서 매년 1번씩 소빙(小聘)을 했고, 3년에 1번씩 대빙(大聘)을 했으며, 5년에 1번씩 조(朝)를 했다. '소빙'은 제후가 직접 찾아가지

삼년상을 끝낸 상태에서 체제사를 지내야 할 때가 되면 체제사를 지내는 것이고, 협제사를 지내야 할 때가 되면 협제사를 지내는 것이다.

徐疏 ●"未三年也". ○解云: 謂未滿二十五月也.

번역 ●傳文: "未三年也". ○아직 25개월을 채우지 못했다는 뜻이다.

徐疏 ◎注"禮, 禘祫從先君數". ○解云: 謂爲禘祫之祭, 合從先君死時日月而數之, 若滿三年已後, 遭禘則禘, 遭祫卽祫耳.

번역 ◎何注: "禮, 禘祫從先君數". ○체제사와 협제사를 지낼 때에는 선대 군주가 죽은 시기로부터 셈을 한다는 뜻이니, 만약 3년이라는 기한을 이미 채운 이후라면, 체제사를 지내야 할 시기가 되었을 때 체제사를 지내고 협제사를 지내야 할 시기가 되었을 때 협제사를 지낼 따름이다.

徐疏 ◎注"朝聘從今君數". ○解云: 謂從今君卽位以後, 數其年歲, 制爲朝聘之數.

번역 ◎何注: "朝聘從今君數". ○현재 군주가 즉위한 이후 그 나이를 따져서 조빙의 기한을 정한다는 의미이다.

公羊傳 三年矣, 曷爲謂之未三年? 三年之喪, 實以二十五月.

않았고, 대부(大夫)를 대신 파견하였으며, '대빙' 때에는 경(卿)을 파견하였다. '조'에서만 제후가 직접 찾아갔는데, 이것을 합쳐서 '조빙'이라고 부른다. 춘추시대(春秋時代) 때에는 진(晉)나라 문공(文公)과 같은 패주(霸主)에게 '조빙'을 하기도 하였다. 『예기』「왕제(王制)」편에는 "諸侯之於天子也, 比年一小聘, 三年一大聘, 五年一朝."라는 기록이 있고, 이에 대한 정현의 주에서는 "比年, 每歲也. 小聘, 使大夫, 大聘, 使卿, 朝, 則君自行. 然此大聘與朝, 晉文霸時所制也."라고 풀이했다. 후대에는 서로 찾아가서 만나보는 것을 '조빙'이라고 범칭하기도 했다.

번역 3년이 되었는데 어찌하여 아직 3년을 채우지 못했다고 하는가? 삼 년상은 실제로는 25개월의 기간이기 때문이다.

何注 時莊公薨至是適二十二月, 所以必二十五月者, 取期再期, 恩倍, 漸 三年也. 孔子曰: “子生三年, 然後免于父母之懷. 夫三年之喪, 天下之通喪.” 禮・士虞記曰: “期而小祥, 曰薦此常事. 又期而大祥, 曰薦此常事. 中月而禫, 是月也, 吉祭尤未配.” 是月者, 二十七月也. 傳言二十五月者, 在二十五月外 可不譏.

번역 장공이 죽었을 때로부터 지금의 시점까지는 22개월이 되는데, 반 드시 25개월을 채워야 하는 이유는 2주기가 되었을 때에는 은정이 배가 되고 3년에 가깝게 됨에 따른 것이다. 공자는 “자식이 태어나면 3년이 지난 뒤에야 부모의 품에서 벗어난다. 삼년상은 천하의 통용되는 상례이다.”라 고 했다. 또『의례』「사우례(士虞禮)」편의 기문에서는 “1주기가 지난 뒤에 소상(小祥)을 지내며 이러한 정규 제사를 지낸다고 말한다. 재차 1주기가 되면 대상(大祥)을 지내며 이러한 정규 제사를 지낸다고 말한다. 한 달의 간격을 두고 담제(禫祭)를 지내는데, 그 달에 길제를 지내지만 아직까지는 배향하지 않는다.”[18]라고 했다. 그 달이라는 것은 27개월째를 뜻한다. 전문 에서 25개월이라고 말한 것은 25개월을 넘긴다는 의미이니 비판할 것이 못 된다.

徐疏 ◎注“所以”至“三年也”. ○解云: 二十五月, 是再期矣, 故曰取期再期 矣. 父母之喪, 倍於期者之恩, 正當其禮數, 故曰其恩倍矣. 言漸三年也者, 謂 二十五月漸得三年之竟, 故云漸三年也. 義如得漸二君之遺敎.

번역 ◎何注: “所以”~“三年也”. ○25개월은 2주기가 되는 시기이다. 그 렇기 때문에 2주기가 되었을 때를 따른다고 했다. 부모의 상은 기년상에

---

18)『의례』「사우례(士虞禮)」: 朞而小祥, 曰, “薦此常事.” 又朞而大祥, 曰, “薦此祥 事.” 中月而禫. 是月也吉祭, 猶未配.

나타난 은정보다 배가 되니 그 예법에 합당하게 해야 한다. 그렇기 때문에
그 은정이 배가 된다고 했다. 3년에 가깝게 된다고 말한 것은 25개월은 3년
이라는 기한에 가까워진다는 뜻이다. 그렇기 때문에 3년에 가깝게 된다고
말했다. 두 군주의 유지와 가르침에 가까워질 수 있다는 의미이다.

徐疏 ◎注“禮士”至“常事”. ○解云: 彼注云“小祥, 祭名. 祥, 吉也”, “古文
期皆作朞”; “常者, 期而祭禮. 古文常爲祥”.

번역 ◎何注: “禮士”~“常事”. ○「사우례」편에 대한 주에서는 “‘소상(小
祥)’은 제사 이름이다. ‘상(祥)’자는 길하다는 뜻이다.”라고 했고, “고문에서
기(期)자는 모두 기(朞)자로 기록한다.”라고 했으며, “상(常)이라는 것은 1
년이 되어 제례를 시행한다는 뜻이다. 고문에서 상(常)자는 상(祥)이 된다.”
라고 했다.

徐疏 ◎注“又期”至“祥事”. ○解云: 亦彼文.

번역 ◎何注: “又期”~“祥事”. ○이 또한 「사우례」편의 기록이다.

徐疏 ◎注“中月而禫, 是月也, 吉祭尤未配”者. ○解云: 亦彼文. 彼注云“中,
尤間也. 禫, 祭名也. 與大祥間一月, 自喪至此凡二十七月. 禫之爲言澹澹然平
安意也”, “是月, 是禫月. 當四時之祭月則祭, 尤未以某妃配某氏, 哀未忘也”.

번역 ◎何注: “中月而禫, 是月也, 吉祭尤未配”. ○이 또한 「사우례」편의
기록이다. 「사우례」편의 주에서는 “중(中)은 간극을 둔다는 뜻이다. ‘담
(禫)’자는 제사 이름이다. 대상과 1달의 간극을 두니 상이 발생한 시점부터
현재에 이르게 되면 27개월이 된다. 담(禫)자는 차분해져 평안하다는 의미
이다.”라고 했고, “시월(是月)은 담제사를 지내는 달이다. 그 시기가 사계절
마다 정규적으로 제사를 지내야 하는 달에 해당한다면 제사를 지내지만
아직까지 아무개 비를 아무개에게 배향하지 않으니, 슬픔을 완전히 잊지

못했기 때문이다."라고 했다.

公羊傳 其言于莊公何?

번역 장공에게 지낸다고 말한 것은 어째서인가?

何注 據禘于大廟不言周公, 祫僖公不言僖宮.

번역 태묘에서 체제사를 지낼 때 '주공(周公)'이라 말하지 않았고, 희공에게 협제사를 지낼 때 '희궁(僖宮)'이라 말하지 않은 것에 근거한 말이다.

徐疏 ◎注"據禘"至"周公". ○解云: 卽僖八年"秋, 七月, 禘于大廟, 用致夫人", 是也.

번역 ◎何注: "據禘"~"周公". ○희공 8년 기록에서 "가을 7월 태묘에서 체제사를 지내며 부인을 들여 모셨다."라고 한 말에 해당한다.

徐疏 ◎注"祫僖"至"僖宮". ○解云: 祫僖公不言僖宮, 定八年"從祀先公", 傳云"從祀者何? 順祀也. 文公逆祀, 去者三人. 定公順祀, 叛者五人", 彼注云 "諫不以禮而去曰叛", 云"不書禘者, 後祫亦順, 非獨禘也". "不言僖公者, 閔公亦得其順", 是其祫僖公不言僖公者, 卽文二年"八月, 丁卯, 大事于大廟, 躋僖公", 傳云"大事者何? 大祫也"者, 是也.

번역 ◎何注: "祫僖"~"僖宮". ○희공에게 협제사를 지낼 때에는 '희궁(僖宮)'이라고 말하지 않았다고 했는데, 정공 8년에는 "선공에게 제사를 지냈다."라고 했고, 전문에서는 "종사(從祀)는 무엇인가? 소목의 순서에 따라 제사를 지낸다는 뜻이다. 문공은 순서를 거슬러 제사를 지냈는데 떠난 자가 3명이었다. 정공은 순서에 따라 제사를 지냈는데 위배하여 떠난 자가 5명이었다."라고 했고, 그 주에서는 "예법에 따라 간언을 하지 않고 떠난 것을 반(叛)이라고 부른다."라고 했고, "체제사라고 기록하지 않은 것은 이후에 지낸 협제사 또한 순서에 따랐으므로, 체제사만 그렇게 지낸 것이 아니기 때문이다."라고 했다. 또 "희공이라고 말하지 않은 것은 민공 또한 그 순서에 따를 수 있었기 때문이다."라고 했는데, 이곳에서 희공에게 협제사를 지내면서 희공이라고 말하지 않았다고 한 것은 문공 2년에 "8월 정묘일에 태묘에서 성대한 제사를 지내며 희공의 순서를 올렸다."라고 했고, 전문에서 "대사(大事)란 무엇인가? 성대한 협제사를 뜻한다."라고 했던 말에 해당한다.

公羊傳 未可以稱宮廟也.

번역 아직까지 궁묘(宮廟)라고 지칭할 수 없기 때문이다.

何注 時閔公以莊公在三年之中, 未可入大廟, 禘之于新宮, 故不稱宮廟, 明皆非也.

번역 당시 민공은 장공에 대한 삼년상을 치르고 있었으므로, 아직까지 태묘로 신주를 합사할 수 없어 새로 지은 묘에서 체제사를 지냈기 때문에 궁묘를 지칭할 수 없었으니, 이 모두가 잘못된 것임을 나타낸다.

公羊傳 曷爲未可以稱宮廟?

번역 어찌하여 아직까지 궁묘로 지칭할 수 없는가?

何注 據言禘也.

번역 체제사라고 말한 것에 근거한 말이다.

徐疏 ◎注"據言禘也". ○解云: 正以禘是吉祭之稱, 旣得言禘, 何故不得稱宮廟? 故難之.

번역 ◎何注: “據言禘也”. ○체제사라는 것은 길제의 칭호인데, 이미 체제사라고 언급했음에도 어떠한 이유로 궁묘를 지칭할 수 없느냐는 뜻이다. 그러므로 의문을 품은 것이다.

公羊傳 在三年之中矣.

번역 삼년상의 기간 중에 있기 때문이다.

何注 當思慕悲哀, 未可以鬼神事之.

번역 사모하고 비통한 마음에 아직까지 귀신의 도리로 섬길 수 없다.

徐疏 ◎注“未可以鬼神事之”. ○解云: 正言以宮廟者, 鬼神居之之稱故也.

번역 ◎何注: “未可以鬼神事之”. ○궁묘를 말하는 것은 귀신이 그곳에 거처한다는 칭호가 되기 때문이다.

公羊傳 吉禘于莊公何以書? 譏. 何譏爾? 譏始不三年也.

번역 장공에게 길제인 체제사를 지냈다고 기록한 것은 어째서인가? 비판하는 뜻이다. 어떤 것을 비판한 것인가? 삼년상을 치르지 않는 발단이 된 것을 비판한 것이다.

何注 與託始同義.

번역 ‘시(始)’라는 말은 탁시(託始)라는 말과 같은 뜻이다.

徐疏 ◎注“與託始同義”. ○解云: 按隱二年“九月, 紀履緰來逆女. 外逆女不書, 此何以書? 譏. 何譏爾? 譏始不親迎也. 始不親迎昉於此乎? 前此矣. 前此則曷爲始乎此? 託始焉爾. 曷爲託始焉爾? 春秋之始也”. 然則此亦宜云始不三年昉於此乎? 前此矣. 前此則曷爲始乎此? 託始焉爾. 曷爲託始焉爾? 春秋之始也, 故云與託始同義矣. 而傳不言託始, 盡省文, 從可知也.

번역 ◎何注: "與託始同義". ○은공 2년 기록을 살펴보면, "9월 기나라 이요가 와서 여자를 맞이하였다. 타국에서 여자를 맞이하는 일은 기록하지 않는데, 이곳에서는 어찌하여 기록했는가? 비판했기 때문이다. 무엇을 비판했는가? 친영(親迎)19)을 하지 않는 발단이 된 것을 비판한 것이다. 친영을 하지 않는 발단이 여기에서 시작되었는가? 이보다 앞서도 있었다. 이보다 앞서도 있었는데 어찌하여 여기에서 시작되었다고 하는가? 의탁하여 시작되었기 때문이다. 어찌하여 의탁해서 시작되었다고 하는가? 『춘추』에서의 발단이 되기 때문이다."라고 했다. 그렇다면 이곳에서도 마땅히 다음과 같이 말해야 하니, 삼년상을 치르지 않는 시초가 여기에서 시작되었는가? 이보다 앞서도 있었다. 이보다 앞서도 있었는데 어찌하여 여기에서 시작되었다고 하는가? 의탁하여 시작되었기 때문이다. 어찌하여 의탁해서 시작되었다고 하는가? 『춘추』에서의 발단이 되기 때문이다. 그렇기 때문에 '탁시(託始)'와 같은 뜻이라고 했다. 그런데 전문에서 탁시라고 말하지 않은 것은 문장을 생략해서 기록한 것으로, 이러한 사례를 통해 이 또한 동일한 경우임을 알 수 있다.

穀梁傳 吉禘者, 不吉者也. 喪事未畢而擧吉祭, 故非之也.

번역 '길체(吉禘)'라는 것은 길하지 않다는 뜻이다. 상사가 아직 끝나지 않았는데, 길제를 시행했기 때문에 비판한 것이다.

范注 莊公薨, 至此方二十二月, 喪未畢.

번역 장공이 죽은 후 이 시점까지는 이제 막 22개월이 된 것이니 상사가

---

19) 친영(親迎)은 혼례(婚禮)에서 시행하는 여섯 가지 예식(禮式) 중 하나이다. 사위될 자가 여자 집에 가서 혼례를 치르고, 자신의 집으로 데려오는 예식을 뜻한다.

아직 끝나지 않았다.

참고 『춘추』문공(文公) 2년 기록

경문 公子遂如齊納幣.

번역 공자 수가 제나라로 가서 납폐(納幣)20)를 하였다.

杜注 傳曰: "禮也." 僖公喪終此年十一月, 則納幣在十二月也. 士昏六禮, 其一納采, 納徵始有"玄纁束帛", 諸侯則謂之納幣. 其禮與士禮不同, 蓋公爲太子時已行昏禮也.

번역 전문에서는 "예법에 맞다."라고 했다. 희공의 상은 문공 2년 11월에 끝나니, 납폐는 12월에 시행한 것이다. 『의례』「사혼례(士昏禮)」편에 나온 육례(六禮)21) 중 첫 번째는 납채(納采)이고, 납징(納徵)을 하게 되면 비로소 검은색과 분홍색의 속백(束帛)22)을 보낸다는 기록이 나오는데, 제후

---

20) 납징(納徵)은 납폐(納幣)라고도 부른다. 혼인과 관련된 육례(六禮) 중 하나이다. 혼인 약속을 증명하기 위해, 여자 집안에 폐백을 보내는 일을 뜻한다.

21) 육례(六禮)는 혼인 과정 중에 시행되는 여섯 종류의 의례 절차를 뜻한다. 청원을 하며 여자 집안에 예물을 보내는 납채(納采), 여자의 이름 및 출생일 등에 대해서 묻는 문명(問名), 혼인이 어떠한가를 종묘(宗廟)에서 점을 치고, 길(吉)한 징조를 얻게 되면, 여자 집안에 알리는 납길(納吉), 혼인 약속을 증명하기 위해 여자 집안에 폐백을 보내는 납징(納徵: =納幣), 결혼날짜를 정하여 여자 집안에 가부(可否)를 묻는 청기(請期), 남자가 여자 집안에 가서 아내를 맞이하는 친영(親迎)을 가리킨다.

22) 속백(束帛)은 한 묶음의 비단으로, 그 수량은 다섯 필(匹)이 된다. 빙문(聘問)을 하거나 증여를 할 때 가져가는 예물(禮物) 등으로 사용되었다. '속(束)'은 10단(端)을 뜻하는데, 1단의 길이는 1장(丈) 8척(尺)이 되며, 2단이 합쳐서 1권(卷)이 되므로, 10단은 총 5필이 된다. 『주례』「춘관(春官)·대종백(大宗伯)」편에는 "孤執皮帛."이라는 기록이 있고, 이에 대한 가공언(賈公彦)의 소(疏)에서는 "束者十端, 每端丈八尺, 皆兩端合卷, 總爲五匹, 故云束帛也."라고 풀이했다.

의 경우에는 이를 납폐(納幣)라 부른다. 그 예법은 사의 예법과 다른데, 아마도 문공이 태자로 있었을 때 이미 혼례를 진행했던 것 같다.

孔疏 ◎注"傳曰"至"昏禮". ○正義曰: 公羊傳曰: "此何以書? 譏. 何譏爾? 譏喪娶也. 娶在三年之外, 則何譏乎喪娶? 三年之內不圖昏." 其意謂此喪服未畢而行昏禮也. 何休據此作膏肓, 以左氏爲短. 今左氏傳謂之"禮也", 必是喪服已終. 杜以長曆推之, 知僖公以其三十三年十一月薨, 至此年十一月, 喪已畢矣. 納幣雖則無月而傳言"禮", 則知納在十二月也. 士昏六禮, 其一納采, 次有問名・納吉, 至納徵始有玄纁束帛, 士謂之納徵, 諸侯則謂之納幣, 以其幣帛多, 其禮大, 與士禮不同, 故異其名也. 按士之昏禮, 納采・問名同日行事. 納采者, 納其采擇之禮. 主人旣許, 賓卽問名, 將歸卜其吉凶也. 卜而得吉, 又遣使納吉, 如納采之禮. 納吉之後, 方始納徵. 徵, 成也. 使使納幣, 以成昏禮也. 此納幣以前已有三禮, 須再度遣使, 一月之內不容三遣適齊, 蓋公爲大子時已行昏禮. 疑在僖公之世已行納采・納吉, 今續而成之也. 杜言"其一納采", 欲明納徵之前更有昏禮, 納幣非昏禮之始, 豫爲下句"公爲大子時已行昏禮"張本也. 大子昏禮, 理自不書, 雖則公昏唯書納幣, 其納采・納吉亦不書也. 釋例曰: "諸侯昏禮亡, 以士昏禮準之, 不得唯止於納幣逆女. 逆女納幣二事, 皆必使卿行, 卿行則書之. 他禮非卿則不書也. '宋公使華元來聘', 聘不應使卿, 故傳但言'聘共姬也'. '使公孫壽來納幣', 納幣應使卿, 故傳明言'得禮也'. 魯君之昏, 亦唯存納幣逆女, 此其義."

번역 ◎杜注: "傳曰"~"昏禮". ○『공양전』에서는 "이것을 어찌하여 기록했는가? 비판했기 때문이다. 무엇을 비판했는가? 상을 치르는 중에 아내를 들인 일을 비판한 것이다. 아내를 들인 일은 삼년상의 기간을 넘긴 이후가 되는데 어찌하여 상중에 아내를 들였다고 비판하는가? 삼년상을 치르는 중에는 혼례를 계획해서는 안 되기 때문이다."라고 했다. 이러한 말을 한 의도는 복상기간이 아직 끝나지 않았는데 혼례를 진행했다고 본 것이다. 하휴는 이러한 것을 들어 『고황』을 작성하여 『좌씨전』을 비판하였다. 현재 『좌씨전』에서는 이를 두고 "예법에 맞다."라고 했는데, 분명 복상기간을 끝낸 뒤의 일이기 때문이다. 두예는 『장력』을 토대로 추론을 했는데, 이를 통해 희공은 33년 11월에 죽었고, 문공 2년 11월이 되면 복상기간이 이미 끝났다는 사실을 알았다. 납폐는 비록 어느 달에 시행되었는지 기록이 없지만, 전문에서 "예법에 맞다."라고 말했으니, 납폐가 12월에 행해졌음을 알 수 있다. 「사혼례」에 나온 육례 중 첫 번째는 납채이고, 그 다음으로 문명(文明)・납길(納吉) 등이 있으며, 납징(納徵)에 이르러서야 검은색과 분홍색의 속백을 전한다고 했는데, 사의 경우에는 이러한 절차를 '납징(納徵)'이라 부르고, 제후는 '납폐(納幣)'라 부르니, 폐물로 들어가는 비단이 많고 그 예법이 성대하여 사의 예법과 차이가 있기 때문에, 명칭을 달리 쓰는 것이다. 사 계층이 따르는 혼례를 살펴보면 납채와 문명은 같은 날에 시행한다. 납채는 채택을 받아들이는 예이다. 주인이 허락을 하게 되면 빈객이 곧바로 문명을 하니, 되돌아가 길흉을 점치고자 해서이다. 점을 쳐서 길한 점괘를 얻게 되면 다시 사람을 보내 납길을 하니, 납채의 예법과 같다. 납길을 한 이후에야 비로소 납징을 한다. '징(徵)'자는 이룬다는 뜻이다. 사신으로 하여금 납폐를 하여 혼례를 완성시키기 때문이다. 여기에서 말한 납폐의 절차 이전에는 세 가지 의례절차가 있으며, 두 번 사신을 파견해야만 하니, 한 달 안에 세 차례나 제나라에 갈 수 없다. 따라서 문공이 태자였을 때 이미 혼례가 진행되었던 것이다. 아마도 희공이 통치하던 때 이미 납채와 납길을 시행했었고, 지금에 와서야 앞의 절차를 이어 혼례를 완성했던 것이다. 두예는 "첫 번째는 납채이다."라고 했는데, 이것은 납징을 하기 이전에 혼례가 진행되어 왔으며 납폐가 혼례의 시작이 아님을 드러내기 위한 것으로, 이를 미리 기록하여 다음 구문에서 "문공이 태자로 있었을 때 이미 혼례를 진행했던 것 같다."라고 한 구문의 전제가 된다. 태자의 혼례는 이치상 기록하지 않는 것이니, 비록 문공의 혼례를 기록했다 하더라도 납폐에 대해서만 기록하고 납채나 납길에 대해서는 또한 기록하지 않았다. 『석례』에서는 "제후의 혼례는 그 예법이 없어져서 사 계층의 혼례를 표준으로 삼지만, 납폐와 여자를 맞이하는 것으로만 그칠 수 없었다. 여자를 맞이하고 납폐를 하는 두 사안에 있어서는 모두 경을 사신으로 보냈는데, 경이 사신으로 행차하게 되면 기록했다. 다른 의례에 있어서 경이 가지 않는다

면 기록하지 않았다. '송나라 공작이 화원을 보내와서 빙문하였다.'[23]라고
했는데, 빙문을 할 때에는 경을 사신으로 보내서는 안 된다. 그렇기 때문에
전문에서는 단지 '공희를 송나라 공작의 아내로 들이기 위해 빙문한 것이
다.'[24]라고 한 것이다. 또 '공손 수를 보내와서 납폐를 하였다.'[25]라고 했는
데, 납폐를 할 때에는 경을 사신으로 보내야만 한다. 그렇기 때문에 전문에
서는 그 사실을 명시하여 '예법에 맞다.'[26]라고 했다. 노나라 군주의 혼례에
있어서 오직 납폐와 여자를 맞이하는 일만이 남아있는 것은 이러한 의미
때문이다."라고 했다.

范注 喪制未畢而納幣, 書非禮.

번역 복상기간이 아직 끝나지 않았는데 납폐를 했으니, 비례가 됨을 기
록한 것이다.

左氏傳 襄仲如齊納幣, 禮也. 凡君卽位, 好舅甥, 脩昏姻, 娶元妃以奉粢盛,
孝也. 孝, 禮之始也.

번역 양중이 제나라에 가서 납폐를 하였으니, 예법에 맞다. 군주가 즉위
를 하게 되면 외숙과의 관계에서 우호를 다지고 혼인을 맺어 정부인을 맞
아 제사를 받드는 것이 효이다. 효는 예의 시작이다.

杜注 謂諒闇旣終, 嘉好之事通于外內, 外內之禮始備. 此除凶之卽位也.
於是遣卿申好舅甥之國, 修禮以昏姻也. 元妃, 嫡夫人. 奉粢盛, 供祭祀.

번역 복상기간이 이미 끝났으니, 친선과 우호를 다지는 일로 내외를 소
통해야만 내외의 예법이 비로소 갖춰지게 된다. 이것은 흉사를 마치고서

---

23) 『춘추』「성공(成公) 8년」: 宋公使華元來聘.
24) 『춘추좌씨전』「성공(成公) 8년」: 宋華元來聘, 聘共姬也.
25) 『춘추』「성공(成公) 8년」: 夏, 宋公使公孫壽來納幣.
26) 『춘추좌씨전』「성공(成公) 8년」: 夏, 宋公使公孫壽來納幣, 禮也.

즉위한 것이다. 이때 경을 파견하여 외숙국과의 관계에서 우호를 다졌고, 혼인을 통해 예법을 다듬었다. '원비(元妃)'는 정부인을 뜻한다. 자성(粢盛)27)을 받든다는 말은 제사를 받든다는 뜻이다.

公羊傳 納幣不書, 此何以書? 譏. 何譏爾? 譏喪娶也. 娶在三年之外, 則何譏乎喪娶?

번역 납폐에 대해서는 본래 기록하지 않는데, 이곳에서는 어찌하여 기록했는가? 비판했기 때문이다. 무엇을 비판했는가? 상중에 아내를 들인 일을 비판한 것이다. 아내를 들인 일은 삼년상의 기간을 넘긴 이후가 되는데 어찌하여 상중에 아내를 들였다고 비판하는가?

何注 據逆在四年.

번역 아내를 맞이한 일이 4년에 시행된 것을 기준으로 한 말이다.

徐疏 ●"納幣不書". ○解云: 正以桓三年秋, "公子翬如齊逆女", 不書納幣, 故難之.

번역 ●傳文: "納幣不書". ○환공 3년 가을에는 "공자 휘가 제나라에 가서 여자를 맞이하였다."28)라고 하여 납폐를 기록하지 않았기 때문에 의문을 제시한 것이다.

公羊傳 三年之內不圖婚.

---

27) 자성(粢盛)은 제성(齊盛)이라고도 부른다. 자(粢)자는 곡식의 한 종류인 기장을 뜻하고, 성(盛)자는 그릇에 기장을 풍성하게 채워놓은 모양을 뜻한다. 따라서 '자성'은 제기(祭器)에 곡물을 가득 채워놓은 것을 뜻하며, 제물(祭物)로 사용되었다. 『춘추공양전』「환공(桓公) 14년」편에는 "御廩者何, 粢盛委之所藏也."라는 기록이 있는데, 이에 대한 하휴(何休)의 주에서는 "黍稷曰粢, 在器曰盛."이라고 풀이하였다.

28) 『춘추』「환공(桓公) 3년」: 公子翬如齊逆女.

번역 삼년상을 치르는 중에는 혼례를 계획해서는 안 되기 때문이다.

何注 僖公以十二月薨, 至此未滿二十五月, 又禮先納采・問名・納吉, 乃納幣, 此四者皆在三年之內, 故云爾.

번역 희공은 12월에 죽었으니, 이 시점까지 이르면 아직 25개월을 채우지 못한 것이다. 또 예법에 따르면 납폐보다 앞서 납채・문명・납길의 절차가 있고, 그런 뒤에야 납폐를 하게 되는데, 이러한 네 가지 절차는 모두 삼년상 기간 안에 시행된 것이다. 그렇기 때문에 이처럼 말했다.

公羊傳 吉禘于莊公, 譏. 然則曷爲不於祭焉譏?

번역 장공에게 길제인 체제사를 지냈다고 한 것은 비판한 것이다. 그런데 어찌하여 제사에 대해서는 비판을 하지 않았는가?

何注 據吉禘于莊公, 譏始不三年, 大事圖婚, 俱不三年. 大事猶從吉禘, 不復譏.

번역 장공에게 길제인 체제사를 지낸 것은 삼년상을 치르지 않게 된 발단이 됨을 비판한 것인데, 상사를 치르는 도중 혼례를 계획하는 것도 삼년상을 제대로 치르는 것이 아니다. 상사를 치르는데도 오히려 길제인 체제사를 지냈으므로, 재차 비판하지 않은 것이다.

公羊傳 三年之恩疾矣.

번역 삼년상에 나타나는 은정은 뼈아픈 것이기 때문이다.

何注 疾, 痛.

번역 '질(疾)'자는 "아프다[痛]."는 뜻이다.

公羊傳 非虛加之也,

번역 허위로 더해지는 것이 아니니,

何注 非虛加責之.

번역 허위로 더하거나 요구할 수 있는 것이 아니다.

公羊傳 以人心爲皆有之.

번역 사람의 마음에 모두 갖추고 있는 것이다.

何注 以人心爲皆有, 疾痛不忍娶.

번역 사람의 마음에 모두 갖추고 있으므로, 애통함으로 인해 차마 아내를 들이지 않는 것이다.

公羊傳 以人心爲皆有之, 則曷爲獨於娶焉譏?

번역 사람의 마음에 모두 갖추고 있다면, 어찌하여 유독 아내를 취한 것에 대해서 비판한 것인가?

何注 據孝子疾痛, 吉事皆不當爲, 非獨娶也.

번역 자식이 애통함에 사무쳐 있을 때, 길한 일들은 모두 시행해서는 안 되는 것이니, 유독 아내를 들이는 일에만 해당하는 것은 아니다.

公羊傳 娶者, 大吉也.

번역 아내를 들이는 것은 길한 일 중에서도 성대한 것이다.

何注 合二姓之好, 傳之於無窮, 故爲大吉.

번역 두 성(姓)을 가진 집안이 우호를 다지고 자손을 전수하여 무궁함에 이르기 때문에 크게 길함이 된다.

公羊傳 非常吉也.

번역 일반적으로 길한 일이 아니다.

何注 與大事異.

번역 중대한 일과는 차이가 난다.

公羊傳 其爲吉者, 主於己.

번역 길함이 되는 것은 자신을 위주로 한다.

何注 主於己身, 不如祭祀尙有念先人之心.

번역 자신을 위주로 한다는 것은 제사를 지낼 때 항상 선조를 떠올리는 마음을 갖추는 것만 못하다.

公羊傳 以爲有人心焉者, 則宜於此焉變矣.

번역 사람의 마음을 갖추고 있다면, 마땅히 이러한 것들에 대해서는 바꿔야만 한다.

何注 變者, 變慟哭泣也. 有人心念親者, 聞有欲爲己圖婚, 則當變慟哭泣矣, 況乃至于納幣成婚哉.

번역 ‘변(變)’이라는 것은 그 태도를 바꿔 서러워하며 곡을 하고 눈물을

흘린다는 뜻이다. 사람의 마음에는 부모를 생각하는 것이 있으니, 자신을
위해 혼례를 도모하고자 한다는 소식을 듣게 되면, 마땅히 태도를 바꿔 서
러워하며 곡을 하고 눈물을 흘려야 한다. 하물며 납폐를 하여 혼례를 완수
하는 것에 있어서는 어떠하겠는가.

참고 『춘추』 소공(昭公) 11년 기록

경문 九月, 己亥, 葬我小君齊歸.

번역 9월 기해일에 우리 소군(小君)[29] 제귀(齊歸)를 장례지냈다.

杜注 齊, 謚.

번역 '제(齊)'자는 시호(謚號)이다.

范注 齊, 謚.

번역 '제(齊)'자는 시호(謚號)이다.

左氏傳 九月, 葬齊歸, 公不慼. 晉士之送葬者, 歸以語史趙. 史趙曰: "必爲
魯郊."

번역 9월 제귀의 장례를 지냈는데 소공이 슬퍼하지 않았다. 진나라에서
파견된 사 중 장례를 전송했던 자가 돌아가서 사조에게 이 사실을 알렸다.
사조는 "분명 소공은 노나라 사람들에게 쫓겨나 교외에 머물 것이다."라고
했다.

---

29) 소군(小君)은 주대(周代)에 제후의 부인을 지칭하던 용어이다. 『춘추』「희공
(僖公) 2년」편에는 "夏五月辛巳, 葬我小君哀姜."이라는 용례가 있다.

杜注　言昭公必出在郊野, 不能有國.

번역　소공은 반드시 교외로 쫓겨나서 국가를 제대로 소유하지 못하게 되리라는 뜻이다.

孔疏　●“晉士”至“魯郊”. ○正義曰: 傳稱: 文襄之制, 夫人喪, 士弔, 大夫送葬. 此言晉士送葬者, 蓋大夫來而士爲介, 未必士獨行也. 此士以公不慼語史趙, 故特言士耳.

번역　●傳文: “晉士”～“魯郊”. ○전문에서는 진나라 문공과 송나라 양공의 제도를 들어 제후 부인의 상이 발생하면 사가 조문을 하고 대부가 장례를 전송한다고 했다. 이곳에서 진나라 사가 장례를 전송했다고 했으니, 아마도 대부가 찾아왔고 사가 그의 부관이 되었던 것이니, 사 홀로 찾아왔던 것을 가리키는 것은 아닐 것이다. 사는 소공이 슬퍼하지 않았다는 말을 사조에게 했다. 그렇기 때문에 특별히 사에 대해 언급한 것일 뿐이다.

孔疏　●“必爲魯郊”, 言昭公必爲魯人所逐而出在郊.

번역　●傳文: “必爲魯郊”. ○소공은 반드시 노나라 사람들에게 쫓겨나 교외에 머물게 되리라는 뜻이다.

左氏傳　侍者曰: “何故?” 曰: “歸, 姓也. 不思親, 祖不歸也.”

번역　시중을 드는 자가 “무슨 이유 때문입니까?”라고 묻자 사조는 “제귀는 자신을 낳아준 모친이다. 부모를 생각하지 않았으니, 조상에게도 귀의하지 못할 것이다.”라고 대답했다.

杜注　姓, 生也. 言不思親則不爲祖考所歸祐.

번역　‘성(姓)’자는 “낳다[生].”는 뜻이다. 즉 부모를 생각하지 않는다면,

조상에게 귀의하여 가호를 받지 못한다는 의미이다.

左氏傳　叔向曰: "魯公室其卑乎! 君有大喪, 國不廢蒐."

번역　숙향이 말하길, "노나라 공실은 미천해질 것이다! 군주에게 대상(大喪)이 발생했는데도 나라에서는 군사훈련을 폐지하지 않았다."라고 했다.

杜注　謂蒐比蒲.

번역　비포(比蒲)에서 군사훈련 했던 것을 뜻한다.

左氏傳　"有三年之喪, 而無一日之慼. 國不恤喪, 不忌君也."

번역　숙향이 계속해서 말하길, "삼년상이 발생했는데도 하루도 슬퍼하지 않았다. 나라에서 상사를 슬퍼하지 않는 것은 군주를 두려워하지 않기 때문이다."라고 했다.

杜注　忌, 畏也.

번역　'기(忌)'자는 "두려워하다[畏]."는 뜻이다.

左氏傳　"君無慼容, 不顧親也. 國不忌君, 君不顧親, 能無卑乎? 殆其失國."

번역　숙향이 계속해서 말하길, "군주에게 슬퍼하는 모습이 나타나지 않는 것은 부모를 생각하지 않기 때문이다. 나라가 군주를 두려워하지 않고 군주가 부모를 생각하지 않으니 미천해지지 않을 수 있겠는가? 아마도 나라를 잃게 될 것이다."라고 했다.

杜注　爲二十五年公孫於齊傳.

번역　25년에 소공이 제나라로 도망가게 된 전문의 배경이다.

公羊傳 齊歸者何? 昭公之母也.

번역 제귀(齊歸)는 누구인가? 소공의 모친이다.

何注 歸氏, 胡女, 襄公嫡夫人.

번역 귀씨(歸氏)는 호나라의 여식으로, 양공의 정부인이다.

徐疏 ●"齊歸者何". ○解云: 欲言夫人, 初至不錄; 欲言其妾, 薨葬具書, 故執不知問.

번역 ●傳文: "齊歸者何". ○부인(夫人)이라 말하고자 한다면 처음 시집을 왔을 때 기록하지 않는다. 첩임을 말하고자 한다면 죽음과 장례를 치른다는 사실을 모두 기록한다. 그렇기 때문에 누구인지 몰라서 물었던 것이다.

徐疏 ◎注"歸氏"至"夫人". ○解云: 皆史記文. 而初至不書者, 蓋爲世子時娶之. 然則沙隨之會, 襄公始生, 而成公之世已娶夫人者, 按公羊上下, 竟無幼少之文, 則何氏不信左氏故也.

번역 ◎何注: "歸氏"~"夫人". ○이 모두는 『사기』의 기록이다. 처음 시집을 왔을 때 기록하지 않은 것은 아마도 양공이 세자였을 때 아내로 들였기 때문이다. 그러나 사수의 회합 때 양공이 태어났고, 성공의 통치시기에 이미 부인으로 들였는데, 『공양전』의 앞뒤 문맥을 살펴보면 너무 어렸다는 기록이 없으니, 하휴가 『좌전』의 기록을 믿지 않았기 때문일 것이다.

참고 『춘추』 소공(昭公) 15년 기록

左氏傳 十二月, 晉荀躒如周葬穆后, 籍談爲介. 既葬除喪, 以文伯宴, 樽以魯壺①.

[번역] 12월 진나라 순력이 주나라에 가서 목후를 장례지낼 때 적담은 그의 부관이 되었다. 장례를 마치자 주왕은 상복을 제거하고 문백(=순력)에게 연회를 베풀었는데, 노나라에서 바친 호(壺)를 술통으로 사용했다.

[杜注-①] 文伯, 荀躒也. 魯壺, 魯所獻壺樽.

[번역] '문백(文伯)'은 순력(荀躒)이다. '노호(魯壺)'는 노나라에서 바친 술병이다.

[孔疏] ◎注"魯壺魯所獻壺樽". ○正義曰: 周禮・司尊彝云: "秋嘗冬烝", "其饋獻用兩壺樽". 鄭玄云: "壺者, 以壺爲尊." 燕禮云: "司宮尊于東楹之西, 兩方壺, 左玄酒", 是禮法有以壺爲樽.

[번역] ◎杜注: "魯壺魯所獻壺樽". ○『주례』「사준이(司尊彝)」편에서는 '가을의 상(嘗)제사[30], 겨울의 증(烝)제사[31]'라는 기록이 있고, "궤헌(饋獻)[32]에는 한 쌍의 호준(壺樽)을 사용한다."라고 했고,[33] 정현은 "호(壺)라

---

30) 상(嘗)은 가을에 종묘(宗廟)에서 지내는 제사를 뜻한다. 『이아』「석천(釋天)」편에는 "春祭曰祠, 夏祭曰礿, 秋祭曰嘗, 冬祭曰烝."이라는 기록이 있다. 즉 봄에 지내는 제사를 '사(祠)'라고 부르며, 여름에 지내는 제사를 '약(礿)'이라고 부르고, 가을에 지내는 제사를 '상(嘗)'이라고 부르며, 겨울에 지내는 제사를 '증(烝)'이라고 부른다. 한편 '상'제사는 성대한 규모로 거행하였기 때문에, '대상(大嘗)'이라고도 불렀으며, 가을에 지낸다는 뜻에서, '추상(秋嘗)'이라고도 불렀다. 또한 『춘추번로(春秋繁露)』「사제(四祭)」편에서는 "四祭者, 因四時之所生孰而祭其先祖父母也. 故春曰祠, 夏曰礿, 秋曰嘗, 冬曰烝. …… 嘗者, 以七月嘗黍稷也."이라고 하여, 가을 제사인 상(嘗)제사는 7월에 시행하며, 서직(黍稷)을 흠향하도록 지낸다는 뜻에서 맛본다는 뜻의 '상'자를 붙였다고 설명한다.

31) 증(烝)은 겨울에 종묘(宗廟)에서 지내는 제사를 뜻한다. '증'자는 중(衆)자의 뜻으로, 겨울에는 만물 중에 성숙한 것이 많다는 의미에서 붙여진 말이다. 『백호통(白虎通)』「종묘(宗廟)」편에는 "冬曰烝者, 烝之爲言衆也, 冬之物成者衆."이라는 기록이 있다.

는 것은 병을 술동이로 삼은 것이다."라고 했다. 『의례』「연례(燕禮)」편에서
는 "사궁이 동쪽 기둥의 서쪽에 술동이를 진설하니 주둥이가 네모난 한
쌍의 호(壺)이며, 현주(玄酒)34)를 좌측으로 둔다."35)라고 했는데, 이것은
예법에 호(壺)를 술병으로 사용하는 경우도 있음을 나타낸다.

左氏傳 王曰: "伯氏, 諸侯皆有以鎭撫王室, 晉獨無有, 何也①?" 文伯揖籍
談②, 對曰: "諸侯之封也, 皆受明器於王室③, 以鎭撫其社稷, 故能薦彝器於
王④. 晉居深山, 戎狄之與鄰, 而遠於王室. 王靈不及, 拜戎不暇⑤."

번역 주왕이 말하길, "백씨여, 다른 제후들은 모두 왕실에 기물을 헌상
하고 있는데, 유독 진나라만은 헌상하지 않으니 어째서인가?"라고 묻자 문
백은 적담에게 읍(揖)을 하여 대신 말하도록 하니, 적담은 "제후국이 분봉
을 받게 되면 모두들 왕실로부터 명기(明器)를 받게 되고, 이를 통해 사직
을 돌보았기 때문에 왕실에 제기들을 바칠 수 있었던 것입니다. 그런데 진
나라는 깊은 산속에 자리 잡고 있으며 오랑캐들과 이웃하고 있고 왕실과도

---

32) 궤헌(饋獻)은 제례(祭禮) 절차 중 하나이다. 익힌 고기를 바치는 의식을 뜻한
    다. 이때 주부(主婦)는 음식을 바치는데 필요한 변두(籩豆) 등을 올리게 된
    다. 『주례』「춘관(春官)·사준이(司尊彝)」편에는 "其饋獻用兩壺尊, 皆有罍."
    라는 기록이 있는데, 이에 대한 정현의 주에서는 "饋獻, 謂薦孰時, 后於是薦
    饋食之豆籩."이라고 풀이했다.
33) 『주례』「춘관(春官)·사준이(司尊彝)」: 秋嘗冬烝, 祼用斝彝·黃彝, 皆有舟;
    其朝獻用兩著尊, 其饋獻用兩壺尊, 皆有罍, 諸臣之所昨也.
34) 현주(玄酒)는 고대의 제례(祭禮)에서 술 대신 사용한 물[水]을 뜻한다. '현주'
    의 '현(玄)'자는 물은 흑색을 상징하므로, 붙여진 글자이다. '현주'의 '주(酒)'
    자의 경우, 태고시대 때에는 아직 술이 없었기 때문에, 물을 술 대신 사용했
    다. 따라서 후대에는 이 물을 가리키며 '주'자를 붙이게 된 것이다. '현주'를
    사용하는 것은 가장 오래된 예법 중 하나이므로, 후대에도 이러한 예법을 존
    숭하여, 제사 때 '현주' 또한 사용했던 것이며, '현주'를 술 중에서도 가장 귀
    한 것으로 여겼다. 『예기』「예운(禮運)」편에는 "故玄酒在室, 醴酸在戶."라는
    기록이 있는데, 이에 대한 공영달(孔穎達)의 소(疏)에서는 "玄酒, 謂水也. 以
    其色黑, 謂之玄. 而太古無酒, 此水當酒所用, 故謂之玄酒."라고 풀이했다.
35) 『의례』「연례(燕禮)」: 司宮尊于東楹之西, 兩方壺, 左玄酒, 南上, 公尊瓦大兩,
    有豐, 冪用綌若錫, 在尊南, 南上.

멀리 떨어져 있습니다. 따라서 왕의 영덕이 미치지 못하고 오랑캐들을 복
종시키기에도 겨를이 없습니다."라고 대답했다.

杜注-① 感魯壺而言也. 鎭撫王室, 謂貢獻之物.

번역 노나라에서 바친 술병을 보고 느낀 점이 있어 말한 것이다. 왕실을
돕는다는 말은 헌상하는 물건이 있다는 의미이다.

杜注-② 文伯無辭, 揖籍談使對.

번역 문백은 할 말이 없어서 석담에게 읍(揖)을 하여 대신 대답하도록
시킨 것이다.

杜注-③ 謂明德之分器.

번역 '명기(明器)'는 밝은 덕을 상징하는 기물로, 왕실에서 제후들에게
나눠준 것이다.

杜注-④ 薦, 獻也. 彝, 常也. 謂可常寶之器, 若魯壺之屬.

번역 '천(薦)'자는 "헌상하다[獻]."는 뜻이다. '이(彝)'자는 "항상되다
[常]."는 뜻이다. 즉 항상되고 보배로 삼을 수 있는 기물이니, 노나라에서
바친 호(壺) 등의 부류를 의미한다.

杜注-⑤ 言王寵靈不見及, 故數爲戎所加陵.

번역 왕의 총명함과 영매한 덕이 미치지 못하기 때문에 자주 오랑캐들
로부터 침략을 당한다는 뜻이다.

孔疏 ●"拜戎不暇". ○正義曰: 數爲戎所侵陵, 拜謝戎師, 不有閒暇.

번역 ●傳文: "拜戎不暇". ○자주 오랑캐들에게 침략을 당하여 오랑캐 군대에게 성의를 표하게 되므로 한가할 겨를이 없다는 뜻이다.

左氏傳 "其何以獻器?" 王曰: "叔氏, 而忘諸乎①? 叔父唐叔, 成王之母弟也, 其反無分乎? 密須之鼓, 與其大路, 文所以大蒐也②. 闕鞏之甲, 武所以克商也③. 唐叔受之, 以處參虛, 匡有戎狄④."

번역 계속하여 적담이 말하길, "그런데 어떻게 기물을 바칠 수 있겠습니까?"라고 대답하자 주왕은 "숙씨여, 잊었단 말인가? 숙부 당숙은 성왕과 같은 모친에게서 태어난 동생이었는데, 도리어 나눠준 기물이 없었겠는가? 밀수에서 얻은 북과 그 나라의 대로(大路)³⁶⁾는 문왕께서 군대 열병식에 사용했던 것이다. 궐공에서 생산된 갑옷은 무왕이 은나라를 정복했을 때 사용했던 것이다. 당숙이 이를 받아가지고 가서 삼수(參宿)의 방위에 자리를 잡고 널리 오랑캐 땅까지도 영토로 삼았다."라고 했다.

杜注-① 叔, 籍談字.

번역 '숙(叔)'은 적담(籍談)의 자(字)이다.

---

36) 대로(大路)는 대로(大輅)라고도 부른다. 본래 천자가 타던 옥로(玉路: =玉輅)를 가리킨다. '대로'라는 말은 수레들 중에 가장 크다는 뜻에서 붙여진 명칭이다. 고대에는 천자가 타던 수레에 5종류가 있었다. 옥로(玉輅)·금로(金輅)·상로(象輅)·혁로(革輅)·목로(木輅)가 바로 천자가 타던 5종류의 수레인데, '옥로'가 수레들 중 가장 컸기 때문에, '대로'라고도 불렸던 것이다. 『서』「주서(周書)·고명(顧命)」편에는 "大輅在賓階面."이라는 기록이 있는데, 이에 대한 공안국(孔安國)의 전(傳)에서는 "大輅, 玉."이라고 풀이했고, 공영달(孔穎達)의 소(疏)에서는 "周禮巾車掌王之五輅, 玉輅·金輅·象輅·革輅·木輅, 是爲五輅也. …… 大輅, 輅之最大, 故知大輅玉輅也."라고 풀이했다. 한편 '옥로'는 옥(玉)으로 치장을 했기 때문에, '옥로'라는 명칭이 생기게 된 것인데, '옥로'에는 대상(大常)이라는 깃발을 세웠고, 깃발에는 12개의 치술을 달았으며, 주로 제사 때 사용하였다. 『주례』「춘관(春官)·건거(巾車)」편에는 "王之五路, 一曰玉路, 錫, 樊纓, 十有再就, 建大常, 十有二斿, 以祀."라는 기록이 있고, 이에 대한 정현의 주에서는 "玉路, 以玉飾諸末."이라고 풀이했다.

杜注-② 密須, 姞姓國也, 在安定陰密縣. 文王伐之, 得其鼓路以蒐.

번역 '밀수(密須)'는 길(姞)성을 쓰는 나라였는데, 안정(安定) 음밀현(陰密縣)에 위치한다. 문왕이 그 나라를 정벌하여 북과 수레를 얻어 군대를 검열했던 것이다.

杜注-③ 闕鞏國所出鎧.

번역 궐공(闕鞏)이라는 나라에서 생산된 갑옷이다.

杜注-④ 參虛, 實沈之次, 晉之分野.

번역 삼허(參虛)는 실심의 성차(星次)에 따르면 진나라의 분야가 된다.

孔疏 ◎注"參虛"至"分野". ○正義曰: 實沈之次, 晉之分野. 上繫參之虛域, 故云參虛.

번역 ◎杜注: "參虛"~"分野". ○실심의 성차에 따르면 진나라의 분야가 된다고 했다. 그 이유는 위로 삼수(參宿)의 영역에 걸려 있기 때문에 '삼허(參虛)'라고 부르는 것이다.

左氏傳 "其後襄之二路①, 鏚鉞秬鬯②."

번역 계속하여 주왕이 말하길, "그 이후 양왕으로부터 2대의 수레를 받았고, 척월(鏚鉞)과 검은 기장으로 담은 술을 받았다."라고 했다.

杜注-① 周襄王所賜晉文公大路·戎路.

번역 주나라 양왕이 진나라 문공에게 대로와 융로(戎路)[37]를 하사했다.

---

37) 융로(戎路)는 군주가 군중(軍中)에 있을 때 타던 수레이다. 전쟁용 수레를 범

杜注-②　鍼, 斧也. 鉞, 金鉞. 秬, 黑黍. 鬯, 香酒.

번역　'척(鍼)'자는 도끼[斧]를 뜻한다. '월(鉞)'자는 금으로 장식한 도끼를 뜻한다. '거(秬)'자는 검은 기장을 뜻한다. '창(鬯)'자는 향기로운 술을 뜻한다.

孔疏　◎注"鍼斧"至"香酒". ○正義曰: 廣雅云: 鍼・鉞, 斧也. 俱是斧也, 蓋鉞大而斧小. 大公六韜云: "大柯斧重八斤, 一名天鉞." 是鉞大於斧也. 尙書・牧誓云: "武王左杖黃鉞", 孔安國云: "以黃金飾斧", 是鉞以金飾也. "秬, 黑黍", 釋草文也. 周禮有鬯人之官, 鄭玄云: "鬯, 釀秬爲酒, 芬香條暢於上下也." 是鬯爲香酒也. 賜之鍼鉞者, 使之專殺戮也. 賜之秬鬯者, 使之祭先祖也. 王制云: "諸侯賜弓矢, 然後征; 賜鈇鉞, 然後殺; 賜圭瓚, 然後爲鬯." 詩陳宣王賜召・穆公云: "秬鬯一卣, 告于文人", 是也.

번역　◎杜注: "鍼斧"~"香酒". ○『광아』[38]에서는 '척(鍼)'자와 '월(鉞)'자는 도끼를 뜻한다고 했다. 따라서 둘 모두 도끼에 해당하는데, 아마도 월(鉞)은 큰 도끼이고 부(斧)는 작은 도끼일 것이다. 태공의 『육도』에서는 "큰 도끼의 자루는 그 무게가 8근(斤)이니, 일명 천월(天鉞)이라고도 부른다."라

칭하는 용어로도 사용된다. 『주례』「춘관(春官)・거복(車僕)」편에는 "車僕, 掌戎路之萃."라는 기록이 있는데, 이에 대한 정현의 주에서는 "戎路, 王在軍所乘也."라고 풀이했다. 한편 고대의 천자가 사용하던 5종류의 수레 중에는 혁로(革輅)라는 것이 있었다. '혁로'는 전쟁용으로 사용했던 수레인데, 간혹 제후의 나라에 순수(巡守)를 갈 때 사용하기도 하였다. 가죽으로 겉을 단단하게 동여매서 고정시키고, 옻칠만 하고, 다른 장식을 하지 않았기 때문에, '혁로'라고 부르는 것이다. 『주례』「춘관(春官)・건거(巾車)」편에는 "革路, 龍勒, 條纓五就, 建大白, 以卽戎, 以封四衛."라는 기록이 있고, 이에 대한 정현의 주에서는 "革路, 鞔之以革而漆之, 無他飾."이라고 풀이했다.

38) 『광아(廣雅)』는 위(魏)나라 때 장읍(張揖)이 지은 자전(字典)이다. 『박아(博雅)』라고도 부른다. 『이아』의 체제를 계승하고, 새로운 내용을 보충하여, 경전(經典)에 기록된 글자들을 해석한 서적이다. 본래 상・중・하 3권으로 구성되어 있었지만, 수(隋)나라 조헌(曹憲)이 재차 10권으로 편집하였다. 한편 '광(廣)'자가 수나라 양제(煬帝)의 시호였기 때문에, 피휘를 하여, 『박아』라고 부르게 되었다.

고 했는데, 이것은 월(鉞)이 부(斧)보다 크다는 사실을 나타낸다. 『서』「목서
(牧誓)」편에서는 "무왕이 왼손으로 황월(黃鉞)을 잡았다."³⁹⁾라고 했는데,
공안국은 "황금으로 도끼를 장식한 것이다."라고 했으니, 이것은 월(鉞)을
금으로 장식했음을 뜻한다. "'거(秬)'자는 검은 기장을 뜻한다."라고 했는데,
이것은 『이아』「석초(釋草)」편의 문장이다.⁴⁰⁾『주례』에는 창인(鬯人)이라
는 관리가 기록되어 있는데, 정현은 "창(鬯)은 검은 기장을 빚어 술을 만들
고 그 향기를 상하로 통하게 한다."라고 했다. 이것은 창(鬯)이 향기로운
술이 됨을 나타낸다. 척월을 하사하여 그로 하여금 살육의 권한을 위임한
것이다. 또 검은 기장으로 빚은 술을 하사하여 선조에게 제사를 지낼 수
있게끔 한 것이다. 『예기』「왕제(王制)」편에서는 "제후는 천자로부터 활과
화살을 하사받은 연후에 정벌을 시행하고, 도끼를 하사받은 연후에 사형
을 시행하며, 규찬(圭瓚)을 하사받은 연후에 울(鬯)을 만든다."⁴¹⁾라고 했
고, 『시』에서는 선왕이 소공과 목공에게 하사한 내용을 진술하며, "검은
기장으로 빚은 한 동이의 술을 내려주니, 문왕에게 아뢰어라."⁴²⁾라고 했다.

左氏傳 "彤弓虎賁, 文公受之, 以有南陽之田①, 撫征東夏, 非分而何? 夫
有勳而不廢②."

번역 계속하여 주왕이 말하길, "동궁(彤弓)과 호분(虎賁)을 문공이 받
아 이를 통해 남양의 땅을 소유하였고, 동하를 보살피고 정벌하였으니, 기
물을 나눠준 것이 아니라면 무엇인가? 공훈이 있다면 내버리지 않는다."
라고 했다.

---

39) 『서』「주서(周書)·목서(牧誓)」 : 王左杖黃鉞, 右秉白旄以麾, 曰, 逖矣, 西土
之人.
40) 『이아』「석초(釋草)」 : 虋, 赤苗. 芑, 白苗. 秬, 黑黍. 秠, 一稃二米.
41) 『예기』「왕제(王制)」【154b】 : 諸侯賜弓矢, 然後征, 賜鈇鉞, 然後殺. 賜圭瓚,
然後爲鬯, 未賜圭瓚, 則資鬯於天子.
42) 『시』「대아(大雅)·강한(江漢)」 : 釐爾圭瓚, 秬鬯一卣. 告于文人, 錫山土田. 于
周受命, 自召祖命. 虎拜稽首, 天子萬年.

杜注-① 事在僖二十八年.

번역 기사는 희공 28년에 기록되어 있다.

杜注-② 加重賞.

번역 중대한 상을 하사한다는 뜻이다.

孔疏 ●"撫征東夏". ○正義曰: 服者撫之, 叛者征之. 晉於諸夏國差近西, 故令主東夏.

번역 ●傳文: "撫征東夏". ○복종하는 자는 보살피고 배반하는 자는 정벌한다는 뜻이다. 진나라는 중하의 제후국들 중에서도 서쪽에 치우쳐 있기 때문에 동하를 담당토록 했던 것이다.

左氏傳 "有績而載①, 奉之以土田②, 撫之以彝器③, 旌之以車服④, 明之以文章⑤, 子孫不忘, 所謂福也. 福祚之不登叔父, 焉在⑥?"

번역 계속하여 주왕이 말하길, "공적이 있으면 기록하여, 토지를 하사하여 봉양시켜주고 기물을 하사하여 보살폈으며 수레와 의복을 하사하여 표장하였고 깃발을 하사하여 드러내어 자손들이 잊지 않았으니, 이것을 바로 복이라고 부른다. 복이 숙부에게 있지 않다면 누구에게 있단 말인가?"라고 했다.

杜注-① 書功於策.

번역 서적에 공적을 기록한다는 뜻이다.

杜注-② 有南陽.

번역 남양 땅을 소유토록 한 것이다.

杜注-③ 弓鉞之屬.

번역 활이나 도끼 등의 부류를 뜻한다.

杜注-④ 襄之二路.

번역 양왕이 하사한 두 대의 수레를 뜻한다.

杜注-⑤ 旌旗.

번역 깃발을 뜻한다.

杜注-⑥ 言福祚不在叔父, 當在誰邪?

번역 복이 숙부에게 있지 않다면 누구에게 있느냐는 뜻이다.

孔疏 ●"福祚"至"焉在". ○正義曰: 言福祚之不在叔父, 此福祚更焉所在乎? 言其不在他也. 登, 陟, 卽是在之義也.

번역 ●傳文: "福祚"~"焉在". ○복이 숙부에게 있지 않다면 이러한 복들은 어느 곳에 있느냐는 의미이다. 즉 다른 곳에 있지 않다는 뜻이다. '등(登)'자는 "오르다[陟]."는 뜻이니, 이곳에 있다는 의미이다.

左氏傳 "且昔而高祖孫伯黶, 司晉之典籍, 以爲大政, 故曰籍氏①."

번역 계속하여 주왕이 말하길, "또한 예전 그대의 오래 전 조상인 손백염은 진나라의 전적을 담당하여 국가의 큰 정사를 도모하였기에 그대의 가문을 적씨(籍氏)라 부르는 것이다."라고 했다.

杜注-① 孫伯黶, 晉正卿, 籍談九世祖.

번역 손백염은 진나라 정경(正卿)43)으로 적담의 9대조 조상이다.

孔疏 ◎注“孫伯”至“世祖”. ○正義曰: 孫伯黶爲晉之正卿, 世掌典籍, 有功, 故曰籍氏是籍談九世祖也. 其九世之次, 世本云: “黶生司空頡, 頡生南里叔子, 子生叔正官伯, 伯生司徒公, 公生曲沃正少襄, 襄生司功大伯, 伯生候季子, 子生籍游, 游生談, 談生秦”, 是也. 九世之祖稱高祖者, 言是高遠之祖也. 郯子以少皥爲高祖, 意與此同.

번역 ◎杜注: “孫伯”～“世祖”. ○손백염은 진나라의 정경으로, 대대로 전적을 담당하여 공적을 세웠다. 그렇기 때문에 적씨는 적담의 9대조 조상이라고 말한 것이다. 9대 조상의 순서에 대해서 『세본』44)에서는 “염(黶)은 사공힐(司空頡)을 낳았고 힐은 남리숙자(南里叔子)를 낳았으며, 숙자는 숙정관백(叔正官伯)을 낳았고, 관백은 사도공(司徒公)을 낳았으며, 사도공은 곡옥정소양(曲沃正少襄)을 낳았고, 소양은 사공대백(司功大伯)을 낳았으며, 대백은 후계자(候季子)를 낳았고, 계자는 적유(籍游)를 낳았으며, 유는 적담(籍談)을 낳았고, 담은 적진(籍秦)을 낳았다.”라고 했다. 9대조 조상을 ‘고조(高祖)’라고 지칭한 이유는 대수가 고원한 조상이라는 뜻이다. 담자(郯子)가 소호(少皥)를 고조(高祖)로 여긴 의미도 이와 같다.

左氏傳 “及辛有之二子董之晉, 於是乎有董史①.”

---

43) 정경(正卿)은 상경(上卿)이다. 춘추시대 제후국의 집정대신으로, 권력이 제후 다음으로 높았다.

44) 『세본(世本)』은 『세(世)』・『세계(世系)』 등으로 일컬어지기도 한다. 선진시대(先秦時代) 때의 사관(史官)이 기록한 문헌이라고 전해지지만, 진위여부를 확인할 수 없다. 『세본』은 고대의 제왕(帝王), 제후(諸侯) 및 경대부(卿大夫)들의 세계도(世系圖)를 기록한 서적이다. 일실되어 현존하지 않지만, 후대 학자들이 다른 문헌 속에 남아 있는 기록들을 수집하여, 일집본(佚輯本)을 남겼다. 이러한 일집본에는 여덟 종류의 주요 판본이 있는데, 각 판본마다 내용상의 차이를 보이고 있다. 1959년에는 상무인서관(商務印書館)에서 이러한 여덟 종류의 판본을 모아서 『세본팔종(世本八種)』을 출판하였다.

번역 계속하여 주왕이 말하길, "신유의 둘째 아들 동이 진나라로 가서 이에 동사(董史)가 생겼다."라고 했다.

杜注-① 辛有, 周人也. 其二子適晉爲大史, 籍黶與之共董督晉典, 因爲董氏, 董狐其後.

번역 신유(辛有)는 주나라 사람이다. 그의 둘째 아들은 진나라에 가서 태사가 되었고, 적염은 그와 함께 진나라의 전적을 감독하였기 때문에, 이로 인해 동씨(董氏)가 되었으니, 동호(董狐)가 그의 후손이다.

孔疏 ◎注"辛有"至"其後". ○正義曰: 僖二十二年傳曰: "平王之東遷也, 辛有適伊川", 則辛有平王時人也. 此王因籍說董, 言晉國唯有籍·董二族世掌典籍.

번역 ◎杜注: "辛有"~"其後". ○희공 22년의 전문에서는 "평왕이 동쪽으로 천도를 함에 신유가 이천으로 갔다."[45]라고 했으니, 신유는 평왕 때의 인물이다. 현재 주왕은 적씨에 대한 설명으로 인해 동씨에 대한 설명까지도 한 것으로, 진나라에는 오직 적씨와 동씨라는 두 가문만이 대대로 진나라의 전적을 담당했다는 의미이다.

左氏傳 "女, 司典之後也, 何故忘之?" 籍談不能對. 賓出, 王曰: "籍父其無後乎! 數典而忘其祖①."

번역 계속하여 주왕이 말하길, "그대는 전적을 담당했던 가문의 후예인데 무슨 이유로 이러한 사실들을 잊었단 말인가?"라고 했다. 적담은 대답을 할 수 없었다. 순력이 밖으로 나가자 주왕은 "적보는 후손이 없어질 것이

---

45) 『춘추좌시전』「희공(僖公) 22년」: 子魚曰, "所謂禍在此矣." 初, 平王之東遷也, 辛有適伊川, 見被髮而祭于野者, 曰, "不及百年, 此其戎乎!其禮先亡矣." 秋, 秦·晉遷陸渾之戎于伊川.

다! 전적을 살피면서도 자기 조상의 일을 잊어버렸기 때문이다.”라고 했다.

杜注-①   忘祖業.

번역 조상의 업적을 잊었다는 뜻이다.

孔疏 ●“籍父其無後乎”. ○正義曰: 定十四年, “晉人敗范·中行氏之師於潞, 獲籍秦”. 秦卽談之子, 是無後.

번역 ●傳文: “籍父其無後乎”. ○정공 14년에 “진나라가 범씨와 중행씨의 군대를 노에서 패배시켰고 적진을 사로잡았다.”[46]라고 했다. 적진은 바로 적담의 자식이니, 이것이 후손이 없게 되리라는 뜻이다.

左氏傳 籍談歸, 以告叔向. 叔向曰: “王其不終乎! 吾聞之, 所樂必卒焉. 今王樂憂, 若卒以憂, 不可謂終. 王一歲而有三年之喪二焉①.”

번역 적담이 되돌아가 이러한 사실을 숙향에게 알렸다. 숙향은 “주왕은 제대로 생을 마치지 못할 것이다! 내가 듣기로 즐기는 것이 있으면 반드시 즐기는 것에 따라 죽는다고 했다. 현재 주왕은 근심을 즐기고 있는데, 만약 근심으로 인해 죽는다면 제대로 생을 마쳤다고 할 수 없다. 주왕은 한 해에 삼년상을 두 차례 당하였다.”라고 했다.

杜注-①   天子絶期, 唯服三年. 故后雖期, 通謂之三年喪.

번역 천자는 방계 친족에 대해 기년복을 착용하지 않고 오직 삼년복만 착용한다. 그렇기 때문에 왕후에 대해서 비록 기년상을 치르지만 통괄적으로 삼년상이라고 부른다.

---

46) 『춘추좌씨전』「정공(定公) 14년」: 冬十二月, 晉人敗范·中行氏之師於潞, 獲籍秦·高彊. 又敗鄭師及范氏之師于百泉.

孔疏 ●“王其”至“未終”. ○正義曰: 言王其不得以壽終乎! 言將夭命而橫死也. 吾聞之, 心之所樂, 必卒於此焉. 今王在憂而樂, 是爲樂憂也. 亦旣樂憂, 必以憂卒. 若性命之卒以憂而死, 不可謂之終也. 言以憂死, 是不終其天年也.

번역 ●傳文: “王其”~“未終”. ○천자는 제대로 생을 마치지 못할 것이라는 뜻이다. 즉 요절하여 횡사하게 되리라는 의미이다. 내가 듣기로 마음에 즐기는 것이 있다면 반드시 그에 따라 죽는다고 했다. 현재 주왕은 근심에 잠겨 있음에도 즐거워하고 있으니, 이것은 근심을 즐거워하는 것이 된다. 또한 이미 근심을 즐거워하고 있으니 반드시 근심에 따라 죽게 될 것이다. 만약 생명이 근심으로 인해 끊어져 죽게 된다면, 제대로 생을 마쳤다고 부를 수 없다. 즉 근심으로 인해 죽게 된다면 이것은 천수를 누리지 못한 것이라는 의미이다.

孔疏 ◎注“天子”至“年喪”. ○正義曰: 喪服斬衰三年章內有“父爲長子”, 傳曰: “何以三年也? 正體於上, 又乃將所傳重也”. 齊衰杖期章內有“夫爲妻”, 傳曰: “爲妻何以期也? 妻至親也.” 服問曰: “君所主, 夫人妻, 大子, 適婦.” 鄭玄云: “言妻, 見大夫以下, 亦爲此三人爲喪主.” 記言君者, 主謂諸侯, 而天子亦與妻爲喪主也. 然則妻服齊衰期耳, 而傳以后崩大子卒爲三年之喪二者, 喪服杖期章內有“父在爲母”, 傳曰: “何以期? 屈也. 至尊在, 不敢申其私親也. 父必三年然後娶, 達子之志也.” 父以其子有三年之戚, 爲之三年不娶, 則夫之於妻有三年之義, 故可通謂之三年之喪.

번역 ◎杜注: “天子”~“年喪”. ○『의례』「상복(喪服)」편 중 '참최삼년장'에는 “부친이 죽은 장자를 위해서 착용한다.”라는 기록이 있고, 전문에서는 “어찌하여 삼년복을 하는가? 위로는 정통을 계승하였고 또 장차 정통을 전승하기 때문이다.”라고 했다.47) 또 '자최장기장'에는 “남편이 죽은 처를 위해서 착용한다.”라는 기록이 있고, 전문에서는 “처에 대해서는 어찌하여

---

47) 『의례』「상복(喪服)」: <u>父爲長子. 傳曰, 何以三年也? 正體於上, 又乃將所傳重也.</u> 庶子不得爲長子三年, 不繼祖也.

기년복으로 하는가? 처는 지극히 친근한 자이기 때문이다."라고 했다.[48] 『예기』「복문(服問)」편에서는 "군주가 주관하는 상은 자기 부인, 태자, 태자의 정부인 상이다."[49]라고 했고, 정현의 주에서는 "'처(妻)'라고 말한 것은 대부 이하의 계층에서도 이러한 세 부류의 사람들을 위해 상주가 됨을 드러내기 위해서이다."라고 했다. 『예기』에서 '군(君)'이라고 말했으니, 주로 제후의 경우를 뜻하는데, 천자 또한 처에 대해서 상주를 맡게 된다. 그렇다면 처를 위해서는 자최복을 착용하고 기년상을 치를 따름인데, 전문에서 왕후가 죽고 태자가 죽었다는 것을 들어 삼년상이 두 차례 일어났다고 한 이유는 「상복」편 '장기장'에는 "부친이 생존해 계실 때 돌아가신 모친을 위해서 착용한다."라고 했고, 전문에서는 "어째서 기년상으로 치르는가? 굽히기 때문이다. 지극히 존귀한 자가 생존해 계시기 때문에, 감히 사적인 친근함을 모두 펼칠 수가 없다. 부친도 반드시 3년을 기다린 뒤에야 재취를 하니, 자식의 뜻을 이뤄주기 위해서이다."라고 했다.[50] 부친은 자식이 3년 동안 슬픔에 빠져 있기 때문에 그를 위해 3년 동안 재취를 들이지 않으니, 남편은 처에 대해서 삼년상을 치른다는 도의가 포함되어 있다. 그렇기 때문에 통괄적으로 삼년상이라고 부를 수 있다.

左氏傳 "於是乎以喪賓宴, 又求彝器, 樂憂甚矣, 且非禮也. 彝器之來, 嘉功之由, 非由喪也. 三年之喪, 雖貴遂服, 禮也①. 王雖弗遂, 宴樂以早, 亦非禮也②."

번역 계속하여 숙향이 말하길, "이런 시기에 상사에 조문으로 온 빈객과 연회를 열고 또 기물을 요구하였으니, 이것은 근심을 즐김이 매우 심한 것이며 또한 비례에 해당한다. 기물을 헌상하는 것은 공훈을 아름답게 여겨서이지 상사로 인한 것이 아니다. 삼년상은 비록 존귀한 신분이라 하더라

---

48) 『의례』「상복(喪服)」 : 妻. 傳曰, 爲妻何以期也? 妻至親也.
49) 『예기』「복문(服問)」【663d】 : 君所主, 夫人妻, 大子, 適婦.
50) 『의례』「상복(喪服)」 : 父在爲母. 傳曰, 何以期也? 屈也. 至尊在, 不敢伸其私尊也. 父必三年然後娶, 達子之志也.

도 복상기간을 따르는 것이 예법에 맞다. 주왕이 비록 복상기간을 지키지 않더라도 연회를 열어 즐겼던 것은 너무 이른 것이니 또한 비례에 해당한다."라고 했다.

杜注-① 天子諸侯除喪當在卒哭, 今王旣葬而除, 故議其不遂.

번역 천자와 제후가 상복을 제거하는 것은 졸곡(卒哭)[51]을 하는 시기에 해당하는데, 현재 주왕은 장례를 마치자마자 상복을 제거했기 때문에 복상기간을 지키지 않았던 것을 비판한 것이다.

杜注-② 言今雖不能遂服, 猶當静嘿, 而便宴樂, 又失禮也.

번역 현재 복상기간을 제대로 지킬 수 없다 하더라도 여전히 침묵하며 지내야 하는데 연회를 열어 즐겼으니 또한 예법을 어겼다는 뜻이다.

孔疏 ●"於是"至"喪也". ○正義曰: 弔喪送葬之賓, 不合與之宴樂. 王於是乎以喪賓共宴樂, 又求常寶之器. 在憂而爲此樂, 其爲樂憂甚矣. 且求器又非禮也. 諸侯有常器之來獻王者, 乃爲嘉功之由. 諸侯自有善功, 乃作常器以獻其功. 獻非由喪也, 言王不可責喪賓獻器也.

번역 ●傳文: "於是"～"喪也". ○상사에 조문을 오고 장례를 전송했던 빈객들과는 함께 연회를 베풀며 즐겨서는 안 된다. 주왕은 이 시기에 상사에 찾아온 빈객들과 함께 연회를 열어 즐겼고 또 보화로 여길 수 있는 기물을 요구하였다. 이것은 근심에 빠져 있으면서도 이것을 즐겼던 것이니, 근심을 즐김이 매우 심한 것이다. 또 기물을 요구하였으니 비례가 된다. 제후가 기물을 들고 찾아와 천자에게 헌상하는 것은 공적을 아름답게 여기고자 해서이다. 제후 본인에게 선한 공적이 있다면 곧 이러한 기물을 만들어서

---

51) 졸곡(卒哭)은 우제(虞祭)를 지낸 뒤에 지내는 제사이다. 이 제사를 지내게 되면, 수시로 곡(哭)하던 것을 멈추고, 아침과 저녁때에만 한 번씩 곡을 하게 된다. 그렇기 때문에 '졸곡'이라고 부르게 된 것이다.

그 공적을 빛내고자 헌상한다. 따라서 헌상하는 것은 상사로 인한 것이 아니니, 주왕은 상사로 찾아온 빈객에게 기물을 헌상하라고 책망할 수 없다는 의미이다.

孔疏 ●"三年"至"非禮". ○正義曰: 遂由申也, 竟也. 其意言三年之喪, 雖貴爲天子, 由當申遂其服, 使終日月, 乃是禮也. 除喪大速, 是非禮也. 王雖不能遂竟其服, 猶當靜嘿, 而已不宜宴樂. 而宴樂以早, 亦非禮也.

번역 ●傳文: "三年"~"非禮". ○'수(遂)'자는 "이르다[申]."는 뜻이며, "마치다[竟]."는 뜻이다. 그 의중은 삼년상은 비록 존귀한 천자의 신분이라 하더라도 마땅히 그 기간을 채워야만 해서 복상기간을 마쳐야만 예에 맞다는 의미이다. 상복을 제거한 것이 너무 빨랐으니, 이것은 비례에 해당한다. 주왕은 비록 복상기간을 제대로 마칠 수 없다 하더라도 여전히 침묵해야 하니, 연회를 베풀어서 즐겨서는 안 되는 상황이다. 그런데도 너무 이른 시기에 연회를 베풀어서 즐겼으니, 이 또한 비례에 해당한다.

孔疏 ◎注"天子"至"不遂". ○正義曰: 禮, 葬日爲虞. 旣虞之後, 乃爲卒哭之祭. 喪服傳稱: 成服之後, 晝夜哭無時. 旣虞之後, 朝夕各一哭而已. 卒哭者, 謂卒此無時之哭, 故鄭玄士喪禮注云: 卒哭, 虞後祭名. 始者, 朝夕之間哀至卽哭, 至此祭止, 唯朝夕哭而已. 傳稱"旣葬除喪", 譏王不遂其服. 知天子·諸侯除喪, 當在卒哭, 今王旣葬而除, 故譏其不遂也. 杜云: "卒, 止也, 止哭", 與鄭不同. 若如此言, 除喪當在卒哭. 而上下杜注多云"旣葬除喪"者, 以葬日卽虞, 虞卽卒哭, 卒哭去葬, 相去不遠, 共在一月. 葬是大禮, 事書於經, 故成君以否, 皆擧葬言之.

번역 ◎杜注: "天子"~"不遂". ○예법에 따르면 장례를 치른 날 우제(虞祭)를 지내고, 우제를 마친 뒤에는 졸곡(卒哭)의 제사를 지낸다. 『의례』「상복(喪服)」편의 전문에서는 성복(成服)[52]을 한 이후 밤낮으로 곡을 할 때에

---

52) 성복(成服)은 상례(喪禮)에서 대렴(大斂) 이후, 죽은 자와의 관계에 따라, 각

는 정해진 시기가 없다고 했다. 그리고 우제를 치른 뒤에는 아침저녁으로 각각 한 차례씩 곡을 할 따름이라고 했다. '졸곡(卒哭)'이라는 것은 바로 시도 때도 없이 곡하던 것을 그친다는 의미이다. 그렇기 때문에『의례』「사상례(士喪禮)」편에 대한 정현의 주에서는 졸곡은 우제를 치른 뒤의 제사 명칭이다. 처음에는 아침과 저녁 사이 애통함이 몰려오면 곧바로 곡을 하지만, 이러한 제사를 지내게 되면 그치고 오직 아침과 저녁에만 곡을 할 따름이라고 했다. 전문에서 "장례를 마치고 상복을 제거했다."라고 했는데, 이것은 주왕이 복상기간을 지키지 않은 것을 비판한 것이다. 천자와 제후가 상복을 제거하는 것이 졸곡하는 때임을 알 수 있는 이유는 현재 주왕이 장례를 마치고 상복을 제거하자 복상기간을 지키지 못했다고 비판했기 때문이다. 그런데 두예는 "졸(卒)자는 그치다는 뜻이니, 곡을 그친다는 의미이다."라고 하여, 정현의 의견과 다르다. 만약 그의 말대로라면 상복을 제거하는 것은 졸곡하는 때가 된다. 그런데 앞뒤 두예의 주 가운데에서는 대체로 "장례를 마치고 상복을 제거한다."라고 말했다. 그 이유는 장례를 치른 날 곧바로 우제를 치르고 우제를 치른 뒤에 졸곡을 하니, 졸곡을 하는 시기와 장례를 치르는 시기는 그 기간이 멀지 않고 같은 한 달 안에 해당한다. 장례는 중대한 의례절차이므로, 그 사안을 경문에 기록한다. 그렇기 때문에 제대로 된 제후임을 판가름할 때에는 모두 장례라는 사안을 제시하여 말한 것이다.

孔疏 ◎注"言今"至"禮也". ○正義曰: 王不能遂服, 乃與喪賓宴, 又失禮也. 以其喪服將終, 早除猶可, 宴事必不可也. 襄十六年, 葬晉悼公, 平公卽位, 會于溴梁, "與諸侯宴于溫". 又九年八月"葬我小君穆姜", 其年十二月"晉侯以公宴于河上", 傳皆無譏, 則卒哭之後得宴樂.

번역 ◎杜注: "言今"~"禮也". ○주왕이 복상기간을 지키지 못했는데도 상사에 찾아온 빈객들과 연회를 했으니, 이 또한 예법을 어긴 것이다. 복상

각 규정에 맞는 상복(喪服)을 갖춰 입는다는 뜻이다.

기간이 끝나가려 할 때, 조금 이른 시기에 제거하는 것은 그나마 괜찮지만, 연회를 벌이는 것은 절대로 불가한 일이다. 양공 16년에 진나라 도공에 대한 장례를 지냈는데, 평공이 즉위하여 격량에서 회합을 가졌고, "제후들과 온에서 연회를 했다."[53]라고 했다. 또 9년 8월에는 "우리 소군 목강을 장례지냈다."[54]라고 했고, 그 해 12월에 "진나라 후작은 양공과 함께 하수가에서 연회를 했다."[55]라고 했는데, 전문에서는 모두 이러한 일들을 비판하지 않았으니, 졸곡을 한 이후에는 연회를 베풀어 즐길 수 있었던 것이다.

左氏傳 "禮, 王之大經也. 一動而失二禮, 無大經矣①."

번역 계속하여 숙향이 말하길, "예는 천자가 천하를 다스리는 큰 법도이다. 한 번의 행실에서 두 번이나 예를 여겼으니, 큰 법도가 없는 것이다."라고 했다.

杜注-① 失二禮, 謂旣不遂服, 又設宴樂.

번역 두 차례 예를 어겼다는 것은 복상기간을 지키지 않았던 것과 연회를 열어 즐겼던 것을 뜻한다.

孔疏 ●"禮王之大經". ○正義曰: 經者, 綱紀之言也. 傳稱"經國家"·"經德義", 詩·序云"經夫婦", 中庸云"凡爲天下國家有九經", 言禮是王之大經紀也. 服虔曰: "經, 常也, 常所當行也."

번역 ●傳文: "禮王之大經". ○경(經)이라는 것은 강령을 뜻한다. 전문에서는 "국가를 다스린다."[56]라고 했고, "덕의를 법도로 삼는다."[57]라고 했으

---

53) 『춘추좌씨전』「양공(襄公) 16년」: <u>晉侯與諸侯宴于溫</u>, 使諸大夫舞, 曰, "歌詩必類." 齊高厚之詩不類.
54) 『춘추』「양공(襄公) 9년」: 秋, 八月, 癸未, 葬我小君穆姜.
55) 『춘추좌씨전』「양공(襄公) 9년」: 公送晉侯, <u>晉侯以公宴于河上</u>, 問公年.
56) 『춘추좌씨전』「은공(隱公) 11년」: 禮, <u>經國家</u>, 定社稷, 序民人, 利後嗣者也.
57) 『춘추좌씨전』「애공(哀公) 2년」: 今鄭爲不道, 棄君助臣, 二三子順天明, 從君

며, 『시』의 「모서」에서는 "부부관계를 다스린다."[58]라고 했고, 『중용』에서는 "천하와 국가를 다스리는 데에는 구경(九經)이 있다."[59]라고 했으니, 예는 천자가 천하를 다스리는 큰 법도이자 강령임을 의미한다. 복건[60]은 "경(經) 자는 항상되다는 뜻이니, 항상 마땅히 시행해야 할 대상이다."라고 했다.

左氏傳 "言以考典①, 典以志經, 忘經而多言擧典, 將焉用之②?"

번역 계속하여 숙향이 말하길, "말을 통해 전적을 이루고 전적을 통해 법도를 기술하는데, 법도를 망각하고서 많은 말을 하며 전거를 제시한들 무슨 소용이 있겠는가?"라고 했다.

杜注-① 考, 成也.

번역 '고(考)'자는 "이루다[成]."는 뜻이다.

杜注-② 爲二十二年王室亂傳.

번역 22년 왕실의 난이 발생하는 전문이 된다.

孔疏 ●"言以"至"用之". ○正義曰: 人之出言, 所以成典法也. 典法, 所以記禮經也. 王一動而失二禮, 忘已大經矣, 而多爲言語, 擧先王分器之典, 將焉用之?

命, _經德義_, 除詬恥, 在此行也.

58) 『시』「주남(周南)・관저(關雎)」의 「모서」: 先王, 以是_經夫婦_, 成孝敬, 厚人倫, 美敎化, 移風俗.

59) 『중용』「20장」: _凡爲天下國家有九經_, 曰: 脩身也, 尊賢也, 親親也, 敬大臣也, 體群臣也, 子庶民也, 來百工也, 柔遠人也, 懷諸侯也.

60) 복건(服虔, ?~?): 후한대(後漢代)의 유학자이다. 자(字)는 자신(子愼)이다. 초명은 중(重)이었으며, 기(祇)라고도 불렀다. 후에 이름을 건(虔)으로 고쳤다. 『춘추좌씨전(春秋左氏傳)』에 주석을 남겼지만, 산일되어 전해지지 않는다. 현재는 『좌전가복주집술(左傳賈服注輯述)』로 일집본이 편찬되었다.

번역 ●傳文: "言以"~"用之". ○사람은 말을 함으로써 전적을 이루게 된다. 전적이라는 것은 예의 법도를 기록하는 것이다. 천자가 한 차례 행동을 통해 두 번이나 예를 여겼으니, 큰 법도를 잊어버린 것인데, 많은 말을 하여 선왕이 기물을 나눠줬던 전거를 열거한들 무슨 소용이 있겠는가?

그림 10-1 ■ 호(壺)

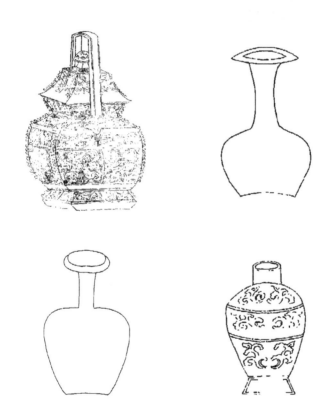

※ **출처**: 상좌-『삼재도회(三才圖會)』「기용(器用)」 1권 ; 상우-『삼례도집주(三禮圖集注)』 5권
    하좌-『삼례도(三禮圖)』 4권 ; 하우-『육경도(六經圖)』 6권

그림 10-2 ■ 호준(壺尊)

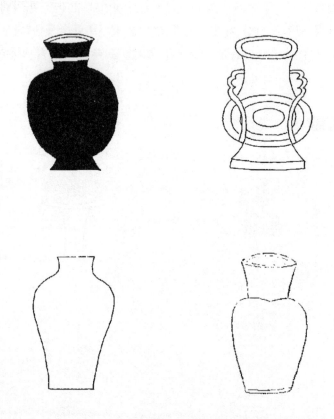

※ **출처:** 상좌-『삼례도집주(三禮圖集注)』14권 ; 상우-『삼례도(三禮圖)』 4권
　　　　하좌-『육경도(六經圖)』 6권 ; 하우-『삼재도회(三才圖會)』「기용(器用)」
　　　　2권

그림 10-3   ▣ 구주분성도(九州分星圖)

※ 출처: 『주례도설(周禮圖說)』 상권

● 그림 10-4 ▣ 삼수(參宿)

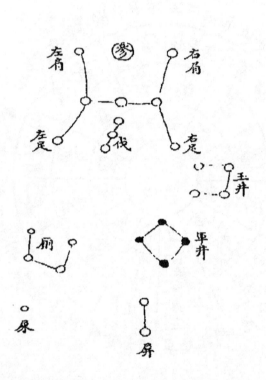

※ 출처: 『흠정사고전서(欽定四庫全書)』「도서편(圖書編)」 17권

그림 10-5 ◨ 대로(大路)

圖 輅 大

※ 출처: 『삼재도회(三才圖會)』「기용(器用)」 5권

● 그림 10-6 ▣ 후대의 융로(戎路: =革路)

革
輅

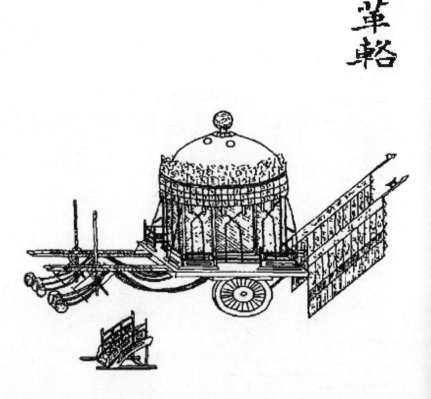

※ 출처:『황조예기도식(皇朝禮器圖式)』11권

그림 10-7 ▣ 규찬(圭瓚)

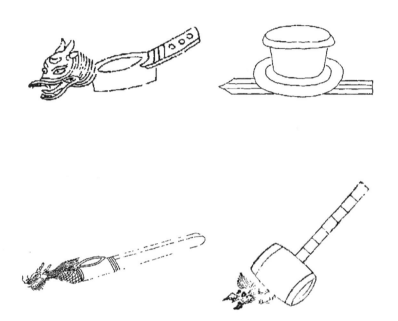

※ **출처:** 상좌-『삼례도집주(三禮圖集注)』14권 ; 상우-『삼례도(三禮圖)』3권
하좌-『육경도(六經圖)』 2권 ; 하우-『삼재도회(三才圖會)』「기용(器用)」
1권

참고 『춘추』애공(哀公) 20년 기록

左氏傳 十一月, 越圍吳, 趙孟降於喪食①. 楚隆曰: "三年之喪, 親暱之極也. 主又降之, 無乃有故乎②?" 趙孟曰: "黃池之役, 先主與吳王有質③, 曰: '好惡同之.' 今越圍吳, 嗣子不廢舊業而敵之④, 非晉之所能及也, 吾是以爲降."

번역 11월 월나라가 오나라를 포위하자 조맹은 상중에 먹던 음식의 가짓수를 줄였다. 초륭은 "삼년상은 친애함이 지극한 것입니다. 주군께서 더 줄이는 것은 무슨 연유가 있어서가 아닙니까?"라고 물었다. 조맹은 "황지의 맹약에서 선친께서 오나라 왕과 맹약을 맺으며, '고통과 즐거움을 함께 누리리라.'라고 했다. 그런데 지금 월나라가 오나라를 포위하였으니, 자식된 입장에서 선친의 약속을 저버리지 않고 월나라와 대적해야 하는데, 진나라의 힘으로는 할 수 있는 일이 아니므로, 나는 이러한 이유로 음식의 가짓수를 줄인 것이다."라고 했다.

杜注-① 趙孟, 襄子無恤, 時有父簡子之喪.

번역 '조맹(趙孟)'은 양자무휼(襄子無恤)이니, 당시 부친인 간자의 상을 치르고 있었다.

杜注-② 楚隆, 襄子家臣.

번역 '초륭(楚隆)'은 양자의 가신이다.

杜注-③ 黃池, 在十三年. 先主, 簡子. 質, 盟信也.

번역 황지의 맹약은 13년에 기록되어 있다. '선주(先主)'는 간자를 뜻한다. '질(質)'자는 맹약을 뜻한다.

杜注-④ 嗣子, 襄子自謂. 欲敵越救吳.

번역 '사자(嗣子)'는 양자 본인을 뜻한다. 월나라와 대적하여 오나라를 구원하고 싶다는 의미이다.

• 제 11 절 •

『서』와 삼년상

참고 『서』「우서(虞書)·요전(堯典)」 기록

경문 二十有八載, 帝乃殂落.

번역 제위를 섭정한지 28년이 되었을 때, 요임금이 죽었다.

孔傳 殂落, 死也. 堯年十六卽位, 七十載求禪, 試舜三載, 自正月上日至崩二十八載, 堯死壽一百一十七歲.

번역 '조락(殂落)'은 죽었다는 뜻이다. 요임금은 16세 때 제위에 올랐고 70년이 흘러 제위를 선양하고자 하여 순임금을 3년 동안 시험하였는데, 정월 초하루로부터 요임금이 붕어할 때까지 순임금이 섭정한 것은 28년이 되었으니, 요임금이 죽었을 때의 나이는 117세가 된다.

孔疏 ◎傳"殂落"至"七歲". ○正義曰: "殂落, 死也", 釋詁文. 李巡曰: "殂落, 堯死之稱." 郭璞曰: "古死尊卑同稱. 故書堯曰'殂落', 舜曰'陟方乃死'". 謂之"殂落"者, 蓋"殂"爲往也, 言人命盡而往; "落"者若草木葉落也. 堯以十六卽位, 明年乃爲元年. 七十載求禪, 求禪之時八十六也. 試舜三載, 自正月上日至崩二十八載, 總計其數, 凡壽一百一十七歲. 按堯典求禪之年卽得舜而試之, 求禪試舜共在一年也. 更得二年, 卽爲歷試三年, 故下傳云"歷試二年". 與攝位二十八年, 合得爲"三十在位". 故王肅云: "徵用三載, 其一在徵用之年, 其餘二載, 與攝位二十八年凡三十歲也." 故孔傳云: "歷試二年."明其一年在徵用之限. 以此計之, 准有一百一十六歲, 不得有七, 蓋誤爲七也.

번역 ◎孔傳: “殂落”~“七歲”. ○공안국1)은 “‘조락(殂落)’은 죽었다는
뜻이다.”라고 했는데, 이것은 『이아』「석고(釋詁)」편의 문장이다.2) 이순은
“조락(殂落)은 요임금이 죽었음을 지칭하는 말이다.”라고 했고, 곽박은 “고
대에는 죽음에 있어서 신분의 차이와 상관없이 용어를 동일하게 사용했다.
그렇기 때문에 『서』에서는 요임금이 죽었을 때 ‘조락(殂落)’이라고 부른 것
이며, 순임금이 죽었을 때에는 ‘순수(巡守)3)를 하다가 죽었다.’4)라고 말한
것이다.”라고 했다. 죽음을 ‘조락(殂落)’이라고 부르는 이유는 ‘조(殂)’자는
“간다[往].”는 뜻이니, 사람의 생명이 다하여 떠난다는 의미가 되고, ‘낙(落)’
자는 마치 초목의 낙엽이 떨어지는 것과 같다. 요임금은 16세 때 제위에
올랐고, 그 다음해가 원년이 된다. 70년을 통치한 뒤 제위를 선양하고자

---

1) 공안국(孔安國, ?~?) : 전한(前漢) 때의 학자이다. 자(字)는 자국(子國)이다.
고문상서학(古文尙書學)의 개조(開祖)로 알려져 있다. 『십삼경주소(十三經注
疏)』의 『상서정의(尙書正義)』에는 공안국의 전(傳)이 수록되어 있는데, 통상
적으로 이 주석은 후대인들이 공안국의 이름에 가탁하여 붙인 문장으로 인
식되고 있다.
2) 『이아』「석고(釋詁)」: 崩・薨・無祿・卒・殂落・殪, 死也.
3) 순수(巡守)는 ‘순수(巡狩)’라고도 부른다. 천자가 수도를 벗어나 제후의 나라
를 시찰하는 것을 뜻한다. ‘순수’의 ‘순(巡)’자는 그곳으로 행차를 한다는 뜻
이고, ‘수(守)’자는 제후가 지키는 영토를 뜻한다. 제후는 천자가 하사해준 영
토를 대신 맡아서 수호하는 것이기 때문에, 천자가 그곳에 방문하여, 자신의
영토를 어떻게 관리하고 있는지를 시찰하게 된다. 『서』「우서(虞書)・순전(舜
典)」편에는 “歲二月, 東巡守, 至于岱宗, 柴.”라는 기록이 있고, 이에 대한 공
안국(孔安國)의 전(傳)에서는 “諸侯爲天子守土, 故稱守. 巡, 行之.”라고 풀이
했으며, 『맹자』「양혜왕하(梁惠王下)」편에서는 “天子適諸侯曰巡狩. 巡狩者,
巡所守也.”라고 기록하였다. 한편 『예기』「왕제(王制)」편에는 “天子, 五年, 一
巡守.”라는 기록이 있고, 『주례』「추관(秋官)・대행인(大行人)」편에는 “十有
二歲王巡守殷國.”이라는 기록이 있다. 즉 「왕제」편에서는 천자가 5년에 1번
순수를 시행하고, 「대행인」편에서는 12년에 1번 순수를 시행한다고 기록하
고 있는데, 이러한 차이점에 대해서 정현은 「왕제」편의 주에서 “五年者, 虞
夏之制也. 周則十二歲一巡守.”라고 풀이했다. 즉 5년에 1번 순수를 하는 제도
는 우(虞)와 하(夏)나라 때의 제도이며, 주(周)나라에서는 12년에 1번 순수를
했다.
4) 『서』「우서(虞書)・순전(舜典)」: 舜生三十徵庸, 三十在位. 五十載, 陟方乃死.
帝釐下土, 方設居方, 別生分類, 作汨作, 九共, 九篇, 槀飫.

했는데, 제위를 선양하고자 했던 때 그의 나이는 86세가 된다. 순임금을 3년 동안 시험하였고, 순임금이 섭정을 한 정월 초하루부터 요임금이 죽었을 때까지 28년이 흘렀으니, 그 시간을 계산해보면 그의 나이는 117세가 된다. 「요전」편을 살펴보면 제위를 선양하고자 했을 때 곧바로 순임금을 얻어 그를 시험하였고, 선양을 하고자 했던 때와 순임금을 시험했던 시기는 모두 같은 일 년 안에 해당한다. 다시 2년의 시간을 보내 총 3년 동안 여러모로 시험을 했다. 그렇기 때문에 뒤의 전문에서는 "2년 동안 여러모로 시험하다."라고 말한 것이다. 이 기간과 순임금이 섭정을 한 28년의 기간을 합하면 "30년에 제위에 오른다."는 말이 된다. 그렇기 때문에 왕숙은 "불러서 등용을 한 것이 3년인데, 그 중 1년은 불러서 등용했던 해가 되며 나머지 2년과 섭정을 한 28년을 합하면 30년이 된다."라고 말한 것이다. 그래서 공안국의 전문에서는 "2년 동안 여러모로 시험했다."라고 말한 것이니, 이 말은 1년이라는 기간은 처음 불러서 등용했던 시기에 해당함을 나타낸다. 이를 통해 계산해보면 116세가 되어 117세가 될 수 없으니, 아마도 7이라는 글자는 잘못 기록된 것 같다.

경문 百姓如喪考妣,

번역 모든 관리들은 부모의 상을 당한 것처럼 삼년상을 치렀고,

孔傳 考妣, 父母. 言百官感德思慕.

번역 '고비(考妣)'는 부모를 뜻하니, 모든 관리들이 그의 덕에 감화되었고 그를 흠모하였다는 의미이다.

孔疏 ◎傳"考妣"至"思慕". ○正義曰: 曲禮云: "生曰父母, 死曰考妣." 鄭玄云: "考, 成也, 言其德行之成也. 妣之言媲也, 媲於考也." 喪服爲父爲君, 同服斬衰. 檀弓說事君之禮云: "服勤至死, 方喪三年." 鄭玄云: "方喪資於事父, 凡此以義爲制." 義重則恩輕, 其情異於父. "如喪考妣", 言百官感德, 情同父母, 思慕深也. 諸經傳言"百姓", 或爲百官, 或爲萬民, 知此"百姓"是百官者, 以喪服庶民爲天子齊衰三月, 畿外之民無服, 不得如考妣, 故知百官也.

번역 ◎孔傳: "考妣"~"思慕". ○『예기』「곡례(曲禮)」편에서는 "살아계셨을 때에는 부모(父母)라 부르고, 돌아가셨을 때에는 고비(考妣)라 부른다."5)라고 했고, 정현은 "'고(考)'자는 이룬다는 뜻으로, 그가 덕행을 완성하였다는 의미이다. '비(妣)'자는 짝이 된다는 뜻으로, 남편과 짝을 이룬다는 의미이다."라고 했다. 『의례』「상복(喪服)」편에 따르면 돌아가신 부친이나 군주를 위해서는 동일하게 참최복(斬衰服)을 착용한다고 했다. 『예기』「단궁(檀弓)」편에서는 군주를 섬기는 예법을 설명하며, "힘든 일에 복무하며 목숨을 바쳐서 하고, 군주가 돌아가셨을 때에는 부모에 대한 상례에 견주어서 삼년상을 치른다."6)라고 했고, 정현은 "'방상(方喪)'은 부모를 섬기는 규정에 바탕을 둔다는 뜻이며, 군주에 대한 이러한 규정들은 의로움을 기준으로 제도로 정한 것이다."라고 했다. 상대적으로 의로움이 중요하다면 은혜는 덜 중요하니, 그 정감은 부친에 대한 것과 달라진다. "고비(考妣)의 상을 치르는 것처럼 한다."라고 했는데, 모든 관리들이 그 덕에 감화되어 그에 대한 정감이 부모에 대한 것과 동일하게 되며 그를 사모하는 마음이 깊어진다는 뜻이다. 여러 경문과 전문에서 '백성(百姓)'이라고 한 말은 모든 관리를 뜻하기도 하고 모든 백성을 뜻하기도 하는데, 이곳에 나온 '백성(百姓)'이라는 말이 모든 관리를 뜻한다는 사실을 알 수 있는 이유는 「상복」편에서 서민들은 천자를 위해 자최복(齊衰服)으로 3개월 상을 치른다고 했고, 천자의 수도 밖에 있는 백성들은 상복을 착용하지 않는다고 했으므로, 부모에 대한 것처럼 치를 수 없다. 그렇기 때문에 모든 관리를 뜻한다는 사실을 알 수 있다.

---

5) 『예기』「곡례하(曲禮下)」 【65a】: 生曰父, 曰母, 曰妻. 死曰考, 曰妣, 曰嬪. 壽考曰卒, 短折曰不祿.

6) 『예기』「단궁상(檀弓上)」 【69a】: 事親有隱而無犯, 左右就養無方, 服勤至死, 致喪三年. 事君有犯而無隱, 左右就養有方, 服勤至死, 方喪三年. 事師無犯無隱, 左右就養無方, 服勤至死, 心喪三年.

경문 三載, 四海遏密八音.

번역 3년 동안 사해에서는 팔음(八音)의 연주를 그쳤다.

孔傳 遏, 絶. 密, 靜也. 八音, 金·石·絲·竹·匏·土·革·木. 四夷絶音三年, 則華夏可知. 言盛德恩化所及者遠.

번역 '알(遏)'자는 "끊다[絶]."는 뜻이다. '밀(密)'자는 "고요하다[靜]."는 뜻이다. '팔음(八音)'은 쇠[金]·돌[石]·실[絲]·대나무[竹]·박[匏]·흙[土]·가죽[革]·나무[木]로 만든 악기이다. 사방의 오랑캐들도 3년 동안 음악을 연주하지 않았으니, 중하의 사람들도 연주하지 않았다는 사실을 알 수 있다. 즉 융성한 덕에 따라 은덕을 베풀고 교화한 것이 멀리까지 미쳤음을 의미한다.

孔疏 ●"二十"至"八音". ○正義曰: 舜受終之後, 攝天子之事二十有八載, 帝堯乃死. 百官感德思慕, 如喪考妣. 三載之內, 四海之人, 蠻夷戎狄皆絶靜八音而不復作樂. 是堯盛德恩化所及者遠也.

번역 ●經文: "二十"~"八音". ○순임금이 제위를 물려받은 이후 천자의 일을 섭정한 지 28년에 이르자 요임금이 죽었다. 모든 관리들은 그의 덕에 감화되어 그를 사모하였고 부모에 대한 상처럼 치렀다. 3년 동안 사해 안의 사람들 중 오랑캐들 또한 모두 팔음의 악기를 연주하지 않아 음악을 연주하는 일이 없었다. 이것은 요임금의 융성한 덕에 따른 은덕 및 교화가 멀리까지 미쳤음을 뜻한다.

孔疏 ◎傳"遏絶"至"者遠". ○正義曰: "密, 靜", 釋詁文. "遏", 止絶之義, 故爲絶也. 周禮·太師云: "播之以八音: 金·石·土·革·絲·木·匏·竹." 鄭云: "金, 鍾鎛也; 石, 磬也; 土, 塤也; 革, 鼓鼗也; 絲, 琴瑟也; 木, 柷敔也; 匏, 笙也; 竹, 管簫也." 傳言"八音"與彼次不同者, 隨便言耳. 釋地云: "九夷八狄七戎六蠻謂之四海." 夷狄尙絶音三年, 則華夏內國可知也. 喪服諸侯之大夫爲天子正服總衰, 旣葬除之. 今能使四夷三載絶音, 言堯有盛德, 恩化所及遠也.

번역 ◎孔傳: "遏絶"~"者遠". ○공안국이 "'밀(密)'자는 고요하다는 뜻이다."라고 했는데, 이것은 『이아』「석고(釋詁)」편의 문장이다.[7] '알(遏)'자는 그치고 끊는다는 의미이다. 그렇기 때문에 절(絶)자의 뜻이 된다. 『주례』「태사(太師)」편에서는 "팔음(八音)으로 드러내니, 금(金)·석(石)·토(土)·혁(革)·사(絲)·목(木)·포(匏)·죽(竹)이다."[8]라고 했고, 정현은 "금(金)은 종(鐘)과 박(鎛)이고, 석(石)은 경(磬)이며, 토(土)는 훈(塤)이고, 혁(革)은 고(鼓)와 도(鼗)이며, 사(絲)는 금(琴)과 슬(瑟)이고, 목(木)은 축(柷)과 어(敔)이며, 포(匏)는 생(笙)이고, 죽(竹)은 관(管)과 소(簫)이다."라고 했다. 공안국의 전문에서 '팔음'을 언급한 것과 「태사」편에 나열된 팔음의 순서가 다른 것은 편리에 따라 말했기 때문이다. 『이아』「석지(釋地)」편에서는 "구이(九夷)[9]·팔적(八狄)[10]·칠융(七戎)[11]·육만(六蠻)[12]을 사해(四海)라

---

7) 『이아』「석고(釋詁)」 : 㥁·謐·溢·蟄·愼·貉·謐·顗·頠·密·寧, 靜也.

8) 『주례』「춘관(春官)·대사(大師)」 : 大師掌六律六同, 以合陰陽之聲. 陽聲: 黃鍾·大蔟·姑洗·蕤賓·夷則·無射. 陰聲: 大呂·應鍾·南呂·函鍾·小呂·夾鍾. 皆文之以五聲, 宮·商·角·徵·羽. 皆播之以八音, 金·石·土·革·絲·木·匏·竹.

9) 구이(九夷)는 고대 중국의 동쪽 지역에 거주하던 아홉 종류의 소수 민족을 뜻한다. 또한 그들이 거주하는 지역 전체를 가리키는 용어로도 사용되었다. 아홉 종류의 소수 민족을 견이(畎夷)·우이(于夷)·방이(方夷)·황이(黃夷)·백이(白夷)·적이(赤夷)·현이(玄夷)·풍이(風夷)·양이(陽夷)라고 정의하기도 한다. 『논어』「자한(子罕)」편에는 "子欲居九夷."라는 기록이 있고, 이에 대한 하안(何晏)의 『집해(集解)』에서는 마융(馬融)의 주장을 인용하여, "東方之夷有九種."이라고 풀이했으며, 『후한서(後漢書)』「동이전(東夷傳)」편에는 "夷有九種. 曰, 畎夷·于夷·方夷·黃夷·白夷·赤夷·玄夷·風夷·陽夷."라는 기록이 있다.

10) 팔적(八狄)은 고대 중국의 북쪽 지역에 거주하던 여덟 종류의 소수 민족을 뜻한다. 또한 그들이 거주하는 지역 전체를 가리키는 용어로도 사용되었다. 여덟 종류의 소수 민족에 대해서는 구체적인 기록이 없다. '팔적' 이외에도 '적(狄)'을 가리키는 용어로 '오적(五狄)', '육적(六狄)' 등의 용어가 등장한다. '적' 중에서 '오적'에 대해서는 구체적인 기록이 남아 있는데, 다섯 종류의 소

고 부른다."13)라고 했다. 오랑캐도 오히려 3년 동안 음악을 연주하지 않았
다면, 중하에 속한 나라들도 음악을 연주하지 않았다는 사실을 알 수 있다.
『상복』편에 따르면 제후에게 소속된 대부는 천자를 위해 정규 복장으로
세최(繐衰)14)를 착용하고, 장례를 끝내면 제거한다고 했다. 현재 사방의 오
랑캐들로 하여금 3년 동안 음악을 연주하지 않게끔 할 수 있었다는 것은
요임금에게 융성한 덕이 있어서, 그에 따른 은혜와 교화가 먼 곳까지 미쳤
음을 의미한다.

蔡傳 殂落, 死也, 死者, 魂氣歸于天, 故曰殂, 體魄歸于地, 故曰落. 喪, 爲

수 민족은 월지(月支), 예맥(穢貊), 흉노(匈奴), 단우(單于), 백옥(白屋)을 뜻
한다. 『이아』「석지(釋地)」편에 기록된 '팔적'에 대해, 형병(邢昺)의 소(疏)에
서는 이순(李巡)의 말을 인용하여, "一曰月支, 二曰穢貊, 三曰匈奴, 四曰單于,
五曰白屋."이라고 풀이했다.
11) 칠융(七戎)은 고대 중국의 서쪽 지역에 거주하던 일곱 종류의 소수 민족을
뜻한다. 또한 그들이 거주하는 지역 전체를 가리키는 용어로도 사용되었다.
일곱 종류의 소수 민족에 대해서는 구체적인 기록이 없다. '칠융' 이외에도
'융(戎)'을 가리키는 용어로 '육융(六戎)', '오융(五戎)' 등의 용어가 등장한다.
'융' 중에서 '육융'에 대해서는 구체적인 기록이 남아 있는데, 여섯 종류의 소
수 민족은 요이(僥夷), 융부(戎夫), 노백(老白), 기강(耆羌), 비식(鼻息), 천강
(天剛)을 뜻한다. 『이아』「석지(釋地)」편에 기록된 '육융'에 대해, 형병(邢昺)
의 소(疏)에서는 이순(李巡)의 말을 인용하여, "一曰僥夷, 二曰戎夫, 三曰老
白, 四曰耆羌, 五曰鼻息, 六曰天剛."이라고 풀이했다.
12) 육만(六蠻)은 고대 중국의 남쪽 지역에 거주하던 여섯 종류의 소수 민족을
뜻한다. 또한 그들이 거주하는 지역 전체를 가리키는 용어로도 사용되었다.
여섯 종류의 소수 민족에 대해서는 구체적인 기록이 없다. '육만' 이외에도
'만(蠻)'을 가리키는 용어로 '팔만(八蠻)'이라는 용어가 등장한다. '만' 중에서
'팔만'에 대해서는 구체적인 기록이 남아 있는데, 여덟 종류의 소수 민족은
천축(天竺), 해수(咳首), 초요(僬僥), 파종(跋踵), 천흉(穿胸), 담이(儋耳), 구
궤(狗軌), 방춘(旁春)을 뜻한다. 『이아』「석지(釋地)」편에 기록된 '육만'에 대
해, 형병(邢昺)의 소(疏)에서는 이순(李巡)의 말을 인용하여, "一曰天竺, 二曰
咳首, 三曰僬僥, 四曰跋踵, 五曰穿胸, 六曰儋耳, 七曰狗軌, 八曰旁春."이라고
풀이했다.
13) 『이아』「석지(釋地)」: 九夷·八狄·七戎·六蠻, 謂之四海.
14) 세최(繐衰)는 5개월 동안 소공복(小功服)의 상을 치를 때 착용하는 상복을 뜻
한다. 가늘고 성근 마(麻)의 포를 사용해서 만들기 때문에, '세최'라고 부른다.

之服也. 遏, 絕, 密, 靜也. 八音, 金石絲竹匏土革木也. 言堯聖德廣大, 恩澤隆厚, 故四海之民, 思慕之深, 至於如此也. 儀禮, 圻內之民, 爲天子齊衰三月, 圻外之民無服. 今應服三月者, 如喪考妣, 應無服者, 遏密八音. 堯十六卽位, 在位七十載, 又試舜三載, 老不聽政二十八載, 乃崩, 在位通計百單一年.

번역 '조락(殂落)'은 죽었다는 의미로, 죽은 자의 경우 혼기가 하늘로 돌아가기 때문에 조(殂)라고 부르고, 체백이 땅으로 돌아가기 때문에 낙(落)이라고 부른다. '상(喪)'자는 그를 위해 상복을 착용했다는 뜻이다. '알(遏)'자는 "끊다[絕]."는 뜻이며, '밀(密)'자는 "고요하다[靜]."는 뜻이다. '팔음(八音)'은 금(金)·석(石)·사(絲)·죽(竹)·포(匏)·토(土)·혁(革)·목(木)으로 만든 악기이다. 요임금의 성인다운 덕성이 광대하였고 그에 따른 은택이 융성하고 두터웠기 때문에, 사해의 백성들이 그를 사모하는 마음이 깊어 이와 같은 상황에 이르렀다는 의미이다. 『의례』에 따르면 천자의 수도에 속한 백성들은 천자를 위해서 자최복으로 3개월 동안 복상한다고 했고, 수도 밖의 백성들은 상복이 없다고 했다. 현재 3개월 동안 복상해야 하는 자들은 부모의 상을 치르는 것처럼 했고, 상복을 착용하지 말아야 하는 자들은 팔음의 연주를 그친 것이다. 요임금은 16세 때 제위에 올랐고 제위에서 70년을 통치하였으며, 또 순임금을 3년 동안 시험하고, 나이가 들어 정사를 직접 다스리지 않은지 28년이 되어 죽었으니, 그가 제위에 있었던 기간은 총 101년이다.

참고 『서』「상서(商書)·열명상(說命上)」

경문 王宅憂, 亮陰三祀.

번역 천자께서 부친의 상을 치르고 계셔, 말을 하지 않으신 것이 3년이다.

孔傳 陰, 默也. 居憂, 信默三年不言.

번역 '음(陰)'자는 침묵하다는 뜻이다. 상을 치르고 있어서, 총재에게 일을 맡기고 묵묵히 3년 동안 말을 하지 않았다.

孔疏 ●"王宅憂, 亮陰三祀". ○正義曰: 言王居父憂, 信任冢宰, 默而不言已三年矣. 三年不言, 自是常事, 史錄此句於首者, 謂旣免喪事, 可以言而猶不言, 故迸此以發端也.

번역 ●經文: "王宅憂, 亮陰三祀". ○천자가 부친의 상을 치르고 있어서, 총재에게 일을 맡기고 묵묵히 말을 하지 않은 것이 이미 3년을 경과했다는 뜻이다. 3년 동안 말을 하지 않은 것은 일상적인 일인데, 사관이 첫 부분에 이 구문을 기록한 것은 이미 상사를 끝냈으므로 말을 할 수 있었지만 여전히 말을 하지 않은 것이다. 그렇기 때문에 이 구문을 조술하여 단서를 드러낸 것이다.

孔疏 ◎傳"陰默"至"不言". ○正義曰: "陰"者, 幽闇之義, "默", 亦闇義, 故爲默也. 易稱"君子之道, 或默或語", 則"默"者, 不言之謂也. 無逸傳云"乃有信默, 三年不言", 有此"信默", 則"信", 謂信任冢宰也.

번역 ◎孔傳: "陰默"~"不言". ○'음(陰)'자는 그윽하고 어둡다는 뜻이며, '묵(默)'자 또한 어둡다는 뜻이다. 그렇기 때문에 묵묵히 있었다는 의미가 된다. 『역』에서는 "군자의 도는 어떤 때에는 침묵하고 어떤 때에는 말한다."15)라고 했으니, '묵(默)'자는 말을 하지 않는다는 뜻이다. 『서』「무일(無逸)」편에 대한 전문에서는 "믿고 침묵하여 3년 동안 말을 하지 않았다."16)라고 했고, 이곳에서는 '신묵(信默)'이라고 했으니, '신(信)'자는 총재를 신임하여 그에게 정사를 맡긴다는 뜻이다.

---

15) 『역』「계사상(繫辭上)」: 子曰, "君子之道, 或出或處, 或默或語. 二人同心, 其利斷金, 同心之言, 其臭如蘭."
16) 이 문장은 『서』「주서(周書)·무일(無逸)」편의 "作其卽位, 乃或亮陰, 三年不言."이라는 기록에 대한 공안국(孔安國)의 전문(傳文)이다.

경문 旣免喪, 其惟弗言.

번역 이미 탈상을 했는데도 말을 하지 않으셨다.

孔傳 除喪, 猶不言政.

번역 상을 끝냈음에도 여전히 정사에 대해 언급하지 않았다는 뜻이다.

참고 『서』「주서(周書)·무일(無逸)」

경문 其在高宗時, 舊勞于外, 爰曁小人.

번역 고종 때에는 밖에 대한 일에 오래도록 수고로움을 다하시어, 이에 소인들과 함께 하셨습니다.

孔傳 武丁, 其父小乙使之久居民間, 勞是稼穡, 與小人出入同事.

번역 무정(武丁)은 그의 부친인 소을(小乙)이 그로 하여금 오랜 기간 동안 민가에 머물도록 하여, 농사일에 힘쓰도록 했고, 소인들과 출입하며 일을 함께 하도록 시켰다.

孔疏 ●"其在"至"九年". ○正義曰: 其殷王高宗, 父在之時, 久勞於外, 於時與小人同其事. 後爲太子, 起其卽王之位, 乃有信默, 三年不言. 在喪其惟不言, 喪畢發言, 言得其道, 乃天下大和. 不敢荒忽自安, 善謀殷國, 至於小大之政, 莫不得所. 其時之人, 無是有怨恨之者. 故高宗之享殷國五十有九年. 亦言不逸得長壽也.

번역 ●經文: "其在"~"九年". ○은나라 천자인 고종은 부친이 생존해 계실 때, 밖에 대한 일에 오래도록 수고로움을 다하였고, 이 시기에 소인들과 같은 일에 참하였다. 이후 태자가 되었고 천자의 지위에 올랐는데, 이에 곧 총재를 신임하고 침묵하여 3년 동안 말을 하지 않았다. 상을 치르는 중에는 말을 하지 않았는데, 상을 끝내고 말을 하자 그 말이 도리에 합치되어 천하가 크게 조화롭게 되었다. 감히 제멋대로 하거나 나태하지 않았으며 자신만 편안하고자 하지 않았고, 은나라의 정사에 대해 잘 도모하여 크고 작은 정사에 있어서도 제자리를 찾지 못하는 것이 없었다. 당시 사람들 중에는 원망하는 자가 없었다. 그렇기 때문에 고종은 은나라를 59년이나 통치한 것이다. 이것은 또한 안주하지 않아 장수를 누렸음을 의미한다.

孔疏 ◎傳"武丁其"至"同事". ○正義曰: "舊", 久也. 在卽位之前, 而言久勞於外, 知是其父小乙使之久居民間, 勞是稼穡, 與小人出入同爲農役, 小人之艱難事也. 太子使與小人同勞, 此乃非常之事, 不可以非常怪之. 於時蓋未爲太子也, 殷道雖質, 不可旣爲太子, 更得與小人雜居也.

번역 ◎孔傳: "武丁其"~"同事". ○'구(舊)'자는 오랜 기간을 뜻한다. 즉 위하기 이전에 밖에 대해서 오랜 기간 동안 수고로움을 다했다는 뜻이니, 부친인 소을이 그로 하여금 오랜 기간 동안 민가에 머물도록 하여 농사에 힘쓰도록 해서, 소인들과 출입하며 함께 농사에 참여하였는데, 이것은 소인들도 어려워했던 일에 함께 종사했던 것이다. 태자로 하여금 소인들과 함께 농사에 힘쓰게 한 것은 일상적인 일이 아니지만, 일상적이지 않다는 이유로 괴이하게 여겨서는 안 된다. 당시 아직 태자에 오르지 않은 상태이고, 은나라의 도는 비록 질박하였지만, 아직 태자의 신분이 아니었으므로, 소인들과 함께 기거할 수 있었다.

경문 作其卽位, 乃或亮陰, 三年不言.

번역 일어나 즉위를 하였는데, 총재에게 일을 맡기고 침묵하여 3년 동안 말을 하지 않으셨다.

孔傳 武丁起其卽王位, 則小乙死, 乃有信默, 三年不言. 言孝行著.

번역 무정이 천자의 지위에 올랐는데, 곧 부친인 소을이 죽어서 총재에게 일을 맡기고 침묵하여 3년 동안 말을 하지 않았다. 이것은 효행이 드러났다는 뜻이다.

孔疏 ◎傳"武丁起"至"行著". ○正義曰: 以上言久勞於外, 爲父在時事, 故言"起其卽王位, 則小乙死"也. "亮", 信也. "陰", 默也. 三年不言, 以舊無功, 而今有, 故言. 乃有說此事者, 言其孝行著也. 禮記・喪服四制引書云: "'高宗諒闇, 三年不言', 善之也. 王者莫不行此禮, 何以獨言之也? 曰, 高宗者, 武丁. 武丁者, 殷之賢王也. 繼世卽位, 而慈良於喪. 當此之時, 殷衰而復興, 禮廢而復起, 故載之於書中而高之, 故謂之高宗. 三年之喪, 君不言也", 是說此經"不言"之意也.

번역 ◎孔傳: "武丁起"~"行著". ○앞에서는 밖에 대해서 오랜 기간 동안 수고로움을 다했다고 했는데, 이것은 부친이 생존해 계실 때 했던 일이다. 그렇기 때문에 "천자의 지위에 올랐는데, 곧 부친인 소을이 죽었다."라고 말한 것이다. '양(亮)'자는 신임한다는 뜻이다. '음(陰)'자는 침묵한다는 뜻이다. 3년 동안 말을 하지 않았는데, 오랜 기간 동안 공적을 쌓음이 없었지만 현재는 발생했기 때문에 말을 한 것이다. 이러한 일화를 기록한 것은 그의 효행을 드러내기 위해서라는 뜻이다. 『예기』「상복사제(喪服四制)」편에서는 『서』의 문장을 인용하여, "'고종은 햇볕이 들지 않는 임시 막사에서 3년 동은 말을 하지 않았다.'라고 했는데, 이것은 그의 행위를 칭찬한 기록이다. 천자 중에는 이러한 예법을 시행하지 않았던 자가 없었는데, 어찌하여 유독 고종만 칭찬했는가? 대답해보자면 고종(高宗)은 무정(武丁)이다. 무정은 은나라 때의 현명한 천자였다. 대를 이어서 지위에 올랐는데, 상 치르는 일에 대해서 매우 잘 했다. 당시에 은나라는 쇠약해졌으나 고종으로 인해 재차 부흥하게 되었고, 예법도 쇠락해졌으나 고종으로 인해 재차 시행되었다. 그렇기 때문에 『서』에 그 사실을 기록하여 높인 것이다.

그래서 그를 '고종(高宗)'이라고 부른 것이다. 삼년상을 치를 때 군주는 말을 하지 않는다."라고 했다. 이것은 이곳 경문에서 "말을 하지 않았다."라고 했던 뜻을 풀이한 말이다.

경문 其惟不言, 言乃雍, 不敢荒寧.

번역 말을 하지 않았는데, 말을 하자 천하가 조화롭게 되었고, 감히 제 멋대로 하거나 자신만 편하고자 하지 않았다.

孔傳 在喪則其惟不言, 喪畢發言, 則天下和. 亦法中宗, 不敢荒怠自安.

번역 상을 치르는 중에는 말을 하지 않았고, 상을 끝내고서 말을 하자 천하가 조화롭게 되었다. 이 또한 중종(中宗)을 본받은 것이니, 감히 제멋 대로 하거나 나태하지 않았으며 자신만 편안하고자 하지 않았다.

孔疏 ◎傳"在喪"至"自安". ○正義曰: 鄭玄云, "其不言之時, 時有所言, 則群臣皆和諧." 鄭玄意謂此"言乃雍"者, 在三年之內, 時有所言也. 孔意則爲出言在三年之外, 故云"在喪其惟不言, 喪畢發言, 則天下大和". 知者, 說命云, "王宅憂, 亮陰三祀. 旣免喪, 其惟不言." 除喪猶尙不言, 在喪必無言矣, 故知喪畢乃發言也. 高宗不敢荒寧, 與中宗正同, 故云"亦法中宗, 不敢荒怠自安". 殷家之王, 皆是明王, 所爲善事, 計應略同, 但古文辭有差異, 傳因其文同, 故言"法中宗"也.

번역 ◎孔傳: "在喪"~"自安". ○정현은 "말을 하지 않았을 때, 때에 따라 말을 하게 되면 뭇 신하들이 모두 조화롭고 화목하게 되었다."라고 했다. 정현의 의도는 이곳에서 "말을 하자 조화롭게 되었다."라고 한 것이 삼년상을 치르는 도중에 간혹 때에 따라 말을 하게 된 것이라고 여긴 것이다. 공안국의 의도는 말을 한 것은 삼년상을 치른 이후에 해당한다고 여겼다. 그렇기 때문에 "상을 치르는 중에는 말을 하지 않았고, 상을 끝내고서 말을 하자 천하가 조화롭게 되었다."라고 말한 것이다. 이러한 사실을 알 수 있는 이유는 『서』「열명(說命)」편에서 "천자께서 부친의 상을 치르고 계셔, 말을 하지 않으신 것이 3년이다. 이미 탈상을 했는데도 말을 하지 않으셨다."라고 했기 때문이다. 상을 끝냈는데도 여전히 말을 하지 않았다면, 상을 치르는 도중에는 분명 말을 하지 않았던 것이다. 그렇기 때문에 상을 끝내고서야 말을 했다는 사실을 알 수 있다. 고종은 감히 제멋대로 하거나 자신만 편하고자 하지 않았는데, 이것은 중종이 한 것과 합치된다. 그렇기 때문에 "또한 중종을 본받은 것이니, 감히 제멋대로 하거나 나태하지 않았으며 자신만 편안하고자 하지 않았다."라고 했다. 은나라 때의 천자는 모두 성왕들이었으므로, 그들이 시행한 선한 정사는 대체적으로 동일했다. 다만 고문으로 전해져오는 기록에는 차이가 있으므로, 전문에서는 그 문장에 따라 동일하다고 여겼다. 그렇기 때문에 "중종을 본받았다."라고 했다.

蔡傳 高宗, 武丁也. 未卽位之時, 其父小乙使久居民間, 與小民出入同事, 故於小民稼穡艱難, 備嘗知之也. 雍, 和也. 發言和順, 當於理也.

번역 '고종(高宗)'은 무정(武丁)이다. 아직 즉위하지 않았을 때, 그의 부친인 소을이 오랜 기간 동안 민가에 거주하게 하여, 백성들과 출입하며 같은 일에 종사하도록 시켰다. 그렇기 때문에 백성들이 농사를 지으며 겪는 어려움에 대해 두루 알고 있었다. '옹(雍)'자는 조화롭다는 뜻이다. 말을 한 것이 조화롭고 온순하여 이치에 마땅했다는 의미이다.

● 그림 11-1 ■ 은(殷)나라 고종(高宗)

殷 高 宗

※ 출처: 『삼재도회(三才圖會)』「인물(人物)」 1권

그림 11-2 ▣ 은(殷)나라 세계도(世系圖)

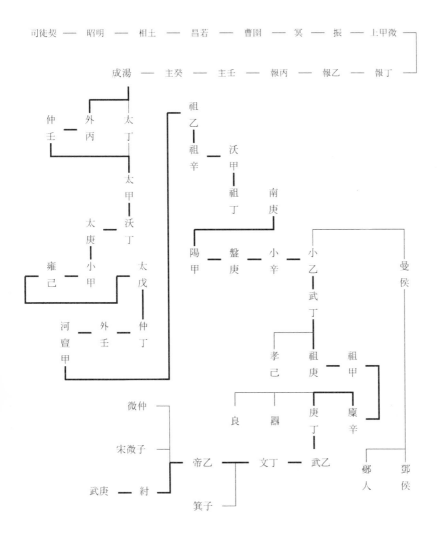

※ 출처: 『역사(繹史)』1권「역사세계도(繹史世系圖)」

참고 『서』「주서(周書)·강왕지고(康王之誥)」

경문 王出, 在應門之內.

번역 천자가 밖으로 나가서 응문(應門)17) 안쪽에 섰다.

孔傳 出畢門, 立應門內之中庭, 南面.

번역 필문(畢門)18) 밖으로 나가 응문 안쪽의 마당에 서서 남쪽을 바라본 것이다.

孔疏 ◎傳"出畢"至"南面". ○正義曰: 出在門內, 不言"王坐", 諸侯旣拜, 王卽答拜, 復不言"興", 知立庭中南面也.

번역 ◎孔傳: "出畢"~"南面". ○밖으로 나와 문의 안쪽에 있었다고 했는데, "천자가 앉았다."라고 말하지 않았고, 제후가 절을 마치면 천자는 곧바로 답배를 하게 되는데, 재차 "자리에서 일어났다."라고 말하지 않았으므로, 마당에 서서 남쪽을 바라보고 있었다는 사실을 알 수 있다.

경문 太保率西方諸侯, 入應門左, 畢公率東方諸侯, 入應門右.

번역 태보(太保)19)가 서쪽의 제후들을 통솔하여 응문으로 들어와 좌측에 위치했고, 필공은 동쪽의 제후들을 통솔하여 응문으로 들어와 우측에

---

17) 응문(應門)은 궁(宮)의 정문을 가리킨다. 『시』「대아(大雅)·면(緜)」편에는 "迺立應門, 應門將將."이라는 기록이 있는데, 이에 대한 모전(毛傳)에서는 "王之正門曰應門."이라고 풀이하였다.
18) 필문(畢門)은 노문(路門)을 뜻한다. 일설에서는 조묘(朝廟)의 문을 뜻한다고도 주장한다.
19) 태보(太保)는 주(周)나라 때의 관직으로, 삼공(三公) 중 하나이며, 삼공 중 서열은 세 번째이다. 천자를 보좌하여 국정 전반을 다스렸다. 이 관직은 춘추시대(春秋時代) 이후 폐지되었다가, 한(漢)나라 때 다시 설치되기도 하였다.

위치했다.

孔傳 二公爲二伯, 各率其所掌諸侯, 隨其方爲位, 皆北面.

번역 2명의 공(公)은 이백(二伯)20)이 되어, 각각 그들이 담당하는 지역의 제후들을 통솔하여 각각의 방위에 따라 위치하였고, 모두들 북쪽을 바라보았다.

孔疏 ◎傳"二公"至"北面". ○正義曰: 二公率領諸侯, 知其"爲二伯, 各率其所掌諸侯". 曲禮所謂"職方"者, 此之義也. 王肅云: "畢公代周公爲東伯, 故率東方諸侯." 然則畢公是太師也. 當太師之名, 在太保之上, 此先言太保者, 於時太保領冢宰, 相王室, 任重, 故先言西方. 若使東伯任重, 亦當先言東方. 北面, 以東爲右, 西爲左, 入左入右隨其方爲位. 嫌東西相向, 故云"皆北面", 將拜王, 明北面也.

번역 ◎孔傳: "二公"~"北面". ○2명의 공(公)이 제후들을 통솔했으므로, 공안국의 말처럼 "이백이 되어 각각 그들이 담당하는 지역의 제후들을 통솔했다."라는 말이 사실임을 알 수 있다. 『예기』「곡례(曲禮)」편에서 말한 '직방(職方)'21)이라는 것도 바로 이들을 뜻한다. 왕숙은 "필공은 주공을 대신해서 동쪽을 담당하는 백이 되었기 때문에 동쪽의 제후들을 통솔했다."라고 했다. 그렇다면 필공은 태사(太師)22)가 된다. 태사라는 명칭은 태보보

---

20) 이백(二伯)은 주(周)나라 초기에 천하를 동서(東西)로 양분하여, 각 방위에 있던 제후들을 다스렸던 2명의 주요 신하를 가리키는 말이다. 구체적 인물로는 주공(周公)과 소공(召公)이 '이백'을 맡았었다고 전해진다. 『공총자(孔叢子)』「거위(居衛)」편에는 "古之帝王, 中分天下, 使二公治之, 謂之二伯."이라는 기록이 있고, 『예기』「왕제(王制)」편에는 "八伯各以其屬, 屬於天子之老二人, 分天下以爲左右, 曰二伯."이라는 기록이 있는데, 이에 대한 정현의 주에서는 "自陝以東, 周公主之, 自陝以西, 召公主之."라고 풀이했다.

21) 『예기』「곡례하(曲禮下)」【56b~c】: 五官之長曰伯, 是職方, 其擯於天子也, 曰天子之吏. 天子同姓謂之伯父, 異姓謂之伯舅. 自稱於諸侯, 曰天子之老, 於外曰公, 於其國曰君.

22) 태사(太師)는 주(周)나라 때의 관직으로, 삼공(三公) 중 하나이며, 삼공 중 서

다 앞에 기록되어야 하는데, 이곳에서는 태보를 먼저 언급했다. 그 이유는 당시 태보가 총재(冢宰)를 담당하여 왕실을 보좌하였고 임무가 막중하였기 때문에 먼저 서쪽 지역을 담당하는 태보를 언급한 것이다. 만약 동쪽을 담당하는 백의 임무가 막중하였다면 마땅히 동쪽 지역을 먼저 언급해야 한다. 북쪽을 바라본다고 했는데 동쪽을 우측으로 삼고 서쪽을 좌측으로 삼아서, 들어와 좌측과 우측에 서서 각각 자신이 속한 방위에 따라 자리에 위치한 것이다. 동쪽과 서쪽에서 서로를 마주보는 것이라 오해할 것을 염려했기 때문에 "모두 북쪽을 바라본다."라고 했는데, 장차 천자에게 절을 하게 되니, 이것은 북쪽을 바라보게 된다는 사실을 나타낸다.

경문 皆布乘黃朱.

번역 모두들 몸통이 누렇고 붉은 갈기가 있는 네 마리의 말을 진열하였다.

孔傳 諸侯皆陳四黃馬朱鬣以爲庭實.

번역 제후들은 모두들 몸통이 누렇고 붉은 갈기가 있는 네 마리의 말을 진열하여 마당에 헌상품으로 늘어놓은 것이다.

孔疏 ◎傳"諸侯"至"庭實". ○正義曰: 諸侯朝見天子, 必獻國之所有, 以表忠敬之心, 故"諸侯皆陳四黃馬朱鬣以爲庭實", 言實之於王庭也. 四馬曰"乘", 言"乘黃", 正是馬色黃矣. "黃"下言"朱", "朱"非馬色. 定十年左傳云: "宋公子地有白馬四, 公嬖向魋, 魋欲之. 公取而朱其尾·鬣以與之", 是古人貴朱鬣. 知"朱"者, 朱其尾·鬣也. 於時諸侯其數必衆, 衆國皆陳四馬, 則非王庭所容. 諸侯各有所獻, 必當少陳之也. 按周禮·小行人云: "合六幣, 圭以馬, 璋以皮, 璧以帛, 琮以錦, 琥以繡, 璜以黼. 此六物者, 以和諸侯之好." 鄭玄云: "六幣所

열은 첫 번째이다. 천자를 보좌하여 국정 전반을 다스렸다. 이 관직은 진(秦)나라 때 폐지되었다가, 한(漢)나라 때 다시 설치되기도 하였다.

以享也, 五等諸侯享天子用璧, 享后用琮. 用圭璋者, 二王之後也." 如鄭彼言,
則諸侯之享天子, 惟二王之後用馬. 此云皆陳馬者, 下云"奉圭兼幣", 幣卽馬
是也, 圭是文馬之物. 鄭云: "此幣圭以馬, 蓋擧王者之後以言耳. 諸侯當璧以
帛, 亦有庭實." 然則此陳馬者, 是二王之後享王物也. 獨取此物以總表諸侯之
意, 故云諸侯皆陳馬也. 圭亦享王之物, 下言"奉圭", 此不陳圭者, 圭奉以文命,
不陳之也. 按覲禮諸侯享天子"馬卓上, 九馬隨之". 此用乘黃者, 因喪禮而行
朝, 故略之.

번역 ◎孔傳: "諸侯"~"庭實". ○제후들이 조회를 하여 천자를 뵙게 되
면 반드시 자기 나라에서 산출된 것을 헌상하여 충심과 공경의 마음을 표
시하게 된다. 그렇기 때문에 "제후들은 모두들 몸통이 누렇고 붉은 갈기가
있는 네 마리의 말을 진열하여 마당에 헌상품으로 늘어놓은 것이다."라고
말한 것이니, 천자의 마당에 그것들을 늘어놓았다는 뜻이다. 4마리의 말을
'승(乘)'이라고 부르는데, '승황(乘黃)'이라고 했으니, 말의 몸통이 황색인
것을 뜻한다. '황(黃)'자 뒤에 '주(朱)'라고 말했는데, '주(朱)'자는 말의 몸통
색깔을 뜻하는 것이 아니다. 정공 10년에 대한 『좌전』의 기록에서는 "송나
라 공자 지에게는 백색의 말 네 필이 있었고, 송나라 경공은 향퇴를 총애하
였는데, 향퇴가 그것을 가지고 싶어 했다. 경공은 그 말을 강제로 취하여
꼬리와 갈기를 붉게 칠해서 향퇴에게 주었다."[23]라고 했으니, 이것은 옛
사람들이 갈기가 붉은 색인 말을 귀하게 여겼음을 뜻한다. 따라서 '주(朱)'
자는 꼬리와 갈기가 붉은 색인 것을 뜻한다는 사실을 알 수 있다. 당시 제후
들은 그 수가 반드시 많았을 것이고, 여러 제후국들에서 모두 네 마리의
말을 진상하였다면, 천자의 조정에 있는 마당의 공간으로는 수용할 수 없
다. 따라서 제후들은 각자 헌상할 것을 가져왔지만 분명 그 중에서도 조금
만 진열했을 것이다. 『주례』「소행인(小行人)」편을 살펴보면, "여섯 가지 폐
물을 조화롭게 사용하도록 하니, 규(圭)는 말과 함께 바치고 장(璋)은 가죽
과 함께 바치며 벽(璧)은 비단 백(帛)과 함께 바치고 종(琮)은 비단 금(錦)

---

23) 『춘추좌씨전』「정공(定公) 10년」: 宋公子地嬖蘧富獵, 十一分其室, 而以其五
與之. 公子地有白馬四, 公嬖向魋, 魋欲之. 公取而朱其尾・鬣以與之.

과 함께 바치며 호(琥)는 수놓은 비단 수(繡)와 함께 바치고 황(璜)은 보(黼)무늬가 들어간 비단과 함께 바친다. 이러한 여섯 가지 사물로 제후들과의 우호를 조화롭게 한다."[24]라고 했고, 정현은 "여섯 가지 폐물은 향(享)[25]을 하는 것인데, 다섯 등급의 제후들이 천자에게 헌상할 때에는 벽(璧)을 사용하고, 왕후에게 헌상을 할 때에는 종(琮)을 사용한다. 규(圭)와 장(璋)을 사용하는 것은 이전 두 왕조의 후손국이다."라고 했다. 만약 정현의 이와 같은 말대로라면, 제후들이 천자에게 헌상할 때, 오직 두 왕조의 후손국에서만 말을 함께 바칠 수 있다. 그런데 이곳에서는 모두들 말을 진열했다고 했고, 그 뒤에서는 "규와 폐물을 들어 올린다."라고 했으니, 폐물은 바로 말을 의미하며, 규(圭)는 말을 꾸며주는 사물이 된다. 정현은 "이곳에서 규(圭)를 말과 함께 폐물로 바친다고 했는데, 아마도 왕조의 후손국을 기준으로 말한 것 같다. 제후들은 마땅히 벽(璧)에 비단 백(帛)을 곁들여서 바치니 이 또한 마당에 진열하게 된다."라고 했다. 그렇다면 이곳에서 말을 진열한다고 했던 것은 두 왕조의 후손국에서 천자에게 헌상을 했던 사물을 의미한다. 다만 이러한 사물을 제시하여 제후들의 의사를 총괄적으로 드러낸 것이다. 그렇기 때문에 제후들이 모두 말을 진열했다고 말했다. 규(圭)는 천자에게 헌상하는 사물인데, 뒤에서 "규를 들어 올린다."라고 말했고, 이곳에서 규를 진열한다고 하지 않았으니, 규라는 것은 문덕과 명령의 뜻으로 들어 올리는 것이며 진열하는 것이 아니다. 『의례』「근례(覲禮)」편을 살펴보면 제후가 천자에게 헌상을 할 때 "말 한 마리가 선두에 서고 아홉 마리의 말이 그 뒤를 따른다."[26]라고 했다. 이곳에서 네 필의 황색 말을 사용한다고 한 것은 상례로 인해 조회를 시행했기 때문에 예법을 간략히 한 것이다.

---

24) 『주례』「추관(秋官)·소행인(小行人)」: 合六幣: 圭以馬, 璋以皮, 璧以帛, 琮以錦, 琥以繡, 璜以黼. 此六物者, 以和諸侯之好故.

25) 향(享)자는 '헌(獻)'자의 뜻이다. 즉 공물을 바친다는 뜻이다. 자신보다 계급이 높은 자에게 물건을 바칠 때 '향'이라고 부른다. 『서』「주서(周書)·낙고(洛誥)」편에는 "汝其敬識百辟享, 亦識其有不享."이라는 기록이 있고, 이에 대한 공안국(孔安國)의 전(傳)에서는 "奉上之謂享."이라고 풀이했다.

26) 『의례』「근례(覲禮)」: 奉束帛, 匹馬卓上, 九馬隨之, 中庭西上.

경문 賓稱奉圭兼幣, 曰: 一二臣衛, 敢執壤奠.

번역 제후들의 대표가 규(圭)와 폐물을 들어 올리며 말하길, “여러 신하들은 감히 토지에서 생산된 물건을 늘어놓습니다.”라고 했다.

孔傳 賓, 諸侯也. 舉奉圭兼幣之辭, 言“一二”, 見非一也. 爲蕃衛, 故曰“臣衛”. 來朝而遇國喪, 遂因見新王, 敢執壤地所出而奠贄也.

번역 ‘빈(賓)’자는 제후를 뜻한다. 규(圭)와 폐물을 들어 올리며 하는 말에서, ‘일이(一二)’라고 했는데, 이것은 하나가 아니라는 뜻을 드러낸다. 왕실을 수호하는 울타리가 되기 때문에 ‘신위(臣衛)’라고 말한 것이다. 찾아와서 조회를 하려고 했는데, 때마침 국상을 접하게 되어 마침내 그로 인해 새로 즉위하는 천자를 만나보게 되어, 감히 토지에서 생산된 사물을 가져와서 예물로 진열한 것이다.

孔疏 ◎傳“賓諸”至“奠贄”. ○正義曰: 天子於諸侯有不純臣之義, 故以諸侯爲賓. “稱”訓舉也. “舉奉圭兼幣之辭”, 以圭幣奉王而爲之作辭. 辭出一人之口而言“一二”者, 見諸侯同爲此意, 意非一人也. 鄭玄云“釋辭者一人, 其餘奠幣, 拜者稽首而已”, 是也. 言“衛”者, 諸侯之在四方, 皆爲天子蕃衛, 故曰“臣衛”. 此時成王始崩, 即得有諸侯在京師者, 來朝而遇國喪, 遂因見新王也. 諸侯享天子, 其物甚衆, 非徒圭馬而已. 皆是土地所有, 故云“敢執壤地所出而奠贄”也. 然“舉奉圭兼幣”, 乃是享禮. 凡享禮, 則每一國事畢, 乃更餘國復入, 其朝則侯氏總入. 故鄭玄注曲禮云: “春朝受贄於朝, 受享於廟”, 是朝與享別. 此既諸侯總入而得有庭實享禮者, 以新朝嗣王, 因行享禮, 故鄭注云: “朝兼享禮也, 與常禮不同.”

번역 ◎孔傳: “賓諸”~“奠贄”. ○천자는 제후에 대해서 순전히 신하로만 대하지 않는 도의를 가지고 있다. 그렇기 때문에 제후를 빈객으로 삼는 것이다. ‘칭(稱)’자는 “들다[舉].”는 뜻이다. “규와 폐물을 들어 올리며 말했다.”라는 말은 규와 폐물을 천자에게 바치며 이를 위해 말을 했다는 뜻이다.

말은 한 사람의 입에서 나온 것인데, '일이(一二)'라고 말한 것은 제후들 모두 이러한 뜻을 가지고 있다는 것을 드러내니, 이러한 뜻은 한 사람만 가진 것이 아니라는 의미이다. 정현은 "말을 하는 자는 한 사람이고 나머지 사람들은 폐물을 진열하고, 절을 하는 자는 머리를 땅에 대며 조아릴 따름이다."라고 했다. '위(衛)'라고 말한 이유는 제후들은 사방에 포진되어, 모두 천자를 위해 울타리 역할을 한다. 그렇기 때문에 '신위(臣衛)'라고 부른다. 이 시점은 성왕이 이제 막 죽었는데, 그때 제후들 중 경사(京師)[27]에 머물고 있던 자가 있어서, 그들이 찾아와 조회를 함에 때마침 국상을 당하였고, 결국 그 일을 계기로 새로 즉위한 천자를 뵙게 된 것이다. 제후들이 천자에게 헌상품을 바칠 때 그 사물은 매우 많으니 단지 규나 말만이 있을 뿐이 아니다. 그리고 이것들은 모두 제후들의 영지에서 생산된 것이기 때문에 "감히 토지에서 생산된 사물을 가져와서 예물로 진열한 것이다."라고 말했다. 그렇다면 "규와 폐물을 들어 올린다."라는 말은 곧 헌상하는 예법에 해당한다. 헌상하는 예법에 있어서 한 나라마다 의례를 시행하고 그 절차가 끝나면 다시 다른 나라가 들어와서 의례를 진행하고, 조회를 진행할 때가 되면 제후들이 모두 들어오게 된다. 그렇기 때문에 『예기』「곡례(曲禮)」편에 대한 정현의 주에서는 "봄에 하는 조회에서는 조정에서 예물을 받고 종묘에서 헌상품을 받는다."[28]라고 했으니, 이것은 조회와 헌상품을 바치는 의례가 구별됨을 나타낸다. 이곳에서는 이미 제후들이 모두 들어와서 마당에 헌상할 예물을 진열한다고 하여 헌상의 의례를 시행할 수 있었는데, 그 이유는 천자의 지위를 계승한 자에게 새로이 조회를 하여, 이로 인해

---

27) 경사(京師)는 그 나라의 수도를 뜻한다. 『시』「대아(大雅)·공유(公劉)」편에는 "京師之野, 于時處處."라는 기록이 있고, 이에 대해 마서신(馬瑞辰)의 『통석(通釋)』에서는 오두남(吳斗南)의 주석을 인용해서, "京者, 地名. 師者, 都邑之稱. 如洛邑, 亦稱洛師之類."라고 풀이했다. 즉 '경(京)'자는 단순한 지명이었고, '사(師)'자가 수도를 뜻하는 단어였다. 이후에는 '경사'라는 단어를 그 나라의 수도를 가리키는 용어로 사용하였다.

28) 이 문장은 『예기』「곡례하(曲禮下)」【57b~c】의 "天子當依而立, 諸侯北面而見天子曰覲. 天子當宁而立, 諸公東面·諸侯西面曰朝."라는 기록에 대한 정현의 주이다.

헌상품을 바치는 의례를 시행한 것이다. 그렇기 때문에 정현의 주에서는 "조회를 하며 헌상품 바치는 의례를 함께 시행했으니, 일상적인 예법과는 다른 것이다."라고 했다.

경문 皆再拜稽首. 王義嗣德, 答拜.

번역 모두들 재배를 하고 머리를 조아렸다. 천자는 의로움으로 선왕의 덕을 계승하였으므로 그들에게 답배하였다.

孔傳 諸侯拜送幣而首至地, 盡禮也. 康王以義繼先人明德, 答其拜, 受其幣.

번역 제후들은 절을 하며 폐물을 바치고 머리를 땅에 닿도록 절을 하여 예를 다했다. 강왕은 의로움에 따라 선대 조상의 밝은 덕을 계승하여, 그들의 절에 답하고 그들이 보내온 폐물을 받았다.

孔疏 ◎傳"諸侯"至"其幣". ○正義曰: 周禮・太祝"辨九拜, 一曰稽首", 施之於極尊, 故爲"盡禮"也. "義嗣德"三字, 史言王答拜之意也. 康王先是太子, 以義繼先人明德, 今爲天子, 無所嫌, 故答其拜, 受其幣, 自許與諸侯爲主也.

번역 ◎孔傳: "諸侯"~"其幣". ○『주례』「태축(太祝)」편에서는 "아홉 가지 절하는 방식을 구별하니, 첫 번째는 계수(稽首)이다."[29]라고 했고, 이것은 지극히 존귀한 자에게 시행하는 것이다. 그렇기 때문에 "예를 다하다."라고 했다. '의사덕(義嗣德)'이라는 세 글자는 사관이 천자가 답배한 의미를 설명한 것이다. 강왕은 앞서 태자였을 때, 의로움에 따라 선조의 명덕을 계승하였고 현재 천자의 지위에 올랐으니 혐의로 삼을 것이 없다. 그렇기 때문에 그들의 절에 답배를 하고, 그들이 바친 폐물을 받은 것으로, 스스로 제후들의 주인임을 인정한 것이다.

---

29) 『주례』「춘관(春官)・대축(大祝)」: 辨九拜, 一曰稽首, 二曰頓首, 三曰空首, 四曰振動, 五曰吉拜, 六曰凶拜, 七曰奇拜, 八曰襃拜, 九曰肅拜, 以享右祭祀.

孔疏 ●"王出"至"答拜". ○正義曰: 此敍諸侯見新王之事. 王出畢門, 在應門之內, 立於中庭. 太保召公爲西伯, 率西方諸侯, 入應門左, 立於門內之西廂也. 太師畢公爲東伯, 率東方諸侯, 入應門右, 立於門內之東廂也. 諸侯皆布陳一乘四匹之黃馬朱鬣, 以爲見新王之庭實. 諸侯爲王之賓, 實共使一人少前進, 擧奉圭兼幣之辭, 言曰: "一二天子之臣, 在外爲蕃衛者, 敢執土壤所有奠之於庭." 旣爲此言, 乃皆再拜稽首, 用盡禮致敬, 以正王爲天子也. 康王先爲太子, 以義嗣先人明德, 不以在喪爲嫌, 答諸侯之拜, 以示受其圭幣, 與之爲主也.

번역 ●經文: "王出"~"答拜". ○이것은 제후들이 새로 즉위한 천자를 뵙는 일을 기록한 것이다. 천자가 필문 밖으로 나가 응문 안쪽에 있으며, 마당에 서 있었다. 태보인 소공은 서백이 되어, 서쪽 제후들을 통솔하여 응문으로 들어와 좌측에 위치하였으니, 문의 안쪽에서도 서쪽 행랑 부근에 서 있었던 것이다. 태사인 필공은 동백이 되어, 동쪽 제후들을 통솔하여 응문으로 들어와 우측에 위치하였으니, 문의 안쪽에서도 동쪽 행랑 부근에 서 있었던 것이다. 제후들은 모두 1승(乘)에 해당하는 네 마리의 말, 즉 황색의 몸통에 붉은 색의 갈기를 가진 말들을 진열하여 새로 즉위한 천자의 조정 마당에 예물로 늘어놓았다. 제후는 천자의 빈객이 되는데, 실제로는 한 사람을 시켜 조금 앞으로 나아가게 한 다음 규와 예물을 받들어 올리며 말을 하게 했으니, "천자의 여러 신하들은 외지에서 천자를 수호하는 울타리가 되는 자들이니, 감히 그 땅에서 산출된 예물을 가져와 마당에 늘어놓습니다."라고 말하는 것이다. 이러한 말을 하고서 모두들 재배를 하며 머리를 조아렸으니, 예를 다하고 공경함을 지극히 나타낸 것으로, 상대가 정식 천자가 되기 때문이다. 강왕은 그보다 앞서 태자로 있었을 때, 의로움에 따라 선조의 밝은 덕을 계승하였으니, 상중에 있다는 것을 혐의로 삼지 않으므로, 제후의 절에 답배를 하여 규와 폐물을 받아들인다는 뜻을 드러낸 것이니, 그들의 주인이 되기 때문이다.

蔡傳 漢孔氏曰: 王出畢門, 立應門內. 鄭氏曰: 周禮五門, 一曰皐門, 二曰雉門, 三曰庫門, 四曰應門, 五曰路門, 路門一曰畢門. 外朝在路門外, 則應門之內, 蓋內朝所在也. 周中分天下諸侯, 主以二伯, 自陝以東, 周公主之, 自陝以西, 召公主之. 召公率西方諸侯, 蓋西伯舊職, 畢公率東方諸侯, 則繼周公爲東伯矣. 諸侯入應門, 列于左右. 布, 陳也. 乘, 四馬也. 諸侯皆陳四黃馬而朱其鬣, 以爲廷實. 或曰黃朱, 若篚厥玄黃之類. 賓, 諸侯也. 稱, 擧也. 諸侯擧所奉圭兼幣, 曰一二臣衛, 一二, 見非一也. 爲王蕃衛, 故曰臣衛. 敢執壤地所出奠贄, 皆再拜首至地, 以致敬. 義, 宜也. 義嗣德云者, 史氏之辭也. 康王宜嗣前人之德, 故答拜也.

번역 한나라 공안국은 "왕이 필문(畢門) 밖으로 나와 응문(應門) 안쪽에 서 있었다."라고 했다. 정현은 "주나라 예법에 따르면 천자는 5개의 문을 두니, 첫 번째는 고문(皐門)30)이고 두 번째는 치문(雉門)31)이며 세 번째는

---

30) 고문(皐門)은 천자의 궁(宮)에 설치된 문들 중에서 가장 바깥쪽에 설치하는 문이다. 높다는 의미의 '고(高)'자가 '고(皐)'자와 통용되므로, 붙여진 명칭이다. 『시』「대아(大雅)・면(綿)」편에는 "迺立皐門, 皐門有伉."이라는 용례가 있고, 『예기』「명당위(明堂位)」편의 "大廟, 天子明堂. 庫門, 天子皐門. 雉門, 天子應門."이라는 기록에 대해, 정현의 주에서는 "皐之言高也."라고 풀이했다.

31) 치문(雉門)에 대해서는 크게 두 가지 해설이 있다. 첫 번째는 제후의 궁(宮)에 있는 문으로, 천자의 궁에 있는 응문(應門)에 해당한다는 주장이다. 두 번째는 천자의 궁에는 다섯 개의 문이 있는데, 그 중 네 번째 위치한 문으로, 바깥쪽에 위치한 문을 가리킨다는 주장이다. 첫 번째 주장은 『예기』「명당위(明堂位)」편의 "大廟, 天子明堂. 庫門, 天子皐門. 雉門, 天子應門."이라는 기록에 근거한 해설이다. 이 기록에 대한 손희단(孫希旦)의 『집해(集解)』에서는 유창(劉敞)의 말을 인용하여, "此經有五門之名, 而無五門之實. 以詩書禮春秋考之, 天子有皐, 應, 畢, 無皐, 雉, 路. 諸侯有庫, 雉, 路, 無皐, 應, 畢. 天子三門, 諸侯三門, 門同而名不同."이라고 했다. 즉 천자의 궁에는 5개의 문이 있다고 하지만, 실제적으로 천자나 제후는 모두 3개의 문만을 설치해었다. 『시(詩)』, 『서(書)』, 『예(禮)』, 『춘추(春秋)』에 나타난 기록들을 고증해보면, 천자는 고(皐), 응(應), 필(畢)이라는 3개의 문을 설치하고, 고(皐), 치(雉), 노(路)라는 문은 없다. 또한 제후는 고(庫), 치(雉), 노(路)라는 3개의 문을 설치하고, 고(皐), 응(應), 필(畢)이라는 문은 없다. 두 번째 주장은 『주례』「천관(天官)・혼인(閽人)」편의 "閽人掌守王宮之中門之禁."이라는 기록에 근거한 해설이다. 이 기록에 대해 정현은 정사농(鄭司農)의 말을 인용하여, "王有五門, 外曰皐門, 二曰雉門, 三曰庫門, 四曰應門, 五曰路門."이라고 풀이하였다. 즉 천자는 5개의 문을 설치하는데, 가장 안쪽에 있는 노문(路門)으로부터 응문(應門), 고문(庫門), 치문(雉門), 고문(皐門) 순으로 설치해 두었다.

고문(庫門)32)이고 네 번째는 응문(應門)이며 다섯 번째는 노문(路門)33)인
데, 노문은 일명 필문(畢門)이라고도 부른다."고 했다. 외조(外朝)34)는 노문
밖에 있으니, 응문의 안쪽은 아마도 내조(內朝)35)가 있는 곳이다. 주나라는

32) 고문(庫門)에 대해서는 크게 두 가지 해설이 있다. 첫 번째는 치문(雉門)에
   대한 해설처럼, 제후의 궁(宮)에 있는 문으로, 천자의 궁에 있는 고문(皐門)
   에 해당한다고 보는 의견이다. 이것은 치문과 마찬가지로『예기』「명당위(明
   堂位)」편의 "大廟, 天子明堂. 庫門, 天子皐門. 雉門, 天子應門."이라는 기록에
   근거한 해설이다. 손희단(孫希旦)의『집해(集解)』에서는 이 문장 및『시(詩)
   』,『서(書)』,『예(禮)』,『춘추(春秋)』에 나타난 기록들을 근거로, 천자 및 제
   후는 실제로 3개의 문(門)만 설치했다고 풀이한다. 그러나 정현은 이 문장에
   대해서, "言廟及門如天子之制也. 天子五門, 皐庫雉應路. 魯有庫雉路, 則諸侯
   三門與."라고 풀이하였다. 즉 종묘(宗廟) 및 문(門)에 대한 제도에서, 천자와
   제후 사이에는 차등이 있다. 따라서 천자는 5개의 문을 궁에 설치하는데, 그
   문들은 고문(皐門), 고문(庫門), 치문(雉門), 응문(應門), 노문(路門)이다. 제후
   의 경우에는 천자보다 적은 3개의 문을 궁에 설치하는데, 그 문들은 고문(庫
   門), 치문(雉門), 노문(路門)이다. 두 번째 설명은 천자의 궁에 설치된 문들 중
   에서, 치문(雉門) 밖에 설치하는 문으로 해석하는 의견이다. 즉 이때의 고문
   (庫門)은 치문과 고문(皐門) 사이에 설치하는 문이 된다.『예기』「교특생(郊特
   牲)」편에는 "獻命庫門之內, 戒百官也."라는 기록이 있는데, 이에 대한 정현의
   주에서는 "庫門, 在雉門之外. 入庫門則至廟門外矣."라고 풀이하고 있다.
33) 노문(路門)은 고대 궁실(宮室) 건축물 중에서도 가장 안쪽에 있었던 정문이
   다. 여러 문들 중에서 노침(路寢)에 가장 가까운 위치에 있었기 때문에, '노문'
   이라는 명칭이 붙게 되었다.『주례』「동관고공기(冬官考工記)・장인(匠人)」편
   에는 "路門不容乘車之五个."라는 기록이 있는데, 이에 대한 정현의 주에서는
   "路門者, 大寢之門."라고 풀이하였고, 가공언(賈公彦)의 소(疏)에서는 "路門
   以近路寢, 故特小爲之."라고 풀이하였다.
34) 외조(外朝)는 내조(內朝)와 대비되는 말이며, 천자 및 제후가 정사(政事)를
   처리하던 곳이다.『주례』「춘관(秋官)・조사(朝士)」편에 대한 정현의 주에서
   는 "周天子諸侯皆有三朝. 外朝一, 內朝二. 內朝之在路門內者, 或謂之燕朝."라
   는 기록이 있다. 즉 천자 및 제후는 3개의 조(朝)를 두는데, 1개는 '외조'이며,
   나머지 2개는 내조가 된다.『국어(國語)』「노어하(魯語下)」편에는 "天子及諸
   侯合民事於外朝, 合神事於內朝. 自卿以下, 合官職於外朝, 合家事於內朝."라는
   기록이 있고, 이 문장에 나타난 '외조'에 대해서, 위소(韋昭)는 "言與百官考合
   民事於外朝也."라고 풀이했다. 즉 '외조'는 모든 관료들과 함께, 백성들과 관
   련된 정무를 처리하던 장소이다.
35) 내조(內朝)는 천자 및 제후가 정사를 처리하고 휴식을 취하던 장소이다. 외
   조(外朝)에 상대되는 말이다. '내조'에는 두 종류가 있었는데, 그 중 하나는
   노문(路門) 밖에 위치하던 곳으로, 천자 및 제후가 정사를 처리하던 장소이

천하의 제후들을 중앙 지점에서 반으로 갈라 이백이 담당토록 했으니, 섬(陝) 땅의 동쪽은 주공이 담당했고 섬 땅의 서쪽은 소공이 담당했다. 소공이 서쪽 제후들을 통솔했던 것은 서백의 옛 직무에 따른 것이고, 필공이 동쪽의 제후들을 통솔했던 것은 주공을 이어 동백이 되었기 때문이다. 제후들이 응문으로 들어와 좌우로 도열하였다. '포(布)'자는 "진열하다[陳]."는 뜻이다. '승(乘)'자는 네 마리의 말을 뜻한다. 제후들이 모두 황색의 몸통에 갈기가 붉은 네 마리의 말을 진열하여 마당에 헌상품으로 늘어놓은 것이다. 혹자는 '황주(黃朱)'가 "검은 비단과 누런 비단을 광주리에 담다."[36]라고 했을 때의 '현황(玄黃)'과 비슷한 부류라고 주장한다. '빈(賓)'자는 제후를 뜻한다. '칭(稱)'자는 "들다[擧]."는 뜻이다. 제후들이 받들고 온 규와 폐물을 들어 올리며, '일이의 신하'라고 했는데, '일이(一二)'는 하나가 아니라는 뜻을 나타낸다. 천자를 보호하는 울타리가 되기 때문에 '신위(臣衛)'라고 부른다. 감히 땅에서 산출된 것을 예물로 늘어놓는다고 말하고 모두들 재배를 하며 머리를 숙여 땅에 닿도록 하니, 이를 통해 공경함을 지극히 나타내는 것이다. '의(義)'자는 "마땅하다[宜]."는 뜻이다. '의사덕(義嗣德)'이라고 말한 것은 사관이 기록한 말이다. 강왕은 선대 조상의 덕을 계승하기에 마땅하기 때문에 답배를 한 것이다.

蔡傳 吳氏曰: 穆公, 使人弔公子重耳, 稽顙而不拜. 穆公曰, "仁夫, 公子稽顙而不拜, 則未爲後也." 蓋爲後者拜, 不拜, 故未爲後也. 弔者含者襚者, 升堂致命, 主孤拜稽顙, 成爲後者也. 康王之見諸侯, 若以爲不當拜而不拜, 則疑未爲後也, 且純乎吉也. 答拜, 旣正其爲後, 且知其以喪見也.

번역 오씨가 말하길, 진(秦)나라 목공이 사람을 보내 공자 중이에게 조문을 하자, 중이는 이마를 땅에 닿도록 조아렸지만 절은 하지 않았다. 목공

며, 치조(治朝)라고도 불렀다. 다른 하나는 노문 안에 위치하던 곳으로, 천자 및 제후가 정사를 처리한 이후, 휴식을 취하던 장소이며, 연조(燕朝)라고도 불렀다.

36) 『서』「주서(周書)·무성(武成)」: 恭天成命, 肆予東征, 綏厥士女, 惟其士女, <u>筐厥玄黃</u>, 昭我周王.

은 "인(仁)하구나, 공자가 머리를 조아리고 절을 하지 않았다면 아직 후계자가 되지 않은 것이다."37)라고 했다. 후계자가 된 자는 절을 해야 하는데 절을 하지 않았기 때문에 아직 후계자가 되지 않은 것이다. 조문을 하는 자, 함(含)38)을 하는 자, 수(襚)39)를 하는 자는 당상으로 올라가서 명령을 전달하고, 상주는 절을 하며 머리를 조아리니, 이는 정식 후계자가 되는 절차를 완성하는 것이다. 강왕이 제후들을 만나볼 때 만약 마땅히 절을 하지 말아야 해서 절을 하지 않았다면 아직 정식 후계자가 되지 못했다는 의심을 사게 되고 또 순전히 길한 시기의 예법을 따르게 된다. 따라서 답배를 한 것은 후계자가 이미 되었다는 것을 뜻하고 또 상례에 따라 그들을 만나보았음을 알 수 있다.

경문 太保曁芮伯咸進, 相揖, 皆再拜稽首.

번역 태보가 예백과 함께 나아가 서로 읍(揖)을 하고, 둘 모두 재배를 하며 머리를 조아렸다.

孔傳 冢宰與司徒皆共群臣諸侯並進陳戒. 不言諸侯, 以內見外.

---

37) 『예기』「단궁하(檀弓下)」【112a】: 子顯以致命於穆公. 穆公曰: "仁夫公子重耳! 夫稽顙而不拜, 則未爲後也, 故不成拜. 哭而起, 則愛父也; 起而不私, 則遠利也."

38) 함(含)은 부의를 보낸다는 뜻이며, 또한 부의로 보내는 특정 물건을 가리키기도 한다. '함'은 시신과 함께 매장하게 될 주옥(珠玉)을 부의로 보내는 것이다. 『예기』「문왕세자(文王世子)」편에는 "族之相爲也, 宜弔不弔, 宜免不免, 有司罰之. 至于賵賻承含, 皆有正焉."이라는 기록이 있는데, 이에 대한 진호(陳澔)의 『집설(集說)』에서는 "含以珠玉."이라고 풀이했다. 또 '함'은 시신의 입에 곡식이나 화패 등을 넣는 것을 의미하기도 한다.

39) 수(襚)는 부의를 보낸다는 뜻이며, 또한 부의로 보내는 특정 물건을 가리키기도 한다. '수'는 시신과 함께 매장하게 될 의복이나 이불 등을 부의로 보내는 것이다. 『의례』「사상례(士喪禮)」편에는 "君使人襚, 徹帷, 主人如初, 襚者左執領, 右執要, 入升致命."이라는 기록이 있는데, 이에 대한 정현의 주에서는 "襚之言遺也, 衣被曰襚."라고 풀이했다.

번역 총재와 사도(司徒)40) 모두 뭇 신하들 및 제후들과 함께 나아가 경계사항을 진술하였다. '제후(諸侯)'라고 말하지 않은 것은 안을 통해 밖까지도 드러냈기 때문이다.

孔疏 ◎傳"冢宰"至"見外". ○正義曰: 召公爲冢宰, 芮伯爲司徒, 司徒位次冢宰, 故言"太保與芮伯咸進". 芮伯已下, 其共群臣諸侯並皆進也. "相揖"者, 揖之使俱進也. 大保揖群臣, 群臣又報揖太保, 故言"相揖". 動足然後相揖, 故"相揖"之文在"咸進"之下.

번역 ◎孔傳: "冢宰"~"見外". ○소공은 총재이고 예백은 사도이다. 사도의 지위는 총재 다음이기 때문에 "태보가 예백과 함께 나아갔다."라고 말했다. 예백으로부터 그 이하의 자들은 뭇 신하들 및 제후들과 함께 모두 나아갔다고 하는 자들이다. "서로 읍(揖)을 한다."라는 말은 읍을 하여 함께 나아가도록 한 것이다. 태보가 뭇 신하들에게 읍을 하면, 뭇 신하들 또한 태보에게 읍을 한다. 그렇기 때문에 "서로 읍을 한다."라고 했다. 발이 움직인 뒤에야 서로 읍을 한다. 그렇기 때문에 "서로 읍을 한다."라는 말이 "함께 나아간다."라는 기록 뒤에 나오는 것이다.

경문 曰: 敢敬告天子, 皇天改大邦殷之命.

번역 말하길, "감히 천자께 공경히 아뢰니, 황천이 대국 은나라의 천명을 바꾸었습니다."라고 했다.

---

40) 사도(司徒)는 본래 주(周)나라 때의 관리로, 국가의 토지 및 백성들에 대한 교화(敎化)를 담당했다. 전설상으로는 소호(少昊) 시대 때부터 설치되었다고 전해진다. 주나라의 육경(六卿) 중 하나였으며, 전한(前漢) 애제(哀帝) 원수(元壽) 2년(B.C. 1)에는 승상(丞相)의 관직명을 고쳐서, 대사도(大司徒)라고 불렀고, 대사마(大司馬), 대사공(大司空)과 함께 삼공(三公)의 반열에 있었다. 후한(後漢) 때에는 다시 '사도'로 명칭을 고쳤고, 그 이후로는 이 명칭을 계속 사용하다가 명(明)나라 때 폐지되었다. 명나라 이후로는 호부상서(戶部尙書)를 '대사도'라고 불렀다.

孔傳 大天改大國殷之王命, 謂誅紂也.

번역 하늘이 대국 은나라의 왕명을 바꿨다는 것은 주임금을 주살했다는 뜻이다.

경문 惟周文武, 誕受羑若, 克恤西土.

번역 계속하여 말하길, "주나라의 문왕과 무왕께서 유약(羑若)을 받으셔서, 서쪽 땅을 구휼할 수 있었습니다."라고 했다.

孔傳 言文武大受天道而順之, 能憂我西土之民. 本其所起.

번역 문왕과 무왕이 천도를 크게 받아들여 그에 따라 서쪽 땅의 백성들을 구휼할 수 있었다는 뜻이다. 주왕조가 기원하게 된 근본이다.

孔疏 ◎傳"言文"至"所起". ○正義曰: "羑"聲近猷, 故訓之爲道. 王肅云: "羑, 道也." 文武所憂, 非憂西土而已, 特言"能憂西土之民", 本其初起於西土故也.

번역 ◎孔傳: "言文"~"所起". ○'유(羑)'자의 음은 유(猷)와 유사하기 때문에 도(道)로 풀이한다. 왕숙은 "'유(羑)'는 도이다."라고 했다. 문왕과 무왕이 구휼했던 대상은 서쪽 지역만 구휼했던 것이 아닌데, 특별히 "서쪽 땅의 백성들을 구휼할 수 있었다."라고 말한 것은 주왕조가 애초부터 서쪽 지역에서 발원한 것에 근본한다.

蔡傳 冢宰及司徒與群臣, 皆進相揖定位, 又皆再拜稽首, 陳戒於王, 曰敢敬告天子, 示不敢輕告, 且尊稱之, 所以重其聽也. 曰大邦殷者, 明有天下, 不足恃也. 羑若, 未詳. 蘇氏曰: 羑, 羑里也, 文王出羑里之囚, 天命自是始順. 或曰: 羑若, 即下文之厥若也. 羑厥, 或字有訛謬. 西土, 文武所興之地, 言文武所以大受命者, 以其能恤西土之衆也. 進告, 不言諸侯, 以內見外.

번역 총재와 사도 및 뭇 신하들은 모두 나아가 서로에게 읍(揖)을 하고 자리를 바르게 정했으며, 또 모두 재배를 하고 머리를 조아리고서 천자에게 경계할 사항을 아뢴 것이니, "감히 천자께 공경히 아룁니다."라고 말하여, 감히 가벼이 아뢰지 못함을 드러내고 또 존귀한 칭호를 붙여 말을 중히 듣게끔 한 것이다. 대국 은나라라고 말한 것은 천하를 소유하였더라도 그것만 믿기에는 부족함을 드러낸 것이다. '유약(羑若)'이라는 말의 뜻은 자세히 알 수 없다. 소씨는 "유(羑)자는 유리라는 땅을 뜻하니, 문왕이 유리의 감옥에서 빠져나왔는데, 천명이 이 시점부터 비로소 따르게 된 것을 뜻한다."라고 했다. 혹자는 "유약(羑若)은 아래문장에 나오는 '궐약(厥若)'과 같다."라고 했다. 즉 유(羑)자와 궐(厥)자는 아마도 글자상 오류가 있어 잘못 기록된 것 같다는 뜻이다. '서토(西土)'는 문왕과 무왕이 일어나게 된 지역이니, 문왕과 무왕이 천명을 크게 받은 것은 서쪽 땅의 백성들을 구휼할 수 있었기 때문임을 뜻한다. 나아가 아뢸 때, '제후(諸侯)'를 언급하지 않은 것은 안을 통해 밖까지도 드러냈기 때문이다.

경문 惟新陟王, 畢協賞罰, 戡定厥功, 用敷遺後人休.

번역 계속하여 말하길, "새로이 천자의 지위에 오르셨으니 천자께서는 상과 벌을 모두 합당하게 시행하여 그 공적을 제대로 확정하고, 이를 통해 후세 사람들이 아름답게 여길 미덕을 널리 펴서 남겨주셔야 합니다."라고 했다.

孔傳 惟周家新升王位, 當盡和天下賞罰, 能定其功, 用布遺後人之美. 言施及子孫無窮.

번역 주나라 왕실에서 이제 새로이 천자의 지위에 오른 자는 마땅히 천하에 상과 벌을 공평하게 시행하여 그 공적을 제대로 확정할 수 있어야 하고, 이를 통해 후세 사람들이 미덕으로 여길 것을 널리 펼쳐 남겨주어야 한다. 즉 자손들에게까지 무궁하게 영향을 미쳐야 한다는 뜻이다.

경문 今王敬之哉!

번역 계속하여 말하길, "천자께서는 천도를 공경스럽게 따르셔야 합니다!"라고 했다.

孔傳 敬天道, 務崇先人之美.

번역 하늘의 도를 공경스럽게 여겨 선조의 미덕을 숭상하는데 힘써야 한다는 뜻이다.

경문 張皇六師, 無壞我高祖寡命.

번역 계속하여 말하길, "육사(六師)[41]를 강성하게 만드셔서, 높은 덕을 갖추셨던 선조의 유명을 무너뜨리지 마셔야 합니다."라고 했다.

孔傳 言當張大六師之衆, 無壞我高德之祖寡有之敎命.

번역 육사의 군대를 강성하게 만들어서 높은 덕을 갖췄던 선조가 남긴 가르침과 명령을 무너뜨리지 말아야 한다는 뜻이다.

孔疏 ◎傳"言當"至"敎命". ○正義曰: "皇"訓大也. 國之大事, 在於强兵, 故令張大六師之衆. "高德之祖", 謂文王也. 王肅云: "美文王少有及之, 故曰'寡有'也."

번역 ◎孔傳: "言當"~"敎命". ○'황(皇)'자는 "크다[大]."는 뜻이다. 나라의 중대사는 강성한 군대를 유지하는데 달려 있다. 그렇기 때문에 육사의 군대를 강성하게 만들어야 한다. '높은 덕을 갖춘 선조'라고 했는데, 문

---

41) 육사(六師)는 '육군(六軍)'이라고도 부른다. 주(周)나라 때 천자가 통솔했던 여섯 단위의 군대를 뜻한다. '사(師)'는 본래 군대의 단위를 뜻하는 것으로, 1사(師)는 12,500명으로 구성된다. 후대에는 천자의 군대를 지칭하는 용어로도 사용되었다.

왕을 뜻한다. 왕숙은 "문왕의 덕을 아름답게 여겨 조금이라도 그에 미칠 수 있어야 한다. 그렇기 때문에 '과유(寡有)'라고 말했다."라고 했다.

孔疏 ●"太保"至"寡命". ○正義曰: 太保召公與司徒芮伯皆共諸侯並進, 相顧而揖, 乃並再拜稽首, 起而言曰: "敢告天子, 大天改大國殷之王命, 誅殺殷紂. 惟周家文王·武王大受天道而順之, 能憂我西土之民, 以此王有天下. 惟我周家新升王位, 當盡和天下賞罰, 戡定其爲王之功用, 布遺後人之美, 將使施及子孫, 無有窮盡之期. 今王新卽王位, 其敬之哉! 當張大我之六師, 令國常强盛, 無令傾壞我高祖寡有之命." 戒王使繼先王之業也.

번역 ●經文: "太保"~"寡命". ○태보인 소공과 사도인 예백은 모두 제후들과 함께 나아가서 서로를 바라보며 읍(揖)을 하고, 곧바로 모두 재배를 하며 머리를 조아렸고, 일어나서 말하길, "감히 천자께 아뢰니, 하늘이 대국 은나라의 왕명을 바꿔 은나라의 주왕을 주살했습니다. 주나라의 문왕과 무왕만이 하늘의 도를 크게 받아 그에 따라서, 서쪽 땅의 백성들을 구휼할 수 있었고, 이를 통해 천하를 소유하게 되었습니다. 우리 주나라 왕실에서 새로이 천자의 지위에 오르신 자는 마땅히 천하에 상과 벌을 공평하게 시행하여, 천자의 공적과 노력 등을 바르게 확정하고, 이를 통해 후세 사람들이 미덕으로 여길 것들을 널리 남겨주어, 자손들에게까지 영향이 미치도록 하여 다함이 없게끔 해야 합니다. 현재 천자께서 이제 막 새로이 천자의 지위에 오르셨으니, 공경스럽게 따라야 합니다! 따라서 우리 주나라의 육사를 강성하게 만들어서 국가를 항상 굳세고 융성하게 만들어 문왕께서 남겨주신 유명을 무너뜨리지 말아야 합니다."라고 했는데, 이것은 천자에게 경계의 말을 올려 선왕의 업적을 계승하도록 만든 것이다.

蔡傳 陟, 升遐也. 成王初崩, 未葬未諡, 故曰新陟王. 畢, 盡, 協, 合也. 好惡, 在理不在我, 故能盡合其賞之所當賞, 罰之所當罰, 而克定其功, 用施及後人之休美. 今王嗣位, 其敬勉之哉. 皇, 大也. 張皇六師, 大戒戎備, 無廢壞我文武艱難寡得之基命也.

번역 '척(陟)'자는 승하했다는 뜻이다. 성왕이 이제 막 죽었을 때, 아직 장례를 치르지 않아서 시호를 정하지 않았다. 그렇기 때문에 '새로이 승하하신 천자'라고 말한 것이다. '필(畢)'자는 "다하다[盡]."는 뜻이고, '협(協)'자는 "합하다[合]."는 뜻이다. 좋아함이나 싫어함은 이치에 달려 있는 것이지 내 기호에 달려 있지 않다. 그렇기 때문에 상은 마땅히 상을 받아야 할 자에게 주고, 벌은 마땅히 벌을 받아야 할 자에게 주는 것을 모두 합치시켜서, 그 공적을 제대로 확정하여 그 공용을 후세 사람들의 미덕에까지 미쳐야 한다. 현재의 천자는 지위를 계승함에 그 일을 공경하고 힘써야 한다. '황(皇)'자는 "크다[大]."는 뜻이다. 육사를 강성하게 만들고 군사력을 잘 준비하여 우리 문왕과 무왕이 어렵게 얻은 천명을 무너뜨리지 말아야 한다는 뜻이다.

蔡傳 按: 召公此言, 若導王以尙威武者, 然守成之世, 多溺宴安, 而無立志, 苟不詰爾戎兵, 奮揚武烈, 則廢弛怠惰, 而陵遲之漸見矣. 成康之時, 病正在是, 故周公於立政, 亦懇懇言之. 後世墜先王之業, 忘祖父之讐, 上下苟安, 甚至於口不言兵, 亦異於召公之見矣, 可勝嘆哉?

번역 살펴보니, 소공의 이 말은 천자를 위엄과 무력을 숭상하도록 인도하는 것처럼 보인다. 그러나 이룬 것을 지키는 시대에는 대부분 안이함에 빠져 뜻을 세우는 일이 없으니, 만약 자신의 군대를 다스려 무력과 위엄을 떨치지 않는다면, 헤이하고 나태하게 되어 쇠망의 징조가 점차 나타나게 된다. 성왕과 강왕이 통치하던 때에는 그 병폐가 바로 여기에 있었기 때문에 주공이『서』「주서(周書)·입정(立政)」편에서 또한 간곡하게 말한 것이다. 그러나 후대에는 선왕의 업적을 실추시키고 조상의 원수를 잊고서 상하 계층이 구차하게 편안하려고만 하여 입으로조차 군대와 관련된 일을 말하지 않는 지경에 이르렀으니, 이 또한 소공의 견해와는 달라진 것이므로, 이루 다 탄식할 수 있겠는가?

경문 王若曰: 庶邦侯·甸·男·衛.

번역 강왕이 말하길, “여러 나라의 후복(侯服)42)·전복(甸服)43)·남복(男服)44)·위복(衛服)45)에 속한 제후들이여.”라고 했다.

---

42) 후복(侯服)은 천자의 수도와 붙어 있는 지역이다. ‘후복’의 ‘후(侯)’자는 ‘후(候)’자의 뜻으로, 천자를 위해 척후병의 임무를 수행한다는 의미이다. ‘복(服)’자는 천자를 위해 복종한다는 뜻이다. 하(夏)나라 때의 제도에서는 전복(甸服)과 위치가 바뀌어, 천자의 수도로부터 사방 500리(里) 떨어진 곳까지를 ‘전복’이라고 불렀고, 전복 밖의 사방 500리 떨어진 곳까지를 ‘후복’이라고 불렀다. 『서』「우서(虞書)·우공(禹貢)」편에는 “五百里甸服 …… 五百里侯服.”이라는 기록이 있고, 이에 대한 공안국(孔安國)의 전(傳)에서는 “甸服外之五百里. 侯, 候也, 斥候而服事.”라고 풀이했다. 한편 주(酒)나라 때에는 천자의 수도 밖으로 사방 500리 떨어진 곳까지를 ‘후복’이라고 불렀고, ‘전복’은 ‘후복’ 밖에 위치했다. 『주례』「하관(夏官)·직방씨(職方氏)」편에는 “乃辨九服之邦國, 方千里曰王畿, 其外方五百里曰侯服, 又其外方五百里曰甸服.”이라는 기록이 있다.

43) 전복(甸服)은 천자의 수도 밖의 지역이다. ‘전복’의 ‘전(甸)’자는 ‘전(田)’자의 뜻으로, 천자가 정사를 펼치는데 필요한 조세를 거두던 지역이라는 뜻이다. ‘복(服)’자는 천자를 위해 복종한다는 뜻이다. 하(夏)나라 때의 제도에서는 천자의 수도와 연접한 지역이 ‘전복’이 되었는데, 천자의 수도로부터 사방 500리(里) 떨어진 곳까지를 ‘전복’이라고 불렀다. 『서』「우서(虞書)·우공(禹貢)」편에는 “錫土姓, 祗台德先, 不距朕行, 五百里甸服.”이라는 기록이 있고, 이에 대한 공안국(孔安國)의 전(傳)에서는 “規方千里之內謂之甸服, 爲天子服治田, 去王城面五百里.”이라고 풀이했다. 한편 주(周)나라 때에는 ‘전복’의 자리에 대신 ‘후복(侯服)’이 위치하였으며, ‘전복’은 ‘후복’ 밖의 사방 500리 떨어진 곳까지를 뜻하였다. 『주례』「하관(夏官)·직방씨(職方氏)」편에는 “乃辨九服之邦國, 方千里曰王畿, 其外方五百里曰侯服, 又其外方五百里曰甸服.”이라는 기록이 있다.

44) 남복(男服)은 전복(甸服)과 채복(采服) 사이에 있는 땅을 뜻한다. 천자의 수도 밖으로 사방 1000리(里)와 1500리(里) 사이에 있었던 땅을 가리킨다. ‘남복’의 ‘남(男)’자는 임무를 맡는다는 뜻으로, 천자를 위해 다스리는 임무를 담당한다는 뜻이다. ‘복(服)’자는 천자를 위해 복종한다는 뜻이다. 『주례』「하관(夏官)·직방씨(職方氏)」편에는 “乃辨九服之邦國, 方千里曰王畿, 其外方五百里曰侯服, 又其外方五百里曰甸服, 又其外方五百里曰男服.”이라는 기록이 있고, 이에 대한 가공언(賈公彦)의 소(疏)에서는 “言男者, 男之言任也, 爲王任其職理.”라고 풀이했다.

45) 위복(衛服)은 채복(采服)과 요복(要服: =蠻服) 사이에 있는 땅을 뜻한다. 천자의 수도 밖으로 사방 2000리(里)와 2500리 사이에 있었던 땅을 가리킨다. ‘위복’의 ‘위(衛)’자는 수호한다는 뜻으로, 천자를 위해서 외부의 침입을 막는다는 의미이다. ‘복(服)’자는 천자를 위해 복종한다는 뜻이다. 『주례』「하관

孔傳 順其戒而告之, 不言群臣, 以外見內.

번역 경계지침을 아뢴 것에 따르며 일러준 것인데, 뭇 신하들을 언급하지 않은 것은 밖을 통해 안까지도 드러냈기 때문이다.

孔疏 ◎傳"順其"至"見內". ○正義曰: 群臣戒王使勤, 王又戒之使輔己, 是順其事而告之也. 上文太保·芮伯進言, 不言諸侯, 以內見外. 此王告庶邦, 不言朝臣, 以外見內, 欲令互相備也. 周制六服, 此惟四服, 不言采·要者, 略擧其事. 猶武成云"甸·侯·衛, 駿奔走", 亦略擧之矣.

번역 ◎孔傳: "順其"~"見內". ○뭇 신하들이 천자에게 경계사안을 일러 권면토록 했기에, 천자 또한 그들을 경계하여 자신을 보필하도록 시킨 것이니, 이것이 그 사안에 따르며 일러준 것이다. 앞의 문장에서는 태보와 예백이 나아가서 말을 하며 제후에 대해 언급하지 않았는데, 이것은 안을 통해서 밖까지도 드러낸 것이다. 이곳에서 천자가 여러 제후국들에게 알리며, 조정에 속한 신하들을 언급하지 않았는데, 이것은 밖을 통해서 안까지도 드러낸 것이니, 상호 호환이 되어 그 뜻이 갖춰지게끔 한 것이다. 주나라에서는 육복(六服)⁴⁶)으로 제도를 만들었는데, 이곳에서 오직 4개의 복(服)만을

(夏官)·직방씨(職方氏)」편에는 "又其外方五百里曰采服, 又其外方五百里曰衛服, 又其外方五百里曰蠻服."이라는 기록이 있고, 이에 대한 가공언(賈公彦)의 소(疏)에서는 "言衛者, 爲王衛禦."라고 풀이했다.

46) 육복(六服)은 천자의 수도를 제외하고, 그 이외의 땅을 9개의 지역으로 구분한 구복(九服) 중에서 6개 지역을 뜻하는데, 천자의 수도로부터 6개 복(服)까지는 주로 중국의 제후들에게 분봉해주는 지역이었고, 나머지 3개의 지역은 주로 오랑캐들에게 분봉해주는 지역이었다. 따라서 중국(中國)이라는 개념을 거론할 때 주로 '육복'이라고 말한다. 천하의 정중앙에는 천자의 수도인 왕기(王畿)가 있고, 그 외에는 순차적으로 6개의 '복'이 있는데, 후복(侯服), 전복(甸服), 남복(男服), 채복(采服), 위복(衛服), 만복(蠻服)이 여기에 해당한다. '후복'은 천자의 수도 밖으로 사방 500리(里)의 크기이며, 이 지역에 속한 제후들은 1년에 1번 천자를 알현하며, 제사 때 사용하는 물건을 바친다. '전복'은 '후복' 밖으로 사방 500리의 크기이며, 이 지역에 속한 제후들은 2년에 1번 천자를 알현하고, 빈객(賓客)을 접대할 때 사용하는 물건을 바친다. '남복'은 '전복' 밖으로 사방 500리의 크기이며, 이 지역에 속한 제후들은 3년에

말하고 채복(采服)47)과 요복(要服)48)을 언급하지 않은 것은 그 사안을 생략 해서 거론했기 때문이다. 이것은 마치 『서』「주서(周書)·무성(武成)」편에서 오복을 말하며 "전복(甸服)·후복(侯服)·위복(衛服)의 제후들이 매우 분주 하게 달려왔다."49)라고 말한 것과 같으니, 이 또한 간략히 거론한 것이다.

1번 천자를 알현하고, 각종 기물(器物)들을 바친다. '채복'은 '남복' 밖으로 사 방 500리의 크기이며, 이 지역에 속한 제후들은 4년에 1번 천자를 알현하고, 의복류를 바친다. '위복'은 '채복' 밖으로 사방 500리의 크기이며, 이 지역에 속한 제후들은 5년에 1번 천자를 알현하고, 각종 재목들을 바친다. '만복'은 '요복(要服)'이라고도 부르는데, '만복'이라는 용어는 변경 지역의 오랑캐들과 접해 있으므로, 붙여진 용어이다. '만복'은 '위복' 밖으로 사방 500리의 크기 이며, 이 지역에 속한 제후들은 6년에 1번 천자를 알현하고, 각종 재화들을 바친다. 『주례』「추관(秋官)·대행인(大行人)」편에는 "邦畿方千里, 其外方五 百里謂之侯服, 歲壹見, 其貢祀物, 又其外方五百里謂之甸服, 二歲壹見, 其貢嬪 物, 又其外方五百里謂之男服, 三歲壹見, 其貢器物, 又其外方五百里謂之采服, 四歲壹見, 其貢服物, 又其外方五百里謂之衛服, 五歲壹見, 其貢材物, 又其外方 五百里謂之要服, 六歲壹見, 其貢貨物."이라는 기록이 있다.

47) 채복(采服)은 남복(男服)과 위복(衛服) 사이에 있는 땅을 뜻한다. 천자의 수도 밖으로 사방 1500리(里)와 2000리 사이에 있었던 땅을 가리킨다. '채복'의 '채 (采)'자는 돌본다는 뜻으로, 천자를 위해서, 백성들을 돌보며, 산출된 물건들 을 천자에게 바친다는 뜻이다. '복(服)'자는 천자를 위해 복종한다는 뜻이다. 『 주례』「하관(夏官)·직방씨(職方氏)」편에는 "又其外方五百里曰男服, 又其外方 五百里曰采服, 又其外方五百里曰衛服."이라는 기록이 있고, 이에 대한 가공언 (賈公彦)의 소(疏)에서는 "采者, 事也, 爲王事民以供上."이라고 풀이했다.

48) 요복(要服)은 위복(衛服)과 이복(夷服) 사이에 있는 땅을 뜻한다. 천자의 수 도 밖으로 사방 2500리(里)와 3000리 사이에 있었던 땅을 가리킨다. '요복'의 '요(要)'자는 결속시킨다는 뜻으로, 중원의 문화를 수호하며 지킨다는 의미이 다. '복(服)'자는 천자를 위해 복종한다는 뜻이다. 한편 '요복'은 '만복(蠻服)' 이라고도 부른다. '만복'의 '만(蠻)'자는 오랑캐들의 지역과 인접해 있기 때문 에 붙여진 명칭으로, 교화를 베풀어 오랑캐들도 교화되도록 한다는 뜻이다. 『서』「우서(虞書)·우공(禹貢)」편에는 "五百里要服."이라는 기록이 있고, 이 에 대한 공안국(孔安國)의 전(傳)에서는 "綏服外之五百里, 要束以文教."라고 풀이했으며, 『주례』「하관(夏官)·직방씨(職方氏)」편에는 "又其外方五百里曰 衛服, 又其外方五百里曰蠻服, 又其外方五百里曰夷服."이라는 기록이 있고, 이에 대한 가공언(賈公彦)의 소(疏)에서는 "言蠻者, 近夷狄, 蠻之言麋, 以政 教麋來之, 自北已下皆夷狄."이라고 풀이했다.

49) 『서』「주서(周書)·무성(武成)」: 丁未祀于周廟, 邦甸侯衛, 駿奔走, 執豆籩. 越 三日庚戌, 柴望, 大告武成.

경문 惟予一人釗報誥.

번역 계속하여 말하길, "나 한 사람 쇠(釗)가 그대들의 고함에 답하노라."라고 했다.

孔傳 報其戒.

번역 경계 사안을 아뢴 것에 대해 답한 것이다.

孔疏 ●"予一人釗". ○正義曰: 禮天子自稱予一人, 不言名. 此王自稱名者, 新卽王位, 謙也.

번역 ●經文: "予一人釗". ○예법에 따르면 천자가 스스로를 가리킬 때에는 '나 한 사람[予一人]'이라고 부르며 자신의 이름을 말하지 않는다. 그런데 이곳에서는 천자가 스스로를 이름으로 지칭했는데, 그 이유는 새로 천자의 지위에 올랐으므로 겸손히 말했기 때문이다.

蔡傳 報誥而不及群臣者, 以外見內. 康王在喪, 故稱名, 春秋嗣王在喪, 亦書名也.

번역 아뢴 것에 답하면서 뭇 신하들을 언급하지 않은 것은 밖을 통해 안까지도 드러냈기 때문이다. 강왕은 상중에 있었기 때문에 자신의 이름을 지칭했는데, 『춘추』에서도 천자의 지위를 계승하는 자가 상중에 있을 때에는 또한 이름을 기록했다.

경문 昔君文武丕平富, 不務咎.

번역 계속하여 말하길, "옛 군주이신 문왕과 무왕께서는 매우 공평하고 풍요롭게 하셔서 형벌을 사용하는데 힘쓰지 않으셨다."라고 했다.

孔傳 言先君文武道大, 政化平美, 不務咎惡.

번역 선대 군주인 문왕과 무왕의 도가 커서 정치와 교화가 평화롭고 아름다웠으니, 형벌을 사용하는데 힘쓰지 않았다는 뜻이다.

孔疏 ◎傳"言先"至"咎惡". ○正義曰: 孔以"富"爲美, 故云"政化平美". 不務咎惡於人, 言哀矜下民, 不用刑罰之. 王肅云"文武道大, 天下以平, 萬民以富", 是也.

번역 ◎孔傳: "言先"~"咎惡". ○공안국은 '부(富)'자를 아름다움으로 풀이했기 때문에 "정치와 교화가 평화롭고 아름다웠다."라고 말했다. 남에 대해서 허물과 악을 탓하는데 힘쓰지 않았다고 했는데, 백성들을 아끼고 불쌍하게 여겨서 형벌을 사용하지 않았다는 뜻이다. 왕숙은 "문왕과 무왕의 도가 커서 천하가 이를 통해 편안하게 되었고, 모든 백성들이 이를 통해 부유하게 되었다."라고 했다.

경문 底至齊信, 用昭明于天下.

번역 계속하여 말하길, "지극히 알맞고 정성스러운 도를 시행하여, 이로써 천하에 밝음을 드러내셨다."라고 했다.

孔傳 馬讀絶句.

번역 마씨는 '저지제(底至齊)'에서 구문을 끊는다.

孔傳 致行至中信之道, 用顯明於天下. 言聖德治.

번역 지극히 알맞고 정성스러운 도를 극진히 시행하여 이를 통해 천하에 밝음을 드러냈다. 즉 성인의 덕으로 다스렸다는 뜻이다.

孔疏 ◎傳“致行”至“德治”. ○正義曰: 孔以“齊”爲中, 致行中正誠信之道. 王肅云: “立大中之道也.”

번역 ◎孔傳: “致行”~“德治”. ○공안국은 ‘제(齊)’자를 알맞음으로 풀이하여, 중정하고 정성스러운 도를 극진히 시행했다고 말했다. 왕숙은 “크고 알맞은 도를 세웠다.”라고 했다.

경문 則亦有熊羆之士, 不二心之臣, 保乂王家.

번역 계속하여 말하길, “또한 곰처럼 용맹한 군사와 다른 마음을 품지 않는 신하들을 소유하시어 왕가를 보호하고 다스리셨다.”라고 했다.

孔傳 言文武旣聖, 則亦有勇猛如熊羆之士, 忠一不二心之臣, 共安治王家.

번역 문왕과 무왕은 이미 성인이 되는데도, 또한 용맹함이 곰과 같은 군사를 갖췄고, 충심과 한결같은 마음을 가져 다른 마음을 품지 않는 신하를 두었으니, 이들과 함께 왕실을 편안하게 다스렸다는 의미이다.

경문 用端命于上帝, 皇天用訓厥道, 付畀四方.

번역 계속하여 말하길, “이를 통해 상제께 바른 명령을 받으시니, 하늘도 그 도에 따라서 사방을 맡겨주셨다.”라고 했다.

孔傳 君聖臣良, 用受端直之命於上天. 大天用順其道, 付與四方之國, 王天下.

번역 군주는 성인답고 신하는 어질어서 하늘로부터 바르고 강직한 명령을 받았다. 하늘이 그 도에 따라 사방의 나라를 그에게 부여하여, 천하를 다스리게 했다.

蔡傳 丕平富者, 溥博均平, 薄歛富民, 言文武德之廣也. 不務咎者, 不務咎惡, 輕省刑罰, 言文武罰之謹也. 底至者, 推行而底其至也. 齊信者, 兼盡而極其誠也. 文武務德不務罰之心, 推行而底其至, 兼盡而極其誠, 內外充實, 故光輝發越, 用昭明于天下. 蓋誠之至者, 不可揜也, 而又有熊羆武勇之士, 不二心忠實之臣, 戮力同心, 保乂王室, 文武用受正命於天, 上天用順文武之道, 而付之以天下之大也. 康王言此者, 求助群臣諸侯之意.

번역 매우 공평하고 부유하게 했다는 말은 널리 펼쳐 균평하게 했고 세금을 적게 거둬 백성들을 부유하게 했다는 뜻이니, 문왕과 무왕의 덕이 광대했음을 의미한다. 허물을 탓하는데 힘쓰지 않았다는 말은 죄악을 다스리는데 힘쓰지 않아 형벌을 가볍게 하고 줄였다는 뜻이니, 문왕과 무왕이 형벌을 신중히 내렸음을 의미한다. '저지(底至)'는 미루어 시행해서 그 지극함을 이루었다는 뜻이다. '제신(齊信)'은 모두 다하여 정성스러운 마음을 지극히 드러냈다는 뜻이다. 문왕과 무왕은 덕을 닦는데 힘쓰고 형벌을 내리는데 힘쓰지 않는 마음을 가지고 있었고, 이러한 마음을 미루어 시행하여 지극함을 이루었고, 이 모두를 다하여 정성스러운 마음을 극진히 해서 내외가 충실하게 되었다. 그렇기 때문에 광명이 밝게 드러나 천하에 그 밝음을 드러냈다. 즉 지극한 정성스러움을 가릴 수 없었던 것이며, 또한 곰처럼 용맹한 군사가 있었고, 다른 마음을 품지 않는 충직한 신하가 있어서 힘과 마음을 합해 왕실을 보호하고 다스리니, 문왕과 무왕이 하늘로부터 바른 명령을 받았고, 하늘도 문왕과 무왕의 도에 따라서 거대한 천하를 그에게 부여하였다. 강왕이 이러한 말을 했던 것은 뭇 신하들과 제후들에게 도움을 구하는 뜻에 해당한다.

경문 乃命建侯樹屛, 在我後之人.

번역 계속하여 말하길, "이에 명령을 내려 제후를 세워 울타리를 만드신 것이 우리 후세 사람들에게까지 전해졌다."라고 했다.

孔傳 言文武乃施政令, 立諸侯, 樹以爲蕃屛, 傳王業在我後之人. 謂子孫.

번역 문왕과 무왕이 정치와 명령을 시행하여 제후를 세웠고, 이들을 외지에 배치시켜 울타리로 삼았는데, 이러한 천자의 과업이 우리 후세 사람들에게까지 전해졌다는 뜻이다. 후세 사람들은 자손을 의미한다.

경문 今予一二伯父, 尙胥曁顧, 綏爾先公之臣, 服于先王.

번역 계속하여 말하길, "지금 우리 여러 백부들은 서로 문왕과 무왕의 도를 살펴 너의 선공이 신하의 신분으로 선왕에게 복종했음을 편안히 받아들여야 한다."라고 했다.

孔傳 天子稱同姓諸侯曰伯父. 言今我一二伯父, 庶幾相與顧念文武之道, 安汝先公之臣, 服於先王而法循之.

번역 천자는 동성의 제후를 '백부(伯父)'라고 지칭한다. 현재 우리 여러 백부들은 서로 문왕과 무왕의 도를 살펴서 너의 선공이 신하의 입장으로 선왕에게 복종하고, 그를 본받고 따랐음을 편안히 받아들여야 한다는 뜻이다.

孔疏 ◎傳"天子"至"循之". ○正義曰: 覲禮言天子呼諸侯之禮云: "同姓大國則曰伯父, 其異姓則曰伯舅, 同姓小邦則曰叔父, 其異姓則曰叔舅." 計此時諸侯多矣, 獨云"伯父", 擧同姓大國言之也. 諸侯先公以臣道服於先王, 其事有法, 故令安汝先公之用臣, 服於先王, 以臣之道而法循之.

번역 ◎孔傳: "天子"~"循之". ○『의례』「근례(覲禮)」편에서는 천자가 제후를 부르는 예법을 언급하며, "동성이자 대국을 소유한 제후에 대해서는 '백부(伯父)'라 부르고, 대국을 소유했지만 이성인 제후에 대해서는 '백구(伯舅)'라 부르며, 동성이지만 소국을 소유한 제후에 대해서는 '숙부(叔父)'라 부르고, 이성이며 소국을 소유한 제후에 대해서는 '숙구(叔舅)'라 부른다."[50]라고 했다. 이 시기에 모인 제후들을 따져보면 그 수가 매우 많았

는데, 유독 '백부(伯父)'라고만 말한 것은 천자와 동성이자 대국을 소유한
제후를 기준으로 말했기 때문이다. 제후들의 선공들은 신하의 도에 따라
선왕에게 복종하였고, 그들이 시행한 일들은 선왕을 본받은 점이 있었다.
그렇기 때문에 너의 선공들이 신하의 입장을 자처하여 선왕에게 복종했던
것은 신하의 도에 따라 본받아 따른 것이니 편안히 여기도록 한 것이다.

경문 雖爾身在外, 乃心罔不在王室.

번역 계속하여 말하길, "비록 너희들의 몸은 외지에 나가 있지만 마음은
왕실에 있지 않음이 없어야 한다."라고 했다.

孔傳 言雖汝身在外士之爲諸侯, 汝心常當忠篤, 無不在王室. "熊羆之士",
勵朝臣, 此督諸侯.

번역 비록 너 자신은 외지에 나가 있는 제후가 되지만, 너의 마음은 항
상 충직하고 독실하여 왕실에 두어야 한다는 뜻이다. '곰과 같은 사(士)'라
고 한 말은 조정에 속한 신하들을 독려하는 말이니, 이곳의 말은 제후들에
게 권면하는 내용이다.

孔疏 ◎傳"言雖"至"諸侯". ○正義曰: 王之此誥, 並誥群臣諸侯, 但互相發
見, 其言不備. 言先王有熊羆之士, 勵朝臣使用力如先世之臣也. 此言汝身在
外士, 心念王室, 督諸侯使然.

번역 ◎孔傳: "言雖"~"諸侯". ○천자가 이러한 말을 한 것은 뭇 신하들
및 제후들에게 두루 알린 것인데, 다만 상호 호환이 되도록 드러낸 것이라
그 말이 대상을 모두 적시하지 않았다. 즉 선왕에게는 곰과 같이 용맹한
사가 있었다는 것은 조정에 속한 신하들을 독려하여 선대의 신하들처럼

---

50) 『의례』「근례(覲禮)」: 同姓大國則曰伯父, 其異姓則曰伯舅. 同姓小邦則曰叔父,
其異姓小邦則曰叔舅.

힘써 일하도록 한 것이다. 이곳의 내용은 너 자신은 외지에 나가 있는 사가 되지만 마음은 항상 왕실을 생각해야 한다는 것으로, 제후들을 권면하며 이처럼 하도록 시킨 것이다.

경문 用奉恤厥若, 無遺鞠子羞.

번역 계속하여 말하길, "행실이 도에 맞는지 항상 근심하는 마음을 받들어 나에게 부끄러움을 끼치지 말아야 한다."라고 했다.

孔傳 當各用心奉憂其所行順道, 無自荒怠, 遺我稚子之羞辱. 稚子, 康王自謂也.

번역 각각 신경을 써서 자신들의 행실이 도에 맞는지를 염려해야 하니, 태만하게 굴어 나에게 치욕을 끼쳐서는 안 된다. '어린이[稚子]'라는 말은 강왕이 스스로를 지칭한 말이다.

孔疏 ●"王若"至"子羞". ○正義曰: 群臣諸侯旣進戒王, 王順其戒呼而告之曰: "衆邦在侯・甸・男・衛諸服內之國君, 惟我一人釗報誥卿士群公. 昔先君文王・武王其道甚大, 政化平美, 專以美道敎化, 不務咎惡於人, 致行至美中正誠信之道, 用是顯明於天下". 言聖道博洽也. "文武旣聖, 時臣亦賢, 則亦有如熊如羆之勇士, 不二心之忠臣, 共安治王家. 以君聖臣良之故, 用能受端直之命於上天. 大天用順其道, 付與四方之國, 使文武受此諸國, 王有天下." 言文武得賢臣之力也. "文武以得臣力之故, 乃施政令, 封立賢臣爲諸侯者, 樹之以爲蕃屏, 令屏衛在我後之人". 先王所立諸侯, 卽今諸侯之祖, 故擧先世之事以告今之諸侯. "今我一二伯父, 庶幾相與顧念文武之道, 安汝先公之用臣, 服於先王之道而法循之, 亦當以忠誠輔我天子. 雖汝身在外土爲國君, 汝心常當無有不在王室, 當各用心奉憂其所行順道, 無自荒怠, 以遺我稚子之羞辱". "稚子", 康王自謂. 戒令匡弼己也.

번역 ●經文: "王若"~"子羞". ○뭇 신하들과 제후들이 천자에게 경계

할 사안을 아뢰자 천자도 그들이 아뢴 말에 따라 일러준 것이다. "후복·전복·남복·위복에 속한 여러 나라의 제후들이여, 내가 그대 여러 신하들과 제후들에게 알리노라. 예전 선군이신 문왕과 무왕께서는 그 도가 매우 커서 정치와 교화가 평안하고 아름다워, 전적으로 아름다운 도에 따라 교화하는데 힘쓰고 사람을 벌하는데 힘쓰지 않았으니, 지극히 아름답고 중정하며 정성스러운 도를 극진히 시행하여 천하에 그 밝음을 드러내셨다."라고 했다. 즉 성인의 도가 널리 펼쳐졌다는 의미이다. "문왕과 무왕 본인은 성인이셨지만, 당시 신하들 또한 현명하였으니, 곰처럼 용맹한 군사가 있었고, 다른 마음을 품지 않는 충직한 신하들이 있어서, 이들과 함께 왕실을 편안하게 다스렸다. 군주가 성인답고 신하가 어질었기 때문에 하늘로부터 바른 명령을 받으셨다. 하늘도 그 도에 따라서 사방의 나라를 맡기셨으니, 문왕과 무왕이 이러한 여러 나라를 받아 천하를 통치토록 하신 것이다."라고 했다. 즉 문왕과 무왕은 현명한 신하들의 도움을 얻었다는 의미이다. "문왕과 무왕께서는 신하들의 도움이 있었기 때문에 곧 정치와 명령을 펼쳐 현명한 신하를 분봉하여 제후로 삼으셨으니, 그들을 외지에 세워 울타리로 삼고 우리 후세 사람들까지도 보호토록 한 것이다."라고 했다. 즉 선왕이 제후들을 세웠는데, 그들은 곧 현재 제후들의 시조가 된다. 그렇기 때문에 선대 때의 일을 거론하여 현재의 제후들에게 일러준 것이다. "지금 나의 여러 백부들은 서로 문왕과 무왕의 도를 살펴 너의 선공들이 신하의 신분으로 선왕의 도에 복종하여 그것을 본받아 따랐던 것을 편안하게 여겨야 하니, 마땅히 충직과 정성을 다해 나를 보필해야만 한다. 비록 너 자신은 외지에 나가 제후가 되었지만, 너의 마음은 항상 왕실에 두어야 하며, 각각 마음을 기울여 자신이 시행한 것이 도리에 따른 것인가를 염려해야 하고, 태만하게 굴어 나에게 치욕을 끼쳐서는 안 된다."라고 했다. '치자(稚子)'는 강왕이 스스로를 지칭한 말이다. 나를 보필하도록 주의를 준 것이다.

蔡傳 天子稱同姓諸侯曰伯父. 康王言文武所以命建侯邦, 植立蕃屛者, 意蓋在我後之人也, 今我一二伯父, 庶幾相與顧綏爾祖考, 所以臣服于我先王之道, 雖身守國在外, 乃心當常在王室, 用奉上之憂勤, 其順承之, 毋遺我稚子之恥也.

번역 천자는 동성의 제후를 '백부(伯父)'라고 부른다. 강왕은 문왕과 무왕이 명령을 내려 제후국을 세우고 그들을 외지에 두어 울타리로 삼은 것은 그 뜻이 우리 후세 사람들에게 있으니, 지금 우리 여러 백부들은 서로 자신의 조상을 살펴 그들이 신하의 도리에 따라 나의 선왕에게 복종했던 도를 돌아보고 편안히 여겨야 하니, 비록 몸은 나라를 지키기 위해 외지에 있지만 마음은 항상 왕실에 두어 윗사람에 대해 근심하고 노력하려는 마음을 가지고 따르고 받들어서 나에게 부끄러움을 끼쳐서는 안 된다고 말한 것이다.

경문 群公旣皆聽命, 相揖趨出.

번역 여러 제후들은 모두 명령을 듣고는 서로에게 읍을 하고 신속히 밖으로 나갔다.

孔傳 已聽誥命, 趨出罷退, 諸侯歸國, 朝臣就次.

번역 일러주는 명령을 다 듣고서 신속하게 밖으로 나가 물러난 것으로, 제후들은 자신의 나라로 되돌아갔고, 천자의 조정에 속한 신하들은 상중에 머무는 임시숙소로 나아갔다.

경문 王釋冕, 反喪服.

번역 천자는 면복(冕服)51)을 벗고 다시 상복(喪服)을 입었다.

---

51) 면복(冕服)은 대부(大夫) 이상의 계층이 착용하는 예관(禮冠)과 복식을 뜻한다. 무릇 길례(吉禮)를 시행할 때에는 모두 면류관[冕]을 착용하는데, 복장의 경우에는 시행하는 사안에 따라서 달라진다.

孔傳 脫去黼冕, 反服喪服, 居倚盧.

번역 면복을 제거하고 다시 상복을 착용하여 의려(倚盧)에 머문 것이다.

孔疏 ●"群公"至"喪服". ○正義曰: "群公"總謂朝臣與諸侯也. 鄭玄云: "群公主爲諸侯與王之三公, 諸臣亦在焉. 王釋冕, 反喪服, 朝臣諸侯亦反喪服. 禮·喪服篇臣爲君, 諸侯爲天子, 皆斬衰."

번역 ●經文: "群公"~"喪服". ○'군공(群公)'은 조정에 속한 신하들과 제후들을 총칭해서 부른 말이다. 정현은 "군공은 주로 제후와 천자에게 속한 삼공(三公)을 뜻하며, 여러 신하들 또한 그 안에 포함된다. 천자가 면복을 벗고 다시 상복을 착용하자 조정에 속한 신하들과 제후들 또한 다시 상복을 착용했다. 『의례』「상복(喪服)」편에서는 신하가 군주를 위해 착용하거나 제후가 천자를 위해 착용할 때에는 모두 참최복(斬衰服)을 착용한다고 했다."라고 했다.

蔡傳 始相揖者, 揖而進也. 此相揖者, 揖而退也.

번역 처음 서로에게 읍을 한 것은 읍을 하고 나아간 것이다. 이곳에서 서로에게 읍을 한 것은 읍을 하고 물러난 것이다.

蔡傳 蘇氏曰: 成王崩未葬, 君臣皆冕服禮歟? 曰非禮也. 謂之變禮可乎? 曰不可. 禮變於不得已, 嫂非溺, 終不援也. 三年之喪, 旣成服, 釋之而卽吉, 無時而可者. 曰成王顧命, 不可以不傳, 旣傳, 不可以喪服受也. 曰何爲其不可也? 孔子曰, 將冠子, 未及期日, 而有齊衰大功之喪, 則因喪服而冠. 冠, 吉禮也. 猶可以喪服行之, 受顧命見諸侯, 獨不可以喪服乎? 太保使太史, 奉冊授王于次, 諸侯入哭於路寢, 而見王於次, 王喪服, 受敎戒諫, 哭踊答拜, 聖人復起, 不易斯言矣. 春秋傳曰, 鄭子皮如晉, 葬晉平公, 將以幣行. 子産曰, 喪安用幣? 子皮固請以行. 旣葬, 諸侯之大夫, 欲因見新君. 叔向辭之曰, 大夫之事畢矣, 而又命孤, 孤斬焉在衰経之中, 其以嘉服見, 則喪禮未畢, 其以喪服見, 是重受弔也.
大夫將若之何? 皆無辭以退. 今康王既以嘉服見諸侯, 而又受乘黃玉帛之幣,
使周公在, 必不爲此. 然則孔子何取此書也? 曰至矣. 其父子君臣之間, 敎戒深
切著明, 足以爲後世法, 孔子何爲不取哉? 然其失禮, 則不可不辯.

번역 소씨가 말하길, 성왕이 죽고 아직 장례를 치르지 않았는데 군주와
신하가 모두 면복을 착용하는 것이 예법에 맞는가? 비례이다. 그렇다면 이
것을 변례라고 불러도 괜찮은가? 불가하다. 예는 부득이한 상황에서 변례
를 적용하는 것이니, 형수가 물에 빠지지 않은 이상 결코 손을 뻗어 잡을
수 없는 것이다. 삼년상에 있어서도 이미 성복(成服)을 했는데, 이것을 벗
고 길복으로 갈아입는 것은 어느 때이건 가능한 경우가 없다. 그렇다면 성
왕의 고명을 전하지 않을 수 없고 이미 전했다면 상복을 착용할 수 없게
된다. 답해보자면 어찌 불가하겠는가? 공자는 자식에게 관례를 치러주려고
할 때, 아직 그 기약한 날에 이르지 않았는데, 자최복이나 대공복의 상이
발생한다면, 상복을 착용하는 것에 따라 자식에게 상관(喪冠)을 씌워준다
고 했다.52) 관례는 길례에 해당한다. 그런데도 오히려 상복을 착용하고 그
일을 대신 시행할 수 있으니, 고명을 받아 제후를 만나볼 때 어찌 유독 상복
을 착용할 수 없단 말인가? 태보는 태사로 하여금 책을 받들어 상중의 임시
숙소에서 천자에게 올리고, 제후는 노침으로 들어와 곡을 하고서는 임시숙
소에서 천자를 뵈어야 한다. 또 천자는 상복을 착용하고 가르침이나 경계
의 말 및 간언을 받아들이고 곡과 용을 하며 그들에게 답배를 해야 한다.
성인이 다시 나타나더라도 내가 말한 이러한 절차를 바꾸지 않을 것이다.
『춘추전』에서는 "정나라 자피가 진나라로 가서 진나라 평공의 장례를 지냄
에 폐백을 가지고 가려고 했다. 그러자 자산은 '상중에 어디다 폐백을 쓰겠
는가?'라고 했는데도, 자피는 굳이 청하여 폐백을 가지고 갔다. 장례가 끝

---

52) 『예기』「증자문(曾子問)」【229a】: 如將冠子, 而未及期日, 而有齊衰・大功・
小功之喪, 則因喪服而冠. 除喪, 不改冠乎. 孔子曰: 天子賜諸侯・大夫冕弁於
大廟, 歸設奠, 服賜服, 於斯乎, 有冠醮, 無冠醴. 父沒而冠, 則已冠, 埽地而祭於
禰, 已祭而見伯父・叔父, 而後饗冠者.

나자 제후의 대부들이 그 일을 계기로 새로 즉위한 군주를 뵙고자 하였다. 그러나 숙향이 사양을 하며, '대부의 일이 끝났음에도 재차 상주께 아뢰게 된다면, 상주께서는 이미 애통하게도 상복을 착용하고 계신데, 예복을 입고 만나본다면 상례를 아직 끝내지 않아 맞지 않고, 상복을 착용하고 만나본 다면 이것은 조문을 거듭 받게 되는 것이다. 대부가 장차 어찌하려는가?'라 고 하자 모두들 말없이 물러났다."고 했다. 현재 강왕은 이미 예복을 착용 하고 제후들을 만나보았고, 또 그들이 보낸 네 필의 말이나 옥 및 비단 등의 폐물을 받았는데, 만약 주공이 생존해 있었더라면 분명 이처럼 하지 않았 을 것이다. 그렇다면 공자가 어찌하여 이러한 글을 기록해두었는가? 지극 하기 때문이다. 부자와 군신관계에서 가르치고 경계함이 매우 간절하면서 도 밝게 드러나 후세에 모범이 될 만한데, 공자가 어찌하여 채택하지 않겠 는가? 그러나 예를 어긴 측면에 대해서는 분별하지 않을 수가 없다.

● 그림 11-3 ▣ 주(周)나라 문왕(文王)

※ 출처:『삼재도회(三才圖會)』「인물(人物)」 1권

그림 11-4 ▣ 주(周)나라 무왕(武王)

王 武 周

※ 출처:『삼재도회(三才圖會)』「인물(人物)」 1권

그림 11-5 ▣ 주(周)나라 성왕(成王)

王　成　周

※ 출처: 『삼재도회(三才圖會)』「인물(人物)」 1권

●그림 11-6 ▣ 주(周)나라 강왕(康王)

王　　康　　周

※ 출처: 『삼재도회(三才圖會)』「인물(人物)」1권

● 그림 11-7   ▣ 오옥(五玉) : 황(璜)·벽(璧)·장(璋)·규(珪)·종(琮)

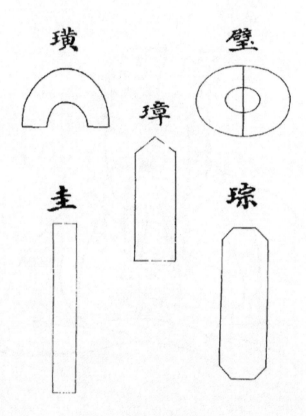

※ 출처:『주례도설(周禮圖說)』하권

그림 11-8 ◉ 구복(九服)·육복(六服)·오복(五服)

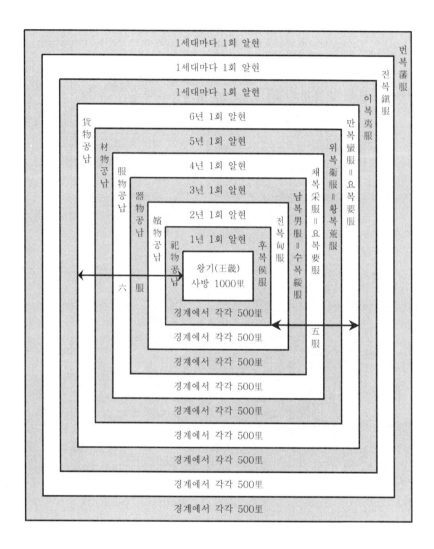

※ **출처**: 『삼재도회(三才圖會)』「지리(地理)」 14권

● 그림 11-9 ▣ 제후조향도(諸侯朝享圖)

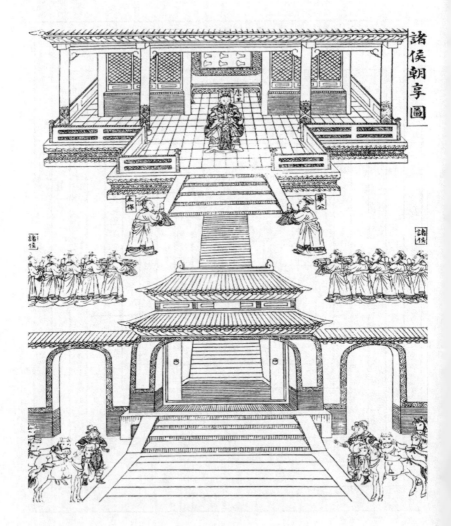

※ 출처: 『흠정서경도설(欽定書經圖說)』 43권

그림 11-10 ▣ 함진상읍도(咸進相揖圖)

※ 출처: 『흠정서경도설(欽定書經圖說)』 43권

그림 11-11 ▣ 보고군후도(報誥群侯圖)

※ 출처:『흠정서경도설(欽定書經圖說)』43권

▣ 그림 11-12 ▣ 석면반복도(釋冕反服圖)

※ 출처: 『흠정서경도설(欽定書經圖說)』 43권

『의례』와 삼년상

참고 『의례』「상복(喪服)」 '참최삼년장(斬衰三年章)' 기록

경문 父.

번역 부친을 위해서는 참최복을 입고 삼년상을 치른다.

賈疏 ●"父". ○釋曰: 周公設經, 上陳其服, 下列其人, 卽此文. 父已下是爲其人服上之服者也. 先陳父者, 此章恩義並設, 忠臣出孝子之門, 義由恩出, 故先言父也. 又下文諸侯爲天子・妻爲夫・妾爲君之等, 皆兼擧著服之人於上, 乃言所爲之人於下. 若然, 此父與君直單擧所爲之人者, 餘者若直言天子, 臣皆爲天子, 故擧諸侯也. 若直言夫, 則妾於君體敵, 亦有夫義. 妾爲君, 若直言君, 與前臣爲君文不殊, 已外亦皆嫌疑, 故兼擧著服之人. 子爲父・臣爲君, 二者無嫌疑, 故單擧所爲之人而已.

번역 ●經文: "父". ○주공이 경문을 기술했을 때, 먼저 해당하는 상복을 기술하고 그 뒤에 해당하는 대상들을 나열하였으니, 바로 이곳 문장에 해당한다. 부친이라는 기술 뒤에 나오는 기록들은 바로 해당하는 대상을 위해 앞서 기술한 상복을 입는 것이다. 먼저 부친에 대한 내용을 기술하였는데, 이곳에서는 은정과 도의를 함께 기술하였지만, 충신은 효자의 집안에서 배출되므로 도의는 은정으로부터 도출된다. 그렇기 때문에 먼저 부친에 대해서 언급한 것이다. 그 뒤의 문장에서 제후가 천자를 위해서 착용한다거나 처가 남편을 위해서 착용한다거나 첩이 군을 위해서 착용한다고 하는 기록들은 모두 상복을 착용하는 자들을 앞에 기록하고, 그 뒤에 해당하는 대상을 언급하였다. 그런데 이곳에서는 부친과 군주에 대해 기록하며 해당

하는 대상만 제시하였다. 그 이유는 나머지 기록에서 만약 천자라고만 언급한다면 신하들은 모두 천자를 위해서 이러한 상복을 착용하는 것이 되기 때문에 제후라는 말을 함께 제시한 것이다. 또 만약 남편이라고만 말한다면 첩은 군에 대해 대등하게 되어 또한 남편에 대한 도의를 지니게 된다. 첩이 군을 위해 착용한다고 했을 때, 만약 군이라고만 말한다면 이전에 기술된 신하들이 군을 위해 착용한다고 했던 문장과 차이가 없어진다. 이외에도 모두 혐의스러운 부분이 있기 때문에 상복을 착용하는 자들까지도 함께 기술한 것이다. 그런데 자식이 부친을 위해 착용한다거나 신하가 군주를 위해 착용한다는 경우에는 혐의로 삼을 것이 없기 때문에 단지 상복의 대상만을 제시한 것일 뿐이다.

전문 傳曰: 爲父何以斬衰也? 父至尊也.

번역 전문에서 말하였다. 부친을 위해서 어찌하여 참최복을 착용하는가? 부친은 지극히 존귀하기 때문이다.

賈疏 ●云"傳曰: 爲父何以斬衰也? 父至尊也"者, 言何以者, 問比例, 以父母恩愛等, 母則在齊衰, 父則入於斬, 比並不例, 故問何以斬, 不齊衰. 答云父至尊者, 天無二日, 家無二尊, 父是一家之尊, 尊中至極, 故爲之斬也.

번역 ●傳文: "傳曰: 爲父何以斬衰也? 父至尊也". ○'하이(何以)'라고 말한 것은 비슷한 사례를 근거로 질문한 것이니, 부친과 모친에 대한 은정과 친애함은 동일한데도 모친의 경우에는 자최복에 해당하고 부친의 경우에는 참최복에 해당하여 비중이 다르다. 그렇기 때문에 어찌하여 참최복으로 치르고 자최복으로 치르지 않느냐고 물어본 것이다. 답변에서는 부친은 지극히 존귀하기 때문이라고 했는데, 하늘에 2개의 태양이 없듯이 집안에도 존귀한 자가 2명일 수 없다. 부친은 한 집안에서 가장 존귀한 자이니, 존귀한 자들 중에서도 지극히 존귀하기 때문에, 그를 위해서 참최복을 착용하는 것이다.

경문 諸侯爲天子.

번역 제후는 천자를 위해서 참최복을 입고 삼년상을 치른다.

賈疏 ●“諸侯爲天子”. ○釋曰: 此文在父下君上者, 以下文君中雖言天子, 兼有諸侯及大夫, 此天子不兼餘君, 君中最尊上, 故特著文於上也.

번역 ●經文: “諸侯爲天子”. ○이 문장은 부친에 대한 기록 뒤와 군주에 대한 기록 앞에 나오는데, 아래문장에 나오는 ‘군(君)’이라는 글자에 있어서는 비록 천자를 뜻하기도 하지만, 제후 및 대부까지도 그 의미에 포함되고, 이곳에서 말한 천자는 나머지 주군들을 포함하지 않고, 군주 중에서도 가장 존귀한 자이다. 그렇기 때문에 특별히 이러한 기록들 앞에 문장을 서술한 것이다.

전문 傳曰: 天子至尊也.

번역 전문에서 말하였다. 천자는 지극히 존귀하기 때문이다.

賈疏 ●“傳曰天子至尊也”. ○釋曰: 不發問而直答之者, 義可知, 故直答而云“天子至尊”, 同於父也.

번역 ●傳文: “傳曰天子至尊也”. ○질문하는 말이 없고 단지 답변하는 말만 있는데, 앞의 내용을 통해서 그 의미를 유추하여 알 수 있기 때문이다. 그래서 단지 답변하는 말만 기록해서 “천자는 지극히 존귀하기 때문이다.”라고 했으니, 부친에 대한 경우와 동일하다.

경문 君.

번역 군주를 위해서는 참최복을 입고 삼년상을 치른다.

賈疏 ●"君". ○釋曰: 臣爲之服. 此君內兼有諸侯及大夫, 故文在天子下. 鄭注曲禮云: "臣無君猶無天", 則君者, 臣之天. 故亦同之於父爲至尊, 但義故還著義服也.

번역 ●經文: "君". ○신하가 군주를 위해서 착용한다. 이곳에서 말한 '군(君)'자의 의미 안에는 제후 및 대부까지도 포함된다. 그렇기 때문에 천자에 대한 기록 뒤에 기술된 것이다. 『예기』「곡례(曲禮)」편에 대한 정현의 주에서는 "신하에게 군주가 없는 것은 하늘이 없는 것과 같다."[1]라고 했으니, 군주는 신하에게 있어 하늘이 된다. 그렇기 때문에 부친에 대한 경우와 동일하게 지극히 존귀한 존재가 된다. 다만 도의에 따른 것이기 때문에 의복(義服)[2]을 착용한다.

전문 傳曰: 君至尊也.

번역 전문에서 말하였다. 군주는 지극히 존귀하기 때문이다.

鄭注 天子諸侯及卿大夫有地者, 皆曰君.

번역 천자 및 제후와 경·대부들 중 채지를 소유한 자는 모두 '군(君)'이라고 부른다.

賈疏 ◎注"天子"至"曰君". ○釋曰: 卿大夫承天子諸侯, 則天子諸侯之下, 卿大夫有地者皆曰君. 按周禮·載師云: 家邑任稍地, 小都任縣地, 大都任畺地. 是天子卿大夫有地者, 若魯國季孫氏有費邑, 叔孫氏有郈邑, 孟孫氏有郕邑, 晉國三家亦皆有韓·趙·魏之邑, 是諸侯之卿大夫有地者, 皆曰君, 以其

---

1) 이 문장은 『예기』「곡례하(曲禮下)」【51c】의 "大夫士去國, 踰竟, 爲壇位, 鄉國而哭. 素衣, 素裳, 素冠, 徹緣, 鞮屨, 素簚, 乘髦馬. 不蚤鬋, 不祭食, 不說人以無罪, 婦人不當御. 三月而復服."이라는 기록에 대한 정현의 주이다.
2) 의복(義服)은 본래 친속관계가 성립되지 않아서, 상복(喪服)을 착용해야만 하는 관계가 아닌데도, 도리에 따라 상복을 착용하는 것을 말한다.

有地則有臣故也. 天子不言公與孤, 諸侯大國亦有孤, 鄭不言者, 詩云"三事大
夫", 謂三公, 則大夫中含之也. 但士無臣, 雖有地不得君稱, 故僕隸等爲其長,
弔服加麻, 不服斬也.

번역 ◎鄭注: "天子"~"曰君". ○경과 대부에 대한 기록을 천자와 제후
에 대한 기록과 연이어 기술했다면, 천자와 제후 이하로 경과 대부들 중
채지를 소유한 자들은 모두 '군(君)'이라고 부른 것이다. 『주례』「재사(載
師)」편을 살펴보면, 가읍(家邑)3)은 초지(稍地)4)에 두고, 소도(小都)5)는
현지(縣地)6)에 두며, 대도(大都)7)는 강지(畺地)8)에 둔다고 했다.9) 이것은
천자에게 소속된 경과 대부들 중 채지를 소유한 자들을 의미하는데, 노나
라 계손씨가 비읍(費邑)을 소유했고 숙손씨가 후읍(郈邑)을 소유했으며 맹
손씨가 성읍(郕邑)을 소유했고, 진나라의 세 가문 또한 모두 한(韓)·조
(趙)·위(魏)라는 읍(邑)을 소유했었는데, 이것들은 제후에게 소속된 경과
대부들 중 채지를 소유한 자들을 의미하며, 이들에 대해서 모두 '군(君)'이
라 부를 수 있는 것은 그들이 채지를 소유했다면 그들 휘하에 신하가 있기
때문이다. 천자에 대해서 신하들 중 '공(公)'과 '고(孤)'를 언급하지 않았고,
제후 중 대국을 소유한 경우에도 고(孤)라는 신하를 두었는데 정현이 언급
하지 않았다. 그 이유는『시』에서 '3가지 일을 담당하는 대부'10)라고 했는
데, 이들은 삼공(三公)을 뜻하니, '대부(大夫)'라는 말 속에 그들까지 포함하

---

3) 가읍(家邑)은 대부(大夫)가 부여받는 채지(采地)를 뜻한다.
4) 초지(稍地)는 주(周)나라 때 도성에서 300리(理) 떨어진 지역을 일컫는 말
이다.
5) 소도(小都)는 경(卿)이 부여받는 채지(采地)를 뜻한다.
6) 현지(縣地)는 주(周)나라 때 도성에서 400리(理) 떨어진 지역을 일컫는 말
이다.
7) 대도(大都)는 공(公)이 부여받는 채지(采地)를 뜻한다.
8) 강지(畺地)는 주(周)나라 때 도성에서 500리(理) 떨어진 지역을 일컫는 말
이다.
9) 『주례』「지관(地官)·재사(載師)」 : 以廛里任國中之地, 以場圃任園地, 以宅
田·士田·賈田任近郊之地, 以官田·牛田·賞田·牧田任遠郊之地, 以公邑之
田任甸地, 以家邑之田任稍地, 以小都之田任縣地, 以大都之田任畺地.
10) 『시』「소아(小雅)·우무정(雨無正)」 : 周宗旣滅, 靡所上戾. 正大夫離居, 莫知
我勩. 三事大夫, 莫肯夙夜. 邦君諸侯, 莫肯朝夕. 庶曰式臧, 覆出爲惡.

는 것이다. 다만 사는 신하가 없기 때문에 비록 채지를 가지고 있더라도
'군(君)'이라 지칭할 수 없다. 그렇기 때문에 종들이 자신들의 수장을 위해
서 상복을 착용할 때에는 조문할 때의 복장에 마(麻)를 두르게 되어 있으며
참최복을 착용하지 않는 것이다.

경문 父爲長子.

번역 부친은 적장자를 위해서 참최복을 입고 삼년상을 치른다.

鄭注 不言適子, 通上下也. 亦言立適以長.

번역 '적자(適子)'라고 말하지 않은 것은 상하계층을 통괄하기 위해서이
다. 또한 장자를 적자로 삼는다는 의미도 뜻한다.

賈疏 ●"父爲長子". ○釋曰: 君·父尊外, 次長子之重, 故其文在此.

번역 ●經文: "父爲長子". ○군주나 부친처럼 존귀한 자 이외에 그 다음
으로 장자가 중요하기 때문에 그 기록이 이곳에 기술된 것이다.

賈疏 ◎注"不言"至"以長". ○釋曰: 言長子通上下, 則適子之號, 唯據大夫
士, 不通天子諸侯. 若言大子, 亦不通上下. 按服問云: "君所主夫人妻·大
子·適婦." 鄭注云: "言妻, 見大夫已下, 亦爲此三人爲喪主也." 則大子下及
大夫之子不通士, 若言世子, 亦不通上下, 唯據天子諸侯之子. 是以鄭云"不言
適子, 通上下", 非直長子得通上下, 冢子亦通上下. 故內則云"冢子則大牢",
注云: "冢子猶言長子, 通於下也." 是冢子亦通上下也. 云"亦言立適以長"者,
欲見適妻所生, 皆名適子, 第一子死也, 則取適妻所生第二長者立之, 亦名長
子. 若言適子, 唯據第一者, 若云長子, 通立適以長故也.

번역 ◎鄭注: "不言"~"以長". ○장자(長子)라는 말이 상하계층을 통괄
한다고 했다면, 적자(適子)라는 호칭은 오직 대부와 사에 대해서만 적용되

며, 천자와 제후에 대해서는 통용되지 않는다. 만약 태자(太子)라고 말한다면 이 또한 상하계층을 통괄하지 못한다. 『예기』「복문(服問)」편에서는 "군주가 주관하는 상은 자기 부인, 태자, 태자의 정부인 상이다."11)라고 했고, 정현의 주에서는 "'처(妻)'라고 말한 것은 대부 이하의 계층에서도 이러한 세 부류의 사람들을 위해 상주가 됨을 드러내기 위해서이다."라고 했으니, 태자라는 말은 대부의 자식까지 통용되며 사까지는 통괄하지 못한다. 만약 세자(世子)라고 말한다면 이 또한 상하계층을 통괄하지 못하니, 오직 천자와 제후의 자식에게만 적용된다. 이러한 까닭으로 정현이 "'적자(適子)'라고 말하지 않은 것은 상하계층을 통괄하기 위해서이다."라고 말한 것이지, 장자라는 말만이 상하계층을 통괄할 수 있다는 뜻은 아니다. '총자(冢子)'라는 말 또한 상하계층을 통괄할 수 있다. 그렇기 때문에 『예기』「내칙(內則)」편에서는 "총자(冢子)인 경우에는 태뢰(太牢)12)를 사용한다."13)라고 했고, 정현의 주에서는 "총자(冢子)'는 장자(長子)라고 말하는 것과 같으니, 그 아래의 계층까지도 통괄해서 말한 것이다."라고 했다. 이것은 총자라는 말 또한 상하계층을 통괄할 수 있음을 뜻한다. 정현이 "또한 장자를 적자로 삼는다는 의미도 뜻한다."라고 했는데, 정처가 낳은 자식임을 드러내고자 했기 때문에 '적자(適子)'라고 부르는 것인데, 첫째 아들이 죽었다면, 정처가 낳은 둘째 아들을 후계자로 세우며, 이 자에 대해서도 '장자(長子)'라고 부른다. 만약 '적자(適子)'라고 부르게 된다면 오직 첫째 아들만을 가리키는데, '장자(長子)'라고 부른다면 생존한 자들 중에 가장 연장자를 적자로 세운 경우까지도 통괄할 수 있기 때문이다.

전문 傳曰: 何以三年也? 正體於上, 又乃將所傳重也. 庶子不得爲長子三

---

11) 『예기』「복문(服問)」【663d】: 君所主, 夫人妻, 大子, 適婦.
12) 태뢰(太牢)는 제사에서 소[牛], 양(羊), 돼지[豕] 3가지 희생물을 갖춘 것을 뜻한다. 『장자』「지악(至樂)」편에는 "具太牢以爲膳."이라는 기록이 있는데, 이에 대한 성현영(成玄英)의 소(疏)에서는 "太牢, 牛羊豕也."라고 풀이하였다.
13) 『예기』「내칙(內則)」【364c】: 凡接子擇日, 冢子則大牢, 庶人特豚, 士特豕, 大夫少牢, 國君世子大牢. 其非冢子, 則皆降一等.

年, 不繼祖也.

번역 전문에서 말하였다. 어찌하여 삼년상으로 치르는가? 위로 선조의 정통을 계승하고 또 장차 후대에 정통을 전수할 자였기 때문이다. 서자는 자신의 장자를 위해서 삼년상을 치를 수 없으니, 조부의 정통을 계승하지 못했기 때문이다.

鄭注 此言爲父後者, 然後爲長子三年, 重其當先祖之正體, 又以其將代己爲宗廟主也. 庶子者, 爲父後者之弟也, 言庶者, 遠別之也. 小記曰: "不繼祖與禰." 此但言祖不言禰, 容祖·禰共廟.

번역 이것은 부친의 후계자가 된 자가 후계자로 정해진 뒤에 자신의 장자를 위해서 삼년상을 치른다는 뜻이니, 선조의 정통을 계승했다는 사실을 중시하고 또 자신의 장자가 앞으로 자신을 대신해서 종묘의 제사를 주관했어야 했기 때문이다. '서자(庶子)'는 부친의 후계자 동생들을 뜻하는데, '서(庶)'라고 말한 것은 뚜렷하게 구별하기 위해서이다. 『예기』「상복소기(喪服小記)」편에서는 "조부나 부친의 뒤를 잇지 않았기 때문이다."[14]라고 했다. 이곳에서 단지 조부만 언급하고 부친을 언급하지 않은 것은 조부와 부친의 신주가 같은 묘(廟)에 합사된 경우까지도 포함하고자 했기 때문이다.

賈疏 ●"傳曰何"至"祖也". ○釋曰: 云"何以"者, 亦是問, 比例, 以其俱是子, 不杖章父爲衆子期, 此章長子則爲之三年, 故發何以之傳也. 不問斬而問三年者, 斬重而三年輕, 長子非尊極, 故擧輕以問之. 輕者尙問, 明重者可知, 故擧輕以明重也. 云"正體於上, 又乃將所傳重也"者, 此是答辭. 以其父祖適適相承, 爲上己又是適承之於後, 故云正體於上. 云又乃將所傳重者, 爲宗廟主, 是有此二事, 乃得三年. 云"庶子不得爲長子三年, 不繼祖也"者, 此明適適相承, 故須繼祖乃得爲長子三年也.

---

14) 『예기』「상복소기(喪服小記)」【410a】: 庶子不爲長子斬, 不繼祖與禰故也.

[번역] ●傳文: "傳曰何"~"祖也". ○'하이(何以)'라고 말한 것 또한 질문에 해당하니, 비슷한 사례를 근거로 질문한 것으로 모두 자식이 되기 때문인데, '부장장'에서 부친은 나머지 자식들을 위해서 기년상을 치른다고 했고, 이곳에서는 장자를 위해서 삼년상을 치른다고 했다. 그렇기 때문에 '하이(何以)'라는 말로 전문을 시작한 것이다. 참최복을 착용하는 이유를 묻지 않고 삼년상을 치르는 이유를 물어본 것은 참최복은 상대적으로 중요하고 삼년상은 상대적으로 덜 중요한데, 장자는 지극히 존귀한 자가 아니다. 그렇기 때문에 보다 덜 중요한 것을 제시해서 질문한 것이다. 상대적으로 덜 중요한 것에 대해서 오히려 질문을 했다면, 중요한 것에 대해서도 질문한 것임을 알 수 있다. 그렇기 때문에 덜 중요한 것을 제시해서 중요한 것까지도 드러낸 것이다. "위로 선조의 정통을 계승하고 또 장차 후대에 정통을 전수할 자였기 때문이다."라고 했는데, 이것은 답변에 해당한다. 부친과 조부는 적장자에서 적장자로 서로 정통을 계승하였으니, 조상을 위해서 본인은 또한 후대에 정통을 적장자에게 계승하게 된다. 그렇기 때문에 위로 선조의 정통을 계승했다고 말했다. 또 장차 후대에 정통을 전수한다고 했는데, 종묘의 제사를 주관하게 되니, 이러한 자에게는 이러한 두 사안이 해당하므로 삼년상을 치를 수 있다. "서자는 자신의 장자를 위해서 삼년상을 치를 수 없으니, 조부의 정통을 계승하지 못했기 때문이다."라고 했는데, 이것은 적장자에서 적장자로 서로 정통이 계승되기 때문에 조부의 정통을 계승해야만 자신의 장자를 위해서 삼년상을 치를 수 있음을 나타낸다.

[賈疏] ◎注"此言"至"共廟". ○釋曰: 云"此言爲父後者, 然後爲長子三年"者, 經云"繼祖", 卽是爲祖後乃得爲長子三年. 鄭云爲父後者然後爲長子三年, 不同者, 周之道有適子, 無適孫, 適孫猶同庶孫之例, 要適子死後乃立適孫, 乃得爲長子三年. 是爲父後者然後爲長子三年也. 云"重其當先祖之正體"者, 解經正體於上. 又云"又以其將代己爲宗廟主也"者, 釋經重重也. 云"庶子者, 爲父後者之弟也"者, 謂兄得爲父後者是適子, 其弟則是庶子, 是爲父後者之弟, 不得爲長子三年. 此鄭據初而言, 其實繼父祖身三世, 長子四世乃得三年也.

云“言庶者, 遠別之也”者, 庶子, 妾子之號, 適妻所生第二者是衆子, 今同名庶
子, 遠別於長子, 故與妾子同號也. 云“小記曰不繼祖與禰, 此但言祖不言禰, 容
祖禰共廟”者, 按祭法云: 適士二廟, 官師一廟. 鄭注云: “官師, 中下之士.” 祖禰
共廟, 則此容祖·禰共廟, 據官師而言. 若然, 小記所云祖禰并言者, 是適士二
廟者也. 祖·禰共廟, 不言禰直言祖, 擧尊而言也. 鄭注小記云“言不繼祖·禰,
則長子不必五世”者, 鄭前有馬融之等, 解爲長子五世, 鄭以義推之, 己身繼祖
與禰, 通己三世, 卽得爲長子斬, 長子唯四世, 不待五世也, 此微破先師馬融之
義也. 以融是先師, 故不正言, 而云不必而已也. 若然, 雖承重不得三年有四種:
一則正體不得傳重, 謂適子有廢疾, 不堪主宗廟也; 二則傳重非正體, 庶孫爲
後是也; 三則體而不正, 立庶子爲後是也; 四則正而不體, 立適孫爲後是也. 按
喪服小記云: “適婦不爲舅後者, 則姑爲之小功.” 鄭注云: “謂夫有廢疾他故, 若
死而無子, 不受重者.” 婦旣小功不大功, 則夫死亦不三年期可知也.

번역 ◎鄭注: “此言”~“共廟”. ○정현이 “이것은 부친의 후계자가 된 자
가 후계자로 정해진 뒤에 자신의 장자를 위해서 삼년상을 치른다는 뜻이
다.”라고 했는데, 경문에서는 “조부를 계승했다.”라고 했으니, 이것은 조부
의 후계자가 된 자만이 자신의 장자를 위해서 삼년상을 치를 수 있다는
뜻이다. 정현은 부친의 후계자가 된 이후에야 자신의 장자를 위해서 삼년
상을 치를 수 있다고 하여 기술이 다른데, 주나라의 도에 따르면 적자가
있으면 적손이 없으니, 적손에 대해서는 오히려 나머지 손자들에 대한 경
우와 동일하게 한다. 따라서 요약하자면 적자가 죽은 이후에야 적손을 세
울 수 있고, 이러한 경우에만 자신의 장자를 위해서 삼년상을 치를 수 있다
는 뜻이다. 이것이 바로 부친의 후계자가 된 이후에야 장자를 위해서 삼년
상을 치른다는 경우이다. 정현이 “선조의 정통을 계승했다는 사실을 중시
한다.”라고 했는데, 경문에서 ‘정체어상(正體於上)’이라고 한 말을 풀이한
것이다. 또 “또 자신의 장자가 앞으로 자신을 대신해서 종묘의 제사를 주관
했어야 했기 때문이다.”라고 했는데, 경문에서 ‘전중(傳重)’이라고 한 말을
풀이한 것이다. 정현이 “‘서자(庶子)’는 부친의 후계자 동생들을 뜻한다.”라
고 했는데, 형이 부친의 후계자가 될 수 있다면 이는 적자가 되고 그의 동생

들은 서자가 되는데, 이들은 부친의 후계자 동생들이 되며, 이들은 자신의 장자를 위해서 삼년상을 치를 수 없다. 이것은 정현이 첫 세대를 기준으로 말한 것인데, 실제로 부친・조부・자신이라는 3세대를 이어 장자는 4세대가 되며, 이러한 경우라야 삼년상을 치를 수 있다. 정현이 "'서(庶)'라고 말한 것은 뚜렷하게 구별하기 위해서이다."라고 했는데, '서자(庶子)'는 본래 첩의 자식을 뜻하는 말이며, 정처가 낳은 둘째 아들부터는 '중자(衆子)'자가 된다. 그런데 현재는 동일하게 서자라고 불러서, 장자와 뚜렷하게 구별을 한 것이다. 그렇기 때문에 첩의 자식에 대한 칭호와 동일하게 불렀다. 정현이 "「상복소기(喪服小記)」편에서는 조부나 부친의 뒤를 잇지 않았기 때문이라고 했다. 이곳에서 단지 조부만 언급하고 부친을 언급하지 않은 것은 조부와 부친의 신주가 같은 묘(廟)에 합사된 경우까지도 포함하고자 했기 때문이다."라고 했는데, 『예기』「제법(祭法)」편을 살펴보면, 적사(適士)는 2개의 묘를 두고, 관사(官師)는 1개의 묘를 둔다고 했다.15) 이 문장에 대해서 정현의 주에서는 "관사는 중사와 하사이다."라고 했다. 조부와 부친의 신주를 하나의 묘에 합사하는 것이니, 여기에서는 조부와 부친의 신주가 하나의 묘에 합사된 경우까지도 포함하고자 해서, 관사의 경우를 기준으로 말한 것이다. 그렇다면 「상복소기」편에서는 조부와 부친을 함께 언급했는데, 이것은 2개의 묘를 세우는 적사의 경우에 해당한다. 조부와 부친의 신주를 하나의 묘에 합사하는 경우 부친을 언급하지 않고 단지 조부에 대해서만 말한 것은 존귀한 자를 기준으로 말했기 때문이다. 「상복소기」편에 대한 정현의 주에서는 "조부와 부친을 잇지 않았다고 했다면, 장자는 반드시 5세대가 지난 자를 뜻할 필요가 없다."16)라고 했는데, 정현 이전에 마융 등이 장자에 대해 5세대가 지난 자라고 풀이한 주장이 있었으므로, 정현이 그 의미에 따라 추론을 했던 것으로, 자신이 조부와 부친의 정통을 계승하였

---

15) 『예기』「제법(祭法)」【550a~b】: <u>適士二廟一壇</u>, 曰考廟, 曰王考廟, 享嘗乃止; 皇考無廟, 有禱焉, 爲壇祭之; 去壇爲鬼. <u>官師一廟</u>, 曰考廟, 王考無廟而祭之, 去王考爲鬼.

16) 이 문장은 『예기』「상복소기(喪服小記)」【410a】의 "庶子不爲長子斬, 不繼祖與禰故也."라는 기록에 대한 정현의 주이다.

다면, 자신까지 합해 3세대가 되며, 자신의 장자를 위해서 참최복을 착용할 수 있는데, 장자의 경우 4세대가 되므로 5세대까지 갈 필요가 없다. 이것은 선사인 마융의 주장에 대해 미온적으로 설파한 것이다. 마융은 정현의 선사였기 때문에 직접적으로 지적하지 않고, 필요가 없을 따름이라고만 했다. 만약 그렇다면 정통을 계승했더라도 삼년상을 치르지 못하는 경우는 네 종류가 있게 된다. 첫 번째는 정체(正體)이지만 후대에 그것을 전수하여 종묘의 제사를 맡기지 못하는 경우이니, 적자가 질병 등으로 종묘의 제사를 감당할 수 없는 경우이다. 두 번째는 전수하여 종묘의 제사를 맡게 되었지만 정체가 아닌 경우이니, 서손이 후사가 된 경우이다. 세 번째는 체(體)는 되지만 정(正)이 되지 못한 경우이니, 서자를 후사로 세운 경우이다. 네 번째는 정(正)은 되지만 체(體)가 되지 못한 경우이니, 적손을 후사로 세운 경우이다. 「상복소기」편을 살펴보면, "적부의 상이 발생했는데, 그 남편이 후계자가 되지 못했다면, 시어미는 그녀를 위해서 소공복을 착용한다."[17] 라고 했고, 정현의 주에서는 "남편에게 폐위될 만한 질병이 있거나 다른 이유가 있거나 혹은 죽었는데 자식이 없어서 중책을 전수하지 못한 경우를 뜻한다."라고 했다. 부인이 소공복을 입고 대공복을 입지 않는다면, 남편이 죽었을 때에도 삼년상을 치르지 않고 기년상으로 치르게 됨을 알 수 있다.

경문 爲人後者.

번역 다른 사람의 후계자가 된 자는 자신을 후계자로 삼은 자를 위해 참최복을 입고 삼년상을 치른다.

賈疏 ●"爲人後者". ○釋曰: 此出後大宗, 其情本疏, 故設文次在長子之下也. 按喪服小記云: "繼別爲大宗, 繼禰爲小宗." 大宗卽下文爲宗子齊衰三月, 彼云後大宗者, 則此所後, 亦後大宗者也.

번역 ●經文: "爲人後者". ○이것은 출가하여 대종의 후계자가 된 경우

---

17) 『예기』「상복소기(喪服小記)」【423b】: 適婦不爲舅姑後者, 則姑爲之小功.

로, 정감이 본래 소원한 관계이므로, 장자에 대한 내용 뒤에 문장을 기술하였다. 『예기』 「상복소기(喪服小記)」편을 살펴보면 "별자를 계승한 자는 대종(大宗)이 되고, 별자의 적장자 이외의 나머지 아들은 부친의 제사를 섬기니 그는 별도로 자기 가문의 소종(小宗)이 된다."18)라고 했다. 대종은 곧 아래문장에서 종자를 위해서는 자최복으로 3개월 동안 복상한다고 했을 때의 종자를 뜻하는데, 그 문장에서 대종의 후사가 되었다고 했으니, 이곳에서 후사가 된 자는 바로 대종의 후사가 된 자를 뜻한다.

전문 傳曰: 何以三年也? 受重者, 必以尊服服之. 何如而可爲之後? 同宗則可爲之後. 何如而可以爲人後? 支子可也. 爲所後者之祖父母·妻·妻之父母·昆弟·昆弟之子, 若子.

번역 전문에서 말하였다. 어찌하여 삼년상으로 치르는가? 중책을 전수받은 자는 반드시 존귀한 복식으로 복상해야 하기 때문이다. 어떠해야만 후사가 될 수 있는가? 같은 종가라면 후사가 될 수 있다. 어떠해야만 다른 사람의 후사가 될 수 있는가? 지자(支子)라면 가능하다. 후사로 삼아준 자의 조부모·처·처의 부모·곤제·곤제의 자식들에 대해서 실제의 자식처럼 따른다.

鄭注 若子者, 爲所爲後之親, 如親子.

번역 '약자(若子)'라는 말은 후사로 삼아준 자의 친족들을 위해서는 실제의 자식처럼 상복을 착용한다는 뜻이다.

賈疏 ●"傳曰"至"若子". ○釋曰: 云"何以三年"者, 以生己父母三年, 彼不生己亦爲之三年, 故發問, 比例之傳也. 云"受重者必以尊服服之"者, 答辭也.

---

18) 『예기』 「상복소기(喪服小記)」 【409b】: 別子爲祖, 繼別爲宗. 繼禰者爲小宗. 有五世而遷之宗, 其繼高祖者也. 是故祖遷於上, 宗易於下. 尊祖故敬宗, 敬宗所以尊祖禰也.

雷氏云: 此文當云爲人後者, "爲所後之父", 闕此五字者, 以其所後之父或早卒, 今所後其人不定, 或後祖父, 或後曾高祖, 故闕之, 見所後不定故也. 云"何如而可爲之後", 問辭. "同宗則可爲之後", 答辭. 此問亦問比類, 以其取後取何人爲之, 答以同宗則可爲之後, 以其大宗子當收聚族人, 非同宗則不可. 謂同承別子之後, 一宗之內, 若別宗同姓, 亦不可以其收族故也. 又云"何如而可以爲人後", 問辭. 云"支子可也", 答辭. 以其他家適子當家, 自爲小宗, 小宗當收斂, 五服之內亦不可闕, 則適子不得後他, 故取支子, 支子則第二已下, 庶子也. 不言庶子, 云支子者, 若言庶子, 妾子之稱, 言謂妾子得後人, 適妻第二已下子不得後人, 是以變庶言支, 支者, 取支條之義, 不限妾子而已. 若然, 適子不得後人, 無後亦當有立後之義也. 云"爲所後者之祖父母"已下之親至"若子", 謂如死者之親子, 則死者祖父母, 則當己曾祖父母, 齊衰三月也. 妻謂死者之妻, 卽後人之母也. 妻之父母・昆弟・昆弟之子, 並據死者妻之父母・妻之昆弟・妻之昆弟之子, 於後人爲外祖父母及舅與內兄弟, 皆如親子爲之著服也. 若然, 上經直言爲人後, 不言爲父, 此經直言爲所後者之祖父母及妻及死者外親之等, 不言死者緦麻・小功・大功及期之骨肉親者, 子夏作傳, 擧疏以見親, 言外以包內, 骨肉親者, 如親子可知.

번역 ●傳文: "傳曰"~"若子". ○"어찌하여 삼년상으로 치르는가?"라고 했는데, 자신을 낳아준 부모에 대해서는 삼년상을 치르는데, 상대는 자신을 낳아준 대상이 아님에도 삼년상을 치른다고 했다. 그렇기 때문에 질문을 한 것으로, 비슷한 사례를 근거로 질문한 전문이다. "중책을 전수받은 자는 반드시 존귀한 복식으로 복상해야 하기 때문이다."라고 했는데, 답변에 해당한다. 뇌씨는 이 문장은 마땅히 남의 후계자가 된 자가 자신을 후계자로 삼은 부친을 위해서 착용해야 한다고 말해야 하니, '위소후지부(爲所後之父)'라는 다섯 글자가 누락된 것으로, 자신을 후계자로 삼은 부친이 일찍 돌아가신 경우이기 때문이라고 했다. 그런데 현재 남의 후계자가 되었다고 했을 때, 그 인물을 확정하지 않은 것은 조부의 후계자가 될 수도 있고, 증조부나 고조부의 후계자가 될 수도 있기 때문에 생략한 것이니, 누구의 후계자인지를 고정시키고자 하지 않았기 때문이다. "어떠해야만 후사가 될 수 있는가?"라고 했는데, 질문하는 말이다. "같은 종가라면 후사가 될 수 있다."라고 했는데, 답변하는 말에 해당한다. 이곳의 질문 또한 비슷한 사례를 근거로 질문한 것이니, 후사를 취한다고 했을 때 어떤 사람을 취해 후사로 삼느냐는 것이고, 답변에서는 같은 종가라면 후사가 될 수 있다고 했으니, 대종의 자식은 마땅히 족인들 중에서 후사를 택해야 하며 같은 종가가 아니라면 채택할 수 없다. 즉 동일하게 별자의 후계자를 섬기는 같은 종가의 인물이어야 하니, 만약 종가가 다르지만 성이 같은 경우라면, 그는 족인들을 거둘 수 없으므로 후사로 삼을 수 없기 때문이다. "어떠해야만 다른 사람의 후사가 될 수 있는가?"라고 했는데, 질문하는 말이다. "지자(支子)라면 가능하다."라고 했는데, 답변하는 말에 해당한다. 다른 집안의 적자는 자신의 집을 담당하며 그 자체로 소종이 되고, 소종이라면 족인들을 거두어야 하며, 오복(五服)의 친족에 대해서도 누락시킬 수 없으므로, 적자를 다른 집안의 후사로 보낼 수 없다. 그렇기 때문에 지자 중에서 취하는 것이니, 지자는 둘째로부터 그 아래의 자식들로 서자(庶子)에 해당한다. '서자(庶子)'라고 말하지 않고 '지자(支子)'라고 말한 것은 만약 '서자(庶子)'라고 말한다면 첩의 자식을 지칭하는 말이 되므로, 첩의 자식이 남의 후사가 될 수 있고, 정처가 낳은 둘째 자식부터 그 밑의 자식들은 남의 후사가 될 수 없다는 뜻이 되므로, '서(庶)'자를 바꿔 '지(支)'자로 기록한 것이니, '지(支)'자는 가지라는 의미에서 취한 것이며, 첩의 자식으로 의미를 제한하지 않았다. 그렇다면 적자는 남의 후사가 될 수 없지만, 후사가 없다면 마땅히 후사를 세워야 하는 도의가 포함된다. '후사로 삼아준 자의 조부모'라는 말로부터 '약자(若子)'라는 말까지, 죽은 자의 친 자식처럼 해야 한다는 뜻이니, 죽은 자의 조부모라면 마땅히 자신의 증조부모처럼 대하여 자최복으로 3개월 동안 복상해야 한다. 처는 죽은 자의 처를 뜻하니, 후사가 된 자의 모친이 된다. 처의 부모·곤제·곤제의 자식은 모두 죽은 자의 처 부모·처의 곤제·처 곤제의 자식을 가리키는 것으로, 후사가 된 자에게 있어서는 외조부모 및 외삼촌과 내형제가 되어, 이들에 대해서는 모두 친자식이 그들을 위해 상복을 착용했던 것처럼 해야 한다. 그렇다면 앞의 경문에서는 단지 남의 후사가 되었다는 말만 하고 부친을 위해서 착용한다는 말을 하지 않았다. 이곳 경문에서는 단지 후사로 삼은 자의 조부모・처・죽은 자의 외친 등을 언급하고, 죽은 자가 시마복・소공복・대공복・기년복을 착용해야 하는 골육지친에 대해서는 언급하지 않았다. 그 이유는 자하가 전문을 작성했을 때, 관계가 소원한 경우를 제시하여 친근한 경우까지도 드러낸 것이니, 즉 외적인 것을 말하여 내적인 것까지 포괄한 것이다. 따라서 골육지친에 대해서도 친자식이 따르는 것처럼 한다는 사실을 알 수 있다.

경문 妻爲夫.

번역 처는 남편을 위해서 참최복을 입고 삼년상을 치른다.

전문 傳曰: 夫至尊也.

번역 전문에서 말하였다. 남편은 지극히 존귀하기 때문이다.

賈疏 ●“妻爲夫. 傳曰夫至尊也”. ○釋曰: 自此已下論婦人服也. 婦人卑於男子, 故次之. 按曲禮云: “天子曰后, 諸侯曰夫人, 大夫曰孺人, 士曰婦人, 庶人曰妻.” 后以下皆以義稱士, 庶人得其總名妻者, 齊也. 婦人無爵, 從夫之爵, 坐以夫之齒, 是言妻之尊卑, 與夫齊者也. 若然, 此經云妻爲夫者, 上從天子, 下至庶人, 皆同爲夫斬衰也. 傳言“夫至尊”者, 雖是體敵, 齊等夫者, 猶是妻之尊敬. 以其在家天父, 出則天夫. 又婦人有三從之義: 在家從父, 出嫁從夫, 夫死從子. 是其男尊女卑之義, 故云夫至尊, 同之於君父也.

번역 ●經文: “妻爲夫”. ●傳文: “傳曰夫至尊也”. ○이곳으로부터 아래의 문장들은 부인의 상복에 대해서 논의하고 있다. 부인은 남자에 비해 미천하기 때문에 남자에 대한 기술 뒤에 기록한 것이다. 『예기』「곡례(曲禮)」편을 살펴보면, “천자의 부인을 ‘후(后)’라 부르고, 제후의 부인을 ‘부인(夫人)’이라 부르며, 대부의 부인을 ‘유인(孺人)’이라 부르고, 사의 부인을 ‘부인(婦人)’이라 부르며, 서인의 부인을 ‘처(妻)’라 부른다.”[19]라고 했는데, 왕후로부터 그 이하의 경우 모두 도의에 따라 사로 지칭하고 서인에 경우도 총괄적으로 처라고 지칭하는 것은 남편과 일심동체가 되기 때문이다. 부인에게는 작위가 없으니 남편의 작위에 따르며, 앉을 때에도 남편의 나이에 따라 서열을 정하니, 이것은 처의 존비는 남편과 동일함을 의미한다. 만약 그렇다면 이곳 경문에서 "처가 남편을 위해서 착용한다."라고 했는데, 이것은 위로는 천자로부터 아래로는 서인에 이르기까지 모두 동일하게 남편을 위해서 참최복을 착용한다는 뜻이 된다. 전문에서는 "남편은 지극히 존귀하기 때문이다."라고 했으니, 비록 정처가 되더라도 남편과 동체가 되니, 이는 오히려 처의 존귀함과 공경함을 뜻하게 된다. 시집을 가지 않았을 때에는 부친을 하늘처럼 섬기는데, 출가하게 되면 남편을 하늘처럼 섬기기 때문이다. 또 부인에게는 삼종(三從)의 도의가 있으니, 시집을 가지 않았을 때에는 부친을 따르고, 출가하게 되면 남편을 따르며, 남편이 죽었을 때에는 자식을 따른다. 이것은 남편은 존귀하고 여자는 미천하다는 뜻이기 때문에, 남편은 지극히 존귀하기 때문이라고 말하여, 군주나 부친에 대한 경우와 동일하게 한 것이다.

경문 妾爲君.

번역 첩은 군을 위해서 참최복을 입고 삼년상을 치른다.

전문 傳曰: 君至尊也.

번역 전문에서 말하였다. 군은 지극히 존귀하기 때문이다.

鄭注 妾謂夫爲君者, 不得體之, 加尊之也, 雖士亦然.

번역 첩은 남편을 주군으로 삼아서 동체로 여길 수 없으니, 존귀함을 더하게 된다. 비록 사 계층이라 하더라도 이처럼 한다.

---

19) 『예기』「곡례하(曲禮下)」【59a】: 天子之妃曰后, 諸侯曰夫人, 大夫曰孺人, 士曰婦人, 庶人曰妻.

賈疏 ●“妾爲君. 傳曰君至尊也”. ○釋曰: 妾賤於妻, 故次妻後. 按內則云: “聘則爲妻, 奔則爲妾.” 鄭注云: “妾之言接, 聞彼有禮, 走而往焉, 以得接見於君子.” 是名妾之義. 但其並后匹適, 則國亡家絶之本, 故深抑之, 別名爲妾也. 旣名爲妾, 故不得名壻爲夫, 故加其尊名, 名之爲君也. 亦得接於夫, 又有尊事之稱, 故亦服斬衰也. 云“君至尊也”者, 旣名夫爲君, 故同於人君之至尊也.

번역 ●經文: “妾爲君”. ●傳文: “傳曰君至尊也”. ○첩은 처에 비해 미천하기 때문에 처에 대한 내용 뒤에 기술한 것이다. 『예기』「내칙(內則)」편을 살펴보면, “정식 예법을 갖춰서 남편이 찾아온 경우에는 처(妻)가 되고, 여자가 직접 그 집에 가게 되면 첩(妾)이 된다.”[20]라고 했고, 정현의 주에서는 “‘첩(妾)’자는 접한다는 뜻이니, 상대방이 예를 갖췄다는 소식을 듣고 달려가 찾아간다면, 이를 통해 군자를 접견할 수 있다.”라고 했다. 이것은 첩자의 의미를 풀이한 말이다. 다만 정부인과 대등하려고 한다면 국가와 가문이 망하게 되는 근본이 되기 때문에 억눌러서 첩이라고 부른 것이다. 첩이라고 불렀다면 남편을 부(夫)라고 부를 수 없기 때문에, 존귀한 명칭을 더하게 되어 ‘군(君)’이라고 부른 것이다. 첩 또한 남편을 접견할 수 있고, 존귀하게 섬긴다는 칭호를 받기 때문에 또한 참최복을 착용하는 것이다. “군은 지극히 존귀하기 때문이다.”라고 했는데, 이미 남편을 군이라고 불렀으므로, 군주처럼 지극히 존귀한 자에 대한 경우처럼 하는 것이다.

賈疏 ◎注“妾謂”至“亦然”. ○釋曰: 云“不得體之, 加尊之也”者, 以妻得體之得名爲夫, 妾雖接見於夫, 不得體敵, 故加尊之而名夫爲君, 是以服斬也. 云“雖士亦然”者, 按孝經士言爭友, 則屬隷不得爲臣, 則士身不合名君, 至於妾之尊夫, 與臣爲異, 是以雖士妾得稱夫爲君, 故云雖士亦然也.

번역 ◎鄭注: “妾謂”~“亦然”. ○정현이 “동체로 여길 수 없으니, 존귀함을 더하게 된다.”라고 했는데, 처는 남편과 동체가 되기 때문에 남편을 부

---

20) 『예기』「내칙(內則)」【369d】: 十有五年而笄, 二十而嫁. 有故, 二十三年而嫁. <u>聘則爲妻, 奔則爲妾.</u> 凡女拜, 尙右手.

(夫)라고 부를 수 있는데, 첩은 비록 남편을 접견할 수 있더라도 동체가
될 수 없다. 그렇기 때문에 존귀함을 더하게 되어 남편을 '군(君)'이라고
부르는 것이며, 이러한 까닭으로 참최복을 착용하는 것이다. 정현이 "비록
사 계층이라 하더라도 이처럼 한다."라고 했는데,『효경』을 살펴보면 사에
대해서는 간언을 해주는 벗이 있다고 했으니,[21] 종들은 신하가 될 수 없으
므로, 사 자신은 군(君)이라는 명칭을 쓸 수 없지만, 첩이 남편을 존귀하게
높이는 경우에 있어서는 신하의 경우와 다르므로, 비록 사의 첩이라 하더
라도 남편을 군(君)이라 부를 수 있다. 그렇기 때문에 "비록 사 계층이라
하더라도 이처럼 한다."라고 말한 것이다.

경문 女子子在室爲父.

번역 딸 중 아직 시집을 가지 않은 자는 부친을 위해서 참최복을 입고
삼년상을 치른다.

鄭注 女子子者, 子女也, 別於男子也. 言在室者, 關已許嫁.

번역 '여자자(女子子)'는 딸을 뜻하니, 남자와 구별하기 위해서 이처럼
부른다. "방에 있다."라는 말은 이미 혼인이 약속된 경우까지도 포함한다.

賈疏 ●"女子"至"爲父". ◎注"女子"至"許嫁". ○釋曰: 自此盡"爲父三
年", 論女子子爲父出及在室之事. 制服又與男子不同. 云"女子子者, 子女也,
別於男子也"者, 男子・女子, 各單稱子, 是對父母生稱. 今於女子別加一字,
故雙言二子, 以別於男一子者. 云"言在室者, 關已許嫁"者, 鄭意經直云女子
子爲父得矣, 而別加在室者, 關已許嫁. 關, 通也, 通已許嫁. 內則"女子十年不
出", 又云"十有五年而笄", 女子子十五許嫁而笄, 謂女子子年十五笄, 四德已
備, 許嫁與人, 卽加笄, 與丈夫二十而冠同. 死而不殤, 則同成人矣. 身旣成人,
亦得爲父服斬也. 雖許嫁爲成人, 及嫁, 要至二十乃嫁於夫家也.

21)『효경』「간쟁장(諫諍章)」: 士有爭友, 則身不離於令名.

번역 ●經文: “女子”~“爲父”. ◎鄭注: “女子”~“許嫁”. ○이곳 구문으로부터 “부친을 위해서 삼년상을 치른다.”라는 말까지는 모두 딸이 부친을 위해 상을 치를 때 출가를 했거나 아직 출가하지 않은 경우를 논의하고 있다. 그녀들에 대한 상복제도 또한 남자의 제도와 다르다. 정현이 “‘여자자(女子子)’는 딸을 뜻하니, 남자와 구별하기 위해서 이처럼 부른다.”라고 했는데, 남자와 여자에 대해서 각각 ‘자(子)’자만을 지칭하는 것은 부모가 생존해 계실 때와 대비해서 부르는 것이다. 현재 여자에 대해서 하나의 글자를 더했기 때문에 2개의 자(子)자를 붙였는데, 이것은 1개의 자(子)자만 붙이는 남자와 구별하기 위해서이다. 정현이 “방에 있다는 말은 이미 혼인이 약속된 경우까지도 포함한다.”라고 했는데, 정현의 의중은 경문에서는 단지 “딸이 부친을 위해서 착용한다.”라고만 말했다면 괜찮은데, 별도로 “방에 있다.”라는 말을 덧붙였으니, 이미 혼인이 약속된 경우까지도 포함한 것이라고 보았다. ‘관(關)’자는 “통괄하다[通].”는 뜻이다. 즉 이미 혼인이 약속된 경우까지도 통괄한 것이다. 『예기』「내칙(內則)」편에서는 “여자아이의 경우 10세가 되면, 더 이상 안채에서 밖으로 나오지 않는다.”[22]라고 했고, 또 “15세가 되어 혼인이 결정되면 비녀를 꼽는다.”[23]라고 했으니, 딸은 15세 때 혼인이 결정되면 비녀를 꼽게 되므로, 딸의 나이가 15세 때 비녀를 꼽는다는 것은 네 가지 덕목을 이미 갖추고 있어서, 남에게 시집가기로 결정이 되어 비녀를 꼽았다는 뜻이니, 남자가 20세가 되어 관례를 치르는 것과 동일하다. 죽었더라도 요절을 하지 않았다면 성인에 대한 경우와 동일하게 한다. 본인이 이미 성인이 되었으므로, 부친을 위해서는 참최복을 착용할 수 있다. 비록 혼인이 결정되어 성인이 되었더라도 시집을 가는 것은 20세가 되었을 때 남편의 집으로 가게 되는 것이다.

경문 布總, 箭笄, 髽, 衰, 三年.

---

22) 『예기』「내칙(內則)」【369c】: <u>女子十年不出</u>, 姆教婉娩聽從. 執麻枲, 治絲繭, 織紝組紃, 學女事以共衣服. 觀於祭祀, 納酒漿籩豆菹醢, 禮相助奠.

23) 『예기』「내칙(內則)」【369d】: <u>十有五年而笄</u>, 二十而嫁. 有故, 二十三年而嫁. 聘則爲妻, 奔則爲妾. 凡女拜, 尙右手.

[번역] 포로 만든 총(總)으로 머리를 묶고 대나무로 만든 비녀를 꼽으며 좌(髽)의 방식으로 머리를 틀고 상복을 착용하고 삼년상을 치른다.

[鄭注] 此妻妾女子子喪服之異於男子者. 總, 束髮. 謂之總者, 旣束其本, 又總其末. 箭笄, 篠竹也. 髽, 露紒也, 猶男子之括髮. 斬衰括髮以麻, 則髽亦用麻. 以麻者自項而前, 交於額上, 却繞紒, 如著幓頭焉. 小記曰: "男子冠而婦人笄, 男子免而婦人髽." 凡服, 上曰衰, 下曰裳. 此但言衰不言裳, 婦人不殊裳, 衰如男子衰, 下如深衣, 深衣則衰無帶下, 又無衽.

[번역] 처·첩·딸이 착용하는 상복은 남자와 다르다는 사실을 나타낸다. '총(總)'은 머리카락은 묶는 것이다. 이것을 '총(總)'이라고 부르는 것은 머리카락의 뿌리 쪽을 묶고 머리카락의 끝을 재차 모아서 묶기 때문이다. '전계(箭笄)'에서의 '전(箭)'자는 가는 대나무를 뜻한다. '좌(髽)'자는 노계(露紒)[24]를 뜻하니, 남자의 괄발(括髮)[25]과 같은 것이다. 참최복을 착용하고 괄발을 할 때에는 마(麻)로 된 천을 사용하니, 좌(髽)의 방식으로 머리를 틀 때에도 마를 사용하게 된다. 마로 된 천으로는 목의 뒤쪽에서 앞으로 돌려 이마에서 교차하고 상투를 두르는데, 그 모습은 삼두(幓頭)를 쓴 것과 같다. 『예기』「상복소기(喪服小記)」편에서는 "남자는 관을 쓰고 부인은 비녀를 꼽는다. 상중에 남자가 문(免)[26]을 하게 되면 부인은 좌(髽)의 방식으로 머리를 튼다."[27]라고 했다. 상복에 있어서 상의는 '최(衰)'라 부르고 하의는 '상(裳)'이라 부른다. 이곳에서 단지 '최(衰)'라고만 말하고 상(裳)을 언급하지 않았는데, 부인의 경우 하의에 차이를 두지 않고, 상의는 남자의

24) 노계(露紒)는 좌(髽)를 트는 방식 중 하나이다. 좌(髽)를 틀 때 마(麻)를 이용하는 경우도 있고 포(布)를 이용하는 경우도 있는데, '노계'는 이 두 방식을 총칭하는 명칭이다. 또한 '노계'는 마(麻)나 포(布)를 사용하는 좌(髽)의 방식과 구별되어, 별도로 좌(髽)를 트는 방식 중 하나라고도 주장한다.
25) 괄발(括髮)은 상(喪)을 치를 때, 관(冠)을 벗고 머리를 마(麻)로 된 천으로 싸매는 것을 뜻한다.
26) 문(免)은 '문(絻)'이라고도 부른다. 문포(免布)나 문복(免服)과 같은 뜻이다.
27) 『예기』「상복소기(喪服小記)」【407c】: 男子冠而婦人笄, 男子免而婦人髽. 其義爲男子則免, 爲婦人則髽.

상복 상의와 같으며, 하의는 심의(深衣)²⁸⁾와 같은데, 심의의 경우 상의에는 띠가 없고 또 겹치는 부분이 없다.

賈疏 ●"布總"至"三年". ◎注"此妻"至"無衽". ○釋曰: 上文不言布, 不言三年, 至此言之者, 上以哀極, 故沒其布名與年月, 至此須言之故也. 以其笄旣用箭, 則總不可不言用布. 又上文経至練有除者, 此經三者旣與男子有殊, 並終三年乃始除之矣. 按喪服小記云婦人帶"惡笄以終喪", 彼謂婦人期服者, 帶與笄終喪. 此斬衰, 帶亦練而除, 笄亦終三年矣, 故以三年言之. 云"此妻妾女子子喪服之異於男子"者, 鄭據經上下婦人服斬者而言. 若然, 周公作經, 越妻妾而在女子子之下言之者, 雷氏云: 服者本爲至情, 故在女子之下爲文也. 若然, 經之體例皆上陳服, 下陳人, 此服之異在下言之者, 欲見與男子同者如前, 與男子異者如後, 故設文與常不例也. 以上陳服下陳人, 則上服之中亦有女子子, 今更言女子子, 是言其異者. 若然, 上文列服之中, 冠繩纓非女子所服, 此布總笄髽等, 亦非男子所服, 是以爲文以易之也. 云"謂之總者, 旣束其本, 又總其末"者, 鄭解此經云布總者, 只爲出紒後垂爲飾者, 而言以其布總六升, 與男子冠六升相對, 故知據出見者而言, 是以鄭云謂之總者, 旣束其本又總其末也. 云"箭笄, 篠竹也"者, 按尙書・禹貢云"篠簜旣敷", 孔云: "篠, 竹箭." 是箭篠爲一也. 又云"髽, 露紒也, 猶男子之括髮"者, 髽有二種, 按士喪禮曰"婦人髽于室", 注云: "始死, 婦人將斬衰者, 去笄而纚. 將齊衰者, 骨笄而纚. 今言髽者, 亦去笄纚而紒也. 齊衰以上至笄猶髽, 髽之異於括髮者, 旣去纚而以髮爲大紒, 如今婦人露紒其象也." 其用麻布, 亦如著幓頭, 然是婦人髽之制也. 二種者: 一是未成服之髽, 卽士喪禮所云者是也, 將斬衰者用麻, 將齊衰者用布; 二者成服之後露紒之髽, 卽此經注是也. 云"斬衰括髮以麻, 則髽亦用麻"者, 按喪服小記云斬衰"括髮以麻, 免而以布", 男子髻髮與免用布, 有文; 婦人髽用麻布, 無文. 鄭以男子髻髮, 婦人髽, 同在小斂之節, 明用物與制度亦應不

---

28) 심의(深衣)는 일반적으로 상의와 하의가 서로 연결된 옷을 뜻한다. 제후, 대부(大夫), 사(士)들이 평상시 집안에 거처할 때 착용하던 복장이기도 하며, 서인(庶人)에게는 길복(吉服)에 해당하기도 한다. 순색에 채색을 가미하기도 했다.

殊. 但男子陽, 以外物爲名, 名爲括髮. 婦人陰, 以內物爲稱, 稱爲髽, 爲異耳. 鄭引漢法幒頭況者, 古之括髮, 其髽之狀亦如此, 故鄭注士喪禮云: "其用麻布亦如著幒頭也." 引喪服小記者, 彼男子冠, 婦人笄, 相對有二時: 一者男子二十而冠, 婦人許嫁而笄, 吉時相對也; 一者成服後, 男子喪服, 婦人箭笄, 喪中相對也. 今此小記所云, 參上下文, 是據喪中冠笄相對而言. 引之者, 證經箭笄是與男冠相對之物也. 云"男子免而婦人髽"者, 亦小記之文. 此免旣齊衰以下, 用布爲免, 則髽是齊衰以下, 亦同用布爲髽, 相對而言也. 但男子陽多變, 斬衰名括髮, 齊衰以下名免耳; 婦人陰少變, 故齊·斬婦人同名髽. 按士喪禮鄭注云: "衆主人免者, 齊衰將袒, 以免代冠. 免之制未聞, 舊說以爲如冠狀, 廣一寸", 亦引小記括髮及漢幒頭爲說. 則及髮及免與髽, 三者雖用麻布不同, 皆如著幒頭不別. 若然, 成服以後, 斬衰至緦麻皆冠如著幒頭, 婦人皆露紒而髽也. 云"凡服, 上曰衰, 下曰裳. 此但言衰不言裳, 婦人不殊裳"者, 以其男子殊衣裳, 是以衰綴於衣, 衣統名爲衰, 故衰裳並見. 按周禮·內司服王后六服, 皆單言衣不言裳, 以連衣裳, 不別見裳. 則此喪服亦連裳於衣, 衰亦綴於衣而名衰, 故直名衰, 無裳之別稱也. 云"衰如男子衰"者, 婦人衰亦如下記所云"凡衰外削幅", 以下之制如男子衰也. 云"下如深衣"者, 如深衣六幅, 破爲十二, 闊頭鄉下, 狹頭鄉上, 縫齊倍要也. 云"深衣則衰無帶下"者, 按下記云"衣帶下尺", 注云: "衣帶下尺者, 要也. 廣尺, 足以掩裳上際也." 今此裳旣縫著衣, 不見裏衣, 故不須要以掩裳上際, 故知無要也. 云"又無衽"者, 又按下記云"衽二尺有五寸", 注云: "衽, 所以掩裳際也." 彼據男子陽多變, 故衣裳別制. 裳又前三幅, 後四幅, 開兩邊, 露裏衣, 是以須衽. 屬衣兩旁垂之, 以掩交際之處. 此旣下如深衣, 縫之以合前後, 兩邊不開, 故不須衽以掩之也. 按深衣云"續衽鉤邊", 注云: "續猶屬也. 衽, 在裳旁者也. 屬連之, 不殊裳前後也. 鉤邊, 如今曲裾也." 彼吉服深衣, 須有曲裾之衽. 此婦人凶服之衰, 下連裳, 雖如深衣, 不得盡如深衣幷有衽, 故鄭總云下無衽, 則非直無喪服之衽, 亦無吉服深衣之衽也.

번역 ●經文: "布總"~"三年". ◎鄭注: "此妻"~"無衽". ○앞의 문장에서는 포(布)를 언급하지 않았고, 삼년(三年)을 언급하지 않았는데, 이곳 문장에 이르러 이 내용들을 언급했다. 그 이유는 앞의 경우 애통함이 지극하기 때문에 포(布)의 명칭이나 기간을 생략한 것이고, 이곳에 이르러서야 말할 필요가 있었기 때문이다. 비녀에 가는 대나무를 사용한다고 했다면, 총(總)에 있어서도 포(布)를 사용한다고 말하지 않을 수 없다. 또 앞의 문장에 나온 질(絰)은 연제(練祭)를 치르게 되면 제거하는 것이 있는데, 이곳 경문에서 말한 세 가지는 이미 남자와 차이를 보이며, 아울러 삼년상을 끝낸 뒤에야 비로소 제거하게 된다. 『예기』「상복소기(喪服小記)」편을 살펴보면 부인의 허리띠를 설명하고 "악계(惡笄)를 꼽고서 상을 마친다."[29]라고 했는데, 「상복소기」편의 내용은 부인들 중 기년복을 착용하는 경우 허리띠와 비녀는 상을 마칠 때까지 바꾸지 않는다는 뜻이다. 이곳에서 언급한 경우는 참최복을 착용하는 경우로 허리띠 또한 연제를 치르면 제거하는데 비녀의 경우에는 삼년상을 치를 때까지 꼽게 된다. 그렇기 때문에 삼년이라는 기간을 언급한 것이다. 정현이 "처·첩·딸이 착용하는 상복은 남자와 다르다는 사실을 나타낸다."라고 했는데, 정현은 경문의 앞뒤 기록에서 부인 중 참최복을 착용하는 자에 기준을 두고 말한 것이다. 만약 그렇다면 주공이 경문을 작성했을 때 이 내용은 처나 첩에 대한 내용보다 앞에 있어야 하지만 딸에 대한 내용 뒤에 언급했다. 그 이유에 대해서 뇌씨는 복장이라는 것은 본래 지극한 감정으로 인해 착용하는 것이다. 그렇기 때문에 딸에 대한 내용 뒤에 문장을 기술한 것이라고 했다. 만약 그렇다면 경문의 체제에 있어서 모든 경우 앞에 복장을 기술하고 뒤에 해당하는 사람을 기술하였는데, 이곳에서 복장에 대한 기술이 다른 곳과 차이를 보이며 그 뒤에 기술되어 있다. 그 이유는 남자와 동일한 경우에는 전자의 경우처럼 따르고 남자와 차이를 보이는 경우에는 후자의 경우처럼 함을 드러내고자 했기 때문에, 문장을 기술함에 있어서도 일반적인 경우와 체제가 맞지 않는 것이다. 먼저 복장을 기술하고 그 뒤에 해당하는 대상을 기술한다면 앞에 나온 복장 중에는 딸에 대한 내용까지도 포함하는데, 현재 딸에 대해서 재차 언급한 것은 차이점을 말한 것이다. 만약 그렇다면 앞의 문장에서 열거한 복장 중 관(冠)·승(繩)·영(纓)은 여자가 착용하는 것이 아니며, 이

---

29) 『예기』「상복소기(喪服小記)」【407b】: 齊衰, <u>惡笄以終喪</u>.

곳에서 말한 포로 된 총(總)・비녀[筓]・좌(髽) 등 또한 남자가 착용하는 것이 아니다. 이러한 이유 때문에 문장을 기술함에 있어서 순서를 바꾸게 된 것이다. 정현이 "이것을 '총(總)'이라고 부르는 것은 머리카락의 뿌리 쪽을 묶고 머리카락의 끝을 재차 모아서 묶기 때문이다."라고 했는데, 정현은 이곳에서 '포총(布總)'이라고 말한 것이 단지 상투를 노출시킨 뒤에 늘어트려 장식으로 삼는 것임을 풀이한 것이니, 포로 된 총은 6승(升)[30]으로 남자의 관을 6승으로 만든 것과 대비가 된다. 그렇기 때문에 노출시켜 드러내는 것에 기준을 두고 말했음을 알 수 있고, 이러한 이유 때문에 정현이 이것을 총이라고 부르는 이유가 머리카락의 뿌리 쪽을 묶고 머리카락의 끝을 재차 모아서 묶기 때문이라고 말한 것이다. 정현이 "'전계(箭筓)'에서의 '전(箭)'자는 가는 대나무를 뜻한다."라고 했는데, 『상서』「우공(禹貢)」편을 살펴보면 "가는 대와 큰 대가 이미 퍼져 잘 자란다."[31]라고 했고, 공안국은 "소(篠)는 대나무 중에서도 가는 것이다."라고 했다. 이것은 전(箭)과 소(篠)가 동일한 사물임을 나타낸다. 또한 정현은 "'좌(髽)'자는 노계(露紒)를 뜻하니, 남자의 괄발(括髮)과 같은 것이다."라고 했는데, 좌(髽)의 방식에는 두 종류가 있다. 『의례』「사상례(士喪禮)」편을 살펴보면 "부인은 방에서 좌의 방식으로 머리를 튼다."[32]라고 했고, 정현의 주에서는 "어떤 자가 이제 막 죽었을 때, 부인들 중 참최복을 착용해야 하는 자들은 비녀를 제거하고 리(纚)로 머리를 싸맨다. 자최복을 착용해야 하는 자들은 골계(骨筓)를 하고 리로 머리를 싸맨다. 현재 좌(髽)라고 말한 것 또한 비녀와 리를 제거하고 상투를 트는 것이다. 자최복으로부터 그 이상의 상복을 착용하는 자들은 비녀를 꽂아야 할 때 좌를 틀게 되는데, 좌가 괄발과 다른 점은 리를 제거한 이후 머리카락을 묶어 큰 상투를 만드는 것으로, 마치 오늘날의 부인들이 노계를 하는 모습과 유사하다."라고 했다. 마로 만든 포를 이용하는 것은 또한 삼두(幓頭)를 쓰는 것과 유사하니, 부인이 좌의 방식으로 머리를

---

30) 승(升)은 옷감과 관련된 단위이다. 고대에는 포(布) 80가닥[縷]을 1승(升)으로 여겼다. 『의례』「상복(喪服)」편에서는 "冠六升, 外畢."이라는 기록이 있는데, 이에 대한 정현의 주에서는 "布八十縷爲升."이라고 풀이했다.

31) 『서』「하서(夏書)・우공(禹貢)」: 篠簜旣敷. 厥草惟夭, 厥木惟喬. 厥土惟塗泥.

32) 『의례』「사상례(士喪禮)」: 主人髽髮袒, 衆主人免于房. 婦人髽于室.

트는 방법이다. 두 가지 종류 중 첫 번째는 아직 성복을 하지 않았을 때 좌(髽)로 머리를 트는 것이니, 「사상례」편에서 말한 것이 여기에 해당한다. 참최복을 착용해야 하는 자들은 마를 이용하고 자최복을 착용해야 하는 자들은 포를 이용한다. 두 번째는 성복을 한 이후에 노계를 할 때의 좌(髽)로 머리를 트는 방식이니, 이곳 경문과 주석에서 말한 것이 여기에 해당한다. 정현이 "참최복을 착용하고 괄발을 할 때에는 마(麻)로 된 천을 사용하니, 좌(髽)의 방식으로 머리를 틀 때에도 마를 사용하게 된다."라고 했는데, 「상복소기」편을 살펴보면 "참최복에 대해서 괄발을 할 때에는 마를 사용하고 문을 할 때에는 포를 사용한다."[33]라고 했는데, 남자가 상투를 틀고 문을 할 때 포를 사용한다는 것에 대해서는 경문의 기록이 있지만, 부인이 좌의 방식으로 머리를 틀 때 마로 된 포를 사용한다는 것에 대해서는 경문의 기록이 없다. 정현은 남자가 상투를 틀고 부인이 좌의 방식으로 머리를 트는 것은 동일하게 소렴(小斂)[34]의 절차에 해당하므로, 이것은 사용되는 사물이나 제도 또한 차이가 없다는 점을 나타낸다고 여겼다. 다만 남자는 양에 해당하기 때문에 외물을 사용해서 명칭을 정하여 괄발이라고 말한 것이다. 부인은 음에 해당하여 내물로 명칭을 정하여 좌라고 말한 것이 차이를 보일 따름이다. 정현이 한나라 때의 복식제도인 삼두에 대해 인용을 했는데, 옛날에 머리를 묶었던 방식에서 좌의 모습이 이와 같았기 때문이다. 그래서 「사상례」편에 대한 정현의 주에서는 "마로 된 포를 사용하니 또한 삼두를 착용하는 것과 같다."라고 했다. 정현이 「상복소기」편의 내용을 인용했는데, 「상복소기」편에서 남자는 관을 쓰고 여자는 비녀를 꼽는다고 하여 서로 대조를 보이는 시기는 두 가지이다. 첫 번째는 남자가 20세가 되어 관례를 치르고, 여자가 혼인이 허락되어 비녀를 꼽는 것으로, 이것은 길한 시기에 서로 대조를 보이는 것이다. 다른 하나는 성복을 한 이후 남자는 상복을 갖춰 입고 부인은 가는 대로 만든 비녀를 꼽으니, 이것은 상중에 서로 대조를 보이는 것이다. 「상복소기」편에서 언급한 내용을 앞뒤 문맥과

---

33) 『예기』「상복소기(喪服小記)」【407a】: 斬衰括髮以麻. 爲母括髮以麻, 免而以布.
34) 소렴(小斂)은 상례(喪禮) 절차 중 하나이다. 죽은 자의 시신을 목욕시키고, 의복을 착용시키며, 그 위에 이불 등으로 감싸는 절차를 뜻한다.

함께 따져보면 이것은 상중에 관을 쓰거나 비녀를 꼽는다는 것을 기준으로 서로 대조해서 말한 것이다. 이 내용을 인용한 것은 경문에서 가는 대로 만든 비녀가 남자가 쓰는 관과 상대되는 사물임을 증명하기 위해서이다. "남자가 문(免)을 하게 되면 부인은 좌(髽)의 방식으로 머리를 튼다."라고 했는데, 이 또한 「상복소기」편의 기록이다. 문(免)이라고 했을 때, 자최복으로부터 그 이하의 상에서는 포를 이용해서 문을 하게 되는데, 좌도 자최복 이하의 상에서는 또한 동일하게 포를 이용해서 좌를 하게 되니, 서로 대조가 되도록 말한 것이다. 다만 남자는 양에 해당하여 변화가 많으니, 참최복에서는 괄발이라고 하고 자최복으로부터 그 이하의 상에서는 문이라고 부를 따름이다. 반면 부인은 음에 해당하여 변화가 적기 때문에 자최복과 참최복을 착용하는 부인들에 대해서 동일하게 좌라고 부른 것이다. 「사상례」편에 대한 정현의 주를 살펴보면, "중주인이 문을 할 때, 자최복에서 단(袒)35)을 하게 되면 문으로 관을 대신하게 된다. 문의 제도에 대해서는 자세히 들어보지 못했는데, 옛 학설에 따르면 관을 쓴 모습과 비슷하게 하며 그 너비는 1촌(寸)이라고 했다."라고 했고, 또한 「상복소기」편에서 괄발을 했다는 것과 한나라 때의 삼두라는 제도를 인용해서 설명했다. 따라서 상투를 틀고 문을 하는 것과 좌의 방식으로 머리를 틀 때, 세 가지 경우 비록 마로 된 포를 사용하는 점에서 차이를 보이지만 모두 삼두를 착용하는 것과 비슷하다는 측면에서는 차이가 나지 않는다. 만약 그렇다면 성복을 한 이후 참최복으로부터 시마복에 이르기까지 모두 관을 쓰게 되는데, 그 모습은 삼두를 쓴 것과 같고, 부인들은 모두 노계를 하여 좌를 틀게 된다. 정현이 "상복에 있어서 상의는 '최(衰)'라 부르고 하의는 '상(裳)'이라 부른다. 이곳에서 단지 '최(衰)'라고만 말하고 상(裳)을 언급하지 않았는데, 부인의 경우 하의에 차이를 두지 않기 때문이다."라고 했는데, 남자는 상의와 하의에 차이를 두니, 상복의 천을 상의에 연결하여 상의까지도 총괄해서 '최(衰)'라고 부른다. 그래서 상의와 하의를 모두 나타내는 것이다. 『주례』「내사복(內司服)」

---

35) 단(袒)은 상중(喪中)에 남자들이 취하는 복장 방식이다. 상의 중 좌측 어깨쪽을 드러내는 방법이다. 한편 일반적인 의례절차에서도 단(袒)의 복장 방식을 취하는 경우가 있다.

편을 살펴보면 왕후에게는 여섯 가지 복식이 있는데, 모두 상의에 대해서
만 말하고 하의를 언급하지 않았으니, 상의와 하의가 연결되어 있어서 별
도로 하의에 대해 나타내지 않은 것이다. 이곳에서 말한 상복 또한 하의가
상의에 연결되어 있고, 상복의 천 또한 상의에 연결되어 있어서 총괄해서
'최(衰)'라고 부른다. 그렇기 때문에 단지 '최(衰)'라고만 부르며, 하의에 대
한 별도의 명칭을 정하지 않는 것이다. 정현이 "상의는 남자의 상복 상의와
같다."라고 했는데, 부인이 착용하는 상복의 상의는 또한 아래 기문에서
언급한 것처럼 "최(衰)는 겉으로 폭을 줄인다."라고 하는데, 그 이하의 제도
는 남자의 상복제도와 동일하다. "하의는 심의(深衣)와 같다."라고 했는데,
심의처럼 6폭을 갈라 12폭으로 만들고 넓은 면이 밑으로 향하고 좁은 면이
위로 향하도록 해서 끝부분을 봉합한 것이 허리 쪽의 너비보다 배가 된다.
정현이 "심의의 경우 상의에는 띠가 없다."라고 했는데, 아래의 기문을 살
펴보면 "상의의 띠는 그 길이가 아래로 1척(尺)이다."라고 했고, 정현의 주
에서는 "상의의 띠 길이가 아래로 1척이라고 했는데, 이것은 허리 부분을
가리킨다. 너비가 1척이라면 하의의 윗부분 끝을 가리기에 충분하다."라고
했다. 이곳에서 말한 하의는 이미 꿰매어 상의에 붙였고, 안쪽의 옷을 드러
내지 않기 때문에 허리 쪽에서 하의의 윗부분 끝을 가릴 필요가 없다. 그래
서 허리 쪽에 띠가 없다는 사실을 알 수 있다. 정현이 "또 겹치는 부분이
없다."라고 했는데, 아래 기문을 살펴보면 "겹치는 부분은 2척 5촌이다."라
고 했고, 정현의 주에서는 "임(衽)은 하의의 끝부분을 가리기 위한 것이다."
라고 했다. 이것은 남자처럼 양에 해당하여 변화가 많은 경우를 기준으로
하고 있다. 그렇기 때문에 상의와 하의에 대해서 제작방법을 달리하는 것
이다. 하의의 경우 또한 전면은 3폭이고 후면은 4폭이며 양쪽 측면을 트게
되고, 안감을 드러내는데, 이러한 이유로 임(衽)이 필요하다. 상의의 양쪽
측면에 연결하여 밑으로 내려트리고 이를 통해 교차하는 부분을 가리게
된다. 이곳에서는 이미 하의가 심의와 같다고 했으니, 꿰매어 전면과 후면
을 합하고 양쪽 측면을 트지 않는다. 그렇기 때문에 임을 통해 가릴 필요가
없다. 『예기』「심의(深衣)」편을 살펴보면, "임(衽)을 봉합하고 봉합된 부분
을 덮어서 재차 봉합하였다."[36]라고 했고, 정현의 주에서는 "'속(續)'자는

붙인다는 뜻이다. '임(衽)'은 하의의 측면에 있는 것을 뜻한다. 연결해 붙여서 하의의 전면과 후면에 차이가 생기지 않게끔 하는 것이다. '구변(鉤邊)'이라는 것은 오늘날의 곡거(曲裾)라는 것과 같다."라고 했다.「심의」편의 기록은 길한 복장에 착용하는 심의를 뜻하니, 곡거에 해당하는 임이 있어야만 한다. 이곳에서 말한 것은 부인들이 흉복으로 착용하는 상의로, 밑으로 하의와 연결되어 있어 비록 심의와 비슷한 모양이지만 심의와 완전히 동일하게 만들어 임까지 둘 수는 없다. 그렇기 때문에 정현은 총괄해서 아래에도 임이 없다고 말한 것이니, 단지 상복에 임이 없다는 것이 아니라 길복의 심의에도 임이 없다는 뜻이다.

전문 傳曰: 總六升, 長六寸, 箭笄長尺, 吉笄尺二寸.

번역 전문에서 말하였다. 총은 6승의 천으로 만드는데 그 길이는 6촌이고, 대나무 비녀는 그 길이가 1척이다. 길례에 착용하는 비녀는 그 길이가 1척 2촌이다.

鄭注 總六升者, 首飾象冠數. 長六寸, 謂出紒後所垂爲飾也.

번역 총은 6승의 천으로 만든다고 했는데, 머리장식은 관의 수를 따르기 때문이다. 길이가 6촌이라고 했는데, 상투의 뒤쪽으로 돌출시켜 늘어트리는 부분을 장식으로 삼는다는 뜻이다.

賈疏 ●"傳曰總"至"二寸". ○釋曰: 云"箭笄長尺, 吉笄尺二寸"者, 此斬之笄用箭, 下記云: 女子子適人爲父母, 婦爲舅姑, 用惡笄. 鄭以爲榛木爲笄, 則檀弓"南宮絛之妻之姑之喪", 云"蓋榛以爲笄", 是也. 吉時, 大夫士與妻用象, 天子諸侯之后·夫人用玉爲笄. 今於喪中, 唯有此箭笄及榛二者. 若言寸數, 亦不過此二等. 以其斬衰尺, 吉笄尺二寸. 檀弓南宮絛之妻爲姑, 榛以爲笄, 亦

---
36)『예기』「심의(深衣)」【672b】: 古者深衣, 蓋有制度, 以應規·矩·繩·權·衡. 短毋見膚, 長毋被土. 續衽, 鉤邊, 要縫半下.

云一尺. 則大功以下, 不得更容差降. 鄭注小記云: "笄所以卷髮." 既在同卷髮,
故五服略爲一節, 皆用一尺而已. 是以女子子爲父母既用榛笄, 卒哭之後, 折
吉笄之首歸於夫家. 以榛笄之外, 無可差降, 故用吉笄也. 若然, 總不言吉, 而
笄言之者, 以其喪中有用吉笄之法, 故小記無折笄之法, 當記文, 故小記折吉
笄之首是也.

[번역] ●傳文: "傳曰總"~"二寸". ○"대나무 비녀는 그 길이가 1척이다.
길례에 착용하는 비녀는 그 길이가 1척 2촌이다."라고 했는데, 이것은 참최
복에 착용하는 비녀는 가는 대나무로 만든다는 사실을 뜻한다. 아래 기문
에서는 딸 중 시집을 간 여자가 부모를 위해 상복을 착용하거나 며느리가
시부모를 위해 상복을 착용할 때에는 악계를 착용한다고 했다. 정현은 개
암나무로 만든 비녀라고 여겼는데, 『예기』「단궁(檀弓)」편에서 "남궁도의
아내에게 시어머니의 상이 발생했다."라고 했고, "개암나무로 만든 비녀를
꼽아야 한다."라고 한 말이 이러한 사실을 나타낸다.[37] 길한 시기라면 대부
와 사의 처는 상아를 이용해서 비녀를 만들고, 천자의 왕후와 제후의 부인
은 옥을 이용해서 비녀를 만들게 된다. 현재는 상중에 있으므로, 오직 가는
대나무로 만든 비녀와 개암나무로 만든 비녀만 사용할 따름이다. 그 치수
에 대해 말해보자면 이러한 두 가지에 불과할 따름이다. 참최복에 사용하
는 것을 1척의 길이로 만들고 길한 시기에 착용하는 비녀는 1척 2촌으로
만들기 때문이다. 「단궁」편에서 남궁도의 부인이 시어머니의 상을 치를 때
개암나무로 비녀를 만들면서도 그 길이를 1척으로 한다고 했다. 따라서 대
공복으로부터 그 이하의 상에 있어서는 차등을 둘 수 없다. 『예기』「상복소
기(喪服小記)」편에 대한 정현의 주에서는 "비녀는 머리를 트는 도구이다
."[38]라고 했는데, 이미 동일하게 머리를 트는 것이므로 오복에 사용하는
것들은 대략 한 가지로 규정하여, 모두 1척의 길이에 따를 따름이다. 이러

37) 『예기』「단궁상(檀弓上)」【77a】: 南宮縚之妻之姑之喪, 夫子誨之髽, 曰: "爾毋
從從爾! 爾毋扈扈爾! 蓋榛以爲笄, 長尺而總八寸."
38) 이 문장은 『예기』「상복소기(喪服小記)」【407b】의 "齊衰, 惡笄以終喪."이라
는 기록에 대한 정현의 주이다.

한 이유로 딸이 부모를 위해 상을 치를 때 개암나무로 만든 비녀를 사용하니, 졸곡을 한 이후에는 길계의 머리장식을 꽂고 남편의 집으로 되돌아간다. 개암나무로 만든 비녀 이외에는 차등을 둘 수 없기 때문에 길계를 사용하는 것이다. 만약 그렇다면 총에 대해서는 길한 복식을 언급하지 않고, 비녀에 있어서 길한 복식을 언급한 것은 상중에는 길계를 사용하는 법도가 포함되기 때문이다. 그래서 「상복소기」편에서는 기존의 경문 기록에 비녀를 꽂는 법도가 없어서 기문으로 작성하였기 때문에 「상복소기」편에서 길계의 머리장식을 꽂는 방식을 언급한 것이다.

賈疏 ◎注“總六”至“飾也”. ○釋曰: 云“總六升者, 首飾象冠數”也, 上云男子冠六升, 此女子子總用布, 當男子冠用布之處, 故同六升, 以同首飾故也. 十五升首飾尊, 故吉服之冕三十升, 亦倍於朝服十五升也. 云“長六寸, 謂出紒後所垂爲飾”也, 鄭知者, 若據其束本, 入所不見, 何寸數之有乎? 故鄭以六寸據垂之者, 此斬衰六寸, 南宮縚妻爲姑總八寸, 以下雖無文, 大功當與齊同八寸, 緦麻·小功同一尺, 吉總當尺二寸, 與笄同也.

번역 ◎鄭注: “總六”~“飾也”. ○정현이 “총은 6승의 천으로 만든다고 했는데, 머리장식은 관의 수를 따르기 때문이다.”라고 했는데, 앞에서 남자의 관은 6승으로 만든다고 했고, 이곳에서 딸이 사용하는 총은 포를 사용해서 만든다고 했으니, 남자의 관도 포를 사용해서 만들기 때문에 동일하게 6승으로 만드는 것이며, 이를 통해 동일하게 머리장식으로 삼는 것이다. 15승으로 만든 머리장식은 존귀하기 때문에 길복에 사용하는 면류관은 30승으로 만들어서 또한 조복에 사용되는 15승보다 배로 한다. 정현이 “길이가 6촌이라고 했는데, 상투의 뒤쪽으로 돌출시켜 늘어트리는 부분을 장식으로 삼는다는 뜻이다.”라고 했는데, 정현이 이러한 사실을 알 수 있었던 것은 만약 머리카락의 뿌리 쪽 묶는 것에 기준을 두면 들어가는 부분은 드러나지 않으니 어떻게 치수를 잴 수 있겠는가? 그러므로 정현은 6촌이라는 것이 늘어트리는 부분이라고 여겼다. 그런데 이곳에서 참최복에 있어서 6촌이라고 했는데, 남궁도의 처가 시어머니의 상을 치를 때 총의 길이가

8촌이라고 했다. 그 뒤에는 비록 다른 기록이 없지만, 대공복의 상에서는 마땅히 자최복과 동일하게 8촌의 길이로 만들고, 시마복과 소공복은 동일하게 1척의 길이로 만들며 길한 시기에 사용하는 총은 마땅히 1척 2촌으로 만들어서 비녀의 경우와 동일하게 한다.

경문 子嫁, 反在父之室, 爲父三年.

번역 딸이 시집을 갔다가 쫓겨나 부친의 집으로 돌아와 있을 때에는 부친을 위해서 참최복을 입고 삼년상을 치른다.

鄭注 謂遭喪後而出者, 始服齊衰期, 出而虞, 則受以三年之喪受, 旣虞而出, 則小祥亦如之, 旣除喪而出, 則已. 凡女行於大夫以上曰嫁, 行於士庶人曰適人.

번역 상을 당한 이후 쫓겨난 경우를 뜻하니, 처음에는 자최복으로 기년 상을 치르는데, 쫓겨난 뒤 우제를 치르게 되면 삼년상의 상복을 받게 되고, 우제를 지낸 뒤에 쫓겨났다면 소상을 치르고서 또한 삼년상의 절차대로 따르며, 상을 끝낸 뒤에 쫓겨났다면 그만둔다. 여자가 대부 이상의 계층에 게 시집간 것을 '가(嫁)'라고 부르며, 사나 서인에게 시집간 것을 '적인(適人)'이라고 부른다.

賈疏 ●"子嫁"至"三年". ○釋曰: 不言女子子, 直云"子嫁"者, 上文已云女子子, 別於男子, 此承上, 故不須具言, 直云子嫁, 是女子子可知. 直云反爲父足矣, 而云"反在父之室"者, 以其出時, 父已死, 初服齊衰, 不與在室同. 旣服齊衰, 後反被出, 更服斬衰, 卽與在室同, 故須言在室也. 言"三年"者, 亦有事須言, 以其初死服期服, 死後被出向父家, 更服斬衰三年, 與上在室者同, 故須言三年也.

번역 ●經文: "子嫁"~"三年". ○'여자자(女子子)'라고 말하지 않고 단지

'자가(子嫁)'라고만 말했는데, 앞의 문장에서 이미 여자자라고 기록하여 남자와 구별하였고, 이곳 문장은 앞의 문장과 연결되기 때문에 구체적으로 말할 필요가 없어서 단지 자가라고만 말한 것이니, 이처럼 말해도 딸을 뜻한다는 사실을 알 수 있다. 또한 돌아와 부친의 상을 치른다고만 말해도 충분한데, "돌아와 부친의 집에 있다."라고 말한 것은 쫓겨난 시기가 부친이 이미 돌아가신 이후가 되어, 최초 자최복을 착용하여 본래 시집을 가지 않았을 때와는 동일하지 않기 때문이다. 자최복을 착용하고 있다가 이후에 쫓겨나 되돌아오게 되면 다시 참최복을 착용하여 시집을 가지 않았을 때와 동일하게 따른다. 그렇기 때문에 '재실(在室)'이라고 말할 필요가 있었다. '삼년(三年)'이라고 말한 것 또한 해당 사안에 따라 말할 필요가 있었기 때문이니, 부친이 돌아가셨을 때에는 기년복으로 복상하지만, 돌아가신 이후 쫓겨나 부친의 집으로 향하게 되면 참최복으로 갈아입고 삼년상을 치르니, 앞서 언급한 것처럼 시집을 가지 않은 여자와 동일하게 따른다. 그렇기 때문에 삼년이라고 말할 필요가 있다.

賈疏 ◎注"謂遭喪"至"適人". ○釋曰: 鄭知遭喪後被出者, 若父未死被出, 自然是在室, 與上文同, 何須設此經. 明是遭喪後, 被七出者. 云"始服齊衰"者, 以其遭父喪時未出, 卽不杖期, 麻屨章云女子子嫁爲父母, 是也. 云"出而虞, 則受以三年之喪受"者, 若不被出, 則虞後以其冠爲受, 嫁女在室, 爲父五升衰裳, 八升總. 今未虞而出, 是出而乃虞, 虞後受服與在家兄弟同受斬衰. 斬衰, 初死三升衰裳, 六升冠. 旣葬, 以其冠爲受, 衰六升, 冠七升. 此被出之女, 亦受衰裳六升, 總七升, 與在室之女同, 故云受以三年之喪受也. 云"旣虞而出, 則小祥亦如之"者, 未虞已前未被出, 至受後, 受以出嫁之受, 以八升衰裳, 九升總. 今旣虞後, 乃被出至家, 又與在室女同. 至小祥練祭, 在室之女受衰七升, 總八升, 此被出之女與之同, 故云旣虞而出小祥亦如之. 云"旣除喪而出, 則已"者, 此謂旣小祥而出者, 以其嫁女爲父母期, 至小祥已除矣, 除服後乃被出, 不復爲父更著服, 故云旣除而出則已也. 云"凡女行於大夫已上曰嫁, 行於士庶人者曰適人", 按齊衰三月章云: "女子子嫁者·未嫁者爲曾祖父母." 傳曰:

嫁者, 嫁於大夫; 未嫁者, 成人而未嫁者. 是行於大夫曰嫁. 不杖章云: "女子子
適人者爲其父母・昆弟之爲父後者." 傳雖不解喪服, 本文是士, 故知行於士
庶人曰適人. 庶人謂庶人在官者, 府史・胥徒名曰庶人. 至於民庶, 亦同行士
禮, 以禮窮則同之. 行大夫以上曰嫁, 若天子之女嫁於諸侯, 諸侯之女嫁於大
夫. 出嫁爲夫斬, 仍爲父母不降. 知者, 以其外宗・內宗及與諸侯爲兄弟者爲
君皆斬. 明知女雖出嫁, 反, 爲君不降. 若然, 下傳云: "婦人不二斬, 猶曰不二
天." 今若爲夫斬, 又爲父斬, 則是二天, 與傳違者, 彼不二天者, 以婦人有三從
之義, 無自專之道, 欲使一心於其天, 此乃尊君宜斬, 不可以輕服服之, 不得以
彼決此. 若然, 外宗・內宗與諸侯爲兄弟服斬者, 豈不爲夫服斬乎? 明爲君斬,
爲夫亦斬矣.

번역 ◎鄭注: "謂遭喪"~"適人". ○상을 당한 이후 쫓겨난 상황임을 정
현이 알 수 있었던 이유는 만약 부친이 아직 돌아가시기 전에 쫓겨났다면
자연히 부친의 집에 머물게 되므로, 앞의 문장에서 언급한 내용처럼 시집
을 가지 않았을 때와 동일하게 따르니, 어찌 이곳 경문을 별도로 기록할
필요가 있었겠는가. 따라서 이 내용은 상을 당한 이후 칠거지악으로 쫓겨
난 경우를 나타낸다. 정현이 "처음에는 자최복으로 기년상을 치른다."라고
했는데, 부친의 상을 접한 시기는 아직 쫓겨나지 않았을 때이므로, 지팡이
를 잡지 않는 기년상에 해당하니, '마구장'에서 딸이 시집을 가서 부모의
상을 치를 때 따른다고 한 말이 이러한 사실을 나타낸다. 정현이 "쫓겨난
뒤 우제를 치르게 되면 삼년상의 상복을 받게 된다."라고 했는데, 만약 쫓겨
나지 않았다면 우제를 치른 이후 해당 관을 받게 되는데, 시집간 여자나
시집을 가지 않은 여자는 부친을 위해서 5승으로 상복을 만들어 입고 8승
으로 총을 만든다. 현재의 상황은 아직 우제를 치르지 않았는데 쫓겨난 경
우로, 쫓겨난 뒤에 우제를 치르게 되었으니, 우제를 치른 이후에는 집에
있는 형제들과 동일하게 참최복을 받아 복상한다. 참최복의 경우 해당 대
상이 이제 막 죽었을 때에는 3승으로 상복을 만들고 6승으로 관을 만든다.
장례를 치를 때 해당 관을 받게 되는데, 상복은 6승으로 만들고 관은 7승으
로 만든다. 쫓겨난 딸인 경우에도 상복은 6승으로 된 것을 받고 총은 7승으

로 된 것을 받아 시집을 가지 않은 딸과 동일하게 따른다. 그렇기 때문에 삼년상의 상복을 받는다고 했다. 정현이 "우제를 지낸 뒤에 쫓겨났다면 소상을 치르고서 또한 삼년상의 절차대로 따른다."라고 했는데, 우제를 치르기 전에는 아직 쫓겨나지 않은 상태이므로, 이후에 새로운 상복을 받게 된다면 쫓겨난 딸이 받는 상복을 받게 되어 8승으로 된 상복과 9승으로 된 총을 받는다. 현재의 상황은 우제를 치른 이후 쫓겨나 본가에 도착한 상태이니, 또한 시집을 가지 않은 여자와 동일하게 따른다. 소상과 연제를 치르게 되면 시집을 가지 않은 여자는 7승으로 된 상복과 8승으로 된 총을 받게 되니, 쫓겨난 여자는 그녀들과 동일하게 따른다. 그렇기 때문에 우제를 치른 뒤에 쫓겨난 경우, 소상을 치르고서 삼년상의 절차대로 따른다고 했다. 정현이 "상을 끝낸 뒤에 쫓겨났다면 그만둔다."라고 했는데, 이곳에서는 소상을 마친 뒤에 쫓겨난 경우, 시집을 간 여자는 부모를 위해서 기년상을 치르고 소상을 치르게 되면 상복을 제거하게 된다. 그런데 상복을 제거한 이후 쫓겨났다면 재차 부친을 위해서 상복을 착용할 수 없다. 그렇기 때문에 상을 끝낸 뒤에 쫓겨났다면 그만둔다고 말했다. 정현이 "여자가 대부 이상의 계층에게 시집간 것을 '가(嫁)'라고 부르며, 사나 서인에게 시집간 것을 '적인(適人)'이라고 부른다."라고 했는데, '자최삼월장'을 살펴보면 "딸 중 가(嫁)를 했거나 아직 가(嫁)를 하지 않은 자들이 증조부모를 위해서 착용한다."라고 했고, 전문에서는 가(嫁)는 대부에게 시집을 갔다는 뜻이다. 아직 시집을 가지 않았다는 것은 성인이 되었지만 아직 시집을 가지 못한 것이라고 했다. 따라서 이것은 대부에게 시집가는 것을 '가(嫁)'라고 부른다는 사실을 나타낸다. '부장장'에서는 "딸 중 적인(適人)한 자는 자신의 부모 및 곤제 중 부친의 후계자가 된 자를 위해서 착용한다."라고 했다. 전문에서는 비록 상복에 대해 자세히 풀이하지 않았지만, 본래 이 문장은 사 계층에 대한 것이다. 그렇기 때문에 사나 서인에게 시집가는 것을 '적인(適人)'이라 부른다는 사실을 알 수 있다. 여기에서 말한 '서인(庶人)'은 서인들 중에서도 관직에 있는 자를 뜻하니, 하급관리인 부(府)·사(史)·서(胥)·도(徒) 등을 '서인(庶人)'이라고 부른다. 백성인 서인에게 있어서도 동일하게 사의 예법을 따르게 되는데, 예의 규정이 궁하게 된다면 가장 낮

은 예를 동일하게 따르기 때문이다. 대부 이상의 계층에게 시집가는 것을
'가(嫁)'라고 한다면, 천자의 딸이 제후에게 시집가는 것도 가(嫁)이고, 제후
의 딸이 대부에게 시집가는 것도 가(嫁)이다. 출가하여 시집을 갔다면 남편
을 위해서 참최복을 착용하게 되는데, 부모를 위해서는 강복(降服)[39]을 하
지 않는다. 이러한 사실을 알 수 있는 이유는 외종(外宗)[40]과 내종(內宗)[41]
은 제후가 형제 중 군주가 된 자를 위해서 착용하는 것처럼 모두 참최복을
착용하기 때문이다. 따라서 여자가 비록 출가를 했다가 되돌아오더라도 군
주를 위해서는 강복을 하지 않는다는 사실을 알 수 있다. 만약 그렇다면
아래 전문에서 "부인은 참최복을 두 대상에게 입지 않으니, 이것은 두 개의
하늘을 섬기지 않는다는 말과 같다."라고 했다. 만약 남편을 위해서 참최복
을 입는데 재차 부친을 위해서 참최복을 입는다면 이것은 두 개의 하늘을
섬기는 격이 되어 전문의 내용과 위배된다. 그러나 전문에서 두 개의 하늘
을 섬기지 않는다고 한 것은 부인에게는 삼종의 도의가 포함되어 제멋대로
하는 도가 없으니, 하늘로 섬기는 대상에게 한결같은 마음을 품도록 하고
자 해서이고, 이곳의 내용은 군을 존귀하게 여겨 마땅히 참최복을 착용해
야 하니, 수위가 낮은 상복으로 복상할 수 없는 것으로, 아래 전문의 내용으
로 이곳 내용까지 단정할 수 없다. 만약 그렇다면 외종과 내종이 제후가
형제를 위해서 참최복을 착용하는 것처럼 하더라도 어찌 남편을 위해서
참최복을 착용할 수 없게 되겠는가? 군을 위해서 참최복을 착용한다는 것

---

39) 강복(降服)은 상(喪)의 수위를 본래의 등급보다 한 등급 낮추는 일에 해당한
다. 예를 들어 자식은 부모에 대해 삼년상을 치러야 하지만, 다른 집의 양자
로 간 경우라면 자신의 친부모에 대해 삼년상을 치르지 않고, 한 등급 낮춰
서 1년만 치르게 된다. 이것은 상(喪)의 기간에만 해당하는 것이 아니라, 상
복(喪服) 및 상(喪)을 치르며 부수적으로 갖추게 되는 기물(器物)들에도 적
용된다.

40) 외종(外宗)에는 세 가지 뜻이 있다. 첫 번째는 『주례』에 나온 작위를 가진 여
자 관리이며, 경이나 대부의 부인까지도 통괄적으로 외종이라고 부른다. 두
번째는 고모 · 자매의 딸자식, 외삼촌의 딸자식, 종모(從母)의 딸자식 등을
뜻한다. 세 번째는 외가 친족의 부인들을 뜻한다.

41) 내종(內宗)에는 두 가지가 있다. 첫 번째는 『주례』에 나오는 천자와 동성(同
姓)인 여자 관리를 뜻하며, 군주와 동성인 여자들을 모두 '내종'이라고도 불
렀다. 두 번째는 군주의 오속(五屬)에 속한 친족의 딸자식을 뜻한다.

은 남편을 위해서도 참최복을 착용하게 됨을 나타낸다.

경문 公·士·大夫之衆臣, 爲其君布帶·繩屨.

번역 공·경사·대부에게 소속된 여러 신하들은 자신의 주군을 위해서 참최복을 입고 삼년상을 치르는데, 그 복장에 있어서는 포로 허리띠를 만들고 승구를 신는다.

鄭注 士, 卿士也. 公卿大夫厭於天子諸侯, 故降其衆臣布帶繩屨, 貴臣得伸, 不奪其正.

번역 여기에서 말하는 '사(士)'는 경사(卿士)⁴²)이다. 공·경·대부는 천자와 제후로 인해 염강(厭降)을 하기 때문에 그들에게 속한 여러 신하들의 복장 수위를 낮춰서 포로 만든 허리띠를 두르고 승구를 신도록 하지만, 존귀한 신하는 자신의 정감을 모두 펼칠 수 있으니, 정규 복장을 규제할 수 없다.

賈疏 ●"公士"至"繩屨". ◎注"士卿"至"其正". ○釋曰: 云"士, 卿士也"者, 以其在公之下, 大夫之上, 尊卑當卿之位, 故知是卿士也. 不言公卿言士者, 欲見公無正職, 大夫又承副於卿士之言事, 卿有職事之重, 故變言士, 見斯義也. 云"公卿大夫厭於天子諸侯, 故降其衆臣布帶繩屨"者, 鄭解公卿大夫·天子諸侯並言之者, 欲見天子諸侯下皆有公卿大夫, 公卿大夫下皆有貴臣衆臣. 若然, 天子諸侯下公卿大夫, 周禮·典命及大宰具有其文, 此諸侯下公卿, 典命大國立

---

42) 경사(卿士)는 주(周)나라 때 주왕조의 정사(政事)를 총감독했던 직위이다. 육경(六卿)과 별도로 설치되었으며, 육관(六官)의 일들을 총감독했다. 『시』「소아(小雅)·십월지교(十月之交)」편에는 "皇父卿士, 番維司徒."라는 기록이 있는데, 이에 대한 주희(朱熹)의 『집주(集注)』에서는 "卿士, 六卿之外, 更爲都官, 以總六官之事也."라고 풀이하였으며, 『춘추좌씨전』「은공(隱公) 3년」편에는 "鄭武公莊公爲平王卿士."라는 기록이 있는데, 이에 대한 두예(杜預)의 주에서는 "卿士, 王卿之執政者."라고 풀이하였다.

孤一人是也. 以其諸侯無公, 故以孤爲公卿. 燕禮云: "若有諸公, 則先卿獻之."
鄭注云: "諸公者, 大國之孤也. 孤一人, 言諸者, 容牧有三監." 是以其孤爲公, 言
厭於天子諸侯, 故除其衆臣布帶·繩屨二事, 其餘服杖·冠·絰則如常也. 其布
帶則與齊衰同, 其繩屨則與大功等也. 云"貴臣得伸, 不奪其正"者, 下傳云"室老
士貴臣", 故云貴臣得伸. 得伸者, 依上文絞帶·菅屨, 故云不奪其正也.

번역   ●經文: "公士"~"繩屨". ◎鄭注: "士卿"~"其正". ○정현이 "'사
(士)'는 경사(卿士)이다."라고 했는데, 공 다음 그리고 대부 앞에 기록되어
있어서 신분이 경의 지위에 해당한다. 그렇기 때문에 이것이 경사를 가리
킨다는 사실을 알 수 있다. 그런데 공·경이라고 말하지 않고 사라고 말한
이유는 공에게는 정해진 정규 직무가 없고, 대부 또한 경사의 말과 일을
보좌하여 돕는다는 사실을 드러내고자 해서이니, 경에게는 중책의 직무가
있기 때문에 말을 바꿔 '사(士)'라고 기록해서 이러한 의미를 드러낸 것이
다. 정현이 "공·경·대부는 천자와 제후로 인해 염강(厭降)을 하기 때문에
그들에게 속한 여러 신하들의 복장 수위를 낮춰서 포로 만든 허리띠를 두
르고 승구를 신도록 한다."라고 했는데, 정현은 공·경·대부에 대해 풀이
하며 천자 및 제후와 함께 언급하고자 했는데, 이것은 천자와 제후 휘하에
는 모두 공·경·대부가 소속되어 있고, 공·경·대부의 휘하에는 모두 존
귀한 신하와 뭇 신하들이 소속되어 있음을 드러내고자 해서이다. 만약 그
렇다면 천자와 제후에게 소속된 공·경·대부는 『주례』「전명(典命)」편이
나 「대재(大宰)」편에 관련 기록이 자세히 갖춰져 있는데, 제후 휘하의 공경
은 「전명」편에서 대국에는 1명의 고(孤)를 둔다고 한 기록이 그 증거이다.
즉 제후에게는 공이 없기 때문에 고를 공경으로 삼는 것이다. 또 『의례』「연
례(燕禮)」편에서는 "만약 제공들이 있다면 선경이 헌을 한다."라고 했고,
정현의 주에서는 "제공이란 대국의 고를 뜻한다. 고는 1명인데 제(諸)자를
붙인 것은 목(牧)에게 삼감(三監)이 있는 경우까지도 포괄하기 위해서이
다."라고 했다. 따라서 고를 공으로 삼는 것인데, 천자와 제후로 인해 염강
을 하기 때문에 뭇 신하들이 포로 된 허리띠를 두르고 승구를 신는 두 가지
사안을 제외하고, 나머지 복식·지팡이·관·질의 경우는 일반적인 규범

대로 따른다. 포로 만든 허리띠는 자최복의 복식과 동일하며, 승구는 대공복의 복식과 동일하다. 정현이 "존귀한 신하는 자신의 정감을 모두 펼칠수 있으니, 정규 복장을 규제할 수 없다."라고 했는데, 아래 전문에서 "실로(室老)[43]와 사는 존귀한 신하이다."라고 했다. 그렇기 때문에 존귀한 신하는 자신의 정감을 모두 펼칠 수 있다고 했다. 정감을 모두 펼친다는 것은 앞 문장에서 말한 것처럼 교대를 두르고 관구를 신는 것이다. 그렇기 때문에 정규 복장을 규제할 수 없다고 했다.

전문 傳曰: 公卿大夫室老·士, 貴臣, 其餘皆衆臣也. 君, 謂有地者也. 衆臣杖, 不以卽位. 近臣, 君服斯服矣. 繩屨者, 繩菲也.

번역 전문에서 말하였다: 공·경·대부의 실로와 사는 존귀한 신하이며, 나머지 사람들은 모두 뭇 신하들에 해당한다. '군(君)'은 채지를 소유한자를 뜻한다. 뭇 신하들은 지팡이를 잡지만 이것을 가지고 자신의 자리로나아가지 않는다. 근신들은 군의 복장에 맞춰 해당 복장을 착용한다. 승구라는 것은 짚신이다.

鄭注 室老, 家相也. 士, 邑宰也. 近臣, 閽寺之屬. 君, 嗣君也. 斯, 此也. 近臣從君矣, 服無所降也. 繩菲, 今時不借也.

번역 '실로(室老)'는 가신 중의 우두머리이다. '사(士)'는 읍재(邑宰)[44]이다. '근신(近臣)'는 내관이나 문지기 등을 뜻한다. '군(君)'은 지위를 계승하는 주군을 뜻한다. '사(斯)'자는 차(此)자의 뜻이다. 근신들은 군주를 따르게 되니, 강복을 하는 경우가 없다. '승비(繩菲)'라는 것은 오늘날의 불차(不借)라는 신발이다.

---

43) 실로(室老)는 가신(家臣) 중의 우두머리를 뜻한다.
44) 읍재(邑宰)는 읍(邑)을 다스리는 수장을 뜻하니, 후대의 현령(縣令)에 해당한다. '재(宰)'자는 총괄하는 자를 가리키므로, '읍재'라고 부른다.

賈疏   ●"傳曰公"至"菲也". ○釋曰: 云"室老‧士, 貴臣, 其餘皆衆臣也"者, 傳以經直云衆臣, 不分別上下貴賤, 故云室老‧士二者是貴臣, 其餘皆衆臣也. 云"有地者. 衆臣, 杖不以卽位", 欲見公卿大夫, 或有地或無地, 衆臣爲之皆有 杖. 但無地公卿大夫其君卑, 衆臣爲之皆得以杖, 與嗣君同卽阼階下朝夕哭位. 若有地公卿大夫, 其君尊, 衆臣雖杖, 不得與嗣君同卽阼階下朝夕哭位, 下君 故也.

번역   ●傳文: "傳曰公"~"菲也". ○"실로와 사는 존귀한 신하이며, 나머 지 사람들은 모두 뭇 신하들에 해당한다."라고 했는데, 전문에서는 경문의 기록이 단지 '중신(衆臣)'이라고만 기록하여 상하 및 귀천의 구별을 나누지 않았다. 그렇기 때문에 실로와 사라는 두 계층이 존귀한 신하에 해당하고 나머지 사람들은 모두 중신에 해당한다고 말한 것이다. "'군(君)'은 채지를 소유한 자를 뜻한다. 뭇 신하들은 지팡이를 잡지만 이것을 가지고 자신의 자리로 나아가지 않는다."라고 했는데, 공‧경‧대부들 중에는 채지를 소 유한 자도 있지만 간혹 채지가 없는 자도 있는데, 뭇 신하들은 그들을 위해 서 모두 지팡이를 소지하게 됨을 드러내고자 한 것이다. 다만 채지가 없는 공‧경‧대부의 경우 주군의 지위가 낮아서 뭇 신하들은 그를 위해 모두 지팡이를 들고 나아가게 되어, 그의 후계자와 함께 동쪽 계단 밑의 아침저 녁으로 곡하는 자리로 나아가게 된다. 만약 채지를 소유하고 있는 공‧ 경‧대부라면 주군의 지위가 높아서 뭇 신하들은 비록 지팡이를 소지하더 라도, 그의 후계자와 함께 동쪽 계단 밑의 아침저녁으로 곡하는 자리로 나 아갈 수 없으니, 지위 계승자보다 낮추기 때문이다.

賈疏   ◎注"室老"至"借也". ○釋曰: 云"室老, 家相也"者, 左氏傳云"臧氏 老", 論語云"趙魏老", 是家臣稱老. 云家相者, 按曲禮云大夫不名家相長妾. 以大夫稱家, 是室老相家事者也. 云"士, 邑宰也"者, 雜記云: "大夫居廬, 士居 堊室." 鄭注云: "士居堊室, 亦謂邑宰也." 與此同, 皆謂邑宰爲士也. 若然, 孤 卿大夫有菜邑者, 其邑旣有邑宰, 又有家相, 若魯三卿, 公山弗擾爲季氏費宰, 子羔爲孟氏之郕宰之類, 皆爲邑宰也. 陽貨‧冉有‧子路之等爲季氏家相, 亦名家宰. 若無地, 卿大夫則無邑宰, 直有家宰. 則孔子爲魯大夫, 而原思爲之宰, 是直有家相者也. 此等諸侯之臣, 而有貴臣·衆臣之事. 按周禮·載師云: 家邑任稍地, 小都任縣地, 大都任畺地. 是天子公卿大夫有菜地者也. 按鄭志答云: 天子之卿, 其地見賜乃有, 何由諸侯之臣正有此地, 則天子下有無地者也. 有菜地者有邑宰, 復有家相, 無地者, 直有家相可知. 云"近臣, 閽寺之屬"者, 周禮天子宮有閽人寺人. 閽人掌守中門之禁, 晨夜開閉, 墨者使守門者也. 寺人掌外內之通令, 奄人使守后之宮門者也. 是皆近君之小臣, 又與衆臣不同, 無所降其服, 又得與貴臣等不嫌相逼通也. 是以喪服小記云: "近臣, 君服斯服矣, 其餘從而服, 不從而稅." 彼亦是近君小臣, 與大臣異也. 云"君, 嗣君也"者, 釋傳云: 君服但其君以死矣, 更有君爲死君之服, 故知是嗣君. 若然, 按王制畿內諸侯不世爵而世祿, 彼則天子公卿大夫未爵命, 得有嗣君者, 以世祿降未得爵, 亦得爲嗣君, 況其中兼畿外諸侯下卿大夫也. 且詩云: "維周之士, 不顯亦世." 左氏傳云: "官有世功, 則有官族." 皆是臣有世功, 子孫得襲爵, 故雖畿內公卿大夫有嗣君也. 云繩非今時不借也者, 周時人謂之屨, 子夏時人謂之菲, 漢時謂之不借者, 此凶荼屨, 不得從人借, 亦不得借人, 皆是異時而別名也.

번역 ◎鄭注: "室老"~"借也". ○정현이 "'실로(室老)'는 가신 중의 우두머리이다."라고 했는데, 『좌씨전』에서는 '장씨의 노(老)'[45]라고 했고, 『논어』에서는 '조씨나 위씨의 노(老)'[46]라고 했는데, 이것은 가신을 '노(老)'라고 지칭했다는 사실을 나타낸다. '가상(家相)'이라고 했는데『예기』「곡례(曲禮)」편을 살펴보면 대부는 가상과 첩 중 자식을 낳은 자를 이름으로 부르지 않는다고 했다.[47] 대부가 다스리는 영역을 가(家)라고 지칭하니, 실로는 가(家)의 일들을 보좌하는 자이다. 정현이 "'사(士)'는 읍재(邑宰)이다."라고 했는데, 『예기』「잡기(雜記)」편에서는 "대부는 여(廬)에 머물고, 사는 악실(堊室)에 머문다."[48]라고 했고, 정현의 주에서는 "사가 악실에 머문다고 했을

---

45) 『춘추좌씨전』「소공(昭公) 25년」: 臧氏老將如晉問, 會請往.
46) 『논어』「헌문(憲問)」: 子曰, "孟公綽爲趙魏老則優, 不可以爲滕薛大夫."
47) 『예기』「곡례하(曲禮下)」【48a】: 國君不名卿老世婦, 大夫不名世臣姪娣, 士不名家相長妾.
48) 『예기』「잡기상(雜記上)」【492c】: 大夫次於公館以終喪, 士練而歸, 士次於公

때의 사 또한 읍재를 뜻한다."라고 하여, 이곳의 주석과 내용이 동일하니, 둘 모두 읍재를 사로 불렀다. 만약 그렇다면 고·경·대부들 중 채읍을 소유한 자의 경우 그 읍에는 읍재가 있고 또 가상이 있으니, 마치 노나라 삼경에 있어서 공산불요가 계씨의 비읍 읍재가 되고, 자고가 맹씨의 성읍 읍재가 된 부류와 같으니, 이들은 모두 읍재가 되었던 것이다. 또 양화·염유·자로 등은 계씨의 가상이 되었는데, 이들에 대해서는 '가재(家宰)'라고도 부른다. 만약 채지가 없는 경우 경과 대부에게는 읍재가 없고 단지 가재만 있으니, 공자가 노나라의 대부가 되었을 때, 원사가 공자의 재가 되었다고 했는데, 이것은 단지 가상만 둔 경우에 해당한다. 이러한 경우에는 제후에게 소속된 신하와 마찬가지로 존귀한 신하와 뭇 신하들에 대한 사안이 존재한다. 『주례』「재사(載師)」편을 살펴보면 가읍(家邑)은 초지(稍地)에 두고, 소도(小都)는 현지(縣地)에 두며, 대도(大都)는 강지(畺地)에 둔다고 했다.49) 이것은 천자에게 소속된 공·경·대부들 중 채지를 소유한 자들을 뜻한다. 『정지』50)를 살펴보면 답변에서 천자에게 소속된 경 중 채지를 가진 것은 사은을 입어서 소유한 것이니, 어찌 제후의 신하라고 하여 곧바로 채지를 소유하겠는가? 따라서 천자의 휘하에는 채지가 없는 자도 있는 것이라고 했다. 채지를 가지고 있는 자는 읍재도 있고 가상도 있으니, 채지가 없는 경우에는 단지 가상만 있다는 사실을 알 수 있다. 정현이 "'근신(近臣)'는 내관이나 문지기 등을 뜻한다."라고 했는데, 『주례』에 따르면 천자의 궁성 내부에는 혼인(閽人)과 시인(寺人)이라는 관리가 있다. 혼인은 중문에 대한 금령을 담당하고 그곳을 지켜서 새벽과 밤을 기준으로 문을 닫거나 열며, 묵형을 받은 자로 하여금 그 문을 지키게 했다. 시인은 명령을 내외로

館. 大夫居廬, 士居堊室.

49) 『주례』「지관(地官)·재사(載師)」 : 以廛里任國中之地, 以場圃任園地, 以宅田·士田·賈田任近郊之地, 以官田·牛田·賞田·牧田任遠郊之地, 以公邑之田任甸地, 以家邑之田任稍地, 以小都之田任縣地, 以大都之田任畺地.

50) 『정지(鄭志)』는 정현(鄭玄)과 그의 제자들이 오경(五經)에 대해서 문답을 주고받은 내용을 기록한 문헌이다. 『논어』의 형식에 의거하여, 정현의 제자들이 편찬하였다. 『후한서(後漢書)』「장조정열전(張曹鄭列傳)」편에는 "門人相與撰玄荅諸弟子問五經, 依論語作鄭志八篇."라는 기록이 있다.

전하는 역할을 담당했고, 엄인(奄人)으로 하여금 왕후의 궁성 문을 지키도
록 했다. 이들은 모두 군주를 측근에서 모시는 지위가 낮은 신하이며, 또한
뭇 신하들과 다르니, 복장을 강복하는 일이 없고, 또한 존귀한 신하와 동일
하게 하더라도 혐의를 두지 않는다. 이러한 까닭으로『예기』「상복소기(喪
服小記)」편에서는 "근신은 군주를 따라 상복을 착용한다. 군주를 따라나섰
던 신하 중 경이나 대부는 군주가 되돌아왔을 때, 친족상의 기한이 아직
남았다면, 군주를 따라서 상복을 착용하지만, 이미 그 기한이 넘었다면, 군
주를 따라서 상복을 착용하지 않는다."51)라고 했는데,「상복소기」편의 내
용 또한 군주를 가까이에서 섬기는 소신에 대한 것으로, 대신과 차이가 있
다. 정현이 "'군(君)'은 지위를 계승하는 주군을 뜻한다."라고 했는데, 전문
을 풀이하며, 군주에 대한 상복은 단지 해당 군주가 죽었기 때문인데, 다시
군이 있어 죽은 군주에 대한 상복을 착용하므로, 군주의 지위를 계승하는
주군이 됨을 알 수 있다. 만약 그렇다면『예기』「왕제(王制)」편에서는 기내
제후의 경우 작위를 세습하지 못하지만 녹봉은 세습한다고 했는데,52)「왕
제」편의 내용은 천자에게 소속된 공・경・대부들 중 아직 작위의 명령을
받지 못했지만 주군의 지위를 계승할 수 있는 자들로, 녹봉의 세습 권한을
아직 작위를 얻지 못한 자에게 내려주고 또한 지위를 계승할 수 있는 자가
되는데, 하물며 기외제후에게 소속된 경과 대부에게 있어서는 어떠하겠는
가. 또『시』에서는 "주나라의 사들이여 드러나지 않겠는가! 또한 대대로
."53)라고 했고,『좌씨전』에서는 "그 관직에 대대로 공을 세운다면 관직명을
족명(族名)으로 삼기도 한다."54)라고 했다. 이러한 기록들은 모두 신하가
대대로 공적을 세워서 그의 자손들이 작위를 세습할 수 있음을 나타낸다.
그렇기 때문에 비록 기내에 속한 공・경・대부라 하더라도 지위를 계승하

51)『예기』「상복소기(喪服小記)」【413c】: 近臣君服斯服矣. 其餘, 從而服, 不從
而稅.
52)『예기』「왕제(王制)」【185a】: 諸侯世子世國, 大夫不世爵. 使以德, 爵以功. 未
賜爵, 視天子之元士, 以君其國. 諸侯之大夫, 不世爵祿.
53)『시』「대아(大雅)・문왕(文王)」: 亹亹文王, 令聞不已. 陳錫哉周, 侯文王孫子.
文王孫子, 本支百世. 凡周之士, 不顯亦世.
54)『춘추좌씨전』「은공(隱公) 8년」: 官有世功, 則有官族. 邑亦如之.

는 주군이 있을 수 있다. 정현이 "'승비(繩菲)'라는 것은 오늘날의 불차(不借)라는 신발이다."라고 했는데, 주나라 때 사람들은 이 신발을 '구(屨)'라고 불렀고, 자하 당시의 사람들은 '비(菲)'라고 불렀으며, 한나라 때에는 '불차(不借)'라고 불렀는데, 이것은 흉사에 신는 짚신으로, 남을 따라 신을 수도 없고 또 남에게 빌려줄 수도 없는 것으로, 시기가 달라지면서 명칭도 달라진 것이다.

그림 12-1 ▣ 쇄(縰)와 총(總)

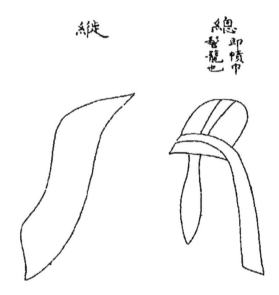

※ **출처:**『삼례도(三禮圖)』2권

● 그림 12-2 ▣ 문(免)과 괄발(括髮)

※ 출처: 『삼례도(三禮圖)』 3권

● 그림 12-3 ▣ 계(筓)와 리(纚)

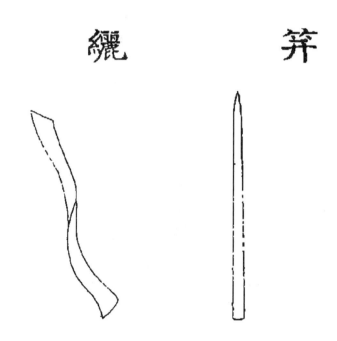

纚   筓

※ 출처: 『삼례도집주(三禮圖集注)』 3권

● 그림 12-4 ▣ 길계(吉筓)와 악계(惡筓)

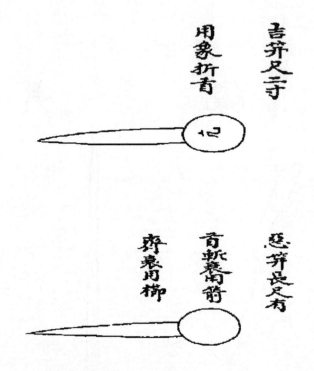

※ 출처:『삼례도(三禮圖)』3권

그림 12-5 ▣ 심의(深衣)

深衣即中衣麻衣長衣註見本章

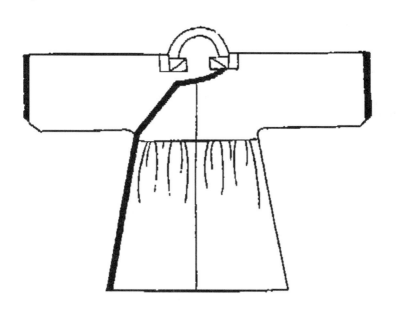

※ 출처:『삼례도집주(三禮圖集注)』3권

참고 『의례』「상복(喪服)」‘자최삼년장(齊衰三年章)’기록

경문 父卒則爲母.

번역 부친이 이미 돌아가신 경우라면, 모친을 위해서 자최복을 입고 삼년상을 치른다.

鄭注 尊得伸也.

번역 사적으로 존귀하게 여김에 따라 정감을 펼칠 수 있기 때문이다.

賈疏 ●“父卒則爲母”. ◎注“尊得伸也”. ○釋曰: 此章專爲母三年, 重於期, 故在前也. 直云父卒爲母足矣, 而云“則”者, 欲見父卒三年之內而母卒, 仍服期, 要父服除後, 而母死乃得伸三年, 故云則以差其義也. 必知義如此者, 按內則云: “女子十有五而笄, 二十而嫁. 有故, 二十三年而嫁.” 注云: “故, 謂父母之喪.” 言二十三而嫁, 不止一喪而已, 故鄭幷云父母喪也. 若前遭母喪, 後遭父喪, 自然爲母期爲父三年, 二十三而嫁可知. 若前遭父服未闋, 卽得爲母三年, 則是有故, 二十四而嫁, 不止二十三也. 知者, 假令女年二十, 二月嫁娶之月, 將嫁, 正月而遭父喪, 幷後年正月爲十三月小祥, 又至後年正月大祥, 女年二十二, 欲以二月將嫁, 又遭母喪, 至後年正月十三月大祥, 女年二十三將嫁. 此是父服將除, 遭母喪, 猶不得爲申三年. 況遭父喪, 在小祥之前, 何得卽申三年也. 是父服未除, 不得爲母三年之驗, 一也. 又服問注曰: “爲母旣葬, 衰八升.” 亦據父卒爲母, 與父在爲母同五升衰裳, 八升冠. 旣葬, 以其冠爲之受衰八升, 是父卒爲母, 未得申三年之驗, 二也. 間傳云爲母旣虞卒哭, 衰七升者, 乃是父服除後, 乃爲母申三年. 初死, 衰四升, 冠七升; 旣葬, 以其冠爲之受衰七升, 與此經同是父服除後爲母, 乃申三年之驗, 是三也. 諸解者全不得思此義, 妄解則文, 說義多塗, 皆爲謬也. 尊得伸者, 得伸三年, 猶未伸斬.

번역 ●經文: “父卒則爲母”. ◎鄭注: “尊得伸也”. ○이곳에서는 전적으

로 모친에 대한 삼년상을 논의하고 있는데, 기년상보다 수위가 무겁기 때문에 앞에 기록된 것이다. 단지 부친이 이미 돌아가신 상태에서 모친의 상을 치른다고만 말해도 충분한데, '즉(則)'자를 덧붙인 이유는 부친이 돌아가셔서 삼년상을 치르는 도중 모친이 돌아가시게 되면 모친에 대해서는 기년상을 치르게 됨을 드러내고자 해서이니, 요점은 부친에 대한 상복을 제거한 이후에 모친이 돌아가셔야만 삼년상을 치를 수 있다. 그렇기 때문에 '즉(則)'자를 덧붙여서 그 의미에 층차를 두었다. 그 의미가 이와 같다는 사실을 분명히 알 수 있는 이유는 『예기』「내칙(內則)」편을 살펴보면, "여자는 15세가 되면 계례를 하고 20세가 되면 시집을 간다. 부모의 상과 같은 변고가 발생하면 23세에 시집을 간다."[55]라고 했고, 정현의 주에서는 "고(故)자는 부모의 상을 뜻한다."라고 했다. 즉 23세가 되어서야 시집을 간다는 것은 하나의 상이 발생한 경우에 그치지 않는다. 그렇기 때문에 정현은 상황을 아울러서 부모의 상이라고 말한 것이다. 만약 앞서 모친의 상을 당했고 이후에 부친의 상을 당했다면, 자연히 모친을 위해서는 기년상을 치르고 부친을 위해서는 삼년상을 치르게 되어, 23세가 되어서야 시집을 가게 됨을 알 수 있다. 만약 앞서 부친의 상을 당하여 상복을 제거하지 않았는데 모친을 위해 삼년상을 치를 수 있다면, 이것은 변고가 발생하여 24세가 되어서야 시집을 가게 되니, 23세에 그치지 않는다. 이러한 사실을 알 수 있는 이유는 가령 여자의 나이가 20세인데, 2월에 시집을 가기로 약조하여 시집을 가려고 준비를 하는데, 정월에 부친의 상을 당하였고, 다음해 정월이 되면 13개월째가 되어 소상을 치르고 다시 다음해 정월이 되면 대상을 치르니, 여자의 나이는 22세가 된다. 이때 그해 2월에 시집을 가려고 했는데 재차 모친의 상을 당하게 되면, 다음해 정월이 되면 13개월째가 되어 대상을 치르니, 여자는 23세가 되어서야 시집을 가게 된다. 이것은 부친에 대한 상복을 제거하려고 하는데 모친의 상을 당한 경우이므로, 이러한 상황에서는 여전히 모친에 대해 삼년상을 치를 수 없다. 하물며 부친의 상을 당했고,

---

55) 『예기』「내칙(內則)」【369d】: 十有五年而笄, 二十而嫁. 有故, 二十三年而嫁. 聘則爲妻, 奔則爲妾. 凡女拜, 尙右手.

소상을 치르기 이전인데 어떻게 모친에 대한 삼년상을 치를 수 있겠는가. 이것은 부친에 대한 상복을 완전히 제거하기 않았다면 모친에 대해서 삼년 상을 치를 수 없는 첫 번째 경우가 된다. 또『예기』「복문(服問)」편에 대한 정현의 주에서는 "모친의 상에서 장례를 마친 뒤에는 상복은 8승(升)으로 만든다."56)라고 했는데, 이 또한 부친이 이미 돌아가신 상태에서 모친의 상을 치르는 것이 부친이 생존해 계실 때 모친의 상을 치르는 경우와 같이, 5승의 상복을 입고, 8승으로 만든 관을 쓰며, 장례를 마쳤다면 관에 따라서 상복은 8승으로 된 것을 받는다. 이것은 부친이 이미 돌아가신 상태에서 모친의 상을 치르는 경우로, 삼년상을 치를 수 없는 두 번째 경우가 된다. 『예기』「간전(間傳)」편에서는 우제와 졸곡을 마치면 상복은 7승으로 된 것을 입는다고 했는데, 이것은 부친에 대한 상복을 제거한 이후에 모친의 상을 치르게 되어 삼년상을 치를 수 있는 경우이다. 처음 돌아가셨을 때 상복은 4승이고 관은 7승이다. 장례를 마치면 관에 따라 상복을 받게 되어 상복은 7승이 되니, 이곳 경문의 기록과 동일하게, 부친에 대한 상복을 제거한 이후 모친의 상을 치러야만 삼년상을 치를 수 있으니, 이것이 세 번째 경우이다. 여러 해석자들에 따르면 이러한 의미들을 온전히 생각하지 못하여 망령된 해설을 했고 주장이 범람하였지만 이 모두는 잘못된 주장이다. 존귀함에 따라 정감을 펼칠 수 있다는 것은 삼년상을 치를 수 있다는 것이니, 여전히 참최복은 착용할 수 없다.

경문 繼母如母.

번역 계모를 위해서는 친모와 마찬가지로 자최복을 입고 삼년상을 치른다.

賈疏 ●"繼母如母". ○釋曰: 繼母本非骨肉, 故次親母後. 謂己母早卒, 或

---

56) 이 문장은『예기』「복문(服問)」【662a】의 "三年之喪旣練矣, 有期之喪旣葬矣, 則帶其故葛帶, 絰期之絰, 服其功衰."라는 기록에 대한 정현의 주이다.

被出之後, 繼續己母, 喪之如親母, 故云"如母". 但父卒之後如母, 明父在如母可知. 下期章不言者, 擧父沒後, 明父在如母, 可知慈母之義亦然, 皆省文也, 故皆擧後以明前也. 若然, 直言繼母載在三年章內, 自然如母可知, 而言如母者, 欲見生事死事一皆如己母也.

번역 ●經文: "繼母如母". ○계모는 본래 골육지친은 아니다. 그렇기 때문에 친모에 대한 내용 뒤에 기술한 것이다. 자신의 생모가 일찍 돌아가셨거나 쫓겨난 뒤 자신의 모친으로 새로 들어온 여자에 대해서는 상을 치를 때 친모에 대한 경우와 동일하게 한다. 그렇기 때문에 "모친과 같다."라고 했다. 다만 부친이 이미 돌아가신 상태에서 계모를 위해 친모와 동일하게 자최복으로 삼년상을 치른다고 했다면, 부친이 생존해 계실 경우 계모를 위해서는 친모와 동일하게 기년상으로 치른다는 사실을 알 수 있다. 아래 '기장'에서 이러한 사실을 언급하지 않은 것은 부친이 이미 돌아가신 이후의 상황을 거론했다면 부친이 생존해 계실 때에도 친모에 대한 경우와 동일하게 함을 나타내고, 이를 통해 자모(慈母)[57]에 대한 도의 또한 이러함을 알 수 있기 때문이다. 그래서 모두 문장을 간략히 기록한 것이다. 그러므로 부친이 이미 돌아가신 이후의 상황을 제시하여 돌아가시기 이전의 상황까지 나타낸 것이다. 만약 그렇다면 자모에 대한 내용을 '삼년장'에 기록하기만 하면 자연히 친모에 대한 경우와 동일하게 함을 알 수 있는데, '여모(如母)'라고 말한 것은 계모가 살아계셨을 때 섬기는 일과 돌아가셨을 때 섬기는 일은 동일하게 모두 자신의 친모에 대한 것처럼 해야 함을 드러내고자 했기 때문이다.

전문 傳曰: 繼母何以如母? 繼母之配父與因母同, 故孝子不敢殊也.

번역 전문에서 말하였다. 계모에 대해서 어찌하여 친모에 대한 것과 동일하게 치르는가? 계모는 부친의 짝이 된다는 점에서 친모와 동일하다. 그

---

57) 자모(慈母)는 모친을 뜻하기도 하지만, 고대에는 자신을 양육시켜준 서모(庶母)를 뜻하는 용어로 사용하기도 했다.

렇기 때문에 자식은 감히 차이를 둘 수 없다.

郵注 因猶親也.

번역 '인(因)'자는 친(親)자의 뜻이다.

賈疏 ●"傳曰"至"殊也". ○釋曰: 傳發問者, 以繼母本是路人, 今來配父, 輒如己母, 故發斯問. 答云繼母配父, 卽是片合之義, 旣與己母無別, 故孝子不敢殊異之也.

번역 ●傳文: "傳曰"~"殊也". ○전문에서 질문을 했던 것은 계모는 본래 나오는 혈연적으로 상관이 없는 사람인데, 현재 시집을 와서 부친의 배필이 되었다고 하여 갑작스럽게 자신의 친모에 대한 경우와 동일하게 치른다고 했기 때문에 이러한 질문을 했던 것이다. 답변에서는 계모는 부친의 짝이 된다고 했는데, 곧 상호 짝이 되어 자신의 친모와 구별될 점이 없다. 그렇기 때문에 자식은 감히 차이를 둘 수 없다.

경문 慈母如母.

번역 자모를 위해서는 친모와 마찬가지로 자최복을 입고 삼년상을 치른다.

賈疏 ●"慈母如母". ○釋曰: 慈母非父片合, 故次後也. 云如母者, 亦生禮・死事皆如己母.

번역 ●經文: "慈母如母". ○자모는 부친과 짝이 되지 않기 때문에 계모 다음에 기술하였다. "모친과 같다."라고 말한 것은 또한 살아계셨을 때 섬기는 예법과 돌아가셨을 때 섬기는 일들이 모두 자신의 친모에 대한 경우와 같다는 의미이다.

제12절 『의례』와 삼년상 373

전문 傳曰: 慈母者何也? 傳曰: "妾之無子者, 妾子之無母者, 父命妾曰: '女以爲子.' 命子曰: '女以爲母.'" 若是, 則生養之, 終其身如母. 死則喪之三年如母, 貴父之命也.

번역 전문에서 말하였다. 자모는 누구인가? 옛 기록에 따르면, "첩 중 자식이 없는 자와 첩의 자식 중 생모가 없는 자에 대해서, 부친은 첩에게 명령하여 '너는 이 아이를 아들로 삼아라.'라고 말하고, 다시 자식에게 명령하여 '너는 이 여인을 모친으로 삼아라.'"라고 했다. 만약 그렇다면 자모가 생존해 계실 때에는 봉양하여 자모가 돌아가실 때까지 친모처럼 여기게 된다. 따라서 자모가 돌아가시면 친모에 대한 경우처럼 그녀를 위해 삼년상을 치르니, 부친의 명령을 존귀하게 여기기 때문이다.

鄭注 此主謂大夫士之妾, 妾子之無母, 父命爲母子者. 其使養之, 不命爲母子, 則亦服庶母慈己之服可也. 大夫之妾子, 父在爲母大功, 則士之妾子爲母期矣. 父卒則皆得伸也.

번역 이 내용은 대부 및 사의 첩과 첩의 자식 중 생모가 없는 경우, 부친이 명령하여 모자관계를 맺어준 것을 위주로 말한 것이다. 양육하고 봉양하도록 시켰지만 모자관계를 맺도록 명령하지 않았다면, 또한 서모(庶母)[58]들 중 자신을 길러준 자에게 착용하는 상복규정을 따라야만 한다. 대부의 첩 자식은 부친이 생존해 계실 때 친모를 위해서 대공복을 착용하니, 사의 첩 자식은 자신의 친모를 위해서 기년상을 치른다. 부친이 이미 돌아가신 상태라면, 두 계층 모두 자신의 정감을 펼칠 수 있어서 삼년상을 치른다.

---

58) 서모(庶母)는 부친의 첩(妾)들을 뜻한다. 『의례』「사혼례(士昏禮)」편에는 "庶母及門內施鞶, 申之以父母之命."이라는 기록이 있는데, 이에 대한 정현의 주에서는 "庶母, 父之妾也."라고 풀이했다. 한편 '서모'는 부친의 첩들 중에서도 아들을 낳은 여자를 뜻하기도 한다. 『주자전서(朱子全書)』「예이(禮二)」편에는 "庶母, 自謂父妾生子者."라는 기록이 있다.

賈疏 ●“傳曰”至“命也”. ○釋曰: 傳別擧“傳”者, 是子夏引舊傳證成己義故也. 欲見慈母之義, 舊已如此, 故須重之如己母也. 云“妾之無子”者, 謂舊有子, 今無者, 失子之妾, 有恩慈深, 則能養他子以爲己子者也. 若未經有子, 恩慈淺, 則不得立後而養他. 不云“君命妾曰”, 而云“父”者, 對子而言父, 故言父也. 必先命母者, 容子小, 未有所識, 乃命之或養子是然, 故先命母也. 云“若是則生養之終其身”者, 按內則云: “孝子之身終, 終身也者, 非終父母之身, 終其身也.” 彼終其身爲終孝子之身. 此終其身下乃云如母, 死則喪之三年, 則以慈母輕於繼母, 言終其身, 唯據終慈母之身而已. 明三年之後不復如是, 以小記云慈母“不世祭”, 亦見輕之義也. 云“如母, 貴父之命也”者, 一非骨血之屬, 二非配父之尊, 但唯貴父之命故也. 傳所引唯言妾之子與妾相事者, 按喪服小記云: “爲慈母後者, 爲庶母可也, 爲祖庶母可也.” 鄭云: “緣爲慈母後之義, 父之妾無子者, 亦可命己庶子爲後.” 又云“卽庶子爲後, 此皆子也, 傳重而已, 不先命之, 與適妻使爲母子也.” 若然, 此父命妾之文, 兼有庶母・祖庶母, 但不命女君與妾子爲母子而已.

번역 ●傳文: “傳曰”~“命也”. ○전문에서 별도로 ‘전(傳)’자를 거론한 것은 자하가 옛날부터 전해져온 기록을 인용하여 자신의 주장을 증명했기 때문이다. 자모에 대한 도의를 드러내고자 하였는데, 옛 기록에 이미 이와 같은 내용이 있었기 때문에 자신의 친모에 대한 경우처럼 한다고 거듭 강조할 필요가 있었다. ‘첩 중에 자식이 없는 자’라고 했는데, 예전에는 자식이 있었지만 현재는 없는 자를 뜻하니, 자식을 잃은 첩 중 은정과 자애로움이 깊은 자라면 다른 사람의 자식도 잘 길러서 자신의 자식처럼 여길 수 있다. 만약 자식을 낳은 경험이 없어서 은정과 자애로움이 얕은 자라면 그녀를 모친으로 세워 다른 사람의 자식을 기르게 할 수 없다. ‘군이 첩에게 명령하여 말하길’이라고 말하지 않고, 군(君) 대신 ‘부(父)’라고 언급한 것은 자식과 대비해서 말하면 부친이 되므로, ‘부(父)’라고 기록한 것이다. 반드시 모친이 될 첩에게 먼저 명령하는 것은 자식이 매우 어려서 인지능력이 아직 생기지 않은 경우까지도 포함하고자 해서이니, 이러한 경우라면 곧 첩에게 명령하며 이처럼 자식을 잘 기르라고 한다. 그렇기 때문에 먼저 모친이 될 첩에게 명령을 내리는 것이다. "만약 그렇다면 자모가 생존해 계실 때에는 봉양하길 종신토록 한다."라고 했는데, 『예기』「내칙(內則)」편을 살펴보면 "자식은 죽을 때까지 이처럼 시행한다. 그 몸이 죽는다고 했는데, 이것은 부모가 돌아가신 것을 뜻하는 말이 아니며, 자식이 죽을 때를 뜻한다."59)라고 했다. 「내칙」편에서 그 몸이 죽을 때까지 한다는 것은 자식이 죽을 때까지 한다는 뜻이다. 이곳에서 그 몸이 죽을 때까지 한다고 했고, 그 뒤에서는 "모친과 같다."라고 했으니, 그녀가 죽게 되면 그녀에 대해 삼년상을 치르며, 자모는 계모에 대한 경우보다 수위가 낮으니, 그 몸이 죽을 때까지 한다는 것은 오직 자모 자신이 죽을 때까지 한다는 뜻이다. 즉 삼년상을 치른 이후에는 다시 이처럼 하지 않는다는 뜻이니, 『예기』「상복소기(喪服小記)」편에서 자모에 대해 "손자가 제사를 지내지 않는다."60)라고 말한 것 또한 수위가 낮다는 뜻을 드러낸 것이다. "친모에 대한 경우처럼 하는 것은 부친의 명령을 존귀하게 여기기 때문이다."라고 했는데, 골육지친이 아닐 뿐만 아니라 부친과 짝이 되는 존귀한 신분도 아니지만, 부친의 명령을 존귀하게 여겨서 이처럼 한다는 뜻이다. 전문에서 인용하고 있는 말은 오직 첩의 자식과 첩 사이에서 따르는 일이니, 「상복소기」편을 살펴보면 "첩의 자식 중 자모의 자식이 된 자는 서모의 자식이 될 수도 있고, 조부 서모의 자식도 될 수 있다."61)라고 했고, 정현의 주에서는 "자모의 후계자가 된 뜻에 따라서, 부친의 첩 중 자식이 없는 여자에 대해서는 또한 자신의 서자에게 명령하여, 그녀의 후계자로 삼을 수 있다."라고 했다. 또 "곧 서자가 후계자가 된 경우인데도, 이들에 대해서 모두 자식으로 여기는 것은 중책을 전수하기 때문이다. 앞서 적처에게 명령을 내려서, 그들로 하여금 모자관계로 정하지 않았다."라고 했다. 만약 그렇다면 여기에서 부친이 첩에게 명령한다는 문장은 서모나 조부 서모에 대한 경우까지도 포함하

---

59) 『예기』「내칙(內則)」【360b】: 樂其心, 不違其志, 樂其耳目, 安其寢處, 以其飮食忠養之, 孝子之身終. 終身也者, 非終父母之身, 終其身也. 是故父母之所愛亦愛之, 父母之所敬亦敬之. 至於犬馬盡然, 而況於人乎!
60) 『예기』「상복소기(喪服小記)」【417c】: 慈母與妾母, 不世祭也.
61) 『예기』「상복소기(喪服小記)」【417b】: 爲慈母後者, 爲庶母可也, 爲祖庶母可也.

지만, 여군과 첩의 자식을 두고 모자관계를 맺으라고 명령하지는 않을 따름이다.

賈疏 ◎注“此謂”至“伸也”. ○釋曰: 鄭知“此主謂大夫士之妾, 妾子之無母, 父命爲母子者”, 知非天子諸侯之妾與妾子者, 按下記云: “公子爲其母, 練冠, 麻衣縓緣.” 旣葬除之, 父沒乃大功. 明天子庶子亦然, 何有命爲母子爲之三年乎? 故知主謂大夫士之妾與妾子也. 云“其使養之, 不命爲母子, 則亦服庶母慈己之服可也”者, 小功章云: “君子子爲庶母之慈己者”. 注云: “君子子者, 大夫及公子之適妻子.” 彼謂適妻, 子備三母: 有師母・慈母・保母. 慈居中, 服之則師母・保母服, 可知是庶母爲慈母服, 小功下云其不慈己則緦可也, 是大夫之適妻子不命爲母子, 慈己加服小功. 若妾子爲父之妾, 慈己加服小功可知. 若不慈己, 則緦麻矣. 士爲庶母, 緦麻章云: “士爲庶母.” 傳曰: “以名服也.” 故此云不命爲母子則亦服庶母慈己者之服可也. 云“大夫之妾子, 父在爲其母大功”者, 大功章云“大夫之庶子爲其母”, 是大功也. 云“士之妾子爲其母期矣”者, 期章云: “父在爲母”, 不可言士之妾子爲其母, 鄭知者, 推究其理, 大夫妾子厭降, 爲母大功. 士無厭降, 明如衆人服期也. 云“父卒則皆得伸也”者, 士父在己伸矣, 但大夫妾子父在大功者, 父卒則與士皆得伸三年也.

번역 ◎鄭注: “此謂”~“伸也”. ○정현이 “이 내용은 대부 및 사의 첩과 첩의 자식 중 생모가 없는 경우, 부친이 명령하여 모자관계를 맺어준 것을 위주로 말한 것이다.”라고 했는데, 이 말이 사실임을 알 수 있었던 이유는 천자 및 제후의 첩과 첩의 자식의 관계가 아니라는 사실을 알았기 때문이니, 아래 기문에서 “공자는 자신의 생모를 위해서 연관(練冠)을 쓰고 마의에 분홍색 가선을 댄다.”라고 했다. 그리고 장례를 마치면 제거한다고 했고, 부친이 돌아가신 상황이라면 대공복을 착용한다고 했다. 이것은 천자의 서자 또한 이처럼 함을 나타내는데, 어떻게 명령을 내려 모자관계를 맺고, 그녀를 위해서 삼년상을 치를 수 있겠는가? 그러므로 이것이 대부 및 사의 첩과 첩의 자식 관계를 위주로 말한 것임을 알았다. 정현이 “양육하고 봉양하도록 시켰지만 모자관계를 맺도록 명령하지 않았다면, 또한 서모(庶母)

들 중 자신을 길러준 자에게 착용하는 상복규정을 따라야만 한다."라고 했
는데, '소공장'에서는 "군자의 자식은 서모 중 자신을 자애롭게 길러준 자를
위해 착용한다."라고 했다. 정현의 주에서 "군자의 자식이란 대부 및 공자
의 적처 자식이다."라고 했다. '소공장'에서는 적처라고 했는데 자식은 세
모친을 두게 된다. 사모·자모·보모가 그들이다. 자모는 그들 중에 포함되
니, 자모에 대해 상을 치르게 되어 그녀를 위해 상복을 착용하게 된다면
사모 및 보모를 위해서도 상복을 착용하니, 서모 중 자모가 된 자를 위해
상복을 착용하게 됨을 알 수 있다. 그리고 '소공장' 아래 기록에서는 자신을
길러주지 않았다면 시마복을 착용해도 괜찮다고 했으니, 대부의 적처 자식
에게 다른 서모와 모자관계를 맺으라고 명령하지 않았다면, 자신을 길러준
서모에 대해서는 소공복을 착용하게 된다. 또 첩의 자식이 부친 첩을 위해
상복을 착용할 때 자신을 길러준 여자라면 소공복을 착용해야 한다는 사실
을 알 수 있다. 만약 자신을 길러주지 않았다면 시마복을 착용한다. 사는
서모를 위해 상복을 착용할 때, '시마장'에서는 "사가 서모를 위해서 착용한
다."라고 했고, 전문에서는 "명분에 따라 착용하는 것이다."라고 했다. 그렇
기 때문에 이곳에서는 모자관계를 맺으라고 명령하지 않았다면 또한 서모
중 자신을 길러준 자에게 착용하는 상복규정을 따라야만 한다."라고 말한
것이다. 정현이 "대부의 첩 자식은 부친이 생존해 계실 때 친모를 위해서
대공복을 착용한다."라고 했는데, '대공장'에서 "대부의 서자가 자신의 생
모를 위해서 착용한다."라고 했으니, 이것은 대공복을 착용한다는 사실을
나타낸다. 정현이 "사의 첩 자식은 자신의 친모를 위해서 기년상을 치른
다."라고 했는데, '기장'에서는 "부친이 생존해 계실 때 돌아가신 모친을 위
해서 착용한다."라고 했고, 사의 첩 자식이 자신의 생모를 위해서 착용한다
는 말은 하지 않았다. 그런데도 정현이 이러한 사실을 알 수 있었던 것은
그 이치를 추리해보면 대부 첩의 자식은 염강을 하여 자신의 생모를 위해
서 대공복을 착용한다. 그러나 사에게는 염강이 없으니, 일반인들과 마찬가
지로 분명히 기년상을 치르게 되기 때문이다. 정현이 "부친이 이미 돌아가
신 상태라면, 두 계층 모두 자신의 정감을 펼칠 수 있어서 삼년상을 치른
다."라고 했는데, 사의 경우 부친이 생존해 계시더라도 자신의 정감을 펼칠

수 있다. 그러나 대부 첩의 자식은 부친이 생존해 계실 때 자신의 생모를 위해서 대공복을 착용하고, 부친이 돌아가신 뒤라면 사와 마찬가지로 모두 삼년상을 치를 수 있는 것이다.

【경문】 母爲長子.

【번역】 모친은 장자를 위해서 자최복을 입고 삼년상을 치른다.

【賈疏】 ●"母爲長子". ○釋曰: 長子卑, 故在母下. 但父爲長子在斬章, 母爲長子在齊衰, 以子爲母服齊衰, 母爲之不得過於子爲己, 故亦齊衰也. 若然, 長子與衆子爲母, 父在期, 若夫在爲長子, 豈亦不得過於子爲己服期乎? 然者子爲母有降屈之義, 父母爲長子本爲先祖之正體, 無厭降之義, 故不得以父在屈至期, 明母爲長子不問夫之在否也.

【번역】 ●經文: "母爲長子". ○장자는 상대적으로 미천하기 때문에 모친에 대한 내용 뒤에 기술한 것이다. 다만 부친이 장자를 위해서 상을 치르는 규정은 '참최장'에 포함되어 있는데, 모친이 장자를 위해서 상을 치르는 규정은 '자최장'에 기록되어 있다. 그 이유는 아들은 모친을 위해서 자최복을 착용하므로, 모친이 자식을 위해서 상복을 입을 때 자식이 자신을 위해 착용하는 상복보다 지나치게 할 수 없다. 그렇기 때문에 모친 역시 자최복을 착용하는 것이다. 만약 그렇다면 장자와 여러 자식들이 모친을 위해 상을 치를 때, 부친이 생존해 계시다면 기년상을 치르는데, 자신의 남편이 생존해 있을 때 장자를 위해 상을 치른다면 어찌 자식이 자신을 위해 기년상을 치르는 것보다 지나치게 할 수 있겠는가? 그러나 자식이 모친의 상을 치를 때에는 낮추고 굽힌다는 도의가 포함되는데, 부모는 장자를 위해 상을 치를 때, 장자는 본래 선조의 정통을 계승한 자이므로, 염강의 뜻이 없다. 그렇기 때문에 부친이 생존해 있어서 굽혀서 기년상을 치르는 것처럼 할 수 없으니, 모친은 장자를 위해 상을 치를 때 남편의 생존 여부를 따지지 않고 삼년상을 치른다.

전문 傳曰: 何以三年也? 父之所不降, 母亦不敢降也.

번역 전문에서 말하였다. 어찌하여 삼년상으로 치르는가? 부친이 염강을 하지 않는 대상이므로 모친 또한 염강을 하지 못하기 때문이다.

鄭注 不敢降者, 不敢以己尊降祖禰之正體.

번역 염강을 하지 못한다는 것은 자신의 존귀함으로 선조의 정통을 계승한 대상에 대해 낮출 수 없다는 뜻이다.

賈疏 ●"傳曰"至"降也". ○釋曰: 云"何以三年"者, 此亦問, 比例, 父母爲衆子期等是子, 此何以獨三年? 云"父之所不降母亦不敢降也"者, 斬章又云"何以三年", 答云"正體於上, 將所傳重", 不降, 故於母亦云不敢降, 故答云父之所不降母亦不敢降. 若然, 夫不敢降, 妻亦不敢降, 而云父母者, 以其父母各自爲子, 故父母各云"何以三年", 而問之, 是以答各據父母爲子而言, 不據夫妻也.

번역 ●傳文: "傳曰"~"降也". ○"어찌하여 삼년상으로 치르는가?"라고 했는데, 이 또한 질문에 해당하며 비슷한 사례를 근거로 질문한 것이니, 부모는 장자를 제외한 나머지 자식들에 대해서 동등하게 기년상을 치르는데, 어찌하여 유독 삼년상을 치르느냐는 뜻이다. "부친이 염강을 하지 않는 대상이므로 모친 또한 염강을 하지 못하기 때문이다."라고 했는데, '참최장'에서도 "어찌하여 삼년상으로 치르는가?"라고 했고, 답변에서는 "위로 선조의 정통을 계승하고 또 장차 후대에 정통을 전수할 자였기 때문이다."라고 했다. 염강을 하지 않기 때문에 모친에게 있어서도 감히 염강을 하지 않는다고 말했다. 그러므로 답변에서는 "부친이 염강을 하지 않는 대상이므로 모친 또한 염강을 하지 못하기 때문이다."라고 말한 것이다. 만약 그렇다면 남편이 염강을 하지 않으므로 처 또한 염강을 하지 않는 것인데, '부(父)'와 '모(母)'라고 말한 것은 부친과 모친이 각자 자식의 상을 치르기 때문이다. 그래서 부친과 모친에 대한 내용에서 각각 "어찌하여 삼년상으로 치르는가?"라고 기술하여 질문을 던진 것이며, 이러한 까닭으로 답변에 있어서도 각각 부친과 모친이 자식의 상을 치르는 것에 기준하여 말한 것이며, 남편과 처를 거론하지 않은 것이다.

賈疏 ◎注"不敢"至"正體". ○釋曰: 云"不敢以己尊降祖禰之正體"者, 上傳於父已答云"正體於上", 是以鄭解母不降, 亦與父同, 以夫婦一體, 故不降之義亦等.

번역 ◎鄭注: "不敢"~"正體". ○정현이 "자신의 존귀함으로 선조의 정통을 계승한 대상에 대해 낮출 수 없다는 뜻이다."라고 했는데, 앞의 전문에서 부친에 대한 기술 속에 이미 "위로 정통을 계승하였다."라고 답변을 했다. 이러한 까닭으로 정현은 모친이 염강을 하지 않는 뜻을 풀이하며 부친에 대한 경우와 동일하게 했으니, 남편과 아내는 일심동체이기 때문에 염강을 하지 않는 뜻 또한 동일한 것이다.

• 제 **13** 절 •

『예기』와 삼년상

참고 『예기』「단궁상(檀弓上)」 기록

경문-69a 事親有隱而無犯, 左右就養無方, 服勤至死, 致喪三年. 事君有犯而無隱, 左右就養有方, 服勤至死, 方喪三年. 事師無犯無隱, 左右就養無方, 服勤至死, 心喪三年.

번역 부모를 섬길 때에는 허물을 덮어두고 면전에서 허물을 직접적으로 지적함이 없으며, 좌우로 나아가 봉양을 함에 특별히 정해진 제한이 없고, 힘든 일에 복무하며 목숨을 바쳐서 하고, 부모가 돌아가셨을 때에는 상례의 법도를 지극히 하여 삼년상을 치른다. 군주를 섬길 때에는 면전에서 허물을 직접적으로 지적하고 허물을 덮어주는 일이 없으며, 좌우로 나아가 봉양을 할 때에는 특별히 정해진 제한이 있고, 힘든 일에 복무하며 목숨을 바쳐서 하고, 군주가 돌아가셨을 때에는 부모에 대한 상례에 견주어서 삼년상을 치른다. 스승을 섬길 때에는 면전에서 허물을 지적하는 일도 없고 허물을 덮어주는 일도 없으며, 좌우로 나아가 봉양을 할 때에는 부모에 대한 경우와 마찬가지로 특별히 정해진 제한이 없고, 힘든 일에 복무하며 목숨을 바쳐서 하고, 스승이 돌아가셨을 때에는 심상(心喪)의 방법으로 삼년상을 치른다.

鄭注 隱, 謂不稱揚其過失也. 無犯, 不犯顔而諫. 論語曰: "事父母, 幾諫." 左右, 謂扶持之. 方, 猶常也. 子則然, 無常人. 勤, 勞辱之事也. 致謂戚容稱其服也. 凡此以恩爲制. 旣諫, 人有問其國政者, 可以語其得失, 若齊晏子爲晉叔向言之. 不可侵官. 方喪, 資於事父. 凡此以義爲制. 心喪, 戚容如父而無服也.

凡此以恩義之間爲制.

[번역] '은(隱)'자는 그의 과실을 드러내거나 지적하지 않는다는 뜻이다. '무범(無犯)'은 면전에서 잘못을 지적하며 간언을 하지 않는다는 뜻이다. 『논어』에서는 "부모를 섬길 때에는 은미한 말로 조심스럽게 간언을 올린다."[1]라고 하였다. '좌우(左右)'는 부축을 한다는 뜻이다. '방(方)'자는 항상[常]이라는 뜻이다. 자식의 경우에는 이처럼 해야 하며, 부모의 곁에 고정적으로 두게 되는 사람은 없다. '근(勤)'은 수고로운 일을 뜻한다. '치(致)'자는 슬퍼하는 모습을 자신이 입는 상복의 수위에 맞춘다는 뜻이다.[2] 무릇 부모에 대한 이러한 규정들은 은혜로움[恩]을 기준으로 제도로 정한 것이다. 간언을 끝낸 뒤에, 사람들 중에 그 나라의 정사에 대해서 질문을 하는 자가 있다면, 그 득실에 대해서 말을 할 수 있으니, 제나라의 안자와 같은 자는 진나라의 숙향에게 그러한 말을 하였다. '유방(有方)'은 다른 관직의 직분을 침범할 수 없다는 뜻이다. '방상(方喪)'은 부모를 섬기는 규정에 바탕을 둔다는 뜻이다. 무릇 군주에 대한 이러한 규정들은 의로움[義]을 기준으로 제도로 정한 것이다. '심상(心喪)'은 슬퍼하는 모습이 부친에 대한 경우와 같지만, 상복을 입지 않고 치르는 것이다. 무릇 스승에 대한 이러한 규정들은 은혜로움과 의로움의 두 측면에 기준을 두고 제도로 정한 것이다.

[集說] 劉氏曰: 隱皆以諫言. 父子主恩, 犯則爲責善而傷恩, 故幾諫而不可以犯顔; 君臣主義, 隱則是畏威阿容而害義, 故匡救其惡, 勿欺也而犯之. 師生處恩義之間, 而師者道之所在, 諫必不見拒, 不必犯也; 過則當疑問, 不必隱也. 隱非掩惡之謂, 若掩惡而不可揚於人, 則三者皆當然也. 惟秉史筆者不在此限. 就養, 近就而奉養之也. 致喪, 極其哀毁之節也. 方喪, 比方於親喪而以義幷恩也. 心喪, 身無衰麻之服, 而心有哀戚之情, 所謂若喪父而無服也.

---

1) 『논어』「이인(里仁)」: 子曰, "事父母幾諫, 見志不從, 又敬不違, 勞而不怨."
2) 『예기』「잡기하(雜記下)」【509b】: 子貢問喪, 子曰, "敬爲上, 哀次之, 瘠爲下. 顔色稱其情, 戚容稱其服."

번역   유씨가 말하길, 이곳에 기록된 '은(隱)'자는 모두 "간언을 한다
[諫]."는 것을 기준으로 말한 것이다. 부자관계에서는 은혜로움[恩]을 위주
로 하니, 면전에서 허물을 탓하게 된다면, 친구사이에서나 하듯 선함을 권
면하게 되어, 은혜로움에 해를 끼치게 된다.[3] 그렇기 때문에 은미한 말로
조심스럽게 간언을 하되, 부모가 싫은 안색을 나타내도록 할 수 없는 것이
다.[4] 군신관계에서는 의로움[義]을 위주로 하니, 은미한 말로만 간언을 하
게 된다면, 군주를 두려워하며 그의 잘못에 대해서 받아들이기만 하게 되
어, 의로움을 해치게 된다. 그렇기 때문에 그의 잘못된 점을 바로잡으며,[5]
속이지 말고 허물을 직접적으로 드러내야 하는 것이다.[6] 스승과 학생의
관계는 은혜로움과 의로움 사이에 놓이게 되고, 스승에게는 도가 포함되어
있으니, 간언을 하더라도 반드시 거절을 당하지 않게 되므로, 허물을 직접
적으로 드러낼 필요는 없다. 그리고 허물이 있다면, 마땅히 질의를 해야
하므로, 은미한 말로 간언을 할 필요도 없다. '은(隱)'이라는 것은 "악함을
감춘다[掩惡]."는 뜻이 아니니, 만약 악함을 감추고, 사람들에게 그 사실을
드러낼 수 없다고 한다면, 부자·군신·사제 관계에서는 모두 이처럼 해야
할 것이다. 그리고 오직 역사를 기록하는 사관만이 이러한 제한에서 자유
로울 수 있게 된다. '취양(就養)'은 가까이 다가가서 봉양을 한다는 뜻이다.
'치상(致喪)'은 슬퍼하고 애통해하는 법도를 지극히 나타낸다는 뜻이다. '방
상(方喪)'은 부모에 대한 상에 견주어 치러서, 군신관계에 적용되는 의로움
으로 부자관계에 적용되는 은혜로움을 포섭하는 것이다. '심상(心喪)'은 자
신의 몸에 직접적으로 상복을 걸치지는 않고, 마음으로만 슬퍼하는 감정을
나타낸다는 뜻이니, 이른바 부친에 대한 상처럼 치르되, 상복은 없다는 뜻
이다.[7]

---

3) 『맹자』「이루하(離婁下)」 : 夫章子, 子父責善而不相遇也. 責善, 朋友之道也,
　父子責善, 賊恩之大者.
4) 『논어』「이인(里仁)」 : 子曰, "事父母幾諫, 見志不從, 又敬不違, 勞而不怨."
5) 『효경』「사군장(事君章)」 : 子曰, 君子之事上也. 進思盡忠. 退思補過. 將順其
　美. 匡救其惡. 故上下能相親也.
6) 『논어』「헌문(憲問)」 : 子路問事君. 子曰, "勿欺也, 而犯之."
7) 『예기』「단궁상」【85c】 : 孔子之喪, 門人疑所服. 子貢曰, "昔者夫子之喪顏淵,

참고 『예기』「단궁상(檀弓上)」 기록

경문-70c 孔子曰: "拜而后稽顙, 頹乎其順也; 稽顙而后拜, 頎乎其至也. 三年之喪, 吾從其至者."

번역 공자가 말하길, "절을 한 이후에 머리를 땅에 닿도록 하는 것은 예법의 순서에 따르는 것이다. 그 반대로 머리를 땅에 닿도록 한 이후에 절을 하는 것은 자신의 애달픈 감정을 지극히 나타내는 것이다. 삼년상을 치르는 경우라면, 나는 자신의 애달픈 감정을 지극히 나타내는 방법을 따르겠다."라고 했다.

鄭注 此殷之喪拜也. 頹, 順也. 先拜賓, 順於事也. 此周之喪拜也. 頎, 至也. 先觸地無容, 哀之至. 重者尙哀戚, 自期如殷可.

번역 이것은 은나라 때 상례를 치르며 했던 절하는 절차이다. '퇴(頹)'자는 "따른다[順]."는 뜻이다. 앞서 빈객에게 절을 하는 것은 그 사안에 따르는 것이다. 이것은 주나라 때 상례를 치르며 했던 절하는 절차이다. '기(頎)'자는 "지극히 한다[至]."는 뜻이다. 먼저 땅에 머리를 대어, 예법에 따른 행동거지를 갖추지 않는 것은 애통함이 지극하기 때문이다. 중대한 상에 대해서는 애달프고 슬퍼하는 감정을 우선시하므로, 기년상으로부터는 은나라 때의 예법처럼 해야 하는 것이다.

孔疏 ●"三年之喪, 吾從其至"者, 孔子評二代所拜也. 至者, 謂先稽顙後拜也. 重喪, 主貌惻隱, 故三年喪則從其頎至者也.

번역 ●經文: "三年之喪, 吾從其至". ○공자가 은나라와 주나라에서 절을 했던 방법을 평가한 것이다. '지(至)'라는 것은 먼저 땅에 머리를 대고 그 이후에 절을 하는 것을 뜻한다. 중대한 상에서는 측은한 마음을 표출하

若喪子而無服, 喪子路亦然, 請喪夫子若喪父而無服."

는 모습을 위주로 한다. 그렇기 때문에 삼년상을 치르는 경우라면, 애통함을 지극히 나타내는 방법에 따르겠다고 한 것이다.

孔疏 ◎注"重者"至"殷可". ○正義曰: 三年之喪, 尙哀戚則從周. 自期以下如殷可. 此經直云"拜而后稽顙", "稽顙而后拜", 鄭知拜而後稽顙是"殷之喪拜", 稽顙而后拜是"周之喪拜"者, 於孔子所論, 每以二代相對, 故下檀弓云: "殷人旣封而弔, 周人反哭而弔, 殷以慤, 吾從周." 又云: "殷朝而殯於祖, 周朝而遂葬." 皆以殷·周相對, 故知此亦殷·周相對也. 知並是殷·周喪拜者, 此云"三年之喪, 吾從其至", 明非三年喪者, 則從其順, 故知並是喪拜. 但殷之喪拜, 自斬衰以下, 緦麻以上, 皆拜而后稽顙, 以其質故也. 周則杖期以上, 皆先稽顙而后拜, 不期杖以下, 乃作殷之喪拜. 鄭知殷先拜而后稽顙, 周先稽顙而后拜者, 以孔子所論皆先殷而後周; 今"拜而后稽顙", 文在其上, 故爲殷也; "稽顙而后拜", 文在其下, 故爲周也. 且下檀弓云, 秦穆公使人弔公子重耳, 重耳稽顙而不拜, 示不爲後也. 若爲後, 當稽顙而後拜也. 重耳旣在周時, 明知先稽顙而後拜者. 若然, 士喪禮旣是周禮, 所以主人拜稽顙, 似亦先拜而後稽顙者, 士喪禮云"拜稽顙"者, 謂爲拜之時先稽顙. 其喪大記每拜稽顙者, 與士喪禮同. 按晉語云, 秦穆公弔重耳, 重耳再拜不稽顙. 與下篇重耳稽顙不拜文異者, 國語之文, 不可用此稽顙而後拜. 卽大祝"凶拜"之下, 鄭注: "稽顙而後拜, 謂三年服者." 此拜而後稽顙, 卽大祝吉拜. 鄭注云: "謂齊衰不杖以下者." 鄭知凶拜是三年服者, 以雜記云: "三年之喪, 以其喪拜." 喪拜卽凶拜. 鄭又云: "吉拜, 齊衰不杖以下." 則齊衰杖者, 亦用凶拜者. 知齊衰杖用凶拜者, 以雜記云: "父母在, 爲妻不杖不稽顙." 明父母歿, 爲妻杖得稽顙也. 是知杖齊衰得爲凶拜. 若然, 雜記云: "三年之喪, 以其喪拜. 非三年之喪, 以吉拜." 則杖期以下, 皆用吉拜. 今此杖期得用凶拜者, 雜記所云, 大判而言, 雖有杖期, 總屬三年之內. 熊氏以爲雜記所論, 是拜問拜賜, 故杖期亦屬吉拜. 必知然者, 以鄭注大祝"凶拜"云"三年服者", 是用雜記之文, 解以凶拜之義, 則拜賓·拜問·拜賜不得殊也. 且雜記"問"與"賜"與於"拜"文, 上下不相接次, 不可用也. 周禮·大祝"一曰稽首", 鄭云: "頭至地." 按中候: "我應云王, 再拜稽首." 鄭云: "稽首, 頭至手也." 此卽臣拜君之拜, 故左傳云: "天子在, 寡君無所稽首." 大夫於諸侯亦稽首, 故下曲禮云: "大夫之臣不稽首." 則大夫於君得稽首. "二曰頓首", 鄭曰: "頭叩地不停留也." 此平敵以下拜也, 諸侯相拜則然, 以其不稽首, 唯頓首也. "三曰空首", 鄭云: "頭至手, 所謂拜手也." 以其與拜手是一, 故爲頭至手也. 此答臣下之拜, 其敵者旣用頓首, 故知不敵者用空首. "四曰振動", 鄭云: "戰栗變動之拜." 謂有敬懼, 故爲振動, 故尙書・泰誓火流爲烏・王動色變是也. "五曰吉拜"者, 謂先作頓首拜, 後作稽顙, 故鄭康成注與頓首相近. "六曰凶拜"者, 旣重於吉拜, 當先作稽顙, 而後稽首. "七曰奇拜", 鄭大夫云: "奇拜謂一拜也." 鄭康成云: "一拜答臣下." 然燕禮・大射公答再拜者, 爲初敬之, 爲賓尊之, 故再拜. 燕末無筭爵之後, 唯止一拜而已. "八曰襃拜"者, 鄭大夫云: "襃讀爲報, 報拜, 再拜也." 鄭康成云: "再拜, 拜神與尸." "九曰肅拜"者, 鄭司農云: "但俯下手, 今時揖是也. 介者不拜." 引成十六年"爲事故, 敢肅使者". 此禮拜, 體爲空首一拜而已, 其餘皆再拜也. 其肅拜或至再, 故成十六年晉郤至三肅使者. 此肅又謂婦人之拜, 故少儀云"婦人吉事, 雖有君賜, 肅拜", 是也.

번역 ◎鄭注: "重者"〜"殷可". ○삼년상을 치를 때 애달프고 슬퍼하는 마음을 숭상하게 된다면, 이것은 주나라 때의 예법에 따르는 것이다. 기년상으로부터 그 이하의 경우에는 은나라 때의 예법대로 하는 것도 괜찮다. 이곳 경문에서는 단지 "절을 한 이후에 머리를 땅에 댄다."라고 하였고, 또 "머리를 땅에 댄 이후에 절을 한다."라고 하였는데, 정현이 절을 한 이후에 머리를 땅에 닿도록 한다는 것이 은나라 때 상례를 치르며 하는 절의 방법이 됨을 알았고, 또 머리를 땅에 닿게 한 이후에 절을 하는 것이 주나라 때 상례를 치르며 하는 절의 방법이 됨을 알았던 이유는 공자가 논평을 한 부분에 있어서는 매번 은나라와 주나라를 서로 상대적으로 비교를 했었기 때문이다. 그래서 아래 「단궁」편의 문장에서도 "은나라 때에는 하관(下官)을 하고 나서 조문을 했고, 주나라 때에는 반곡(反哭)을 하고 나서 조문을 했으니, 은나라는 진실된 감정에 따랐던 것이지만, 나는 주나라 때의 예법에 따르겠다."[8]라고 한 것이고, 또 "은나라 때에는 종묘로 영구를 옮겨 아뢰고 나서, 조묘(祖廟)에 빈소를 마련했고, 주나라 때에는 종묘로 영구를

옮겨 아뢰고 나서, 장례를 치렀다."9)라고 했는데, 이러한 기록에서는 모두
은나라와 주나라를 서로 대비시키고 있다. 그렇기 때문에 이 문장 또한 은
나라와 주나라 때의 예법을 서로 대비시켜서 말한 것임을 알 수 있다. 아울
러 은나라와 주나라 때 상례를 치르며 했던 절의 방법이라는 사실을 알
수 있는 이유는 이곳 문장에서 "삼년상을 치르는 경우라면, 나는 그 지극함
에 따르겠다."라고 했기 때문이니, 이 말은 곧 삼년상이 아니라면, 순차에
따르겠다는 뜻을 나타낸다. 그렇기 때문에 이 모두가 상례를 치르며 절을
하는 방법임을 알 수 있었던 것이다. 다만 은나라 때 상례를 치르며 절을
했던 방법은 참최복(斬衰服) 이하부터 시마복(緦麻服) 이상의 경우에 모두
절을 한 이후에 머리를 땅에 대었으니, 질박함을 숭상했기 때문이다. 주나
라의 경우에는 지팡이를 잡고 치르는 기년상(期年喪) 이상은 모든 경우에
있어서 먼저 머리를 땅에 대고 그 이후에 절을 했으니, 지팡이를 잡고 치르
는 기년상이 아닌 경우부터는 곧 은나라 때의 상례 규정에 따라 절을 했던
것이다. 정현이 은나라 때에는 먼저 절을 한 이후에 머리를 땅에 대었다는
사실과 주나라 때에는 먼저 머리를 땅에 대고 그 이후에 절을 했다는 사실
을 알 수 있었던 이유는 공자가 논변을 할 때에는 모든 경우에 있어서 먼저
은나라에 대한 경우를 제시하고, 그 이후에 주나라에 대한 경우를 제시했
기 때문이다. 따라서 이곳 문장에서 "절을 한 이후에 머리를 땅에 댄다."라
는 구문은 앞에 기록되어 있기 때문에, 은나라 때의 예법에 해당한다는 사
실을 알 수 있는 것이고, "머리를 땅에 댄 이후에 절을 한다."는 구문은 그
뒤에 기록되어 있기 때문에, 주나라 때의 예법에 해당한다는 사실을 알 수
있는 것이다. 또 아래 「단궁」편의 문장에서는 진나라 목공은 사람을 시켜
공자 중이에게 조문을 하도록 했는데,10) 중이는 머리를 땅에 대었지만, 절

---

8) 『예기』「단궁하(檀弓下)」【115b】: 殷旣封而弔, 周反哭而弔. 孔子曰, "殷已愨,
吾從周."
9) 『예기』「단궁하(檀弓下)」【117b】: 喪之朝也, 順死者之孝心也. 其哀, 離其室
也, 故至於祖考之廟而后行. 殷朝而殯於祖, 周朝而遂葬.
10) 『예기』「단궁하(檀弓下)」【111b】: 晉獻公之喪, 秦穆公使人弔公子重耳, 且曰,
"寡人聞之, 亡國恒於斯, 得國恒於斯. 雖吾子儼然在憂服之中, 喪亦不可久也,
時亦不可失也. 孺子其圖之!"

을 하지 않아서, 자신이 후계자가 되지 못함을 드러낸 것이라고 했다.[11]
따라서 만약 후계자가 된 자라면, 마땅히 머리를 땅에 댄 이후에 절을 해야
하는 것이다. 중이 본인은 주나라 때 생존했던 인물이므로, 먼저 머리를
땅에 댄 이후에 절을 해야 한다는 사실을 분명히 알고 있었던 것이다. 만약
이와 같다면,『의례』「사상례(士喪禮)」편의 내용은 주나라 때의 예법에 해
당하는데, 상주가 절을 하며 머리를 땅에 댄다고 했던 말이 또한 먼저 절을
한 이후에 머리를 땅에 댄다고 했던 것과 유사해보이지만,「사상례」편에서
말한 '배계상(拜稽顙)'이라는 말은 절을 할 때에는 먼저 머리를 땅에 댄다
는 뜻이다. 그리고『예기』「상대기(喪大記)」편에서 매번 '배계상(拜稽顙)'이
라고 한 말도「사상례」편의 의미와 동일하다.『국어』「진어(晉語)」편을 살
펴보면, 진나라 목공이 중이에게 조문을 했을 때, 중이는 재배(再拜)를 했
지만, 머리를 땅에 대지는 않았다고 했다.[12] 그런데 이 기록은「단궁하(檀
弓下)」편에서 머리를 땅에 대고 절을 하지 않았다고 한 기록과 차이를 보인
다. 그 이유는『국어』의 문장은 이곳에서 말한 머리를 땅에 댄 이후에 절을
한다는 방법을 사용할 수 없다는데 초점을 맞추고 있기 때문이다.『주례』
「대축(大祝)」편에서는 '흉배(凶拜)' 이하의 절하는 방법[13] 등을 기술하고

---

11)『예기』「단궁하(檀弓下)」【112a】: 子顯以致命於穆公, 穆公曰, "仁夫, 公子重
耳! <u>夫稽顙而不拜, 則未爲後也</u>, 故不成拜. 哭而起, 則愛父也. 起而不私, 則遠
利也."
12)『국어(國語)』「진어이(晉語二)」: 公子重耳出見使者, 曰, "君惠弔亡臣, 又重有
命. 重耳身亡, 父死不得與於哭泣之位, 又何敢有他志以辱君義?" <u>再拜不稽首</u>,
起而哭, 退而不私.
13) 구배(九拜)는 제사를 지낼 때 사용하게 되는 아홉 종류의 절하는 형식을 뜻
한다. 계수(稽首), 돈수(頓首), 공수(空首), 진동(振動), 길배(吉拜), 흉배(凶
拜), 기배(奇拜), 포배(褒拜), 숙배(肅拜)에 해당한다. '계수'는 절을 하며 머리
가 지면에 닿도록 하는 것이며, '돈수'는 절을 하며 머리가 땅을 두드리듯이
꾸벅거리는 것이고, '공수'는 절을 하며 머리가 손을 포갠 곳에 닿도록 하는
것이니, '배수(拜手)'라고 부르는 것에 해당한다. '길배'는 절을 한 이후에 이
마를 땅에 닿게 하는 것이며, '흉배'는 이마를 땅에 닿게 한 이후에 절을 하
는 것이다. '진동'의 경우 애통하게 울면서 절을 하는 것을 뜻하기도 하고, 양
손을 서로 부딪치는 것을 뜻하기도 하며, 위엄을 갖추고 절을 하는 것을 뜻
하기도 한다. '기배'는 절하는 횟수를 홀수로 하는 것을 뜻하기도 하며, 한쪽
무릎만 굽히고 하는 절이나 손에 쥐고 있는 물건 등에 의지해서 절하는 것을

있는데,14) 정현의 주에서는 "머리를 땅에 댄 이후에 절을 하는 것은 삼년상을 치를 때 절하는 방법을 뜻한다."라고 했으니, 이곳에서 절을 한 이후에 머리를 땅에 댄다고 했던 것은 곧 「대축」편에서 말한 길배(吉拜)가 된다. 정현의 주에서 "자최복(齊衰服)을 입고 지팡이를 잡지 않는 경우로부터 그이하의 상례 수위에 해당한다."라고 하였는데, 정현은 흉배(凶拜)가 삼년상을 치를 때 절하는 방법임을 알고 있었다. 그 이유는 『예기』「잡기(雜記)」편에서 "삼년상에서는 상배(喪拜)로써 한다."15)라고 했는데, '상배(喪拜)'는 곧 흉배(凶拜)에 해당하기 때문이다. 정현은 또한 "길배(吉拜)는 자최복을 입고 지팡이를 잡지 않는 경우로부터 그 이하의 상례 수위에 해당한다."라고 하였으니, 자최복을 입고 지팡이를 잡게 되는 상례에서는 또한 흉배의 방법을 따르는 것이다. 자최복을 입고 지팡이를 잡는 상례에서 흉배의 방법을 따른다는 사실을 알 수 있는 이유는 「잡기」편에서 "부모가 생존해계시면, 죽은 처를 위해서 지팡이를 잡지 않고, 머리를 땅에 대지 않는다."16)라고 했으니, 이 말은 부모가 돌아가신 이후에는 죽은 처를 위해서 지

뜻하기도 하고, 한 번 절하는 것을 뜻하기도 한다. '포배'는 답배를 뜻하기도 하니, 재배(再拜)에 해당하고, 또 손에 물건을 쥐고 절하는 것을 뜻하기도 한다. '숙배'는 단지 손을 아래로 내려서 몸에 붙이는 것에 해당한다. 『주례』「춘관(春官)·대축(大祝)」편에는 "辨九拜, 一曰稽首, 二曰頓首, 三曰空首, 四曰振動, 五曰吉拜, 六曰凶拜, 七曰奇拜, 八曰褒拜, 九曰肅拜, 以享右祭祀."라는 기록이 있고, 이에 대한 정현의 주에서는 "稽首, 拜頭至地也. 頓首, 拜頭叩地也. 空首, 拜頭至手, 所謂拜手也. 吉拜, 拜而后稽顙, 謂齊衰不杖以下者. 言吉者, 此殷之凶拜, 周以其拜與頓首相迪, 故謂之吉拜云. 凶拜, 稽顙而后拜, 謂三年服者. 杜子春云, '振讀爲振鐸之振, 動讀爲哀慟之慟, 奇讀爲奇偶之奇, 謂先屈一膝, 今雅拜是也. 或云, 奇讀曰倚, 倚拜謂持節·持戟拜, 身倚之以拜.' 鄭大夫云, '動讀爲董, 書亦或爲董. 振董, 以兩手相擊也. 奇拜, 謂一拜也. 褒讀爲報, 報拜, 再拜是也.' 鄭司農云, '褒拜, 今時持節拜是也. 肅拜, 但俯下手, 今時揖是也. 介者不拜, 故曰爲事故, 敢肅使者.' 玄謂振動戰栗變動之拜. 書曰王動色變. 一拜, 答臣下拜. 再拜, 拜神與尸. 享, 獻也, 謂朝獻饋獻也. 右讀爲侑. 侑勸尸食而拜."라고 풀이했다.

14) 『주례』「춘관(春官)·대축(大祝)」: 辨九拜, 一曰稽首, 二曰頓首, 三曰空首, 四曰振動, 五曰吉拜, 六曰凶拜, 七曰奇拜, 八曰褒拜, 九曰肅拜, 以享右祭祀.

15) 『예기』「잡기하(雜記下)」【512d】: <u>三年之喪, 以其喪拜</u>, 非三年之喪, 以吉拜.

16) 『예기』「잡기상(雜記上)」【498b】: 爲妻, 父母在不杖不稽顙.

팡이를 잡게 되고, 머리를 땅에 댈 수 있다는 사실을 나타내기 때문이다. 따라서 이 기록을 통해서 지팡이를 잡고 자최복을 입는 상에서는 흉배를 할 수 있다는 사실을 알 수 있다. 만약 그렇다면 「잡기」편에서 “삼년상을 치를 때에는 상배의 방법으로써 한다. 삼년상이 아닌 경우에는 길배의 방법으로써 한다.”라고 했으니, 지팡이를 잡고 기년상을 치르는 경우로부터 그 이하의 상에서는 모두 길배의 방법을 따르는 것이다. 그런데 이곳 문장에서는 지팡이를 잡고 기년상을 치르는 경우에도 흉배의 방법을 사용할 수 있다고 했다. 그 이유는 「잡기」편에서 말한 내용은 대체적으로 구분하여 기록을 한 것이니, 비록 지팡이를 잡고 기년상을 치르는 경우가 있다고 하더라도, 총괄적으로 삼년상의 범위로 포함시켰던 것이다. 웅안생은 「잡기」편에서 논의한 내용은 빙문(聘問)에 대해서 절을 하고 하사품을 받았을 때 절을 하는 예법에 해당한다고 여겼다. 그렇기 때문에 지팡이를 잡고 기년상을 치를 때 절을 하는 방법 또한 길배에 속한다고 말한 것이다. 이처럼 한다는 사실을 분명히 알 수 있는 이유는 「대축」편에서 ‘흉배(凶拜)’라고 한 기록에 대해, 정현의 주에서는 “삼년상을 치르는 경우이다.”라고 했으니, 이것은 곧 「잡기」편의 문장을 인용하여, 흉배의 뜻을 풀이한 것이 된다. 그러므로 빈객에게 절을 하고, 빙문에 대해서 절을 하며, 하사품에 대해서 절을 하는 것들을 구분할 수 없었던 것이다. 또 「잡기」편에서는 빙문·하사품에 대한 항목과 절을 하는 항목의 기록은 서로 연접해서 순차적으로 기록되어 있지 않으니, 이 방법을 사용할 수 없는 것이다. 『주례』「대축」편에서는 “첫 번째는 계수(稽首)이다.”라고 하였는데, 이 문장에 대해 정현은 “머리를 지면에 대는 것이다.”라고 했다. 『상서중후(尙書中候)』에서는 “나는 응당 왕이라 일컬어지니, 재배를 하며 머리를 조아려야 한다.”라고 했고, 정현은 “‘계수(稽首)’는 머리를 손등에 대는 것이다.”라고 했다. 이것은 신하가 군주에게 절을 할 때의 절하는 법도에 해당한다. 그렇기 때문에 『좌전』에서는 “천자가 아니라면, 저희 군주께는 머리를 땅에 대는 법도를 시행할 곳이 없다.”[17]라고 한 것이다. 대부는 제후에 대해서 또한 머리를 땅에 대

17) 『춘추좌씨전』「애공(哀公) 17년」 : 齊侯稽首, 公拜. 齊人怒. 武伯曰, “非天子,

는 방법을 따른다. 그렇기 때문에 「곡례」편에서는 "대부에게 속한 가신들은 머리를 땅에 대며 절을 하지 않는다."라고 했던 것이니,[18] 이 말은 곧 대부는 자신의 군주에 대해서 머리를 땅에 대고 절을 할 수 있다는 뜻이 된다. 그리고 『주례』에서는 "두 번째는 돈수(頓首)이다."라고 하였는데, 이 문장에 대해 정현은 "절을 하며 머리가 땅을 두드리듯이 꾸벅거리지만, 땅에 댄 상태로 있지 않는다."라고 하였다. 이것은 서로 신분이 대등하거나 그 이하의 계층에서 시행하는 절하는 법도이니, 제후들끼리 서로 절을 하는 경우라면 이처럼 하는데, 머리를 땅에 댈 수 없기 때문에, 단지 머리를 꾸벅거리기는 것이다. 『주례』에서는 "세 번째는 공수(空首)이다."라고 하였는데, 이 문장에 대해서 정현은 "절을 하며 머리가 손을 포갠 곳에 닿도록 하는 것이니, '배수(拜手)'라고 부르는 것에 해당한다."라고 하였다. 즉 이처럼 절하는 방법은 '배수(拜手)'를 하는 것과 동일하기 때문에, 머리를 손을 포갠 곳에 대는 행위가 된다. 그리고 이러한 방법은 신하들이 절을 한 것에 대해서 답배를 할 때의 절하는 법도이며, 신분이 대등한 자들끼리는 이미 돈수(頓首)의 방법에 따른다고 하였기 때문에, 신분이 서로 대등하지 않았을 때, 공수(空首)의 방법을 사용한다는 사실을 알 수 있는 것이다. 『주례』에서는 "네 번째는 진동(振動)이다."라고 하였는데, 이 문장에 대해서 정현은 "몸을 떨며 하는 절이다."라고 했으니, 공경하고 두려워하는 마음을 갖추고 있기 때문에, 몸을 떨게 된다는 뜻이다. 그래서 『상서』「태서(泰誓)」편에서, 길조(吉兆)를 나타내는 붉은 색의 새가 나타나고, 왕이 움직이자 낯빛이 변했다고 한 것이 바로 이것을 가리킨다. 『주례』에서는 "다섯 번째는 길배(吉拜)이다."라고 했는데, 이것은 먼저 돈수(頓首)를 하여 절을 하고, 이후에 계상(稽顙)을 한다는 뜻이다. 그렇기 때문에 정현의 주에서는 돈수(頓首)의 방법과 흡사하다고 한 것이다. 『주례』에서는 "여섯 번째는 흉배(凶拜)이다."라고 했는데, 이 방법 자체가 길배(吉拜)보다도 중대하므로, 마땅히 먼저 계상(稽顙)을 하고, 그 이후에 계수(稽首)를 해야

寡君無所稽首."
18) 이 문장은 「곡례(曲禮)」편이 아닌 「교특생(郊特牲)」편에 기록되어 있다. 『예기』「교특생」【323d】: 大夫之臣不稽首, 非尊家臣, 以辟君也.

하는 것이다. 『주례』에서는 "일곱 번째는 기배(奇拜)이다."라고 했는데, 정사농은 "기배(奇拜)는 한 차례 절을 한다는 뜻이다."라고 했고, 정현은 "한 차례 절을 하여 신하에게 답배를 하는 것이다."라고 했다. 그런데 『의례』「연례(燕禮)」편과 「대사(大射)」편을 살펴보면, 제후는 답배를 할 때, 재배(再拜)를 한다고 했다. 이것은 최초 절을 하며 공경의 뜻을 표시하고, 빈객이 재차 그를 존귀하게 높이기 때문에, '재배(再拜)'를 하는 것이다. 연회에서는 말미에 무산작(無筭爵)19)을 하게 되면, 그 이후에는 단지 한 차례만 절을 할 따름이다. 『주례』에서는 "여덟 번째는 포배(褒拜)이다."라고 했는데, 정사농은 "'포(褒)'자는 보(報)자로 해석하니, 보배(報拜)라는 것은 재배(再拜)를 뜻한다."라고 했고, 정현은 "재배는 신(神)과 시동에게 절을 한다는 뜻이다."라고 했다. 『주례』에서는 "아홉 번째는 숙배(肅拜)이다."라고 했는데, 정사농은 "단지 손을 아래로 내려서 몸에 붙이는 것이며, 오늘날 시행하는 의(揖)의 방법이 여기에 해당하며, 개(介)20)는 절을 하지 않는다."라고 했다. 그리고 정사농은 성공(成公) 16년 기사에 기록된 "일을 시행하기 때문에, 감히 사신에게 숙배를 한다."21)라는 말을 인용하였다. 이것은 예법에 따라 절하는 절차인데, 그 자신은 공수(空首)를 하며 한 차례 절을 할 따름이며, 나머지 경우에서는 모두 재배(再拜)를 하게 된다. 숙배(肅拜)의 경우에도 간혹 재배를 하기도 한다. 그렇기 때문에 성공 16년의 기록에

---

19) 무산작(無筭爵)은 술잔의 수를 헤아리지 않는다는 뜻이다. 여수(旅酬)를 한 이후에, 빈객들의 제자들과 형제들의 자제들은 각각 그들의 수장에게 술을 따르고, 잔을 들어 올리는 것도 각각 그들의 수장에게 한다. 그리고 빈객들이 잔을 가져다가, 형제들 집단에 술을 권하고, 장형제(長兄弟)들은 잔을 가져다가 빈객의 무리들에게 술을 권하게 된다. 이처럼 여러 차례 술을 따르고 권하기 때문에, 이러한 절차를 '무산작'이라고 부르는 것이다.

20) 개(介)는 부관을 뜻한다. 빈객(賓客)이 방문했을 때 주인(主人)과 빈객 사이에서 진행되는 절차들을 보좌했던 자들이다. 계급에 따라서 '개'를 두는 숫자에도 차이가 났다. 가령 상공(上公)은 7명의 '개'를 두었고, 후작이나 백작은 5명을 두었으며, 자작과 남작은 3명의 개를 두었다. 『예기』「빙의(聘義)」편에는 "上公七介, 侯伯五介, 子男三介."라는 기록이 있다.

21) 『춘추좌씨전』「성공(成公) 16년」: 曰, "君之外臣至從寡君之戎事, 以君之靈, 間蒙甲冑, 不敢拜命. 敢告不寧, 君命之辱. 爲事之故, 敢肅使者."

서, 진나라 극지는 사신에 대해서 세 차례 숙배를 했던 것이다. 여기에서
말하는 숙배에 대해서는 또한 부인들이 하는 절이라고도 한다. 그렇기 때
문에 『예기』「소의(少儀)」편에서는 "부인들은 길사(吉事)에 대해서, 비록
군주가 은덕을 베풀더라도, 숙배를 한다."[22]라고 한 말이 바로 이러한 사실
을 가리킨다.

集解 愚謂: 拜者, 以首加手而拜也. 稽顙者, 觸地無容也. 蓋拜所以禮賓,
稽顙所以致哀. 故先拜者於禮爲順, 而先稽顙者於情爲至, 蓋當時喪拜有此二
法, 而孔子欲從其至者. 鄭・孔以二者爲殷・周喪拜之異, 非也. 士喪禮・雜
記每言"拜稽顙", 皆據周禮也, 則拜而后稽顙非專爲殷法明矣.

번역 내가 생각하기에, '배(拜)'라는 것은 머리를 손에 대고 절을 하는
것이다. '계상(稽顙)'이라는 것은 머리를 땅에 대며 예법에 따른 행동거지를
갖추지 않는 것이다. 무릇 배(拜)는 빈객들에게 예우를 할 때 사용하는 방
법이며, 계상(稽顙)은 애달픈 마음을 지극히 나타내는 방법이다. 그렇기 때
문에 우선적으로 배를 하는 것은 예법에 대해서 그 질서를 지키는 것이며,
우선적으로 계상을 하는 것은 자신의 정감을 지극히 나타내는 것인데, 무
릇 당시에는 상례를 치르며 절을 하는 방식에 이러한 두 가지 예법이 있었
던 것이지만, 공자는 감정을 지극히 나타내는 방법을 따르고자 했던 것이
다. 정현과 공영달은 이 두 가지 방법이 은나라와 주나라 때 상례를 치르며
절을 했던 방식의 차이점이라고 여겼는데, 이것은 잘못된 주장이다. 『의례』
「사상례(士喪禮)」편과 『예기』「잡기(雜記)」편에서 매번 '배계상(拜稽顙)'이
라고 기록하고 있는데, 이것들은 모두 주나라 때의 예법을 기준으로 작성
한 문장들이니, 배(拜)를 한 이후에 계상(稽顙)을 하는 것은 전적으로 은나
라 때의 법도가 되지 않는다는 사실이 분명하다.

---

22) 『예기』「소의(少儀)」【437b】: 婦人, 吉事雖有君賜, 肅拜. 爲尸坐則不手拜, 肅
拜. 爲喪主則不手拜.

참고 『예기』「단궁상(檀弓上)」 기록

경문-71d 喪三年以爲極, 亡則弗之忘矣. 故君子有終身之憂, 而無一朝之患. 故忌日不樂.

번역 자사가 말하길, "상에서는 삼년상을 치르는 것을 가장 지극하다고 여기며, 장례를 치르게 되더라도 부모를 잊을 수가 없는 것이다. 그렇기 때문에 군자는 종신토록 품게 되는 근심이 있지만, 하루아침에 발생하는 우환은 없는 것이다. 그래서 부모의 기일(忌日)에는 음악을 연주하지 않는 것이다."라고 했다.

鄭注 去已久遠, 而除其喪. 則之言曾. 念其親. 毀不滅性. 謂死日, 言忌日不用擧吉事.

번역 부모를 떠나보낸 시기가 이미 오래되어, 그 상을 끝냈다는 뜻이다. '즉(則)'자는 일찍이[曾]라는 뜻이다. 종신토록 근심하는 점이 있다는 것은 부모에 대한 생각을 품고 있다는 뜻이다. 하루아침의 우환이 없다는 것은 몸이 수척하게 되더라도 생명을 해치지 않는다는 뜻이다. 기일(忌日)은 부모가 돌아가신 날을 뜻하니, 기일에는 길사(吉事)를 시행할 수 없다는 뜻이다.

孔疏 ●"喪三年以爲極亡", ○此亦子思語辭也. 言服親之喪, 以經三年, 以爲極亡, 可以棄忘, 而孝子有終身之痛, 曾不暫忘於心也. 注云"則之言曾", 故君子有終竟己身, 恒慘念親. 此則是不忘之事. 雖終身念親, 而不得有一朝之間有滅性禍患, 恐其常毀, 故唯忌日不爲樂事, 他日則可, 防其滅性故也. 所以不滅性者, 父母生己, 欲其存寧, 若滅性, 傷親之志, 又身已絶滅, 無可祭祀故也.

번역 ●經文 "喪三年以爲極亡", ○이 문장 또한 자사가 한 말이다. 부모에 대한 상을 치를 때, 3년이 경과하게 되면, 부모가 돌아가신지 매우 긴 기간이 흘렀으므로, 부모에 대한 생각을 잊을 수도 있지만, 자식에게는 평생토록 한스럽게 여기는 점이 있게 되어, 마음속에서 잠시라도 잊지 못하

게 된다. 정현의 주에서는 "'즉(則)'자는 일찍이[曾]라는 뜻이다."라고 하였
다. 그렇기 때문에 군자는 자신이 죽을 때까지 항상 부모에 대해 애처롭게
생각하게 되는 것이다. 이처럼 한다면, 이것은 부모를 잊지 못하는 사안에
해당한다. 비록 평생토록 부모에 대해 생각하게 되지만, 창졸간에 생명을
잃게 되는 화근이 있어서는 안 되니, 평상시에도 부모에 대한 생각 때문에,
몸을 상하게 될까를 염려한 것이다. 그래서 오직 기일(忌日)에만 경사스러
운 일을 시행할 수 없고, 다른 날에는 가능하니, 그가 자신의 목숨을 잃게
될 것을 방지한 것이다. 자신의 생명을 잃지 말아야 하는 이유는 부모가
자신을 낳아주었던 것은 자식의 안존과 안녕을 바라고자 한 것인데, 만약
자신의 생명을 잃게 된다면, 부모의 뜻을 해치게 되고, 또 자신이 생명을
잃게 되면, 제사를 모실 수 없기 때문이다.

訓纂 朱氏軾曰: 蓋喪有盡而哀無窮, 雖親死已久, 而追慕之情, 終身弗忘.
於何見之? 於忌日不樂見之也. 一朝之患, 不重, 蓋古有是語, 連引及之. 注以
患爲滅性, 未是.

번역 주식[23]이 말하길, 무릇 상에서는 진심을 다하여, 애달픔에 끝이
없으니, 비록 부친이 돌아가신지 이미 오래되었더라도, 사모하고 그리워하
는 감정은 종신토록 잊을 수가 없는 것이다. 어디에서 이러한 점을 확인할
수 있는가? 기일(忌日)에 음악을 연주하지 않는 것을 통해, 이러한 사실을
확인할 수 있다. 하루아침의 우환이라는 것은 중대하지 않은데, 아마도 고
대에는 이러한 말이 있었기 때문에, 연이어서 이 말을 인용했던 것이다.
정현의 주에서 '환(患)'이라는 것을 자신의 생명을 잃는다는 것으로 해석했
는데, 이것은 옳은 해석이 아니다.

訓纂 王氏引之曰: 釋文如字讀, 是也. 忌日不作樂者, 哀之徵也. 唯居喪不

---

23) 주식(朱軾, A.D.1665~A.D.1735): 청(淸)나라 때의 명신(名臣)이다. 자(字)는
   약섭(若贍)·백소(伯蘇)이고, 호(號)는 가정(可亭)이다.

聽樂, 忌日如之. 故祭義謂之終身之喪. 古者謂作樂爲樂, 下文"是月禫, 徙月樂", 注曰, "明月可以用樂." "孟獻子禫, 縣而不樂." 又曰, "子卯不樂." 注曰, "不以擧樂爲吉事."

번역 왕인지[24]가 말하길, 『경전석문』[25]에서는 글자들을 각 글자대로 음독하여 풀이했는데, 이것은 옳은 주장이다. 기일(忌日)에 음악을 연주하지 않는다는 것은 슬픔을 나타내는 것이다. 오직 상에 처했을 때에는 음악을 듣지 않으므로, 기일에도 이처럼 하는 것이다. 그렇기 때문에 『예기』「제의(祭義)」편에서는 종신토록 지내야 하는 상을 언급했던 것이다. 고대에는 음악을 연주하는 것을 '악(樂)'이라고 기록하였으니, 아래문장에서 "이번 달에 담제를 지냈다면, 그 달을 넘겨서야 음악을 연주한다."[26]라고 했고, 이 문장에 대한 정현의 주에서는 "다음 달에는 음악을 연주할 수 있다."라고 풀이했다. 또 "맹헌자는 담제사를 지내며, 악기를 걸어두기만 하고 연주를 하지 않았다."[27]라고 했고, 또 "자(子)자가 들어가는 날과 유(卯)자가 들어가는 날에는 음악을 연주하지 않았다."[28]라고 했는데, 이 문장에 대한 정현의 주에서는 "음악을 연주하여, 길사(吉事)처럼 지내지 않는 것이다."

---

24) 왕인지(王引之, A.D.1766~A.D.1834) : 청(淸)나라 때의 훈고학자이다. 자(字)는 백신(伯申)이고, 호(號)는 만경(曼卿)이며, 시호(諡號)는 문간(文簡)이다. 왕념손(王念孫)의 아들이다. 대진(戴震), 단옥재(段玉裁), 부친과 함께 대단이왕(戴段二王)이라고 일컬어졌다. 『경전석사(經傳釋詞)』, 『경의술문(經義述聞)』 등의 저술이 있다.

25) 『경전석문(經典釋文)』은 석문(釋文)이라고도 부른다. 당(唐)나라 때의 학자인 육덕명(陸德明)이 지은 책이다. 문자(文字)의 동이(同異) 및 음과 뜻에 대해서 풀이한 서적이다. 전체 30권으로 구성되어 있으며, 『역(易)』, 『서(書)』, 『시(詩)』, 『주례(周禮)』, 『의례(儀禮)』, 『예기(禮記)』 등 주요 유가경전(儒家經典)들에 대해 풀이하고 있다. 한편 노장사상(老莊思想)이 유행했던 당시의 영향으로, 『노자(老子)』와 『장자(莊子)』에 대한 내용 또한 수록되어 있다.

26) 『예기』「단궁상」【106c】: 祥而縞, 是月禫, 徙月樂.

27) 『예기』「단궁상」【77b】: 孟獻子禫, 縣而不樂, 比御而不入. 夫子曰, "獻子加於人一等矣."

28) 『예기』「단궁하(檀弓下)」【123a】: 平公呼而進之, 曰, "蕢, 曩者爾心或開予, 是以不與爾言." "爾飮曠何也?" 曰, "子卯不樂. 知悼子在堂, 斯其爲子卯也大矣. 曠也大師也, 不以詔, 是以飮之也."

라고 풀이했다.

集解 愚謂: 殯, 謂斂尸於棺而塗之也. 言"三日"·"三月"者, 謂其時足以治
其殯葬之事也. 誠者, 盡其心而無所苟; 信者, 當於禮而無所違. 蓋送死大事,
人子之心之所能自盡者, 惟在此時, 苟有幾微之失, 將有悔之, 而無可悔者矣.
喪三年以爲極者, 送死有已, 復生有節也. 亡, 猶"反而亡焉"之亡, 亡則弗之忘
者, 言親雖亡, 而子之心則不能忘也. 春霜秋露, 悽愴怵惕, 如將見之, 故有終
身之憂; 不敢以父母之遺體行殆, 故無一朝之患. 此皆由不忘親, 故能如此. 忌
日不樂, 亦終身不忘親之一端也.

번역 내가 생각하기에, '빈(殯)'은 대렴(大斂)을 하여 시신을 관에 안치
하고, 가매장을 한다는 뜻이다. '3일[三日]'·'3개월[三月]'이라고 기록한 것
은 그 기간이 빈(殯)을 하고 장례의 일들을 치르기에 충분하다는 뜻이다.
'성(誠)'이라는 것은 자신의 마음을 다하여, 구차한 점이 없다는 뜻이고, '신
(信)'이라는 것은 예법에 합당하여 위배되는 점이 없다는 뜻이다. 무릇 죽
은 자를 전송하는 일은 중대한 일이며, 자식된 마음에서 제 스스로 그 마음
을 다할 수 있는 것은 오직 이 시기에 한정되어 있으니, 만약 작은 실수라도
발생한다면, 장차 그것을 후회하게 되므로, 후회할 만한 일이 없도록 해야
한다. 삼년상을 치르는 것을 지극하다고 한 이유는 죽은 자를 전송하는 일
이 이미 끝이 났으므로, 생시(生時)로 돌아오는 일에 절도가 있기 때문이
다.[29] '망(亡)'이라는 것은 "매장을 마치고 돌아오니, 부모가 없구나."[30]라
고 할 때의 '망(亡)'자와 같으니, 부모가 없어졌는데도 잊을 수가 없다는
말은 부모가 이미 돌아가시고 없지만, 자식된 마음의 입장에서는 잊을 수
가 없다는 뜻이다. 봄에 이슬을 밟고 가을에 서리를 밟게 되면, 몹시 슬프고
애달픈 마음과 섬뜩한 느낌이 들게 되어, 마치 돌아가신 부모를 직접 보는

---

29) 『예기』「삼년문(三年問)」【669d】: 創鉅者其日久, 痛甚者其愈遲. …… 三年之
喪, 二十五月而畢, 哀痛未盡, 思慕未忘, 然而服以是斷之者, 豈不送死有已, 復
生有節也哉!

30) 『예기』「단궁하(檀弓下)」【115a】: 反哭之弔也, 哀之至也. 反而亡焉失之矣,
於是爲甚.

것처럼 느껴지게 된다.31) 그렇기 때문에 종신토록 품게 되는 근심이 있게
되는 것이다. 그리고 부모가 남겨주신 자신의 몸에 대해서 감히 위태롭게
할 수 없다.32) 그렇기 때문에 하루아침의 우환도 없어야 하는 것이다. 이러
한 일들은 모두 부모를 잊을 수 없다는 것으로부터 연유하므로, 이처럼 할
수 있는 것이다. 기일(忌日)에 음악을 연주하지 않는 일 또한 종신토록 부
모를 잊을 수 없다는 것의 한 단면이다.

참고 『예기』「단궁상(檀弓上)」 기록

경문-74c 魯人有朝祥而莫歌者, 子路笑之. 夫子曰: "由! 爾責於人, 終無
已夫! 三年之喪, 亦已久矣夫!" 子路出, 夫子曰: "又多乎哉! 踰月則其善也."

번역 예법에 따르면, 삼년상을 치를 때에는 24개월째에 대상(大祥)을
치르고, 한 달을 더 넘겨서 만 25개월을 넘기게 되면, 탈상(脫喪)을 하게
되어 노래를 불러도 된다. 그런데 노나라 사람 중에 어떤 자는 아침에 대상
을 치르고, 그날 저녁에 노래를 불렀다. 그래서 그 모습을 보고 자로가 그를
비웃었다. 그러자 공자는 "자로야! 네가 남에 대해서 책망하는 것이 매우
심하구나! 그 자는 삼년상을 치렀으니, 이 또한 매우 긴 기간 동안 예법대로
행동했다고 할 수 있다!"라고 했다. 이후 자로가 밖으로 나가자, 공자는 "그
가 노래를 부를 수 있는 시기가 많이 남았겠는가! 한 달을 넘기고 나서 노래
를 불렀다면, 그의 행동은 올바른 행동이 되었을 것이다."라고 했다.

---

31) 『예기』「제의(祭義)」 【553b】: 祭不欲數, 數則煩, 煩則不敬. 祭不欲疏, 疏則怠,
怠則忘. 是故君子合諸天道, 春禘, 秋嘗. 霜露旣降, 君子履之, 必有悽愴之心,
非其寒之謂也. 春雨露旣濡, 君子履之, 必有怵惕之心, 如將見之. 樂以迎來, 哀
以送往, 故禘有樂而嘗無樂.
32) 『예기』「제의(祭義)」 【567d~568a】: 樂正子春下堂而傷其足, 數月不出, 猶有
憂色. …… 壹擧足而不敢忘父母, 是故道而不徑, 舟而不游, 不敢以先父母之遺
體行殆.

鄭注 笑其爲樂速. 爲時如此人行三年喪者希, 抑子路以善彼. 又, 復也.

번역 자로(子路)는 음악을 즐기는 일을 너무 빨리 시행한 것에 대해 비웃은 것이다. 당시에 이처럼 삼년상을 치르는 자가 매우 희박했기 때문에, 자로의 비웃음을 억눌러서, 그를 좋게 평가한 것이다. '우(又)'자는 다시[復]라는 뜻이다.

孔疏 ●"魯人有朝祥莫歌"者, 魯人不辨其姓名, 祥謂二十五月大祥, 歌·哭不同日, 故仲由笑之也. 故鄭注: "笑其爲樂速." 然祥日得鼓素琴.

번역 ●經文: "魯人有朝祥莫歌". ○이곳에서 말한 노나라 사람에 대해서는 그 성명을 알 수가 없다. '상(祥)'은 25개월째에 지내는 대상(大祥)을 뜻하며, 노래를 부르는 일과 곡을 하는 일은 같은 날에 할 수 없다. 그렇기 때문에 자로가 그를 비웃은 것이며, 정현의 주에서도 "음악을 즐기는 일을 너무 빨리 시행한 것에 대해 비웃은 것이다."라고 풀이한 것이다. 그러나 대상을 치른 날에는 소금(素琴)은 연주할 수 있다.

孔疏 ●"夫子"至"善也". ○夫子抑子路, 呼其名云: "由, 若人治喪不備三年, 各有可責. 今此人旣滿三年, 爾尚責之, 女罪於人, 終無休已之時." "夫", 是助語也. 三年之喪, 計其日月已過, 亦已久矣. 人皆廢, 此獨能行, 其人旣美, 何須笑之? 時孔子抑子路, 善彼人. 旣不當實禮, 恐學者致惑, 待子路出, 後更以正禮言之. 夫子曰: "魯人可歌之時節, 豈有多經日月哉! 但踰越後月, 卽其善." 言歌合於禮. 按喪服四制: "祥之日, 鼓素琴." 不譏彈琴而譏歌者, 下注云: "琴以手, 笙歌以氣." 手在外而遠, 氣在內而近也.

번역 ●經文: "夫子"~"善也". ○공자는 자로의 행위를 억누르며 그의 이름을 불러서, "유(由)야! 만약 어떤 자가 상을 치르며, 삼년상의 예법을 준수하지 않는다면, 각각에 대해서 책망할 수가 있다. 그런데 현재 저 사람은 이미 삼년의 기간을 채웠는데, 네가 오히려 그를 책망하니, 너는 그 자에게 죄를 내리는 것이다. 따라서 그는 상을 끝내는 시기가 없게 될 것이다."
라고 한 것이다. '부(夫)'자는 어조사이다. 삼년상에서 그 시기를 보냄이 이
미 정해진 기간을 경과하였으니, 또한 이미 오랜 기간을 보낸 것이다. 사람
들이 모두 삼년상의 예법을 따르지 않았는데, 그 자만이 유독 시행을 하였
으니, 사람들이 이미 좋게 평가하고 있는데, 어찌 비웃을 필요까지 있는가?
당시 공자는 자로의 행위를 억누르며, 그 자에 대해서 좋게 평가한 것이다.
그런데 그 자의 행동은 실제의 예법 규정에는 합당하지 않으므로, 학생들
이 의혹을 품게 될까를 염려하여, 자로가 나가기를 기다렸다가, 이후에 재
차 올바른 예법에 따라 말을 해준 것이다. 공자는 "그 자가 노래를 부를
수 있는 시기가 어찌 많은 시간이 남았겠는가! 단지 한 달을 넘겨서 했다면,
그 자의 행동은 올바른 행위였을 것이다."라고 말했다. 이 말은 곧 노래를
부르는 것이 예법에 합치되는 시점을 언급한 것이다.『예기』「상복사제(喪
服四制)」편을 살펴보면, "대상(大祥)을 치른 날에는 소금(素琴)을 연주한
다."라고 했으니, 소금을 연주하는 것을 나무란 것이 아니며, 노래를 부르는
것에 대해서 나무란 것이고, 아래문장에 대한 정현의 주에서는 "금(琴)은
손으로 연주하는 것이고, 생황에 맞춰 노래를 부르는 것은 자신의 기운으
로 내는 것이다."[33]라고 했는데, 손은 외부에 있으므로, 상대적으로 멀리
있는 것이고, 기운은 내부에 있으므로, 상대적으로 가까이 있는 것이다.

集解 愚謂: 大祥者, 喪再期而殷祭之名也. 祥, 吉也. 喪一期而除要経,
故其祭謂之小祥; 再期而除衰杖, 故其祭謂之大祥. 祥之日, 鼓素琴, 未可歌也.
故魯人朝祥莫歌, 而子路笑之. 夫子欲寬其責者, 乃所以深慨夫時人之不能爲
三年喪耳, 非以魯人爲得禮而許之也. 又恐門人不喩其意, 故於子路出而正言
以明之.

번역 내가 생각하기에, '대상(大祥)'이라는 것은 상을 치르는 기간이 두
해가 되어, 치르게 되는 은제(殷祭)[34]의 명칭이다. '상(祥)'자는 "길하다

---

33) 이 문장은『예기』「단궁상」편의 "孔子既祥, 五日彈琴而不成聲, 十日而成笙
歌."에 대한 정현의 주이다.

[吉].”는 뜻이다. 상을 치르는 기간이 한 해가 되어, 요질(要絰)을 제거하기
때문에, 그때 지내는 제사를 '소상(小祥)'이라고 부르는 것이며, 두 해가 되
어, 상복과 지팡이를 제거하기 때문, 그때 지내는 제사를 '대상(大祥)'이
라고 부르는 것이다. 대상을 치르는 날에는 소금(素琴)을 연주할 수 있지만,
노래는 부를 수 없다. 그렇기 때문에 노나라 사람 중 아침에 대상을 치르고,
저녁에 노래를 부르는 자가 있어서, 자로가 그를 비웃었던 것이다. 공자는
그의 잘못에 대해서 관대하게 대해주고자 하였으니, 당시 사람들이 삼년상
을 제대로 치르지 않았던 것에 대해서 매우 개탄하고 있었기 때문으로, 노
나라 사람이 예법에 맞게 하여, 그의 행동을 정당하다고 평가한 것은 아니
다. 또한 공자는 문인들이 그 뜻을 이해하지 못할 것을 염려하였기 때문에,
자로가 밖으로 나가자, 올바른 말을 해주어서, 정식 예법에 대해서 밝힌
것이다.

참고 『예기』「단궁상(檀弓上)」 기록

경문-83b 高子皐之執親之喪也, 泣血三年, 未嘗見齒, 君子以爲難.

번역 고자고가 부모의 상을 치름에, 3년 동안 마치 피를 흘리듯 소리도
내지 않고 눈물을 흘렸고, 웃을 때에도 일찍이 이빨을 보인 적이 없었으니,
군자는 고자고의 행동을 보고, 이처럼 하는 것은 사람들이 따를 수 없는
것이라고 평가했다.

鄭注 子皐, 孔子弟子, 名柴. 言泣無聲, 如血出. 言笑之微. 言人不能然.

번역 자고(子皐)는 공자의 제자이니, 이름은 '시(柴)'이다. '읍혈(泣血)'

---

34) 은제(殷祭)는 성대한 제사를 뜻한다. 3년마다 지내는 협(祫)제사와 5년마다
지내는 체(禘)제사 등을 '은제'라고 부른다. 『예기』「증자문(曾子問)」편에는
"孔子曰, 有君喪服於身, 不敢私服, 又何除焉. 於是乎有過時, 而弗除也. 君之喪
服除, 而后殷祭, 禮也."라는 용례가 있다.

이라는 말은 눈물을 흘릴 때, 소리를 내지 않는 것이 마치 피를 흘릴 때와
같다는 뜻이다. 이빨이 드러나지 않았다는 것은 작게만 웃었다는 뜻이다.
군자의 평가는 사람들이 능히 따를 수 없다는 뜻이다.

孔疏 ◎注“言泣無聲, 如血出”. ○正義曰: 凡人涕淚, 必因悲聲而出. 若血
出, 則不由聲也. 今子皐悲無聲, 其涕亦出, 如血之出, 故云“泣血”.

번역 ◎鄭注: “言泣無聲, 如血出”. ○무릇 사람들이 눈물을 흘릴 때에는
반드시 슬픈 소리를 내게 된다. 만약 피를 흘리게 되면, 소리를 내지 않는
다. 그런데 현재 자고는 슬픈 감정에 사로잡혔지만, 소리를 내지 않았고,
눈물을 또한 흘렸으니, 마치 피를 흘릴 때처럼 했던 것이다. 그렇기 때문에
“눈물을 흘리되 피를 흘리는 것처럼 했다[泣血].”라고 말한 것이다.

孔疏 ◎注“言笑之微”. ○正義曰: 旣云“泣血三年”, 得有微笑者, 凡人之
情, 有哀有樂. 哀至則泣血, 樂至則微笑. 凡人大笑則露齒本, 中笑則露齒, 微
笑則不見齒.

번역 ◎鄭注 “言笑之微”. ○이미 “피를 흘리듯 눈물을 흘린 것을 3년
동안 했다.”라고 하였는데, 작게 웃을 수 있었던 것은 무릇 사람의 감정에는
슬픔도 있고 기뻐함도 있기 때문이다. 즉 슬픔이 북받쳐 오면, 피를 흘리듯
눈물을 흘렸던 것이고, 기쁜 마음이 다가오면 작게 웃었던 것이다. 무릇
사람들이 크게 웃게 되면, 잇몸이 드러나게 되고, 보통으로 웃게 되면, 이빨
이 드러나게 되며, 작게 웃으면 이빨도 보이지 않게 된다.

孔疏 ●“君子以爲難”. ○君子以高柴所爲, 凡人難可爲之, 何者? 凡人發
聲始涕出, 樂至爲大笑, 今高柴恒能如此, 餘人不能, 故爲難也.

번역 ●經文: “君子以爲難”. ○군자는 고시의 행동을 보고, 일반 사람들
은 따라서 하기가 어렵다고 여겼는데, 어째서인가? 일반인들은 소리를 내
어야만 비로소 눈물이 흐리게 되고, 기쁜 마음이 다가오면 크게 웃게 되는

데, 현재 고시는 항상 이처럼 행동하였으니, 일반인들이 할 수 없는 것이다. 그렇기 때문에 어렵다고 평가한 것이다.

참고 『예기』「단궁상(檀弓上)」 기록

경문-103c 父母之喪, 哭無時; 使必知其反也.

번역 부모의 상을 치를 때에는 곡을 할 때 특별히 정해진 시기가 없어서, 시도 때도 없이 곡을 하는 것이고, 만약 군주의 명령이 내려져서 사신의 임무를 맡게 되었다면, 되돌아왔을 때에는 반드시 제사를 지내어 자신이 되돌아온 사실을 알게끔 해야 한다.

鄭注 謂旣練, 或時爲君服金革之事, 反必有祭.

번역 이미 소상(小祥)을 끝냈을 때, 간혹 군주가 전쟁 등의 일들을 맡기게 되어, 그 일에 복무하게 된다면, 되돌아와서는 반드시 제사를 지내야 한다는 뜻이다.

孔疏 ●"父母"至"反也". ○正義曰: 禮哭無時有三種, 一是初喪未殯之前, 哭不絶聲. 二是殯後, 除朝夕之外, 廬中思憶則哭. 三是小祥之後, 哀至而哭. 或一日二日, 而無復朝夕之時也. 此云"哭無時", 謂小祥之後也. 何以知然? 下云"使必知其反", 是其可使之時也.

번역 ●經文: "父母"~"反也". ○예법에 따르면, 곡을 할 때 시도 때도 없이 하는 경우에는 3가지 종류가 있다. 첫 번째는 어떤 자가 이제 막 죽었을 때, 아직 빈소를 차리기 이전에는 곡을 하는 소리가 끊이질 않는 것이다. 두 번째는 빈소를 차린 이후, 아침저녁으로 곡을 하는 일정한 시간 외에도, 움막에 있으면서 부모에 대한 생각을 하게 되면 곡을 한다. 세 번째는 소상(小祥)을 치른 이후에 애통함이 지극해져서 곡을 한다. 혹은 하루나 이틀정도는 아침저녁으로 곡을 하도록 정해진 시기를 지키지 않는 것이다. 이곳에서 "곡을 함에 정해진 시기가 없다."라고 한 말은 소상을 치른 이후의 시기를 뜻한다. 어째서 이러한 사실을 알 수 있는가? 그 뒤의 문장에서 "사신의 임무를 맡았을 때에는 반드시 자신이 되돌아온 사실을 알게끔 한다."라고 했기 때문이니, 소상을 치른 이후는 곧 사신의 임무를 맡을 수 있는 시기가 된다.

孔疏 ●"使必知其反也"者, "使", 謂君使之也. 旣小祥無哭時, 其時可爲君所使服金革之事也. 反, 還也. 若爲使還家, 當必設祭告親之神, 令知其反, 亦出必告·反必面之義也.

번역 ●經文: "使必知其反也". ○'사(使)'자는 군주가 그를 부린다는 뜻이다. 이미 소상(小祥)을 끝냈을 때에는 곡을 하는 시기가 없게 되어, 그 시기에는 군주를 위해서 전쟁 등의 일들에 복무를 할 수 있다. '반(反)'자는 "되돌아오다[還]."는 뜻이다. 만약 임무를 맡았다가 자신의 집으로 되돌아오게 된다면, 반드시 제사를 지내서 부모의 신령에게 아뢰어, 자신이 되돌아온 사실을 알게끔 하니, 이것은 또한 집을 나설 때 반드시 아뢰고, 되돌아와서는 부모를 뵈어야 한다는 뜻에 해당한다.

참고 『예기』「단궁하(檀弓下)」기록

경문-122d 子張問曰: "書云, '高宗三年不言, 言乃讙', 有諸?" 仲尼曰: "胡爲其不然也! 古者天子崩, 王世子聽於冢宰三年."

번역 자장이 "『서』에서는 '고종(高宗)은 3년 동안 말을 하지 않았고, 말을 하게 되자 신하들이 기뻐했다.'라고 했는데, 실제로 이러한 일이 있었습니까?"라고 물었다. 그러자 공자는 "어찌 그렇지 않았겠는가! 옛날에는 천자가 붕어하면, 왕세자는 삼년상을 치르게 되므로, 3년 동안 총재(冢宰)에게 정사를 맡기고 보고만 받았다."라고 대답해주었다.

鄭注 時人君無行三年之喪, 禮者問有此與? 怪之也. 讙, 喜說也. 言乃喜說, 則民臣望其言久. 冢宰, 天官卿, 貳王事者, 三年之喪, 使之聽朝.

번역 당시 군주들은 삼년상을 치르는 일이 없어서, 예를 잘 알고 있었던 자장이 "실제로 이러한 일이 있었습니까?"라고 물어본 것이니, 괴이하게 여겼기 때문이다. '환(讙)'자는 기뻐했다는 뜻이다. 말을 하자 곧 기뻐하게 되었다면, 백성들과 신하들은 오래도록 그의 말을 듣고자 희망했던 것이다. '총재(冢宰)'35)는 천관(天官)의 관부를 다스리는 경(卿)으로, 천자가 돌보는 정사를 보좌하는 자인데, 삼년상을 치르게 되면 그를 시켜서 정사를 처리하도록 한다.

孔疏 ●"言乃讙"者, 尙書·無逸云: "言乃雍." 雍·讙字相近, 義得兩通, 故鄭隨而解之.

번역 ●經文: "言乃讙". ○『상서』「무일(無逸)」편에서는 '언내옹(言乃雍)'이라고 기록했는데, '옹(雍)'자와 '환(讙)'자는 그 의미가 비슷하므로, 의미상 통용해서 사용할 수 있다. 그렇기 때문에 정현도 그에 따라 풀이를 한 것이다.

集解 胡氏曰: 三年之喪, 自天子達於庶人, 子張非不知也. 蓋以爲人君三年不言, 則臣下無所禀令, 禍亂或從而生耳. 夫子告以聽於冢宰, 則禍亂非所憂矣.

번역 호씨가 말하길, 삼년상을 치르는 것은 천자로부터 서인에 이르기까지 모두에게 통용되는 예법이므로, 자장이 군주가 삼년상을 치러야 한다

---

35) 총재(冢宰)는 대재(大宰)와 같은 말이다. '대재'는 태재(太宰)라고도 부른다. '대재'는 은(殷)나라 때 설치된 관직이라고 전해지며, 주(周)나라에서는 '총재'라고도 불렀다. 『주례(周禮)』의 체제상으로는 천관(天官)의 수장이며, 경(卿) 1명이 담당했다. 『주례』의 체제상으로는 가장 높은 관직이다. 따라서 '대재'가 담당했던 일은 국정 전반에 대한 것이었다.

는 사실을 몰랐던 것은 아니다. 그런데도 이러한 질문을 한 이유는 아마도 군주가 3년 동안 말을 하지 않는다면, 신하는 명령을 받지 못하게 되어, 재앙이나 환란이 간혹 이러한 상황을 틈타서 생겨날 수도 있기 때문이다. 공자는 총재에게 정사를 맡긴다고 대답을 했으니, 재앙이나 환란에 대해서는 근심할 것이 못된다고 한 것이다.

참고 『예기』「왕제(王制)」 기록

경문-157b 喪三年不祭, 唯祭天地社稷, 爲越紼而行事. 喪用三年之仇.

번역 상중에는 3년간 제사를 지내지 않지만, 오직 천지와 사직에게만은 제사를 지내되 월불(越紼)36)해서 일을 치른다. 상을 치를 때에는 3년간의 국가재용 중 10분의 1을 사용한다.

鄭注 不敢以卑廢尊. 越猶躐也. 紼, 輴車索. 喪, 大事, 用三歲之什一.

번역 감히 낮은 것으로써 존귀한 것을 폐지할 수 없기 때문이다. '월(越)'자는 넘어간다는 뜻이다. '불(紼)'은 상여에 묶는 끈이다. 상은 중대한 일이므로 3년 치 재용의 10분의 1을 사용한다.

참고 『예기』「왕제(王制)」 기록

경문-158b 天子七日而殯, 七月而葬. 諸侯五日而殯, 五月而葬. 大夫士庶

---

36) 월불(越紼)은 상여줄을 뛰어넘는다는 뜻이다. 장례(葬禮)를 치르기 이전에는 상여로 사용되는 순거(輴車)에 항상 상여줄인 불(紼)을 매달아둔다. 상중(喪中)에는 항상 집안에 머물러 있지만, 천지(天地) 및 사직(社稷) 등에게 제사를 지낼 때에는 집밖으로 나가야 한다. 이때에 바로 상여줄을 뛰어넘어서 가게 되는데, 이것을 '월불'이라고 부른다.

人三日而殯, 三月而葬. 三年之喪, 自天子達.

[번역] 천자는 7일 후에 빈소를 마련하고 7개월 후에 장례를 치른다. 제후는 5일 후에 빈소를 마련하고 5개월 후에 장례를 치른다. 대부·사·서인들은 3일 후에 빈소를 마련하고 3개월 후에 장례를 치른다. 삼년상은 천자로부터 모든 사람들에 이르기까지 통용된다.

[鄭注] 尊者舒, 卑者速. 春秋傳曰 天子七月而葬, 同軌畢至. 諸侯五月, 同盟至. 大夫三月, 同位至. 士踰月, 外姻至. 下通庶人, 於父母同. 天子諸侯降期.

[번역] 각 계층에 차등이 있는 것은 존귀한 자는 느리게 하고 비천한 자들은 빠르게 하기 때문이다. 『춘추전』에서는 "천자는 7개월 이후에 장례를 치러서 동궤(同軌)37) 안에 있는 자들이 끝내 모두 이른다. 제후들은 5개월 이후에 장례를 치러서 동맹의 제후들이 이른다. 대부는 3개월 이후에 장례를 치러서 동등한 직위에 있는 자들이 이른다. 사는 달을 넘겨 장례를 치러서 외인(外姻)38)들이 이른다."라고 했다. 천자로부터 통용된다는 것은 아래로 서인에게까지 통용되니, 부모에 대해서는 동일한 것이다. 그러나 천자와 제후는 강복하여 기년상으로 치른다.

[참고] 『예기』「왕제(王制)」 기록

[경문-180a] 八十者一子不從政, 九十者其家不從政. 廢疾非人不養者, 一

---

37) 동궤(同軌)는 표면적으로 수레바퀴를 같이 한다는 뜻이다. 구주(九州) 전체를 뜻하는 용어로 사용되었다. 구주 안에서는 도량형이 통일되어, 수레바퀴의 폭이 같았다는 뜻에서 이처럼 사용된 것이다. 『예기』「중용(中庸)」편에는 "今天下車同軌, 書同文, 行同倫."이라는 용례가 있다.

38) 외인(外姻): '외인'은 혼인 관계로 맺어진 친척들을 말한다. 『춘추좌씨전』은공(隱公) 1년」편에는 "士踰月, 外姻至."라는 기록이 있는데, 이에 대한 두예(杜預)의 주에서는 "姻, 猶親也."라고 풀이했다.

人不從政. 父母之喪, 三年不從政, 齊衰大功之喪, 三月不從政. 將徙於諸侯, 三月不從政, 自諸侯來徙家, 期不從政.

번역 나이가 80세인 자에 대해서는 자식 한 명을 부역에 종사하지 않게 하고, 90세인 자에 대해서는 그 집안 전체를 부역에 종사하지 않게 한다. 매우 위독한 병에 걸린 자들은 남이 봉양해주지 않으면 안 되는 자들이니, 그 집안의 한 사람에게는 부역에 종사하지 않게 한다. 부모의 상을 치르는 자에게는 3년간 부역에 종사하지 않게 한다. 자최복·대공복의 상을 치르는 자에게는 3개월간 부역에 종사하지 않게 한다. 대부의 땅에서 제후의 땅으로 이사를 가려는 자에게는 3개월간 부역에 종사하지 않게 한다. 제후의 땅에서 대부의 땅으로 이사를 오는 자에게는 1년간 부역에 종사하지 않게 한다.

참고 『예기』「증자문(曾子問)」기록

경문-231b~c 曾子問曰: 昏禮, 旣納幣, 有吉日, 女之父母死, 則如之何. 孔子曰: 壻使人弔, 如壻之父母死, 則女之家亦使人弔. 父喪, 稱父, 母喪, 稱母. 父母不在, 則稱伯父·世母. 壻已葬, 壻之伯父致命女氏曰, "某之子, 有父母之喪, 不得嗣爲兄弟, 使某致命" 女氏許諾, 而弗敢嫁, 禮也. 壻免喪, 女之父母, 使人請, 壻弗取, 而后嫁之, 禮也.

번역 증자가 "혼례를 치를 때, 이미 신부 집안에 폐물을 보냈고 혼인할 날짜도 정해져 있는데, 신부의 부모가 죽게 된다면 어찌해야 합니까?"라고 묻자 공자는 "사위될 사람의 집에서는 사람을 시켜서 조문을 하고, 만약 사위될 사람의 부모가 죽게 된다면 신부 집안에서도 또한 사람을 시켜서 조문을 한다. 상대측 부친의 상에서는 본인의 부친 이름으로 조문을 하고, 상대측 모친의 상에서는 본인의 모친 이름으로 조문을 한다. 부모가 이미 죽었거나 다른 곳에 있는 경우에는 백부(伯父)나 백모(伯母)의 이름으로 조문을 한다. 사위될 사람이 부모에 대한 장례를 마치게 되면, 사위 집안의 백부가 신부 집안에 사양하는 말을 전달하며, '아무개의 아들이 부모의 상중에 있어서, 부부가 되는 인연을 계속 진행할 수가 없으므로, 아무개를 시켜서 사양하는 말을 전달합니다.'라고 한다. 그러면 신부 집안에서는 허락을 하되, 딸을 감히 다른 곳으로 시집보내지 않는 것이 올바른 예법이다. 사위될 사람이 상을 다 끝내고 나면, 신부의 부모는 사람을 시켜서 다시 혼례를 진행하자고 청하는데, 그런데도 사위 집안에서 받아들이지 않으면, 그 이후에야 딸을 다른 집에 시집보내는 것이 올바른 예법이다."라고 대답했다.

경문-231d 女之父母死, 壻亦如之.

번역 계속하여 공자는 "만일 신부될 여자의 부모가 죽은 경우라면, 사위될 사람 또한 이처럼 한다."라고 대답했다.

참고 『예기』「증자문(曾子問)」 기록

경문-232a 曾子問曰: 親迎, 女在塗, 而壻之父母死, 如之何. 孔子曰: 女改服, 布深衣, 縞總, 以趨喪. 女在塗, 而女之父母死, 則女反.

번역 증자가 "친영(親迎)을 하여, 여자가 남편의 집으로 오는 도중 남편의 부모가 죽게 된다면, 어찌해야 합니까?"라고 묻자 공자는 "여자는 혼례를 치르면서 입었던 화려한 복장을 바꿔 입으니, 거친 베로 만든 심의(深衣)로 갈아입고, 하얀 명주실로 머리를 묶는다. 그리고 이 복장을 착용하고서 상을 치르기 위해 분주히 달려간다. 만약 여자가 남편의 집으로 가는 도중, 여자의 부모가 죽게 된다면, 여자는 마찬가지로 복장을 바꿔 입고서, 자신의 집으로 되돌아간다."라고 대답했다.

참고 『예기』「증자문(曾子問)」 기록

경문-237b 曾子問曰: 大夫之祭, 鼎俎既陳, 籩豆既設, 不得成禮, 廢者, 幾. 孔子曰: 九. 請問之. 曰: 天子崩·后之喪·君薨·夫人之喪·君之大廟火·日食·三年之喪·齊衰·大功, 皆廢. 外喪, 自齊衰以下, 行也. 其齊衰之祭也, 尸入, 三飯不侑, 酳不酢而已矣. 大功, 酳而已矣. 小功·緦, 室中之事而已矣. 士之所以異者, 緦不祭, 所祭, 於死者, 無服則祭.

번역 증자가 "대부가 제사를 지내게 되어, 정(鼎)과 조(俎)를 이미 진설해두었고, 변(籩)과 두(豆)를 이미 설치해 두었는데, 예를 다 끝내지도 못하고서 중간에 그만두는 경우는 몇 가지나 됩니까?"라고 질문하자 공자는 "총 9가지 경우이다."라고 대답했다. 증자가 그 상세한 내용에 대해 재차 질문하자 공자가 다시 대답해주기를 "천자가 죽은 경우, 천자의 부인이 죽어서 상을 치르는 경우, 제후가 죽은 경우, 제후의 부인이 죽어서 상을 치르는 경우, 제후의 태묘에 화재가 발생한 경우, 일식이 일어난 경우, 삼년상에 처해 있는 경우, 자최복의 상을 치르는 경우, 대공복의 상을 치르는 경우에는 모두 제사를 그만둔다. 외상(外喪)39)인 경우에는 자최복이나 그 이하의 상복을 입고 치르는 상에서는 제사를 시행한다. 다만 자최복을 입고 치르는 외상인 경우에는 시동을 맞이하여 자리에 앉히고 나서, 시동이 세 번 수저를 뜨고서 사양하면 더 이상 권하지 않고, 입가심하는 술을 시동에게 따라주되 주인 및 나머지 사람들과 술잔을 주고받는 절차를 시행하지 않을 뿐이다. 대공복을 입고 치르는 외상인 경우에는 시동이 입가심하는 술잔을 받은 이후, 주인 및 좌식(佐食)40)이 술잔을 받는 등의 절차까지 시행하며, 그 이후의 절차는 생략하고 제사를 끝낸다. 소공복이나 시마복을 입고 치르는 외상인 경우에는 좌식이 술잔을 받는 절차까지 시행한 뒤에 제실 안에서 빈객 등과 술잔을 주고받는 등의 절차까지 시행하며, 그 이후의 절차

---

39) 외상(外喪)은 대문(大門) 밖에서 발생한 상(喪)을 뜻한다. 즉 자신과 같은 집에서 살고 있지 않은 친인척에 대한 상(喪)을 뜻한다.

40) 좌식(佐食)은 제사를 지낼 때, 시동의 옆에서 시동이 제사 음식을 흠향할 수 있도록 시중을 드는 사람이다. 『의례』「특생궤식례(特牲饋食禮)」편에는 "佐食北面, 立於中庭."이라는 기록이 있는데, 이에 대한 정현의 주에서는 "佐食, 賓佐尸食者."라고 풀이했다.

는 생략하고 제사를 끝낸다. 사의 경우 대부와 다른 점은 시마복의 상에서
도 제사를 지내지 않으며, 제사지내는 대상이 죽은 자에 대해 상복을 입지
않는 관계인 경우라면 제사를 지낸다."라고 대답했다.

그림 13-1 ■ 정(鼎)

※ **출처:** 『삼재도회(三才圖會)』「기용(器用)」 1권

그림 13-2 　■ 조(俎)

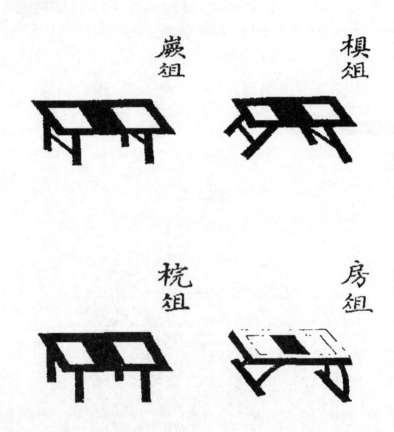

※ 출처:『삼례도집주(三禮圖集注)』13권

그림 13-3 ◼ 변(邊)

※ **출처:** 상좌-『삼례도집주(三禮圖集注)』13권 ; 상우-『삼례도(三禮圖)』4권
　　　　　　하좌-『육경도(六經圖)』6권 ; 하우-『삼재도회(三才圖會)』「기용(器用)」2권

그림 13-4 ■ 두(豆)

※ **출처:** 상좌-『육경도(六經圖)』 6권; 상우-『삼례도(三禮圖)』 4권

　　　하좌-『삼례도집주(三禮圖集注)』 13권; 하우-『삼재도회(三才圖會)』「기용

　　　(器用)」 1권

참고 『예기』「증자문(曾子問)」 기록

경문-238a 曾子問曰: 三年之喪, 弔乎. 孔子曰: 三年之喪, 練, 不群立, 不旅行, 君子禮以飾情, 三年之喪而弔哭, 不亦虛乎.

번역 증자가 "만약 자신이 삼년상을 치르는 도중인데, 남의 상에 조문을 해도 되는 것입니까?"라고 질문하자 공자는 "자신이 삼년상을 치르는 중이라면 소상(小祥)을 치른 상태라 하더라도, 사람들이 모여 있는 장소에 가서 뭇 사람들과 자리를 함께 하지 않으며, 뭇 사람들과 무리를 지어 다니지 않는다. 군자는 예법대로 시행하여 애통한 감정을 나타낼 따름인데, 삼년상을 치르는 도중에 남의 상에 가서 자신의 애통한 감정을 누그러트리지도 못한 채, 남을 위하여 조문을 하고 곡을 하는 것은 또한 허례(虛禮)가 아니겠는가?"라고 대답했다.

鄭注 爲其苟語忘哀也. 爲彼哀, 則不專於親也. 爲親哀, 則是妄弔.

번역 무리와 함께 하거나 망령되게 대화를 주고받게 되면, 부모에 대한 애통한 마음을 잊게 되기 때문이다. 다른 사람을 위해 애통해 한다면, 자신의 부모에 대해 마음을 한결같이 할 수 없게 된다. 부모를 위해 애통해 한다면, 다른 사람의 상에 가서 조문을 하는 것은 망령되게 조문을 하는 행위에 해당한다.

孔疏 ●"三年之喪而弔哭, 不亦虛乎"者, 若身有重服而弔他人, 則非飾情, 所以爲虛也. 言虛者, 弔與服並虛也. 何者? 若己有喪, 弔彼而哭哀彼, 則忘己本哀, 是己服爲虛也. 若心存於己哀, 忘彼而哭彼, 則是於弔爲虛也. 故注云, "爲彼哀則不專於親也, 爲親哀則是妄弔".

번역 ●經文: "三年之喪而弔哭, 不亦虛乎". ○만약 자신이 수위가 높은 상복을 입고 있으면서, 다른 사람에게 조문을 한다면, 정감을 드러내는 것이 아니니, 허례(虛禮)가 되는 이유이다. '허(虛)'라고 한 말은 다른 사람에게 조문하는 행위와 자신의 상을 치르는 행위가 모두 허례가 된다는 뜻이다. 어째서인가? 만약 자신이 상중에 있는데, 다른 사람을 조문하여, 곡을 하고 그 사람에 대해 애통해 한다면, 자신의 부모에 대한 애통함을 잊는 것이니, 이것은 자신의 상에 대해서 허례를 하는 것이다. 만약 마음속에 자신의 부모에 대한 애통함이 남아 있어서, 다른 사람에 대해 애통해야 할 마음조차 갖지 않고, 그 사람을 위해 곡을 한다면, 조문에 대해서도 허례를 하는 것이다. 그렇기 때문에 정현의 주에서 "다른 사람을 위해 애통해 한다면, 자신의 부모에 대해 마음을 한결같이 할 수 없게 된다. 부모를 위해 애통해 한다면, 다른 사람의 상에 가서 조문을 하는 것은 망령되게 조문을 하는 행위에 해당한다."라고 말한 것이다.

참고 『예기』「증자문(曾子問)」 기록

경문-238c~d 曾子問曰: 父母之喪, 弗除, 可乎. 孔子曰: 先王, 制禮, 過時, 弗擧, 禮也. 非弗能勿除也, 患其過於制也, 故君子過時, 不祭, 禮也.

번역 증자가 "군주의 상 때문에 부모에 대한 상을 제대로 치르지 못한 경우, 군주의 상이 끝나고 난 뒤에도 부모의 상에 대해 탈상을 하지 않은 채 그대로 지나치는 것이 괜찮은 일입니까?"라고 묻자 공자는 "선왕이 예법을 제정함에 상례와 제례에 있어서 그 시기를 지나치게 되면, 다시 소급해서 지내지 않도록 제정하였으니, 이것이 올바른 예법이다. 탈상을 하지 않은 행위는 꼭 불가능해서 그렇게 하지 않는 것은 아니지만, 만약 탈상을 행하게 된다면, 선왕이 제정한 예법을 어기게 될까봐 걱정하여 시행하지 않는 것이다. 그렇기 때문에 군자는 그 시기를 지나쳐서는 제사를 지내지 않으니, 이것이 올바른 예법이다."라고 대답했다.

鄭注 以其有終身之憂. 言制禮以爲民中, 過其時則不成禮.

번역 증자가 이러한 질문을 한 이유는 부모에 대한 탈상을 제대로 못한 자는 탈상을 하지 못한 일이 종신토록 근심거리가 되기 때문이다. 공자의 대답은 선왕이 예법을 제정하여서, 이로써 백성들을 중용의 도리에 맞게끔 한 것이니, 그 시기를 놓치게 되면, 본래 정해져 있던 예법대로 다 갖추지 못하게 된다는 사실을 뜻한다.

참고 『예기』「증자문(曾子問)」기록

경문-238d~239a 曾子問曰: 君薨旣殯, 而臣有父母之喪, 則如之何. 孔子曰: 歸居于家, 有殷事, 則之君所, 朝夕, 否.

번역 증자가 "만약 군주가 죽게 되어, 이제 막 빈소를 차렸는데, 신하에게 부모의 상이 발생했다면, 이러한 경우에는 어찌해야 합니까?"라고 묻자 공자는 "군주의 빈소에서 물러나서, 되돌아가 자신의 집에 머물게 된다. 군주의 빈소에서 은사(殷事)를 치르게 되면, 군주의 시신이 있는 빈소로 가게 된다. 그러나 군주의 빈소에서 일상적으로 지내는 아침저녁의 전제사 때에는 참여하지 않는다."라고 대답했다.

鄭注 居家者, 因其哀後隆於父母. 殷事, 朔月月半薦新之奠也.

번역 신하가 군주의 빈소에 머물러 있지 않고, 자신의 집에 기거하는 이유는 군주보다 나중에 죽은 부모를 애도하기 위해서이니, 부모에 대한 예법을 높이는 것이다. 은사(殷事)는 매월 초하루와 보름마다 천신(薦新)[41]하는 전제사를 뜻한다.

경문-239a 曰: 君旣啓, 而臣有父母之喪, 則如之何. 孔子曰: 歸哭, 而反

---

41) 천신(薦新)은 각 계절별로 생산된 신선한 음식물들을 바치는 제사를 가리킨다. 초하루와 보름마다 성대하게 지내는 전제사[奠祭]를 가리키기도 한다. 『의례』「기석례(旣夕禮)」편에는 "朔月, 若薦新, 則不饋于下室."이란 기록이 있고, 『예기』「단궁하(檀弓上)」편에는 "有薦新, 如朔奠."이란 기록이 있다.

送君.

번역 계속하여 증자가 "군주의 상을 치를 때, 장례를 치르기 위하여 빈소에 매장되어 있던 영구를 꺼내게 되었는데, 신하에게 부모의 상이 발생했다면, 이러한 경우에는 어찌해야 합니까?"라고 묻자 공자는 "자신의 집으로 되돌아가서 곡을 하고, 다시 군주의 영구가 있는 곳으로 되돌아와서, 군주의 영구를 전송한다."라고 대답했다.

鄭注 言送君, 則旣葬而歸也. 歸哭者, 服君服而歸, 不敢私服也.

번역 '송군(送君)'이라고 말했으니, 군주의 장례를 다 치르고 나서야, 자신의 집으로 되돌아가는 것이다. "되돌아가서 곡을 한다."는 말은 군주에 대한 상복을 입은 채 되돌아간다는 뜻이니, 감히 자신의 개인 상복을 입을 수 없다.

경문-239b 曰: 君未殯, 而臣有父母之喪, 則如之何. 孔子曰: 歸殯, 反于君所, 有殷事, 則歸, 朝夕, 否. 大夫, 室老行事, 士則子孫行事. 大夫內子, 有殷事, 亦之君所, 朝夕, 否.

번역 계속하여 증자가 "군주에 대한 상이 발생하여, 아직 빈소를 차리지도 않았는데, 신하에게 부모의 상이 발생했다면, 이러한 경우에는 어찌해야 합니까?"라고 묻자 공자는 "집으로 되돌아가서 부모의 빈소를 차리고, 다시 군주의 시신이 있는 장소로 돌아오니, 신하는 부모에 대한 은사(殷事)를 치를 경우가 생기면, 자신의 집으로 되돌아가서 치르되, 일상적으로 지내는 아침저녁의 전제사에는 되돌아가지 않고, 군주의 시신이 있는 장소에 그대로 머문다. 그러나 부모의 빈소에 아침저녁으로 지내게 되는 전제사를 그만둘 수 없으므로, 대부의 경우는 가신 중 우두머리가 그 일을 대신 시행하고, 사의 경우는 신분이 낮으므로, 대부의 예법보다 낮춰서 자손들이 그 일을 대신 시행한다. 대부의 처는 남편의 군주에 대해서도, 남편과 마찬가지로 신하된 도리로 상을 치르게 되니, 군주의 상에서 은사를 치르는 경우가 생기면, 그녀 또한 자최복을 입고서, 군주의 시신이 있는 장소로 가게 되지만, 아침저녁으로 지내는 전제사에는 참석하지 않는다."라고 대답했다.

鄭注 其哀雜, 主於君. 大夫・士其在君所之時, 則攝其事. 謂夫之君既殯, 而有舅姑之喪者. 內子, 大夫適42)妻也. 妻爲夫之君, 如婦爲舅姑服齊衰.

번역 이러한 경우에는 부모와 군주에 대한 애통함이 뒤섞이게 되므로, 상대적으로 더 중요한 군주에 대한 일을 위주로 하는 것이다. 대부와 사 본인이 군주의 시신이 있는 장소에 머물러 있을 때라면, 그들의 실로(室老) 및 자손들이, 그의 일을 대신하는 것이다. 경문에서 언급하고 있는 내자(內子)43)의 경우는 남편의 죽은 군주에 대해서 빈소를 차리게 되었는데, 때마침 시부모의 상이 발생한 경우를 뜻한다. '내자'는 대부의 본처이다. 처는 남편의 군주를 위해서, 마치 며느리가 시부모를 위해서 하는 것처럼 자최복을 입게 된다.

참고 『예기』「증자문(曾子問)」 기록

경문-240b 曾子問曰: 君之喪, 既引, 聞父母之喪, 如之何. 孔子曰: 遂, 既封而歸, 不俟子.

번역 증자가 "군주에 대한 상을 치르면서, 발인을 하게 되었는데, 갑작스럽게 부모의 상을 당하게 된다면, 어찌해야 합니까?"라고 묻자 공자는 "군주에 대한 발인을 그대로 시행하되, 군주의 영구를 하관하였다면, 곧바

---

42) '적(適)'자에 대하여. '적'자는 본래 없던 글자인데, 완원(阮元)의 『교감기(校勘記)』에서는 "혜동(惠棟)의 『교송본(校宋本)』에는 '적'자가 기록되어 있고, 『악본(岳本)』・『가정본(嘉靖本)』・『모본(毛本)』 및 위씨(衛氏)의 『집설(集說)』에도 동일하게 '적'자가 기록되어 있다. 그러므로 이곳 판본과 『민본(閩本)』・『감본(監本)』에는 '적'자가 누락되어 있는 것이다."라고 하였다.
43) 내자(內子)는 경과 대부의 본처를 지칭하는 용어이다.

로 자신의 집으로 되돌아가니, 군주의 아들이 돌아갈 때까지 기다리지 않는다."라고 대답했다.

鄭注 遂, 遂送君也. 封當爲窆. 子, 嗣君也.

번역 '수(遂)'자는 군주의 영구를 전송하는 일을 끝낸다는 뜻이다. '봉(封)'자는 마땅히 '폄(窆: 하관하다.)'자가 되어야 한다. '자(子)'자는 군주의 지위를 계승한 자이다.

경문-240b 曾子問曰: 父母之喪, 旣引, 及塗, 聞君薨, 如之何. 孔子曰: 遂, 旣封, 改服而往.

번역 증자가 "부모의 상을 치르면서, 발인을 하게 되어 장지로 가는 도중, 갑작스럽게 군주가 죽었다는 소식을 접하게 되면 어찌해야 합니까?"라고 묻자 공자는 "그대로 부모에 대한 발인을 시행하되, 부모의 영구를 하관하게 되었거든 복장을 바꿔 입고서 군주의 시신이 있는 곳으로 간다."라고 대답했다.

鄭注 封亦當爲窆. 改服, 括髮·徒跣·布深衣·扱上衽, 不以私喪包至尊.

번역 이곳의 '봉(封)'자 또한 마땅히 폄(窆)자가 되어야 한다. 개복(改服)을 한다는 말은 괄발을 하고 맨발을 하며 포로 된 심의(深衣)를 입고 심의의 앞자락을 허리춤으로 걷어 올린다는 뜻이니, 이렇게 하는 이유는 개인적인 상 때문에 입었던 복장으로는 지극히 존엄한 군주의 상을 치를 수 없기 때문이다.

참고 『예기』「증자문(曾子問)」 기록

경문-245b~c 子夏問曰: 三年之喪, 卒哭, 金革之事, 無辟也者, 禮與, 初

有司與. 孔子曰: 夏后氏, 三年之喪, 旣殯而致事, 殷人, 旣葬而致事, 記曰, 君子, 不奪人之親, 亦不可奪親也, 此之謂乎.

번역 자하가 "삼년상을 치르는데 졸곡(卒哭)을 하고서 전쟁 등의 일이 발생하였다면, 피하지 않고 군주의 명령에 따라 전쟁에 임하는 것이 예법입니까? 그것이 아니라면 애초에 군주가 유사를 파견하여 그에게 다급한 상황을 말해주며, 전쟁에 임하도록 재촉하게 되어서, 오늘날처럼 전쟁에 참여하게 된 사례가 생긴 것입니까?"라고 질문하자 공자는 "하후씨 때에는 부모에 대한 삼년상을 치르게 되면 빈소를 차리고 나서 관직에서 물러났고, 은나라 때에는 장례를 치르고 나서 관직에서 물러났다. 옛말에 '군자는 남의 부모에 대한 효심을 빼앗지 않으며, 또한 그러한 마음을 빼앗을 수도 없는 것이다.'라고 했으니, 바로 이것을 뜻함일 것이다."라고 대답했다.

경문-245d 子夏曰: 金革之事, 無辟也者, 非與. 孔子曰: 吾聞諸老聃曰, 昔者, 魯公伯禽, 有爲爲之也, 今以三年之喪, 從其利者, 吾弗知也.

번역 자하가 "부모의 상을 치르고 있는 도중에 전쟁 등의 일이 발생한 경우, 피하지 않고 군주의 명령에 따라 전쟁에 임하는 것은 잘못된 일입니까?"라고 질문하자 공자는 "내가 노담에게서 듣기로는 '옛적에 노나라 군주 백금이 부득이한 일이 발생하게 되어, 그렇게 하였다.'라고 했다. 그러나 오늘날 부모의 삼년상을 치르면서, 자신의 이익을 쫓아서 전쟁에 참가하는 것이 예법에 맞는지는 내가 잘 모르겠다."라고 대답했다.

참고 『예기』「예운(禮運)」 기록

경문-274b 故仕於公曰臣, 仕於家曰僕. 三年之喪與新有昏者, 期不使. 以衰裳入朝, 與家僕雜居齊齒, 非禮也, 是謂君與臣同國.

번역 공자가 말하길 "그러므로 군주에게서 벼슬살이를 하는 자는 자신을 '신하[臣]'라고 부르고, 대부 등에게서 벼슬살이를 하는 자는 자신을 '종[僕]'이라고 부른다. 삼년상을 치르는 자이거나 혼례를 치르는 자에게는 1년 동안 업무를 맡기지 않는다. 상복을 착용하고 조정에 들어가거나 조정에서 군주의 신하가 아닌 가신들과 더불어 뒤섞여서 행렬을 맞추는 것은 비례에 해당하니, 이러한 행태를 '군주가 신하와 함께 그 나라를 공동으로 소유한다[君與臣同國].'라고 부른다."라고 했다.

鄭注 臣有喪昏之事而不歸, 反服其衰裳以入朝, 或與僕相等輩而處, 是謂君臣共國, 無尊卑也. 有喪昏不歸唯君耳. 臣有喪昏, 當致事而歸. 僕又不可與士齒.

번역 신하에게 상사나 혼례 등의 사안이 발생하였는데도 자신의 집으로 돌아가지 않고, 도리어 상복을 입고서 조정에 들어가거나 혹은 신하의 가신들과 함께 대열을 맞춰서 서게 된다면, 이러한 상황을 군주와 신하가 그 나라를 함께 소유하는 것이라고 부르니, 신분의 차별이 없기 때문이다. 상사나 혼례가 발생했는데도 자신의 집으로 돌아가지 않는 자는 오직 군주만 그러할 뿐이다. 신하에게 상사나 혼례가 발생한다면 마땅히 자신이 맡았던 직위를 군주에게 돌려주고 자신의 집으로 돌아가야 하는 것이다. '복(僕)'들은 또한 사와도 나란히 설 수 없다.

孔疏 ●"三年之喪, 與新有昏者, 期不使"者, 若君有喪昏, 則恒在於國不歸. 臣有喪昏, 則歸嚮家, 一期之間, 不復使役也, 故云"期不使".

번역 ●經文: "三年之喪, 與新有昏者, 期不使". ○만약 군주에게 상사나 혼례가 발생한다면 항상 국성에 머물게 되니, 나라 자체가 자신의 집이므로 집으로 돌아가는 일이 없다. 신하에게 상사나 혼례가 발생한다면 자신의 집으로 돌아가야 하며, 1년 동안 재차 그에게 임무를 맡겨서 부리지 않는다. 그렇기 때문에 "1년 동안 일을 시키지 않는다."라고 말한 것이다.

참고 『예기』「상복소기(喪服小記)」기록

경문-407d 祖父卒, 而后爲祖母後者三年.

번역 부친이 이미 돌아가셔서, 손자인 본인이 후계자가 된 경우, 조부가 돌아가신 이후에 조모가 돌아가시면, 돌아가신 조모를 위해서는 3년 동안 복상한다.

鄭注 祖父在, 則其服如父在爲母也.

번역 조부가 생존해 계시다면, 조모에 대한 복상기간은 부친이 생존해 계실 때, 돌아가신 모친에 대한 복상기간과 같다.

孔疏 ●"祖父卒"者, 謂適孫無父而爲祖後, 祖父已卒, 今又遭祖母喪. 故云 "爲祖母後"也. 事事得中, 如父卒爲母, 故三年. 若祖父卒時父已先亡, 亦爲祖 父三年. 若祖卒時父在, 己雖爲祖期, 今父沒, 祖母亡時, 己亦爲祖母三年也.

번역 ●經文: "祖父卒". ○적손 중 부친이 없어서 조부의 후계자가 된 자가 있는데, 조부가 이미 돌아가셨고, 현재 조모의 상을 재차 당한 경우를 뜻한다. 그렇기 때문에 "조모의 후사가 되었다."라고 말한 것이다. 모든 사안이 절도에 맞으니, 마치 부친이 이미 돌아가셨을 때, 돌아가신 모친을 위해 상을 치르는 경우와 같다. 그렇기 때문에 3년 동안 복상한다. 만약 조부가 돌아가셨을 때, 부친 또한 이미 그보다 앞서 돌아가신 경우라면, 이러한 경우에도 돌아가신 조부를 위해서 3년 동안 복상한다. 만약 조부가 돌아가셨을 때, 부친이 생존해 계시다면, 본인은 비록 조부를 위해서 기년상을 치르지만, 현재 부친이 돌아가신 상태이고, 조모가 돌아가셨을 때, 본인은 또한 조모를 위해서 3년 동안 복상을 한다.

참고 『예기』「상복소기(喪服小記)」기록

경문-411d 爲父母喪, 未練而出則三年, 旣練而出則已.

번역 부인이 자신의 부모를 위해서 상을 치르고 있는데, 아직 1년도 되기 이전에 남편에게 쫓겨나게 된다면, 집으로 되돌아가서 삼년상을 마저 치르고, 만약 1년이 지난 뒤에 쫓겨나게 된다면, 마저 상을 치르지 않는다.

孔疏 ●"爲父母喪, 未練而出則三年"者, 謂妻自有父母喪時也. 女出嫁爲父母期, 若父母喪未小祥, 而妻被夫遣歸, 値兄弟之小祥, 則隨兄弟服三年之受. 旣已絶夫族, 故其情更隆於父母也. 故云"則三年".

번역 ●經文: "爲父母喪, 未練而出則三年". ○처에게 자기 부모의 상이 발생했을 경우를 뜻한다. 여자가 출가를 하게 되면, 자신의 부모를 위해서는 기년상(期年喪)을 치르는데, 만약 부모의 상을 치르며 아직 소상(小祥)을 치르기 이전에, 아내가 남편에게 쫓겨나서 본인의 집으로 되돌아왔는데, 그 시기가 형제들이 소상을 치를 때에 해당한다면, 형제들을 따라서 삼년상의 치르게 된다. 이미 남편의 친족과 관계가 끊어졌기 때문에, 그녀의 은정은 재차 자신의 부모에 대해서 융성하게 나타나기 때문이다. 그래서 "삼년상을 치른다."라고 말한 것이다.

孔疏 ●"旣練而出則已"者, 已, 止也, 若父母喪已小祥, 而女被遣, 其期服已除, 今歸, 雖在三年內, 則止, 不更反服也. 所以然者, 若反本服, 須隨兄弟之節, 兄弟小祥之後, 無服變節, 故女遂止也.

번역 ●經文: "旣練而出則已". ○'이(已)'자는 "그만둔다[止].”는 뜻이니, 만약 부모의 상을 치르며, 이미 소상을 지냈고, 그 이후에 여자가 쫓겨나게 되었다면, 그녀는 기년복을 이미 벗은 상태이고, 현재 되돌아온 시기가 비록 삼년상 기간 이내가 된다고 하더라도, 그만두고, 재차 상복 규정을 돌이켜 복상하지 않는다. 이처럼 하는 이유는 만약 되돌아와서 본래의 상복 규정에 따른다면, 형제들이 따르는 절차를 준수해야 하는데, 형제들은 소상을 치른 이후 상복을 바꾸는 절차가 없기 때문에, 여자는 끝내 그만두는 것이다.

경문-412a   未練而反則期, 旣練而反則遂之.

번역   남편에게 쫓겨난 여자가 자신의 집에 되돌아왔는데, 부모의 상을 당했을 경우, 1년이 되지 않았을 때 남편이 되돌아오라는 명령을 내렸다면, 부모의 상은 기년상으로 끝내고, 1년이 지난 시점에 되돌아오라는 명령을 내렸다면, 삼년상을 마저 다 치른다.

孔疏   ●"未練而反則期"者, 此謂先有父母喪, 而爲夫所出, 今喪猶未小祥, 而夫命己反, 則還夫家, 至小祥而除, 是依期服也.

번역   ●經文: "未練而反則期". ○이 내용은 먼저 부모의 상이 발생했고, 그 이후에 남편에게 쫓겨났는데, 현재 상을 치르며 아직 소상(小祥)을 지내기 이전에, 남편이 자신에게 되돌아오라는 명령을 내리면, 남편의 집으로 되돌아가는데, 소상이 되어서야 상복을 제거하니, 이것은 본래의 기년상(期年喪) 기간에 따라 상복을 착용하기 때문이다.

孔疏   ●"旣練而反則遂之"者, 若被遣之還家, 己隨兄弟小祥, 服三年之受, 而夫反命之, 則猶遂三年乃除, 隨兄弟故也.

번역   ●經文: "旣練而反則遂之". ○남편에게 쫓겨나서 자신의 집으로 되돌아갔다면, 본인은 형제들을 따라 소상(小祥)을 치르고, 나머지 삼년상 기간 동안의 상복을 착용하는데, 남편이 되돌아오라는 명령을 내렸다면, 여전히 삼년상을 끝내고서야 상복을 제거하니, 형제들을 따르기 때문이다.

참고 『예기』「상복소기(喪服小記)」기록

경문-412a~b 再期之喪, 三年也. 期之喪, 二年也. 九月・七月之喪, 三時也. 五月之喪, 二時也. 三月之喪, 一時也. 故期而祭, 禮也, 期而除喪, 道也. 祭不爲除喪也.

번역 만 2년을 치르는 상은 삼년상에 해당한다. 만 1년을 치르는 상은 이년상에 해당한다. 만 9개월과 7개월 동안 치르는 상은 세 계절 동안 치르는 상이다. 만 5개월 동안 치르는 상은 두 계절 동안 치르는 상이다. 만 3개월 동안 치르는 상은 한 계절 동안 치르는 상이다. 그렇기 때문에 만 1년이 되어서 제사를 지내는 것은 예이고, 만 1년이 되어서 상복을 제거하는 것은 도이다. 제사는 상복을 제거하기 위해서 지내는 것이 아니다.

鄭注 言喪之節, 應歲時之氣. 此謂練祭也. 禮: 正月存親, 親亡至今而期, 期則宜祭. 期, 天道一變, 哀惻之情益衰, 衰則宜除, 不相爲也.

번역 상례의 절차가 해와 계절의 기운에 호응한다는 사실을 나타낸다. 이것은 연제(練祭)를 뜻한다. 예법에 따르면, 매해 정월에는 부모에 대한 마음을 간직하는데, 부모가 돌아가시고 현재에 이르러 만 1년이 되었으니, 1년이 되었다면, 마땅히 제사를 지내야 한다. 1년의 주기는 천도가 한 차례 변화하는 것이니, 애통한 마음이 좀 더 줄어들었고, 줄어들었다면 마땅히 제거를 해야 하지만, 서로를 위해서가 아니다.

訓纂 射慈曰: 三年・期歲喪沒閏, 九月以下數閏也.

번역 사자[44]가 말하길, 삼년상과 기년상에서는 윤달을 기간에 포함시키지 않고, 9개월 동안 치르는 상으로부터 그 이하의 상에서는 윤달까지도

---

44) 사자(射慈, A.D.205~A.D.253) : =사자(謝慈). 삼국시대(三國時代) 때 오(吳)나라의 학자이다. 자(字)는 효종(孝宗)이다.

포함시킨다.

集解 愚謂: 期而祭者, 謂期而行小祥之祭, 再期而行大祥之祭也. 期而除喪
者, 謂練而男子除首絰, 婦人除要帶, 祥而總除衰杖也. 禮, 謂擧祭禮以存親. 道,
謂順天道以變除也. 由夫禮, 則有不忍忘其親之心; 順乎道, 則有不敢過於哀之
意. 二者之義, 各有所主, 而不相爲也. 然親固不可忘, 而哀亦不可過. 不忍忘,
故有終身之憂, 不敢過, 故送死有已, 復生有節, 又並行而不相悖者也.

번역 내가 생각하기에, ‘기이제(期而祭)’라는 말은 만 1년이 되어 소상
의 제사를 치른다는 뜻이며, 만 2년이 되어 대상의 제사를 치른다는 뜻이
다. ‘기이제상(期而除喪)’이라는 말은 소상이 되어 남자는 수질(首絰)을 제
거하고, 부인은 요대(要帶)를 제거하며, 대상이 되어, 총괄적으로 상복과
지팡이를 제거한다는 뜻이다. ‘예(禮)’는 제례를 시행하여, 부모에 대한 마
음을 보존한다는 뜻이다. ‘도(道)’는 천도에 순응하여 변화를 주고 제거한다
는 뜻이다. 예에 따르면 차마 부모를 잊지 못하는 마음이 있게 되고, 도에
순응하면 감히 애통함을 지나치게 나타낼 수 없는 뜻이 있다. 이러한 두
가지 뜻에는 각각 주안점으로 두고 있는 것이 있으니, 서로를 위한 것이
아니다. 그러므로 부모에 대해서는 진실로 잊을 수가 없지만, 애통함 또한
지나치게 나타낼 수 없다. 차마 잊지 못하기 때문에, 종신토록 품게 되는
근심이 생기고, 감히 지나치게 나타낼 수 없기 때문에, 죽은 이를 전송하는
일에는 끝이 있고, 생시로 돌아오는 일에는 절도가 있는 것이니, 또한 함께
시행을 하더라도 서로 어그러트리지 않는다.

참고 『예기』「상복소기(喪服小記)」 기록

경문-412b 三年而后葬者必再祭, 其祭之間不同時而除喪.

번역 특별한 사정이 있어서, 삼년상을 치른 뒤에야 장례를 치르는 경우

에는 반드시 소상과 대상의 제사를 두 차례 치르는데, 그 제사는 간격을 두어, 동시에 치르지 않고, 차례대로 상복을 제거한다.

鄭注 再祭, 練·祥也. 間不同時者, 當異月也. 既祔, 明月練而祭, 又明月祥而祭, 必異月者, 以葬與練·祥本異歲, 宜異時也. 而除喪, 已祥則除, 不禫.

번역 '재제(再祭)'는 소상과 대상의 제사를 뜻한다. "간격을 두고 동시에 치르지 않는다."는 말은 다른 달에 해야 함을 뜻한다. 부제(祔祭)를 끝냈다면, 다음 달에 소상을 치르며 제사를 지내고, 또 그 다음 달에 대상을 치르며 제사를 지내니, 반드시 다른 달에 시행해야하는 것은 장례와 소상·대상은 본래 다른 해에 시행하는 것이므로, 마땅히 시기를 달리해야 하기 때문이다. 그러나 상복을 제거하는 경우 이미 대상을 치렀다면 제거를 하게 되니, 담제를 치르지 않는다.

孔疏 ●"三年"至"除喪". ○此謂身有事故, 不得及時而葬, 故三年而後始葬. 必再祭者, 謂練祥祭也. 既三年未葬, 尸柩尚存, 雖當練祥之月, 不可除親服, 故三年葬後, 必爲此練祥.

번역 ●經文: "三年"~"除喪". ○이 내용은 본인에게 특별한 사정이 발생하여, 해당 시기가 되었는데도 장례를 치르지 못했기 때문에, 삼년이 지난 뒤에야 비로소 장례를 치른다는 뜻이다. 반드시 두 차례 제사를 지낸다는 말은 소상과 대상의 제사를 치른다는 뜻이다. 이미 삼년이 지나가는데도 아직 장례를 치르지 못하여, 시신을 실은 영구가 여전히 존재하니, 비록 소상과 대상을 치르는 달이 되었더라도, 입고 있는 상복을 제거할 수 없다. 그렇기 때문에 삼년이 지나서 장례를 치른 뒤에는 반드시 이러한 소상과 대상의 제사를 치러야 한다.

孔疏 ●"其祭之間不同時"者, 練之與祥, 本是別年別月. 今雖三年之後, 不可同一時而祭, 當前月練後月祥, 故云"不同時". 於練祥之時而除喪, 謂練時男子除首経, 婦人除要帶, 祥時除衰杖.

[번역] ●經文: “其祭之間不同時”. ○소상과 대상은 본래 별도의 해와 별도의 달에 치르는 것이다. 현재 비록 삼년이 지난 뒤라고 하지만, 동시에 제사를 지낼 수 없으니, 마땅히 그 앞 달에 소상을 치르고, 그 뒤의 달에 대상을 치러야 한다. 그렇기 때문에 “동시에 치르지 않는다.”라고 말한 것이다. 소상과 대상을 치르는 달에 상복을 제거하니, 소상을 치를 때 남자는 수질(首経)을 제거하고, 부인은 요대(要帶)를 제거하며, 대상을 치르는 시기에 상복과 지팡이를 제거한다는 뜻이다.

[孔疏] ◎注“再祭”至“不禫”. ○正義曰: 知“再祭, 練·祥”者, 下云: “主人之喪有三年者, 則必爲之再祭, 朋友虞祔而已.” 再祭, 非虞·祔. 又雜記云: “三年之喪, 則旣穎, 其練·祥皆行.” 故知再祭謂練·祥也. 云“旣祔, 明月練而祭, 又明月祥而祭”者, 如鄭此言, 則虞·祔依常禮也. 必知虞·祔依常禮者, 以經云“必再祭”, 恐不爲練·祥, 故特云“必再祭”, 明虞·祔依常禮可知. 云“已祥則除, 不禫”者, 以經直云“必再祭”, 故知不禫. 禫者本爲思念情深, 不忍頓除, 故有禫也. 今旣三年始葬, 哀情已極, 故不禫也.

[번역] ◎鄭注: “再祭”~“不禫”. ○정현이 “‘재제(再祭)’는 소상과 대상의 제사를 뜻한다.”라고 했는데, 이 말이 사실임을 알 수 있는 이유는 아래문장에서 “남의 상을 주관하는 경우, 죽은 자의 가족 중 삼년상을 치러야 하는 자가 있다면, 반드시 그들을 위해서 소상과 대상의 제사를 시행하며, 벗들의 경우에는 우제와 부제만 지낼 수 있을 따름이다.”라고 했기 때문이다. 따라서 ‘재제(再祭)’는 우제와 부제를 뜻하는 말이 아니다. 또 『예기』「잡기(雜記)」편에서는 “삼년상을 치른다면, 졸곡을 끝내고서 소상과 대상을 모두 시행한다.”[45)라고 했다. 그렇기 때문에 ‘재제(再祭)’가 소상과 대상을 뜻한다는 사실을 알 수 있다. 정현이 “부제(祔祭)를 끝냈다면, 다음 달에 소상을 치르며 제사를 지내고, 또 그 다음 달에 대상을 치르며 제사를 지낸다.”

---

45) 『예기』「잡기하(雜記下)」【507c】: 如三年之喪, 則旣穎, 其練祥皆行.

라고 했는데, 정현의 주장대로라면, 우제와 부제는 일상적인 예법에 따라 치르게 된다. 우제와 부제를 일상적인 예법에 따라 치르게 된다는 사실을 분명히 알 수 있는 이유는 경문에서 "반드시 두 차례 제사를 지낸다."라고 했는데, 이 말이 소상과 대상을 치르지 않는다고 오해할 수도 있기 때문에, 특별히 "반드시 두 차례 제사를 지낸다."라고 한 것이니, 이 말을 통해서 우제와 부제는 일상적인 예법에 따라 시행하게 됨을 알 수 있다. 정현이 "이미 대상을 치렀다면 제거를 하게 되니, 담제를 치르지 않는다."라고 했는데, 경문에서는 단지 "반드시 두 차례 제사를 지낸다."라고만 했기 때문에, 담제를 치르지 않는다는 사실을 알 수 있다. 담제라는 것은 본래 죽은 자를 생각하는 마음이 깊어서, 차마 갑작스럽게 상복을 제거할 수 없으므로, 담제의 절차를 거치게 된다. 그런데 현재의 상황은 삼년이 되어서야 비로소 장례를 치른 경우이며, 애통한 마음이 이미 지극해졌었기 때문에, 담제를 치르지 않는다.

참고 『예기』「상복소기(喪服小記)」 기록

경문-415c 父母之喪偕, 先葬者不虞祔, 待後事. 其葬服斬衰.

번역 부모의 상이 동시에 발생하면, 모친에 대한 장례를 먼저 치르는데, 먼저 치른 자에 대해서는 곧바로 우제와 부제를 지내지 않고, 부친에 대한 우제와 부제를 치른 뒤에야 모친에 대한 우제와 부제를 지낸다. 모친에 대한 장례를 치를 때에도 부친에 대한 상복인 참최복을 그대로 착용한다.

鄭注 偕, 俱也, 謂同月若同日死也. 先葬者, 母也. 曾子問曰: "葬先輕而後重." 又曰: "反葬奠, 而後辭於殯, 逐備葬事. 其虞也, 先重而後輕." 待後事, 謂如此也. "其葬, 服斬衰"者, 喪之隆衰宜從重也. 假令父死在前月而同月葬, 猶服斬衰, 不葬不變服也. 言其葬服斬衰, 則虞・祔各以其服矣, 及練・祥皆然, 卒事反服重.

번역 '해(偕)'자는 모두[俱]라는 뜻이니, 같은 달 또는 같은 날에 돌아가신 경우이다. 먼저 장례를 치르는 자는 모친을 뜻한다. 『예기』「증자문(曾子問)」편에서는 "장례는 상대적으로 낮은 자를 먼저 지내고, 높은 자를 뒤에 지낸다."라고 했고, 또 "장례에서 되돌아와 전제사를 지낸 뒤에, 빈소에서 가매장한 영구를 꺼낸다는 사실을 빈객들에게 아뢰고, 그런 뒤에야 부친의 장례에 대한 일들을 준비한다. 우제의 경우 높은 자를 먼저 지내고 상대적으로 낮은 자를 뒤에 지낸다."라고 했다. 뒤의 일을 기다린다는 말은 바로 이처럼 한다는 뜻이다. "모친의 장례를 치르며, 참최복을 착용한다."라고 했는데, 상복의 수위를 높이고 낮추는 것은 마땅히 중대한 자에 대한 경우를 따라야 하기 때문이다. 가령 부친이 이전 달에 돌아가셨고, 같은 달에 장례를 치러야 하면, 여전히 참최복을 착용하니, 장례를 치르지 않으면, 상복을 바꿀 수 없기 때문이다. 모친의 장례를 치르며 부친에 대한 참최복을 착용한다고 했다면, 우제와 부제를 치를 때에는 각각 해당하는 복장에 따르고, 소상과 대상에서도 모두 이처럼 하며, 그 일들을 끝내면 다시 높은 자에 대한 상복을 착용한다.

참고 『예기』「상복소기(喪服小記)」 기록

경문-417c 爲父·母·妻·長子禫.

번역 부친·모친·처·장자의 상을 치를 때에는 담제를 지낸다.

참고 『예기』「상복소기(喪服小記)」 기록

경문-418a 箭笄終喪三年, 齊衰三月, 與大功同者, 繩屨.

번역 아직 시집을 가지 않은 딸은 부친의 상에 대해 전계(箭笄)를 꽂고서 삼년상을 치른다. 자최복을 착용하고 3개월 동안 복상하는 자는 대공복을 착용하고 9개월 동안 복상하는 자와 수위가 비슷하므로, 둘 모두 승구(繩屨)를 신는다.

鄭注 亦於喪所以自卷持者, 有除無變. 雖尊卑異, 於恩有可同也.

번역 이 또한 상에서 자신의 머리를 틀고 몸을 두르는 것들에 대해, 제거하는 방법만 있고 바꾸는 방법이 없다는 뜻이다. 비록 신분의 차이가 있더라도 은정에 있어서는 동일하게 할 수 있는 점이 있다.

孔疏 ●"箭笄終喪三年". ○正義曰: 此一經論婦人以箭笄終喪之事, 前云 "惡笄以終喪", 是女子爲母也. 此云"箭笄終喪三年", 謂女子在室爲父也. 自卷持者, 有除無變也.

번역 ●經文: "箭笄終喪三年". ○이곳 경문은 여자가 전계(箭笄)를 하고 상을 끝내는 사안을 논의하고 있는데, 앞에서 "악계(惡笄)를 꼽고 상을 끝낸다."라고 한 말은 여자가 모친의 상을 치르는 경우이다. 이곳에서 "전계를 꼽고 상을 끝내길 3년 동안 한다."라고 한 말은 딸 중 아직 시집을 가지 않은 여자가 부친의 상을 치르는 경우이다. 자신의 머리를 틀고 몸을 두르는 것들에 대해서는 제거하는 방법만 있고, 바꾸는 방법은 없다.

참고 『예기』「대전(大傳)」 기록

경문-428d 庶子不祭, 明其宗也. 庶子不得爲長子三年, 不繼祖也.

번역 서자가 자기 집에서 제사를 지내지 못함은 종가를 밝히기 위해서이다. 서자는 장자를 위해서 삼년상을 치르지 못하니, 조부를 계승하지 못했기 때문이다.

孔疏 ●"庶子不得爲長子三年, 不繼祖也"者, 按小記云: "庶子不爲長子斬, 不繼祖與禰." 斬則三年, 與此一也. 小記文詳, 故云"不繼祖與禰", 此文解略, 故直云"不繼祖"也, 其義具在小記, 已備釋之.

번역 ●經文: "庶子不得爲長子三年, 不繼祖也". ○『예기』「상복소기(喪服小記)」편을 살펴보면, "서자는 장자를 위해서 참최복(斬衰服)을 착용하지 않으니, 조부와 부친을 계승하지 않았기 때문이다."라고 했다. 참최복은 삼년상을 치른다는 뜻이니, 이곳의 문장 내용과 동일하다. 「상복소기」편의 문장은 상세히 기록되었기 때문에 "조부와 부친을 계승하지 않았기 때문이다."라고 말한 것이며, 이곳 문장은 간략히 기록했기 때문에, 단지 "조부를 계승하지 못했기 때문이다."라고만 말한 것인데, 그 의미에 대해서는 모두 「상복소기」편에 수록되어, 이미 그곳에서 자세히 설명했다.

참고 『예기』「잡기상(雜記上)」 기록

경문-496a~b 有三年之練冠, 則以大功之麻易之, 唯杖屨不易.

번역 삼년상을 치르고 있을 때 소상(小祥)을 치렀는데, 갑작스럽게 대공복(大功服)에 해당하는 상이 발생한다면, 대공복에 착용하는 마(麻)로 만든 질(絰)로 소상 때 착용했던 갈(葛)로 만든 질(絰)을 바꾸지만, 지팡이와 신발만은 바꾸지 않는다.

鄭注 謂旣練而遭大功之喪者也, 練除首絰, 要絰葛, 又不如大功之麻重也. 言練冠·易麻, 互言之也. 唯杖·屨不易, 言其餘皆易也. 屨不易者, 練與大功俱用繩耳.

번역 이미 연제(練祭)를 치렀는데, 대공복(大功服)의 상을 당한 경우를 뜻한다. 연제를 치르게 되면 수질(首絰)을 제거하고, 요질(要絰)은 갈(葛)로 만든 것으로 차니, 또한 대공복에서 모두 마(麻)로 만든 것을 착용하는 것만 못하다. '연관(練冠)'이라고 말하고 "마(麻)로 된 것으로 바꾼다."는 말은 상호 호환이 되도록 나타낸 말이다. "오직 지팡이와 신발은 바꾸지 않는다."는 말은 그 나머지는 모두 바꾼다는 뜻이다. 신발을 바꾸지 않는 이유는 연제의 복장과 대공복을 착용할 때에는 모두 승구(繩屨)를 사용하기 때문이다.

참고 『예기』「잡기상(雜記上)」기록

경문-496c 有父母之喪尙功衰, 而祔兄弟之殤則練冠祔, 於殤稱"陽童某甫", 不名神也.

번역 부모의 상이 발생하여 여전히 공최(功衰)46)를 착용하고 있는데, 소공복(小功服)을 착용하는 형제들 중 요절한 자가 발생하여, 그에 대한 부제(祔祭)를 치르게 되면, 연관(練冠)을 착용하고 부제를 치르고, 요절한 자에 대해서는 '양동(陽童)인 아무개 보(甫)'라고 부르니, 이름으로 부르지 않은 것은 신령으로 대하기 때문이다.

鄭注 此兄弟之殤, 謂大功親以下之殤也. 斬衰·齊衰之喪練, 皆受以大功之衰, 此謂之功衰. 以是時而祔大功親以下之殤, 大功親以下之殤輕, 不易服. 冠而兄爲殤, 謂同年者也. 兄十九而死, 己明年因喪而冠. 陽童, 謂庶殤也. 宗子則曰陰童. 童, 未成人之稱也. 某甫, 且字也. 尊神不名, 爲之造字.

번역 여기에서 형제 중 요절한 자라고 한 말은 대공복(大功服)을 착용하는 친족으로부터 그 이하의 대상 중 요절한 자를 뜻한다. 참최복(斬衰服)과 자최복(齊衰服)의 상에서 연제(練祭)를 치르게 되면, 모두 대공복의 수위에 맞는 상복을 받게 되는데, 이것을 '공최(功衰)'라고 부른다. 이 시기에

---

46) 공최(功衰)는 상복(喪服)의 한 종류이다. 참최복(斬衰服)과 자최복(齊衰服)을 입고 치르는 상(喪)에서, 소상(小祥)을 지낸 이후에 착용하는 상복이다. 상복 재질의 거친 정도가 대공복(大功服)과 같기 때문에, '공최'라고 부르게 되었다.

친족 중 대공복으로부터 그 이하의 관계에 해당하는 자가 요절을 하여, 그에게 부제(祔祭)를 치르게 되면, 대공복의 친족으로부터 그 이하의 관계에서 요절한 자의 경우는 상대적으로 수위가 낮아서 복장을 바꾸지 않는다. 관(冠)을 착용했는데, 형(兄)이 요절을 했다고 하니, 동년배들을 뜻한다. 형의 나이가 19세인데 죽었다면, 본인은 그 다음 해에 상으로 인해 관(冠)을 쓰게 된다. '양동(陽童)'은 서자 중 요절한 자를 뜻한다. 종자에 대해서는 '음동(陰童)'이라고 부른다. '동(童)'자는 아직 성인(成人)이 되지 못한 자의 칭호이다. '아무개 보(甫)'라는 말은 또한 자(字)로 그를 부른다는 뜻이다. 존귀하게 대하며 신령으로 대하여 이름으로 부르지 않아서, 그를 위해 자(字)를 짓게 된다.

참고 『예기』「잡기하(雜記下)」기록

경문-507c 如三年之喪, 則既穎, 其練祥皆行.

번역 만약 삼년상이 겹치게 되어, 갈(葛)로 만든 질(絰)로 허리에 차고 있던 마(麻)로 만든 질을 바꾸게 되면, 이전에 발생한 상에 대해서 소상(小祥)과 대상(大祥)의 제사를 모두 시행한다.

鄭注 言今之喪既服穎, 乃爲前三年者變除而練・祥祭也. 此主謂先有父母之服, 今又喪長子者. 其先有長子之服, 今又喪父母, 其禮亦然. 然則言未沒喪者, 已練・祥矣. 穎, 草名, 無葛之鄉, 去麻則用穎.

번역 현재 상을 치르며 이미 경(穎)으로 된 것을 착용했다면, 이전에 발생한 삼년상의 대상을 위해서 복장을 바꾸고 제거하여 소상(小祥)과 대상(大祥)의 제사를 지낸다는 뜻이다. 이 내용은 먼저 부모의 상이 발생했는데, 현재 재차 장자의 상을 당한 경우를 위주로 한 말이다. 먼저 장자에 대한 상복을 착용하고 있는데, 현재 또 부모의 상을 당하게 되었을 때에도 그 예법이 이와 같다. 그러므로 아직 상을 끝내지 못했다고 한 말은 이미 소상과 대상의 제사를 치른 것을 뜻한다. '경(穎)'은 풀이름이니, 갈(葛)이 생산되지 않는 지역에서는 마(麻)로 된 것을 제거하게 되면 경(穎)으로 만든 것을 사용한다.

孔疏 ●"如三年之喪, 則旣穎. 其練祥皆行"者, 此明前後俱遭三年之喪, 後喪旣受葛之後, 得爲前喪. 練·祥旣穎者, 謂後喪旣虞卒哭, 合以變麻爲葛, 無葛之鄉則用穎也. 後喪旣穎之後, 其前喪須練祭·祥祭皆擧行之.

번역 ●經文: "如三年之喪, 則旣穎. 其練祥皆行". ○이 내용은 앞뒤로 모두 삼년상을 당했는데, 뒤에 당한 상에서 이미 갈(葛)로 된 질(絰)을 받은 이후에는 전에 당한 상을 위해 제사를 치를 수 있다는 뜻을 나타내고 있다. "소상(小祥)·대상(大祥)을 치르고 이미 경(穎)을 했다."는 말은 뒤에 당한 상에서 이미 우제(虞祭)와 졸곡(卒哭)을 치른 뒤이므로, 마땅히 마(麻)로 된 질을 갈로 된 질로 바꿔야 하는데, 갈이 생산되지 않는 지역이라면 경(穎)을 사용한다는 뜻이다. 뒤에 당한 상에서 이미 경(穎)으로 된 질로 바꾼 뒤라면, 전에 당한 상에 대해서는 소상과 대상의 제사를 모두 치를 수 있다.

참고 『예기』「잡기하(雜記下)」 기록

경문-508a 大夫士將與祭於公, 旣視濯而父母死, 則猶是與祭也. 次於異宮, 旣祭, 釋服出公門外, 哭而歸, 其他如奔喪之禮. 如未視濯, 則使人告, 告者反而后哭.

번역 대부와 사가 군주의 제사에 참여하게 되어, 제사에 사용되는 기물들의 세척상태를 감독하고 살펴보았는데, 부모가 돌아가셨다면, 그대로 남아서 군주의 제사에 참여한다. 그러나 이러한 경우에는 다른 장소에 머물게 되고, 제사가 끝나면 그 복장을 벗고서 공문(公門)47) 밖으로 나가고, 그곳에서 곡을 한 뒤 자신의 집으로 되돌아가는데, 다른 사안들은 부모에 대해 분상(奔喪)[48]을 할 때의 예법처럼 한다. 만약 아직 기물들의 세척상태를 감독하지 않은 상황이라면, 다른 사람을 시켜서 자신의 부모가 돌아가신 사정을 아뢰게 하고, 아뢰러 갔던 자가 되돌아온 이후에 자신의 부모에 대해서 곡을 한다.

참고 『예기』「잡기하(雜記下)」기록

경문-508c 父母之喪, 將祭而昆弟死, 旣殯而祭. 如同宮, 則雖臣妾葬而后祭.

번역 부모의 상을 치르며 소상(小祥)이나 대상(大祥)의 제사를 지내려고 하는데, 다른 집에 사는 형제가 죽었다면, 그에 대해 빈소를 마련한 뒤에 제사를 지낸다. 만약 같은 집에 살고 있는 자라면, 비록 신첩처럼 미천한 자일지라도 그에 대한 장례를 마친 뒤에 제사를 지낸다.

경문-508d 祭, 主人之升降散等, 執事者亦散等. 雖虞附亦然.

번역 형제의 상이 발생했을 때, 부모에 대한 소상(小祥) 및 대상(大祥)을 지내게 되면, 상주는 당에 오르고 내리며 계단을 한 칸씩 밟고, 한 칸마다 양발을 모으지 않으며, 일을 맡아보는 자 또한 이처럼 계단을 오르고 내린다. 비록 형제에 대한 우제(虞祭)와 부제(祔祭)를 치르고 난 뒤 부모에 대한 제사를 지내게 된 때라도 또한 이처럼 계단을 오르고 내린다.

---

47) 공문(公門)은 군주가 사는 궁(宮)의 대문(大門)을 뜻한다. '공(公)'자는 군주를 뜻하는 글자이다.

48) 분상(奔喪)은 타지에 있다가 상(喪)에 대한 소식을 듣고, 급히 되돌아오는 예법(禮法)을 말한다. 『예기』「분상(奔喪)」편에 대해, 공영달(孔穎達)은 "案鄭目錄云, 名曰奔喪者, 以其居他國, 聞喪奔歸之禮."라고 풀이했다.

참고 『예기』「잡기하(雜記下)」 기록

경문-509d 孔子曰, “少連·大連善居喪, 三日不怠, 三月不解, 期悲哀, 三年憂, 東夷之子也.”

번역 공자가 말하길, “소련과 대련은 상을 잘 치렀으니, 3일 동안은 나태해지지 않았고, 3개월 동안은 게을러지지 않았으며, 1년 동안은 비통하고 애통한 마음이 나타났고, 3년 동안은 근심하여 초췌해졌으니, 역시 동이(東夷)의 자손이라 할만하다.”라고 했다.

孔疏 ●“三日不怠”者, 親之初喪三日之內, 禮不怠, 謂水漿不入口之屬.

번역 ●經文: “三日不怠”. ○부모의 초상에서 3일 이내의 기간에는 예법에 대해서 태만하게 굴 수 없으니, 미음조차 먹지 않는 부류에 해당한다.[49]

孔疏 ●“三月不解”者, 以其未葬之前, 朝奠·夕奠, 及哀至則哭之屬.

번역 ●經文: “三月不解”. ○아직 장례를 치르기 이전에 아침과 저녁에 지내는 전제(奠祭) 및 애통함이 지극해져서 곡을 하는 부류를 뜻한다.

孔疏 ●“期悲哀”者, 謂練以來, 常悲哀, 朝哭·夕哭之屬.

번역 ●經文: “期悲哀”. ○소상(小祥)을 치른 이후 여전히 비통하고 애통한 마음이 들어서 아침저녁으로 곡(哭)을 하는 부류 등을 뜻한다.

孔疏 ●“三年憂”者, 以服未除, 憔悴憂戚.

---

49) 『예기』「단궁상(檀弓上)」【80d~81a】: 曾子謂子思曰: “伋! 吾執親之喪也, 水漿不入於口者七日.” 子思曰: “先王之制禮也, 過之者, 俯而就之; 不至焉者, 跂而及之. 故君子之執親之喪也, 水漿不入於口者三日, 杖而後能起.”

번역 ●經文: "三年憂". ○상복에 대해서 아직 제거를 하지 않아서, 몸이 초췌해지고 근심스럽게 됨을 뜻한다.

참고 『예기』「잡기하(雜記下)」 기록

경문-510a~b 三年之喪, 言而不語, 對而不問. 廬堊室之中, 不與人坐焉. 在堊室之中, 非時見乎母也不入門.

번역 삼년상을 치를 때에는 자기 스스로 자신이 처리해야 할 일을 말하지만, 남과 함께 논의하지는 않고, 대답은 하지만 스스로 묻지는 않는다. 의려(倚廬)와 악실(堊室)에 있을 때에는 남과 함께 앉지 않는다. 악실에 있을 때에는 때에 따라 모친을 뵙는 일이 아니라면, 중문(中門)으로 들어가지 않는다.

鄭注 言, 言己事也. 爲人說爲語. 在堊室之中, 以時事見乎母, 乃後入門, 則居廬時不入門.

번역 '언(言)'은 자신이 처리해야 할 일을 말한다는 뜻이다. 남과 함께 말하는 것을 '어(語)'라고 한다. 악실(堊室) 안에 있을 때에는 때때로 모친을 찾아뵙게 된 이후에야 문으로 들어가니, 여(廬)에 있을 때에는 특정한 때라고 하더라도 문으로 들어가지 않는다.

참고 『예기』「잡기하(雜記下)」 기록

경문-510c 親喪外除, 兄弟之喪內除.

번역 부모의 상을 치를 때에는 그 기한이 끝났더라도 슬픔을 잊지 못하는 것이고, 형제의 상을 치를 때에는 그 기한이 아직 끝나지 않았더라도 슬픔이 줄어들게 된다.

참고 『예기』「잡기하(雜記下)」기록

경문-510d 免喪之外行於道路, 見似目瞿, 聞名心瞿, 弔死而問疾, 顏色戚容必有以異於人也. 如此而后可以服三年之喪, 其餘則直道而行之是也.

번역 부모에 대한 삼년상을 끝낸 이후라도, 길을 가다 부모와 비슷한 자를 보게 되면 눈을 동그랗게 뜨며 놀라서 허둥대고, 어떤 자가 이름을 부르는 것을 들었는데, 그것이 자신의 부모 이름과 같다면, 마음이 깜짝 놀라 허둥대며, 죽은 자를 조문하고 병든 자를 위문함에, 부모에 대한 생각이 들어서 안색과 슬퍼하는 모습에 반드시 다른 자들과 차이가 나게 된다. 이처럼 된 이후에야 삼년상을 치를 수 있으며, 나머지 수위가 낮은 상에 있어서는 상례의 규정에 따라 시행하는 것이 옳다.

참고 『예기』「잡기하(雜記下)」기록

경문-512d 三年之喪以其喪拜, 非三年之喪以吉拜.

번역 삼년상에서는 상배(喪拜)에 따라 절을 하고, 삼년상이 아닌 경우라면 길배(吉拜)에 따라 절을 한다.

鄭注 謂受問・受賜者也. 稽顙而後拜, 曰喪拜. 拜而后稽顙, 曰吉拜.

번역 물어온 내용을 받고 보내온 물건을 받아들일 때를 뜻한다. 이마를 땅에 닿도록 한 이후 절을 하는 것을 '상배(喪拜)'라고 부른다. 절을 한 이후에 이마를 땅에 닿도록 하는 것을 '길배(吉拜)'라고 부른다.

참고 『예기』「잡기하(雜記下)」기록

경문-513a~b   三年之喪, 如或遺之酒肉, 則受之必三辭. 主人衰絰而受之. 如君命則不敢辭, 受而薦之. 喪者不遺人. 人遺之, 雖酒肉受也. 從父昆弟以下旣卒哭, 遺人可也.

번역   삼년상을 치르고 있는데 만약 어떤 자가 술과 고기를 보내준다면, 받기는 하지만 반드시 세 차례 사양을 한다. 물건을 받을 때 상주는 상복을 착용하고서 그것을 받는다. 만약 군주가 하사를 해준 것이라면 감히 사양을 하지 않으며, 그것을 받아서 부모 앞에 바친다. 상을 치르는 자는 남에게 물건을 보내주지 않는다. 남이 물건을 보내오면 비록 술과 고기라 하더라도 그것을 받는다. 종부의 곤제로부터 그 이하의 자에 대해서 상을 치르고 있는데, 졸곡(卒哭)을 마쳤다면, 남에게 물건을 보내주어도 괜찮다.

鄭注   受之必正服, 明不苟於滋味. 薦於廟, 貴君之禮. 言齊斬之喪重, 志不在施惠於人.

번역   물건을 받을 때에는 반드시 정규 복장을 착용해야 하니, 맛있고 좋은 음식에 대해서 구차하게 굴지 않음을 드러내기 위해서이다. 묘(廟)에 그것을 바치는 것은 군주를 존귀하게 여기는 예법이다. 자최복(齊衰服)과 참최복(斬衰服)을 입고 치르는 상은 중대한 상이므로, 상을 치르는 자의 뜻이 남에게 은혜를 베푸는데 있지 않다는 의미이다.

참고 『예기』「잡기하(雜記下)」기록

경문-513b~c   三年之喪雖功衰不弔, 自諸侯達諸士, 如有服而將往哭之, 則服其服而往.

번역   삼년상을 치르고 있을 때, 비록 소상(小祥)을 끝내서 공최(功衰)로 갈아입은 상태라 하더라도 남의 상에 찾아가서 조문을 하지 않으니, 이러한 규정은 제후로부터 사에 이르기까지 모두 통용된다. 그러나 만약 자신과 상복관계에 있는 친족이 죽게 되어, 그에게 찾아가 곡을 하게 되면, 자신이 입고 있던 공최를 벗고, 해당하는 상복을 착용하고 찾아간다.

鄭注 功衰, 旣練之服也. 諸侯服新死者之服而往哭, 謂所不臣也.

번역 '공최(功衰)'는 소상(小祥)을 치른 뒤에 착용하는 상복이다. 제후는 이제 막 죽은 자에 대한 상복을 착용하고 찾아가서 곡을 하니, 신하로 대하지 않는다는 뜻이다.

참고 『예기』「잡기하(雜記下)」 기록

경문-515b 疏衰之喪旣葬, 人請見之則見, 不請見人. 小功請見人可也. 大功不以執摯, 唯父母之喪, 不辟涕泣而見人.

번역 자최복(齊衰服)의 상을 치를 때 이미 장례를 끝냈는데, 남이 만나보기를 청하게 되면 만나보지만, 본인이 남에 대해서 만나보기를 청하지 않는다. 소공복(小功服)의 상에서는 남에 대해 만나보기를 청해도 괜찮다. 대공복(大功服)의 상에서는 폐물을 가져가서 만나보지 않고, 오직 부모의 상에서만 눈물을 훔치지 않고 남을 만나본다.

鄭注 言重喪不行求見人爾. 人來求見己, 亦可以見之矣. 不辟涕泣, 言至哀無飾也.

번역 중대한 상에서는 남에 대해 만나보기를 청해서는 안 될 따름이라는 뜻이다. 남이 찾아와서 자신을 만나보기를 청하면 또한 만나도 괜찮다. 눈물을 훔치지 않는 것은 애통함이 지극하여 자신을 꾸미지 않는다는 뜻이다.

참고 『예기』「잡기하(雜記下)」 기록

경문-515b 三年之喪, 祥而從政. 期之喪, 卒哭而從政. 九月之喪, 旣葬而從政. 小功緦之喪, 旣殯而從政.

번역 삼년상을 치르는 경우에는 대상(大祥)을 끝내고서 부역에 참여한다. 기년상(期年喪)을 치르는 경우에는 졸곡(卒哭)을 하고서 부역에 참여한다. 대공복(大功服)의 상을 치르는 경우에는 장례를 끝내고서 부역에 참여한다. 소공복(小功服)과 시마복(緦麻服)의 상에서는 빈소를 차린 뒤에 부역에 참여한다.

鄭注 以王制言之, 此謂庶人也. 從政, 從爲政者敎令, 謂給繇役.

번역 『예기』「왕제(王制)」편의 기록에 따라 말을 해보면, 이 내용은 서인들에 대한 예법이다. '종정(從政)'은 정무를 시행하는 자가 교령을 내리는 것에 따른다는 뜻으로, 부역에 따른다는 의미이다.

集解 從政, 謂出而從國家之政也. 禮運曰, "三年之喪, 期不使." 蓋三年之喪, 祥而從政者正也, 期而從政者權也.

번역 '종정(從政)'은 집밖으로 나와서 국가에서 부여한 임무에 따른다는 뜻이다. 『예기』「예운(禮運)」편에서는 "삼년상을 치르는 자에게는 1년 동안 업무를 맡기지 않는다."[50]라고 했다. 무릇 삼년상을 치를 때, 대상(大祥)을 끝내고서 임무에 종사하는 것은 정식 예법이며, 1년이 지난 뒤에 임무에 종사하는 것은 권도에 따른 것이다.

---

50) 『예기』「예운(禮運)」【274b】: 故仕於公曰臣, 仕於家曰僕. 三年之喪與新有昏者, 期不使. 以衰裳入朝, 與家僕雜居齊齒, 非禮也, 是謂君與臣同國.

참고 『예기』「잡기하(雜記下)」기록

경문-515b~c 曾申問於曾子曰, “哭父母有常聲乎?” 曰, “中路嬰兒失其母焉, 何常聲之有?”

번역 증신이 아버지 증자에게 질문하길, “부모의 상에 곡을 할 때에도 규칙적인 소리가 있습니까?”라고 했다. 그러자 증자는 “길에서 어미를 잃은 아이가 울부짖는데, 어떤 규칙적인 소리가 있겠는가?”라고 대답했다.

鄭注 嬰, 猶鷖彌也, 言其若小兒亡母啼號, 安得常聲乎? 所謂哭不偯.

번역 ‘영(嬰)’자는 어린아이[鷖彌]라는 뜻이다. 즉 어린아이가 모친을 잃어버리고 울부짖는 것처럼 해야 하는데, 어떻게 규칙적인 소리가 있겠느냐는 의미이다. 이른바 “곡을 할 때에는 격식에 맞춰 울지 않는다.”는 뜻이다.

참고 『예기』「잡기하(雜記下)」기록

경문-519a 婦人非三年之喪, 不踰封而弔; 如三年之喪, 則君夫人歸. 夫人其歸也, 以諸侯之弔禮. 其待之也, 若待諸侯然. 夫人至, 入自闈門, 升自側階, 君在阼. 其他如奔喪禮然.

번역 제후의 부인은 친부모에 대한 상이 아니라면, 국경을 넘어가 자신의 형제에 대해서 조문을 하지 않는다. 만약 부모의 상이라면, 제후의 부인은 본국으로 되돌아간다. 부인이 본국으로 돌아갈 때에는 제후가 조문하는 예법에 따른다. 조문을 받는 나라에서도 그녀를 대함에 제후를 대하는 예법에 따른다. 부인이 도착하면, 위문(闈門)을 통해서 들어가고, 측면의 계단을 통해서 당(堂)으로 올라가되, 제후는 당하(堂下)로 내려와서 그녀를 맞이하지 않고, 동쪽 계단 위에 서 있게 된다. 나머지 예법은 분상(奔喪)의 예법처럼 따른다.

鄭注 踰封, 越竟也. 或爲越疆. 奔父母喪也. 謂夫人行道車服, 主國致禮. 女子子, 不自同於女賓也. 宮中之門曰闈門, 爲相通者也. 側階, 亦旁階也. 他, 謂哭・踊・髽・麻. 闈門, 或爲帷門.

번역 '유봉(踰封)'은 특정 지역을 벗어난다는 뜻이다. 혹은 국경을 벗어난다는 뜻도 된다. 부모의 상에 분상(奔喪)을 한다는 뜻이다. 부인이 도로에서 이동할 때에는 수레와 해당 의복을 착용하며, 조문을 받는 나라에서도 예를 다한다는 뜻이다. 딸자식은 제 스스로 여자 빈객과 동일하게 따를 수 없다. 건물 안에 있는 문을 '위문(闈門)'이라고 부르니, 건물 사이로 오가기 위한 것이다. '측계(側階)' 또한 측면에 있는 계단을 뜻한다. '타(他)'는 곡(哭)과 용(踊) 및 머리 트는 방식인 좌(髽)와 마(麻)를 이용해 질(絰)을 만드는 부류를 뜻한다. '위문(闈門)'을 다른 판본에서는 '유문(帷門)'이라고도 기록한다.

참고 『예기』「방기(坊記)」 기록

경문-614c 子云, "君子弛其親之過, 而敬其美. 論語曰, '三年無改於父之道, 可謂孝矣.' 高宗云, '三年其惟不言, 言乃讙.'"

번역 공자가 말하길, "군자는 부모의 잘못을 잊어버리고 아름다운 점만을 공경한다. 『논어』에서는 '3년 동안 부친의 도에서 고친 점이 없어야만 효라고 할 수 있다.'라고 했고, 「고종」에서는 '3년 동안 말을 하지 않았는데, 이윽고 말을 하자 백성들이 기뻐하였다.'"라고 했다.

鄭注 弛猶棄忘也, 孝子不藏識父母之過. 不以己善駁親之過. 高宗, 殷王武丁也, 名篇在尙書. 三年不言, 有父小乙喪之時也. 讙, 當爲"歡", 聲之誤也. 其旣言, 天下皆歡喜, 樂其政教也.

번역 '이(弛)'자는 버리고 잊는다는 뜻이니, 자식은 부모의 잘못에 대해서 기억하지 않는다. 자신의 좋은 점을 부모의 잘못과 비교하지 않는다. '고종(高宗)'은 은나라의 천자인 무정(武丁)인데, 그의 이름을 딴 편명이 『상서』에 수록되어 있다. 3년 동안 말을 하지 않은 것은 그의 부친인 소을(小乙)의 상사를 치른 기간에 해당한다. '환(讙)'자는 마땅히 '환(歡)'자가 되어야 하니, 소리가 비슷해서 생긴 잘못이다. 그가 말을 하자 천하의 백성들이 모두 기뻐하였으니, 그의 정치와 교화를 즐거워했던 것이다.

孔疏 ●"君子弛其親之過"者, 弛謂棄忘, 若親有過失, 孝子棄忘之, 不藏記在心也.

번역 ●經文: "君子弛其親之過". ○'이(弛)'자는 버리고 잊는다는 뜻이니, 만약 부모에게 잘못이 있다면, 자식은 그것을 잊어버리며 마음에 담아두거나 기억하지 않는다.

孔疏 ●"高宗云"者, 此尙書・說命之篇, 論高宗之事, 故言"高宗云", 高宗非書篇之名.

번역 ●經文: "高宗云". ○이것은 『상서』「열명(說命)」편인데, 고종의 일화를 논의하였기 때문에 '고종운(高宗云)'이라고 한 것이니, '고종(高宗)'은 『서』의 편명이 아니다.

孔疏 ●"三年其惟不言"者, 在父喪三年之內, 其惟不言政敎.

번역 ●經文: "三年其惟不言". ○부모의 상을 치르는 3년 동안 정치와 교화에 대해서 언급하지 않았다는 뜻이다.

孔疏 ●"言乃讙"者, 謂三年服畢之後, 言論政敎, 天下皆歡樂也.

번역 ●經文: "言乃讙". ○3년의 복상기간이 끝난 이후 정치와 교화에 대해 논의를 하자 천하의 백성들이 모두 기뻐하였다는 뜻이다.

孔疏 ◎注"高宗, 殷王武丁也, 名篇在尚書". ○正義曰: 按"其惟不言"之文
在尚書·說命之篇, "言乃讙"在無逸之篇, 而鄭云"名篇在尚書", 則是高宗篇
上有此二言, 與書之文不同者, 鄭不見古文尚書序有高宗之訓, 此經有"高宗
云", 謂是高宗之訓篇有此語, 故云"名篇在尚書".

번역 ◎鄭注: "高宗, 殷王武丁也, 名篇在尙書". ○살펴보니, "말을 하지
않았다."는 문장은 『상서』「열명(說命)」편에 수록되어 있고, "말하자 기뻐
하였다."는 말은 『상서』「무일(無逸)」편에 수록되어 있는데도, 정현은 "그
의 이름을 딴 편명이 『상서』에 수록되어 있다."라고 했다. 이것은 「고종」편
에는 이러한 두 기록이 수록되어 있다는 뜻인데, 『서』의 문장과 동일하지
않은 것은 정현이 『고문상서』의 「소서(小序)」에 「고종지훈(高宗之訓)」이
라는 편이 있는 것을 보지 못했기 때문이며,51) 이곳 경문에 '고종운(高宗
云)'이라고 기록되어 있으니, 이것은 「고종지훈」편에 이러한 말들이 수록
되어 있음을 뜻한다. 그렇기 때문에 "그의 이름을 딴 편명이 『상서』에 수록
되어 있다."라고 했다.

集解 愚謂: 引高宗者, 周書無逸篇述殷高宗之事也. 不言, 謂不出敎令也.
讙, 書作"雍", 喜悅也. 言高宗居喪三年不言, 不欲遽出敎令以改父之所行, 是
以旣言而人喜悅之也.

번역 내가 생각하기에, '고종(高宗)'이라고 인용을 한 것은 『서』「주서
(周書)·무일(無逸)」편에서 은나라 고종의 일화를 조술하였기 때문이다.
"말을 하지 않았다."는 말은 교령을 내리지 않았다는 뜻이다. '환(讙)'자를
『서』에서는 '옹(雍)'자로 기록했으니, 기뻐했다는 뜻이다. 즉 고종은 상을
치르는 3년 동안 말을 하지 않았으니, 갑자기 교령을 내려서 부친이 시행했
던 것을 고치고 싶지 않았던 것으로, 이것이 바로 말을 하게 되자 사람들이
기뻐했던 이유이다.

---

51) 『서』「상서(商書)·고종융일(高宗肜日)」: 高宗祭成湯, 有飛雉升鼎耳而雊, 祖
己訓諸王, 作高宗肜日, <u>高宗之訓</u>.

참고 『예기』「방기(坊記)」기록

경문-617d 喪父三年, 喪君三年, 示民不疑也.

번역 공자가 말하길, "부친의 상을 치르는 기간은 3년이고, 군주의 상을 치르는 기간도 3년이니, 백성들에게 군주의 존귀함에 대해 의심하지 않음을 보여주는 것이다."라고 했다.

鄭注 不疑於君之尊也. 君無骨肉之親, 不重其服, 至尊不明.

번역 군주의 존귀함에 대해 의심하지 않는 것이다. 군주와 골육지친의 관계가 없지만, 그의 상복 수위를 무겁게 하지 않는다면, 지극한 존귀함이 드러나지 않는다.

참고 『예기』「중용(中庸)」기록

경문 武王末受命, 周公成文·武之德, 追王大王·王季, 上祀先公以天子之禮. 斯禮也, 達乎諸侯·大夫及士·庶人. 父爲大夫, 子爲士, 葬以大夫, 祭以士. 父爲士, 子爲大夫, 葬以士, 祭以大夫. 期之喪, 達乎大夫. 三年之喪, 達乎天子. 父母之喪, 無貴賤一也.

번역 공자가 말하길, "무왕은 노년에 천명을 받으셨고, 주공은 문왕과 무왕의 덕을 완성하여 태왕과 왕계를 추존해서 천자로 높였으며, 위로는 선공에게 제사를 지내며 천자의 예법을 사용하셨다. 이러한 예법은 제후·대부·사·서인에게 두루 통용된다. 부친이 대부였고 자식이 사였다면, 장례를 치를 때에는 대부의 예법에 따랐고 제사를 지낼 때에는 사의 예법에 따랐다. 반대로 부친이 사였고 자식이 대부였다면, 장례를 치를 때에는 사의 예법에 따랐고 제사를 지낼 때에는 대부의 예법에 따랐다. 기년상은 대부까지 통용된다. 삼년상은 천자까지 통용된다. 부모의 상에 대해서는 신분의 귀천과 상관없이 동일하게 따른다.”라고 했다.

鄭注　末, 猶老也. “追王大王 · 王季”者, 以王迹起焉, 先公組紺以上至后稷
也. “斯禮達於諸侯 · 大夫 · 士 · 庶人”者, 謂葬之從死者之爵, 祭之用生者之
祿也. 言大夫葬以大夫, 士葬以士, 則“追王”者, 改葬之矣. “期之喪, 達於大
夫”者, 謂旁親所降在大功者, 其正統之期, 天子諸侯猶不降也. 大夫所降, 天
子諸侯絶之不爲服, 所不臣乃服之也. 承葬 · 祭說期 · 三年之喪者, 明子事父
以孝, 不用其尊卑變.

번역　‘말(末)’자는 노년[老]을 뜻한다. “태왕과 왕계를 추왕(追王)하다.”
라고 했는데, 왕가의 자취를 일으킨 것은 선공인 조감으로부터 그 위로 후
직에 이른다. “이 예는 제후 · 대부 · 사 · 서인에게 두루 통한다.”라고 했는
데, 장례를 치를 때 죽은 자의 작위에 따르고, 제사를 지낼 때 제사를 모시
는 자의 녹봉에 따른다는 뜻이다. 대부는 대부의 예법으로 장례를 치르고
사는 사의 예법으로 장례를 치른다고 했다면, ‘추왕(追王)’이라는 것은 규정
을 고쳐서 장례를 치렀다는 뜻이다. “기년상(期年喪)은 대부까지 통한다.”
라고 했는데, 방계 친족에 대해 수위를 낮춰서 대공복(大功服)에 해당하는
경우를 뜻하는데, 직계 친족에 대해 기년상을 치르는 경우 천자와 제후라
할지라도 수위를 낮추지 않는다. 대부가 수위를 낮추는 대상에 대해서, 천
자와 제후는 관계가 끊어져 그를 위해 상복을 착용하지 않는데, 신하로 여
기지 않는 경우라면 상복을 착용한다. 장례와 제사를 받들어 지낸다고 했
는데, 기년상과 삼년상을 말한 것은 자식은 효로써 부친을 섬기며, 신분의
고하에 따라 바뀌지 않는다는 사실을 나타낸 것이다.

참고　『예기』「문상(問喪)」 기록

경문-658d　心悵焉愴焉, 惚焉愾焉, 心絶志悲而已矣. 祭之宗廟, 以鬼享之,
徼幸復反也. 成壙而歸, 不敢入處室, 居於倚廬, 哀親之在外也; 寢苫枕塊, 哀

親之在土也. 故哭泣無時, 服勤三年, 思慕之心, 孝子之志也, 人情之實也.

번역 마음은 원망스럽게 슬프며, 아른아른하고 한탄스러우니, 마음이 찢어지고 생각은 비통해질 따름이다. 종묘에서 부모에게 제사를 지내는 것은 귀신에 대한 예법으로 흠향을 시키는 것이니, 요행히도 다시 되돌아오기를 바라는 것이다. 무덤을 만들고 되돌아왔으니, 감히 자신이 머물던 방으로 들어갈 수 없어서, 의려(倚廬)에 머무니, 부모가 외지에 있는 것을 슬퍼하기 때문이다. 또 거적을 깔고 흙덩이를 베개로 삼으니, 부모의 시신이 땅속에 있는 것을 슬퍼하기 때문이다. 그래서 곡을 하고 눈물을 흘림에 정해진 때가 없고, 삼년상을 치르니, 그리워하는 마음이며, 자식의 뜻이고, 인간의 정감에 나타나는 실정이다.

鄭注 說虞之義. 言親在外在土, 孝子不忍反室自安也. 入處室, 或爲"入宮". 勤, 謂憂勞.

번역 우제(虞祭)의 뜻을 설명한 것이다. 부모의 시신이 외지에 있고 땅속에 묻혀 있어서, 자식은 차마 자신이 머물던 방으로 되돌아가 편안하게 있을 수 없다는 뜻이다. '입처실(入處室)'을 다른 판본에서는 '입궁(入宮)'으로 기록하기도 한다. '근(勤)'자는 근심스럽고 괴로운 일을 뜻한다.

참고 『예기』「문상(問喪)」기록

경문-659d~660a 或問曰, "杖者何也?" 曰, "竹桐一也. 故爲父苴杖, 苴杖, 竹也. 爲母削杖, 削杖, 桐也." 或問曰, "杖者以何爲也?" 曰, "孝子喪親, 哭泣無數, 服勤三年, 身病體羸, 以杖扶病也. 則父在不敢杖矣, 尊者在故也. 堂上不杖, 辟尊者之處也. 堂上不趨, 示不遽也. 此孝子之志也, 人情之實也, 禮義之經也. 非從天降也, 非從地出也, 人情而已矣."

번역 어떤 이가 묻기를 "지팡이를 잡는 것은 어째서입니까?"라고 하자,

답하길 "대나무 지팡이나 오동나무 지팡이나 동일한 이치이다. 그러므로 부친의 상을 치를 때에는 저장(苴杖)을 잡으니, 저장은 대나무 지팡이이다. 모친의 상을 치를 때에는 삭장(削杖)을 잡으니, 삭장은 오동나무 지팡이이다."라고 했다. 어떤 이가 묻기를 "지팡이는 어떤 용도로 사용하는 것입니까?"라고 하자, 답하길 "자식이 부모의 상을 치를 때, 곡을 하며 눈물을 흘리는 것이 수도 없고, 삼년상을 치르니, 몸이 병약해지고 쇠약해져서 지팡이로 병약해진 몸을 지탱하는 것이다. 그러나 부친이 생존해 계실 때에는 감히 지팡이를 잡지 않으니, 존귀한 자가 생존해 계시기 때문이다. 또 당상(堂上)에서는 지팡이를 잡지 않으니, 존귀하신 부친이 머무는 곳에서 훼방을 놓지 않기 위해서이다. 또 당상에서는 빠른 걸음으로 걷지 않으니 다급하게 하지 않음을 드러내기 위해서이다. 이것은 자식의 뜻이고, 인간의 정감에 나타나는 실정이며, 예의에 따른 법도이다. 이것은 하늘로부터 내려온 것이 아니고 또 땅으로부터 솟아난 것도 아니며, 인간의 정감에 따른 것일 뿐이다."라고 했다.

鄭注 怪其義各異. 言所以杖者義一也, 顧所用異耳. 怪所爲施. 言得杖乃能起也. 數, 或爲"時". 父在不杖, 謂爲母喪也. 尊者在不杖, 辟尊者之處不杖. 有事不趨, 皆爲其感動, 使之憂戚也.

번역 그 의미가 각각 차이를 보이는 것을 괴이하게 여긴 것이다. 지팡이를 잡는 의미는 동일한데, 사용되는 경우에서 차이가 있을 뿐이라는 뜻이다. 지팡이의 규정을 적용하는 것에 대해 괴이하게 여긴 것이다. 지팡이를 잡을 수 있다면 몸을 일으킬 수 있다는 뜻이다. '수(數)'자를 다른 판본에서는 '시(時)'자로 기록하기도 한다. 부친이 계신 곳에서 지팡이를 잡지 않는다는 말은 모친의 상을 치르는 경우를 뜻한다. 존귀한 자가 계신 곳에서 지팡이를 잡지 않는 것은 존귀한 자가 있는 곳에서 조심하기 위해 지팡이를 잡지 않는 것이다. 어떤 일을 처리할 때에도 빠른 걸음으로 걷지 않으니, 이 모두는 부친을 동요시켜 우울하고 슬프게 만들기 때문이다.

參고 『예기』「복문(服問)」 기록

經문-662a　三年之喪旣練矣, 有期之喪旣葬矣, 則帶其故葛帶, 絰期之絰, 服其功衰.

번역　부친의 삼년상에서 연제(練祭)를 마쳤는데, 모친의 기년상에서 장례를 마쳤다면, 부친의 상에서 차고 있던 갈포로 만든 허리띠를 두르고, 기년상에서 차는 질(絰)을 두르며, 공최(功衰)를 착용한다.

鄭注　"帶其故葛帶"者, 三年旣練, 期旣葬, 差相似也. 絰期之葛絰, 三年旣練, 首絰除矣. 爲父, 旣練, 衰七升; 母旣葬, 衰八升. 凡齊衰, 旣葬, 衰或八升, 或九升, 服其功衰, 服麤衰.

번역　"이전의 갈포로 만든 허리띠를 찬다."는 말은 삼년상에서 연제(練祭)를 치른 상태와 기년상에서 장례를 마친 상태는 그 층차가 유사하기 때문이다. 기년상의 갈포로 만든 질(絰)을 두르는 것은 삼년상에서 연제를 치르면 수질을 제거하기 때문이다. 부친의 상을 치르며 연제를 마친 뒤에는 상복은 7승(升)으로 만들고, 모친의 상에서 장례를 마친 뒤에는 상복은 8승(升)으로 만든다. 자최복(齊衰服)의 상에서 장례를 마쳤다면, 상복은 8승(升)으로 하거나 9승(升)으로 만드는데, 공최(功衰)를 착용한다는 것은 추최(麤衰)[52]를 착용하는 것이다.

참고 『예기』「복문(服問)」 기록

經문-663d　君爲天子三年, 夫人如外宗之爲君也. 世子不爲天子服.

---

52) 추최(麤衰)는 상복(喪服) 중에서 가장 수위가 높은 상복을 뜻한다. 가장 거친 마(麻)로 제단을 하여 만든다.

번역 제후는 천자를 위해서 참최복(斬衰服)으로 삼년상을 치르고, 제후의 부인은 제후의 외종이 제후를 위해 기년상(期年喪)을 치르는 것과 동일하게, 천자를 위해서 기년상을 치른다. 세자는 혐의를 멀리하기 위해 천자를 위해서 상복을 착용하지 않는다.

鄭注 外宗, 君外親之婦也. 其夫與諸侯爲兄弟服斬, 妻從服期. 諸侯爲天子服斬, 夫人亦從服期. 喪大記曰: "外宗, 房中南面." 遠嫌也. 不服, 與畿外之民同也.

번역 '외종(外宗)'은 군주의 외가 친족에 속하는 부인들을 뜻한다. 그녀의 남편이 제후와 형제가 되어, 남편은 제후를 위해 참최복(斬衰服)을 착용하며, 처는 종복(從服)을 하여 기년복(期年服)을 착용한다. 제후는 천자를 위해서 참최복을 착용하고, 제후의 부인 또한 종복을 하여 기년복을 착용한다. 『예기』「상대기(喪大記)」편에서는 "외종은 방안에서 남쪽을 바라본다."[53]라고 했다. 세자가 상복을 착용하지 않는 것은 혐의를 멀리하기 위해서이다. 상복을 착용하지 않는 것은 천자의 수도 밖에 있는 백성들과 동일하다.

참고 『예기』「상복사제(喪服四制)」 기록

경문-721a 其恩厚者其服重, 故爲父斬衰三年, 以恩制者也.

번역 그 은정이 두터운 자에 대해서는 해당 상복도 수위가 무겁다. 그렇기 때문에 돌아가신 부친을 위해서는 참최복(斬衰服)을 입고 3년 동안 복

---

53) 『예기』「상대기(喪大記)」【537a~b】: 君將大斂, 子弁絰, 卽位于序端; 卿大夫卽位于堂廉楹西, 北面東上; 父兄堂下北面; 夫人·命婦尸西, 東面; <u>外宗房中南面</u>. 小臣鋪席, 商祝鋪絞·給·衾·衣, 士盥于盤上, 士擧遷尸于斂上. 卒斂, 宰告, 子馮之踊, 夫人東面亦如之.

상하는 것이니, 이처럼 하는 것은 은정에 따라 제도를 제정했기 때문이다.

鄭注 服莫重斬衰也.

번역 상복 중에는 참최복보다 수위가 높은 것은 없다.

경문-721a 門內之治恩揜義, 門外之治義斷恩. 資於事父以事君, 而敬同. 貴貴尊尊, 義之大者也. 故爲君亦斬衰三年, 以義制者也.

번역 집안에서의 다스림은 은혜로움으로써 의로움을 덮고, 집밖에서의 다스림은 의로움으로써 은혜로움을 제단한다. 부친을 섬기는 것에 바탕을 두고, 군주를 섬기게 되므로, 둘에 대한 공경함은 동일한 것이다. 존귀한 자를 존귀하게 대하는 것은 의로움 중에서도 가장 큰 것이다. 그렇기 때문에 군주를 위해서도 참최복을 입고 3년 동안 복상(服喪)을 하니, 의(義)로써 제정한 사안이기 때문이다.

鄭注 資, 猶操也. 貴貴, 謂爲大夫君也. 尊尊, 謂爲天子諸侯也.

번역 ‘자(資)’자는 “잡다[操].”는 뜻이다. 귀(貴)한 자를 귀하게 여긴다고 했을 때의 귀한 자는 대부인 주군이 된 자를 뜻한다. 존(尊)한 자를 존하게 여긴다고 했을 때의 존한 자는 천자와 제후가 된 자를 뜻한다.

참고 『예기』「상복사제(喪服四制)」 기록

경문-721b 三日而食, 三月而沐, 期而練, 毁不滅性, 不以死傷生也. 喪不過三年, 苴衰不補, 墳墓不培, 祥之日鼓素琴, 告民有終也, 以節制者也.

번역 상을 치를 때, 돌아가신 후 3일이 지난 뒤에 죽을 마시며, 3개월이 지난 뒤에 목욕을 하고, 1년이 지난 뒤에 연복(練服)을 착용하며, 상으로 인해 몸이 수척해지더라도, 생명을 해치게 하지 않음은 죽음으로 인해 생명을 해치지 않기 때문이다. 상의 기간은 3년을 넘지 않고, 저최(苴衰)와 같은 상복 부류들은 해지더라도 깁지 않으며, 무덤을 조성한 뒤에는 다시금 보수하지 않고, 대상(大祥)을 치르는 날에는 소금(素琴)을 연주하여, 백성들에게 마침이 있음을 알리는 것이니, 절(節)로써 제정한 사안이기 때문이다.

鄭注 食, 食粥也. 沐, 謂將虞祭時也. 補·培, 猶治也. 鼓素琴, 始存樂也. 三年不爲樂, 樂必崩.

번역 '식(食)'자는 죽을 마신다는 뜻이다. '목(沐)'자는 우제(虞祭)를 지내려고 하는 때를 뜻한다. '보(補)'자와 '배(培)'자는 "다듬다[治]."는 뜻이다. 소금(素琴)을 연주하여, 비로소 음악을 보존하게 된다. 3년 동안 음악을 연주하지 않는다면, 음악은 반드시 붕괴된다.54)

참고 『예기』「상복사제(喪服四制)」기록

경문-721c 資於事父以事母而愛同. 天無二日, 土無二王, 國無二君, 家無二尊, 以一治之也. 故父在爲母齊衰期者, 見無二尊也.

번역 부친을 섬기는 것에 바탕을 두고, 이로써 모친을 섬기니, 둘에 대해 친애함이 같은 것이다. 하늘에는 두 개의 태양이 없고, 땅에는 두 명의 왕이 없으며, 제후국에는 두 명의 군주가 없고, 집에는 두 명의 존귀한 자가 없으니, 하나로써 다스리는 것이다. 그렇기 때문에 부친이 생존해 계실 때에는 돌아가신 모친을 위해서 자최복(齊衰服)을 입고 기년상(期年喪)으로 치르는 것은 집에 두 명의 존귀한 자가 없다는 사실을 드러내는 것이다.

---

54) 『논어』「양화(陽貨)」: 宰我問, "三年之喪, 期已久矣. 君子三年不爲禮, 禮必壞, 三年不爲樂, 樂必崩. 舊穀旣沒, 新穀旣升, 鑽燧改火, 期可已矣."

참고 『예기』「상복사제(喪服四制)」기록

경문-722c 始死, 三日不怠, 三月不解, 期悲哀, 三年憂, 恩之殺也. 聖人因殺以制節, 此喪之所以三年, 賢者不得過, 不肖者不得不及. 此喪之中庸也, 王者之所常行也. 書曰: "高宗諒闇, 三年不言." 善之也.

번역 어떤 자가 이제 막 죽었을 때, 그의 자식은 3일 동안 게으름을 피우지 않고, 3개월 동안 느슨하게 풀어지지 않으며, 1년째에는 비통하고 애통한 마음이 들고, 3년째에는 근심을 하게 되니, 이것은 그 은정이 점진적으로 줄어듦을 뜻한다. 성인(聖人)은 줄어듦에 따라서 절도를 제정하였으니, 이것이 바로 상을 3년이라는 기간으로 정하여, 현명한 자도 지나치지 못하게 만들고, 불초한 자도 미치지 못하는 일이 없게끔 했던 방법이다. 이것은 또한 상을 치르는 중용(中庸)의 덕에 해당하며, 천자가 항상 시행하는 도리이다. 『서』에서는 "고종(高宗)은 햇볕이 들지 않는 임시 막사에서, 3년 동안 말을 하지 않았다."라고 했는데, 이것은 그 행위를 칭찬한 기록이다.

鄭注 不怠, 哭不絕聲也. 不解, 不解衣而居不倦息也. 諒, 古作"梁", 楣謂之梁. 闇, 讀如鶉鷃之鷃, 闇謂廬也. 廬有梁者, 所謂柱楣也.

번역 "게으르지 않다."는 말은 곡을 하는 소리가 끊이질 않는다는 뜻이다. "풀어지지 않는다."는 말은 옷을 벗지 않고, 거처를 할 때에도 편안히 쉬지 않는다는 뜻이다. '양(諒)'자를 고대에는 '양(梁)'자로 기록했으니, '햇빛을 가리는 처마[楣]'를 '양(梁)'이라고 부른다. '암(闇)'자는 순암(鶉鷃)이라고 할 때의 '암(鷃)'자로 읽으니, '암(闇)'은 상중(喪中)에 머물게 되는 임시 막사이다. 임시 막사 중 햇빛을 가리는 처마가 있을 것을 이른바 '주미(柱楣)'라고 부른다.

孔疏 ●"始死"至"而祥". ○正義曰: 此一節覆明前經四制之中節制之事. 以禮之大體, 喪之三年爲限節之事, 故重明之.

번역　●經文: "始死"~"而祥". ○이곳 문단은 앞의 경문에서 말한 사제(四制) 중 절제(節制)에 대한 사안을 나타내고 있다. 예의 큰 범위에서, 상에서 3년이라는 기간으로 제한을 삼았던 일에 해당하기 때문에, 거듭 밝히고 있는 것이다.

孔疏　●"三日不怠"者, 謂哭不休怠.

번역　●經文: "三日不怠". ○곡을 함에 쉼이 없다는 뜻이다.

孔疏　●"三月不解"者, 謂不解衣而居.

번역　●經文: "三月不解". ○옷을 벗고 거처하지 않는다는 뜻이다.

孔疏　●"期悲哀"者, 謂期之間, 朝夕恒哭.

번역　●經文: "期悲哀". ○1년 동안 아침저녁으로 항상 곡을 한다는 뜻이다.

孔疏　●"三年憂"者, 謂不復朝夕哭, 但憂戚而已.

번역　●經文: "三年憂". ○재차 아침저녁으로 곡을 하지 않고, 단지 슬퍼하게 될 따름이라는 뜻이다.

孔疏　●"恩之殺也"者, 自初以降, 是恩漸減殺也.

번역　●經文: "恩之殺也". ○초상(初喪) 때로부터 줄이게 되니, 이것은 은정이 점진적으로 경감됨을 뜻한다.

孔疏　●"聖人因殺以制節"者, 言聖人因其孝子情有減殺, 制爲限節.

번역　●經文: "聖人因殺以制節". ○성인(聖人)은 자식된 자의 마음에 줄

어긺이 있다는 것에 따라서, 그것을 제한된 규범으로 제정했다.

孔疏 ●"此喪之中庸也"者, 庸, 常也. 言三年之喪.

번역 ●經文: "此喪之中庸也". ○'용(庸)'자는 항상[常]이라는 뜻이다. 즉 삼년상을 치르는 것을 뜻한다.

孔疏 ●"賢者不得過, 不肖者不得不及", 是喪之中平常行之節也.

번역 ●經文: "賢者不得過, 不肖者不得不及". ○상을 치르는 도중 평상시 시행하는 예절에 대한 사안을 뜻한다.

孔疏 ●"故王者之所常行也. 書曰: '高宗諒闇, 三年不言', 善之也", 引書者, 明古來王者皆三年喪. 諒, 讀曰梁. 闇, 讀曰鶉, 謂廬也. 謂旣虞之後, 施梁而柱楣, 故云諒闇之中, 三年不言政事.

번역 ●經文: "故王者之所常行也. 書曰: '高宗諒闇, 三年不言', 善之也". ○『서』를 인용한 이유는 고대로부터 천자가 된 자들은 모두 삼년상을 치렀음을 나타내기 위해서이다. '양(諒)'자는 '양(梁)'자로 읽는다. '암(闇)'자는 '압(鶉)'자로 읽는데, 상중에 머물게 되는 임시 막사를 뜻한다. 즉 우제(虞祭)를 치른 이후에는 차양막을 치고, 거주지에 처마를 드리워서 햇볕을 가리게 된다. 그렇기 때문에 양암(諒闇)안 가운데에서 3년 동안 정사에 대한 언급을 하지 않았다고 말한 것이다.

孔疏 ●"善之"者, 言是古人載之於書, 美善之故也.

번역 ●經文: "善之". ○고대인들은 이러한 사실을 『서』에 기록했는데, 그 이유는 좋게 여겼기 때문이라는 뜻이다.

大全 藍田呂氏曰: 子之於親, 天性也, 不可解於心也. 執親之喪, 創鉅痛甚,雖日月之久, 豈有殺乎? 此君子所以有終身之憂. 然喪必有月筭, 服必有變除, 天地已易, 四時已變, 哀之感者, 亦安能無殺創鉅者? 其日久, 痛甚者其愈遲, 此以恩之薄厚, 而有久近之殺也. 三日不怠, 三月不解, 期悲哀, 三年憂, 此以日月之久近, 而有哀戚之殺也. 始死, 哭不絶聲, 水漿不入口者, 三日, 此三日不怠也. 未葬, 哭無時, 居倚廬, 寢不絶絰帶, 此三月不解者也. 既虞卒哭, 唯朝夕哭, 此其悲哀者也. 既練, 不朝夕哭, 哭無時, 謂哀至則哭, 此三年憂者也. 君子之居喪, 期合乎中者也. 有如是之隆殺, 聖人因隆殺, 而致其禮, 所謂品節斯, 斯之謂禮者也. 禮者, 所以敎民之中, 故三年之喪, 賢者不得過, 不肖者不敢不勉也. 三年之喪, 自天子達於庶人, 古之道也. 書獨稱高宗諒闇, 三年不言者, 先王之禮墜, 王者之貴, 有不能行之者, 高宗以善喪聞, 而廢禮所由興, 故善之也.

번역　남전여씨[55]가 말하길, 자식과 부모의 관계는 하늘로부터 맺어진 필연적 관계이므로, 자식은 부모에 대한 생각을 마음에서 풀어버릴 수가 없다. 부모의 상을 치를 때에는 그 마음이 매우 무겁고 비통하여, 비록 오랜 시간이 흐른다고 하더라도, 어찌 경감되는 일이 생기겠는가? 이것이 바로 군자가 종신토록 품게 되는 근심이 발생하는 이유인 것이다.[56] 그러나 상을 치를 때, 반드시 개월에 따른 수치적 제한이 있고, 상복에 있어서도 반드시 시일에 따라 바꾸고 제거하는 점이 있으니, 천지의 기운이 이미 바뀌고, 사계절도 이미 변화를 하였으므로, 애통함을 느끼는 감정 또한 어찌 그 막심함을 줄이지 않을 수가 있겠는가? 시간이 오래되면, 애통함을 깊이 느끼는 것도 더욱 더뎌지게 되니, 이것이 바로 은정의 엷음과 두터움에 따라,

55) 남전여씨(藍田呂氏, A.D.1040~A.D.1092) : =여대림(呂大臨)·여씨(呂氏)·여여숙(呂與叔). 북송(北宋) 때의 학자이다. 이름은 대림(大臨)이고, 자(字)는 여숙(與叔)이며, 호(號)는 남전(藍田)이다. 장재(張載) 및 이정(二程)형제에게서 수학하였다. 저서로는 『남전문집(藍田文集)』 등이 있다.
56) 『예기』「단궁상(檀弓上)」【71d】: 喪三年以爲極, 亡則弗之忘矣. 故君子有終身之憂, 而無一朝之患. 故忌日不樂. / 『맹자』「이루하(離婁下)」: 是故君子有終身之憂, 無一朝之患也. 乃若所憂則有之, 舜, 人也, 我, 亦人也. 舜爲法於天下, 可傳於後世, 我由未免爲鄕人也, 是則可憂也.

경감되는 시간의 차이가 발생하는 이유이다. 3일 동안 게으르지 않고, 3개월 동안 풀어지지 않으며, 1년째에 비통함과 애통함을 느끼고, 3년째에 근심하는 것은 시간의 차이에 따라서 애통함을 느끼는 감정에 줄어듦이 있음을 나타낸다. 부모가 이제 막 돌아가셨을 때에는 곡을 하는 소리가 끊이지 않고, 물이나 미음 등도 입에 대지 않는데, 이것을 3일 동안 시행하니, 이것이 바로 3일 동안 게으르지 않는다는 뜻이다. 아직 장례를 치르지 않았다면, 곡을 할 때 정해진 시기가 없게 되고, 임시거주지인 의려(倚廬)에 머물고, 잠을 잘 때에도 질대(絰帶)를 풀어놓지 않으니, 이것이 바로 3개월 동안 풀어지지 않는다는 뜻이다. 이미 우제(虞祭)를 치러서, 졸곡(卒哭)을 했다면, 단지 아침과 저녁에만 곡을 하니, 이것이 바로 비통하고 애통함을 느낀다는 것이다. 이미 소상(小祥)을 치렀다면, 아침과 저녁에 시간을 정해놓고 곡하던 일을 하지 않고, 곡을 할 때에도 특별히 정해진 시기가 없으니, 이것은 곧 애통한 마음이 들면 곡을 한다는 의미이니, 이것이 바로 3년째에 근심스러움을 느낀다는 것이다. 군자가 상을 치를 때에는 중도(中道)에 합치되기를 기약한다. 그런데 이와 같은 감정의 층차에 차이가 생기므로, 성인(聖人)은 이러한 감정의 층차에 따라서, 그 예법을 마련했던 것이니, 이른바 "이러한 감정을 조절하니, 이것을 예라고 부른다."[57]는 뜻에 해당한다. 예라는 것은 백성들을 중도에 맞게끔 교화하는 방법이다. 그렇기 때문에 삼년상에 있어서, 현명한 자는 지나치게 시행할 수 없고, 불초한 자도 감히 노력하지 않을 수가 없는 것이다. 삼년상은 천자로부터 서인에 이르기까지 동일하게 적용되니, 바로 고대의 도리에 해당한다.[58]『서』에서 유독 고종(高宗)이 햇볕이 들지 않는 임시 거주지에서 3년 동안 말을 하지 않았던 것을 칭찬한 이유는 선왕이 제정한 예가 이미 몰락하였고, 천자의 존귀한 신분을 가지고 있으면서도, 제대로 시행하지 못하는 자들이 있었는데, 고종만은 상을 잘 치렀다는 평판을 통해서, 몰락했던 예를 다시 흥성하게 했었

---

57) 『예기』「단궁하(檀弓下)」【120d】: 人喜則斯陶, 陶斯咏, 咏斯猶, 猶斯舞, 舞斯慍, 慍斯戚, 戚斯歎, 歎斯辟, 辟斯踊矣. 品節斯, 斯之謂禮.
58) 『맹자』「등문공상(滕文公上)」: 三年之喪, 齊疏之服, 飦粥之食, 自天子達於庶人, 三代共之.

기 때문에, 그를 칭찬했던 것이다.

경문-723a 王者莫不行此禮, 何以獨善之也? 曰: 高宗者武丁, 武丁者殷之賢王也, 繼世卽位, 而慈良於喪. 當此之時, 殷衰而復興, 禮廢而復起, 故善之. 善之, 故載之書中而高之, 故謂之高宗. 三年之喪, 君不言, 書云: "高宗諒闇, 三年不言", 此之謂也. 然而曰"言不文"者, 謂臣下也.

번역 천자가 된 자는 이러한 예법을 시행하지 않았던 자가 없는데, 어찌하여 유독 고종만을 칭찬했는가? 대답해보자면, '고종(高宗)'은 무정(武丁)으로 은나라 때의 현명한 천자였는데, 대를 이어서 지위에 올랐고, 상을 치르는 일에 대해서 매우 잘 했다. 당시에 은나라는 쇠약해졌으나 고종으로 인해 재차 부흥하게 되었고, 선왕(先王)이 제정한 예법도 쇠락해졌으나 고종으로 인해 재차 시행되었다. 그렇기 때문에 그에 대해서 칭찬을 했던 것이다. 칭찬을 했기 때문에 『서』에 그 사실을 기록하여, 높인 것이다. 그래서 그를 '고종(高宗)'이라고 부른 것이다. 삼년상을 치를 때, 군주의 경우에는 백관(百官)과 백물(百物)이 갖춰져 있으므로, 말을 하지 않는다. 그러므로 『서』에서 "고종이 햇볕이 가려지는 임시 거주지에서, 3년 동안 말을 하지 않았다."라고 한 말이 바로 이러한 사실을 가리킨다. 그러나 "말에 문식을 꾸미지 않았다."59)라고 하는 자들은 신하를 뜻한다.

참고 『예기』「상복사제(喪服四制)」 기록

경문-723b 父母之喪: 衰冠·繩緤·菅屨, 三日而食粥, 三月而沐, 期十三月而練冠, 三年而祥. 比終玆三節者, 仁者可以觀其愛焉, 知者可以觀其理焉, 彊者可以觀其志焉. 禮以治之, 義以正之. 孝子, 弟弟, 貞婦, 皆可得而察焉.

번역 부모의 상에 대해서 말해보자면, 상복과 그에 따른 관(冠)을 쓰고,

---

59) 『효경』「상친장(喪親章)」: 喪親, 子曰, 孝子之喪親也. 哭不偯. 禮無容. 言不文.

새끼줄을 엮은 끈을 달며, 관구(菅屨)를 신게 되는데, 부모가 돌아가신 후 3일 째에 처음으로 죽을 마시고, 3개월째에 처음으로 목욕을 하며, 1년을 넘겨 13개월째가 되면 소상(小祥)을 치르며 연관(練冠)을 쓰고, 3년째가 되면 대상(大祥)을 치른다. 이러한 세 마디를 끝내는데 미쳐서는 인(仁)한 자는 이를 통해서 그 사람의 친애하는 마음을 관찰할 수 있고, 지(知)한 자는 이를 통해서 그 이치를 관찰할 수 있으며, 강(彊)한 자는 이를 통해서 그 뜻을 관찰할 수 있다. 예(禮)로써 다스리고, 의(義)로써 바르게 한다. 자식은 효자답고, 동생은 동생답고, 부인은 정숙하다는 것을 모두 이를 통해서 확인할 수 있는 것이다.

• 제 **14** 절 •

『효경』과 삼년상

참고 『효경』「상친장(喪親章)」 기록

邢疏 ○正義曰: 此章首云"孝子之喪親也", 故章中皆論喪親之事. 喪, 亡也, 失也. 父母之亡沒, 謂之喪親. 言孝子亡失其親也, 故以名章, 結之於末矣.

번역 「상친장」의 첫 부분에서는 "자식이 부모의 상을 치른다."라고 했다. 그렇기 때문에 「상친장」의 내용들은 모두 부모의 상을 치르는 일에 대해 논의하고 있다. '상(喪)'자는 "없어지다[亡]."는 뜻이며, "잃다[失]."는 뜻이다. 부모가 돌아가신 것을 '상친(喪親)'이라고 부른다. 즉 자식이 부모를 잃었다는 의미이다. 그렇기 때문에 이러한 명칭을 장의 제목을 정하고, 『효경』의 마지막 장에 두어 매듭을 지은 것이다.

경문 子曰: 孝子之喪親也,

번역 공자가 말하길, 자식의 부모의 상을 치를 때에는

李注 生事已畢, 死事未見, 故發此章.

번역 부모가 생존해 계실 때 섬기는 도리에 대해서는 이미 설명을 끝냈는데, 돌아가셨을 때 섬기는 일들은 아직 나타나지 않았기 때문에, 「상친장」을 기술한 것이다.

邢疏 ◎注"生事"至"此事". ○正義曰: 此依鄭注也. 生事謂上十七章說. 生事之禮已畢, 其死事經則未見, 故又發此章以言也.

번역　◎李注: "生事"~"此事". ○이것은 정현의 주에 따른 것이다. 생존해 계실 때 섬기는 도리는 앞의 17개 장에서 설명한 내용들을 뜻한다. 생존해 계실 때 섬기는 예법의 설명이 모두 끝났는데, 돌아가셨을 때 섬기는 일들을 기록한 경문은 나타나지 않았다. 그렇기 때문에 재차 「상친장」을 기술하여 그 내용을 설명한 것이다.

경문　哭不偯,

번역　곡을 함에 울음소리에 격식을 갖추지 않고,

李注　氣竭而息, 聲不委曲.

번역　기력이 고갈된 이후에 그치고 울음소리에 격식을 갖추지 않는 것이다.

邢疏　◎注"氣竭"至"委曲". ○正義曰: 此依鄭注也. 禮記・間傳曰: "斬衰之哭, 若往而不反. 齊衰之哭, 若往而反." 此注據斬衰而言之, 是氣竭而後止息. 又曰: "大功之哭, 三曲而偯." 鄭注云: "三曲, 一擧聲而三折也. 偯, 聲餘從容也." 是偯爲聲餘委曲也. 斬衰則不偯, 故云"聲不委曲也".

번역　◎李注: "氣竭"~"委曲". ○이것은 정현의 주에 따른 것이다. 『예기』「간전(間傳)」편에서는 "참최복(斬衰服)의 상에서 곡을 할 때에는 마치 가서 되돌아오지 않는 것처럼 한 차례 소리를 지름에 다시는 소리를 내지 못할 것처럼 한다. 자최복(齊衰服)의 상에서 곡을 할 때에는 마치 가서 되돌아오는 것처럼 한 차례 소리를 지르지만 참최복의 상만큼 간절하지 않다."[1]라고 했는데, 이곳 주석에서는 참최복의 곡에 기준을 두고 말한 것이니, 기력이 고갈된 이후에야 그치는 것이다. 또 「간전」편에서는 "대공복(大功服)의

---

1) 『예기』「간전(間傳)」【665c】: 斬衰之哭, 若往而不反. 齊衰之哭, 若往而反. 大功之喪, 三曲而偯. 小功緦麻, 哀容可也. 此哀之發於聲音者也.

상에서 곡을 할 때에는 한 차례 소리를 지르며 세 마디를 꺾어 미미한 소리
가 계속 맴돌게 한다."라고 했고, 정현의 주에서는 "'삼곡(三曲)'은 한 번
소리를 지름에 세 마디를 꺾는다는 뜻이다. '의(傆)'는 미미한 소리가 계속
남아있다는 뜻이다."라고 했다. 이것은 '의(傆)'라는 것이 소리에 여운이 남
으며 마디가 꺾이는 뜻임을 나타낸다. 참최복의 상에서 의를 하지 않기 때
문에 "울음소리에 격식을 갖추지 않는다."라고 말한 것이다.

경문 禮無容,

번역 예법에 따르지만 용모를 꾸미지 않으며,

李注 觸地無容.

번역 이마가 땅에 닿도록 엎드려서 용모를 꾸미지 않는 것이다.

邢疏 ◎注"觸地無容". ○正義曰: 此禮記・問喪之文也. 以其悲哀在心,
故形變於外, 所以稽顙觸地無容, 哀之至也.

번역 ◎李注: "觸地無容". ○이것은 『예기』「문상(問喪)」편의 기록이
다.2) 비통함과 애통함이 마음에 남아있기 때문에 외형적으로도 모습이 변
화된다. 이마를 땅에 닿도록 굽혀서 용모를 꾸미지 않는 것은 애통함이 지
극하기 때문이다.

경문 言不文,

번역 말은 하되 수식을 꾸미지 않고,

---

2) 『예기』「문상(問喪)」【659b】: 或問曰, "冠者不肉袒, 何也?" 曰, "冠至尊也, 不
居肉袒之體也, 故爲之免以代之也. 然則禿者不免, 傴者不袒, 跛者不踊. 非不悲
也, 身有錮疾, 不可以備禮也. 故曰, '喪禮唯哀爲主矣.' 女子哭泣悲哀, 擊胸傷
心, 男子哭泣悲哀, 稽顙觸地無容, 哀之至也."

李注 不爲文飾.

번역 문식을 꾸미지 않는다는 뜻이다.

邢疏 ◎注“不爲文飾”. ○正義曰: 按喪服四制云: “三年之喪, 君不言.” 又云: “不言而事行者, 扶而起; 言而後事行者, 杖而起.” 鄭玄云: “扶而起, 謂天子諸侯也. 杖而起, 謂大夫士也.” 今此經云“言不文”, 則是謂臣下也. 雖則有言, 志在哀感, 不爲文飾也.

번역 ◎李注: “不爲文飾”. ○『예기』「상복사제(喪服四制)」편을 살펴보면, “삼년상을 치를 때 군주는 말을 하지 않는다.”[3]라고 했고, 또 “말을 하지 않아도 일이 시행될 수 있는 경우에는 지팡이가 있지만 몸이 몹시 수척해지는 것이 허용되므로, 남의 부축을 받아서 일어나게 된다. 직접 말을 해야만 일이 시행되는 경우에는 몸을 몹시 수척하게 할 수 없으니, 자신이 직접 지팡이를 잡고 일어나게 된다.”[4]라고 했고, 정현은 “부축을 받아서 일어난다는 것은 천자와 제후에 대한 경우를 뜻한다. 지팡이를 잡고서 일어난다는 것은 대부와 사에 대한 경우를 뜻한다.”라고 했다. 이곳 경문에서는 “말은 하되 문식을 꾸미지 않는다.”라고 했으니, 이것은 신하의 경우를 뜻한다. 비록 말을 하게 되지만 뜻은 애통함과 슬픔에 젖어 있어서 문식을 꾸미지 않는 것이다.

경문 服美不安,

---

3) 『예기』「상복사제(喪服四制)」【723a】: 王者莫不行此禮, 何以獨善之也? 曰: 高宗者武丁, 武丁者殷之賢王也, 繼世卽位, 而慈良於喪. 當此之時, 殷衰而復興, 禮廢而復起, 故善之. 善之, 故載之書中而高之, 故謂之高宗. 三年之喪, 君不言, 書云: “高宗諒闇, 三年不言”, 此之謂也. 然而曰“言不文”者, 謂臣下也.

4) 『예기』「상복사제(喪服四制)」【721d】: 杖者, 何也? 爵也. 三日授子杖, 五日授大夫杖, 七日授士杖. 或曰擔主, 或曰輔病. 婦人・童子不杖, 不能病也. 百官備, 百物具, 不言而事行者, 扶而起. 言而后事行者, 杖而起. 身自執事而后行者, 面垢而已. 禿者不髽, 傴者不袒, 跛者不踊, 老病不止酒肉. 凡此八者, 以權制者也.

번역 아름다운 의복을 입어도 편안하지 못하고,

李注 不安美飾, 故服縗麻,

번역 아름다운 장식을 편안하게 여기지 않기 때문에 상복을 착용하는 것이다.

邢疏 ◎注"不安"至"縗麻". ○正義曰: 按論語孔子責宰我, 云: "食夫稻, 衣夫錦, 於汝安乎?" 美飾謂錦繡之類也. 故禮記·問喪云"身不安美", 是也. 孝子喪親, 心如斬截, 爲其不安美飾, 故聖人制禮, 令服縗麻. 縗當以麤布長六寸, 廣四寸. 麻謂腰絰首絰俱以麻爲之. 縗之言摧也, 絰之言實也. 孝子服之, 明其心實摧痛也. 韋昭引書云: "成王旣崩, 康王冕服卽位. 旣事畢, 反喪服." 據此則天子諸侯, 但位定初喪, 是皆服美, 故宜不安也.

번역 ◎李注: "不安"~"縗麻". ○『논어』를 살펴보면 공자는 재아를 책망하며, "쌀밥을 먹고 비단옷을 입어도 네 마음에 편안하느냐?"라고 했는데, 아름다운 장식이란 바로 비단으로 만들고 수를 놓은 의복 등을 뜻한다. 그러므로 『예기』「문상(問喪)」편에서는 "몸은 아름다운 것을 편안하게 여기지 못한다."[5]라고 한 것이다. 자식이 부모를 잃게 되면 마음은 마치 베이고 끊어진 것 같아서 아름다운 장식들을 편안하게 여기지 못한다. 그렇기 때문에 성인이 예법을 제정하여 상복을 착용토록 한 것이다. '최(縗)'는 거친 포로 그 길이는 6촌이며 너비는 4촌이다. '마(麻)'는 요질과 수질을 모두 마로 만든다는 뜻이다. '최(縗)'자는 "꺾이다[摧]."는 뜻이며, '질(絰)'자는 "채우다[絰]."는 뜻이다. 자식이 이 복장을 착용하는 것은 마음에 아픔이 가득하다는 사실을 나타내기 위해서이다. 위소[6]는 『서』의 기록을 인용하

---

5) 『예기』「문상(問喪)」 【657d】: 親始死, 雞斯徒跣, 扱上衽, 交手哭. 惻怛之心, 痛疾之意, 傷腎乾肝焦肺, 水漿不入口. 三日不擧火, 故鄰里爲之糜粥以飮食之. 夫悲哀在中, 故形變於外也. 痛疾在心, 故口不甘味, 身不安美也.

6) 위소(韋昭, A.D.204~A.D.273): 삼국시대(三國時代) 때 오(吳)나라의 학자이다. 자(字)는 홍사(弘嗣)이다. 사마소(司馬昭)의 이름을 피휘하여, 요(曜)로

여 "성왕이 죽자 강왕은 면복을 착용하고 즉위를 했다. 의식이 끝나자 다시 상복으로 갈아입었다."라고 했다. 이러한 기록에 따르면 천자와 제후는 제 위의 계승을 확정하는 초상 때 모두들 화려한 복장을 착용하게 된다. 그렇 기 때문에 편안하지 않은 마음이 들게 된다.

경문 聞樂不樂,

번역 음악을 들어도 즐겁지 않으며,

李注 悲哀在心, 故不樂也.

번역 비통함과 애통함이 마음에 있기 때문에 즐겁지 않은 것이다.

邢疏 ◎注"悲哀"至"樂也". ○正義曰: 此依鄭注也. 言至痛中發, 悲哀在 心, 雖聞樂聲, 不爲樂也.

번역 ◎李注: "悲哀"~"樂也". ○이것은 정현의 주에 따른 것이다. 지극 한 아픔이 나타나고 비통함과 애통함이 마음에 남아있기 때문에 비록 음악 을 듣게 되더라도 즐겁지 않다는 뜻이다.

경문 食旨不甘,

번역 맛있는 음식을 먹어도 맛을 느끼지 못하니,

李注 旨, 美也. 不甘美味, 故蔬食水飮.

번역 '지(旨)'자는 "맛있다[美]."는 뜻이다. 맛있는 음식의 맛을 느끼지 못하기 때문에 거친 밥을 먹고 물을 마시는 것이다.

_____

고쳤다. 저서로는 『국어주(國語注)』 등이 있다.

邢疏 ◎注"旨美"至"水飲". ○正義曰: "旨, 美", 經傳常訓也. 嚴植之曰: "美食, 人之所甘. 孝子不以爲甘, 故問喪云: '口不甘味', 是不甘美味也. 間傳曰: '父母之喪旣殯, 食粥. 旣虞·卒哭, 疏食水飲, 不食菜果', 是疏食水飲也. 韋昭引曲禮云: '有疾則飮酒食肉, 是爲食旨.' 故宜不甘也."

번역 ◎李注: "旨美"~"水飲". ○"'지(旨)'자는 맛있다는 뜻이다."라고 했는데, 이것은 경전과 전문에 대한 일반적인 풀이다. 엄식지[7]는 "맛있는 음식이란 사람들이 맛있게 여기는 것이다. 자식은 그것을 맛있다고 느끼지 못하기 때문에 『예기』「문상(問喪)」편에서는 '입은 맛을 느끼지 못한다.'[8]라고 했으니, 이것이 맛있는 음식의 맛을 느끼지 못한다는 뜻이다. 또 『예기』「간전(間傳)」편에서는 '부모의 상을 치를 때에는 빈소 마련하는 일이 끝나야 죽을 먹는다.'[9]라고 했고 '우제(虞祭)와 졸곡(卒哭)을 끝내면 거친 밥을 먹고 물을 마시되 채소와 과일은 먹지 않는다.'[10]라고 했는데, 이것은 거친 밥을 먹고 물을 마신다는 뜻이다. 위소는 『예기』「곡례(曲禮)」편을 인용하여, '병이 생기면 술을 마시고 고기도 먹을 수 있다고 했으니,[11] 이것이 맛있는 음식을 먹는다는 뜻이다.'라고 했다. 그렇기 때문에 맛을 느끼지 못해야만 하는 것이다."라고 했다.

---

7) 엄식지(嚴植之, A.D.457~A.D.508): 남북조시대 남조의 양(梁)나라 학자이다. 자(字)는 효원(孝源)이다. 저서로는 『흉례의주(凶禮儀注)』 등이 있다.
8) 『예기』「문상(問喪)」【657d】: 親始死, 雞斯徒跣, 扱上衽, 交手哭. 惻怛之心, 痛疾之意, 傷腎乾肝焦肺, 水漿不入口. 三日不擧火, 故鄰里爲之糜粥以飲食之. 夫悲哀在中, 故形變於外也. 痛疾在心, 故口不甘味, 身不安美也.
9) 『예기』「간전(間傳)」【666a】: 斬衰三日不食, 齊衰二日不食, 大功三不食, 小功緦麻再不食, 士與斂焉則壹不食. 故父母之喪, 旣殯食粥, 朝一溢米, 莫一溢米. 齊衰之喪, 疏食水飲, 不食菜果. 大功之喪, 不食醯醬. 小功緦麻, 不飲醴酒. 此哀之發於飲食者也.
10) 『예기』「간전(間傳)」【666a~b】: 父母之喪, 旣虞卒哭, 疏食水飲, 不食菜果. 期而小祥, 食菜果. 又期而大祥, 有醯醬. 中月而禫, 禫而飲醴酒. 始飲酒者, 先飲醴酒. 始食肉者, 先食乾肉.
11) 『예기』「곡례상(曲禮上)」【36a】: 居喪之禮, 頭有創則沐, 身有瘍則浴, 有疾則飮酒食肉, 疾止復初. 不勝喪, 乃比於不慈不孝.

경문 此哀戚之情也.

번역 이것은 애통하고 슬픈 정감 때문이다.

李注 謂上六句.

번역 앞의 여섯 구문을 가리킨다.

경문 三日而食, 敎民無以死傷生, 毁不滅性, 此聖人之政也.

번역 부모가 돌아가신 후 3일이 지나서야 음식을 먹는 것은 백성들에게 돌아가신 부모로 인해 살아있는 자식마저 해쳐서는 안 되고, 몸이 수척해지더라도 생명을 잃는 지경에 이르게 되어서는 안 된다는 사실을 가르치기 위한 것이니, 이것이 바로 성인의 정치인 것이다.

李注 不食三日, 哀毁過情, 滅性而死, 皆虧孝道, 故聖人制禮施教, 不令至於殞滅.

번역 음식을 먹지 않은 것이 3일을 넘기게 되면 애통함과 수척해짐이 정도를 지나치게 되어 생명에 해를 끼쳐 죽음에 이르게 한다. 따라서 이 모두는 효도를 어그러트리기 때문에 성인이 예법을 제정하고 교화를 펼쳐서 생명을 잃는 지경에 이르지 못하게끔 한 것이다.

邢疏 ◎注“不食”至“殞滅”. ○正義曰: 經云“三日而食, 毁不滅性”, 注言不食三日, 卽三日不食也. 云“哀毁過情”者, 是毁瘠過度也. 言三日不食, 及毁瘠過度, 因此二者有致危亡, 皆虧孝行之道. 禮記・問喪云: “親始死, 傷腎乾肝焦肺, 水漿不入口三日.” 又間傳稱: “斬衰三日不食.” 此云三日而食者何? 劉炫言三日之後乃食, 皆謂滿三日則食也. 云“故聖人制禮施教, 不令至於殞滅”者, 曲禮云: “居喪之禮, 毁瘠不形”, 又曰: “不勝喪, 乃比於不慈不孝”, 是也.

번역 ◎李注: “不食”~“殞滅”. ○경문에서는 “3일이 지나서야 음식을 먹

고 몸이 수척해지더라도 생명을 잃는 지경에 이르게 되어서는 안 된다."라
고 했으니, 주에서 음식을 먹지 않은 것이 3일이라고 한 말은 3일이 지나도
음식을 먹지 않는다는 뜻이다. "애통함과 수척해짐이 정도를 지나치게 된
다."라고 했는데, 수척함이 정도를 벗어났다는 뜻이다. 즉 3일이 지나도 음
식을 먹지 않고 수척함이 정도를 벗어나게 되면, 이러한 두 가지 원인으로
인해 사망에 이르는 경우가 발생한다. 그렇기 때문에 효를 시행하는 도를
어그러트린다. 『예기』「문상(問喪)」편에서는 "부모가 이제 막 돌아가시게
되면 콩팥을 상하게 하고 간을 마르게 하며 폐를 태우니, 물이나 음료도
마실 수 없는 것이 3일이다."[12]라고 했고, 또 『예기』「간전(間傳)」편에서는
"참최복(斬衰服)의 상을 치를 때에는 3일 동안 밥을 먹지 않는다."[13]라고
했는데, 이곳에서 3일이 되어서 음식을 먹는다고 말한 것은 어째서인가?
유현[14]은 이 문제에 대해서 3일이 지난 이후에야 음식을 먹는다는 뜻이니,
이 모든 기록들은 3일이라는 기간을 채운 뒤에라야 음식을 먹는다는 뜻이
라고 했다. "그러므로 성인이 예법을 제정하고 교화를 펼쳐서 생명을 잃는
지경에 이르지 못하게끔 한 것이다."라고 했는데, 『예기』「곡례(曲禮)」편에
서 "상을 치르는 예법에서는 슬픔 때문에 몸이 수척하게 되더라도 그 상태
가 피골이 상접한 지경까지 이르게 하지 않는다."[15]라고 했고, 또 "상사를
끝까지 치르지 못하는 것은 곧 자애롭지 못하고 효성스럽지 못한 것에 해
당한다."[16]라고 한 말에 해당한다.

---

12) 『예기』「문상(問喪)」【657d】: 親始死, 雞斯徒跣, 扱上衽, 交手哭. 惻怛之心,
痛疾之意, 傷腎乾肝焦肺, <u>水漿不入口. 三日</u>不擧火, 故鄰里爲之糜粥以飮食之.
夫悲哀在中, 故形變於外也. 痛疾在心, 故口不甘味, 身不安美也.

13) 『예기』「간전(間傳)」【666a】: <u>斬衰三日不食</u>, 齊衰二日不食, 大功三不食, 小
功緦麻再不食, 士與斂焉則壹不食. 故父母之喪, 旣殯食粥, 朝一溢米, 莫一溢
米. 齊衰之喪, 疏食水飮, 不食菜果. 大功之喪, 不食醯醬. 小功緦麻, 不飮醴酒.
此哀之發於飮食者也.

14) 유현(劉炫, ?~?): 수(隋)나라 때의 학자이다. 자는 광백(光伯)이며, 경성(景
城) 출신이다. 태학박사(太學博士) 등을 지냈다. 『논어술의(論語述義)』, 『춘
추술의(春秋述義)』, 『효경술의(孝經述義)』 등을 저술하였다.

15) 『예기』「곡례상(曲禮上)」【35d】: <u>居喪之禮, 毁瘠不形</u>, 視聽不衰. 升降, 不由
阼階, 出入, 不當門隧.

16) 『예기』「곡례상(曲禮上)」【36a】: 居喪之禮, 頭有創則沐, 身有瘍則浴, 有疾則

경문 喪不過三年, 示民有終也.

번역 복상기간이 3년을 넘기지 못하게 한 것은 백성들에게 모든 일에는 끝이 있음을 보여주기 위해서이다.

李注 三年之喪, 天下達禮, 使不肖企及, 賢者俯從. 夫孝子有終身之憂, 聖人以三年爲制者, 使人知有終竟之限也.

번역 삼년상은 천하의 모든 사람들이 따르는 예법으로, 불초한 자들로 하여금 발돋움하여 도달토록 하고 현명한 자로 하여금 굽혀서 따르도록 시킨 것이다. 자식에게는 종신토록 부모를 생각하는 마음을 갖고 있는데, 성인이 3년이라는 기간으로 제도를 만든 것은 사람들로 하여금 끝맺어야 할 시한이 있음을 알게끔 하고자 해서이다.

邢疏 ◎注"三年"至"限也". ○正義曰: 云"三年之喪天下達禮"者, 此依鄭注也. 禮記・三年問云: "夫三年之喪, 天下之達喪也." 鄭玄云: "達謂自天子至於庶人." 注與彼同, 唯改喪爲禮耳. 云"使不肖企及, 賢者俯從"者, 按喪服四制曰: "此喪之所以三年, 賢者不得過, 不肖者不得不及." 檀弓曰: "先王制禮也, 過之者, 俯而就之; 不至焉者, 跂而及之"也. 注引彼二文, 欲擧中爲節也. 起踵曰企, 俛首曰俯. 云"夫孝子有終身之憂, 聖人以三年爲制"者, 聖人雖以三年爲文, 其實二十五月而畢. 故三年問云: "將申夫脩飾之君子與? 則三年之喪, 二十五月而畢, 若駟之過隙, 然而遂之, 則是無窮也. 故先王焉爲之立中制節, 壹使足以成文理則釋之矣", 是也. 喪服四制曰: "始死, 三日不怠, 三月不解, 期悲哀, 三年憂, 恩之殺也." 故孔子云: "子生三年, 然後免於父母之懷. 夫三年之喪, 天下之達喪也." 所以喪必三年爲制也.

번역 ◎李注: "三年"~"限也". ○"삼년상은 천하의 모든 사람들이 따르는 예법이다."라고 했는데, 이것은 정현의 주에 따른 것이다. 『예기』「삼년

飮酒食肉, 疾止復初. <u>不勝喪, 乃比於不慈不孝</u>.

문」편에서는 "삼년상은 천하의 통용되는 상례이다."라고 했고, 정현은 "'달
(達)'자는 천자로부터 서인에 이르기까지 모두 통용된다는 뜻이다."라고 했
는데, 정현의 주와 이곳 주석이 동일하며, 단지 '상(喪)'자를 '예(禮)'자로
바꿨을 따름이다. "불초한 자들로 하여금 발돋움하여 도달토록 하고 현명
한 자로 하여금 굽혀서 따르도록 시킨 것이다."라고 했는데, 『예기』「상복사
제(喪服四制)」편을 살펴보면 "이것이 상을 3년이라는 기간으로 정하여, 현
명한 자도 지나치지 못하게 만들고, 불초한 자도 미치지 못하는 일이 없게
끔 했던 방법이다."[17]라고 했고, 『예기』「단궁(檀弓)」편에서는 "선왕이 예
법을 제정할 때에는 지나친 자에 대해서는 굽히게 해서 나아가게 했고, 미
치지 못하는 자에 대해서는 발돋움을 해서라도 쫓아오게 했다."[18]라고 했
다. 주에서는 이 두 문장을 인용하여, 중도에 따라 절제하게끔 한 것이다.
뒤꿈치를 들어 올리는 것을 '기(企)'라고 부르고, 머리를 숙이는 것을 '부
(俯)'라고 부른다. "자식에게는 종신토록 부모를 생각하는 마음을 갖고 있
는데, 성인이 3년이라는 기간으로 제도를 만들었다."라고 했는데, 성인이
비록 3년이라는 기간으로 제도를 정했지만, 실제로는 25개월이 지나면 끝
나게 된다. 그렇기 때문에 「삼년문」편에서는 "장차 저 문식을 지극히 꾸민
군자를 따르려 하는가? 삼년상은 25개월이 되면 끝나는데, 이것은 마치 네
마리의 말이 끄는 수레가 좁은 틈새를 지나가는 것처럼 빠르지만, 그런데
도 그들을 따른다면 이것은 끝이 없게 되는 것이다. 그렇기 때문에 선왕은
그를 위해서 알맞은 제도를 세우고 절도를 제정하여 모두가 예법에 따른
격식과 이치를 이루면 상복을 벗게 했던 것이다."라고 했다. 「상복사제」편
에서는 "어떤 자가 이제 막 죽었을 때, 그의 자식은 3일 동안 게으름을 피우
지 않고, 3개월 동안 느슨하게 풀어지지 않으며, 1년째에는 비통하고 애통

---

17) 『예기』「상복사제(喪服四制)」【722c】 : 始死, 三日不怠, 三月不解, 期悲哀, 三
年憂, 恩之殺也. 聖人因殺以制節, <u>此喪之所以三年, 賢者不得過, 不肖者不得不
及</u>. 此喪之中庸也, 王者之所常行也. 書曰: "高宗諒闇, 三年不言." 善之也.

18) 『예기』「단궁상(檀弓上)」【80d~81a】 : 曾子謂子思曰: "伋! 吾執親之喪也, 水
漿不入於口者七日." 子思曰: "<u>先王之制禮也, 過之者, 俯而就之; 不至焉者, 跂
而及之</u>. 故君子之執親之喪也, 水漿不入於口者三日, 杖而後能起."

한 마음이 들고, 3년째에는 근심을 하게 되니, 이것은 그 은정이 점진적으로 줄어듦을 뜻한다."라고 했고, 그래서 공자는 "자식이 태어난 후 3년이 지나서야 부모의 품에서 벗어난다. 삼년상이라는 것은 천하의 통용되는 상례이다."라고 했던 것이니, 이것이 복상기간을 기어코 3년으로 제정한 이유이다.

邢疏 ●"子曰"至"終也". ○正義曰: 此夫子述喪親之義, 言孝子之喪親, 哭以氣竭而止, 不有餘偯之聲; 擧措進退之禮, 無趨翔之容; 有事應言, 則言不爲文飾; 服美不以爲安; 聞樂不以爲樂; 假食美味不以爲甘, 此上六事, 皆哀慼之情也.

번역 ●經文: "子曰"~"終也". ○이것은 공자가 부모상의 의미를 기술한 것으로, 자식이 부모를 잃게 되면 곡을 함에 기력이 소진되어야만 그치고, 곡소리에 여운을 내며 소리를 꺾는 것이 없다. 또 행동거지와 나아가고 물러나는 예법에 있어서 종종걸음이나 날갯짓을 하는 것처럼 우아한 모습을 갖추지 않고, 어떤 일이 발생하여 응대하는 말을 하게 되면 말에 문식을 꾸미지 않으며, 아름다운 의복을 입으면 편안하게 여기지 않고, 음악을 들어도 즐겁게 여기지 않으며, 맛있는 음식을 먹더라도 맛있게 여기지 못하니, 이러한 여섯 가지 사안은 모두 애통하고 슬퍼하는 정감 때문이다.

邢疏 ●"三日而食"者, 聖人設敎, 無以親死多日不食傷及生人; 雖卽毀瘠, 不令至於殞滅性命, 此聖人所制喪禮之政也. 又服喪不過三年, 示民有終畢之終也.

번역 ●經文: "三日而食". ○성인이 교화를 펼칠 때 부모의 죽음으로 인해 여러 날 동안 음식을 먹지 않아 살아있는 사람을 상하게 하지 않도록 했으니, 비록 수척해지더라도 생명을 잃는 지경에는 이르지 못하도록 한 것이다. 이것이 바로 성인이 상례를 제정하여 시행토록 한 정치이다. 또 복상기간은 3년을 넘기지 못하도록 하여 백성들에게는 끝을 맺어야 하는 시한이 있음을 보여주었다.

경문 爲之棺槨衣衾而擧之,

번역 부모의 시신을 위해 내관·외관 및 의복과 이불을 만들어서 시신을 안치하고,

李注 周尸爲棺, 周棺爲槨. 衣, 謂斂衣. 衾, 被也. 擧, 謂擧尸內於棺也.

번역 시신을 둘러싸는 내관은 '관(棺)'이고, 내관을 둘러싸는 외관은 '곽(槨)'이다. '의(衣)'는 염(斂)19)을 할 때 사용하는 의복을 뜻한다. '금(衾)'은 시신을 감싸는 이불이다. '거(擧)'자는 시신을 들어서 내관에 안치한다는 뜻이다.

邢疏 ◎注"周尸"至"棺也". ○正義曰: 云"周尸爲棺, 周棺爲槨"者, 此依鄭注也. 檀弓稱: "葬也者, 藏也. 藏也者, 欲人之弗得見也. 是故衣足以飾身, 棺周於衣, 槨周於棺, 土周於槨." 注約彼文, 故言周尸爲棺, 周棺爲槨也. 白虎通云: "棺之言完, 宜完密也. 槨之言廓, 謂開廓不使土侵棺也." 易·繫辭曰: "古之葬者, 厚衣之以薪, 葬之中野, 不封不樹, 喪期無數. 後世聖人易之以棺槨." 按禮記云: "有虞氏瓦棺. 夏后氏堲周. 殷人棺槨. 周人牆置翣." 則虞夏之時, 棺槨之初也. 云"衣, 謂斂衣. 衾, 被也. 擧, 謂擧尸內於棺也"者, 此依孔傳也. 衣謂襲與大小斂之衣也. 衾謂單被覆尸, 薦尸所用. 從初死至大斂, 凡三度加衣也. 一是襲也, 謂沐尸竟, 著衣也, 天子十二稱, 公九稱, 諸侯七稱, 大夫五稱, 士三稱, 襲皆有袍, 袍之上又有衣一通, 朝祭之服, 謂之一稱. 二是小斂之衣也, 天子至士, 皆十九稱, 不復用袍, 衣皆有絮也. 三是大斂也, 天子百二十稱, 公九十稱, 諸侯七十稱, 大夫五十稱, 士三十稱, 衣皆襌袷也. 喪大記云: "布絞二衾, 君大夫士一也." 鄭玄云: "二衾者, 或覆之, 或薦之", 是擧尸所用

---

19) 염(斂)은 시신에 옷을 입혀서 관에 안치하는 것을 뜻한다.

也. 棺槨之數, 貴賤不同. 皇侃據檀弓以天子之棺四重, 謂水·兕革棺, 杝棺
一, 梓棺二. 最在內者水牛皮, 次外兕牛皮, 各厚三寸爲一重, 合厚六寸. 又有
杝棺, 厚四寸, 謂之椑棺, 言漆之椑椑然. 前三物爲二重, 合一尺. 外又有梓棺,
厚六寸, 謂之屬棺, 言連屬內外. 就前四物爲三重, 合厚一尺六寸. 外又有梓
棺, 厚八寸, 謂之大棺, 言其最大, 在衆棺之外. 就前五物爲四重, 合厚二尺四
寸也. 上公去水牛皮, 則三重, 合厚二尺一寸也. 侯·伯·子·男又去兕牛皮,
則二重, 合厚一尺八寸. 上大夫又去椑棺, 一重, 合厚一尺四寸. 下大夫亦一
重, 但屬四寸, 大棺六寸, 合厚一尺. 士不重, 無屬, 唯大棺六寸. 庶人卽棺四
寸. 按檀弓云: "柏槨以端, 長六尺." 又喪大記曰: "君松槨, 大夫柏槨, 士雜木
槨", 是也.

번역 ◎李注: "周尸"~"棺也". ○"시신을 둘러싸는 내관은 '관(棺)'이고,
내관을 둘러싸는 외관은 '곽(槨)'이다."라고 했는데, 이것은 정현의 주에 따
른 것이다. 『예기』「단궁(檀弓)」편에서는 "장례를 치른다고 할 때, 장(葬)자
는 감춘다는 뜻이다. 감춘다는 것은 사람들이 알아보지 못하게끔 하고자
함이다. 이러한 까닭으로 의복을 충분히 갖춰서 시신의 몸을 감싸고, 내관
에는 의복들을 채우며, 내관은 또 외관에 넣고, 구덩이 속에 외관을 넣은
후 흙으로 덮게 된다."20)라고 했는데, 주에서는 이러한 문장을 요약했기
때문에 시신을 둘러싸는 것은 관이고 관을 둘러싸는 것은 곽이라고 했다.
『백호통』에서는 "관(棺)자는 완전하다는 뜻으로, 완전히 밀봉해야만 하는
것이다. 곽(槨)자는 두른다는 뜻으로, 넓게 둘러서 흙이 내관으로 침투하지
못하도록 만든다는 뜻이다."라고 했고, 『역』「계사전(繫辭傳)」에서는 "고대
에 장례를 치를 때에는 땔나무를 두껍게 쌓아서 들판에서 장례를 지냈으며,
봉분도 쌓지 않고 나무도 심지 않았으며 상을 치르는 기간에도 정해진 수
치가 없었다. 그래서 후대의 성인이 관과 곽으로 바꾼 것이다."21)라고 했

---

20) 『예기』「단궁상(檀弓上)」【100d】: 國子高曰: "葬也者, 藏也. 藏也者, 欲人之
弗得見也. 是故衣足以飾身, 棺周於衣, 槨周於棺, 土周於槨, 反壤樹之哉!"
21) 『역』「계사하(繫辭下)」: 古之葬者, 厚衣之以薪, 葬之中野, 不封不樹, 喪期无
數, 後世聖人易之以棺槨, 蓋取諸大過.

다. 『예기』를 살펴보면 "유우씨 때에는 와관(瓦棺)의 방법을 사용했고, 하
후씨 때에는 즐주(堲周)의 방법을 사용했으며, 은나라 때에는 관(棺)과 곽
(槨)을 사용했고, 주나라 때에는 영구를 가릴 때 삽(翣)을 두었다."라고 했
으니, 우와 하 때 사용했던 것은 관과 곽의 초기 형태이다. "'의(衣)'는 염
(斂)을 할 때 사용하는 의복을 뜻한다. '금(衾)'은 시신을 감싸는 이불이다.
'거(擧)'자는 시신을 들어서 내관에 안치한다는 뜻이다."라고 했는데, 이것
은 공안국의 전문에 따른 것이다. '의(衣)'는 습(襲)22)과 대렴(大斂)23)·소
렴(小斂)에 사용되는 옷을 뜻한다. '금(衾)'은 홑겹으로 된 이불로 시신을
덮는 것이며, 시신을 들어 올릴 때 사용한다. 이제 막 돌아가셨을 때로부터
대렴에 이르기까지 총 3차례 옷을 입히게 된다. 첫 번째는 습을 할 때이니,
시신을 목욕시키고 나서 옷을 입히는 것으로, 천자는 12칭(稱)24)으로 하고
공은 9칭으로 하며 제후는 7칭으로 하고 대부는 5칭으로 하며 사는 3칭으
로 하는데, 습을 할 때에는 모두 속옷이 포함되어 속옷 위에 다시 한 겹의
옷을 입히니 조복과 제복을 합쳐 1칭이라고 한다. 두 번째는 소렴 때의 옷
이니, 천자로부터 사에 이르기까지 모두 19칭을 사용하되 속옷은 재차 사
용하지 않고, 여기에 사용되는 옷에는 모두 안감이 있다. 세 번째는 대렴
때의 옷이니, 천자는 120칭이고 공은 90칭이며 제후는 70칭이고 대부는 50
칭이며 사는 30칭인데, 여기에 사용되는 옷은 모두 겹옷으로 만든다. 『예기』
「상대기(喪大記)」편에서는 "포(布)로 만든 홑이불을 사용하고 소렴(小斂)
때 사용한 이불보다 1개를 더하여 2개의 이불을 사용한다. 이것은 군주·
대부·사가 모두 동일하다."25)라고 했고 정현은 "'이금(二衾)'이라고 했는

22) 습(襲)은 시신에 옷을 입히는 의식 절차이다. 한편 시신에 입히는 옷 자체도
'습'이라고 불렀다.
23) 대렴(大斂)은 상례(喪禮) 절차 중 하나이다. 소렴(小斂)을 끝낸 뒤, 의복과 이
불 등으로 재차 시신을 감싸 관에 안치하는 절차이다.
24) 칭(稱)은 수량을 나타내는 양사(量詞)이다. 즉 짝을 지어 갖추는 일련의 의복
등을 헤아리는 단위이다. 예를 들어 포(袍)라는 옷에는 반드시 겉에 걸치는
옷이 있어야 하며, 홑옷으로 입어서는 안 되고, 상의에는 반드시 그에 맞는
하의가 있어야 하는데, 이처럼 포(袍)에 겉옷을 갖추고, 상의에 맞게 하의까
지 갖추는 것을 1칭(稱)이라고 부른다. 『예기』「상대기(喪大記)」편에는 "袍必
有表不禪, 衣必有裳, 謂之一稱."이라는 기록이 있다.

데, 하나는 덮는 것이고 다른 하나는 밑을 받치는 것이다."라고 했는데, 이
것은 시신을 들어 올릴 때 사용하는 것을 뜻한다. 관과 곽의 수에 있어서는
신분에 따라 다르다. 황간[26])은 「단궁」편의 기록에 근거하여 천자의 관은
4중이니, 물소 가죽과 외뿔소 가죽으로 된 관이 있고, 피나무로 만든 관이
한 겹이고, 가래나무로 만든 관이 두 겹이다. 가장 안쪽에 있는 것은 물소
가죽으로 만든 관이고, 그 겉에는 외뿔소 가죽으로 만든 관이 있는데, 각각
의 두께는 3촌으로 한 겹이 되니, 총 두께는 6촌이다. 또 피나무로 만든
관이 있는데 그 두께는 4촌이며, 이것을 '비관(椑棺)'이라고 부르는데, 옻칠
을 한 것과 비슷하다는 의미이다. 여기까지 언급한 세 가지 관이 두 겹이
되는데, 총 두께는 1척이 된다. 그 겉에는 가래나무로 만든 관이 있는데
그 두께는 6촌이며, 이것을 '속관(屬棺)'이라고 부르는데, 내관과 외관을 연
결한다는 의미이다. 여기까지 언급한 네 가지 관이 세 겹이 되는데, 총 두께
는 1척 6촌이다. 그 겉에는 또 가래나무로 만든 관이 있게 되는데 그 두께는
8촌이며, 이것을 '대관(大棺)'이라고 부르는데, 가장 크다는 뜻이니, 모든
관들 중에서도 가장 겉에 있기 때문이다. 여기까지 언급한 다섯 가지 관이
네 겹이 되는데, 총 두께는 2척 4촌이다. 상공(上公)은 천자가 사용하는 것
중에서 물소 가죽으로 만든 관을 제거하여 3중이 되며 총 두께는 2척 1촌이
다. 후작·백작·자작·남작은 또한 외뿔소 가죽으로 만든 관도 제거하니
2중이 되며 총 두께는 1척 8촌이다. 상대부는 또한 피나무로 만든 관도 제
거하니 1중이 되며 총 두께는 1척 4촌이다. 하대부 또한 1중으로 만드는데
속관이 4촌이고 대관은 6촌이어서 총 두께는 1척이 된다. 사는 겹으로 만들

25)『예기』「상대기(喪大記)」【534d~535a】: 大斂: 布絞, 縮者三, 横者五; 布給, 二衾. 君·大夫·士一也. 君陳衣于庭, 百稱, 北領西上. 大夫陳衣于序東, 五十稱, 西領南上. 士陳衣于序東, 三十稱, 西領南上. 絞·給如朝服. 絞一幅爲三, 不辟. 給五幅, 無紞.

26) 황간(皇侃, A.D.488~A.D.545): =황씨(皇氏). 남조(南朝) 때 양(梁)나라의 경학자이다.『주례(周禮)』,『의례(儀禮)』,『예기(禮記)』등에 해박하여,『상복문구의소(喪服文句義疏)』,『예기의소(禮記義疏)』,『예기강소(禮記講疏)』등을 지었지만, 현재는 전해지지 않는다. 그 일부가 마국한(馬國翰)의『옥함산방집일서(玉函山房輯佚書)』에 수록되어 있다.

지 않고 속관이 없으며 오직 대관만 6촌으로 만든다. 서인의 경우 내관이
4촌이다. 「단궁」편을 살펴보면 "측백나무로 곽을 만들 때에는 나무의 밑동
을 사용하고, 그 길이는 6척(尺)으로 한다."[27]라고 했고 「상대기」편에서는
"제후는 소나무로 만든 곽을 사용하고, 대부는 측백나무로 만든 곽을 사용
하며, 사는 잡목으로 만든 곽을 사용한다."[28]라고 했다.

경문 陳其簠簋而哀慼之,

번역 보(簠)와 궤(簋) 등을 진설하고 부모를 애도하며,

李注 簠簋, 祭器也. 陳奠素器而不見親, 故哀慼也.

번역 보(簠)와 궤(簋)는 제기이다. 전제사를 지내며 옻칠만 하고 장식이
없는 소기들을 진설하였는데 부모의 모습을 볼 수 없기 때문에 슬퍼하는
것이다.

邢疏 ◎注"簠簋"至"慼也". ○正義曰: "簠簋, 祭器也"者, 周禮·舍人職
云: "凡祭祀供簠簋, 實之陳之." 是簠簋爲器也. 故鄭玄云: "方曰簠,
圓曰簋, 盛黍稷稻粱器." 云"陳奠素器而不見親, 故哀慼也"者, 下檀弓云: "奠以素器,
以生者有哀素之心也." 又按陳簠簋在衣衾之下, 哀以送之上, 舊說以爲大斂
祭, 是不見親, 故哀慼也.

번역 ◎李注: "簠簋"~"慼也". ○"보(簠)와 궤(簋)는 제기이다."라고 했
는데, 『주례』「사인(舍人)」편의 직무 기록에서는 "제사를 지낼 때에는 보와
궤를 공급하니, 음식을 채우고 진열한다."[29]라고 했는데, 이것은 보와 궤가
제기가 된다는 사실을 나타낸다. 그렇기 때문에 정현은 "사각형으로 만든
것을 '보(簠)'라고 부르고 원형으로 만든 것을 '궤(簋)'라고 부르는데, 기장

이나 쌀을 담는 그릇이다."라고 했다. "전제사를 지내며 소기들을 진설하였
는데 부모의 모습을 볼 수 없기 때문에 슬퍼하는 것이다."라고 했는데,『예
기』「단궁하(檀弓下)」편에서는 "전제사에서는 소기(素器)를 사용하여 음식
을 올리니, 전제사를 올리는 자들에게 애통하여 꾸밈을 갖출 수 없는 마음
이 있기 때문이다."30)라고 했다. 또 보와 궤를 진설하는 일이 옷이나 이불
등에 대한 사안 뒤, 그리고 애도하며 영구를 전송하는 일 앞에 기록되어
있는데, 옛 학설에서는 제기를 진설하는 것이 대렴 때의 제사라고 여겼고,
이 시기에는 부모의 시신을 볼 수 없기 때문에 슬퍼하게 된다고 주장한다.

경문 擗踊哭泣, 哀以送之.

번역 가슴을 치고 발을 구르며 곡을 하고 눈물을 흘리며 애통한 마음을
다하여 영구를 전송한다.

李注 男踊女擗, 祖載送之.

번역 남자는 발을 구르고 여자는 가슴을 치는데, 조전(祖奠)31)을 지내
고 영구를 수레에 싣고서 전송한다.

邢疏 ◎注"男踊"至"送之". ○正義曰: 按問喪云: "在牀曰尸, 在棺曰柩. 動
尸擧柩, 哭踊無數. 惻怛之心, 痛疾之意, 悲哀志懣氣盛, 故袒而踊之. 婦人不
宜袒, 故發胸·擊心·爵踊·殷殷田田, 如壞牆然", 則是女質不宜極踊, 故以
擗言之. 據此女旣有踊, 則男亦有擗, 是互文也. 云"祖載送之"者, 按旣夕禮:
柩車遷祖, 質明設遷祖奠, 日側徹之, "乃載". 鄭注云: "乃擧柩郤下而載之."
又云: 商祝飾柩, 及陳器訖, "乃祖". 注云: "還柩鄕外, 爲行始." 又檀弓云: "曾
子弔於負夏, 主人旣祖." 鄭云: "祖謂移柩車去載處, 爲行始." 然則祖, 始也.

---

30)『예기』「단궁하(檀弓下)」【113d】: 奠以素器, 以生者有哀素之心也. 唯祭祀之
禮, 主人自盡焉爾, 豈知神之所饗? 亦以主人有齊敬之心也!
31) 조전(祖奠)은 발인 하루 전에 올리는 전제(奠祭)를 가리킨다.

以生人將行而飮酒曰祖, 故柩車旣載而設奠謂之祖奠. 是"祖載送之"之義也.

번역 ◎李注: "男踊"~"送之". ○『예기』「문상(問喪)」편을 살펴보면, "시신이 침상 위에 있으면 시(尸)라 부르고, 관에 안치되면 구(柩)라고 부른다. 시신을 이동하고 영구를 들 때에는 곡과 용(踊)을 함에 정해진 수치가 없다. 슬픈 마음과 애통한 생각으로 인해, 비통하고 애통하여 생각은 번민으로 가득차고 슬픈 기운이 가득 차게 된다. 그렇기 때문에 단(祖)을 하고 용을 한다."[32]라고 했고, "부인은 단을 하기가 마땅하지 않기 때문에, 앞쪽의 옷을 젖히고 가슴을 두드리며 작용(爵踊)[33]을 하니, 가슴을 치는 소리가 나서, 마치 무너진 담장과 같이 된다."[34]라고 했으니, 여자는 본래 남자처럼 발 구르기를 할 수 없기 때문에 가슴을 친다고 말한 것이다. 그런데 「문상」편의 기록에 따르면 여자도 작용을 한다고 했고 남자 또한 가슴을 친다고 했으니, 이것은 상호 호환이 되도록 기록한 것이다. "조전을 지내고 영구를 수레에 싣고서 전송한다."라고 했는데, 『의례』「기석례(旣夕禮)」편을 살펴보면, 영구를 싣고 조묘로 옮기고서 새벽에 영구를 옮길 때 진설하는 조전을 올리고 해가 기울면 치우고 '내재(乃載)'라고 했다. 정현의 주에서는 "영구를 들고 물러나와 수레에 싣는다."라고 했다. 또 상축(商祝)[35]이 영구를 장식하고 제기 진설을 마치면, '내조(乃祖)'를 한다고 했다. 정현의 주에서는 "영구의 방향을 틀어 밖을 향하게 되니 행차가 시작되기 때문이다."라고 했다. 또 『예기』「단궁(檀弓)」편에서는 "증자가 위나라 부하라는 지역으로 찾아가서 조문을 하였는데, 당시 상주는 이미 조전을 시행한 상태였다

---

32) 『예기』「문상(問喪)」【658a】: 三日而斂, 在牀曰尸, 在棺曰柩. 動尸擧柩, 哭踊無數. 惻怛之心, 痛疾之意, 悲哀志懣氣盛, 故袒而踊之, 所以動體安心下氣也.

33) 작용(爵踊)은 상중(喪中)에 용(踊)을 하는 방법 중 하나이다. 참새가 뛰는 것처럼 하니, 발이 지면에서 떨어지지 않는 것이다.

34) 『예기』「문상(問喪)」【658b】: <u>婦人不宜袒, 故發胸擊心爵踊, 殷殷田田, 如壞墻然, 悲哀痛疾之至也. 故曰, "辟踊哭泣, 哀以送之"</u>, 送形而往, 迎精而反也.

35) 상축(商祝)은 상(商)나라 즉 은(殷)나라 때의 예법을 익혀서, 제사를 돕는 자를 뜻한다. 『예기』「악기(樂記)」편에는 "商祝辨乎喪禮, 故後主人."이라는 기록이 있는데, 이에 대한 공영달(孔穎達)의 소(疏)에서는 "商祝, 謂習商禮而爲祝者."라고 풀이했다.

."36)라고 했고, 정현은 "'조(祖)'라는 것은 영구를 실은 수레를 이동시켜서, 영구를 실었던 장소를 떠나는 것이니, 장례 행렬의 시작점이 된다."라고 했다. 그렇다면 조(祖)라는 것은 시작을 의미한다. 사람들이 행차를 하려고 할 때 술을 마시는 것을 '조(祖)'라고 부르기 때문에 수레에 영구 싣는 것을 마치고 전제사를 진설하는 것을 '조전(祖奠)'이라고 부른다. 이것이 "조전(祖奠)을 지내고 영구를 수레에 싣고서 전송한다."는 뜻이다.

경문 卜其宅兆, 而安措之.

번역 무덤과 묘역에 대해 점을 치고, 길한 점괘가 나온 곳에 시신을 안장한다.

李注 宅, 墓穴也. 兆, 塋域也. 葬事大, 故卜之.

번역 '택(宅)'자는 무덤을 뜻한다. '조(兆)'자는 묘역을 뜻한다. 장례는 중대한 사안이기 때문에 점을 쳐서 정한다.

邢疏 ◎注"宅墓"至"卜之". ○正義曰: 云"宅, 墓穴也. 兆, 塋域也"者, 此依孔傳也. 按士喪禮"筮宅", 鄭云: "宅, 葬居也." 詩云: "臨其穴, 惴惴其慄." 鄭云: "穴謂塚壙中也." 故云"宅, 墓穴也". 按周禮・冢人: "掌公墓之地, 辨其兆域", 則兆是塋域也. 云"葬事大, 故卜之"者, 此依鄭注也. 孔安國云: "恐其下有伏石, 涌水泉, 復爲市朝之地, 故卜之", 是也.

번역 ◎李注: "宅墓"~"卜之". ○"택(宅)'자는 무덤을 뜻한다. '조(兆)'자는 묘역을 뜻한다."라고 했는데, 이것은 공안국의 전문에 따른 것이다. 『의례』「사상례(士喪禮)」편을 살펴보면 "택(宅)에 대해 시초점을 친다."라고 했고, 정현은 "'택(宅)'자는 장례를 치르는 장소이다."라고 했다. 『시』에서는

36) 『예기』「단궁상(檀弓上)」【87c】: 曾子弔於負夏, 主人旣祖, 塡池, 推柩而反之, 降婦人而后行禮. 從者曰: "禮與?" 曾子曰: "夫祖者, 且也. 且胡爲其不可以反宿也?"

"그 무덤 속에 들어가실 때에는 덜덜 떨리셨겠구나."37)라고 했고, 정현은
"혈(穴)은 무덤 속을 뜻한다."라고 했다. 그렇기 때문에 "'택(宅)'자는 무덤
을 뜻한다."라고 했다. 『주례』「총인(冢人)」편을 살펴보면 "왕실에서 사용
할 묘지를 담당하여, 묘역으로 사용될 장소를 변별한다."38)라고 했으니, 조
(兆)는 묘역을 뜻한다. "장례는 중대한 사안이기 때문에 점을 쳐서 정한다."
라고 했는데, 이것은 정현의 주에 따른 것이다. 공안국은 "그 아래 커다란
돌이 박혀 있거나 샘물이 솟아 나오거나 그 땅이 시장이나 조정처럼 번잡
한 곳이 될 수도 있기 때문에 점을 치는 것이다."라고 했다.

경문 爲之宗廟, 以鬼享之,

번역 부모의 신주를 종묘에 안치하고 귀신의 도에 따라 흠향을 시켜드
리며,

李注 立廟祔祖之後, 則以鬼禮享之.

번역 부모의 묘를 세우고 조상에게 부제(祔祭)를 지낸 이후라면 귀신을
섬기는 예법에 따라 흠향을 시켜드린다.

邢疏 ◎注"立廟"至"享之". ○正義曰: 立廟者, 卽禮記·祭法天子至士皆
有宗廟, 云"王立七廟, 曰考廟·曰王考廟·曰皇考廟·曰顯考廟·曰祖考廟,
皆月祭之. 遠廟爲祧, 有二祧, 享嘗乃止. 諸侯立五廟, 曰考廟·曰王考廟·曰
皇考廟, 皆月祭之. 顯考廟·祖考廟, 享嘗乃止. 大夫立三廟, 曰考廟·曰王考
廟·曰皇考廟, 享嘗乃止. 適士二廟, 曰考廟·曰王考廟, 享嘗乃止. 官師一廟
曰考廟. 庶人無廟". 斯則立宗廟者, 爲能終於事親也. 舊解云: 宗, 尊也; 廟,

---

37) 『시경』「진풍(秦風)·황조(黃鳥)」: 交交黃鳥, 止于棘. 誰從穆公, 子車奄息. 維
   此奄息, 百夫之特. 臨其穴, 惴惴其慄. 彼蒼者天, 殲我良人. 如可贖兮, 人百其
   身.
38) 『주례』「춘관(春官)·총인(冢人)」: 冢人掌公墓之地, 辨其兆域而爲之圖, 先王
   之葬居中, 以昭穆爲左右.

貌也, 言祭宗廟, 見先祖之尊貌也. 故祭義曰: "祭之日, 入室, 優然必有見乎其位; 周還出戶, 愾然必有聞乎其歎息之聲", 是也. 祔祖, 謂以亡者之神祔之於祖也. 檀弓曰: "卒哭曰'成事'. 是日也, 以吉祭易喪祭. 明日, 祔祖父", 則是卒哭之明日而祔, 未卒哭之前皆喪祭也. 旣祔之後, 則以鬼禮享之. 然宗廟謂士以上, 則春秋祭祀兼於庶人也.

번역　◎李注: "立廟"~"享之". ○묘를 세운다고 했는데, 『예기』「제법(祭法)」편에서는 천자로부터 사에 이르기까지 모두 종묘를 세운다고 하며, "천자는 7개의 묘를 세우니 고묘(考廟)·왕고묘(王考廟)·황고묘(皇考廟)·현고묘(顯考廟)·조고묘(祖考廟)이며, 이들에 대해서는 모두 달마다 제사를 지낸다. 대수가 먼 조상의 묘는 조묘(祧廟)가 되니, 2개의 조묘가 있게 되며, 이들에 대해서는 사계절마다 제사를 지낼 뿐이다."[39]라고 했고, "제후는 5개의 묘를 세우니 고묘(考廟)·왕고묘(王考廟)·황고묘(皇考廟)이며, 이들에 대해서는 모두 달마다 제사를 지낸다. 현고묘(顯考廟)와 조고묘(祖考廟)에 대해서는 사계절마다 제사를 지낼 뿐이다."[40]라고 했으며, "대부는 3개의 묘를 세우니 고묘(考廟)·왕고묘(王考廟)·황고묘(皇考廟)이며, 이들에 대해서는 사계절마다 제사를 지낼 뿐이다."[41]라고 했고, "적사는 2개의 묘를 세우니 고묘(考廟)·왕고묘(王考廟)이며, 이들에 대해서는 사계절마다 제사를 지낼 뿐이다."[42]라고 했으며, "관사는 1개의 묘를 세우니 고묘(考廟)이다."[43]라고 했고, "서인들은 묘가 없다."[44]라고 했다.

---

39) 『예기』「제법(祭法)」【549a】: 是故王立七廟, 一壇一墠, 曰考廟, 曰王考廟, 曰皇考廟, 曰顯考廟, 曰祖考廟, 皆月祭之; 遠廟爲祧, 有二祧, 享嘗乃止; 去祧爲壇, 去壇爲墠, 壇墠有禱焉祭之, 無禱乃止; 去墠曰鬼.

40) 『예기』「제법(祭法)」【549d】: 諸侯立五廟, 一壇一墠, 曰考廟, 曰王考廟, 曰皇考廟, 皆月祭之; 顯考廟, 祖考廟, 享嘗乃止; 去祖爲壇, 去壇爲墠, 壇墠有禱焉祭之, 無禱乃止; 去墠爲鬼.

41) 『예기』「제법(祭法)」【550a】: 大夫立三廟, 二壇, 曰考廟, 曰王考廟, 曰皇考廟, 享嘗乃止; 顯考·祖考無廟, 有禱焉, 爲壇祭; 去壇爲鬼.

42) 『예기』「제법(祭法)」【550a~b】: 適士二廟一壇, 曰考廟, 曰王考廟, 享嘗乃止; 皇考無廟, 有禱焉, 爲壇祭; 去壇爲鬼.

43) 『예기』「제법(祭法)」【550b】: 官師一廟, 曰考廟, 王考無廟而祭之, 去王考爲鬼.

44) 『예기』「제법(祭法)」【550b】: 庶士·庶人無廟, 死曰鬼.

이곳에서는 종묘를 세우는 것이 부모를 섬기는 일에 대해 마무리를 잘 짓
는 것이라고 여겼다. 옛 학설에 따르면 '종(宗)'자는 존귀하다는 뜻이며, '묘
(廟)'자는 모습을 뜻하니, 종묘에 제사를 지내는 것은 선조의 존귀한 모습
을 보는 것과 같다는 의미이다. 그렇기 때문에 『예기』「제의(祭義)」편에서
는 "제사를 지내는 당일 묘실(廟室)로 들어서면, 신주의 자리에 부모가 있
는 것을 어렴풋하게 보게 된다. 또 음식을 올리고 술잔을 바칠 때 간혹 방문
밖으로 나가게 되는데, 그 시기에는 부모가 움직일 때 나는 소리를 엄숙한
가운데 듣게 된다."45)라고 했다. '부조(祔祖)'라는 것은 죽은 자의 신주를
조상의 묘에 합사하는 것을 뜻한다. 『예기』「단궁(檀弓)」편에서는 "졸곡(卒
哭)을 지낼 때에는 축사에서 '이제 슬퍼하며 음식을 올리는 일이 완성되어,
길제(吉祭)가 되었습니다.'라고 말한다. 그 날에는 길제(吉祭)46)로써 상제
(喪祭)47)를 대체하게 된다. 그 다음날에는 조부의 묘에서 부제(祔祭)를 지
낸다."48)라고 했으니, 졸곡을 지낸 다음날에 부제를 지내며, 아직 졸곡을
하기 이전에는 모두 상제로 지내게 됨을 나타낸다. 따라서 부제를 치른 이
후라면 귀신을 섬기는 예로써 흠향을 시켜드린다. 그런데 종묘라는 것은
사 이상의 계층에 적용되는 것이니, 사계절마다 지내는 제사는 서인까지도
포함된다.

---

45) 『예기』「제의(祭義)」【554a~b】: 祭之日, 入室, 僾然必有見乎其位; 周還出戶,
肅然必有聞乎其容聲; 出戶而聽, 愾然必有聞乎其歎息之聲.
46) 길제(吉祭)는 상례(喪禮)의 단계를 뜻한다. 우제(虞祭)를 지낸 뒤, 졸곡(卒哭)
을 하며 제사를 지내게 되는데, 이 단계부터 지내는 제사를 '길제'라고 부른
다. 상(喪)은 흉사(凶事)에 해당하는데, 그 이전까지는 슬픔에서 벗어나기 힘
들기 때문에 흉제(凶祭) 또는 상제(喪祭)라고 부르며, 이 단계부터는 평상시
처럼 길(吉)한 때로 접어들기 때문에 '길제'라고 부른다. 『예기』「단궁하(檀弓
下)」편에는 "是月也, 以虞易奠, 卒哭曰成事. 是日也, 以吉祭易喪祭."라는 기록
이 있다. 또 삼년상을 마치게 되면 신주(神主)를 종묘(宗廟)에 안치하고 길례
(吉禮)에 따라 제사를 지내게 되는데, 이러한 제사를 '길제'라고 부른다. 또한
평상시 정규적으로 지내는 제사를 '길제'라고도 부른다.
47) 상제(喪祭)는 장례(葬禮)를 치른 이후에 지내는 제사들을 지칭하는 말이다.
48) 『예기』「단궁하(檀弓下)」【116a~b】 是日也, 以虞易奠. 卒哭曰, "成事." 是日
也, 以吉祭易喪祭, 明日祔于祖父.

경문 春秋祭祀, 以時思之.

번역 봄과 가을마다 제사를 지내서 때마다 부모를 생각한다.

李注 寒暑變移, 益用增感, 以時祭祀, 展其孝思也.

번역 추위와 더위의 변화가 많아지면 더욱 느끼는 것들이 많아져서 계절마다 제사를 지내 효심을 드러낸다.

邢疏 ◎注"寒暑"至"思也". ○正義曰: 按祭義云: "霜露旣降, 君子履之, 必有淒愴之心, 非其寒之謂也. 春, 雨露旣濡, 君子履之, 必有怵惕之心, 如將見之", 是也.

번역 ◎李注: "寒暑"~"思也". ○『예기』「제의(祭義)」편을 살펴보면, "가을에 서리와 이슬을 내렸는데, 군자가 그것을 밟게 되면 반드시 슬프고 애달픈 마음이 들게 되니, 그것은 추위 때문이 아니며, 부모의 혼령이 떠나가게 됨을 생각해서이다. 또 봄에 비와 이슬이 내려 땅을 적셨는데, 군자가 그것을 밟게 되면 반드시 조심스러운 마음이 들게 되니, 그것은 따뜻함 때문이 아니며, 부모의 혼령을 보게 됨을 생각해서이다."[49]라고 했다.

邢疏 ●"爲之"至"思之". ○正義曰: 此言送終之禮, 及三年之後宗廟祭祀之事也. 言孝子送終, 須爲棺槨衣衾也. 大斂之時, 則用衾而擧尸內於棺中也. 陳設籩簋之奠, 而加哀感. 葬則男踊女擗, 哭泣哀號以送之. 親旣長依丘壟, 故卜選宅兆之地而安置之. 旣葬之後, 則爲宗廟, 以鬼神之禮享之. 三年之後, 感念於親, 春秋祭祀, 以時思之也.

---

49) 『예기』「제의(祭義)」【553b】: 祭不欲數, 數則煩, 煩則不敬. 祭不欲疏, 疏則怠, 怠則忘. 是故君子合諸天道, 春禘秋嘗. <u>霜露旣降, 君子履之, 必有悽愴之心, 非其寒之謂也. 春, 雨露旣濡, 君子履之, 必有怵惕之心, 如將見之</u>. 樂以迎來, 哀以送往, 故禘有樂而嘗無樂.

번역 ●經文: "爲之"~"思之". ○이 문장은 부모의 시신을 전송하는 예법과 삼년상을 마친 이후 종묘에서 제사지내는 사안을 나타내고 있다. 자식이 부모의 시신을 전송하게 되면 반드시 관과 곽 및 의복과 이불 등을 마련하게 된다. 대렴을 치를 때라면 이불을 사용하여 시신을 들어 관 속에 안치한다. 보나 괘 등을 진설하여 전제사를 지내고 애도의 뜻을 더한다. 장례를 치르게 되면 남자는 발을 구르고 여자는 가슴을 치며 곡을 하고 눈물을 흘리며 슬프게 울부짖으며 영구를 전송한다. 부모의 시신은 장구한 기간 동안 묘소에 있게 되므로 무덤과 묘역을 쓸 곳은 점을 쳐서 정하고 길한 점괘가 나온 곳에 안치한다. 장례를 마친 뒤라면 종묘를 세워서 귀신에 대한 예법으로 흠향을 시켜드린다. 삼년상을 마친 이후 부모에 대한 생각이 나게 되니 봄과 가을에 제사를 지내어 때마다 부모를 그리워하게 된다.

경문 生事愛敬, 死事哀慼, 生民之本盡矣, 死生之義備矣, 孝子之事親終矣.

번역 부모가 생존해 계셨을 때에는 사랑과 공경을 다하고, 돌아가셨을 때에는 슬픔을 다하니, 이처럼 한다면 백성들이 자신의 본분을 다하게 될 것이며, 돌아가셨거나 생존해 계셨을 때 섬기는 도의가 모두 갖춰지게 될 것이고, 자식이 부모를 섬기는 도리 또한 잘 마무리 될 것이다.

李注 愛敬哀慼, 孝行之始終也. 備陳死生之義, 以盡孝子之情.

번역 사랑과 공경을 다하고 슬픔을 다하는 것은 효행의 시작과 끝이다. 삶과 죽음의 도리를 모두 갖추어서 자식의 정감을 다하게 된다.

邢疏 ◎注"愛敬"至"之情". ○正義曰: 云"愛敬哀慼, 孝行之終始也"者, 愛敬是孝行之始也, 哀慼是孝行之終也. 云"備陳死生之義, 以盡孝子之情"者, 言孝子之情無所不盡也.

번역 ◎李注: "愛敬"~"之情". ○"사랑과 공경을 다하고 슬픔을 다하는 것

은 효행의 시작과 끝이다."라고 했는데, 사랑과 공경은 효행의 시작이고, 슬픔
은 효행의 끝이다. "삶과 죽음의 도리를 모두 갖추어서 자식의 정감을 다하게
된다."라고 했는데, 자식의 정감에 다하지 못하는 점이 없다는 뜻이다.

邢疏　●"生事"至"終矣". ○正義曰: 此合結生死之義. 言親生則孝子事之,
盡於愛敬; 親死則孝子事之, 盡於哀感. 生民之宗本盡矣, 死生之義理備矣, 孝
子之事親終矣. 言十八章, 具載有此義.

번역　●經文: "生事"~"終矣". ○이것은 생존해 계셨을 때 섬기고 돌아
가셨을 때 섬기는 도의에 대해서 결론을 맺은 것이다. 부모가 생존해 계시
다면 자식이 부모를 섬기며 사랑과 공경을 다하고, 부모가 돌아가셨다면
자식이 부모를 섬기며 슬픔을 다한다는 뜻이다. 이처럼 한다면 백성들의
본분이 모두 지켜질 것이고, 삶과 죽음의 도리가 모두 갖춰지게 되며, 자식
이 부모를 섬기는 일도 잘 끝맺게 된다. 즉『효경』에 포함된 18개의 장은
이러한 도의를 모두 수록하고 있다는 의미이다.

三年問 人名 및 用語 辭典

◎ 가읍(家邑) : '가읍'은 대부(大夫)가 부여받는 채지(采地)를 뜻한다.

◎ 가정본(嘉靖本) : 『가정본(嘉靖本)』에는 간행한 자의 정보가 기록되어 있지 않다. 『십삼경주소(十三經注疏)』의 판본이다. 20권으로 구성되어 있으며, 각 권의 뒤편에는 경문(經文)과 그에 따른 주(注)를 간략히 기록하고 있다. 단옥재(段玉裁)는 이 판본이 가정(嘉靖) 연간에 송본(宋本)을 모방하여 간행된 것이라고 여겼다.

◎ 간적(簡狄) : '간적'은 전설상의 인물이다. 유융씨(有娀氏)의 딸이며, 제곡(帝嚳)의 부인이었다고 전해진다. 현조(玄鳥)의 알을 삼키고 잉태를 해서, 상(商)나라의 시조격인 설(契)을 낳았다. 『초사(楚辭)』「천문(天問)」편에는 "簡狄在臺嚳何宜. 玄鳥致貽女何喜."라고 기록되어 있고, 『사기(史記)』「은본기(殷本紀)」편에는 "殷契, 母曰簡狄, 有娀氏之女, 爲帝嚳次妃. 三人行浴, 見玄鳥墮其卵, 簡狄取吞之, 因孕生契."이라고 기록되어 있다.

◎ 감본(監本) : 『감본(監本)』은 명(明)나라 국자감(國子監)에서 간행한 『십삼경주소(十三經注疏)』의 판본이다.

◎ 감생제(感生帝) : '감생제'는 감제(感帝)·감생(感生)이라고도 부른다. 태미오제(太微五帝)의 정기를 받아서 태어난 인간세상의 제왕을 뜻한다. 고대에는 각 왕조의 선조들이 모두 상제(上帝)의 기운을 받아서 태어

났다고 여겼기 때문에, '감생제'라는 명칭이 생기게 되었다.

◎ 강복(降服) : '강복'은 상(喪)의 수위를 본래의 등급보다 한 등급 낮추는 일에 해당한다. 예를 들어 자식은 부모에 대해 삼년상을 치러야 하지만, 다른 집의 양자로 간 경우라면 자신의 친부모에 대해 삼년상을 치르지 않고, 한 등급 낮춰서 1년만 치르게 된다. 이것은 상(喪)의 기간에만 해당하는 것이 아니라, 상복(喪服) 및 상(喪)을 치르며 부수적으로 갖추게 되는 기물(器物)들에도 적용된다.

◎ 강원(姜嫄) : '강원'은 강원(姜原)이라고도 부른다. 전설상의 인물이다. 유태씨(有邰氏)의 딸이자, 주(周)나라의 시조인 후직(后稷)의 어머니이다. 제곡(帝嚳)의 본처이며, 거인의 발자국을 밟고서 잉태를 했고, 이후에 직(稷)을 낳았다고 전해진다. 『시』「대아(大雅)·생민(生民)」편에는 "厥初生民, 時惟姜嫄."이라는 기록이 있고, 『사기(史記)』「주본기(周本紀)」편에는 "周后稷, 名棄. 其母有邰氏女, 曰姜原. 姜原爲帝嚳元妃. 姜原出野, 見巨人跡, 心忻然說, 欲踐之. 踐之而身動如孕者."라는 기록이 있다.

◎ 강원(姜原) : =강원(姜嫄)

◎ 강지(畺地) : '강지'는 주(周)나라 때 도성에서 500리(理) 떨어진 지역을 일컫는 말이다.

◎ 개성석경(開成石經) : 『개성석경(開成石經)』은 당(唐)나라 만들어진 석경(石經)을 뜻한다. 돌에 경문(經文)을 새겼기 때문에, '석경'이라고 부른다. 당나라 때 만들어진 '석경'은 대화(大和) 7년(A.D.833)에 만들기 시작하여, 개성(開成) 2년(A.D.837)에 완성되었기 때문에, '개성석경'이라고도 부르는 것이다.

◎ 경사(京師) : '경사'는 그 나라의 수도를 뜻한다. 『시』「대아(大雅)·공유(公劉)」편에는 "京師之野, 于時處處."라는 기록이 있고, 이에 대해 마서신(馬瑞辰)의 『통석(通釋)』에서는 오두남(吳斗南)의 주석을 인용해서, "京者, 地名. 師者, 都邑之稱. 如洛邑, 亦稱洛師之類."라고 풀이했다. 즉 '경(京)'자는 단순한 지명이었고, '사(師)'자가 수도를 뜻하는 단어였다. 이후에는 '경사'라는 단어를 그 나라의 수도를 가리키는 용어로 사용하였다.

◎ 경사(卿士) : '경사'는 주(周)나라 때 주왕조의 정사(政事)를 총감독했던 직위이다. 육경(六卿)과 별도로 설치되었으며, 육관(六官)의 일들을 총

감독했다. 『시』「소아(小雅)·십월지교(十月之交)」편에는 "皇父卿士, 番維司徒."라는 기록이 있는데, 이에 대한 주희(朱熹)의 『집주(集注)』에서는 "卿士, 六卿之外, 更爲都官, 以總六官之事也."라고 풀이하였으며, 『춘추좌씨전』「은공(隱公) 3년」편에는 "鄭武公莊公爲平王卿士."라는 기록이 있는데, 이에 대한 두예(杜預)의 주에서는 "卿士, 王卿之執政者."라고 풀이하였다.

◎ 경전석문(經典釋文) : 『경전석문(經典釋文)』은 석문(釋文)이라고도 부른다. 당(唐)나라 때의 학자인 육덕명(陸德明)이 지은 책이다. 문자(文字)의 동이(同異) 및 음과 뜻에 대해서 풀이한 서적이다. 전체 30권으로 구성되어 있으며, 『역(易)』, 『서(書)』, 『시(詩)』, 『주례(周禮)』, 『의례(儀禮)』, 『예기(禮記)』 등 주요 유가경전(儒家經典)들에 대해 풀이하고 있다. 한편 노장사상(老莊思想)이 유행했던 당시의 영향으로, 『노자(老子)』와 『장자(莊子)』에 대한 내용 또한 수록되어 있다.

◎ 고문(皋門) : '고문'은 천자의 궁(宮)에 설치된 문들 중에서 가장 바깥쪽에 설치하는 문이다. 높다는 의미의 '고(高)'자가 '고(皋)'자와 통용되므로, 붙여진 명칭이다. 『시』「대아(大雅)·면(緜)」편에는 "迺立皋門, 皋門有伉."이라는 용례가 있고, 『예기』「명당위(明堂位)」편의 "大廟, 天子明堂. 庫門, 天子皋門. 雉門, 天子應門."이라는 기록에 대해, 정현의 주에서는 "皋之言高也."라고 풀이했다.

◎ 고문(庫門) : '고문'에 대해서는 크게 두 가지 해설이 있다. 첫 번째는 치문(雉門)에 대한 해설처럼, 제후의 궁(宮)에 있는 문으로, 천자의 궁에 있는 고문(皋門)에 해당한다고 보는 의견이다. 이것은 치문과 마찬가지로 『예기』「명당위(明堂位)」편의 "大廟, 天子明堂. 庫門, 天子皋門. 雉門, 天子應門."이라는 기록에 근거한 해설이다. 손희단(孫希旦)의 『집해(集解)』에서는 이 문장 및 『시(詩)』, 『서(書)』, 『예(禮)』, 『춘추(春秋)』에 나타난 기록들을 근거로, 천자 및 제후는 실제로 3개의 문(門)만 설치했다고 풀이한다. 그러나 정현은 이 문장에 대해서, "言廟及門如天子之制也. 天子五門, 皋庫雉應路. 魯有庫雉路, 則諸侯三門與."라고 풀이하였다. 즉 종묘(宗廟) 및 문(門)에 대한 제도에서, 천자와 제후 사이에는 차등이 있다. 따라서 천자는 5개의 문을 궁에 설치하는데, 그 문들은 고문(皋門), 고문(庫門), 치문(雉門), 응문(應門), 노문(路門)이다. 제후의 경우에는 천자보다 적은 3개의 문을 궁에 설치하는데, 그 문들

은 고문(庫門), 치문(雉門), 노문(路門)이다. 두 번째 설명은 천자의 궁에 설치된 문들 중에서, 치문(雉門) 밖에 설치하는 문으로 해석하는 의견이다. 즉 이때의 고문(庫門)은 치문과 고문(皐門) 사이에 설치하는 문이 된다. 『예기』「교특생(郊特牲)」편에는 "獻命庫門之內, 戒百官也."라는 기록이 있는데, 이에 대한 정현의 주에서는 "庫門, 在雉門之外. 入庫門則至廟門外矣."라고 풀이하고 있다.

◎ 고문송판(考文宋板) : 『고문송판(考文宋板)』은 일본 학자 산정정(山井鼎) 등이 출간한 『칠경맹자고문보유(七經孟子考文補遺)』에 수록된 『예기정의(禮記正義)』를 뜻한다. 산정정은 『예기정의』를 수록할 때, 송(宋)나라 때의 판본을 저본으로 삼았다.

◎ 공문(公門) : '공문'은 군주가 사는 궁(宮)의 대문(大門)을 뜻한다. '공(公)'자는 군주를 뜻하는 글자이다.

◎ 공씨(孔氏) : =공영달(孔穎達)

◎ 공안국(孔安國, ?~?) : 전한(前漢) 때의 학자이다. 자(字)는 자국(子國)이다. 고문상서학(古文尙書學)의 개조(開祖)로 알려져 있다. 『십삼경주소(十三經注疏)』의 『상서정의(尙書正義)』에는 공안국의 전(傳)이 수록되어 있는데, 통상적으로 이 주석은 후대인들이 공안국의 이름에 가탁하여 붙인 문장으로 인식되고 있다.

◎ 공영달(孔穎達, A.D.574~A.D.648) : =공씨(孔氏). 당대(唐代)의 경학자이다. 자(字)는 중달(仲達)이고, 시호(諡號)는 헌공(憲公)이다. 『오경정의(五經正義)』를 찬정(撰定)하는데 중심적인 역할을 했다.

◎ 공최(功衰) : '공최'는 상복(喪服)의 한 종류이다. 참최복(斬衰服)과 자최복(齊衰服)을 입고 치르는 상(喪)에서, 소상(小祥)을 지낸 이후에 착용하는 상복이다. 상복 재질의 거친 정도가 대공복(大功服)과 같기 때문에, '공최'라고 부르게 되었다.

◎ 괄발(括髮) : '괄발'은 상(喪)을 치를 때, 관(冠)을 벗고 머리를 마(麻)로 된 천으로 싸매는 것을 뜻한다.

◎ 광아(廣雅) : 『광아(廣雅)』는 위(魏)나라 때 장읍(張揖)이 지은 자전(字典)이다. 『박아(博雅)』라고도 부른다. 『이아』의 체제를 계승하고, 새로운 내용을 보충하여, 경전(經典)에 기록된 글자들을 해석한 서적이다. 본래 상·중·하 3권으로 구성되어 있었지만, 수(隋)나라 조헌(曹憲)이 재차 10권으로 편집하였다. 한편 '광(廣)'자가 수나라 양제(煬帝)의

시호였기 때문에, 피휘를 하여, 『박아』라고 부르게 되었다.

◎ 교감기(校勘記) : 『교감기(校勘記)』는 완원(阮元)이 학자들을 모아서 편
　찬했던 『십삼경주소교감기(十三經註疏校勘記)』를 뜻한다.

◎ 교기(校記) : 『교기(校記)』는 손이양(孫詒讓)이 지은 『십삼경주소교기
　(十三經注疏校記)』를 뜻한다.

◎ 교제(郊祭) : '교제'는 '교사(郊祀)'라고도 부른다. 교외(郊外)에서 천지
　(天地)에 제사를 지냈기 때문에 붙여진 명칭이다. 음양설(陰陽說)이
　성행했던 한(漢)나라 때에는 하늘에 대한 제사는 양(陽)의 뜻을 따라
　남교(南郊)에서 지냈고, 땅에 대한 제사는 음(陰)의 뜻을 따라 북교(北
　郊)에서 지냈다. 『한서』「교사지하(郊祀志下)」편에는 "帝王之事莫大乎
　承天之序, 承天之序莫重於郊祀. …… 祭天於南郊, 就陽之義也. 地於北
　郊, 卽陰之象也."라는 기록이 있다. 한편 '교사'는 후대에 제사를 범칭
　하는 용어로도 사용되었다. '교사' 중의 '교(郊)'자는 규모가 큰 제사를
　뜻하며, '사(祀)'는 비교적 규모가 작은 제사들을 뜻한다.

◎ 광한장씨(廣漢張氏) : = 장식(張栻)

◎ 구이(九夷) : '구이'는 고대 중국의 동쪽 지역에 거주하던 아홉 종류의
　소수 민족을 뜻한다. 또한 그들이 거주하는 지역 전체를 가리키는 용
　어로도 사용되었다. 아홉 종류의 소수 민족을 견이(畎夷)·우이(于
　夷)·방이(方夷)·황이(黃夷)·백이(白夷)·적이(赤夷)·현이(玄夷)·
　풍이(風夷)·양이(陽夷)라고 정의하기도 한다. 『논어』「자한(子罕)」편
　에는 "子欲居九夷."라는 기록이 있고, 이에 대한 하안(何晏)의 『집해
　(集解)』에서는 마융(馬融)의 주장을 인용하여, "東方之夷有九種."이라
　고 풀이했으며, 『후한서(後漢書)』「동이전(東夷傳)」편에는 "夷有九種.
　曰, 畎夷·于夷·方夷·黃夷·白夷·赤夷·玄夷·風夷·陽夷."라는 기
　록이 있다.

◎ 궤헌(饋獻) : '궤헌'은 제례(祭禮) 절차 중 하나이다. 익힌 고기를 바치
　는 의식을 뜻한다. 이때 주부(主婦)는 음식을 바치는데 필요한 변두
　(邊豆) 등을 올리게 된다. 『주례』「춘관(春官)·사준이(司尊彝)」편에는
　"其饋獻用兩壺尊, 皆有罍."라는 기록이 있는데, 이에 대한 정현의 주에
　서는 "饋獻, 謂薦孰時, 后於是薦饋食之豆籩."이라고 풀이했다.

◎ 기년상(期年喪) : '기년상'은 1년 동안 치르는 상을 뜻한다. 일반적으로 자
　최복(齊衰服)을 입고 치르는 상을 뜻한다. '기년(期年)'은 1년을 뜻하는

데, '자최복'은 일반적으로 1년 동안 입게 되는 상복이기 때문이다.

◎ 길제(吉祭) : '길제'는 상례(喪禮)의 단계를 뜻한다. 우제(虞祭)를 지낸 뒤, 졸곡(卒哭)을 하며 제사를 지내게 되는데, 이 단계부터 지내는 제사를 '길제'라고 부른다. 상(喪)은 흉사(凶事)에 해당하는데, 그 이전까지는 슬픔에서 벗어나기 힘들기 때문에 흉제(凶祭) 또는 상제(喪祭)라고 부르며, 이 단계부터는 평상시처럼 길(吉)한 때로 접어들기 때문에 '길제'라고 부른다. 『예기』「단궁하(檀弓下)」편에는 "是月也, 以虞易奠, 卒哭曰成事. 是日也, 以吉祭易喪祭."라는 기록이 있다. 또 삼년상을 마치게 되면 신주(神主)를 종묘(宗廟)에 안치하고 길례(吉禮)에 따라 제사를 지내게 되는데, 이러한 제사를 '길제'라고 부른다. 또한 평상시 정규적으로 지내는 제사를 '길제'라고도 부른다.

ㄴ

◎ 남복(男服) : '남복'은 전복(甸服)과 채복(采服) 사이에 있는 땅을 뜻한다. 천자의 수도 밖으로 사방 1000리(里)와 1500리(里) 사이에 있었던 땅을 가리킨다. '남복'의 '남(男)'자는 임무를 맡는다는 뜻으로, 천자를 위해 다스리는 임무를 담당한다는 뜻이다. '복(服)'자는 천자를 위해 복종한다는 뜻이다. 『주례』「하관(夏官)・직방씨(職方氏)」편에는 "乃辨九服之邦國, 方千里曰王畿, 其外方五百里曰侯服, 又其外方五百里曰甸服, 又其外方五百里曰男服."이라는 기록이 있고, 이에 대한 가공언(賈公彦)의 소(疏)에서는 "言男者, 男之言任也, 爲王任其職理."라고 풀이했다.

◎ 남송석경(南宋石經) : 『남송석경(南宋石經)』은 송(宋)나라 고종(高宗) 때 돌에 새긴 『십삼경주소(十三經注疏)』의 판본이다. 그러나 『예기(禮記)』에 대해서는 「중용(中庸)」 1편만을 기록하고 있다.

◎ 남전여씨(藍田呂氏, A.D.1040~A.D.1092) : =여대림(呂大臨)・여씨(呂氏)・여여숙(呂與叔). 북송(北宋) 때의 학자이다. 이름은 대림(大臨)이고, 자(字)는 여숙(與叔)이며, 호(號)는 남전(藍田)이다. 장재(張載) 및 이정(二程)형제에게서 수학하였다. 저서로는 『남전문집(藍田文集)』 등이 있다.

◎ 남헌장씨(南軒張氏) : =장식(張栻)

◎ **납징(納徵)** : '납징'은 납폐(納幣)라고도 부른다. 혼인과 관련된 육례(六禮) 중 하나이다. 혼인 약속을 증명하기 위해, 여자 집안에 폐백을 보내는 일을 뜻한다.

◎ **납채(納采)** : '납채'는 혼인과 관련된 육례(六禮) 중 하나이다. 청원을 하며 여자 집안에 예물을 보내는 일을 뜻한다.

◎ **납폐(納幣)** : =납징(納徵)

◎ **내자(內子)** : '내자'는 경과 대부의 본처를 지칭하는 용어이다.

◎ **내조(內朝)** : '내조'는 천자 및 제후가 정사를 처리하고 휴식을 취하던 장소이다. 외조(外朝)에 상대되는 말이다. '내조'에는 두 종류가 있었는데, 그 중 하나는 노문(路門) 밖에 위치하던 곳으로, 천자 및 제후가 정사를 처리하던 장소이며, 치조(治朝)라고도 불렀다. 다른 하나는 노문 안에 위치하던 곳으로, 천자 및 제후가 정사를 처리한 이후, 휴식을 취하던 장소이며, 연조(燕朝)라고도 불렀다.

◎ **내종(內宗)** : '내종'에는 두 가지가 있다. 첫 번째는 『주례』에 나오는 천자와 동성(同姓)인 여자 관리를 뜻하며, 군주와 동성인 여자들을 모두 '내종'이라고도 불렀다. 두 번째는 군주의 오속(五屬)에 속한 친족의 딸자식을 뜻한다.

◎ **노계(露紒)** : '노계'는 좌(髽)를 트는 방식 중 하나이다. 좌(髽)를 틀 때 마(麻)를 이용하는 경우도 있고 포(布)를 이용하는 경우도 있는데, '노계'는 이 두 방식을 총칭하는 명칭이다. 또한 '노계'는 마(麻)나 포(布)를 사용하는 좌(髽)의 방식과 구별되어, 별도로 좌(髽)를 트는 방식 중 하나라고도 주장한다.

◎ **노문(路門)** : '노문'은 고대 궁실(宮室) 건축물 중에서도 가장 안쪽에 있었던 정문이다. 여러 문들 중에서 노침(路寢)에 가장 가까운 위치에 있었기 때문에, '노문'이라는 명칭이 붙게 되었다. 『주례』「동관고공기(冬官考工記)·장인(匠人)」편에는 "路門不容乘車之五个."라는 기록이 있는데, 이에 대한 정현의 주에서는 "路門者, 大寢之門."이라고 풀이하였고, 가공언(賈公彦)의 소(疏)에서는 "路門以近路寢, 故特小爲之."라고 풀이하였다.

◎ 단(袒) : '단'은 상중(喪中)에 남자들이 취하는 복장 방식이다. 상의 중 좌측 어깨 쪽을 드러내는 방법이다. 한편 일반적인 의례절차에서도 단(袒)의 복장 방식을 취하는 경우가 있다.

◎ 단양도씨(丹陽都氏) : =도결(都潔)

◎ 담제(禫祭) : '담제'는 상복(喪服)을 벗을 때 지내는 제사이다.

◎ 대공복(大功服) : '대공복'은 상복(喪服) 중 하나로, 오복(五服)에 속한다. 조밀한 삼베를 사용해서 만들지만, 소공복(小功服)에 비해서는 삼베의 재질이 거칠기 때문에, '대공복'이라고 부른다. 이 복장을 입게 되는 기간은 상황에 따라 차이가 생기지만, 일반적으로 9개월이다. 당형제(堂兄弟) 및 미혼인 당자매(堂姉妹), 또는 혼인을 한 자매(姉妹) 등을 위해서 입는다.

◎ 대도(大都) : '대도'는 공(公)이 부여받는 채지(采地)를 뜻한다.

◎ 대렴(大斂) : '대렴'은 상례(喪禮) 절차 중 하나이다. 소렴(小斂)을 끝낸 뒤, 의복과 이불 등으로 재차 시신을 감싸 관에 안치하는 절차이다.

◎ 대미오제(大微五帝) : '대미오제'는 하늘을 '다섯 방위[五方]'로 구분하였을 때, 이러한 오방(五方)을 주관하는 각각의 신(神)들을 총칭하는 말이다. 동방(東方)을 주관하는 신은 영위앙(靈威仰)이고, 남방(南方)을 주관하는 신은 적표노(赤熛怒)이며, 중앙을 주관하는 신은 함추뉴(含樞紐)이고, 서방(西方)을 주관하는 신은 백초거(白招拒)이며, 북방(北方)을 주관하는 신은 즙광기(汁光紀)이다. 『예기』「대전(大傳)」편에는 "禮, 不王不禘, 王者禘其祖之所自出, 以其祖配之."라는 기록이 있는데, 이에 대한 정현의 주에서는 "王者之先祖皆感大微五帝之精以生. 蒼則靈威仰, 赤則赤熛怒, 黃則含樞紐, 白則白招拒, 黑則汁光紀."라고 풀이하였다.

◎ 대로(大路) : '대로'는 대로(大輅)라고도 부른다. 본래 천자가 타던 옥로(玉路: =玉輅)를 가리킨다. '대로'라는 말은 수레들 중에 가장 크다는 뜻에서 붙여진 명칭이다. 고대에는 천자가 타던 수레에 5종류가 있었다. 옥로(玉輅)·금로(金輅)·상로(象輅)·혁로(革輅)·목로(木輅)가 바로 천자가 타던 5종류의 수레인데, '옥로'가 수레들 중 가장 컸기 때문에, '대로'라고도 불렸던 것이다. 『서』「주서(周書)·고명(顧命)」편에는 "大輅

在賓階面."이라는 기록이 있는데, 이에 대한 공안국(孔安國)의 전(傳)에서는 "大輅, 玉."이라고 풀이했고, 공영달(孔穎達)의 소(疏)에서는 "周禮巾車掌王之五輅, 玉輅·金輅·象輅·革輅·木輅, 是爲五輅也. ……大輅, 輅之最大, 故知大輅玉輅也."라고 풀이했다. 한편 '옥로'는 옥(玉)으로 치장을 했기 때문에, '옥로'라는 명칭이 생기게 된 것인데, '옥로'에는 대상(大常)이라는 깃발을 세웠고, 깃발에는 12개의 치술을 달았으며, 주로 제사 때 사용하였다. 『주례』「춘관(春官)·건거(巾車)」편에는 "王之五路, 一曰玉路, 錫, 樊纓, 十有再就, 建大常, 十有二斿, 以祀."라는 기록이 있고, 이에 대한 정현의 주에서는 "玉路, 以玉飾諸末."이라고 풀이했다.

◎ 대상(大祥) : '대상'은 부모의 상(喪) 및 삼년상 등을 치를 때 그 대상이 죽은 후 만 2년 만에 탈상을 하며 지내는 제사이다.

◎ 대상(大喪) : '대상'은 천자(天子)·왕후(王后)·세자(世子) 등의 상(喪)을 가리킨다. 이들은 가장 존귀한 자들에 해당하기 때문에, 그들에 대한 상(喪) 또한 '대(大)'자를 붙여서, '대상'이라고 부르는 것이다. 『주례』「천관(天官)·재부(宰夫)」편에는 "大喪小喪, 掌小官之戒令, 帥執事而治之."라는 기록이 있는데, 이에 대한 정현의 주에서는 "大喪, 王·后·世子之喪也."라고 풀이했다. 한편 '대상'은 부모의 상(喪)을 가리키기도 한다. 부모는 자식의 입장에서 가장 중대한 대상에 해당하기 때문에, 부모의 상(喪)을 '대상'이라고 부르는 것이다. 『춘추공양전』「선공(宣公) 1년」편에는 "古者臣有大喪, 則君三年不呼其門."이라는 용례가 있다.

◎ 도결(都潔, ?~?) : =단양도씨(丹陽都氏). 남송(南宋) 때의 학자이다. 자(字)는 성여(聖與)이다. 저서로는 『역변체의(易變體義)』·『주역설의(周易說義)』 등이 있다.

◎ 동궤(同軌) : '동궤'는 표면적으로 수레바퀴를 같이 한다는 뜻이다. 구주(九州) 전체를 뜻하는 용어로 사용되었다. 구주 안에서는 도량형이 통일되어, 수레바퀴의 폭이 같았다는 뜻에서 이처럼 사용된 것이다. 『예기』「중용(中庸)」편에는 "今天下車同軌, 書同文, 行同倫."이라는 용례가 있다.

◎ 두예(杜預, A.D.222~A.D.284) : =두원개(杜元凱). 서진(西晉) 때의 유학자이다. 경조(京兆) 두릉(杜陵) 출신이다. 자(字)는 원개(元凱)이다. 『춘

추경전집해(春秋經典集解)』를 저술하였는데, 이 책은 현존하는 『춘추
(春秋)』의 주석서 중 가장 오래된 것이며, 『십삼경주소(十三經注疏)』의
『춘추좌씨전정의(春秋左氏傳正義)』에도 채택되어 수록되었다.

◎ 두원개(杜元凱) : =두예(杜預)

◎ 마씨(馬氏) : =마희맹(馬晞孟)
◎ 마언순(馬彦醇) : =마희맹(馬晞孟)
◎ 마희맹(馬晞孟, ?~?) : =마씨(馬氏)·마언순(馬彦醇). 자(字)는 언순(彦
   醇)이다. 『예기해(禮記解)』를 찬술했다.
◎ 면복(冕服) : '면복'은 대부(大夫) 이상의 계층이 착용하는 예관(禮冠)과
   복식을 뜻한다. 무릇 길례(吉禮)를 시행할 때에는 모두 면류관[冕]을
   착용하는데, 복장의 경우에는 시행하는 사안에 따라서 달라진다.
◎ 모본(毛本) : 『모본(毛本)』은 명(明)나라 말기 급고각(汲古閣)에서 간행
   된 『십삼경주소(十三經注疏)』의 판본이다. 급고각은 모진(毛晉)이 지
   은 장서각이었으므로, 이러한 명칭이 생겼다.
◎ 목록(目錄) : 『목록(目錄)』은 정현이 찬술했다고 전해지는 『삼례목록
   (三禮目錄)』을 가리킨다. 『십삼경주소(十三經注疏)』에서 인용되고 있
   지만, 이 책은 『수서(隋書)』가 편찬될 당시에 이미 일실되어 존재하지
   않았다. 『수서』「경적지(經籍志)」편에는 "三禮目錄一卷, 鄭玄撰, 梁有
   陶弘景注一卷, 亡."이라는 기록이 있다.
◎ 문(免) : '문'은 '문(絻)'이라고도 부른다. 문포(免布)나 문복(免服)과 같
   은 뜻이다.
◎ 문복(免服) : '문복'은 상복(喪服)의 한 종류이다. 문(免)과 최질(衰絰)을
   하는 것이며, 친상(親喪)을 처음 당했을 때 착용하는 복장이다.
◎ 문포(免布) : '문포'는 상(喪)을 당한 사람이 관(冠)을 벗고 흰 천 등으
   로 '머리를 묶는 것[括髮]'을 뜻한다.
◎ 민본(閩本) : 『민본(閩本)』은 명(明)나라 가정(嘉靖) 연간 때 이원양(李
   元陽)이 간행한 『십삼경주소(十三經注疏)』 판본이다. 한편 『칠경맹자
   고문보유(七經孟子考文補遺)』에서는 이 판본을 『가정본(嘉靖本)』으로
   지칭하고 있다.

ㅂ

◎ 방각(方慤) : =엄릉방씨(嚴陵方氏)

◎ 방성부(方性夫) : =엄릉방씨(嚴陵方氏)

◎ 방씨(方氏) : =엄릉방씨(嚴陵方氏)

◎ 백관(百官) : '백관'은 공경(公卿) 이하의 관리들을 뜻한다. 또한 각 부서의 하급 관리들을 총칭하는 용어로도 사용되었다. 『예기』「교특생(郊特牲)」편에는 "獻命庫門之內, 戒百官也."라는 기록이 있고, 이에 대한 정현의 주에서는 "百官, 公卿以下也."라고 풀이하였다.

◎ 백호통(白虎通) : 『백호통(白虎通)』은 후한(後漢) 때 편찬된 서적이다. 『백호통의(白虎通義)』라고도 부른다. 후한의 장제(章帝)가 학자들을 불러 모아서, 백호관(白虎觀)에서 토론을 시키고, 각 경전 해석의 차이점을 기록한 서적이다.

◎ 별록(別錄) : 『별록(別錄)』은 후한(後漢) 때 유향(劉向)이 찬(撰)했다고 전해지는 책이다. 현재는 일실되어 존재하지 않으며, 『한서(漢書)』「예문지(藝文志)」편을 통해서 대략적인 내용만을 추측해볼 수 있다.

◎ 복건(服虔, ?~?) : 후한대(後漢代)의 유학자이다. 자(字)는 자신(子愼)이다. 초명은 중(重)이었으며, 기(祇)라고도 불렀다. 후에 이름을 건(虔)으로 고쳤다. 『춘추좌씨전(春秋左氏傳)』에 주석을 남겼지만, 산일되어 전해지지 않는다. 현재는 『좌전가복주집술(左傳賈服注輯述)』로 일집본이 편찬되었다.

◎ 봉(賵) : '봉'은 부의를 보낸다는 뜻이며, 또한 부의로 보내는 특정 물건을 가리키기도 하다. '봉'은 상사(喪事)에 사용될 수레나 말을 부의로 보내는 것이다. 『예기』「문왕세자(文王世子)」편에는 "族之相爲也, 宜弔不弔, 宜免不免, 有司罰之. 至于賵賻承含, 皆有正焉."이라는 기록이 있는데, 이에 대한 진호(陳澔)의 『집설(集說)』에서는 "賵以車馬."라고 풀이했다.

◎ 부제(祔祭) : '부제'는 '부(祔)'라고도 한다. 새로이 죽은 자가 있으면, 선조(先祖)에게 '부제'를 올리면서, 신주(神主)를 합사(合祀)하는 것을 말한다. 『주례』「춘관(春官)·대축(大祝)」편에는 "付練祥, 掌國事."라는 기록이 있고, 이에 대한 정현의 주에서는 "付當爲祔. 祭於先王以祔後死者."라고 풀이하였다.

◎ 분상(奔喪) : '분상'은 타지에 있다가 상(喪)에 대한 소식을 듣고, 급히 되돌아오는 예법(禮法)을 말한다. 『예기』「분상(奔喪)」편에 대해, 공영달(孔穎達)은 "案鄭目錄云, 名曰奔喪者, 以其居他國, 聞喪奔歸之禮."라고 풀이했다.

◎ 사도(司徒) : '사도'는 본래 주(周)나라 때의 관리로, 국가의 토지 및 백성들에 대한 교화(敎化)를 담당했다. 전설상으로는 소호(少昊) 시대 때부터 설치되었다고 전해진다. 주나라의 육경(六卿) 중 하나였으며, 전한(前漢) 애제(哀帝) 원수(元壽) 2년(B.C. 1)에는 승상(丞相)의 관직명을 고쳐서, 대사도(大司徒)라고 불렀고, 대사마(大司馬), 대사공(大司空)과 함께 삼공(三公)의 반열에 있었다. 후한(後漢) 때에는 다시 '사도'로 명칭을 고쳤고, 그 이후로는 이 명칭을 계속 사용하다가 명(明)나라 때 폐지되었다. 명나라 이후로는 호부상서(戶部尙書)를 '대사도'라고 불렀다.

◎ 사례(食禮) : '사례'는 연회의 한 종류이다. '사례'는 그 행사에 밥이 있고 반찬이 있는 것이니, 비록 술도 두었지만 마시지는 않았다. 그 예법에서는 밥을 위주로 한 것이기 때문에, '사례'라고 부른 것이다. 『예기』「왕제(王制)」편에는 "殷人以食禮."라는 기록이 있고, 이에 대한 진호(陳澔)의 주에서는 "食禮者, 有飯有殽, 雖設酒而不飮, 其禮以飯爲主, 故曰食也."라고 풀이했다. 또한 연회를 범칭하는 말로도 사용된다.

◎ 사자(射慈, A.D.205~A.D.253) : =사자(謝慈). 삼국시대(三國時代) 때 오(吳)나라의 학자이다. 자(字)는 효종(孝宗)이다.

◎ 삼공(三公) : '삼공'은 중앙정부의 가장 높은 관직자 3명을 합쳐서 부르는 말이다. '삼공'에 속한 관직명에 대해서는 각 시대별로 차이가 있다. 『사기(史記)』「은본기(殷本紀)」편에는 "以西伯昌, 九侯, 鄂侯, 爲三公."이라는 기록이 있다. 즉 은나라 때에는 서백(西伯)인 창(昌), 구후(九侯), 악후(鄂侯)들을 '삼공'으로 삼았다. 또한 주(周)나라 때에는 태사(太師), 태부(太傅), 태보(太保)를 '삼공'으로 삼았다. 『서』「주서(周書)·주관(周官)」편에는 "立太師·太傅·太保, 玆惟三公, 論道經邦, 燮

理陰陽."이라는 기록이 있다. 한편『한서(漢書)』「백관공경표서(百官公卿表序)」에 따르면 사마(司馬), 사도(司徒), 사공(司空)을 '삼공'으로 삼았다는 기록이 있다.

◎ 삼대(三代) : '삼대'는 하(夏), 은(殷), 주(周)의 세 왕조를 말한다.『논어』「위령공(衛靈公)」편에는 "斯民也, 三代 之所以直道而行也."라는 기록이 있고, 이에 대한 형병(邢昺)의 소(疏)에서는 "三代, 夏殷周也."로 풀이했다.

◎ 삼왕(三王) : '삼왕'은 하(夏), 은(殷), 주(周) 삼대(三代)의 왕을 뜻한다.『춘추곡량전』「은공(隱公) 8年」편에는 "盟詛不及三王."이라는 기록이 있고, 이에 대한 범녕(範寧)의 주에서는 '삼왕'을 하나라의 우(禹), 은나라의 탕(湯), 주나라의 무왕(武王)을 지칭한다고 풀이했다. 그리고『맹자』「고자하(告子下)」편에는 "五覇者, 三王之罪人也."이라는 기록이 있고, 이에 대한 조기(趙岐)의 주에서는 '삼왕'을 범녕의 주장과 달리, 주나라의 무왕 대신 문왕(文王)을 지칭한다고 풀이했다.

◎ 상(嘗) : '상'은 가을에 종묘(宗廟)에서 지내는 제사를 뜻한다.『이아』「석천(釋天)」편에는 "春祭曰祠, 夏祭曰礿, 秋祭曰嘗, 冬祭曰烝."이라는 기록이 있다. 즉 봄에 지내는 제사를 '사(祠)'라고 부르며, 여름에 지내는 제사를 '약(礿)'이라고 부르고, 가을에 지내는 제사를 '상(嘗)'이라고 부르며, 겨울에 지내는 제사를 '증(烝)'이라고 부른다. 한편 '상'제사는 성대한 규모로 거행하였기 때문에, '대상(大嘗)'이라고도 불렀으며, 가을에 지낸다는 뜻에서, '추상(秋嘗)'이라고도 불렀다. 또한『춘추번로(春秋繁露)』「사제(四祭)」편에서는 "四祭者, 因四時之所生孰而祭其先祖父母也. 故春曰祠, 夏曰礿, 秋曰嘗, 冬曰烝. …… 嘗者, 以七月嘗黍稷也."이라고 하여, 가을 제사인 상(嘗)제사는 7월에 시행하며, 서직(黍稷)을 흠향하도록 지낸다는 뜻에서 맛본다는 뜻의 '상'자를 붙였다고 설명한다.

◎ 상공(上公) : '상공'은 주(周)나라 제도에 있었던 관직 등급이다. 본래 신하의 관직 등급은 8명(命)까지이다. 주나라 때에는 태사(太師), 태부(太傅), 태보(太保)와 같은 삼공(三公)들이 8명의 등급에 해당했다. 그런데 여기에 1명을 더하게 되면 9명이 되어, 특별직인 '상공'이 된다.『주례』「춘관(春官)・전명(典命)」편에는 "上公九命爲伯, 其國家宮室車旗衣服禮儀, 皆以九爲節."이라는 기록이 있고, 이에 대한 정현의 주에서는 "上公, 謂王

之三公有德者, 加命爲二伯. 二王之後亦爲上公."이라고 풀이하였다. 즉 '상공'은 삼공 중에서도 유덕(有德)한 자에게 1명을 더해주어, 제후들을 통솔하는 '두 명의 백(伯)[二伯]'으로 삼았다. 또한 제후의 다섯 등급을 나열할 경우, 공작(公爵)을 '상공'이라고 부르기도 한다.

◎ 상관(喪冠) : '상관'은 상복(喪服)을 착용할 때 쓰는 관(冠)이다. 상복은 수위에 따라 일반적으로 오복(五服)으로 나뉘게 되는데, '상관' 또한 각 상복의 종류에 따라 달라진다.

◎ 상제(喪祭) : '상제'는 장례(葬禮)를 치른 이후에 지내는 제사들을 지칭하는 말이다.

◎ 상축(商祝) : '상축'은 상(商)나라 즉 은(殷)나라 때의 예법을 익혀서, 제사를 돕는 자를 뜻한다. 『예기』「악기(樂記)」편에는 "商祝辨乎喪禮, 故後主人."이라는 기록이 있는데, 이에 대한 공영달(孔穎達)의 소(疏)에서는 "商祝, 謂習商禮而爲祝者."라고 풀이했다.

◎ 서모(庶母) : '서모'는 부친의 첩(妾)들을 뜻한다. 『의례』「사혼례(士昏禮)」편에는 "庶母及門內施鞶, 申之以父母之命."이라는 기록이 있는데, 이에 대한 정현의 주에서는 "庶母, 父之妾也."라고 풀이했다. 한편 '서모'는 부친의 첩들 중에서도 아들을 낳은 여자를 뜻하기도 한다. 『주자전서(朱子全書)』「예이(禮二)」편에는 "庶母, 自謂父妾生子者."라는 기록이 있다.

◎ 석경(石經) : 『석경(石經)』은 당(唐)나라 개성(開成) 2년(A.D.714)에 돌에 새긴 『십삼경주소(十三經注疏)』의 판본이다. 당나라 국자학(國子學)의 비석에 새겨졌다는 판본이 바로 이것을 가리킨다.

◎ 석량왕씨(石梁王氏, ?~?) : 자세한 이력이 남아 있지 않다.

◎ 석명(釋名) : 『석명(釋名)』은 후한(後漢) 때의 학자인 유희(劉熙)가 지은 서적이다. 오래된 훈고학 서적의 하나로 꼽힌다.

◎ 성복(成服) : '성복'은 상례(喪禮)에서 대렴(大斂) 이후, 죽은 자와의 관계에 따라, 각각 규정에 맞는 상복(喪服)을 갖춰 입는다는 뜻이다.

◎ 성포(成布) : '성포'는 비교적 가늘고 부드러운 포(布)를 뜻한다. 상복의 경우 6승(升) 이하의 포는 길복(吉服)에 사용되는 포와 유사하기 때문에, 이러한 상복에 사용되는 포를 '성포'라고 부른다.

◎ 세본(世本) : 『세본(世本)』은 『세(世)』・『세계(世系)』 등으로 일컬어지기도 한다. 선진시대(先秦時代) 때의 사관(史官)이 기록한 문헌이라고 전해지지만, 진위여부를 확인할 수 없다. 『세본』은 고대의 제왕(帝王),

제후(諸侯) 및 경대부(卿大夫)들의 세계도(世系圖)를 기록한 서적이
다. 일실되어 현존하지 않지만, 후대 학자들이 다른 문헌 속에 남아 있
는 기록들을 수집하여, 일집본(佚輯本)을 남겼다. 이러한 일집본에는
여덟 종류의 주요 판본이 있는데, 각 판본마다 내용상의 차이를 보이
고 있다. 1959년에는 상무인서관(商務印書館)에서 이러한 여덟 종류의
판본을 모아서 『세본팔종(世本八種)』을 출판하였다.

◎ 세최(繐衰) : '세최'는 5개월 동안 소공복(小功服)의 상을 치를 때 착용
하는 상복을 뜻한다. 가늘고 성근 마(麻)의 포를 사용해서 만들기 때
문에, '세최'라고 부른다.

◎ 소공복(小功服) : '소공복'은 상복(喪服) 중 하나로, 오복(五服)에 속한다.
조밀한 삼베를 사용해서 만들며, 대공복(大功服)에 비해서 삼베의 재
질이 조밀하기 때문에, '소공복'이라고 부른다. 이 복장을 입게 되는
기간은 상황에 따라 차이가 생기지만, 일반적으로 5개월이 된다. 백숙
(伯叔)의 조부모나 당백숙(堂伯叔)의 조부모, 혼인하지 않은 당(堂)의
자매(姊妹), 형제(兄弟)의 처 등을 위해서 입는다.

◎ 소군(小君) : '소군'은 주대(周代)에 제후의 부인을 지칭하던 용어이다.
『춘추』「희공(僖公) 2년」편에는 "夏五月辛巳, 葬我小君哀姜."이라는 용
례가 있다.

◎ 소도(小都) : '소도'는 경(卿)이 부여받는 채지(采地)를 뜻한다.

◎ 소렴(小斂) : '소렴'은 상례(喪禮) 절차 중 하나이다. 죽은 자의 시신을
목욕시키고, 의복을 착용시키며, 그 위에 이불 등으로 감싸는 절차를
뜻한다.

◎ 소상(小祥) : '소상'은 본래 부모 및 군주의 상(喪)에서, 부모가 죽은 지
만 1년 만에 지내는 제사이다. 이 제사가 끝나면, 자식은 3년상을 지낼
때의 복장과 생활방식을 조금씩 덜어내게 된다. 또한 '소상'은 친족 및
타인의 상에서 1년이 지났을 때를 가리키기도 한다.

◎ 속백(束帛) : '속백'은 한 묶음의 비단으로, 그 수량은 다섯 필(匹)이 된
다. 빙문(聘問)을 하거나 증여를 할 때 가져가는 예물(禮物) 등으로
사용되었다. '속(束)'은 10단(端)을 뜻하는데, 1단의 길이는 1장(丈) 8
척(尺)이 되며, 2단이 합쳐서 1권(卷)이 되므로, 10단은 총 5필이 된
다. 『주례』「춘관(春官)·대종백(大宗伯)」편에는 "孤執皮帛."이라는 기
록이 있고, 이에 대한 가공언(賈公彦)의 소(疏)에서는 "束者十端, 每端

丈八尺, 皆兩端合卷, 總爲五匹, 故云束帛也."라고 풀이했다.

◎ 수(襚) : '수'는 부의를 보낸다는 뜻이며, 또한 부의로 보내는 특정 물
건을 가리키기도 한다. '수'는 시신과 함께 매장하게 될 의복이나 이
불 등을 부의로 보내는 것이다. 『의례』「사상례(士喪禮)」편에는 "君使
人襚, 徹帷, 主人如初, 襚者左執領, 右執要, 入升致命."이라는 기록이
있는데, 이에 대한 정현의 주에서는 "襚之言遺也, 衣被曰襚."라고 풀
이했다.

◎ 순수(巡守) : '순수'는 '순수(巡狩)'라고도 부른다. 천자가 수도를 벗어나
제후의 나라를 시찰하는 것을 뜻한다. '순수'의 '순(巡)'자는 그곳으로
행차를 한다는 뜻이고, '수(守)'자는 제후가 지키는 영토를 뜻한다. 제
후는 천자가 하사해준 영토를 대신 맡아서 수호하는 것이기 때문에,
천자가 그곳에 방문하여, 자신의 영토를 어떻게 관리하고 있는지를 시
찰하게 된다. 『서』「우서(虞書)·순전(舜典)」편에는 "歲二月, 東巡守,
至于岱宗, 柴."라는 기록이 있고, 이에 대한 공안국(孔安國)의 전(傳)
에서는 "諸侯爲天子守土, 故稱守. 巡, 行之."라고 풀이했으며, 『맹자』「
양혜왕하(梁惠王下)」편에서는 "天子適諸侯曰巡狩. 巡狩者, 巡所守也."
라고 기록하였다. 한편 『예기』「왕제(王制)」편에는 "天子, 五年, 一巡
守."라는 기록이 있고, 『주례』「추관(秋官)·대행인(大行人)」편에는
"十有二歲王巡守殷國."이라는 기록이 있다. 즉 「왕제」편에서는 천자가
5년에 1번 순수를 시행하고, 「대행인」편에서는 12년에 1번 순수를 시
행한다고 기록하고 있는데, 이러한 차이점에 대해서 정현은 「왕제」편
의 주에서 "五年者, 虞夏之制也. 周則十二歲一巡守."라고 풀이했다. 즉
5년에 1번 순수를 하는 제도는 우(虞)와 하(夏)나라 때의 제도이며, 주
(周)나라에서는 12년에 1번 순수를 했다.

◎ 습(襲) : '습'은 시신에 옷을 입히는 의식 절차이다. 한편 시신에 입히는
옷 자체도 '습'이라고 불렀다.

◎ 승(升) : '승'은 옷감과 관련된 단위이다. 고대에는 포(布) 80가닥[縷]을
1승(升)으로 여겼다. 『의례』「상복(喪服)」편에서는 "冠六升, 外畢."이라
는 기록이 있는데, 이에 대한 정현의 주에서는 "布八十縷爲升."이라고
풀이했다.

◎ 시마복(緦麻服) : '시마복'은 상복(喪服) 중 하나로, 오복(五服)에 속한
다. 가장 조밀한 삼베를 사용해서 만든다. 이 복장을 입게 되는 기간은

상황에 따라서 차이가 있지만, 일반적으로 3개월이 된다. 친족의 백숙부모(伯叔父母)나 친족의 형제(兄弟)들 및 혼인하지 않은 친족의 자매(姊妹) 등을 위해서 입는다.

◎ 실로(室老) : '실로'는 가신(家臣) 중의 우두머리를 뜻한다.

◎ 심상(心喪) : '심상'은 죽음에 대해 애도함이 상을 치르는 것과 같지만, 실제적으로 상복을 입지 않는 것을 뜻한다. 주로 스승이 죽었을 때, 제자들이 치르는 상을 가리킨다. 『예기』「단궁상(檀弓上)」편에서는 "事師無犯無隱, 左右就養無方, 服勤至死, 心喪三年."이라는 기록이 있고, 이에 대한 정현의 주에서는 "心喪, 戚容如父而無服也."라고 풀이했다.

◎ 심의(深衣) : '심의'는 일반적으로 상의와 하의가 서로 연결된 옷을 뜻한다. 제후, 대부(大夫), 사(士)들이 평상시 집안에 거처할 때 착용하던 복장이기도 하며, 서인(庶人)에게는 길복(吉服)에 해당하기도 한다. 순색에 채색을 가미하기도 했다.

◎ 악본(岳本) : 『악본(岳本)』은 송(頌)나라 악가(岳珂)가 간행한 『십삼경주소(十三經注疏)』의 판본이다.

◎ 악실(堊室) : '악실'은 상중(喪中)에 임시로 거처하던 가옥으로, 네 벽면에 흰색의 회칠을 하였다.

◎ 양경(楊倞, ?~?) : 당(唐)나라 때의 학자이다. 백거이(白居易) 및 원진(元稹)과 동시대 인물이지만, 생몰년에 대해서는 알려져 있지 않다. 형부상서(刑部尚書) 등의 관직을 역임하였으며, 『순자주(荀子注)』를 저술하였다. 이 서적은 『순자』에 대한 가장 오래된 주석서로 평가받고 있다.

◎ 엄릉방씨(嚴陵方氏, ?~?) : =방각(方慤)·방씨(方氏)·방성부(方性夫). 송대(宋代)의 유학자이다. 이름은 각(慤)이다. 자(字)는 성부(性夫)이다. 『예기집해(禮記集解)』를 지었고, 『예기집설대전(禮記集說大全)』에는 그의 주장이 많이 인용되고 있다.

◎ 엄식지(嚴植之, A.D.457~A.D.508) : 남북조시대 남조의 양(梁)나라 학자이다. 자(字)는 효원(孝源)이다. 저서로는 『흉례의주(凶禮儀注)』 등이

있다.

◎ 여대림(呂大臨) : =남전여씨(藍田呂氏)

◎ 여씨(呂氏) : =남전여씨(藍田呂氏)

◎ 여여숙(呂與叔) : =남전여씨(藍田呂氏)

◎ 연관(練冠) : '연관'은 상(喪) 중에 착용하는 관(冠)이다. 부모의 상 중에서 1주기에 지내는 제사 때 착용을 하였다.

◎ 연제(練祭) : '연제'는 소상(小祥)을 뜻한다. 삼년상에서 1년째에 지내는 제사이다. 소상 때에는 연관(練冠)과 연의(練衣)를 착용하고 제사를 지내기 때문에 '연제'라고 부른다.

◎ 염(斂) : '염'은 시신에 옷을 입혀서 관에 안치하는 것을 뜻한다.

◎ 염강(厭降) : '염강'은 상례(喪禮)에 있어서, 돌아가신 모친을 위해 자식은 본래 삼년상(三年喪)을 치러야 하지만, 부친이 생존해 계신 경우라면, 수위를 낮춰서 기년상(期年喪)으로 치르는데, 이처럼 낮춰서 치르는 것을 '염강'이라고 부른다.

◎ 영위앙(靈威仰) : '영위앙'은 참위설(讖緯說)을 주장했던 자들이 섬기던 오제(五帝) 중 하나이다. 동방(東方)의 신(神)이자, 봄을 주관하는 신이다. 『예기』「대전(大傳)」편에는 "禮, 不王不禘, 王者禘其祖之所自出, 以其祖配之."라는 기록이 있는데, 이에 대한 정현의 주에서는 "王者之先祖皆感太微五帝之精以生. 蒼則靈威仰, 赤則赤熛怒, 黃則含樞紐, 白則白招拒, 黑則汁光紀."라고 풀이하였다.

◎ 오복(五服) : '오복'은 죽은 자와 친하고 소원한 관계에 따라 입게 되는 다섯 가지 상복(喪服)을 뜻한다. 참최복(斬衰服), 자최복(齊衰服), 대공복(大功服), 소공복(小功服), 시마복(緦麻服)을 가리킨다. 『예기』「학기(學記)」편에는 "師無當於五服, 五服弗得不親."이라는 기록이 있는데, 이에 대한 공영달(孔穎達)의 소(疏)에서는 "五服, 斬衰也, 齊衰也, 大功也, 小功也, 緦麻也."라고 풀이했다. 또한 '오복'에 있어서는 죽은 자와 가까운 관계일수록 중대한 상복을 입고, 복상(服喪) 기간도 늘어난다. 위의 '오복' 중 참최복이 가장 중대한 상복에 속하며, 그 다음은 자최복이고, 대공복, 소공복, 시마복 순으로 내려간다.

◎ 오유청(吳幼淸) : =오징(吳澄)

◎ 오제(五帝) : '오제'는 전설시대에 존재했다고 전해지는 다섯 명의 제왕(帝王)을 뜻한다. 그러나 다섯 명이 누구였는지에 대해서는 이설(異

說)이 많다. 첫 번째 주장은 황제(黃帝: ＝軒轅), 전욱(顓頊: ＝高陽), 제곡(帝嚳: ＝高辛), 당요(唐堯), 우순(虞舜)으로 보는 견해이다. 『사기정의(史記正義)』「오제본기(五帝本紀)」편에는 "太史公依世本·大戴禮, 以黃帝·顓頊·帝嚳·唐堯·虞舜爲五帝. 譙周·應劭·宋均皆同."이라는 기록이 있고, 『백호통(白虎通)』「호(號)」편에도 "五帝者, 何謂也? 禮曰, 黃帝·顓頊·帝嚳·帝堯·帝舜也."라는 기록이 있다. 두 번째 주장은 태호(太昊: ＝伏羲), 염제(炎帝: ＝神農), 황제(黃帝), 소호(少昊: ＝摯), 전욱(顓頊)으로 보는 견해이다. 이 주장은 『예기』「월령(月令)」편에 나타난 각 계절별 수호신들의 내용을 종합한 것이다. 세 번째 주장은 소호(少昊), 전욱(顓頊), 고신(高辛), 당요(唐堯), 우순(虞舜)으로 보는 견해이다. 『서서(書序)』에는 "少昊·顓頊·高辛·唐·虞之書, 謂之五典, 言常道也."라는 기록이 있다. 또 『제왕세기(帝王世紀)』에는 "伏羲·神農·黃帝爲三皇, 少昊·高陽·高辛·唐·虞爲五帝."라는 기록이 있다. 네 번째 주장은 복희(伏羲), 신농(神農), 황제(黃帝), 당요(唐堯), 우순(虞舜)으로 보는 견해이다. 이 주장은 『역』「계사하(繫辭下)」편의 내용에 근거한 주장이다.

◎ **오징(吳澄, A.D.1249~A.D.1333)** : ＝임천오씨(臨川吳氏)·오유청(吳幼淸)·초려오씨(草廬吳氏). 송원대(宋元代)의 유학자이다. 이름은 징(澄)이다. 자(字)는 유청(幼淸)이다. 저서로 『예기해(禮記解)』가 있다.

◎ **왕념손(王念孫, A.D.1744~A.D.1832)** : 청(淸)나라 때의 학자이다. 자(字)는 회조(懷租)이고, 호(號)는 석구(石臞)이다. 부친은 왕안국(王安國)이고, 아들은 왕인지(王引之)이다. 대진(戴震)에게 학문을 배웠다. 저서로는 『독서잡지(讀書雜志)』 등이 있다.

◎ **왕숙(王肅, A.D.195~A.D.256)** : ＝왕자옹(王子雍). 위진남북조(魏晉南北朝) 때의 위(魏)나라 경학자이다. 자(字)는 자옹(子雍)이다. 출신지는 동해(東海)이다. 부친 왕랑(王朗)으로부터 금문학(今文學)을 공부했으나, 고문학(古文學)의 고증적인 해석을 따랐다. 『상서(尙書)』, 『시경(詩經)』, 『좌전(左傳)』, 『논어(論語)』 및 삼례(三禮)에 대한 주석을 남겼다.

◎ **왕인지(王引之, A.D.1766~A.D.1834)** : 청(淸)나라 때의 훈고학자이다. 자(字)는 백신(伯申)이고, 호(號)는 만경(曼卿)이며, 시호(諡號)는 문간(文簡)이다. 왕념손(王念孫)의 아들이다. 대진(戴震), 단옥재(段玉裁),

부친과 함께 대단이왕(戴段二王)이라고 일컬어졌다. 『경전석사(經傳
釋詞)』, 『경의술문(經義述聞)』 등의 저술이 있다.

◎ 왕자옹(王子雍) : =왕숙(王肅)

◎ 외상(外喪) : '외상'은 대문(大門) 밖에서 발생한 상(喪)을 뜻한다. 즉 자
신과 같은 집에서 살고 있지 않은 친인척에 대한 상(喪)을 뜻한다.

◎ 외인(外姻) : '외인'은 혼인 관계로 맺어진 친척들을 말한다. 『춘추좌씨
전』「은공(隱公) 1년」편에는 "土踰月, 外姻至."라는 기록이 있는데, 이
에 대한 두예(杜預)의 주에서는 "姻, 猶親也."라고 풀이했다.

◎ 외조(外朝) : '외조'는 내조(內朝)와 대비되는 말이며, 천자 및 제후가
정사(政事)를 처리하던 곳이다. 『주례』「춘관(秋官)·조사(朝士)」편에
대한 정현의 주에서는 "周天子諸侯皆有三朝. 外朝一, 內朝二. 內朝之
在路門內者, 或謂之燕朝."라는 기록이 있다. 즉 천자 및 제후는 3개의
조(朝)를 두는데, 1개는 '외조'이며, 나머지 2개는 내조가 된다. 『국어
(國語)』「노어하(魯語下)」편에는 "天子及諸侯合民事於外朝, 合神事於
內朝. 自卿以下, 合官職於外朝, 合家事於內朝."라는 기록이 있고, 이 문
장에 나타난 '외조'에 대해서, 위소(韋昭)는 "言與百官考合民事於外朝
也."라고 풀이했다. 즉 '외조'는 모든 관료들과 함께, 백성들과 관련된
정무를 처리하던 장소이다.

◎ 외종(外宗) : '외종'에는 세 가지 뜻이 있다. 첫 번째는 『주례』에 나온
작위를 가진 여자 관리이며, 경이나 대부의 부인까지도 통괄적으로 외
종이라고 부른다. 두 번째는 고모·자매의 딸자식, 외삼촌의 딸자식,
종모(從母)의 딸자식 등을 뜻한다. 세 번째는 외가 친족의 부인들을
뜻한다.

◎ 요복(要服) : '요복'은 위복(衛服)과 이복(夷服) 사이에 있는 땅을 뜻
한다. 천자의 수도 밖으로 사방 2500리(里)와 3000리 사이에 있었던
땅을 가리킨다. '요복'의 '요(要)'자는 결속시킨다는 뜻으로, 중원의
문화를 수호하며 지킨다는 의미이다. '복(服)'자는 천자를 위해 복종
한다는 뜻이다. 한편 '요복'은 '만복(蠻服)'이라고도 부른다. '만복'의
'만(蠻)'자는 오랑캐들의 지역과 인접해 있기 때문에 붙여진 명칭으
로, 교화를 베풀어 오랑캐들도 교화되도록 한다는 뜻이다. 『서』「우
서(虞書)·우공(禹貢)」편에는 "五百里要服."이라는 기록이 있고, 이
에 대한 공안국(孔安國)의 전(傳)에서는 "綏服外之五百里, 要束以文

敎.”라고 풀이했으며,『주례』「하관(夏官)·직방씨(職方氏)」편에는 “又
其外方五百里曰衛服, 又其外方五百里曰蠻服, 又其外方五百里曰夷
服.”이라는 기록이 있고, 이에 대한 가공언(賈公彦)의 소(疏)에서는
“言蠻者, 近夷狄, 蠻之言麼, 以政敎麼來之, 自北已下皆夷狄.”이라고
풀이했다.

◎ 우제(虞祭) : ‘우제’는 장례(葬禮)를 치르고 난 뒤에 지내는 제사를 뜻
한다.

◎ 월불(越紼) : ‘월불’은 상여줄을 뛰어넘는다는 뜻이다. 장례(葬禮)를 치
르기 이전에는 상여로 사용되는 순거(輴車)에 항상 상여줄인 불(紼)을
매달아둔다. 상중(喪中)에는 항상 집안에 머물러 있지만, 천지(天地)
및 사직(社稷) 등에게 제사를 지낼 때에는 집밖으로 나가야 한다. 이
때에 바로 상여줄을 뛰어넘어서 가게 되는데, 이것을 ‘월불’이라고 부
른다.

◎ 위복(衛服) : ‘위복’은 채복(采服)과 요복(要服: =蠻服) 사이에 있는 땅
을 뜻한다. 천자의 수도 밖으로 사방 2000리(里)와 2500리 사이에 있
었던 땅을 가리킨다. ‘위복’의 ‘위(衛)’자는 수호한다는 뜻으로, 천자를
위해서 외부의 침입을 막는다는 의미이다. ‘복(服)’자는 천자를 위해
복종한다는 뜻이다.『주례』「하관(夏官)·직방씨(職方氏)」편에는 “又其
外方五百里曰采服, 又其外方五百里曰衛服, 又其外方五百里曰蠻服.”이
라는 기록이 있고, 이에 대한 가공언(賈公彦)의 소(疏)에서는 “言衛者,
爲王衛禦.”라고 풀이했다.

◎ 위소(韋昭, A.D.204~A.D.273) : 삼국시대(三國時代) 때 오(吳)나라의 학
자이다. 자(字)는 홍사(弘嗣)이다. 사마소(司馬昭)의 이름을 피휘하여,
요(曜)로 고쳤다. 저서로는『국어주(國語注)』등이 있다.

◎ 유사(有司) : ‘유사’는 관리를 뜻하는 용어이다. ‘사(司)’자는 담당한다는
뜻이다. 관리들은 각자 담당하고 있는 업무가 있었으므로, 관리를 ‘유
사’라고 불렀던 것이다. 일반적으로 하위관료들을 지칭하여, 실무자를
뜻하는 용어로 많이 사용된다. 그러나 때로는 고위관료까지도 지칭하
는 용어로 사용되기도 한다.

◎ 유현(劉炫, ?~?) : 수(隋)나라 때의 학자이다. 자는 광백(光伯)이며, 경
성(景城) 출신이다. 태학박사(太學博士) 등을 지냈다.『논어술의(論
語述義)』,『춘추술의(春秋述義)』,『효경술의(孝經述義)』등을 저술하

였다.

◎ 육경(六卿) : '육경'은 여섯 명의 경(卿)을 가리키는데, 주로 여섯 명의 주요 관직자들을 뜻한다. 각 시대마다 해당하는 관직명과 담당하는 영역에는 차이가 있었다. 『서』「하서(夏書)·감서(甘誓)」편에는 "大戰于甘, 乃召六卿."이라는 기록이 있고, 이에 대한 공안국(孔安國)의 전(傳)에서는 "天子六軍, 其將皆命卿."이라고 풀이했다. 즉 천자는 6개의 군(軍)을 소유하고 있는데, 각 군의 장수를 '경(卿)'으로 임명하였기 때문에, 이들 육군(六軍)의 수장을 '육경'이라고 부른다는 뜻이다. 이 기록에 따르면 하(夏)나라 때에는 육군의 장수를 '육경'으로 불렀다는 결론이 도출된다. 한편 『주례(周禮)』의 체제에 따르면, 주(周)나라에서는 여섯 개의 관부를 설치하였고, 이들 관부의 수장을 '경'으로 임명하였다. 따라서 천관(天官)의 총재(冢宰), 지관(地官)의 사도(司徒), 춘관(春官)의 종백(宗伯), 하관(夏官)의 사마(司馬), 추관(秋官)의 사구(司寇), 동관(冬官)의 사공(司空)이 '육경'에 해당한다. 『한서(漢書)·백관공경표상(百官公卿表上)』편에는 "夏殷亡聞焉, 周官則備矣. 天官冢宰, 地官司徒, 春官宗伯, 夏官司馬, 秋官司寇, 冬官司空, 是爲六卿, 各有徒屬職分, 用於百事."라는 기록이 있다.

◎ 육덕명(陸德明, A.D.550~A.D.630) : =육원랑(陸元朗). 당대(唐代)의 경학자이다. 이름은 원랑(元朗)이고, 자(字)는 덕명(德明)이다. 훈고학에 뛰어났으며, 『경전석문(經典釋文)』 등을 남겼다.

◎ 육례(六禮) : '육례'는 혼인 과정 중에 시행되는 여섯 종류의 의례 절차를 뜻한다. 청원을 하며 여자 집안에 예물을 보내는 납채(納采), 여자의 이름 및 출생일 등에 대해서 묻는 문명(問名), 혼인이 어떠한가를 종묘(宗廟)에서 점을 치고, 길(吉)한 징조를 얻게 되면, 여자 집안에 알리는 납길(納吉), 혼인 약속을 증명하기 위해 여자 집안에 폐백을 보내는 납징(納徵: =納幣), 결혼날짜를 정하여 여자 집안에 가부(可否)를 묻는 청기(請期), 남자가 여자 집안에 가서 아내를 맞이하는 친영(親迎)을 가리킨다.

◎ 육만(六蠻) : '육만'은 고대 중국의 남쪽 지역에 거주하던 여섯 종류의 소수 민족을 뜻한다. 또한 그들이 거주하는 지역 전체를 가리키는 용어로도 사용되었다. 여섯 종류의 소수 민족에 대해서는 구체적인 기록이 없다. '육만' 이외에도 '만(蠻)'을 가리키는 용어로 '팔만(八蠻)'이라는 용어

가 등장한다. '만' 중에서 '팔만'에 대해서는 구체적인 기록이 남아 있는데, 여덟 종류의 소수 민족은 천축(天竺), 해수(咳首), 초요(僬僥), 파종(跛踵), 천흉(穿胸), 담이(儋耳), 구궤(狗軌), 방춘(旁春)을 뜻한다. 『이아』「석지(釋地)」편에 기록된 '육만'에 대해, 형병(邢昺)의 소(疏)에서는 이순(李巡)의 말을 인용하여, "一曰天竺, 二曰咳首, 三曰僬僥, 四曰跛踵, 五曰穿胸, 六曰儋耳, 七曰狗軌, 八曰旁春."이라고 풀이했다.

◎ 육복(六服) : '육복'은 천자의 수도를 제외하고, 그 이외의 땅을 9개의 지역으로 구분한 구복(九服) 중에서 6개 지역을 뜻하는데, 천자의 수도로부터 6개 복(服)까지는 주로 중국의 제후들에게 분봉해주는 지역이었고, 나머지 3개의 지역은 주로 오랑캐들에게 분봉해주는 지역이었다. 따라서 중국(中國)이라는 개념을 거론할 때 주로 '육복'이라고 말한다. 천하의 정중앙에는 천자의 수도인 왕기(王畿)가 있고, 그 외에는 순차적으로 6개의 '복'이 있는데, 후복(侯服), 전복(甸服), 남복(男服), 채복(采服), 위복(衛服), 만복(蠻服)이 여기에 해당한다. '후복'은 천자의 수도 밖으로 사방 500리(里)의 크기이며, 이 지역에 속한 제후들은 1년에 1번 천자를 알현하며, 제사 때 사용하는 물건을 바친다. '전복'은 '후복' 밖으로 사방 500리의 크기이며, 이 지역에 속한 제후들은 2년에 1번 천자를 알현하고, 빈객(賓客)을 접대할 때 사용하는 물건을 바친다. '남복'은 '전복' 밖으로 사방 500리의 크기이며, 이 지역에 속한 제후들은 3년에 1번 천자를 알현하고, 각종 기물(器物)들을 바친다. '채복'은 '남복' 밖으로 사방 500리의 크기이며, 이 지역에 속한 제후들은 4년에 1번 천자를 알현하고, 의복류를 바친다. '위복'은 '채복' 밖으로 사방 500리의 크기이며, 이 지역에 속한 제후들은 5년에 1번 천자를 알현하고, 각종 재목들을 바친다. '만복'은 '요복(要服)'이라고도 부르는데, '만복'이라는 용어는 변경 지역의 오랑캐들과 접해 있으므로, 붙여진 용어이다. '만복'은 '위복' 밖으로 사방 500리의 크기이며, 이 지역에 속한 제후들은 6년에 1번 천자를 알현하고, 각종 재화들을 바친다. 『주례』「추관(秋官)·대행인(大行人)」편에는 "邦畿方千里, 其外方五百里謂之侯服, 歲壹見, 其貢祀物, 又其外方五百里謂之甸服, 二歲壹見, 其貢嬪物, 又其外方五百里謂之男服, 三歲壹見, 其貢器物, 又其外方五百里謂之采服, 四歲壹見, 其貢服物, 又其外方五百里謂之衛服, 五歲壹見, 其貢材物, 又其外方五百里謂之要服, 六歲壹見, 其貢貨物."이

라는 기록이 있다.

◎ 육사(六師) : '육사'는 '육군(六軍)'이라고도 부른다. 주(周)나라 때 천자
가 통솔했던 여섯 단위의 군대를 뜻한다. '사(師)'는 본래 군대의 단위
를 뜻하는 것으로, 1사(師)는 12,500명으로 구성된다. 후대에는 천자의
군대를 지칭하는 용어로도 사용되었다.

◎ 육원랑(陸元朗) : =육덕명(陸德明)

◎ 육전(六典) : '육전'은 치전(治典), 교전(敎典), 예전(禮典), 정전(政典),
형전(刑典), 사전(事典)을 뜻한다. 고대에 국가를 통치하던 여섯 방면
의 법령을 가리킨다. 국가의 전반적인 통치, 교화, 예법, 전장제도(典
章制度), 형벌, 임무수행에 대한 법이다. 『주례』「천관(天官)·대재(大
宰)」편에는 "大宰之職, 掌建邦之六典, 以佐王治邦國. 一曰治典, 以經邦
國, 以治官府, 以紀萬民. 二曰敎典, 以安邦國, 以敎官府, 以擾萬民. 三曰
禮典, 以和邦國, 以統百官, 以諧萬民. 四曰政典, 以平邦國, 以正百官, 以
均萬民. 五曰刑典, 以詰邦國, 以刑百官, 以糾萬民. 六曰事典, 以富邦國,
以任百官, 以生萬民."이라는 기록이 있다.

◎ 융로(戎路) : '융로'는 군주가 군중(軍中)에 있을 때 타던 수레이다. 전
쟁용 수레를 범칭하는 용어로도 사용된다. 『주례』「춘관(春官)·거복
(車僕)」편에는 "車僕, 掌戎路之萃."라는 기록이 있는데, 이에 대한 정
현의 주에서는 "戎路, 王在軍所乘也."라고 풀이했다. 한편 고대의 천
자가 사용하던 5종류의 수레 중에는 혁로(革輅)라는 것이 있었다.
'혁로'는 전쟁용으로 사용했던 수레인데, 간혹 제후의 나라에 순수
(巡守)를 갈 때 사용하기도 하였다. 가죽으로 겉을 단단하게 동여매
서 고정시키고, 옻칠만 하고, 다른 장식을 하지 않았기 때문에, '혁로'
라고 부르는 것이다. 『주례』「춘관(春官)·건거(巾車)」편에는 "革路,
龍勒, 條纓五就, 建大白, 以卽戎, 以封四衛."라는 기록이 있고, 이에
대한 정현의 주에서는 "革路, 鞔之以革而漆之, 無他飾."이라고 풀이
했다.

◎ 은제(殷祭) : '은제'는 성대한 제사를 뜻한다. 3년마다 지내는 협(祫)제
사와 5년마다 지내는 체(禘)제사 등을 '은제'라고 부른다. 『예기』「증자
문(曾子問)」편에는 "孔子曰, 有君喪服於身, 不敢私服, 又何除焉. 於是
乎有過時, 而弗除也. 君之喪服除, 而后殷祭, 禮也."라는 용례가 있다.

◎ 읍재(邑宰) : '읍재'는 읍(邑)을 다스리는 수장을 뜻하니, 후대의 현령

(縣令)에 해당한다. '재(宰)'자는 총괄하는 자를 가리키므로, '읍재'라고 부른다.

◎ 응문(應門) : '응문'은 궁(宮)의 정문을 가리킨다. 『시』「대아(大雅)·면(緜)」편에는 "迺立應門, 應門將將."이라는 기록이 있는데, 이에 대한 모전(毛傳)에서는 "王之正門曰應門."이라고 풀이하였다.

◎ 의려(倚廬) : '의려'는 상중(喪中)에 머물게 되는 임시 거처지이다. '의려'는 또한 '의(倚)', '여(廬)', '악실(堊室)', '사려(舍廬)' 등으로 부르기도 하지만, '악실'과 대비해서 보다 수위가 높은 임시숙소를 뜻하기도 한다. 중문(中門) 밖 동쪽 담장 아래에 나무를 기대어 만든다.

◎ 의복(義服) : '의복'은 본래 친속관계가 성립되지 않아서, 상복(喪服)을 착용해야만 하는 관계가 아닌데도, 도리에 따라 상복을 착용하는 것을 말한다.

◎ 이백(二伯) : '이백'은 주(周)나라 초기에 천하를 동서(東西)로 양분하여, 각 방위에 있던 제후들을 다스렸던 2명의 주요 신하를 가리키는 말이다. 구체적 인물로는 주공(周公)과 소공(召公)이 '이백'을 맡았었다고 전해진다. 『공총자(孔叢子)』「거위(居衛)」편에는 "古之帝王, 中分天下, 使二公治之, 謂之二伯."이라는 기록이 있고, 『예기』「왕제(王制)」편에는 "八伯各以其屬, 屬於天子之老二人, 分天下以爲左右, 曰二伯."이라는 기록이 있는데, 이에 대한 정현의 주에서는 "自陝以東, 周公主之, 自陝以西, 召公主之."라고 풀이했다.

◎ 임천오씨(臨川吳氏) : =오징(吳澄)

ㅈ

◎ 자모(慈母) : '자모'는 모친을 뜻하기도 하지만, 고대에는 자신을 양육시켜준 서모(庶母)를 뜻하는 용어로 사용하기도 했다.

◎ 자성(粢盛) : '자성'은 제성(齊盛)이라고도 부른다. 자(粢)자는 곡식의 한 종류인 기장을 뜻하고, 성(盛)자는 그릇에 기장을 풍성하게 채워놓은 모양을 뜻한다. 따라서 '자성'은 제기(祭器)에 곡물을 가득 채워 놓은 것을 뜻하며, 제물(祭物)로 사용되었다. 『춘추공양전』「환공(桓公) 14년」편에는 "御廩者何, 粢盛委之所藏也."라는 기록이 있는데, 이에 대한 하휴(何休)의 주에서는 "黍稷曰粢, 在器曰盛."이라고 풀이

하였다.

◎ 작용(爵踊) : '작용'은 상중(喪中)에 용(踊)을 하는 방법 중 하나이다. 참새가 뛰는 것처럼 하니, 발이 지면에서 떨어지지 않는 것이다.

◎ 장경부(張敬夫) : =장식(張栻)

◎ 장식(張栻, A.D.1133~A.D.1180) : =광한장씨(廣漢張氏)·남헌장씨(南軒張氏)·장경부(張敬夫). 남송(南宋) 때의 학자이다. 자(字)는 경부(敬夫)·낙재(樂齋)이고, 호(號)는 남헌(南軒)이다. 저서로는『남헌집(南軒集)』·『남헌역설(南軒易說)』 등이 있다.

◎ 장자(張子) : =장재(張載)

◎ 장재(張載, A.D.1020~A.D.1077) : =장자(張子)·장횡거(張橫渠). 북송(北宋) 때의 유학자이다. 북송오자(北宋五子) 중 한 사람으로 칭해진다. 자(字)는 자후(子厚)이다. 횡거진(橫渠鎭) 출신으로, 이곳에서 장기간 강학을 했기 때문에 횡거선생(橫渠先生)으로 일컬어지기도 한다.

◎ 장횡거(張橫渠) : =장재(張載)

◎ 저장(苴杖) : '저장'은 부친의 상(喪)을 치를 때 사용하는 지팡이로, 대나무로 만든 지팡이를 뜻한다.

◎ 적사(適士) : '적사'는 상사(上士)를 가리킨다. 사(士)라는 계급은 3단계로 세분되는데, 상사, 중사(中士), 하사(下士)가 그것이다.『예기』「제법(祭法)」편의 경문에는 "適士二廟, 一壇, 曰考廟, 曰王考廟, 享嘗乃止."라는 기록이 있다. 이에 대한 정현의 주에서는 "適士, 上士也."라고 풀이했다.

◎ 전복(甸服) : '전복'은 천자의 수도 밖의 지역이다. '전복'의 '전(甸)'자는 '전(田)'자의 뜻으로, 천자가 정사를 펼치는데 필요한 조세를 거두던 지역이라는 뜻이다. '복(服)'자는 천자를 위해 복종한다는 뜻이다. 하(夏)나라 때의 제도에서는 천자의 수도와 연접한 지역이 '전복'이 되었는데, 천자의 수도로부터 사방 500리(里) 떨어진 곳까지를 '전복'이라고 불렀다.『서』「우서(虞書)·우공(禹貢)」편에는 "錫土姓, 祗台德先, 不距朕行, 五百里甸服."이라는 기록이 있고, 이에 대한 공안국(孔安國)의 전(傳)에서는 "規方千里之內謂之甸服, 爲天子服治田, 去王城面五百里."이라고 풀이했다. 한편 주(周)나라 때에는 '전복'의 자리에 대신 '후복(侯服)'이 위치하였으며, '전복'은 '후복' 밖의 사방 500리 떨어진

곳까지를 뜻하였다. 『주례』「하관(夏官)·직방씨(職方氏)」편에는 "乃辨
九服之邦國, 方千里曰王畿, 其外方五百里曰侯服, 又其外方五百里曰甸
服."이라는 기록이 있다.

◎ 정강성(鄭康成) ： =정현(鄭玄)

◎ 정경(正卿) ： '정경'은 상경(上卿)이다. 춘추시대 제후국의 집정대신으
　로, 권력이 제후 다음으로 높았다.

◎ 정동경(鄭東卿, ?~?) ： =합사정씨(合沙鄭氏). 남송(南宋) 때의 학자이다.
　자는 소매(少梅)이다. 저서로는 『선천도주(先天圖注)』·『주역의난도
　(周易疑難圖)』 등이 있다.

◎ 정사농(鄭司農) ： =정중(鄭衆)

◎ 정씨(鄭氏) ： =정현(鄭玄)

◎ 정의(正義) ： 『정의(正義)』는 『예기정의(禮記正義)』 또는 『예기주소
　(禮記注疏)』를 뜻한다. 당(唐)나라 때에는 태종(太宗)이 공영달(孔穎
　達) 등을 시켜서 『오경정의(五經正義)』를 편찬하였는데, 이때 『예기
　정의』에는 정현(鄭玄)의 주(注)와 공영달의 소(疏)가 수록되었다. 송
　대(宋代)에는 『오경정의』와 다른 경전(經典)에 대한 주석서를 포함
　한 『십삼경주소(十三經注疏)』가 편찬되어, 『예기주소』라는 명칭이 되
　었다.

◎ 정중(鄭衆, ?~A.D.83) ： =정사농(鄭司農). 후한(後漢) 때의 경학자이다.
　자(字)는 중사(仲師)이다. 부친은 정흥(鄭興)이다. 부친에게 『춘추좌씨
　전(春秋左氏傳)』의 학문을 전수받았다. 또한 그는 대사농(大司農) 등
　의 관직을 역임하였기 때문에, '정사농'이라고도 불렀다. 한편 정흥과
　그의 학문은 정현(鄭玄)에게 많은 영향을 주었기 때문에, 후대에서는
　정현을 후정(後鄭)이라고 불렀고, 정흥과 그를 선정(先鄭)이라고도 불
　렀다. 저서로는 『춘추조례(春秋條例)』, 『주례해고(周禮解詁)』 등을 지
　었다고 하지만, 현재는 전해지지 않았다.

◎ 정지(鄭志) ： 『정지(鄭志)』는 정현(鄭玄)과 그의 제자들이 오경(五經)에
　대해서 문답을 주고받은 내용을 기록한 문헌이다. 『논어』의 형식에 의
　거하여, 정현의 제자들이 편찬하였다. 『후한서(後漢書)』「장조정열전
　(張曹鄭列傳)」편에는 "門人相與撰玄荅諸弟子問五經, 依論語作鄭志八
　篇."라는 기록이 있다.

◎ 정현(鄭玄, A.D.127~A.D.200) ： =정강성(鄭康成)·정씨(鄭氏). 한대(漢

代)의 유학자이다. 자(字)는 강성(康成)이다. 『주역(周易)』, 『상서(尙書)』, 『모시(毛詩)』, 『주례(周禮)』, 『의례(儀禮)』, 『예기(禮記)』, 『논어(論語)』, 『효경(孝經)』 등에 주석을 하였다.

◎ 제곡(帝嚳) : '제곡'은 고신씨(高辛氏)라고도 부른다. '제곡'은 고대 오제(五帝) 중 하나이다. 황제(黃帝)의 아들 중에는 현효(玄囂)가 있었는데, '제곡'은 현효의 손자가 된다. 은(殷)나라의 복사(卜辭) 기록 속에서는 은나라 사람들이 '제곡'을 고조(高祖)로 여겼다는 기록도 나온다. 한편 '제곡'은 최초 신(辛)이라는 땅을 분봉 받았다가, 이후에 제(帝)가 되었으므로, '제곡'을 고신씨(高辛氏)라고도 부르는 것이다.

◎ 조(兆) : '조'는 고대에 사교(四郊)에 설치했던 일종의 제단(祭壇)이다. 또한 사교(四郊)에서 제사를 지내는 장소를 뜻한다. 『예기』「표기(表記)」편에는 "詩曰, 后稷兆祀, 庶無罪悔, 以迄于今."이라는 기록이 있고, 이에 대한 정현의 주에서는 "兆, 四郊之祭處也."라고 풀이했다. 한편 『예기』「예기(禮器)」편에는 "有以下爲貴者, 至敬不壇, 埽地而祭."라는 기록이 있다. 즉 지극히 공경을 표해야 하는 제사에서는 제단을 쌓지 않고, 단지 땅만 쓸고서 제사를 지낸다는 뜻이다. 이 문장에 대해 진호(陳澔)의 『집설(集說)』에서는 "封土爲壇, 郊祀則不壇, 至敬無文也."라고 풀이한다. 즉 흙을 높게 쌓아서 제단을 만들게 되는데, 교사(郊祀)와 같은 경우는 지극히 공경을 표해야 하는 제사에 해당하므로, 제단을 만들지 않는다. 그 이유는 이러한 제사에서는 화려한 꾸밈을 하지 않기 때문이다. 한편 『예기』「예기」편의 문장에 대해 공영달(孔穎達)의 소(疏)에서는 "此謂祭五方之天, 初則燔柴於大壇, 燔柴訖, 於壇下掃地而設正祭, 此周法也."라고 설명한다. 즉 지극히 공경을 표해야 하는 제사는 오방(五方)의 천신(天神)들에게 지내는 제사를 뜻하는데, 제사 초반부에는 태단(太壇)에서 섶을 태워서 신들에게 알리고, 섶 태우는 일이 끝나면, 제단 아래에서 땅을 쓸고, 본격적인 제사를 지내게 되는데, 이것은 주(周)나라 때의 예법에 해당한다.

◎ 조근(朝覲) : '조근'은 군주가 신하를 만나보는 예법(禮法)을 뜻한다. 군주가 신하를 만나보는 예법에는 조(朝), 근(覲), 종(宗), 우(遇), 회(會), 동(同) 등이 있었는데, 이것을 총칭하여 '조근'으로 부르기도 한다. 한편 '조근'은 신하가 군주를 찾아뵙는 예법을 뜻하기도 한다. 고

대에는 제후가 천자를 찾아뵐 때, 각 계절별로 그 명칭을 다르게 불렀다. 봄에 찾아뵙는 것을 조(朝)라고 부르며, 여름에 찾아뵙는 것을 종(宗)이라고 부르고, 가을에 찾아뵙는 것을 근(覲)이라고 부르며, 겨울에 찾아뵙는 것을 우(遇)라고 부른다. '조근'은 이러한 예법들을 총칭하는 말이다.

◎ 조묘(祧廟) : '조묘'는 천묘(遷廟)와 같은 뜻이다. '천묘'는 대수(代數)가 다한 신주(神主)를 모시는 묘(廟)를 뜻한다. 예를 들어 天子의 경우, 7개의 묘(廟)를 설치하는데, 가운데의 묘에는 시조(始祖) 혹은 태조(太祖)의 신주(神主)를 모시며, 이곳의 신주는 다른 곳으로 옮기지 않는 불천위(不遷位)에 해당한다. 그리고 좌우에는 각각 3개의 묘(廟)를 설치하여, 소목(昭穆)의 순서에 따라 6대(代)의 신주를 모신다. 현재의 천자가 죽게 되어, 그의 신주를 묘에 모실 때에는 소목의 순서에 따라 가장 끝 부분에 있는 묘로 신주가 들어가게 된다. 만약 소(昭) 계열의 가장 끝 묘에 새로운 신주가 들어서게 되면, 밀려나게 된 신주는 바로 위의 소 계열 묘로 들어가게 되고, 최종적으로 밀려나서 더 이상 갈 곳이 없는 신주는 '천묘'로 들어가게 된다. 또한 '천묘'는 위에서 서술한 것처럼 신구(新舊)의 신주가 옮겨지게 되는 의식 자체를 지칭하기도 하며, '천묘'된 신주 자체를 가리키기도 한다. 주(周)나라 때에는 문왕(文王)과 무왕(武王)의 묘를 '천묘'로 사용하였다.

◎ 조빙(朝聘) : '조빙'은 본래 제후가 주기적으로 천자를 찾아뵙는 것을 뜻한다. 고대에는 제후가 천자에 대해서 매년 1번씩 소빙(小聘)을 했고, 3년에 1번씩 대빙(大聘)을 했으며, 5년에 1번씩 조(朝)를 했다. '소빙'은 제후가 직접 찾아가지 않았고, 대부(大夫)를 대신 파견하였으며, '대빙' 때에는 경(卿)을 파견하였다. '조'에서만 제후가 직접 찾아갔는데, 이것을 합쳐서 '조빙'이라고 부른다. 춘추시대(春秋時代) 때에는 진(晉)나라 문공(文公)과 같은 패주(霸主)에게 '조빙'을 하기도 하였다. 『예기』「왕제(王制)」편에는 "諸侯之於天子也, 比年一小聘, 三年一大聘, 五年一朝."라는 기록이 있고, 이에 대한 정현의 주에서는 "比年, 每歲也. 小聘, 使大夫, 大聘, 使卿, 朝, 則君自行. 然此大聘與朝, 晉文霸時所制也."라고 풀이했다. 후대에는 서로 찾아가서 만나보는 것을 '조빙'이라고 범칭하기도 했다.

◎ 조전(祖奠) : '조전'은 발인 하루 전에 올리는 전제(奠祭)를 가리킨다.

◎ 졸곡(卒哭) : '졸곡'은 우제(虞祭)를 지낸 뒤에 지내는 제사이다. 이 제사를 지내게 되면, 수시로 곡(哭)하던 것을 멈추고, 아침과 저녁때에만 한 번씩 곡을 하게 된다. 그렇기 때문에 '졸곡'이라고 부르게 된 것이다.

◎ 좌식(佐食) : '좌식'은 제사를 지낼 때, 시동의 옆에서 시동이 제사 음식을 흠향할 수 있도록 시중을 드는 사람이다. 『의례』「특생궤식례(特牲饋食禮)」편에는 "佐食北面, 立於中庭."이라는 기록이 있는데, 이에 대한 정현의 주에서는 "佐食, 賓佐尸食者."라고 풀이했다.

◎ 주식(朱軾, A.D.1665~A.D.1735) : 청(淸)나라 때의 명신(名臣)이다. 자(字)는 약섬(若贍)·백소(伯蘇)이고, 호(號)는 가정(可亭)이다.

◎ 중문(中門) : '중문'은 내(內)와 외(外) 사이에 있는 문을 뜻한다. 궁(宮)에 있어서는 혼문(閽門)을 뜻하기도 한다. 또 천자(天子)의 궁성(宮城)에는 다섯 개의 문이 있었다고 전해지는데, 가장 밖에 있는 문부터 순차적으로 나열해보면, 고문(皐門), 치문(雉門), 고문(庫門), 응문(應門), 노문(路門)이다. 이러한 다섯 개의 문들 중 노문(路門)은 가장 안쪽에 있으므로, 내문(內門)로 여기고, 고문(皐門)은 가장 밖에 있으므로, 외문(外門)으로 여긴다. 따라서 나머지 치문(雉門), 고문(庫門), 응문(應門)은 내외(內外)의 사이에 있으므로, 이 세 개의 문을 '중문'으로 여기기도 한다. 『주례』「천관(天官)·혼인(閽人)」편에는 "掌守王宮之中門之禁."이라는 기록이 있는데, 이에 대한 손이양(孫詒讓)의 『정의(正義)』에서는 "此中門實不專屬雉門. 當兼庫·雉·應三門言之. 蓋五門以路門爲內門, 皐門爲外門, 餘三門處內外之間, 故通謂之中門."이라고 풀이했다. 한편 정중앙에 있는 문을 '중문'이라고도 부른다.

◎ 즙광기(汁光紀) : '즙광기'는 협광기(叶光紀)라고도 부른다. 참위설(讖緯說)을 주장했던 자들이 섬기던 오제(五帝) 중 하나이다. 북방(北方)의 신(神)이자 겨울을 주관하는 신이다. 『예기』「대전(大傳)」편에는 "禮, 不王不禘, 王者禘其祖之所自出, 以其祖配之."라는 기록이 있는데, 이에 대한 정현의 주에서는 "王者之先祖皆感大微五帝之精以生. 蒼則靈威仰, 赤則赤熛怒, 黃則含樞紐, 白則白招拒, 黑則汁光紀."라고 풀이하였다.

◎ 증(烝) : '증'은 겨울에 종묘(宗廟)에서 지내는 제사를 뜻한다. '증'자는 중(衆)자의 뜻으로, 겨울에는 만물 중에 성숙한 것이 많다는 의미에서 붙여진 말이다. 『백호통(白虎通)』「종묘(宗廟)」편에는 "冬曰烝者, 烝之 爲言衆也, 冬之物成者衆."이라는 기록이 있다.

◎ 지자(支子) : '지자'는 적장자(嫡長子)를 제외한 나머지 아들들을 말한다.

◎ 참최복(斬衰服) : '참최복'은 상복(喪服) 중 하나로, 오복(五服)에 속한다. 상복 중에서도 가장 수위가 높은 상복이다. 거친 삼베를 사용해서 만 들며, 자른 부위를 꿰매지 않기 때문에 참최(斬衰)라고 부른다. 이 복 장을 입게 되는 기간은 일반적으로 3년에 해당하며, 죽은 부모를 위해 입거나, 처 또는 첩이 죽은 남편을 위해 입는다.

◎ 채복(采服) : '채복'은 남복(男服)과 위복(衛服) 사이에 있는 땅을 뜻한 다. 천자의 수도 밖으로 사방 1500리(里)와 2000리 사이에 있었던 땅 을 가리킨다. '채복'의 '채(采)'자는 돌본다는 뜻으로, 천자를 위해서, 백성들을 돌보며, 산출된 물건들을 천자에게 바친다는 뜻이다. '복(服)' 자는 천자를 위해 복종한다는 뜻이다. 『주례』「하관(夏官)·직방씨(職 方氏)」편에는 "又其外方五百里曰男服, 又其外方五百里曰采服, 又其外 方五百里曰衛服."이라는 기록이 있고, 이에 대한 가공언(賈公彦)의 소 (疏)에서는 "采者, 事也, 爲王事民以供上."이라고 풀이했다.

◎ 천신(薦新) : '천신'은 각 계절별로 생산된 신선한 음식물들을 바치는 제사를 가리킨다. 초하루와 보름마다 성대하게 지내는 전제사[奠祭]를 가리키기도 한다. 『의례』「기석례(旣夕禮)」편에는 "朔月, 若薦新, 則不 饋于下室."이란 기록이 있고, 『예기』「단궁하(檀弓上)」편에는 "有薦新, 如朔奠."이란 기록이 있다.

◎ 체제(禘祭) : '체제'는 천신(天神) 및 조상신(祖上神)에게 지내는 '큰 제 사[大祭]'를 뜻한다. 『이아』「석천(釋天)」편에는 "禘, 大祭也."라는 기록 이 있고, 이에 대한 곽박(郭璞)의 주에서는 "五年一大祭."라고 풀이하 여, 대제(大祭)로써의 체제사는 5년마다 1번씩 지낸다고 설명한다. 그 러나 『예기』「왕제(王制)」에 수록된 각종 제사들에 대한 기록을 살펴 보면, 체제사는 큰 제사임에는 분명하나, 반드시 5년마다 1번씩 지내

는 제사는 아니었다.

◎ 초려오씨(草盧吳氏) : =오징(吳澄)

◎ 초지(稍地) : '초지'는 주(周)나라 때 도성에서 300리(理) 떨어진 지역을 일컫는 말이다.

◎ 총재(冢宰) : '총재'는 대재(大宰)와 같은 말이다. '대재'는 태재(太宰)라고도 부른다. '대재'는 은(殷)나라 때 설치된 관직이라고 전해지며, 주(周)나라에서는 '총재'라고도 불렀다. 『주례(周禮)』의 체제상으로는 천관(天官)의 수장이며, 경(卿) 1명이 담당했다. 『주례』의 체제상으로는 가장 높은 관직이다. 따라서 '대재'가 담당했던 일은 국정 전반에 대한 것이었다.

◎ 추최(麤衰) : '추최'는 상복(喪服) 중에서 가장 수위가 높은 상복을 뜻한다. 가장 거친 마(麻)로 재단하여 만든다.

◎ 치문(雉門) : '치문'에 대해서는 크게 두 가지 해설이 있다. 첫 번째는 제후의 궁(宮)에 있는 문으로, 천자의 궁에 있는 응문(應門)에 해당한다는 주장이다. 두 번째는 천자의 궁에는 다섯 개의 문이 있는데, 그 중 네 번째 위치한 문으로, 바깥쪽에 위치한 문을 가리킨다는 주장이다. 첫 번째 주장은 『예기』「명당위(明堂位)」편의 "大廟, 天子明堂. 庫門, 天子皋門. 雉門, 天子應門."이라는 기록에 근거한 해설이다. 이 기록에 대한 손희단(孫希旦)의 『집해(集解)』에서는 유창(劉敞)의 말을 인용하여, "此經有五門之名, 而無五門之實. 以詩書禮春秋考之, 天子有皋, 應, 畢, 無皋, 雉, 路. 諸侯有庫, 雉, 路, 無皋, 應, 畢. 天子三門, 諸侯三門, 門同而名不同."이라고 했다. 즉 천자의 궁에는 5개의 문이 있다고 하지만, 실제적으로 천자나 제후는 모두 3개의 문만을 설치해었다. 『시(詩)』, 『서(書)』, 『예(禮)』, 『춘추(春秋)』에 나타난 기록들을 고증해보면, 천자는 고(皋), 응(應), 필(畢)이라는 3개의 문을 설치하고, 고(皋), 치(雉), 노(路)라는 문은 없다. 또한 제후는 고(庫), 치(雉), 노(路)라는 3개의 문을 설치하고, 고(皋), 응(應), 필(畢)이라는 문은 없다. 두 번째 주장은 『주례』「천관(天官)・혼인(閽人)」편의 "閽人掌守王宮之中門之禁."이라는 기록에 근거한 해설이다. 이 기록에 대해 정현은 정사농(鄭司農)의 말을 인용하여, "王有五門, 外曰皋門, 二曰雉門, 三曰庫門, 四曰應門, 五曰路門."이라고 풀이하였다. 즉 천자는 5개의 문을 설치하는데, 가장 안쪽에 있는 노문(路門)으로부

터 응문(應門), 고문(庫門), 치문(雉門), 고문(皐門) 순으로 설치해 두
었다.

◎ 친영(親迎) : '친영'은 혼례(婚禮)에서 시행하는 여섯 가지 예식(禮式)
중 하나이다. 사위될 자가 여자 집에 가서 혼례를 치르고, 자신의 집으
로 데려오는 예식을 뜻한다.

◎ 칠융(七戎) : '칠융'은 고대 중국의 서쪽 지역에 거주하던 일곱 종류의
소수 민족을 뜻한다. 또한 그들이 거주하는 지역 전체를 가리키는 용
어로도 사용되었다. 일곱 종류의 소수 민족에 대해서는 구체적인 기록
이 없다. '칠융' 이외에도 '융(戎)'을 가리키는 용어로 '육융(六戎)', '오
융(五戎)' 등의 용어가 등장한다. '융' 중에서 '육융'에 대해서는 구체적
인 기록이 남아 있는데, 여섯 종류의 소수 민족은 요이(僥夷), 융부(戎
夫), 노백(老白), 기강(耆羌), 비식(鼻息), 천강(天剛)을 뜻한다. 『이아』
「석지(釋地)」편에 기록된 '육융'에 대해, 형병(邢昺)의 소(疏)에서는 이
순(李巡)의 말을 인용하여, "一曰僥夷, 二曰戎夫, 三曰老白, 四曰耆羌,
五曰鼻息, 六曰天剛."이라고 풀이했다.

◎ 칭(稱) : '칭'은 수량을 나타내는 양사(量詞)이다. 즉 짝을 지어 갖추는
일련의 의복 등을 헤아리는 단위이다. 예를 들어 포(袍)라는 옷에는
반드시 겉에 걸치는 옷이 있어야 하며, 홑옷으로 입어서는 안 되고, 상
의에는 반드시 그에 맞는 하의가 있어야 하는데, 이처럼 포(袍)에 겉
옷을 갖추고, 상의에 맞게 하의까지 갖추는 것을 1칭(稱)이라고 부른
다. 『예기』「상대기(喪大記)」편에는 "袍必有表不襌, 衣必有裳, 謂之一
稱."이라는 기록이 있다.

E

◎ 태뢰(太牢) : '태뢰'는 제사에서 소[牛], 양(羊), 돼지[豕] 3가지 희생물을
갖춘 것을 뜻한다. 『장자』「지악(至樂)」편에는 "具太牢以爲膳."이라는
기록이 있는데, 이에 대한 성현영(成玄英)의 소(疏)에서는 "太牢, 牛羊
豕也."라고 풀이하였다.

◎ 태보(太保) : '태보'는 주(周)나라 때의 관직으로, 삼공(三公) 중 하나이
며, 삼공 중 서열은 세 번째이다. 천자를 보좌하여 국정 전반을 다스렸
다. 이 관직은 춘추시대(春秋時代) 이후 폐지되었다가, 한(漢)나라 때

다시 설치되기도 하였다.

◎ 태사(太師) : '태사'는 주(周)나라 때의 관직으로, 삼공(三公) 중 하나이
며, 삼공 중 서열은 첫 번째이다. 천자를 보좌하여 국정 전반을 다스렸
다. 이 관직은 진(秦)나라 때 폐지되었다가, 한(漢)나라 때 다시 설치
되기도 하였다.

ㅍ

◎ 팔음(八音) : '팔음'은 여덟 가지의 악기들을 뜻한다. 여덟 종류의 악기
에는 8종류의 서로 다른 재질이 사용되기 때문에, 붙여진 이름이다.
여기에서 여덟 가지 재질이란 통상적으로 쇠[金], 돌[石], 실[絲], 대나
무[竹], 박[匏], 흙[土], 가죽[革], 나무[木]를 가리킨다. 『서』「우서(虞
書)·순전(舜典)」편에는 "三載, 四海遏密八音."이란 기록이 있는데, 이
에 대한 공안국(孔安國)의 전(傳)에서는 "八音, 金石絲竹匏土革木."이
라고 풀이하였다. 또한 여덟 가지 재질에 따른 악기에 대해서 설명하
자면, 금(金)에는 종(鐘)과 박(鎛)이 있고, 석(石)에는 경(磬)이 있으며,
토(土)에는 훈(塤)이 있고, 혁(革)에는 고(鼓)와 도(鼗)가 있으며, 사
(絲)에는 금(琴)과 슬(瑟)이 있고, 목(木)에는 축(柷)과 어(敔)가 있으
며, 포(匏)에는 생(笙)이 있고, 죽(竹)에는 관(管)과 소(簫)가 있다. 『주
례』「춘관(春官)·대사(大師)」편에는 "皆播之以八音, 金石土革絲木匏
竹."이라는 기록이 있는데, 이에 대한 정현의 주에서는 "金, 鐘鎛也. 石,
磬也. 土, 塤也. 革, 鼓鼗也. 絲, 琴瑟也. 木, 柷敔也. 匏, 笙也. 竹, 管簫
也."라고 풀이하였다.

◎ 팔적(八狄) : '팔적'은 고대 중국의 북쪽 지역에 거주하던 여덟 종류의
소수 민족을 뜻한다. 또한 그들이 거주하는 지역 전체를 가리키는 용
어로도 사용되었다. 여덟 종류의 소수 민족에 대해서는 구체적인 기록
이 없다. '팔적' 이외에도 '적(狄)'을 가리키는 용어로 '오적(五狄)', '육
적(六狄)' 등의 용어가 등장한다. '적' 중에서 '오적'에 대해서는 구체적
인 기록이 남아 있는데, 다섯 종류의 소수 민족은 월지(月支), 예맥(穢
貊), 흉노(匈奴), 단우(單于), 백옥(白屋)을 뜻한다. 『이아』「석지(釋地)」
편에 기록된 '팔적'에 대해, 형병(邢昺)의 소(疏)에서는 이순(李巡)의
말을 인용하여, "一曰月支, 二曰穢貊, 三曰匈奴, 四曰單于, 五曰白屋."

이라고 풀이했다.

◎ 필문(畢門) : '필문'은 노문(路門)을 뜻한다. 일설에서는 조묘(朝廟)의 문을 뜻한다고도 주장한다.

ㅎ

◎ 하정(夏正) : '하정'은 하(夏)나라의 정월(正月)을 뜻한다. 이러한 뜻에서 파생되어 하나라의 역법(曆法)을 지칭하기도 한다. 하력(夏曆)을 기준으로 두었을 때, 은(殷)나라는 12월을 정월로 삼았으며, 주(周)나라는 11월을 정월로 삼았다. 『사기(史記)』「역서(曆書)」편에서는 "秦及漢初曾一度以夏曆十月爲正月, 自漢武帝改用夏正后, 曆代沿用."이라고 하여, 진(秦)나라와 전한초기(前漢初期)에는 하력에서의 10월을 정월로 삼았다가, 한무제(漢武帝)부터는 다시 하력을 따랐다고 전해진다. 또한 '하력'은 농력(農曆)이라고도 부르는데, '하력'에 기준을 두었을 때, 농사의 시기와 가장 잘 맞았기 때문이다. 따라서 역대 왕조에서 역법을 개정할 때에는 '하력'에 기준을 두게 되었다.

◎ 함(含) : '함'은 부의를 보낸다는 뜻이며, 또한 부의로 보내는 특정 물건을 가리키기도 하다. '함'은 시신과 함께 매장하게 될 주옥(珠玉)을 부의로 보내는 것이다. 『예기』「문왕세자(文王世子)」편에는 "族之相爲也, 宜弔不弔, 宜免不免, 有司罰之. 至于贈賵承含, 皆有正焉."이라는 기록이 있는데, 이에 대한 진호(陳澔)의 『집설(集說)』에서는 "含以珠玉."이라고 풀이했다. 또 '함'은 시신의 입에 곡식이나 화패 등을 넣는 것을 의미하기도 한다.

◎ 합사정씨(合沙鄭氏) : =정동경(鄭東卿)

◎ 향(享) : '향'자는 '헌(獻)'자의 뜻이다. 즉 공물을 바친다는 뜻이다. 자신보다 계급이 높은 자에게 물건을 바칠 때 '향'이라고 부른다. 『서』「주서(周書)·낙고(洛誥)」편에는 "汝其敬識百辟享, 亦識其有不享."이라는 기록이 있고, 이에 대한 공안국(孔安國)의 전(傳)에서는 "奉上之謂享."이라고 풀이했다.

◎ 현주(玄酒) : '현주'는 고대의 제례(祭禮)에서 술 대신 사용한 물[水]을 뜻한다. '현주'의 '현(玄)'자는 물은 흑색을 상징하므로, 붙여진 글자이다. '현주'의 '주(酒)'자의 경우, 태고시대 때에는 아직 술이 없었기 때

문에, 물을 술 대신 사용했다. 따라서 후대에는 이 물을 가리키며 '주' 자를 붙이게 된 것이다. '현주'를 사용하는 것은 가장 오래된 예법 중 하나이므로, 후대에도 이러한 예법을 존숭하여, 제사 때 '현주' 또한 사용했던 것이며, '현주'를 술 중에서도 가장 귀한 것으로 여겼다. 『예기』 「예운(禮運)」편에는 "故玄酒在室, 醴醆在戶."라는 기록이 있는데, 이에 대한 공영달(孔穎達)의 소(疏)에서는 "玄酒, 謂水也. 以其色黑, 謂之玄. 而太古無酒, 此水當酒所用, 故謂之玄酒."라고 풀이했다.

◎ 현지(縣地) : '현지'는 주(周)나라 때 도성에서 400리(理) 떨어진 지역을 일컫는 말이다.

◎ 협제(祫祭) : '협제'는 협(祫)이라고도 부른다. 신주(神主)들을 태조(太祖)의 묘(廟)에 모두 모셔놓고 지내는 제사이다. 『춘추공양전』 「문공(文公) 2년」에 "八月, 丁卯, 大事于大廟, 躋僖公, 大事者何. 大祫也. 大祫者何. 合祭也, 其合祭奈何. 毀廟之主, 陳于大祖."라는 기록이 있다.

◎ 혜동(惠棟, A.D.1697~A.D.1758) : 청(淸)나라 때의 학자이다. 자(字)는 송애(松崖)・정우(定宇)이다. 조부는 혜주척(惠周惕)이고, 부친은 혜사기(惠士奇)이다. 가학(家學)을 전승하여, 한대(漢代) 경학(經學)을 부흥시키는 데 주력하였다. 역학(易學)에도 조예가 깊었다. 『구경고의(九經古義)』 등의 저서가 있다.

◎ 황간(皇侃, A.D.488~A.D.545) : =황씨(皇氏). 남조(南朝) 때 양(梁)나라의 경학자이다. 『주례(周禮)』, 『의례(儀禮)』, 『예기(禮記)』 등에 해박하여, 『상복문구의소(喪服文句義疏)』, 『예기의소(禮記義疏)』, 『예기강소(禮記講疏)』 등을 지었지만, 현재는 전해지지 않는다. 그 일부가 마국한(馬國翰)의 『옥함산방집일서(玉函山房輯佚書)』에 수록되어 있다.

◎ 황씨(皇氏) : =황간(皇侃)

◎ 후복(侯服) : '후복'은 천자의 수도와 붙어 있는 지역이다. '후복'의 '후(侯)'자는 '후(候)'자의 뜻으로, 천자를 위해 척후병의 임무를 수행한다는 의미이다. '복(服)'자는 천자를 위해 복종한다는 뜻이다. 하(夏)나라 때의 제도에서는 전복(甸服)과 위치가 바뀌어, 천자의 수도로부터 사방 500리(里) 떨어진 곳까지를 '전복'이라고 불렀고, 전복 밖의 사방 500리 떨어진 곳까지를 '후복'이라고 불렀다. 『서』 「우서(虞書)・우공(禹貢)」편에는 "五百里甸服 …… 五百里侯服."이라는 기록이 있고, 이에 대한 공안국(孔安國)의 전(傳)에서는 "甸服外之五百里. 侯, 候也,

斥候而服事."라고 풀이했다. 한편 주(酒)나라 때에는 천자의 수도 밖
으로 사방 500리 떨어진 곳까지를 '후복'이라고 불렀고, '전복'은 '후복'
밖에 위치했다. 『주례』「하관(夏官)·직방씨(職方氏)」편에는 "乃辨九服
之邦國, 方千里曰王畿, 其外方五百里曰侯服, 又其外方五百里曰甸服."
이라는 기록이 있다.

번역 참고문헌

- 『禮記』, 서울 : 保景文化社, 초판 1984 (5판 1995) / 저본으로 삼은 책이다.
- 『禮記正義』 1~4(전4권, 『十三經注疏 整理本』 12~15), 北京 : 北京 大學出版社, 초판 2000 / 저본으로 삼은 책이다.
- 朱彬 撰, 『禮記訓纂』 上·下(전2권), 北京 : 中華書局, 초판 1996 (2 쇄 1998) / 저본으로 삼은 책이다.
- 孫希旦 撰, 『禮記集解』 上·中·下(전3권), 北京 : 中華書局, 초판 1989 (4쇄 2007) / 저본으로 삼은 책이다.
- 服部宇之吉 評點, 『禮記』, 東京 : 富山房, 초판 1913 (증보판 1984) / 鄭玄 注 번역에 대해 참고했던 서적이다.
- 竹內照夫 著, 『禮記』 上·中·下(전3권), 東京 : 明治書院, 초판 1975 (3판 1979) / 經文에 대한 이해에 참고했던 서적이다.
- 市原亨吉 외 2명 著, 『禮記』 上·中·下(전3권), 東京 : 集英社, 초판 1976 (3쇄 1982) / 經文에 대한 이해에 참고했던 서적이다.
- 陳澔 注, 『禮記集說』, 北京 : 中國書店, 초판 1994 / 『集說』에 대한 번역에 참고했던 서적이다.
- 王文錦 譯解, 『禮記譯解』 上·下(전2권), 北京 : 中華書局, 초판 2001 (4쇄 2007) / 經文 및 주석 번역에 참고했던 서적이다.
- 錢玄·錢興奇 編著, 『三禮辭典』, 南京 : 江蘇古籍出版社, 초판 1998 / 용어 및 器物 등에 대해 참고했던 서적이다.
- 張撝之 外 主編, 『中國歷代人名大辭典』 上·下권(전2권), 上海 : 上海 古籍出版社, 초판 1999 / 인명에 대해 참고했던 서적이다.
- 呂宗力 主編, 『中國歷代官制大辭典』, 北京 : 北京出版社, 초판 1994 (2쇄 1995) / 관직명에 대해 참고했던 서적이다.
- 中國歷史大辭典編纂委員會 編纂, 『中國歷史大辭典』 上·下(전2권), 上海 : 上海辭書出版社, 초판 2000 / 용어 및 인명에 대해 참고했던 서적이다.
- 羅竹風 主編, 『漢語大詞典』 1~12(전12권), 上海 : 漢語大詞典出版社, 초판 1988 (4쇄 1995) / 용어에 대해 참고했던 서적이다.

- 王思義 編集, 『三才圖會』 上・中・下(전3권), 上海 : 上海古籍出版社, 초판 1988 (4쇄 2005) / 器物 등에 대해 참고했던 서적이다.
- 聶崇義 撰, 『三禮圖集注』(四庫全書 129책) / 器物 등에 대해 참고했던 서적이다.
- 劉績 撰, 『三禮圖』(四庫全書 129책) / 器物 등에 대해 참고했던 서적이다.

역자 **정병섭(鄭秉燮)**

- 1979년 출생
- 2002년 성균관대학교 유교철학과 졸업
- 2004년 성균관대학교 대학원 유학과 석사
- 2013년 성균관대학교 대학원 유학과 철학박사
- 현재『역주 예기집설대전』완역을 위해 번역중이며,
  이후『의례』,『주례』,『대대례기』시리즈 번역과
  한국유학자들의 예학 관련 저작들의 번역을 계획 중이다.

예기집설대전 목록

譯註
禮記集說大全 三年問

編 陳澔(元)
附 正義·訓纂·集解

초판 인쇄 2016년 11월 22일
초판 발행 2016년 11월 28일

역　　자 | 정병섭
펴 낸 이 | 하운근
펴 낸 곳 | 學古房

주　　소 | 경기도 고양시 덕양구 통일로 140 삼송테크노밸리 A동 B224
전　　화 | (02)353-9908　편집부(02)356-9903
팩　　스 | (02)6959-8234
홈페이지 | http://hakgobang.co.kr/
전자우편 | hakgobang@naver.com, hakgobang@chol.com
등록번호 | 제311-1994-000001호

ISBN　　978-89-6071-629-2　94150
　　　　 978-89-6071-267-6　(세트)

값 : 36,000원

이 도서의 국립중앙도서관 출판예정도서목록(CIP)은 서지정보유통지원시스템 홈페이지
(http://seoji.nl.go.kr)와 국가자료공동목록시스템(http://www.nl.go.kr/kolisnet)에서 이용
하실 수 있습니다. (CIP제어번호 : CIP2016027691)